L'ENNEMI AMÉRICAIN

Du même auteur

Sade. La Philosophie dans le pressoir
Grasset, 1976

Roland Barthes, roman
Grasset, 1986/Livre de Poche, Biblio-Essais, 1990

En collaboration

Sade : écrire la crise
Belfond, 1983
(collectif, dir. avec M. Camus)

La Légende de la Révolution française au XXᵉ siècle.
De Gance à Renoir, de Romain Rolland à Claude Simon
Flammarion, 1988.
(collectif, dir. avec J.-Cl. Bonnet)

L'Homme des Lumières. De Paris à Pétersbourg
Vivarium, Napoli/Maison des Sciences de l'Homme, Paris, 1995
(collectif, dir.)

L'Encyclopédie : du réseau au livre et du livre au réseau
Champion-Slatkine, 2001
(collectif, dir. avec R. Morrissey)

PHILIPPE ROGER

L'ENNEMI AMÉRICAIN

GÉNÉALOGIE
DE L'ANTIAMÉRICANISME FRANÇAIS

ÉDITIONS DU SEUIL
27, rue Jacob, Paris VIe

Ce livre est publié dans la collection
« La couleur des idées »

ISBN 2-02-040643-8

© ÉDITIONS DU SEUIL, SEPTEMBRE 2002

www.seuil.com

« Washington avait énoncé cette belle et juste idée :
"La nation qui se livre à des sentiments habituels
d'amour ou de haine envers une autre devient en
quelque sorte esclave. Elle est esclave de sa haine
ou de son amour." »

Alexis de Tocqueville,
De la Démocratie en Amérique.

Introduction

La Grande-Bretagne, l'Allemagne, l'Espagne, l'Italie ont été un jour ou l'autre en guerre avec les États-Unis. La France jamais. Ce qui ne l'empêche pas, comme le rappelait Michel Winock peu après l'attaque contre le World Trade Center, d'être le pays où « l'anti-américanisme a été, et demeure, le plus vif »[1]. Il y a là un violent paradoxe qui constitue d'emblée l'antiaméricanisme français en énigme historique et culturelle. Pourquoi sommes-nous si antiaméricains ? La question mérite d'autant mieux d'être posée que cet antiaméricanisme engage beaucoup plus que notre rapport, réel ou imaginaire, aux États-Unis.

L'antiaméricanisme français n'est pas une humeur moderne, une fièvre récente dont il suffirait de suivre la courbe dans les sondages pour en corréler les variations avec tel ou tel épisode des relations franco-américaines. Au milieu des années 1980, sondeurs et politologues annonçaient sa forte régression, son extinction imminente : à les en croire, l'antiaméricanisme français vivait son dernier quart d'heure. Ses stéréotypes avaient passé la date de péremption et l'on avertissait la population d'avoir à se garder désormais des clichés adverses, ceux d'une « américanomanie » triomphante. Les intellectuels eux-mêmes, nous disait-on, avaient trouvé leur « chemin de Damas » et on décrivait en détail cette « conversion de l'intelligentsia »[2].

Le mot *conversion*, en effet, n'eût pas été déplacé si le miracle, toutefois, avait eu lieu. Réelle ou supposée, « l'embellie » ne dura

---

1. M. Winock, entretien avec Marion Van Renterghem, *Le Monde*, 25-26 novembre 2001.
2. J'emprunte ces exemples au volume collectif publié à cette époque par D. Lacorne, J. Rupnik et M.-F. Toinet, *L'Amérique dans les têtes. Un siècle de fascinations et d'aversions* (Hachette, 1986), qui reste par ailleurs un des bons ouvrages sur le sujet. Voir, respectivement, l'introduction « La France saisie par l'Amérique » de D. Lacorne et J. Rupnik (p. 38) et la contribution de D. Pinto, « La conversion de l'intelligentsia » (pp. 124-136).

pas [3]. Avant le passage au troisième millénaire, les pendules étaient remises à l'heure. Les agriculteurs prenaient d'assaut les McDo. Le gouvernement suspendait la commercialisation du Coca-Cola pour raisons de santé publique. Le « lycée light » et l'américanisation de l'enseignement supérieur étaient conspués dans les rues. Et en pleine intervention au Kosovo, les mêmes Français qui approuvaient globalement l'action de l'OTAN se révélaient, dans leurs réponses à un sondage CSA-*Libération*, plus antiaméricains que jamais [4]. La France avait repris ses esprits et l'intelligentsia son poste, vexée qu'on ait pu confondre son assoupissement passager avec une désertion : à de rares exceptions près, sa réaction aux événements du 11 septembre 2001 l'a lavée de tout soupçon de conversion.

L'antiaméricanisme français n'est pas une valeur à court terme. Il est ancré dans l'histoire, mais très peu sensible à la conjoncture. C'est le manquer à coup sûr que de vouloir le saisir à travers telle variation saisonnière. Constitué dans et par la durée, il exige de l'enquêteur une plongée dans cette durée. Il ne date, comme on le croit souvent, ni de la guerre du Vietnam, ni de la guerre froide, ni même des années 1930 où il atteint des sommets. Dès la fin du XIXe siècle, presque tous ses ingrédients sont réunis. Ses schémas narratifs sont largement constitués, son argumentaire fourbi, sa rhétorique rodée. Fait plus frappant encore : il est déjà consensuel. En un temps de divisions stridentes, il est (déjà) la chose de France la mieux partagée. Dès cette époque, il n'est ni de droite, ni de gauche. Il réconcilie spiritualistes et laïcs, nationalistes et internationalistes.

On sait que la statue de la Liberté a été achevée bien avant son socle. La statue de l'Ennemi américain érigée par les Français, elle, reste nécessairement inachevée : chaque génération y travaille, en resserre les boulons. Mais le socle est séculaire. Et les fondations – cette étrange hostilité des Lumières contre le Nouveau Monde dont il sera question dans le Prologue – sont même bicentenaires.

La première conviction qui a guidé ce travail est donc qu'il est impossible de débrouiller l'énigme de l'antiaméricanisme français hors de la longue durée dans laquelle il s'inscrit. De quelque manière qu'on le définisse, cet étrange objet culturel n'est pas conjoncturel.

---

3. La formule est d'André Kaspi, dont l'intervention concluait le volume *L'Amérique dans les têtes*, et qui note en 1999 que le constat de décès de l'antiaméricanisme français alors dressé par plusieurs participants était prématuré (*Mal connus, mal aimés, mal compris. Les États-Unis aujourd'hui*, Paris, Plon, 1999, p. 31).

4. *Libération*, 10 et 11 avril 1999.

Les tourniquets de la mode sont sur lui sans effet notable ni durable. L'aléa de l'événement a pu jouer un grand rôle dans les premiers temps de sa formation : on le verra dans le cas de la guerre de Sécession et de la guerre hispano-américaine de 1898. Très vite cependant l'épais matelassage de discours et de représentations dont s'est doté l'antiaméricanisme français lui a permis d'absorber les chocs extérieurs sans dévier de sa trajectoire. Le discours antiaméricain en France n'est pas solipsiste, mais il jouit d'une certaine forme d'autarcie, qui n'est pas sans rapport avec sa « mauvaise foi ». Combien de tirades incendiaires, combien de réquisitoires hyperboliques contre les États-Unis sont-ils sous-tendus et stimulés par la pensée, rassurante et inavouable, que « cela ne tire pas à conséquence » ? Mais c'est évidemment là une illusion de plus, et non la moins dangereuse, lorsqu'elle parachève, par exemple, l'isolement diplomatique, financier et moral de la France des années 30.

La sémiotique a bien du mal à définir précisément le point critique où « ça prend », comme disait Barthes ; où un discours *consiste* ; où il peut perdurer par sa propre obtusité. La question est pourtant essentielle à l'analyse et à la compréhension de tous les phénomènes d'adhésion. (Car c'est toujours à un discours qu'on adhère et au geste par lequel il se déploie, non à un individu ou à une « personnalité », comme voudrait nous le faire croire la communication politique.) L'antiaméricanisme suscite en France une forte adhésion en tant que *récit*, sans que cette adhésion soit nécessairement accompagnée d'animosité *ressentie* : d'où la protestation sincère de tel ami qui, après avoir énoncé un topos typique de l'antiaméricanisme français se défend de tout mauvais sentiment à l'endroit des Américains. Le ressort d'un tel discours est la répétition. Sa force, c'est son entêtement. On peut sans doute faire le graphe de ses « pics » d'intensité ; mais l'important se joue ailleurs : dans la lente stratification des images, des légendes, des blagues, des anecdotes, des croyances et des affects. Pour mettre tout cela au jour, il faut plus que des « sondages » (si mal nommés, puisqu'ils ne « creusent » pas une situation, mais « clichent » un instantané) : il faut forer, piocher, percer des galeries, dégager des veines et suivre les filons.

– En route donc et sans tarder, puisque la route est longue. – Pas si vite, pas si vite, répondent d'une seule voix les gardiens de la méthode et les gabelous de l'idéologie.

*

11

« Je ne suis pas du tout antiaméricain. Et d'ailleurs je ne sais pas ce que le mot veut dire », déclare Sartre en 1946[5]. La logique de cette réplique aurait ravi Lewis Carroll et plus encore le Chapelier Fou. La même logique continue de régir le discours d'obstruction contemporain contre la notion d'antiaméricanisme. En fait, depuis Sartre, la ligne s'est durcie. *Antiaméricanisme* n'était pour lui qu'un mot incompréhensible – ou compréhensible le temps seulement de s'en innocenter. C'est aujourd'hui « un mot de trop », dont « l'usage n'est pas innocent » et qu'il faut éradiquer ; une machination des « "philo-américains" saisis par la rage »[6] ; un complot sémantique concocté par la cinquième colonne yankee. Derrière ce vocable vide de sens, Serge Halimi débusque dans *Le Monde diplomatique* des individus pleins d'arrière-pensées, chargés d'« intimider les derniers réfractaires à un ordre social dont les États-Unis sont le laboratoire ». À qui trouverait le ton un peu terroriste, il convient de répondre que ce dossier du *Monde diplomatique* s'intitule « dossier pour une désintoxication ». Ne confondons pas sevrage et intimidation : si l'on veut nous interdire ce mot, *antiaméricanisme*, qui « enfle et se répand », c'est pour notre bien et dans le cadre de la lutte contre les stupéfiants.

« Antiaméricanisme » ? Connais pas. Depuis Sartre, cette dénégation est le prolégomène obligé à tout déploiement de la rhétorique antiaméricaine. L'article intitulé « Un mot de trop » est exemplaire : tout y fonctionne en miroir, depuis l'accusation d'« intimidation » introduite pour justifier la censure, jusqu'à l'imputation à l'adversaire d'un « raisonnement binaire bien vissé » pour masquer le manichéisme de la vision politique qui sous-tend la dénonciation. L'objection « sémantique » n'y est introduite que pour lancer la machine polémique. On peut donc, comme on dit dans les prétoires, joindre au fond.

*

5. J.-P. Sartre, « A letter from M. Sartre » (en date du 18 novembre 1946), *New York Herald Tribune*, 20 novembre 1946, p. 2 ; traduit et cité par M. Contat et M. Rybalka, *Les Écrits de Sartre*, Paris, Gallimard, 1970, p. 137. Le philosophe répond à ceux qui l'accusent d'avoir donné une image peu flatteuse de l'Amérique (blanche) dans *La Putain respectueuse*.

6. S. Halimi, « Un mot de trop » et « Les "philo-américains" saisis par la rage », *Le Monde diplomatique*, mai 2000, p. 10 ; le second titre fait allusion à un article fameux de Sartre protestant contre l'exécution des Rosenberg : « Les animaux saisis par la rage ». Les enragés cités sont, dans l'ordre, Michel Wieviorka, Alain Richard (alors ministre de la Défense), François Furet (à titre posthume), Bernard-Henri Lévy, Pascal Bruckner, Jean-François Revel et Guy Sorman.

Une autre objection, d'ordre plus épistémologique, se présente comme suit. Admis que l'antiaméricanisme existe, que ses manifestations soient repérables, sommes-nous en droit pour autant d'en faire un concept, une catégorie analytique ou même un simple outil descriptif ? Le mot est passé dans la langue, tout le monde en convient. La chose flotte assez visiblement dans la « logosphère », d'accord. Il est même possible qu'elle détermine un certain nombre d'attitudes et de comportements. Mais l'ériger en concept, n'est-ce pas accréditer – à tort – l'idée qu'il existe une « essence » de l'Amérique, à laquelle s'opposeraient les antiaméricains ? Pour rendre compte d'un phénomène difficilement contestable, faut-il cautionner une essentialisation anhistorique de l'Amérique ?

On ne peut répondre à cette objection sans examiner rapidement le lien qu'elle présuppose entre « américanisme » et « antiaméricanisme ».

L'*americanism* désigne aux États-Unis, à la fin du XIXᵉ siècle, un ensemble de « valeurs » jugées constitutives de l'identité nationale, ainsi que l'attitude de ceux qui les adoptent et s'efforcent de conformer leur identité personnelle à cet idéal national. La formule, popularisée par Theodore Roosevelt au début du XXᵉ siècle, est inséparable de notions comme celle d'« Américain cent pour cent » – par opposition à « Américain à trait d'union » (les *German-Americans* ou *Italo-Americans* réfractaires à la fusion patriotique). L'intention est claire. Le contenu, lui, reste fort vague, comme l'a noté Marie-France Toinet : « L'Américanisme signifie les vertus de courage, d'honneur, de justice, de vérité, de sincérité et de force – les vertus qui ont fait l'Amérique [7]. » Monté en gloire et en puissance, dans les années 1920, avec les prospérités de l'Amérique elle-même, l'*americanism* tend alors à englober un certain nombre de traits de « civilisation » : efficacité, productivité, accès aux biens matériels. Le slogan de l'*americanism*, tout en gardant sa coloration nationaliste, voire chauvine, entre désormais en composition avec une autre autodéfinition tautologique : l'*American way of life*, qui en constitue le volet matériel et qui complète du côté des « mœurs » ce que l'*americanism* définissait du côté de la « moralité ». L'important ici est que, né du besoin d'affirmer une cohérence nationale incertaine à travers l'adhésion intellectuelle et affective de chaque citoyen à une

---

7. M.-F. Toinet, « L'antiaméricanisme existe-t-il ? », *L'Amérique dans les têtes*..., p. 269.

« idée de l'Amérique » aussi large que vague, l'*americanism* n'a jamais accédé au statut de doctrine ni de programme politique précis.

Désignant narcissique, slogan à usage interne, *americanism* paraît inexportable : le débordement de la puissance américaine le pousse pourtant jusqu'à l'Europe. Les Français le découvrent en plein regain (polémique) d'intérêt pour les États-Unis, à la fin des années 1920. Mais leurs efforts pour lui donner une consistance idéologique ou politique se heurtent à la résistance du matériau : *americanism* dit avant tout l'orgueil d'être Américain ; pour le reste, c'est un fourre-tout. L'*americanism* de Theodore Roosevelt n'est pas superposable à celui de Franklin Delano Roosevelt ; et le credo « américaniste » de Ford n'est plus celui des premiers promoteurs de la *Manifest Destiny* américaine. Assez logiquement, les Français qui s'en emparent l'investissent à leur tour d'un contenu, le plus souvent négatif, qui reflète leur propre vision des États-Unis. David Strauss, qui a consacré un livre à l'antiaméricanisme français des années 20, le note justement : « américanisme » désigne en traduction française « les valeurs culturelles et les institutions que les Français *croient* faire partie intégrante de la civilisation américaine »[8]. Sartre seul s'efforcera, au lendemain de la guerre, de traduire culturellement *americanism* : non en lui insufflant un contenu qu'il n'a pas, mais en l'analysant comme la clé psychique du mécanisme de socialisation en Amérique[9]. Tentative très personnelle qui n'influe en rien sur le sort d'un terme décidément voué à l'invective[10]. Régis Debray a bien résumé la situation

---

8. D. Strauss, *Menace in the West. The Rise of Anti-Americanism in Modern Times*, Westport, Connecticut & London, Greenwood Press, 1978, p. 6. D. Strauss définit l'*americanism* comme « un ensemble de valeurs, de pratiques et d'institutions d'origine américaine, mais présentant un caractère de permanence beaucoup plus grand que les politiques officielles » (*ibid.*). Les antiaméricains américains ont d'ailleurs constamment puisé dans la tradition américaine même des arguments et des armes contre les versions officielles de l'*americanism*.

9. Sartre sera le seul à véritablement faire effort pour doter « l'américanisme » d'un sens non projectif : il y verra la clé de la socialisation psychique américaine et le principal mécanisme de coercition de l'individu par la collectivité aux États-Unis. « Suis-je suffisamment Américain ? » est la question que l'Amérique (im)poserait à chaque Américain en particulier, le « regard du voisin » devenant l'agent de normalisation d'une société obsédée de conformisme. L'*americanism* selon Sartre est donc une affaire strictement américaine – en même temps qu'un phénomène typiquement sartrien.

10. Au même moment, dans la presse communiste, *américanisme* devient un terme de réprobation sans contenu distinct. Exemple extrême dans *La Nouvelle Critique* (n° 3, février 1949, p. 15) : les « écrivains [français] qui s'abaissent jusqu'à faire passer leurs

sémantique du mot (d'ailleurs de moins en moins employé) dans un livre de 1992. Après avoir dressé un long catalogue de ses connotations [11], Debray conclut : « l'Américanisme, ce serait l'Amérique poussée au noir, soustraction faite de tout son positif ». Au terme de sa carrière indécise, « l'américanisme » à la française n'est plus que le répertoire des clichés antiaméricains contre l'Amérique.

On peut maintenant revenir à l'objection initiale d'essentialisation de l'Amérique et y répondre. L'erreur ici est de supposer l'antiaméricanisme dérivé de la notion d'« américanisme ». Ce faux antonyme ne lui doit rien, ni historiquement, ni logiquement. En France, l'existence de l'antiaméricanisme précède l'essence de l'Amérique telle que « l'américanisme » reste impuissant à la capturer.

C'est aussi pourquoi, tout au long de ce livre, antiaméricanisme est écrit sans trait d'union.

*

Dernier scrupule : l'enquête annoncée porte sur deux siècles. Mais n'est-il pas gênant que le mot *antiaméricanisme* soit beaucoup plus récent ? Peut-on faire la généalogie d'une notion innommée ?

Il faut commencer par clarifier la chronologie. Le mot fait une entrée tardive dans les dictionnaires français (1968 pour le *Petit Robert*). Mais on sait qu'un dictionnaire est une chambre d'enregistrement décalée. Son premier usage repéré par la lexicographie remonte à 1948 ; dès le début des années 50, il fait partie de la langue politique usuelle [12]. Il n'est pas trop hasardeux d'avancer que le terme

---

créations pour des traductions de l'américain » sont accusés de singer « l'américanisme dans ce qu'il a de plus ignoble ».

11. « [...] le consumérisme sans fin ni répit, le tout-marchandise et la croyance dans la neutralité de la technique, la disparition du citoyen sous le consommateur, l'insensibilité au tragique, la confusion du public et du privé, le culte de la réussite et de l'argent, l'impératif de réduction de la vie humaine à un ensemble d'activités profitables, etc., etc. » ; R. Debray, *Contretemps. Éloges des idéaux perdus*, Paris, Gallimard, 1992, p. 103. L'originalité de Régis Debray est de reconnaître parfaitement la nature stéréotypique de l'antiaméricanisme auquel il adhère.

12. Dans un article d'*Esprit* stigmatisant « un nouvel antiaméricanisme qui se montre digne, tant par ses arguments que par son vocabulaire, de celui des années 42-44 » : C. Marker, *Esprit* n° 7, juillet 1948. Référence donnée par Pierre Enckell, *Datations et Documents lexicographiques*, deuxième série, n° 20 (1982). Même *La Nouvelle Critique*, mensuel intellectuel du Parti communiste français, l'emploie – il

s'est répandu en contrepoint d'*antisoviétisme*. Son implantation dans le lexique paraît bien être une conséquence de la guerre froide.

Quant au fond, la question trouve sa réponse auprès d'un des pionniers de l'histoire sémantico-culturelle, Reinhart Koselleck, lorsqu'il met en garde contre le rigorisme théorique illusoire (ou le nouveau nominalisme) qui ferait strictement dépendre l'émergence d'une notion ou d'une catégorie de pensée de l'apparition de son désignant. « Il n'est pas nécessaire que le changement et la durée de la signification d'un mot correspondent à la durée et au changement des structures auxquelles ils renvoient », écrit Koselleck ; car « des mots qui ont duré ne constituent pas en soi un indice suffisant de réalités matérielles restées identiques et [...] à l'inverse, des réalités qui ne se transforment qu'à très long terme se trouvent exprimées par des expressions très diverses... » [13]. L'invite est claire et la voix autorisée. Il serait réducteur de faire servir les indications de la lexicographie à limiter le champ des investigations sur les concepts ou les comportements. Il y a incontestablement en France, dès la fin du XIXᵉ siècle, un antiaméricanisme sans le mot. (Ce mot aurait d'ailleurs probablement été construit sur « yankisme » ou « yankeesme » [14].) La leçon à retenir des dictionnaires est ailleurs : ils nous rappellent utilement qu'*antiaméricanisme* est le seul substantif en « anti- » formé en français sur un nom de pays. Que ce mot étrange ait fini par émerger, qu'il se soit imposé (et qu'il paraisse aujourd'hui difficile de l'en chasser) : voilà qui est en soi significatif d'un traitement d'exception, sinon de faveur.

*

Généalogie de l'antiaméricanisme français – qu'est-ce à dire ? D'abord, que l'antiaméricanisme sera envisagé ici comme une longue logomachie, une interminable guerre des mots que la

---

est vrai entre guillemets (« un homme aussi peu suspect d'"antiaméricanisme" que M. Étienne Gilson » ; n° 12, janvier 1950).

13. Reinhart Koselleck, *Le Futur passé. Contribution à la sémantique des temps historiques*, tr. par J. et M.-Cl. Hoock, Paris, Éd. de l'École des Hautes Études en Sciences Sociales, 1990 [publication en langue originale : 1979], p. 114.

14. M.-F. Toinet suggère dans l'article déjà cité (note 8) que le mot *antiaméricanisme* a été « utilisé depuis le XIXᵉ siècle » ; elle ne fournit malheureusement pas de références. Je ne l'ai pour ma part jamais rencontré entre 1860 et 1900 dans aucun texte français sur l'Amérique, ce qui, à l'échelle de plusieurs milliers de pages antiaméricaines, indique à tout le moins son extrême rareté.

France entretient avec les États-Unis, et dont il s'agira de restituer les logiques polémiques. On se tiendra donc sur le versant *désobligeant* de la relation franco-américaine, là où se distribuent les horions et s'assènent les coups bas. On étendra au grand jour le linge sale qui n'en finit pas d'y être lavé, sans qu'on sache très bien si c'est en famille ou entre « *perfect strangers* ». Mais on suivra aussi ce discours antiaméricain dans ses zones de plus faible pente, là où il ruisselle calmement, sans le rugissement torrentiel de l'invective. Là en somme où il *coule de source*.

J'ouvre le *Journal* de Claudel et je lis, écrit à Washington en 1933 : « Al[exander] Hamilton dans le *Fédéraliste* remarque que déjà de ce temps on attribuait au climat américain une influence dégénérative. "Dans ce pays même les chiens n'aboient plus". » Et Claudel d'ajouter entre parenthèses : « C'est d'ailleurs parfaitement exact » [15]. Sauf que tout est faux. D'abord, les chiens américains aboient. Ensuite, Hamilton ne « remarque » pas, il dénonce comme une absurdité la thèse dégénérative : « Des hommes qu'on admire comme de profonds philosophes ont sans ambages attribué aux habitants [de l'Europe] une supériorité physique et ont gravement décrété que tous les animaux, et avec eux l'espèce humaine, dégénère en Amérique – que les chiens même cessent d'aboyer peu de temps après avoir respiré notre atmosphère. » Ce n'est pas lui, Hamilton, qui parle : c'est Cornelius De Pauw, auquel il renvoie en note [16]. De ce naturaliste des Lumières au poète ambassadeur de France, malgré un siècle et demi de démentis et les propres paroles de Hamilton, la chaîne a tenu bon qui attache à l'Amérique la légende du chien aphone. Ce même matin, sur France-Info, le patron d'un bistrot toulousain commentant une campagne anti-alcoolique répond que s'il ne faut pas abuser du pastis, le Coca-Cola est bien pis pour l'estomac : « essayez de mettre une pièce de vingt centimes dans un verre de Coca... » Ce mythème scientifique est moins ancien, il ne remonte qu'à la guerre du Coca de 1949 – un demi-siècle tout de même. (Il en faudra sans doute un autre pour qu'y entrent les euros...) Le bistrotier et l'ambassadeur, chacun à sa

---

15. P. Claudel, *Journal II*, 18 janvier 1933, Paris, Gallimard, Bibliothèque de la Pléiade, 1969, p. 5.

16. A. Hamilton, *The Federalist*, n° 11, 23 novembre 1787 ; éd. par E.M. Earle, New York, 1941, p. 69. La note indique : « *Recherches Philosophiques sur les Américains* ».

manière, *font la chaîne* que j'appelle antiaméricanisme. Qu'eux-mêmes soient ou non antiaméricains n'a aucune importance.

L'antiaméricanisme n'est pas un mythe, au sens barthésien, puisque ce n'est pas un « langage second » où le message connotatif s'imposerait insidieusement comme « naturalisé ». (Il est sans sournoiserie structurale.)

Ce n'est pas non plus ou pas seulement une passion au sens des « passions françaises » décrites par Theodore Zeldin.

Est-ce une idéologie ? La surabondance des définitions d'*idéologie* gêne ici la réponse. L'une des plus ouvertes donne l'idéologie pour « une formation discursive polémique, grâce à laquelle une passion cherche à réaliser une valeur par l'exercice du pouvoir dans une société »[17]. La première partie de cette définition convient bien à l'antiaméricanisme, mais non la seconde : le lien entre antiaméricanisme et politique paraît plus complexe, puisque, d'une part, l'antiaméricanisme entre en composition avec les discours politiques les plus idéologiquement hostiles et que, d'autre part, il se déploie souvent en dehors de tout agenda ou objectif politique repérable.

Alors, quoi ?

On répondra simplement : *l'antiaméricanisme est un discours.* Encore faudrait-il *alléger* ici un terme surinvesti par la philosophie (comme traduction de *logos*) et par le structuralisme (de Lévi-Strauss à Foucault). Un discours est d'abord, comme son étymologie l'indique (*dis-correre*) et comme les emplois du mot l'attestent jusqu'à la Renaissance, une manière de « courir çà et là ». L'antiaméricanisme est un discours débridé : non seulement parce qu'il est traversé d'affects et strié d'humeurs ; mais aussi parce qu'il suit le régime de l'essai, non de la dissertation ou de la démonstration. (Il ne répond pas non plus à des « consignes » : il n'y a pas de complot antiaméricain.) Sa logique est celle de l'accumulation, de la congerie, du décrochez-moi ça, du « encore un peu, merci » – bref : une caracole où se trouve levé le principe de non-contradiction. (L'antiaméricanisme n'est jamais embarrassé de proférer en même temps deux griefs exclusifs l'un de l'autre.) À travers ces sauts et ces gambades, pourtant, il n'est jamais « gratuit », encore moins absurde. Seule la complexité de ses stratégies entrecroisées – qu'il s'agira de démêler – lui confère l'allure trompeuse d'un bouquet de lubies individuelles. Les lubies sont là, n'en

---

17. J. Baechler, *Qu'est-ce que l'idéologie ?*, Paris, Idées-Gallimard, 1976, p. 60.

doutons pas, elles donnent chair aux mots et nerf aux phrases. Mais le discours antiaméricain les met à la masse.

Le mot « discours » amène avec lui le nom de Foucault : ce serait alors plutôt le premier ou le dernier Foucault, par opposition à celui qui, dans les années 70, fait du discours une émanation des pratiques ou un relais de la domination. Le discours antiaméricain est en situation, mais il reste autonome et « acratique » – comme disait Barthes des discours non liés au pouvoir. Ce qui ne veut pas dire sans lieu ni attache. Il est massivement produit par l'intelligentsia, il en est l'émanation : dans le vocabulaire du spiritisme, l'antiaméricanisme serait l'ectoplasme des clercs.

C'est dire aussi tout ce que ce livre n'est pas. Bien que les États-Unis y soient omniprésents, ce n'est pas un livre sur les États-Unis. Ni une histoire polémique des relations franco-américaines revues au noir. Ni une exploration ethnologique des malentendus interculturels « au quotidien »[18]. Ce n'est pas non plus un répertoire thématique des motifs antiaméricains qui circulent aujourd'hui en France. Ni une recension des « images croisées » que se renverraient les deux pays et dont il s'agirait de faire l'inventaire pour en donner un bilan « équilibré ». L'antiaméricanisme français a surtout été abordé jusqu'ici comme l'un des aspects d'une relation ambivalente, ambiguë, contradictoire : un revers de la médaille dont on admettait en même temps qu'il était beaucoup plus visible que l'avers. La démarche sera ici foncièrement différente : loin de prétendre à une exhaustivité impossible, ni à une pesée illusoire des « pro » et des « contra », on prendra l'antiaméricanisme comme un bloc sémiotique historiquement stratifié qu'il est possible et même *préférable* d'isoler pour l'analyser. Dans les pages qui suivent, les représentations favorables à l'Amérique, les (brefs) moments d'euphorie partagée entre Français et Américains n'interviennent donc qu'autant qu'il le faut pour éclairer telle inflexion ou tel nouveau décours du discours antiaméricain. Beaucoup de « bons » lecteurs de l'Amérique, les plus généreux de ses mythographes sont ainsi relégués aux marges de l'exposé ou traités de manière oblique (pour les distorsions dont ils firent l'objet ou pour les contre-attaques antiaméricaines qu'ils suscitèrent). Cette présence effacée traduit un choix fondamental dans la démarche,

---

18. Sujet traité avec bonheur par le livre de Raymonde Carroll, *Évidences invisibles. Américains et Français au quotidien*, Paris, Éd. du Seuil, 1987.

non un effort sournois pour imposer une sourdine à la voix des américanophiles.

De cet antiaméricanisme conçu comme un « discours », ce qui suit voudrait donc être la généalogie – une généalogie où l'histoire et la sémiologie feraient taire leurs vaines querelles : l'histoire, en acceptant qu'une « narration » fausse puisse être un fait vrai [19] ; la sémiologie, en assumant l'impureté à laquelle Barthes la conviait dans *Leçon* et en devenant enfin « ce travail qui recueille l'impur de la langue, le rebut de la linguistique, la corruption immédiate du message : rien moins que les désirs, les craintes, les mines, les intimidations... » [20].

19. Voir J.-N. Jeanneney (sous la dir. de), *Une idée fausse est un fait vrai. Les stéréotypes nationaux en Europe*, Paris, Éd. Odile Jacob, 2000.
20. R. Barthes, *Leçon*, Seuil, 1978, p. 33 ; *Œ. C.*, éd. établie par E. Marty, Éd. du Seuil, 1994, t. III, p. 809.

Prologue

Ce « monde infortuné »

L'anti-Amérique des Lumières

« Washington, nous voici, La Fayette nous voilà. Bref, le mythe hollywoodien des USA... » Il fallait le toupet polémique d'Étiemble pour faire du récit fondateur des relations franco-américaines un « mythe hollywoodien » [1]. C'est évidemment loin des studios californiens, en plein Paris révolutionnaire, que la geste personnelle et collective de La Fayette et de ses compagnons d'armes a commencé d'être réécrite. C'est encore à Paris, en 1830, que le mythe fayettiste et américain participe à la mise en scène d'une révolution ambiguë et bientôt confisquée. Et ainsi de suite jusqu'à la réactivation fébrile de « l'éternelle amitié » franco-américaine, en 1915, dans une France désireuse d'attirer les États-Unis dans la guerre. Et l'on devrait dire, au rebours d'Étiemble : « Washington, nous voici, La Fayette nous voilà. Bref, le mythe franco-républicain des USA... »

Les fonctions de ce mythe sont au moins aussi nombreuses que ses avatars. Mais son effet le plus général aura été de confisquer à son profit l'histoire des premières relations entre la France et les États-Unis. Le mythe est une parole, disait Barthes ; c'est ici une parole venue en recouvrir d'autres. Avant de promouvoir un certain nombre de « grands récits » (la Révolution, le républicanisme, l'alliance franco-américaine), il a travaillé à faire oublier d'autres narrations. Aux contemporains de La Fayette, il a suggéré d'oublier les représentations peu flatteuses de l'Amérique accumulées en France dans les trois décennies précédentes : il a proposé de laisser entrer dans une histoire fraternelle et glorieuse un continent confiné jusqu'alors dans une histoire désastreuse. Quant à ceux qui, beau-

---

1. Étiemble, *Parlez-vous franglais ?*, Paris, Gallimard, 1964, p. 291.

21

coup plus tard, aux XIXᵉ et XXᵉ siècles, s'en emparent, il leur permet d'occulter les amertumes d'une solidarité déçue et d'une alliance sans lendemain. En faisant porter tout l'éclairage sur une décennie euphorique, le symbole de La Fayette sert de « cache », en amont, à un demi-siècle de dénigrement de l'Amérique et, en aval, à une fin de siècle où la France et l'Amérique, quinze ans après leur victoire commune, s'enfoncent dans le « grand schisme » et tournent leurs armes l'une contre l'autre.

Les Lumières contre l'Amérique

L'antiaméricanisme français n'a pas seulement une histoire : il a aussi une préhistoire – méconnue, oubliée, enfouie sous les couches successives de la représentation collective. Cette préhistoire occupe la seconde moitié du XVIIIᵉ siècle. Elle précède l'émergence des États-Unis comme nation indépendante et représente la première strate d'une lente sédimentation. C'est le continent tout entier qui est vilipendé dans cet étrange procès que lui fait l'Europe et qu'Antonello Gerbi, naguère, a baptisé « la querelle du Nouveau Monde »[2] ; mais ce sont les États-Unis naissants qui hériteront de cette querelle et Jefferson en personne qui relèvera le gant.

Cette « querelle », engagée autour de 1750, bat son plein dans les années 1770-1780. Elle tourne alors à la polémique franco-américaine. Alliés dans les combats de la guerre d'Indépendance, Français et Américains s'affrontent savamment sur le taux d'humidité de la Virginie, la teneur en nitrate des sols de Pennsylvanie, les rendements du froment et le taux de fécondité des colons. Car cette querelle est plutôt un procès, scientifiquement intenté au Nouveau Monde par les savants et philosophes de l'ancien. L'enjeu n'en est pas mince. Il s'agit de savoir si cette terre tient ses promesses ou si, au contraire, la Nature « s'est méprise dans un hémisphère

---

2. A. Gerbi, *La Disputa del Nuovo Mondo. Storia di una polemica (1750-1900)*, Milano-Napoli, Riccardo Ricciardi Editore, 1955. Cet historien des idées, disciple de Croce, qui avait quitté l'Italie fasciste pour l'Amérique latine, a réuni, au fil d'éditions successives (espagnole, anglaise et italienne), un matériau considérable sur cette « querelle » ; son œuvre est toujours inédite en français. Tout récemment, James W. Ceaser a donné à la « querelle du Nouveau Monde » des prolongements intéressants en opposant, tout au long du XIXᵉ siècle, une filiation « naturaliste » s'épanouissant en « sciences raciales », d'une part, et la tradition des sciences politiques, d'autre part. Voir son *Reconstructing America. The Symbol of America in Modern Thought*, New Haven & London, Yale University Press, 1997.

entier »[3]. Il s'agit de réviser les images trop naïves ou trop pieuses qu'ont multipliées, pendant le dernier demi-siècle surtout, les apologistes de l'Amérique. Il s'agit de montrer qu'elle est, en réalité, un continent décevant. C'est en somme une croisade contre l'imposture américanolâtre qui commence, moitié controverse scientifique, moitié guerre des images. À poursuivre cet objectif, savants, philosophes, « hommes de lettres » vont mettre une persévérance étonnante et une véhémence inattendue. Et ce prologue pourrait aussi s'intituler : l'âge du dénigrement déconcertant.

La première surprise tient à l'origine de ces discours. Contre toute attente, à rebours en tout cas du cliché qui associe, au XVIIIᵉ siècle, Nouveau Monde et idées nouvelles, cet antiaméricanisme naît et prospère dans le camp de la Philosophie. Il n'est pas seulement contemporain des Lumières dans leur plus vif éclat : il est forgé et diffusé par des hommes indéniablement associés au programme et au progrès de « l'esprit philosophique ». À partir d'un épicentre parisien, la dispute s'étend bientôt à l'Europe entière pour se répercuter, à la fin du siècle, aux États-Unis. Ses initiateurs ne sont pas des marginaux, des isolés, ni des esprits rendus chagrins par quelque ressentiment particulier contre l'Amérique. Ce sont des hommes comme Buffon, Voltaire ou Raynal. D'autres, moins illustres aujourd'hui, mais non sans réputation à leur époque, comme Cornelius De Pauw, leur emboîtent le pas. Tous ensemble, ils se donnent pour tâche d'alerter une Europe aveuglée ou abusée, en exhibant les tares du Nouveau Monde. « Si ce fut un effort de philosophie qui fit découvrir l'Amérique », comme l'écrit Voltaire dans l'*Essai sur les mœurs*[4], deux siècles et demi après Colomb, c'est encore par un effort de la Philosophie que l'Amérique est redécouverte ou plutôt revisitée, entre déception et répulsion.

Deuxième trait : cet antiaméricanisme se veut résolument scientifique et plus précisément « naturaliste ». Il n'est politique et moral qu'après coup, en un second temps logique et chronologique. C'est après 1780 que le centre de gravité des controverses américaines se déplace vers la philosophie politique, sans que diminue l'âpreté de la polémique naturaliste. Celle-ci se ravive, au contraire, avec l'entrée en lice des pamphlétaires américains, bien décidés à faire

3. J.-B. Delisle de Sales, *De la Philosophie de la Nature*, À Londres, 1777, t. IV, p. 247. La première édition date de 1770 (pour les trois premiers volumes) et 1774 (pour les trois suivants).
4. Voltaire, *Essai sur les mœurs*, éd. par R. Pomeau, Paris, Classiques Garnier-Bordas, 1990, t. II, p. 340.

justice eux-mêmes des « calomnies » françaises. On les verra alors, Jefferson en tête, aussi soucieux de prouver la bonne nature de leur pays que d'en défendre les institutions politiques. Jusqu'en ses avatars tardifs et politisés, ce discours antiaméricain s'appuie sur les savoirs que regroupe « l'histoire naturelle » : de la géologie à la zoologie et de la botanique à l'anthropologie. Buffon en est l'initiateur et la caution. L'ensemble des détracteurs d'Amérique se tiendra, après lui, sous l'égide de cette « histoire naturelle dont nous ne nous écartons jamais qu'à regret », comme dit Cornelius De Pauw [5]. Elle fournit les munitions, mais aussi la base arrière, au besoin le camp retranché. « Quand on attaque un livre écrit sur une science », ajoute De Pauw, « il faut se servir d'arguments tirés de cette science, et non d'une autre » [6]. Solidement établis sur ce terrain, De Pauw comme Buffon attendent de pied ferme les champions de l'Amérique. Leur histoire naturelle est « moderne » : elle procède plus par raisonnements que par descriptions ou, comme chez Buffon, fait de la description même une démonstration. Pour ces naturalistes dont aucun n'a traversé l'Atlantique, il ne paraît pas nécessaire de décrire la nature américaine en détail pour la débouter en masse. Zoologie et botanique sont chargées, non de dresser l'inventaire coloré des « productions indigènes », mais de dégager de ce fourmillement les caractères naturels de l'Amérique elle-même. Le plus distinctif, pour notre étonnement, sera la « petitesse » de ses productions. Comme par réaction contre l'infini chatoiement des récits antérieurs, la nature américaine est réduite à un court tableau d'éléments : le froid (même aux Tropiques, la terre est réputée froide à quelques pouces de profondeur...), l'humide, le salin. De même l'extraordinaire fouillis d'une faune étrange est-il ramené à quelques chiffres. Poids ? Taille ? Signes particuliers ? Ces animaux du Nouveau Monde, on veut surtout en prendre la mesure. Pesés, jugés, ils témoigneront à charge contre une terre mauvaise nourricière.

Troisième trait : cette critique scientifique des vices du continent se fait aux dépens de la diversité de ses images. La querelle porte sur le Nouveau Monde réunifié et c'est en soi une nouveauté. Les descriptions de l'Amérique, depuis les premiers récits de décou-

---

5. C. De Pauw, *Recherches philosophiques sur les Américains ou mémoires intéressans pour servir à l'histoire de l'espèce humaine*, [1768], Paris, Jean-Michel Place, 1990 (éd. en fac-similé de l'édition de Berlin, 1774), préface de Michèle Duchet ; tome second, p. 191.
6. *Ibid.*, p. 137.

verte jusqu'aux relations récentes de missionnaires comme Lafitau et Charlevoix, juxtaposaient des peintures nettement différenciées. Du royaume des Incas aux nations errantes du Nord, c'était une immense marqueterie de climats, de types physiques, de coutumes. Terres de violents contrastes, les « Indes occidentales » ne semblaient guère susceptibles de généralisation. Leurs habitants apparaissaient aux observateurs – y compris ceux qui leur prêtaient une souche commune – comme aussi divers que leurs cadres de vie. Étrangeté inépuisable des lieux, éparpillement des hommes, poudroiement des usages : telle est la vision européenne de l'Amérique post-colombienne. C'est donc un changement considérable qui s'introduit avec ces nomenclatures qui, sans renoncer à toute évocation des particularités pittoresques – on retient les plus fâcheuses –, insistent sur l'homogénéité du continent. Apparaît ainsi, pour la première fois, sous la plume de ses détracteurs mêmes, une Amérique unifiée, à la fois continentale (de la Patagonie au Labrador) et insulaire (les Antilles et les Caraïbes y tiennent une place de choix). Naguère encore troué de mystères et zébré de contrastes, le Nouveau Monde devient, pour les besoins de la polémique menée contre lui, un continuum où le semblable l'emporte sur le différent, l'uniforme sur le disparate. Dans cet ensemble massif, les « colonies anglaises », futurs États-Unis, ont bien du mal à émerger. Vers 1750, elles sont encore totalement noyées dans la masse. Sur les deux cents auteurs cités comme des autorités sur l'Amérique dans l'*Encyclopédie*, Durand Echeverria note que huit seulement parlent des colonies anglaises en tant que telles (« *specifically* »)[7].

Quatrième et dernier trait : chez ces hommes des Lumières, l'anti-américanisme est un anticolonialisme. Déprécier le pays, dénigrer ses habitants : autant de manières de sauver ce qui peut l'être en dissuadant la colonisation. « Laissons végéter ces sauvages en paix », plaide De Pauw, « plaignons-les, si leurs maux surpassent les nôtres, et si nous ne pouvons contribuer à leur bonheur, n'augmentons pas leurs misères »[8]. L'Amérique consternée par la Nature a été dévastée par la Conquête. Elle est un vaste cimetière d'hommes, de langues et de coutumes, le théâtre en ruines d'une « extermination » accom-

---

7. Durand Echeverria, *Mirage in the West : A History of the French Image of American Society to 1815*, Princeton University Press, 1957, p. 15.
8. C. De Pauw, *Recherches...*, « Dissertation préliminaire », éd. cit., tome premier, p. v.

plie. Ses détracteurs ne sont nullement insensibles à cette dimension tragique du destin américain, bien au contraire : De Pauw et Raynal (ou Diderot sous le nom de Raynal) comptent parmi les dénonciateurs les plus fermes des crimes européens. Mais leur haine des bourreaux ne les pousse pas à l'idéalisation des victimes. Les civilisations détruites du Nouveau Monde leur inspirent des regrets dépourvus d'empathie. L'important pour Cornelius De Pauw, épousant en cela la politique de son maître Frédéric II hostile à toute hémorragie démographique au profit de l'Amérique, l'essentiel pour les rédacteurs de l'*Histoire des Deux Indes* recopiant Montesquieu, c'est d'éloigner leurs compatriotes des rivages et de les décourager des « passages ». Croisade doublement philosophique donc, puisqu'il s'agit d'épargner les indigènes tout en évitant la saignée des métropoles ; mais maquillée en loi de nature : « c'est la loi des climats qui veut que chaque peuple et chaque espèce vivante et végétale croisse et meure dans son pays natal »[9].

Moment charnière, donc. Au kaléidoscope enchanté légué par les découvreurs, aux mouvantes vignettes enluminées par les voyageurs, aux tableaux ethnologiques minutieusement brossés par les missionnaires, succède une mise en scène massive du continent en bloc. Les mappemondes blanchissent encore de terres inconnues que déjà s'impose une image compacte de l'Amérique. Ces *terrae incognitae*, naguère encore peuplées de singulières créatures par la fantaisie des cartographes, comme s'il fallait meubler de rêve l'attente de leur découverte, ne sont plus désormais que des terres « inexplorées », des espaces en sursis : lacunes toutes provisoires d'un monde déjà rassemblé, unifié sous l'œil du naturaliste et du philosophe.

L'antiaméricanisme précoce repeint donc le Nouveau Monde comme un seul monde. Mais ce repeint n'est pas seulement uniforme, sa palette est sinistre. Aux éclats de la mosaïque, il substitue une fresque atone – une grisaille d'Amérique.

L'Amérique diluvienne

Qu'ont-ils donc à reprocher au Nouveau Monde, ces détracteurs imprévus qui se lèvent pour dire leur déception, crier leur dégoût

9. G.T. Raynal, *Histoire philosophique et politique des établissements et du commerce des Européens dans les Deux Indes*, Genève, 1781 (dix volumes in -12°), t. IX, chap. XXVII, p. 133.

ou lancer l'anathème contre un continent tout entier, sa faune, sa flore et, pêle-mêle, ses indigènes et ses colons ? Quelle mouche ou quelle terrible tarentule, pareille à celles dont ils peuplent généreusement le continent américain, a piqué tous ces hommes des Lumières ? Leur premier grief contre ce « nouveau » monde, c'est précisément de l'être trop. Le cliché de la « jeunesse » américaine commence ici, entre naturalistes. Et pour eux, ce n'est pas un compliment.

Il faut ici remonter au déluge. La question de l'âge du monde est l'un des grands débats du XVIIIᵉ siècle, aux lourds enjeux religieux et « philosophiques ». L'idée de déluge critiquée par les libres-penseurs a été réhabilitée ; le récit de Noé remis à flot, si l'on peut dire, par les alliés les plus inattendus : les géologues et les premiers « historiens des religions ». Nicolas-Antoine Boulanger est l'un et l'autre. Ingénieur des Ponts et Chaussées, il trace des routes en Touraine, là où les faluns révèlent à la sagacité de Réaumur la présence des fameuses « coquilles » – nos fossiles – qui prouvent que le Jardin de la France fut longtemps un jardin englouti. Chimiste et mythologue « comparatiste », cet athée est de ceux qui disent non à la Bible et oui au déluge. Non à la chronologie biblique et aux providentielles aventures de l'Arche. Oui à la réalité matérielle d'un déluge universel, dont les traces physiques (les « coquilles ») sont corroborées par des traces culturelles et cultuelles. Si toutes les religions du monde font état d'une inondation du globe, c'est qu'elles sont toutes, selon Boulanger, des séquelles de la terreur superstitieuse inspirée alors aux humains. Cette réhabilitation du déluge réoriente les interrogations sur l'âge de l'humanité. Car la question désormais sera de savoir si l'humanité, elle, préexistait au déluge et lui a survécu, considérablement diminuée – c'est la thèse de Boulanger. Ou bien si, au contraire, l'humanité date d'après le déluge, si elle est née du reflux progressif de l'immersion universelle, comme l'expose en 1748 Benoît de Maillet dans son *Telliamed*. Dans ce second système, l'âge des peuples correspond à celui des terres qu'ils occupent : à terres émergées depuis longtemps, vieilles civilisations ; à terres plus fraîchement asséchées, peuples neufs et comme tombés de la dernière pluie. L'Amérique va faire l'objet d'un examen attentif à la lumière des différentes hypothèses.

Le consensus règne, en effet, sur la « jeunesse » des peuples américains. Naturalistes et philosophes en conviennent : ces peuples offrent le spectacle de l'immaturité physiologique et intellectuelle ; et leurs institutions sont embryonnaires ou inexistantes. Telle est l'« évidence » anthropologique que la géologie est sommée d'expliquer. Elle le fait volontiers et de toutes les manières possibles.

Première possibilité : le continent américain est de formation plus récente que le vieux monde [10] Sa population, supposée indigène, est alors nécessairement plus récente aussi. Deuxième possibilité : la terre a partout le même âge, mais l'Amérique a été « bouleversée » à une époque plus tardive que les autres continents ; elle présente donc, par rapport à eux, une jeunesse relative, computée à partir de « déluges » décalés dans le temps – avec le même résultat pour la jeunesse de sa population. Troisième possibilité (adoptée par De Pauw) : les déluges des divers continents ont eu lieu simultanément ; mais les chances de survie étaient inégales. En Amérique, les peuples n'ont pas pu subsister sur les « sommets de leurs montagnes, d'autant plus stériles, d'autant plus arides qu'elles sont plus élevées » et qui « ne sauraient produire assez de plantes alimentaires pour sustenter les familles réfugiées avec leurs troupeaux ». Dans ce dernier scénario, les Américains *furent* des hommes aussi anciens que les autres ; mais ils n'ont pas survécu à la catastrophe que les Tartares (par exemple) ont mieux supportée, parce que leurs montagnes étaient des « convexités » [11]. Ces Américains antédiluviens n'ayant pas eu, comme eux, la chance d'avoir des « montagnes plates », les actuels habitants de l'Amérique sont des peuples nouveaux, postdiluviens. Les trois schémas relèvent de « systèmes » incompatibles, mais l'important est qu'ils aboutissent au même résultat : rendre raison de l'état d'enfance de l'humanité américaine.

Mais ce n'est pas tout. Car le déluge américain, soit qu'il ait eu lieu récemment, soit pour toute autre cause qui reste à élucider, est encore très présent. Il confère au continent son caractère le plus universel et le plus funeste : l'humidité. Une nouvelle Amérique se dessine, telle qu'on l'avait un peu oubliée, depuis les récits des premiers découvreurs [12]. C'est une immensité morne, moins hostile

---

10. Ainsi chez S. Engel, *Essai sur cette question : quand et comment l'Amérique a-t-elle été peuplée d'hommes et d'animaux ?*, Amsterdam, 1767.
11. C. De Pauw, « Lettre sur les vicissitudes de notre globe », *Recherches...*, éd. cit., vol. 2, p. 303.
12. Les premières relations espagnoles et portugaises introduisent le topos de l'eau omniprésente. Dès ce moment les anomalies de la terre américaine sont interprétées dans un sens défavorable aux hommes qui l'habitent. Un mot attribué à la reine Isabelle

que rebutante, moins effrayante que désolante. Dans cette Amérique-là, les couleurs s'éteignent, les contours se dissipent. Les lignes de toutes choses se perdent aux horizons brumeux. Océan, terres, lagunes : tout se mêle et se brouille. Une végétation confuse rampe ou s'enlace en massifs indistincts. Les animaux eux-mêmes sont louches, sans physionomie décidée. Le chien n'aboie plus. Le tigre est poltron. Les hommes déficients. Ces solitudes, Buffon nous les montre parcourues plutôt que peuplées par de « prétendues nations »[13], ombres de peuples errant dans l'obscurité des forêts. L'Amérique de ces naturalistes est un empire des eaux, des nuées, des brouillards et des vents. Des eaux surtout, qui cernent les côtes et colonisent les terres. Derrière la façade maritime commence l'Amérique marécageuse. Palude sans bornes que ce continent, « terrain fétide et marécageux »[14], infini marigot que dominent au loin, très loin vers l'ouest, des pics impitoyables, des barrières de roc aussi hostiles à la vie que l'élément saumâtre où elles baignent leurs pieds colossaux. En écho à Buffon, De Pauw : « La terre, ou hérissée de montagnes en pic, ou couverte de forêts et de marécages, offrait l'aspect d'un désert stérile et immense[15]. »

Pour ces Européens soupçonneux qui redécouvrent l'Amérique depuis leurs cabinets parisiens ou berlinois, un même joug géologique et géographique pèse sur un continent que seule l'aberration ou la fourbe de ses découvreurs a pu présenter comme fertile en merveilles. Sous leur plume, un nouveau Nouveau Monde prend corps : mais ce corps qu'ils lui donnent est mal formé et ce monde peu viable. Le « destin manifeste » de l'Amérique, pour Buffon, Raynal ou De Pauw, c'est la stagnation. Difficile d'imaginer plus intense contraste des représentations : tandis que les colonies de la Nouvelle-Angleterre s'affermissent dans leur aspiration à une *vita nuova*, les voix les plus écoutées d'Europe vouent l'Amérique à la stérilité et à la mort.

On aurait pu, semble-t-il, en rester là : au constat diluvien d'une Amérique à jamais mal partie. Mais naturalistes et philosophes ne

---

connaîtra une fortune mythologique de plusieurs siècles : « Sur cette terre, où les arbres ne s'enracinent pas, il y aura peu de vérité et moins encore de constance dans les hommes » ; cité par A. Gerbi, *La Disputa...*, p. 45.

13. Buffon, *Variétés dans l'espèce humaine* [1749], *Œuvres complètes*, Diom-Lambert, puis Paris, J. Poulain & Cie, puis Imprimerie et Librairie Générale de France, 1859 ; V, p. 441.

14. C. De Pauw, *Recherches...*, éd. cit., tome premier, p. 3.

15. *Ibid.*, p. 2.

l'entendent pas de cette oreille. Qu'on ne les interrompe pas, ils ne font que s'échauffer.

Buffon et la réduction de l'Amérique

L'Amérique donc est un continent mal dégrossi, à peine émergé d'un déluge d'hier. Ni ses cimes déchiquetées, ni ses étendues croupissantes ne font grâce à la vie. Aujourd'hui encore – *circa* 1770 –, si elle est habitée, c'est parcimonieusement. Et par des peuples enfançons, mal léchés par la grande ourse du Temps. Venus peut-être de loin et pourquoi pas d'Asie ? Ou peut-être jaillis d'une génération toute locale et spontanée ? Question indécidable et donc superfétatoire. À quoi bon, raille Voltaire, se demander « tous les jours comment il se peut qu'on ait trouvé des hommes dans ce continent, et qui les y a menés », si « on ne s'étonne pas qu'il y ait des mouches en Amérique » [16] ? Dans les deux cas, ils sont venus irrémédiablement *tard*. Et ce retard est devenu fatal le jour où leur histoire à peine ébauchée a été rattrapée par l'histoire des Autres – sortis des vagues bottés, casqués et montés sur d'étranges brebis.

Mais le pis reste à dire. Scruté par l'histoire naturelle, cet univers n'apparaît pas seulement désenchanté. C'est un moindre monde : un monde avorton, un univers rabougri, où le vivant végète, où les hommes s'étiolent, où les espèces rapetissent. Telle est l'étonnante révélation de l'histoire naturelle. Telle est l'étrange vision ou la bizarre conviction qui s'empare des bons esprits de la seconde moitié du siècle.

Un homme joue ici un rôle majeur : Buffon. C'est lui qui décrète l'infériorité physique de l'Amérique et de ses productions. Il a l'autorité du savant, le prestige du génie. Le respect qui l'entoure confine à la vénération. Les peintres le représentent en tête-à-tête avec la Nature appliquée à lui dévoiler ses secrets. Un culte se développe, non moins fervent que celui de Voltaire ou de Rousseau. On prend le chemin de Montbard à seules fins d'entrevoir le grand homme. Il n'est pas facile d'aller contre telle réputation. Jefferson, lorsqu'il le réfutera en 1784, aura soin de multiplier (dans l'édition anglaise comme dans l'édition française) éloges et marques d'estime pour le « *celebrated zoologist* ». Le public, explique Jef-

---

16. Voltaire, *Essai sur les mœurs*..., t. II, p. 340.

ferson, a été « séduit dans son jugement par sa plume étincelante ». Lui-même se voit contraint de le contredire, mais non sans « tous les témoignages qui lui sont dus d'honneur et d'estime »[17]. Le Virginien fait patte de velours : il ne gagnerait rien auprès des Français à égratigner le « confident de la Nature ». Conscient du risque d'iconoclastie, il préfère arrondir les angles et prendre quelques libertés exégétiques, jusqu'à écrire au marquis de Chastellux que « la dégénération de l'homme européen transplanté en Amérique ne fait pas partie du système de Monsieur de Buffon »[18]. Mieux vaut décidément avoir Buffon avec soi que contre soi ! Jefferson fait ici le bon apôtre ; mais dans son particulier, quand il annote en marge son exemplaire personnel, il est moins aimable pour le *celebrated zoologist* : « Il n'est pas un écrivain qui, mieux que M. de Buffon, prouve le pouvoir de l'éloquence et l'incertitude des théories »[19]. Mais que le rôle de Buffon ait été décisif dans la constitution du socle naturaliste de l'antiaméricanisme, Jefferson le sait mieux que quiconque, lui qui consacre un long chapitre des *Notes on the State of Virginia* à le réfuter.

Les animaux malades de l'Amérique

Que dit Buffon de si remarquable, à propos du continent américain ? Ceci – qui nous paraît fort étrange, tant nous sommes bercés d'images de la grandeur, voire de la démesure américaines : sur ce nouveau continent, tout est petit, beaucoup plus petit que dans l'ancien monde. Les espèces y sont moindres. Les animaux, plus chétifs. L'homme lui-même s'y trouve de taille modeste, si l'on excepte les fameux géants patagons, dont l'existence est fort douteuse. Au fil de plusieurs études successives : *Variétés dans l'espèce humaine* (1749), *Animaux de l'ancien continent*, *Animaux du nouveau monde*, *Animaux communs aux deux continents* (1761), *De la dégénération des animaux* (1766), Buffon martèle la même évidence : sur ce grand continent, la vie vient rabougrie. Simple est la leçon fondamentale qu'il répète de chapitre en chapitre et de traité en traité : « Nous avons dit qu'en général tous les animaux

17. T. Jefferson, *Notes on the State of Virginia*, London, Penguin Classics, edited with an introduction and notes by Frank Shuffelton, 1999, p. 68.
18. T. Jefferson, Lettre au marquis de Chastellux, 7 juin 1785 ; *Notes...*, éd. cit., p. 267.
19. *Ibid.*, p. 308, note 111.

du Nouveau Monde étaient beaucoup plus petits que ceux de l'ancien continent[20]. » Mais qu'est-ce à dire au juste ?

C'est dire, par exemple, que le tapir est nettement moins impressionnant que l'éléphant, le rhinocéros et l'hippopotame. Que le lama est plus petit que le chameau. Que la vigogne paraît un modèle réduit de la brebis. Et que le pécari se présente à l'observateur impartial comme un cochon rétréci. Non bien sûr que Buffon établisse, dans chaque cas, les mêmes liens de filiation. Le pécari appartient indubitablement au même « genre » que son homologue le cochon. Le tapir, en revanche, ne fait pas partie de la famille hippopotame, ni de la famille rhinocéros, ni de la famille éléphant. Relevant d'un troisième cas de figure, lama et vigogne entretiennent avec leurs correspondants du vieux monde des rapports ambigus. Buffon commence par nous dire qu'ils « paraissent avoir des signes plus distinctifs » que le tapir « de leur ancienne parenté » avec leurs congénères du vieux monde : respectivement, le chameau et la brebis. Mais le lien de parenté s'effiloche aussitôt pour devenir simple proximité – proximité dont la nature exacte reste aussi ambiguë que le mot employé par Buffon, celui de *voisinage* : « ils sont voisins et ne sont pas parents »[21]. La vigogne, voisine mais non cousine (d'Amérique) de notre brebis ? Voilà qui ne tombe pas immédiatement sous le sens. À une parenté suggérée puis déniée, Buffon substitue ici une notion aussi floue que paradoxale, s'agissant d'animaux séparés par quelques milliers de milles.

Il faut donc entrer plus avant dans son système, dont les conséquences sont considérables pour les représentations de l'Amérique jusqu'à la fin du siècle. Le sens de la démarche s'éclaire dans le cas extrême du tapir. Car le tapir, loin d'être apparenté au rhinocéros, à l'hippopotame ou à l'éléphant, ne leur est pas même « voisin ». Il ne présente pas avec eux de fortes similarités. Il offre seulement quelques ressemblances secondaires de morphologie ou d'habitus – dont celle-ci, assez peu distinctive, semble-t-il : « comme l'hippopotame, il se tient souvent dans l'eau »... Les trois animaux qui lui sont confrontés ne présentent avec lui, dit Buffon, que de « petits rapports ». Si petits que l'on peut se demander à quoi rime leur confrontation.

Or ce qui justifie ces comparaisons, aux yeux de Buffon, c'est la situation relative qu'occupe chacun des animaux observés dans

---

20. Buffon, *Dégénération des animaux* [1766], *Œ. C.*, VIII, p. 240.
21. *Ibid.*, p. 241.

l'échelle des êtres de sa propre sphère géographique. Ainsi, c'est parce que le tapir est « dans son continent le premier pour la grandeur » qu'il est confronté au rhinocéros, à l'hippopotame et à l'éléphant, quoiqu'il n'ait guère, avoue Buffon, que « la taille d'un âne ». La démarche de Buffon est déroutante : ne s'étayant pas sur l'observation de traits communs qui seraient en nombre suffisant pour autoriser les confrontations d'un continent à l'autre, elle semble faire bon marché du constat morphologique. Pourtant, elle n'est pas aussi impressionniste que pourrait le suggérer tel portrait, comme celui du lama : « Le lama a, comme le chameau, les jambes hautes, le cou fort long, la tête légère, la lèvre supérieure fendue ; il lui ressemble aussi, par la douceur du naturel, etc. » Elle repose sur un recours explicitement revendiqué à l'analogie.

L'analogie n'a pas bonne presse, scientifiquement parlant. Buffon pourtant prend le risque de la réhabiliter : d'une part comme une vision correcte, cohérente du vivant ; d'autre part, comme un instrument d'investigation plus affiné qui vient compléter ou redresser la simple observation. Sur le plan théorique, en effet, l'idée analogique s'impose à lui comme un corrélat de la thèse de l'unité fondamentale des espèces animales et de l'espèce humaine – y compris dans ce monde apparemment séparé qu'est le Nouveau Monde. Ce postulat d'unité est essentiel à la pensée de Buffon. C'est son credo de naturaliste et de philosophe. Il l'étend sans hésitation aux Américains : « Quant à leur première origine, je ne doute pas, indépendamment même des raisons théologiques, qu'elle ne soit la même que la nôtre[22]. » Voici donc l'histoire naturelle confrontée à une tâche d'identification ou plutôt de reconnaissance. De l'ancien monde au nouveau, il s'agit de rétablir les filiations, quand c'est possible ; ou, à défaut, de mettre au jour les rapports cachés sous les différences apparentes. L'unité du vivant sur terre implique une correspondance globale d'un monde à l'autre. La faune américaine et celle de l'ancien continent peuvent et doivent donc, mises face à face, livrer leurs correspondances.

La méthode est simple. On dressera pour commencer les tableaux généraux des animaux des deux continents. Et la juxtaposition de ces deux tableaux permettra le repérage des parents, cousins ou « voisins ». Le naturaliste, comme jadis la Nature, ayant horreur du vide, les animaux du Nouveau Monde seront priés de remplir les cases mises à leur disposition par analogie avec leurs congénères

---

22. Buffon, *Variétés...*, p. 451.

déjà répertoriés. Ce qui permet à Buffon d'écrire, toujours à propos du tapir confronté à l'hippopotame, au rhinocéros et à l'éléphant, qu'à lui « seul il les représente tous les trois à ces petits égards » que sont, par exemple, leur « lèvre supérieure musculeuse et avancée » ou leur penchant au barbotage. Le verbe *représenter* est significatif. D'un côté, il rappelle le rôle de la représentation des animaux par le naturaliste : de leur description rhétorique et graphique comme fondement de l'histoire naturelle. Mais dans un passage comme celui qui vient d'être cité, *représenter* est affecté d'un autre sens : il renvoie au jeu même des correspondances de continent à continent et vient légitimer discrètement la démarche analogique. La représentation de l'hippopotame par le tapir, en ce second sens, renvoie au présupposé même du système ; à savoir que l'animal du Nouveau Monde, si différent soit-il en apparence et même en réalité, *tient la place* d'un ou plusieurs animaux de l'ancien monde. Il est leur *représentant* outre-Atlantique. Cette histoire naturelle est donc comparatiste au niveau de l'ensemble des deux tableaux : elle confronte moins des animaux singuliers qu'elle ne fait coïncider deux ensembles ordonnés, où figurent tous les animaux de chaque continent. Ce ne sont pas des galeries de portraits que propose Buffon, mais des tables de concordance.

Transplantation et dégénération

Un autre texte, paru en 1766 et repris par tous les protagonistes de la querelle américaine, *Dégénération des animaux*, s'attache à justifier théoriquement le recours à « l'analogie » associée aux « expériences ». Il est des cas, dit en substance Buffon, où l'observation ne suffit pas. Il faut alors « avoir recours à l'inspection la plus attentive, et même aux expériences et à l'analogie »[23]. Quels sont ces cas ? Les cas de transplantation, d'exils forcés des animaux, « contraints d'abandonner leur terre natale » par « des révolutions du globe ou par la force de l'homme ». Animal déplacé, animal dénaturé.

Le jeu de Buffon devient ici très lisible, en même temps que se confirme le lien, chez lui, entre la méthode analogique et le problème américain. La méthode analogique, cet esprit de finesse appliqué à la morphologie, est l'arme secrète du naturaliste pour

23. Buffon, *Dégénération des animaux...*, p. 219.

dévoiler la véritable « nature » des animaux transplantés, donc nécessairement « dégénérés ». Les bêtes ambiguës du Nouveau Monde requièrent du naturaliste des efforts redoublés : l'exactitude géométrique des tableaux généraux restera lettre morte si le flair analogique ne vient leur donner sens. Soyons attentifs, s'écrie Buffon, très attentifs ! Si nous n'observons pas de très près, si nous ne dépassons pas les apparences, si nous nous contentons d'un regard sans arrière-pensée, nous ne verrons rien, nous ne les reconnaîtrons pas, tant leurs tribulations sous d'épouvantables climats ont rendu ces animaux du Nouveau Monde *méconnaissables*. D'où le recours au portrait chinois. Et si c'était une brebis ? Eh bien, ce serait une vigogne... La zoologie buffonienne, en arrêt devant l'Amérique, devient une série de devinettes morphologiques, d'images dans le tapis où seul l'observateur averti retrouvera ses petits.

L'animal de Buffon est malléable, instable, soumis au climat, bien sûr, au régime alimentaire, mais aussi à toutes les vicissitudes de la domestication qui impriment sur lui ses « stigmates ». De même l'homme. Buffon, on le sait, tient que la couleur des Noirs est fonction du climat et imagine des expériences *in vivo* pour déterminer « combien il faudrait de temps » à ces Noirs, « transportés » au Danemark, « pour réintégrer la nature de l'homme » – c'est-à-dire retrouver la blancheur originelle de leur peau... Hommes, animaux et plantes vivent sous la loi de « l'altération » : c'est le mot-clé de l'interprétation buffonienne. On le trouve dès la première phrase du texte *Dégénération des animaux* : « Dès que l'homme a commencé à changer de ciel, et qu'il s'est répandu de climats en climats, sa nature a subi des altérations. » Altération que le changement de couleur des hommes ; altération que le changement de taille et de forme des animaux américains. Altération et dégénération, non pas changement ou mutation : le vieux monde reste le point de référence et, au moins implicitement, l'origine.

Mais ce qui marque les innombrables lecteurs de Buffon et ce qui va tout particulièrement passionner les détracteurs de l'Amérique, c'est moins la démarche que les « résultats ». C'est de voir illustrée, mieux : *mesurée*, la disproportion des espèces prises en masse, toujours au détriment du continent récent. C'est de voir démontrée, bestiaire à l'appui, la « dégénération » générale de la nature américaine. Il y a bien quelques ombres méthodologiques aux tableaux de Buffon : un soupçon de circularité[24], un zeste de partialité. N'importe, l'éloquent Buffon, comme dirait Jefferson, emporte la conviction et l'Amérique sort pour longtemps diminuée de son grand défilé de bêtes disproportionnées. Son constat d'une « dégénération des animaux en Amérique » appose le cachet de la science sur le discours de l'infériorité américaine. Estampille précieuse, légitimation inespérée. L'amoindrissement du vivant sur le continent américain avait besoin de cette caution pour renverser deux siècles et demi de témoignages favorables, enthousiastes ou tout simplement crédules.

La dégénération américaine

L'analyse de Buffon est matricielle : tout l'antiaméricanisme « naturaliste » en est issu. Elle n'offre pas seulement un constat de la carence américaine, repris avec un brio infernal dans les premières pages des *Recherches philosophiques sur les Américains* de De Pauw ; elle modélise le devenir de l'Amérique selon le schème rhétorique de la déchéance. D'entrée de jeu, le regard comparatiste est orienté. Il reçoit pour mission de découvrir et d'enregistrer les indices de « l'altération » du monde américain. Ce n'est pas seulement la pitoyable « petitesse » des espèces américaines qui est mise en évidence sous ce regard, c'est tout le processus de leur dégénérescence : leur « grande diminution dans la grandeur », comme dit Buffon d'une formule étrange et révélatrice, qui trahit la pré-orientation du regard comparatif. Car de deux choses l'une désormais. Ou bien les animaux du Nouveau Monde seront décidément trop éloignés (ni voisins ni « alliés ») de ceux de l'ancien ; et alors l'indigénat leur sera reconnu en même temps que sera soulignée leur petitesse par rapport à leurs lointains « correspondants ». Ou bien l'animal (tel le pécari) pourra être rattaché à une « souche » présente dans l'ancien continent (le « genre » cochon) ; et alors « il aura dégénéré au point de former aujourd'hui une

---

24. Elle suppose acquise *au départ* la relation d'analogie entre les deux faunes qui permet de passer aux comparaisons particulières selon la place occupée dans chaque tableau (« le premier en grandeur », etc.). Ces comparaisons particulières (du lama à la brebis) sont décevantes, ne livrant que des analogies de détail. Aussi bien leur finalité n'est-elle pas de permettre des découvertes sur ces animaux, mais d'accréditer la légitimité de la première opération : la mise en regard des deux tableaux.

espèce distincte et différente de celle dont il est originaire »[25]. L'analyse, dans les deux cas, tourne à la confusion de l'Amérique, qui a enfanté des espèces médiocres ou frappé de rabougrissement les espèces venues d'ailleurs.

Ce que les détracteurs de l'Amérique trouvent chez Buffon, c'est donc l'articulation d'une théorie du climat reformulée comme le plus puissant des déterminismes physiologiques et d'un recueil d'« observations » qui conclut au moindre développement ou à la dégénération, en Amérique, de toutes les espèces vivantes. Le climat selon Montesquieu influait sur les corps et façonnait des comportements qui, prédisposant à telles mœurs, favorisaient telles ou telles institutions politiques. Chez Buffon, le climat est un tyran plus direct et plus absolu. Il violente animaux et humains jusque dans leur morphologie. Il opère des transformations jusque dans les traits qui distinguent les races. C'est lui qui a « verni de noir » l'homme « sous la zone torride » et qui l'a « tanné, rapetissé par le froid glacial » près du pôle[26]. Lui encore qui rendrait au Nègre ou au Lapon, revenus sous des cieux tempérés, « ses traits originaux, sa taille primitive et sa couleur naturelle »[27]. Lui toujours qui opère des changements encore « plus prompts et plus grands » chez les animaux, « parce qu'ils tiennent à la terre de bien plus près que l'homme »[28] et subissent ses caprices sans aucune des médiations protectrices inventées par la culture. Un tel climat, s'il est capable de « rapetisser » l'homme, a bien pu ratatiner le pécari...

Le concept d'*altération* vient utilement compléter ce dispositif explicatif. Car cette altération qui touche toutes les formes de vie et que Buffon rapporte au climat et au sol nourricier, devient une conséquence inéluctable du simple déplacement spatial des espèces (l'humaine comprise) d'un climat à un autre, d'une terre à une autre terre. *De la dégénération des animaux* s'ouvre, non sur le règne animal, mais bien sur l'homme et sa malléabilité. « Dès que l'homme a commencé à changer de ciel, et qu'il s'est répandu de climats en climats, sa nature a subi des altérations : elles ont été légères dans les zones tempérées, que nous supposons voisines du lieu de son origine ; mais elles ont augmenté à mesure qu'il s'en est éloigné... »[29] Ce ne sont donc pas seulement les animaux qui

---

25. Buffon, *Variétés...*, p. 241.
26. Buffon, *Dégénération...*, p. 217.
27. *Ibid.*, p. 218.
28. *Ibid.*, p. 219.
29. *Ibid.*, p. 217.

« dégénèrent ». La nature des hommes « s'altère », elle aussi, même si leurs ressources propres (habitat, vêtements, etc.) rendent cette altération plus lente et moins mécanique. Atout non négligeable pour les continuateurs antiaméricains de Buffon, « l'altération » est un concept des plus lâches. Cornelius De Pauw le comprend vite. Si d'aventure un pécari s'avère plus corpulent que prévu, c'est que « l'altération » aura opéré autrement, sur la forme par exemple : « les cochons qui se rabougrissent en Pensilvanie [*sic*], changent dans d'autres endroits de forme sans perdre leur taille... »[30] Ainsi tout pécari qui n'aura pas maigri reçoit le statut d'exception qui confirme la règle, la « dégénération » s'étant traduite, par aventure, autrement que par une « diminution de la grandeur ».

Vulgarisée et radicalisée, cette mise en cause des migrations comme facteurs d'altération et de dégénération nourrira tout un discours politico-naturaliste sur l'affaissement physiologique et mental de l'Européen transplanté. Buffon se trouve ainsi à l'origine d'une vague de dénigrement scientifique de l'Amérique qui va continuer, pendant une vingtaine d'années, à s'autoriser de l'histoire naturelle. Cornelius De Pauw a beau lancer quelques banderilles au vieux maître, ce « naturaliste si ingénieux, et quelquefois plus ingénieux que la nature elle-même »[31] ; il a beau lui chercher noise sur l'âge de l'humanité américaine ou telle autre hypothèse jugée aventurée : ses *Recherches philosophiques sur les Américains* doivent leur allant à la percée effectuée par Buffon.

L'Amérique vénéneuse

Le Nouveau Monde est trop nouveau. Un climat hostile fait de ce continent l'empire du froid, ou de l'humide, ou des deux à la fois. Empire stérile, à tout le moins peu fécond. Désertique souvent, sous-peuplé toujours. Tous les règnes de la nature s'y présentent « altérés » – sans en exempter l'homme, dont l'humanité y est bien problématique. En Amérique, on ne vit pas, on « végète ». Ainsi parle, savamment, le premier discours antiaméricain. Il parle, mais aussi il peint. L'Amérique n'avait pas manqué de naïfs Jérôme Bosch pour la peupler d'Acéphales, d'Antipodes et d'arbres à moutons. Elle

---

30. C. De Pauw, *Défense des* Recherches philosophiques sur les Américains, *par Mr. de P****, [1770], *Recherches...*, vol. II, p. 205.
31. C. De Pauw, *Recherches...*, tome premier, p. 188.

avait eu son Greco avec Las Casas, exposant en couleurs crues les tourments d'un continent martyr. Lafitau, Charlevoix, la Compagnie de Jésus, les Franciscains avaient drapé de noblesse leurs Sauvages et éclairé la toile d'en haut, comme pour une Annonciation. En 1768, l'Amérique trouve son Goya : c'est Cornelius De Pauw.

De Pauw est né en Hollande. Il vit à la Cour de Frédéric II et écrit en français. Lorsqu'il publie ses *Recherches philosophiques sur les Américains*, il n'a pas trente ans. Du jour au lendemain, son nom est connu de l'Europe pensante : son livre fait du bruit, on en parle, on prend la peine de le réfuter. À Berlin même, De Pauw subit les assauts du bénédictin français Antoine-Joseph Pernety. Attaque en règle, *Défense* de De Pauw, contre-réplique de Pernety tiennent en haleine pendant deux ans la ville, la Cour et l'Académie. Querelle locale, lutte d'influence entre les pensionnaires de la ménagerie philosophique réunie par Frédéric II ? Sans doute. Mais l'influence des *Recherches* se fait sentir bien au-delà du petit monde berlinois. L'*Histoire des Deux Indes* dont Raynal assemble alors la première mouture en porte partout la trace. Et si Pernety, bibliothécaire de Frédéric II, pouvait avoir des raisons très personnelles de s'opposer à l'étoile montante d'un jeune rival, ce n'est pas le cas d'un Delisle de Sales, par exemple, lorsqu'il insère une discussion de De Pauw dans son *Système de la nature*, où le débat américain ne s'imposait pas. Comme si, autour de 1770, on ne pouvait disserter des effets et des causes sans briser quelques lances pour ou contre De Pauw.

De Pauw est un suractif de la négativité. Il jette à bas tout l'édifice des relations pieuses ou enthousiastes accumulées sur l'Amérique. Il récuse pêle-mêle faux savants, douteux missionnaires et mauvais littérateurs. Presque tous les voyageurs lui sont suspects : « On peut établir comme une règle générale que sur cent voyageurs, il y en a soixante qui mentent sans intérêt, et comme par imbécillité, trente qui mentent par intérêt, ou si l'on veut par malice, et enfin dix qui disent la vérité et qui sont des hommes [32]. » Encore chez ces dix-là convient-il de trier l'information... De Pauw tape fort et sans relâche. Il piétine la tradition philosauvage encore chère à bien des Philosophes et dont la littérature sentimentale commence à s'emparer [33]. Il brosse une fresque d'une noirceur saisissante. Plus encore

---

32. C. De Pauw, *Défense des* Recherches..., p. 320.
33. La première pièce à sujet indien représentée à la Comédie-Française semble avoir été *La Jeune Indienne*, en 1764 ; ce fut aussi le premier succès de Chamfort, âgé de vingt-quatre ans.

peut-être qu'au plus sombre Goya, son Amérique fait songer aux coulées mortifères de lave et de sang du muralisme mexicain – non à Rivera, trop plein de vie au sein des cruautés, mais à Orozco et à sa palette hideusement charbonnée. Mais l'horreur chez De Pauw est plus irrémédiable encore. La mort ne débarque pas en Amérique toute caparaçonnée, avec les envahisseurs européens ; elle monte et s'exhale de la terre même, putride et infectée. Non que De Pauw néglige de redire les horreurs de la Conquête, ni de dénoncer l'Europe criminelle. Il le fait avec véhémence. Mais pour lui, le mal est plus profond. Les massacreurs sont infâmes et il les fustige. Mais l'Amérique est maudite et il la stigmatise.

« Je placerai, à la tête de cet ouvrage, quelques observations frappantes et décisives », écrit De Pauw. Frappantes, elles le sont. La première salve, en l'honneur de Buffon, est tirée contre la faune. « Le climat de l'Amérique était au moment de sa découverte, très contraire à la plupart des animaux quadrupèdes, qui s'y sont trouvés plus petits d'un sixième que leurs analogues de l'ancien continent. » Une deuxième salve suit immédiatement, qui n'épargne pas les bipèdes humains : « Ce climat était surtout pernicieux aux hommes abrutis, énervés et viciés dans toutes les parties de leur organisme d'une façon étonnante. » La troisième, enfin, est pour la nature entière : « désert stérile et immense ». De Pauw ne ménage ni ses effets, ni ses lecteurs. En trois coups de brosse énergiques, voilà le décor planté où peuvent s'avancer, inévitables, les Espagnols. Mais quels Espagnols ! Ce ne sont pas les Cortés, les Pizarre qui font leur entrée au fronton de l'ouvrage. Ce ne sont pas les destructeurs d'empires, les vainqueurs du continent, ni même les tortionnaires de masse. C'est un ramas de canailles anonymes. Ce sont des « aventuriers » faméliques – si faméliques qu'ils finiront par s'entre-dévorer. « Les Espagnols furent de temps en temps contraints de manger des Américains et même des Espagnols, faute d'autre nourriture. » Les Français aussi, d'ailleurs : « Les premiers colons français envoyés dans ce monde infortuné finirent par se dévorer entre eux. » Les Anglais ont un tout petit peu plus de chance (ou de retenue) : ils échappent à cet enfer, rentrent au pays, mais dans un état de famine tel qu'on « les prit à Londres pour des spectres » !

Nous sommes à la page trois – il y en a 772 dans l'édition originale. Quel prégénérique ! Par cette extraordinaire scène primitive, De Pauw fait coup double : il prouve la désespérante désolation d'un pays où l'on ne peut survivre ; et il suggère l'effrayante

« révolution » que l'Amérique opère sur ses envahisseurs mêmes, métamorphosés en anthropophages aussi sûrement que les visiteurs de Calypso étaient changés en pourceaux. Coup triple, en fait. Car ce fabuleux début se lit aussi comme une allégorie du destin des nations colonisatrices : cette autodévoration des Européens symbolise l'engloutissement en pure perte de leurs forces vives dans le gouffre humain qu'est l'Amérique. Aujourd'hui encore, affirme De Pauw, plusieurs colonies sont « absolument hors d'état de se nourrir de leurs propres productions ». Loin de nourrir les hommes, l'Amérique les dévore. De Pauw est ici à l'unisson du siècle philosophique tout entier, de Montesquieu à Diderot. Il proclame d'emblée que les destinées des peuples indigènes et des peuples colonisateurs convergent au malheur. Il élargit le chromo traditionnel des maux historiques infligés à l'Amérique en une fresque d'éternelle et naturelle infortune où l'Européen sera venu s'inscrire pour le malheur accru des indigènes, mais aussi pour le sien. Peintre non de batailles, mais de désastres, De Pauw s'intéresse moins aux charniers de la Conquête qu'au pourrissement en profondeur d'un continent mortifère, qui sera le tombeau de ses vainqueurs illusoires.

Il peut maintenant en venir à l'essentiel : à la terre et à son climat. Il peut suivre le fil funeste qui le mène de sel en suc et de saumure en poison. Désormais, place à la science.

Le sel, d'abord. Il est partout. Des eaux omniprésentes, des marécages sans fin, il s'élève dans l'atmosphère et retombe en sédimentation fatale sur la végétation. Les eaux américaines, « corrompues, malfaisantes et même mortelles », ces eaux livrées à la « fermentation », exhalent sous l'effet du soleil un sel marin qui « se cristallise ensuite sur chaque feuille trempée dans cette saumure »[34]. La nature américaine selon De Pauw n'est pas vraiment vivante, c'est une conserve, une gigantesque choucroute. Sous d'épaisses nuées salines, la végétation étouffe, cesse d'être « tendre et herbacée » comme en Europe et ne survit que sous la forme « ligneuse des sous-arbustes ». Car pour ne rien arranger, aux effets du sel s'ajoutent ceux du « nitre terrestre » qui dessèche intérieurement ces chétives productions. C'est un fait d'expérience, ajoute De Pauw, et incontestable : lorsque les colons de la Nouvelle France voulurent blanchir le linge à la cendre de bois, comme dans la métropole, ils furent bien « étonnés de voir cette lessive découper en un instant toute la toile en lambeaux et la réduire ensuite en

---

34. C. De Pauw, *Recherches...*, tome premier, p. 3.

parenchyme, ce qu'on attribua, avec raison, à la violence du sel âcre et copieux que cette cendre recelait »[35]. Derrière cette expérience de chimie déplaisante, tout un imaginaire des merveilles américaines vibre encore. Le génie de De Pauw, c'est d'en capter la rhétorique, d'en pasticher les figures pour les retourner contre l'Amérique. Il garde intact le mouvement de l'étonnement, mais rien ici ne tourne aux enchantements. Interdit de rêver. Fini de jouer. Tous ces *lusus naturae*, ces jeux d'une nature étrange dont s'enchanta, pendant plus de deux siècles, la curiosité européenne, De Pauw les réécrit comme une longue suite de mauvaises surprises : comme les mauvais tours que joue à l'homme une nature taquine ou franchement sadique. Cette lessive gloutonne qui semble tout droit tirée d'un magasin de farces et attrapes, De Pauw ne prétend pas nous en amuser. Il compte bien instiller chez son lecteur inquiétude et répugnance pour une nature fertile seulement en chausse-trapes.

« Marâtre » comme celle que décrira Sade, la Nature américaine accumule les pièges et multiplie les perfidies. Jusqu'à fournir, avec ce même nitre, le salpêtre indispensable aux Espagnols pour reconstituer leur stock de poudre et subjuguer les Mexicains, ainsi trahis par leur propre terre. Car cette méchante terre est aussi une terre méchante. Qu'elle ait réarmé ses envahisseurs, c'est le moindre de ses méfaits. Depuis la nuit des temps, elle s'efforce de tuer les hommes. De toute sa sève anémique, elle aimerait dépeupler le continent – et n'y réussit pas mal. (De Pauw, comme ses devanciers, insiste sur le vide humain des espaces américains.) L'Amérique n'est pas seulement rebutante et stérile, elle est empoisonnée. Son « terrain fétide et marécageux » fait « végéter plus d'arbres venimeux qu'il n'en croît dans toutes les parties du reste de l'univers connu »[36]. Championne en maléfice, la végétation y suinte la mort par tous ses sucs. Le curare dont les sauvages arment la pointe de leur flèche, évoqué par tous les voyageurs, prend chez De Pauw valeur symbolique. Présent à la première page de l'essai, objet du dernier chapitre sur « l'usage des flèches empoisonnées », le poison encadre littéralement les *Recherches*. La surabondance des toxiques végétaux signe la criminalité de la Nature américaine. Le terrible curare même n'est rien, comparé aux horreurs du manioc. Car les rares plantes qui s'offrent pour sustenter les hom-

---

35. *Ibid.*, p. 4.
36. *Ibid.*, p. 3.

mes sont elles-mêmes empoisonnées. De Pauw, s'appuyant sur la
« causticité » des féculents qui font la base de l'alimentation américaine, échafaude ce paradoxe saisissant d'une humanité survivant
grâce à un poison – *alimentum in veneno*. « La principale nourriture
des Américains », écrit-il, évoquant le temps des premiers contacts,
« était une plante empoisonnée qu'on ne rendait comestible que
par adresse ». L'*adresse* consiste à la cuire mais par ce simple mot,
De Pauw a suggéré le duel sournois que se livrent une nature atroce
et une humanité démunie. La mort rôde entre le cru et le cuit. Le
yucca, le manioc, à l'état naturel, sont des pitances fatales : « Je
parle de tant d'espèces de *Jucas* et de *Manihots*, qui sont presque
toutes mortelles lorsqu'on les mange crues, et comme elles sortent
du sein de la terre. C'était néanmoins ce *Manihot* qui tenait lieu
aux Indiens du seigle et du froment qu'ils ne connaissaient point. »
Stupéfiante Amérique qui feint de nourrir ses enfants pour mieux
les assassiner ! Comme l'écrit De Pauw : « Il faut avouer que l'histoire de l'ancien continent ne nous offre pas d'exemple pareil, et
quelle qu'y soit la somme des malheurs, on n'y voit point de peuple
entier, qui ait été contraint de tirer son premier aliment d'un végétal
vénéneux. »

Comment s'étonner, dès lors, que cette terre de tous les poisons
ait empoisonné aussi l'Europe – non au manioc, ni au yucca, mais
en l'inondant des « germes vénéneux » du mal vénérien ? De Pauw
trouve évidemment « risibles » toutes les hypothèses qui font naître
la syphilis ailleurs qu'en Amérique (en Afrique, par exemple) : « la
peste vénérienne est née en Amérique », c'est là un point prouvé
« sans réplique »[37]. Le contraire eût étonné. Il ne s'aventure pas à
lui assigner une source trop précise. Mais il encadre son développement sur la syphilis par deux remarques « naturalistes », comme
pour mieux arrimer la maladie au sol américain. Car s'il lui est
impossible, en toute honnêteté, de dire l'origine du mal, De Pauw
ne se prive pas d'affirmer qu'il est aggravé et parfois relancé par la
consommation immodérée d'iguane. Il y a donc symbiose suspecte
entre le mal bien improprement appelé « de Naples », puisqu'il est
né du Nouveau Monde, et le « lézard américain » dont l'ingurgita-
tion est « funeste à ceux qui en sont affectés ». D'ailleurs, ce mal
rongeur qui attaque jusqu'aux sources de la génération n'a-t-il pas
les mêmes causes que la « faiblesse » des Américains, tous « desti-
tués de cette force vive et physique qui résulte de la tension et de la

---

37. *Ibid.*, p. 19.

résistance des muscles et des nerfs »[38] ? De Pauw incline à le croire : c'est encore et toujours l'inondation du continent, c'est la « grande humidité de l'atmosphère », c'est « l'incroyable quantité d'eaux croupissantes répandues sur sa surface » qui ont « vicié et dépravé le tempérament des habitants »[39].

Dans ce séjour d'horreur qu'est l'Amérique, l'humanité est née perdante et percluse. L'histoire récente des Américains a été malheureuse ; mais l'histoire naturelle de l'Amérique est, depuis l'aube des âges, celle d'une malchance, d'une maldonne irrémédiable. « Frappée de putréfaction », « inondée de lézards, de couleuvres, de serpents, de reptiles et d'insectes monstrueux »[40], malsaine et malveillante, la terre d'Amérique n'est pas la Canaan des Patriarches décrite par des missionnaires enfiévrés[41] : c'est une Égypte frappée de plus de plaies que les hommes n'en sauraient supporter.

Le « génie abruti des Américains »

Car la principale victime de ce « monde infortuné » est l'homme. À commencer bien sûr par le Sauvage, dont De Pauw, avant Joseph de Maistre et pour d'autres raisons, proclame la totale déchéance.

« Du génie abruti des Américains » : ce titre, en tête de la quatrième partie des *Recherches*, donne le ton d'un chapitre que son auteur présente lui-même comme décisif. Conséquence directe des handicaps accumulés sur sa tête par une nature abominable, l'Américain est débile de corps et d'esprit. « Une imbécillité stupide fait le fond du caractère de tous les Américains », prévient De Pauw, qui les juge « privés à la fois d'intelligence et de perfectibilité »[42]. Mais loin d'en chercher la raison dans quelque extraordinaire « prévarication », dans un péché inouï commis par leurs aïeux, comme l'auteur des *Soirées de Saint-Pétersbourg*, De Pauw la trouve plus

---

38. *Ibid.*, p. 31.
39. *Ibid.*, p. 20.
40. *Ibid.*, pp. 4-5.
41. Sont surtout visés par les polémistes antiaméricains les Pères Lafitau, auteur de *Mœurs des Sauvages Américains comparées aux mœurs des Premiers Temps* (1724), Buffier et Charlevoix, qui compare les Indiens aux Patriarches dans son *Journal historique* : « Je me rappelai alors ces anciens Patriarches, qui n'avaient point de demeures, habitaient sous des tentes... » (*Histoire et description générale de la Nouvelle France. Avec le Journal historique d'un Voyage fait par ordre du roi dans l'Amérique septentrionale*, Paris, Vve Ganeau, 1744-1746, vol. 6, p. 254).
42. C. De Pauw, *Recherches...*, tome second, p. 108.

naturellement dans la mauvaise circulation du sang qui engendre la « faiblesse de l'entendement » [43]. Les idées des Indiens sont « mal imprimées » à cause des « humeurs visqueuses et grossières » propres à leur tempérament. Leur disposition fondamentale est l'insensibilité. « L'insensibilité est en eux un vice de leur constitution altérée : ils sont d'une paresse impardonnable, n'inventent rien, n'entreprennent rien et n'étendent point la sphère de leur conception au-delà de ce qu'ils voient : pusillanimes, poltrons, énervés, sans noblesse dans l'esprit, le découragement et le défaut absolu de ce qui constitue l'animal raisonnable les rendent inutiles à eux-mêmes et à la société. » À ces êtres qui « végètent plutôt qu'ils ne vivent », De Pauw est « tenté de refuser une âme » [44].

Depuis la première intervention de Buffon, en 1749, le constat n'a cessé de s'aggraver. *Variétés dans l'espèce humaine* insistait surtout sur l'imperfectibilité propre à l'indigène américain. De Pauw trace le portrait d'un être placé à la lisière entre humanité et non-humanité, physiologiquement miné par le « vice secret » que lui a infligé la Nature américaine. Faiblesse de corps et d'esprit en découlent, mais bien d'autres tares encore : impuissance probable, inappétence certaine des hommes pour les femmes (« aliénation pour le sexe ») ; leur fermeté même dans les tortures, ce topos majeur de la noblesse du Sauvage, est retournée en preuve supplémentaire d'une atrophie de leur système sensitif : ce n'est pas héroïsme sublime que leur constance au poteau de torture, c'est simple défaut de leurs « fibres ».

Est-ce encore un homme ou déjà un monstre que cet habitant du « monde infortuné » ? Dans ce Sauvage morne et borné, l'histoire naturelle pressent le règne de l'anomalie. L'homme en Amérique est sans virilité ni pilosité ; il a souvent du lait aux mamelles ; il fuit la femme pour se livrer à son goût de prédilection : le goût « antiphysique » [45]. La chose est si notoire que De Pauw s'y attarde peu. Diderot en parle d'abondance. L'*Histoire des Deux Indes* entérine : « Ils ont peu d'enfants, parce qu'ils n'aiment point les femmes : et c'est un vice national, que les vieillards ne cessent de reprocher aux jeunes gens. » Sermons inutiles, s'amuse De Pauw, et qui « ne pouvaient dompter le tempérament, non plus que là où

---

43. *Ibid.*, p. 109.
44. *Ibid.*, p. 160 ; il fait ici le portrait des naturels de la Californie, mais précise qu'il est « conforme à celui que nous avons donné de tous les Américains ».
45. Voir M. Delon, « Du goût antiphysique des Américains », *Annales de Bretagne* n° 2, 1977.

l'on prêche le contraire ». Et les femmes ? Lascives et vulgivagues, elles se sont furieusement données aux envahisseurs ; sans elles, ils auraient sans doute échoué à subjuguer ces immenses contrées. Cette libido inversement proportionnelle à celle des hommes ne les rend évidemment pas féminines pour autant. Elle confirme l'inversion des rôles sexuels. D'ailleurs, on distingue mal l'Américain de l'Américaine : il est « difficile de distinguer les sexes au visage »[46]. Et tandis que le lait vient aisément aux hommes, « dans plusieurs cantons, les Américaines n'éprouv[ent] aucun écoulement en aucun temps »[47]. Le face à face des sexes américains est celui du Sodomite et de la Tribade.

Mais il n'y a pas que l'amour qui soit monstre en Amérique. L'anomalie court les bois et peuple les forêts. Le « blafard » y abonde, le « kackerlake », l'étrange albinos dont on s'est demandé longtemps s'il provenait de quelque croisement simiesque, mais que De Pauw, comme Buffon, ne considère que comme une « variété accidentelle ». Sa fréquence est un symptôme de plus de la « dégénération » américaine. Issus d'une déficience « dans la liqueur spermatique de leurs parents », ils sont eux-mêmes « absolument privés de la puissance génératrice, ou n'engendrent pas des enfants qui leur ressemblent »[48]. On ne s'étonnera pas qu'ils viennent en masse peupler les écrits américains des naturalistes. Non moins symbolique que le blafard, il y a enfin l'hermaphrodite, figure synthétique du désordre sexuel américain. Monstre déchu, là aussi, l'hermaphrodite de Floride ne réalise nullement la complétude de l'androgyne : c'est un homme « moins parfait que ceux qui n'ont qu'un sexe ». Lafitau a nié leur existence et affirmé qu'il s'agissait d'hommes accoutrés et traités en femmes. De Pauw objecte au Jésuite que la « coutume inouïe de déguiser des hommes et de les tyranniser est [...] aussi surprenante dans l'ordre moral que la quantité d'hermaphrodites dans l'ordre physique »[49]. Pourquoi n'y aurait-il pas, après tout, un véritable peuple d'hermaphrodites sur une terre où la Nature semble prendre plaisir à violer toutes ses lois ?

---

46. C. De Pauw, *Défense des* Recherches..., *Recherches...*, vol. 2, p. 145.
47. C. De Pauw, *Recherches...*, tome premier, p. 51.
48. *Ibid.*, pp. 354, 352.
49. C. De Pauw, *Recherches...*, tome second, p. 53.

La question « créole »

Tel est le portrait de l'Américain en dégénéré, quand ce n'est en monstre, inlassablement reproduit entre les années 1750 et 1770. Du Sauvage seul ? Non pas, répondent Buffon, De Pauw et Raynal. De tous les « habitants » du « monde infortuné ». Leurs voix, il est vrai, se font ici plus discordantes, leurs propos plus hésitants. Mais la ligne générale est nette : tout porte à croire et à conclure que les épouvantables impressions faites sur l'homme par une Nature atroce n'épargnent pas plus les Européens transplantés qu'elles n'ont épargné les poules devenues stériles et les chiens rendus aphones. Sa *Défense des* Recherches philosophiques sur les Américains, en réponse à Dom Pernety, permet à De Pauw d'ajouter quelques touches à un tableau déjà bien sombre, mais surtout d'étendre sans ambiguïté au Créole – à l'Européen né en Amérique – la règle de dénaturation et de dégénérescence établie par Buffon. C'est un développement décisif. Désormais, dans ce discours antiaméricain inspiré par l'histoire naturelle, le sort de l'Indien et celui du Créole sont liés. « Dans l'Amérique septentrionale », écrit De Pauw s'autorisant cette fois du naturaliste suédois Peter Kalm dont on vient d'adapter en français l'*Histoire Naturelle & Politique de la Pensilvanie*, « les Européens dégénèrent sensiblement, et leur constitution s'altère à mesure que les générations se multiplient »[50]. La « dégénération des Européens établis en Amérique » est un fait non douteux. Et de même que les poules transbordées outre-Atlantique restent fréquemment trente ans sans couver, sur quatre ou cinq générations, de même doit-on s'attendre à voir les Créoles frappés de la même « tiédeur en amour » et quasi-stérilité que les indigènes[51]. De Pauw confirme ici avec force l'hypothèse qu'il a avancée dans les *Recherches* : « tous les animaux, conduits de l'ancien monde dans le nouveau, ont essuyé, sans en excepter aucun, une altération sensible, soit dans leur forme, soit dans leur instinct » ; il ne pouvait en être autrement des hommes ; « et à force de réitérer les observations à ce sujet », en comparant les Créoles installés depuis quelque temps aux Européens nouvelle-

---

50. Les *Voyages en Amérique du Nord* de Peter Kalm paraissent en suédois entre 1753 et 1761 ; ils sont traduits partiellement en français en 1761 et « adaptés » sous la signature de Rousselot de Surgy et le titre *Histoire Naturelle & Politique de la Pensilvanie* (Paris, 1768) ; cité par De Pauw, *Défense des* Recherches..., *Recherches*..., vol. 2, p. 136.
51. C. De Pauw, *ibid.*, pp. 206, 145.

ment débarqués, « on s'est convaincu que cette dégénération qu'on avait cru possible était réelle » [52]. Ce *on*, c'est évidemment Buffon dont De Pauw ne cesse de s'autoriser tout en déplorant sa timidité et qui finira par dénoncer le gauchissement que lui fait subir ce disciple irrévérencieux.

On ne peut pas dire pourtant que De Pauw ait excessivement sollicité la pensée de Buffon, dans son état de 1766. *Dégénération des animaux* autorise en effet, au moins à titre d'hypothèse (comme le dit très exactement De Pauw) l'extension aux hommes de la loi climatique de dégénération des animaux. Au fil des textes, la tare que l'histoire naturelle fait peser sur la vie en Amérique s'est alourdie : la « dégénération » de ses premiers habitants est tenue pour avérée et celle des colons européens passe pour au moins probable. Dans le même temps – les années 1770 –, cette description se répand hors du champ de l'histoire naturelle, savante ou vulgarisée. Elle saute la barrière des genres et impose partout ses schémas explicatifs. Ce succès est alarmant pour les *Colonists* qui voient le tableau clinique de l'infériorité américaine et l'hypothèse de leur propre décrépitude inéluctable s'imposer comme des acquis de la science dans des ouvrages de très grande diffusion comme l'*Histoire des Deux Indes*.

L'*Histoire des Deux Indes*, en effet, n'a pas pour premier objet l'histoire naturelle de l'Amérique, mais les « établissements européens » dans le monde. Elle s'annonce comme « économique, philosophique et politique ». Écrite à plusieurs mains sous la signature de l'abbé Raynal, modifiée au fil des rééditions, elle offre des aperçus mouvants et parfois contradictoires. La présentation du continent américain y doit beaucoup aux schémas explicatifs fournis par Buffon, dont la théorie de l'altération-dégénération est transcrite fidèlement, mais aussi au tableau méphitique brossé par De Pauw – dont l'anticolonialisme s'accorde avec celui de Raynal. L'effet d'entraînement est particulièrement sensible dans la première édition (1770), qui accueille l'hypothèse de la dégénération des hommes. Raynal en alourdit même le constat. Des « hommes libres » de « l'Amérique anglaise », il écrit dans cette première édition : « elle [cette classe d'hommes] a dégénéré d'une manière visible. Tous les créoles n'y sont pas aussi robustes au travail, aussi forts à la guerre que les Européens ». Et pourtant, ces enfants d'Européens transplantés, nés sur place, sont « habitués au climat

---

52. C. De Pauw, *Recherches...*, tome second, p. 118.

dès le berceau » : Raynal suggère par cette remarque qu'on ne peut expliquer cette déficience par un simple problème d'adaptation. Pis encore, peut-être : « sous ce ciel étranger, l'esprit s'est énervé comme le corps ». Et Raynal parachève le constat en soulignant l'absence de tout « homme de génie » dans l'Amérique coloniale : « On doit être étonné que l'Amérique n'ait pas encore produit un bon poète, un habile mathématicien, un homme de génie dans un seul art, ou une seule science. » La raison en est une « facilité » pour tout et une précocité liées au climat, dont les feux s'éteignent très tôt : « précoces et mûrs avant nous, ils sont bien en arrière, quand nous touchons au terme [c'est-à-dire : quand nous atteignons la maturité] »[53]. Les Anglo-Américains sont faibles d'esprit comme de corps ; précoces et vifs en leur jeunesse, ils sont incapables de réflexion prolongée ; leur infériorité intellectuelle n'est pas moins manifeste que leur affaiblissement physique n'est « visible ».

Une page comme celle-là, les représentants des Colonies insurgées donneraient cher pour qu'elle soit effacée de l'*Histoire des Deux Indes*. Ils réussiront au moins à la faire réécrire.

Les « écuries d'Augias » du préjugé français

Benjamin Franklin arrive à Paris au mois de décembre 1776, quelques mois après la Déclaration d'indépendance, pour y représenter les Colonies révoltées. Depuis le premier choc militaire entre milices américaines et armée britannique, à Lexington, le 19 avril 1775, dix-huit mois se sont écoulés – mois difficiles pour les Insurgents. Franklin, son bonnet et son manteau, font fureur à la Ville et à la Cour. On raffole de cet original. Beaucoup le prennent pour un Quaker. Diplomatiquement, il le sent, les choses ne sont pas mûres. Le roi Louis XVI ne s'engagera qu'à coup sûr, au moment décidé par Vergennes, devenu tout-puissant depuis le départ de Turgot. Patience : le « bonhomme Richard » cultive sa popularité pour le jour de la récolte. Une année s'écoule. Enfin à Saratoga, le 17 octobre 1777, une armée anglaise de cinq à six mille hommes, harassée et coupée de son ravitaillement, se rend aux insurgés. L'onde de choc est considérable. Elle atteint Londres dans la nuit du 2 au 3 décembre. Malgré les efforts ministériels déployés pour

---

53. G.T. Raynal, *Histoire philosophique et politique des établissements et du commerce des Européens dans les Deux Indes*, Amsterdam, 1770, t. VI, p. 376.

minimiser l'affaire, tout le monde pressent un tournant de la guerre. La nouvelle ne fait pas moins d'effet à Paris. C'est le moment ou jamais – « *aut nunc aut nunquam* » –, décide Vergennes. Le 6 décembre, le roi Louis XVI fait informer Franklin de sa décision de reconnaître l'indépendance des Colonies et de conclure avec les Insurgents un traité de commerce, d'amitié et d'alliance. Vergennes et Franklin y apposent leurs signatures le 6 février 1778.

Pendant l'alliance, la « querelle » continue. L'engouement pour Washington de *l'extrêmement bonne société*, comme disait Crébillon, n'empêche pas les naturalistes de tenir à leurs théories ; ni les « écrivains politiques » d'entrer dans le débat et de critiquer, comme Mably, les Constitutions américaines. La situation est intellectuellement paradoxale : l'engouement mondain pour les Insurgents, auxquels on dédie couplets et coiffures à la mode, forme un étrange contraste avec l'image globalement négative de l'Amérique désormais solidement ancrée dans le public lettré par le prestige de Buffon et l'impressionnant succès de De Pauw : ses *Recherches* en sont à leur onzième édition en 1799 (sa réponse à Pernety en a eu neuf) et c'est à lui, le détracteur sans nuances, qu'on demande de rédiger l'article « Américains » pour le Supplément de l'*Encyclopédie*, en 1776 – année assez symbolique. Pour ne rien arranger, l'Anglais Robertson donne en 1777 un compendium très inspiré de Buffon et très caustique pour le continent américain, où la Nature est « moins prolifique » et « moins vigoureuse dans ses productions » qu'en Europe ; où la faune est « inactive et timide » ; où l'homme lui-même, loin d'être empreint d'une énergie sauvage, est « *a pensive melancholy animal* »[54]. Via Robertson, le virus buffonien fera de nouveaux progrès en Europe, en Allemagne en particulier, où la thèse de l'anémie américaine reçoit l'approbation de Humboldt.

Ni Franklin, ni Jefferson, qui lui succède à Paris en 1785, ne prennent à la légère ces histoires indéfiniment ressassées de poules stériles et de tigres poltrons. On aurait pu s'attendre à ce qu'ils s'inquiètent davantage des critiques politiques lancées contre l'alliance franco-américaine, comme celles de l'avocat Linguet, brillant et paradoxal polémiste, qui prévoit, en cas d'indépendance des Colonies, la multiplication de petits tyrans locaux et, à plus long terme, l'émergence d'un « *rogue state* » avant la date, prêt à toutes les aventures militaires pour s'emparer du commerce mondial. Ils

---

54. W. Robertson, *History of America*, London, W. Strahan, 1777 ; t. I, p. 398.

auraient pu aussi se soucier des sévères critiques institutionnelles développées par l'abbé Mably dans ses *Observations sur le gouvernement et les lois des États-Unis d'Amérique* (1784). De manière très révélatrice, ce n'est pas contre eux, pourtant, que va se porter la réplique concertée des Américains. On préfère ignorer Linguet. On abandonne Mably à la plume de Mazzei, un Florentin devenu citoyen américain, dont la réfutation, publiée à Paris, n'est pas un succès ; Jefferson se chargera d'en écouler les invendus.

Car pour le *brain-trust* informel dont Jefferson est l'animateur, le combat décisif est celui de l'histoire naturelle et des images calamiteuses de l'Amérique qu'elle a produites. C'est là qu'il faut faire porter l'effort principal, en profitant du flottement créé dans les rangs adverses par les événements d'Amérique : peut-on encore dépeindre les combattants de Valley Forge, de Long Island et de Saratoga comme des dégénérés ? Les théoriciens du « moindre monde » américain commencent d'ailleurs à se déchirer entre eux. De Pauw a exaspéré Buffon en ironisant sur l'Amérique si jeune et déjà décrépite : « il n'est pas aisé de concevoir comment des êtres quelconques seraient, au sortir de leur création, dans un état de décrépitude et de caducité ». Si les Américains sont dégénérés – et tout le monde en convient –, alors la jeunesse de l'Amérique est « insoutenable »[55]. Buffon lui répond en 1779 dans *Époques de la nature*, sèchement mais assez confusément. Il introduit un distinguo entre l'Amérique septentrionale (dont la cote est décidément en hausse) et l'Amérique méridionale où « la nature, bien loin d'être dégénérée par vétusté, y est au contraire née tard, et n'a jamais existé avec les mêmes forces, la même puissance active que dans les contrées septentrionales ». Mais la fin du développement généralise de nouveau à l'Amérique entière l'hypothèse d'un « principe » moins actif, d'une Nature « moins agissante » qu'en Europe. Naturalistes, encore un effort...

Les choses n'avancent guère mieux du côté de l'abbé Raynal et de sa torrentielle *Histoire des Deux Indes*. L'enjeu est important, compte tenu du succès français et européen de l'ouvrage. Comment circonvenir l'abbé ? Il semble que Franklin ait d'abord opté pour la leçon de choses. Il aurait, au témoignage de Jefferson, réuni autour de sa table, à Passy, un nombre égal d'Américains et de Français – dont Raynal, invité d'honneur. Après l'avoir lancé l'abbé sur la « petitesse » américaine, Franklin arrête soudain la conver-

---

55. C. De Pauw, *Recherches...*, éd. cit., tome premier, pp. 20, 91.

sation et fait se lever les convives, groupés par nationalité : tous les Américains se trouvent être plus grands que le plus grand des Français. Raynal, lui-même de très petite taille (« *a mere shrimp* ») aurait accueilli de bonne grâce la plaisanterie, mais refusé l'argument. Pas question de déférer à l'empirisme le plus vulgaire, quand les plus grands esprits de l'Europe s'accordaient sur l'anémie de la Nature américaine. Pourtant, les éditions de 1780 et 1781 de l'*Histoire des Deux Indes* portent la trace très nette, sinon de cette mise en scène, du moins de l'heureuse influence de Franklin. Plusieurs passages sont retouchés dans un sens plus favorable à l'Amérique. Le retournement le plus spectaculaire porte sur un point auquel les Américains de Paris sont évidemment particulièrement sensibles : la « dégénération des Créoles » – c'est-à-dire la leur. Tout le développement présent dans l'édition de 1770 sur l'infertilité en génies du continent américain est repris, mais comme l'exemple même du préjugé à combattre ! « Pour dissiper ce préjugé injuste », lit-on désormais, « il fallait qu'un Franklin enseignât aux physiciens de notre continent étonné à maîtriser la foudre, etc. »[56]. Le paratonnerre ayant été inventé en 1753, les rédacteurs de l'*Histoire des Deux Indes* auraient pu s'aviser plus tôt du génie de Franklin, mais mieux vaut tard que jamais.

La partie pourtant est loin d'être gagnée. Jusque dans ses palinodies, l'*Histoire des Deux Indes* continue de souffler le chaud (« la gloire et le bonheur de changer [les Américains] doit être l'ouvrage de l'Amérique anglaise ») et le froid (« c'est ce qu'elle n'a pas fait encore »). Remords et retouches laissent intacts des pans entiers de « préjugés ». Peu soucieuse d'autocritique, avare de révisions, l'*Histoire des Deux Indes* perpétue le stéréotype d'une Amérique du Nord dure aux hommes et si dénuée de ressources que rien, pas même l'indépendance, ne pourra la tirer de son anémie congénitale. « L'Amérique manque de tout », avait tranché De Pauw[57]. Raynal en 1780 n'est plus aussi catégorique. Il admet qu'à la rigueur et « à peu de choses près le pays pourra se suffire à lui-même ». Mais sans plus et sans aucune perspective de développement. Sur ces terres qui « dégénèrent très rapidement », note Raynal, « si dix millions d'hommes trouvent jamais une subsis-

56. G.T. Raynal, *Histoire philosophique et politique des établissements et du commerce des Européens dans les Deux Indes*, À Genève, chez Jean-Léonard Pellet, 1780, t. IV, ch. XXXII, « De quelles espèces d'hommes se sont peuplées les provinces de l'Amérique septentrionale », p. 353.
57. C. De Pauw, *Défense des* Recherches..., *Recherches...*, vol. 2, p. 250.

tance assurée, ce sera beaucoup »[58]. Dans le chapitre conclusif :
« Quelle idée il faut se former des treize provinces confédérées »,
il insiste encore sur la mauvaise qualité des terres et leur épuisement
rapide. Au sud, déjà, les plantations ne rendent plus que le tiers du
tabac qu'on y récoltait « autrefois ». Plus au nord (Maryland, New
York et New Jersey), l'acre qui donnait soixante boisseaux de
froment « n'en produit plus vingt que fort rarement », tant « le sol
s'y est rapidement détérioré ». Les États-Unis de Raynal ressemblent encore de bien près au « monde infortuné » décrit par De
Pauw : quelques « terres presque généralement mauvaises ou de
qualité médiocre » ; plus loin, des « marais » ; et « lorsque le pays
s'élève, ce ne sont plus que des sables rebelles ou d'affreux rochers,
coupés de loin en loin par des pâturages de la nature du jonc ». À
lire ces lignes écrites en pleine alliance franco-américaine par des
partisans déclarés des Insurgents, on mesure l'enracinement du
préjugé « naturaliste » contre l'Amérique – et l'on comprend mieux
pourquoi Jefferson en personne se lance dans la bataille.

Comme Franklin, Jefferson entend attaquer le mal à la racine et
réhabiliter « scientifiquement » l'Amérique dans l'esprit des Français, abreuvés depuis trente ans d'images calamiteuses. La tâche
impérative, plus profondément politique que toute controverse politique ou institutionnelle, est de détruire et disperser cette masse de
préjugés que John Adams, dans une lettre de 1785, compare très
suggestivement aux « écuries d'Augias »[59]. L'apologie politique
des États-Unis passe par la démonstration de leur viabilité physique
et économique. Que d'autres réfutent les critiques ou réserves
qui fusent, un peu partout, contre les institutions américaines.
L'urgence, la priorité, pour Jefferson, c'est de rectifier l'image
désastreuse d'une Amérique déliquescente. La crédibilité de l'innovation politique américaine exige que soit déracinée, en France, la
mythologie négative mise en place depuis Buffon.

Dans ses *Notes on the State of Virginia*, Jefferson répond en bloc
aux détracteurs du Nouveau Monde – mais avec un subtil sens des
hiérarchies et une parfaite intuition de la démarche la plus propre à
gagner le public visé : l'intelligentsia parisienne nourrie de Philosophie. Il traitera donc De Pauw (qui n'est pas même français) par le

58. G.T. Raynal, *Histoire des Deux Indes...*, Genève, 1780, t. IV, p. 459 ; même
texte dans l'édition de Genève in -12° de 1781.
59. J. Adams à Mazzei, 15 décembre 1785 (Jefferson papers, VIII, 678) ; cité par
D. Echeverria, *Mirage...*, p. 123.

mépris. Il houspillera vivement mais brièvement Raynal, à qui il attribue la thèse de la dégénération des Blancs en Amérique ; auquel il reproche aussi d'avoir affirmé à la légère, avant de se repentir, que l'Amérique n'avait produit aucun homme de génie ; or elle en a déjà trois : Washington, Franklin et Rittenhouse, ce qui, pour trois millions d'habitants, correspond à la moyenne européenne [60].

Mais c'est surtout Buffon qu'il réfute, point par point, allant jusqu'à donner, sur plusieurs pages, ses propres tableaux des animaux de l'un et de l'autre continents, poids comparés à l'appui. Pesez et jugez, demande à son tour Jefferson à ses lecteurs français. Jugez d'abord s'il est bien raisonnable et *fair-play* de confronter l'Amérique au reste du monde. N'est-il pas plus équitable, en effet, d'opposer partie du monde à partie du monde et, puisque notre querelle vient d'Europe, l'Amérique à la seule Europe ? Et puis pesez, et voyez si votre ours (153,7 livres) fait le poids face au nôtre (410 livres) [61]. Voyez surtout comme change le haut des deux tableaux : car loin devant l'ours, devenu votre plus gros animal, nous avons le bison (1 800 livres) et peut-être aussi ce géant, dont on a retrouvé des squelettes et dont les Indiens Delawares assurent qu'il existe encore dans le Nord-Ouest, ce mastodonte baptisé *mammoth*.

Mais même sans recourir à ce champion peut-être éteint de la grandeur américaine, la contre-épreuve prouve suffisamment que le comte de Buffon a manqué de prudence, sinon de discernement. Sa triple « opinion » – *primo*, que les animaux communs au vieux monde et au nouveau sont plus petits dans ce dernier ; *secundo*, que ceux qui sont particuliers au nouveau, sont de petite échelle ; *tertio*, que ceux qui ont été domestiqués dans les deux mondes, ont dégénéré en Amérique – est entièrement invalidée par la méthode comparative, celle-là même qu'il préconise, pourvu qu'elle soit appliquée avec quelque scrupule. Quant aux considérations climatiques de M. de Buffon sur le caractère froid et humide de l'Amérique en général, Jefferson lui en ferait presque grâce. Il note seulement que l'humidité mesurée à Philadelphie semble bien être

---

60. Le troisième « génie » américain selon Jefferson, David Rittenhouse (1732-1796), astronome et mathématicien, conçut et réalisa de nombreux instruments de mesure. Il occupa diverses fonctions politiques et fut le premier directeur de la Monnaie des États-Unis. Il succéda à son ami Franklin à la tête de l'American Philosophical Society.
61. T. Jefferson, *Notes...*, éd. cit., p. 51 ; la réfutation de Buffon est développée dans la réponse à la sixième question (« Query VI »).

inférieure à celle de Paris ou de Londres ; et il s'interroge par ailleurs, toujours respectueusement, sur le fondement scientifique de l'opinion de M. de Buffon, lequel semble tenir l'humidité pour intrinsèquement défavorable à la vie... Non, décidément, conclura Jefferson, rien n'autorisait le « célèbre zoologue » à écrire (il le cite dans le texte) que « la nature vivante est beaucoup moins agissante, beaucoup moins forte » [62] en Amérique que dans le vieux monde.

Ainsi s'avance à la barre de l'opinion éclairée le Père fondateur, le lecteur de Montesquieu et des constitutionnalistes anglais, l'architecte du nouveau monde politique ; ainsi plaide-t-il pour l'Amérique en habit d'arpenteur, de météorologue, de botaniste ; ainsi le voit-on avec étonnement et amusement aligner, pince-sans-rire, les chiffres des précipitations, exhiber les variétés botaniques, repasser sous la toise le bestiaire calomnié de la patrie américaine. Revitaliser la « nature américaine » n'est plus affaire d'histoire naturelle, mais d'histoire tout court. Tout se passe comme si le sort politique et diplomatique des États-Unis, l'affermissement de la jeune République dépendaient aussi (surtout ?) du déracinement des extraordinaires préjugés nourris par la science des Philosophes au détriment du nouveau continent.

La bataille se joue désormais sur le front des représentations. Telle est, sans le mot, la pensée de Jefferson, qui dicte sa stratégie. S'il va chercher l'adversaire sur son terrain − celui de l'histoire naturelle où se retranchent Buffon et ses émules −, c'est pour en reprendre tranquillement possession. Aux Américains de *dire* l'Amérique : on trouvera alors la terre moins marécageuse que chez M. de Buffon ; moins « vénéneuse » que ne l'imagine De Pauw : et point si « détériorée » que ne la décrit l'abbé Raynal. Aux chiffres, Jefferson répond par d'autres chiffres ; aux théories, par des observations ; aux descriptions, par des spécimens ; aux hypothèses fâcheuses, par des suppositions flatteuses (comme l'existence du géant *mammoth*) ; à la rhétorique du dénigrement, par une poétique de l'agrandissement. Ces Messieurs d'Europe traitent le tigre américain de poltron ? Qu'à cela ne tienne : Jefferson leur lance dans les jambes un « mégalolynx » de toute beauté... À la guerre des images comme à la guerre.

---

62. Buffon, cité par Jefferson (*Notes...*, p. 48) dans l'édition de Paris de 1764 (XVIII, p. 122).

Jefferson n'aura donc rien ménagé pour faire revenir la France savante à de meilleurs sentiments. Pas même sa bourse. À Buffon, curieux de voir un *elk*, il offre un *moose* du Vermont[63]. Le trophée et son acheminement lui coûtent soixante guinées, sur lesquelles il soupire ; mais la vérité n'a pas de prix, non plus que l'honneur lavé des grands ruminants du Nouveau Monde. En dépit de ces sacrifices financiers (il se procure aussi une peau de couguar de belle apparence), M. de Buffon devait mourir, en 1788, sans avoir tenu sa promesse de réhabiliter pleinement la Nature et l'homme américains. Quant à Raynal, d'abord choyé par la Révolution comme le seul survivant des philosophes « patriotes », il tombe brutalement de son piédestal pour avoir osé critiquer les désordres révolutionnaires en 1791. De Pauw vivra jusqu'en 1799, mais il s'intéresse désormais aux Grecs et aux Égyptiens, et, suivant à la lettre son propre conseil, il « laisse en paix » l'Amérique. La « querelle du Nouveau Monde » ne s'éteint pas avec eux. Mais la France a désormais d'autres motifs de dispute avec les États-Unis que la taille des élans et la vigueur du mégalolynx.

Michelet fait de 1790 l'année faste de la Révolution française et de la Fête de la Fédération, son sommet euphorique. C'est sans doute aussi en 1790 que culmine en France la célébration de l'Amérique, lors des trois jours de deuil décrétés pour la mort de Franklin. Moment émouvant, couronnement sans lendemain. Bien vite, la radicalisation de la révolution de France la coupe de toute référence américaine, si ce n'est purement déclamatoire. Les porte-parole du modèle américain et les hommes qui symbolisaient l'alliance quittent la scène ou perdent la vie. Les relations diplomatiques se tendent entre le gouvernement fédéral et une France révolutionnaire dont le très militant ministre à Washington, Genet, multiplie les déclarations fracassantes et entreprend de lever des corps francs, sur le territoire américain même, pour attaquer les Anglais dans les Antilles. La Terreur, qui emprisonne Paine, aliène à la Révolution française les sympathies du gouvernement américain, soucieux d'éviter toute contagion jacobine, et d'une majeure partie de l'opinion heurtée par les exécutions. La chute de Robespierre ne favorise aucune accalmie. Les États-Unis ont négocié et conclu un traité secret avec la Grande-Bretagne (*Jay's Treaty*). Connu à Paris, ce traité de la trahison consterne les autorités du Directoire et provoque une violente campagne de presse contre les États-Unis.

---

63. *Elk* : élan d'Amérique ou wapiti ; *moose* : orignal, dit aussi élan du Canada.

PROLOGUE

Les corsaires français attaquent désormais les navires américains. Vingt ans après le traité « de commerce, d'amitié et d'alliance », la France et les États-Unis sont en état de belligérance. Les historiens américains l'appelleront « the Undeclared War » ; et pour être une guerre, il ne lui manque en effet que le nom. Étrange épilogue d'un siècle des Lumières où a commencé, avant même la naissance de la nation américaine, la guerre française des images antiaméricaines – ces « écuries d'Augias » dont le nettoyage est un travail de Sisyphe bien plutôt que d'Hercule.

PREMIÈRE PARTIE

L'irrésistible ascension du Yankee

1. Le temps du mépris

L'Empire est mort pour la seconde fois, à Waterloo. « Nous revîmes les fils du Nord, et les cavales de l'Ukraine rongèrent encore une fois l'écorce des arbres de nos jardins [1]. » La France défaite se replie sur sa paix retrouvée. Bientôt, toute une génération se plaindra d'étouffer dans un monde soudain rapetissé. Il faut un passeport pour aller de Paris à Pontoise. Il en faut un aussi (il coûte dix francs) pour aller en Amérique ou plus exactement pour sortir de France. Car en Amérique on entre alors sans papiers, passeport, ni visa.

Mais l'Amérique est bien loin. Physiquement : un mois de traversée, dans les conditions optimales ; jusqu'à huit semaines si les choses se gâtent. En 1817, le malheureux évêque de la Nouvelle-Orléans, monseigneur Dubourg, met soixante-cinq jours, au départ de Bordeaux, pour rallier Annapolis. Il est vrai que Volney, encore plus mal servi par la Providence, avait mis quatre-vingt neuf jours en 1795... L'information circule au même rythme : deux bons mois pour une dépêche officielle. Le travail diplomatique n'en est pas facilité. Ainsi le Ministre de France à Washington Roux de Rochelle apprend-il la Révolution de 1830 avec quarante jours de retard sur l'événement. Après la mise en place de lignes régulières par clippers dans les années 1830, la grande amélioration viendra

---

1. G. de Nerval, *Promenades et Souvenirs*, Paris, Gallimard, Bibliothèque de la Pléiade, 1974, t. I, p. 136.

des steamers de la Cunard, qui assureront la traversée en une quinzaine de jours. Ils commencent à opérer en 1840, mais depuis l'Angleterre seulement ; la première ligne régulière française ne sera créée qu'en 1864. Ce décalage chronologique en dit plus long que bien des statistiques.

Voilà pour la « distance » ; reste ce que René Rémond appelle « l'éloignement »[2]. Car cette distance n'est pas seulement géographique, elle est psychologique. Blocus, contre-blocus et guerre anglaise ont compliqué les échanges transatlantiques. Mais surtout les déceptions de la période révolutionnaire ont refroidi beaucoup d'enthousiasmes, avant même que la cession de la Louisiane ne coupe le cordon ombilical avec l'Amérique continentale. La disparition du lien colonial n'est pas compensée par une émigration qui, même la paix revenue, reste à un niveau très bas.

Quelques bonapartistes partent en 1815-1816, suivis de quelques utopistes, surtout après 1848. Exodes modestes : les disciples de Cabet et de son Icarie sont les plus nombreux et ils ne sont guère que cinq cents. D'ailleurs, l'Amérique de la *tabula rasa* est loin de séduire tous les novateurs sociaux. Significatif à cet égard est le revirement du mouvement saint-simonien à partir du début des années 1830 : alors que Saint-Simon lui-même, compagnon de La Fayette et membre de l'ordre de Cincinnatus, avait toujours offert les États-Unis en exemple à méditer, ses héritiers spirituels multiplient les critiques et découragent l'essaimage de la ruche saint-simonienne vers le Nouveau Monde[3]. Quant à l'émigration de la misère, elle constitue un ruisselet plutôt qu'un flux. Au total, René Rémond évalue le nombre des départs pour l'Amérique à 4 204 personnes par an, en moyenne, entre 1820 et 1850. Pas de quoi créer des liens nombreux et forts entre mère patrie et pays d'accueil.

Le « déclassement », ajoute René Rémond, joue son rôle dans cette émigration. L'image de l'émigrant s'en ressent : c'est souvent celle d'un réprouvé. La littérature du temps en témoigne. Chez Balzac, ce sont les vauriens qui partent en Amérique pour revenir plus voyous encore, comme Philippe Bridau, l'indigne frère du tendre et génial Joseph (*La Rabouilleuse*). Il faut vraiment être un

---

2. Voir René Rémond, *Les États-Unis devant l'opinion française. 1815-1852*, Paris, Armand Colin, 1962 ; « La distance et l'éloignement » est le titre de son premier chapitre.
3. Voir à ce sujet R. Rémond, p. 60 ; ainsi que A.S. Tillet, « Some Saint-Simonian Criticism of the United States before 1835 », *The Romanic Review* n° 52, 1, février 1961, pp. 3-16.

personnage sordide (et secondaire) dans le roman français de la première moitié du XIXe siècle pour passer l'océan. Bonne pour un Philippe Bridau, l'Amérique paraît à Vautrin pire que le suicide (dans *Splendeurs et Misères des courtisanes*). Chez Stendhal, Fabrice del Dongo n'y songe pas, trop heureux de rester en prison auprès de l'adorable Clélia Conti ; le comte Mosca y songe pour lui, mais écarte aussitôt l'hypothèse : « En Amérique, dans la république, il faut s'ennuyer toute la journée à faire une cour sérieuse aux boutiquiers de la rue, et devenir aussi bête qu'eux ; et là, pas d'Opéra [4]. »

Il paraît extraordinaire aux Français (et plus encore aux gens de lettres parisiens) qu'on puisse aller vivre *là-bas* sans y être poussé par la plus dure nécessité ou l'opprobre le plus caractérisé. « Si je reste un an ici, j'y meurs », écrivait Talleyrand à Mme de Staël [5]. Que l'Amérique pût arracher un tel cri du cœur au plus roué des expatriés politiques dut fort impressionner son illustre correspondante. Cette désolation n'est pas feinte. Elle est largement partagée dans la petite mais turbulente colonie des Français de Pennsylvanie : on s'étiole, on languit de Paris, on perd le sentiment même de l'existence. Enfer sur terre ou limbes éternelles, les États-Unis engloutissent si bien l'exilé que si d'aventure il reparaît, on le prend pour un revenant. Ainsi Renan raconte-t-il la réapparition de Lakanal, contraint à l'exil comme conventionnel et régicide en 1816. Son retour et sa réintégration à l'Institut, en 1837, après vingt-deux ans passés en Amérique, sont une scène digne du *Colonel Chabert* : c'est « comme un fantôme » que ses confrères de l'Institut, médusés, accueillirent l'ancien ministre de l'Instruction publique, spectre de la Convention devenu zombi américain.

Entre la France et les États-Unis, pendant tout ce demi-siècle, les relations s'alentissent. Des frictions répétées sur les barrières tarifaires ou les droits de navigation mettent de l'aigreur dans des rapports généralement maussades. Une crise sérieuse a lieu, autour d'indemnités réclamées par les États-Unis, en 1834-1835 ; elle est rapidement jugulée, mais laisse de très mauvais souvenirs [6]. Si, dans l'ensemble, le calme prévaut, c'est celui de l'apathie. L'une des conséquences de ce désintérêt est « la stabilité des images »,

4. Stendhal, *La Chartreuse de Parme*, Paris, Gallimard, Bibliothèque de la Pléiade, 1952, t. 1, p. 431.
5. Cité par G. Lacour-Gayet, *Talleyrand*, Paris, 1928, vol. 1, p. 199.
6. Cette crise porte sur l'indemnisation de dommages subis par la marine marchande américaine sous l'Empire ; voir ici même le deuxième chapitre de la seconde partie.

c'est-à-dire leur vieillissement par rapport à la réalité américaine. L'Amérique présente « un aspect sauvage de forêt presque universelle qui se présente depuis le rivage de l'Océan, et qui se continue de plus en plus épaisse dans l'intérieur des terres », écrit en 1803 Volney, plus habitué aux déserts du Moyen-Orient[7]. Dans un ouvrage de 1816, le paysage n'a pas bougé : « le territoire des États-Unis n'est en quelque sorte qu'une vaste forêt qui commence à l'Océan »[8]. Il ne bougera pas de sitôt. René Rémond note la reproduction à l'identique, jusqu'aux années 1840, d'ouvrages dont les informations sont antérieures à la Révolution. Dans certains cas, le « retard de l'information sur l'événement » atteint un demi-siècle et « ce serait une illusion de croire qu'il s'amenuise après 1830 »[9].

Morne période, donc, mais moins stérile pour l'imagerie antiaméricaine qu'on ne pourrait le croire. Car si descriptions et informations se répètent sans grande modification, il n'en est pas de même des commentaires ni des jugements portés sur les États-Unis. Il faut donc corriger l'idée de « stabilité des images » par celle d'un déplacement de la perspective, d'une orientation nouvelle du regard. Le dénigrement « naturaliste » du continent perd peu à peu de son mordant ou se réinvestit dans des théodicées où l'histoire prend le pas sur l'histoire naturelle. Quant à la polémique sur le modèle institutionnel, elle perd de son urgence : même si une frange républicaine de l'opinion rend un hommage de principe au pays du « républicanisme réel », c'est sans parvenir à s'enthousiasmer pour Andrew Jackson, sabreur devenu par deux fois président[10], ni à s'accommoder de l'embarrassante pérennité de l'esclavage.

Dans le vide relatif laissé par cette désaffection, un nouveau discours s'élève contre les États-Unis : celui d'un antiaméricanisme *esthétique*, socle primitif de l'antiaméricanisme *culturel* du XXᵉ siècle. Après ceux du naturaliste et du politique, le regard qui

7. Volney, *Tableau du climat et du sol des États-Unis* [1803], *Œuvres*, Paris, Fayard, 1989 ; t. 2, p. 37. Volney avait acquis la célébrité avec son livre de voyage et de réflexion intitulé *Les Ruines* (1791).

8. G[iraud], *Beautés de l'histoire d'Amérique d'après les plus célèbres voyageurs*, Paris, 1816, p. 186 ; cité par R. Rémond, *Les États-Unis devant l'opinion...*, t. 1, p. 258.

9. *Ibid.*

10. Sur la mauvaise image de Jackson auprès des Français, voir R. Rémond (*ibid.*, t. 1, pp. 359-360). Avec la crise de 1834-1836, il devient « synonyme de démagogue, de dictateur, de boute-feu » et personnifie « l'amour-propre puéril, la cupidité, la brutalité yankee ».

se fixe sur l'Amérique est celui de l'artiste, de l'esthète et de l'hédoniste. Ces nouveaux détracteurs n'ont que faire des tableaux comparatifs de Buffon, de ses tigres peureux et de ses chiens aphones. Ils ne s'intéressent pas davantage aux polémiques politico-juridiques sur les institutions américaines qui ont passionné leurs aînés : ils tiennent pour acquis que l'Amérique postcoloniale est une « démocratie » (conviction qui ne sera plus aussi bien partagée deux générations plus tard) ; mais cette démocratie, ils prétendent la juger à ses fruits littéraires, philosophiques, artistiques, ainsi qu'aux effets induits qu'elle a sur les mœurs, les « manières », les comportements – et ce jugement est sévère. Ce n'est pas la « dégénération » de la nature américaine qui les inquiète : ils ne s'émeuvent que de la stérilité artistique de l'Amérique. Ils se soucient peu des risques d'instabilité ou d'anarchie de la république fédérale : ils tonnent contre une démocratie niveleuse, obsédée par « l'utile », hostile aux talents, étouffante pour le génie. Tous pourtant ne sont pas des tenants de l'art pour l'art, tant s'en faut. Mais Stendhal a beau être un rebelle politique, un opposant viscéral à l'ancien monde des prêtres et des rois, ses héros ne parlent pas autrement des États-Unis que ceux du légitimiste Balzac. Et quand Beyle, à peine masqué par ses personnages, part en guerre contre l'Amérique boutiquière, c'est avec les mêmes mots que Joseph de Maistre, défenseur du trône, de l'autel et du bourreau. Baudelaire, avec qui culminera cette croisade, n'aura qu'à rassembler les griefs accumulés en trente ans contre les philistins américains pour dresser un réquisitoire auquel il ajoutera le trait décisif et prémonitoire de l'asservissement à la matière et à la machine.

Au bout de ce demi-siècle en demi-teinte, à la veille de la guerre de Sécession, l'image des États-Unis, sous son apparente stabilité, aura donc été modifiée en profondeur par le sourd travail de sape où s'affairent, toutes haines oubliées, théocrates et libéraux, mystiques et rationalistes, suppôts et saboteurs de l'ordre établi.

Oublier Rousseau, lâcher l'Amérique

Ce grand déportement vers une satire esthétique de la démocratie américaine est préparé, dans les dernières années du XVIII⁰ siècle, par tout un travail de révision à la fois antiaméricain et antirousseauiste. Il faut faire ici un bref retour en arrière, jusqu'à ces années du Directoire où l'extrême dégradation des relations franco-américaines s'accompagne d'un important volume de publications sur les États-Unis, liées au retour des expatriés politiques, comme le *Voyage dans l'intérieur des États-Unis* de Ferdinand Bayard (1797) ou les huit volumes des *Voyages dans les États-Unis d'Amérique* de La Rochefoucauld-Liancourt (1799). Dans le climat d'hostilité créé par le traité anglo-américain de Jay, ces témoignages réservés et parfois hostiles, rendus par des Français partis en Amérique par sympathie pour ce pays, prennent un poids particulier. Chez ceux-là même qui ne se montrent pas foncièrement négatifs dans leur présentation de la République transatlantique, le public remarque (et la presse commente) les déceptions et les doutes.

Littérature d'émigrés, cette nouvelle masse documentaire porte la marque du désarroi et des frustrations d'individus brutalement arrachés à la vie des salons parisiens et plongés dans un univers qui leur est profondément étranger. « Tout ce que j'ai vu de Français jusqu'ici », note l'un des plus équanimes peu après son arrivée à Philadelphie, « aime peu l'Amérique et moins encore les Américains, qu'ils peignent vains, avares, avides et occupés à tromper dans tous les marchés qu'ils font »[11]. L'absence de manières (ou les « mauvaises manières »), l'inanité de la conversation, le peu d'intérêt de leurs hôtes pour la spéculation intellectuelle : tout cela fait sur ces Français une fâcheuse impression, qu'ils sauront communiquer à leurs contemporains. Rugosité des mœurs, indifférence aux choses de l'esprit, incompréhension totale de l'art seront désormais des traits invoqués en priorité dans toute description des États-Unis. On a souvent interprété l'attitude dédaigneuse de la génération romantique envers l'Américain béotien et philistin comme une copie un peu servile du mépris britannique, exhalé dans les ouvrages de Frances Trollope ou du major Hall. Sans méconnaître leur influence – on reviendra dans un instant sur celle de Mrs Trollope –, il faut insister sur cette première vague, très française, de peintures peu flatteuses, reçues avec d'autant plus de confiance par le public que la conjoncture est à l'aigreur et que les sympathies antérieures de ces témoins pour l'Amérique confèrent à leurs critiques une crédibilité accrue.

Dès avant la Révolution française, Brissot, admirateur enthou-

---

11. La Rochefoucauld-Liancourt, *Journal de voyage en Amérique et d'un séjour à Philadelphie*, éd. par J. Marchand, Paris, Droz, 1940, p. 62 ; l'entrée est du 27 novembre 1794 ; La Rochefoucauld-Liancourt est arrivé le mois précédent.

LE TEMPS DU MÉPRIS

siaste des États-Unis (où il avait passé neuf mois), avait été le
premier à poser comme une conséquence de l'égalitarisme américain la tendance de la nation tout entière à orienter ses efforts vers
les « arts » utiles. Mais sa foi rousseauiste entraînait le futur chef
de la Gironde vers une conclusion plutôt favorable aux Américains : ne valait-il pas mieux avoir des ponts solides, des maisons
confortables et des rues bien éclairées plutôt que ces monuments
fastueux dont s'enorgueillit vainement l'Europe [12] ? On pouvait
bien sacrifier les arts dits d'agrément à une prospérité plus générale
et mieux répartie.

Le constat des voyageurs des années 1790 est le même : ils ne
méconnaissent pas les progrès matériels rapides faits par les anciennes colonies anglaises ; mais leurs conclusions sont bien différentes
de celles que tirait Brissot. Affaire de personnalité, sans doute, et
de pedigree : parmi ces émigrés-là, on retrouve une partie de l'élite
sociale de la Constituante. Mais c'est aussi que la culture, les
belles-lettres, les arts ont acquis une nouvelle légitimité depuis
leur persécution, en France, sous le drapeau de l'égalité. Depuis
Thermidor, le « vandalisme révolutionnaire » est sur la sellette.
L'ennemi des artistes et des gens de lettres n'est plus le ministre
ou le censeur « despotique » d'avant 1789, c'est le « terroriste de
proie » qui cite Rousseau à côté de Marat. La référence rousseauiste
qui légitimait l'enthousiasme de Brissot est sortie bien compromise
de son exploitation militante la plus radicale.

À ce vaste mouvement de défection vis-à-vis du rousseauisme
pré-révolutionnaire et révolutionnaire, s'ajoute une désaffection pour l'idéologie d'un progrès général de l'humanité, que les
Lumières et Condorcet en particulier avaient léguée à la même
génération. Cette conviction, le témoignage des exilés français
l'ébranle sérieusement. Non qu'ils ne soient, dans leur ensemble,
conscients du développement économique du pays et souvent admi-
ratifs devant sa rapidité. Plusieurs, qui combattirent dans la guerre
d'Indépendance, peuvent aisément faire des comparaisons et mesurer le chemin parcouru. Mais d'une même voix, ils soulignent que
ce progrès matériel, loin d'avoir été accompagné de progrès équivalents dans les arts et les lettres, sans parler des royaumes plus
impalpables du goût et de l'esprit, semble s'être fait à leur détriment. C'est l'avis de La Rochefoucauld ; ce sera celui de Volney

---

12. J.-P. Brissot de Warville, *Nouveau Voyage dans les États-Unis de l'Amérique
septentrionale fait en 1788*, Paris, Buisson, 1791 ; t. I, p. 139.

dont le *Tableau du climat et du sol des États-Unis d'Amérique* paraît en 1803. La remise en cause est considérable et la leçon américaine amère. Tous s'attendaient à trouver dans la « jeune » Amérique la confirmation expérimentale d'une progression de l'humanité à la fois générale et continue. Or il n'en est rien et leurs constats offrent « un tableau contradictoire et déroutant », y compris pour eux-mêmes, « de progrès et de régressions simultanées » [13].

Faut-il donc, après avoir abjuré l'homme naturellement bon, renoncer aussi à croire que le Progrès est un et indivisible ? Faudra-t-il redouter désormais, à chaque conquête matérielle, d'en payer la rançon par une régression intellectuelle ? À l'horizon pas si lointain de ces révisions déchirantes : Baudelaire, son antirousseauisme radical, son aversion pour le Progrès – et sa vision dévastatrice de « l'américanisation ».

En attendant, les écrits de cette petite troupe qui avait élu l'Amérique pour son havre dans la tempête révolutionnaire sapent le mythe positif forgé pendant la décennie pré-révolutionnaire par des publicistes engagés comme Brissot. Les accès de mauvaise humeur qui ponctuent leurs récits, leurs tirades contre l'ennui, la vulgarité ou la vacuité de la vie américaine, ont une portée beaucoup plus qu'anecdotique. Venant s'inscrire sur fond de renonciation à l'optimisme primitiviste comme à l'optimisme progressiste, la répugnance de ces hommes envers leur terre d'asile, la satire qu'ils font de la vie quotidienne, le bilan accablant qu'ils dressent de la vie intellectuelle impressionnent leurs lecteurs français et établissent un nouveau poncif : celui d'une Amérique où, avec toute la bonne volonté politique du monde, un Français normalement constitué, c'est-à-dire ami des arts, des lettres et des plaisirs, ne saurait vivre heureux.

Enfer et damnation : de Talleyrand à Joseph de Maistre

Le cas de Talleyrand est intéressant. Il est le plus célèbre de ces expatriés malcontents. Le rôle éminent qu'il a joué à l'Assemblée constituante, les fonctions d'indispensable chef de la diplomatie française qu'il exercera à son retour, à travers Directoire, Consulat,

---

13. « [...] a contradictory and confusing picture of simultaneous progress and retrogression » ; Durand Echeverria, *Mirage in the West : A History of the French Image of American Society to 1815*, Princeton University Press, 1957, p. 190.

Empire et Restauration, confèrent un poids particulier à son antipathie. Même pendant l'interrègne de son exil américain, sa réputation d'esprit hors pair et le vaste réseau de ses relations font
résonner ses opinions et transpirer ses humeurs à travers toute
l'Europe.

Or à peine débarqué sur le sol américain, en 1794, Talleyrand
prend en grippe le pays où l'a conduit la radicalisation de la Révolution. Il se répand en propos caustiques dans les dîners philadel-
phiens et dans les réunions d'exilés que Moreau de Saint-Méry
héberge dans sa librairie-imprimerie. Une abondante correspondance lui permet de communiquer ses dégoûts à ses nombreux amis
et connaissances restés en Europe. On a vu en quels termes il se
plaint à Mme de Staël d'un séjour où tout l'incommode. Sa frustration d'être éloigné des affaires publiques et de ne pas réussir
dans des entreprises financières qu'il espérait lucratives est à
l'arrière-plan d'une aigreur qui se porte avant tout sur la médiocrité
de la vie américaine. Dans le cadre étriqué de Philadelphie, Talleyrand s'ennuie à périr, en effet, faute de spectacles et d'intrigues,
de bonne chère et de bons mots. Lui-même s'étiole si bien, dans
ce milieu anémié, qu'au dire de La Rochefoucauld-Liancourt, il ne
fait plus que « du petit esprit d'abbé, que personne n'entend »[14].
Sans sympathie pour les Américains, il trouve ceux-ci généralement hostiles aux Français. Le même Liancourt note qu'il est
« impossible d'en avoir une plus mauvaise opinion dans tous les
rapports, d'en parler plus mal » que Talleyrand[15].

À cette incompatibilité d'humeur, Talleyrand, lui, trouve une
raison qui transforme en problème politique son animadversion
personnelle : sous l'Américain, il reconnaît vite l'Anglais. Tandis
que beaucoup de ses compatriotes et compagnons d'exil, malgré
leurs déceptions, restent imprégnés de la récente fraternité d'armes
qui a uni Français et Américains contre les Anglais, Talleyrand
découvre avec une surprise inquiète que les Américains sont beaucoup plus britanniques qu'on ne veut bien le croire en France :
qu'avec tous les ressentiments accumulés pendant la guerre d'Indépendance, « *l'Amérique est cependant tout anglaise* »[16]. La force

---

14. La Rochefoucauld-Liancourt, *Journal de voyage...*, p. 68.
15. *Ibid.*, p. 73.
16. Talleyrand, *Correspondance diplomatique, La Mission de Talleyrand à Londres.
Ses Lettres d'Amérique à Lord Lansdowne*, éd. établie par G. Pallain, Paris, Plon, 1889,
Lettre à Lord Lansdowne, 1ᵉʳ février 1795, p. 424 (souligné par Talleyrand). Cette

des liens anciens, le poids des intérêts présents et l'avantage d'une langue partagée rendent logique, inévitable, le rapprochement anglo-américain. En ces temps anglophobes, le constat est fâcheux. Il sera abondamment repris en France et Volney lui apportera en 1803 une caution scientifique.

L'Amérique ? « Trente-deux religions et un seul plat », résume l'ancien évêque d'Autun. Le mot ravira Stendhal. Il reflète brillamment le versant hédoniste d'une satire encore très Ancien Régime des États-Unis. À ce persiflage, bien des Français moins nostalgiques que Charles-Maurice de Talleyrand-Périgord souscriront d'enthousiasme. Pullulement des « sectes » et étroitesse des menus (où le rosbif-pommes de terre règne en tyran) resteront jusqu'à la fin du XIXᵉ siècle deux griefs majeurs du voyageur français. La force de l'antiaméricanisme de Talleyrand, c'est de mettre Philadelphie en boutades : il fallait d'abord faire rire de cette Amérique idéalisée jusqu'au poncif avant de la soumettre au feu plus sérieux de la critique. Les « mots » du futur prince de Bénévent, bons ou moins bons, ébranlent l'idole. Leur succès annonce l'abandon par les Français du grave mythe néo-romain, agraire et vertueux, qu'ils s'étaient forgé de l'Amérique washingtonienne.

Chez Talleyrand lui-même, la raillerie n'est qu'une propédeutique. Le dédain affiché pour une rusticité sans grâce fraye la voie à une critique « philosophique » qui se veut plus fondamentale. On en voit bien les contours dans le « Mémoire sur les relations commerciales des États-Unis avec l'Angleterre » lu à l'Institut le 5 germinal an VII [17]. Ce Mémoire peut paraître mince, comparé aux volumineuses sommes de La Rochefoucauld et de Volney ; mais son impact immédiat est grand. Talleyrand est le ministre des Relations extérieures du Directoire et reste à ce poste sous le Consulat. En un moment critique où la crainte d'une alliance anglo-américaine, dangereuse pour les Antilles françaises, pousse à la normalisation des rapports avec les États-Unis, cette communication « scientifique » à l'Institut prend une résonance politique particulière. Mais le passage le plus révélateur du Mémoire est sans doute le développement antirousseauiste glissé au milieu de l'exposé géo-politico-économique. Talleyrand y dresse un tableau anthropolo-

---

longue lettre présente l'argument qui sera développé dans un Mémoire lu à l'Institut en 1799.

17. Talleyrand, « Mémoire sur les relations commerciales des États-Unis avec l'Angleterre », Recueil des Mémoires de l'Institut, classe des Sciences Morales et Politiques, II, an VII.

gique peu flatteur de l'Américain tel qu'il l'a connu. Délaissant ici le ton frivole de ses récriminations personnelles contre le manque d'urbanité des cités américaines, il entreprend de démystifier l'Américain rustique, le *squatter* des confins, le fermier idéalisé par les *Lettres* de John Crèvecœur.

C'est ternir beaucoup plus gravement l'imagerie américaine : il y va de tout le discours d'innocence égalitaire et de frugalité heureuse tissé autour des jeunes États-Unis et de Washington-Cincinnatus. Que les négociants de Boston soient aussi âpres que ceux d'Europe, passe. Que les Quakers eux-mêmes ne soient plus tout à fait ce qu'ils étaient, à la rigueur [18]. Mais que l'habitant des campagnes et le défricheur des forêts soient ravalés au dernier degré de l'espèce humaine, voilà qui est beaucoup plus inquiétant. Or ces vrais Américains, Talleyrand les a rencontrés. Il est allé jusqu'à leurs lointains établissements, dans ce *wilderness* où les plaisantins rousseauistes font camper toutes les vertus et toutes les énergies. Imposture totale, leur répond Talleyrand. Il n'y a au fond des bois que des cabanes mal bâties peuplées de rustauds apathiques. En fait de fiers fermiers, on ne rencontre en ces solitudes que des paysans pervertis et des bûcherons indolents qui « ressemblent beaucoup aux sauvages indigènes dont ils ont pris la place ». Dernier avatar du Créole fin de siècle : le *colonist* anglo-saxon, égaré aux avant-postes de la sauvagerie, loin de s'y régénérer ou du moins d'y vivifier ses qualités natives, devient la pâle réplique du Sauvage à la De Pauw, inerte et abêti. « Pauvre et sans désirs », cette brute flegmatique est aussi dépourvue de moralité que d'intelligence : « ses vices sont aggravés par son ignorance ». Quant aux fameuses harmonies de la nature intacte, chantées par Bernardin de Saint-Pierre ou Chateaubriand, libre aux Européens d'y croire ou d'y rêver : ces Américains ensauvagés n'en ont pas la moindre notion ; ils ne voient rien du grandiose spectacle qui les entoure ; aussi privés de sensibilité que leurs compatriotes des villes sont dépourvus de goût, ils ne s'intéressent qu'au « nombre de coups de hache nécessaires pour abattre un arbre ». Ces nouveaux sauvages seraient comptables, s'ils n'étaient déjà bûcherons. Ce n'est pas impunément, suggère Talleyrand, que l'on se place

---

18. Le mythe Quaker lui-même s'est lézardé à la fin du siècle. *Allons ça va, ou le Quaker en France* de Beffroi de Reigny – auteur très populaire pendant la Révolution sous le nom de Cousin Jacques – met en scène en 1793 un Quaker américain déçu par la corruption grandissante de sa patrie et rallié à la Révolution française.

ainsi aux limites du monde civilisé. La sauvagerie happe l'imprudent qui se frotte à elle : le voilà pris au piège d'une étrange torpeur, d'une « indolence » qui a tôt fait de le déshumaniser. Le voyage dans l'Amérique profonde change ainsi radicalement de sens. Loin d'être ressourcement ou retrouvaille avec la robuste enfance de l'humanité, la pérégrination américaine est une remontée à la Conrad vers le cœur des ténèbres : on « a l'impression de voyager à rebours du progrès de l'esprit humain ». Contre-théodicée du progrès, le voyage vers l'Amérique intérieure est une plongée désespérante dans les abysses du primitivisme. « On sombre de plus en plus bas », dit Talleyrand, perdant « jour après jour une de ces inventions dont nos désirs en se multipliant ont fait des nécessités ». Pénétrer le *wilderness*, ce n'est pas « dépouiller le vieil homme », c'est s'astreindre à une pénible contremarche vers le degré zéro, l'état de nullité de l'esprit humain.

À cette thèse de Talleyrand, celle de Volney, dénonçant « l'erreur romanesque des écrivains qui appellent *peuple neuf* et *vierge*, une réunion d'habitants de la vieille Europe, Allemands, Hollandais et surtout Anglais des trois royaumes », ne s'oppose qu'en apparence [19]. Car Talleyrand, en dépit d'un vocabulaire qui charrie encore les schémas mêmes qu'il répudie, ne décrit pas une véritable « jeunesse » du monde : il décrit un processus de déculturation, il cartographie une régression, il stigmatise une chute de degrés en degrés : un lent naufrage de l'humanité égarée sur les sentiers de la sauvagerie. Entre l'Amérique de Volney arrachée au mythe de sa « jeunesse » et celle de Talleyrand où « l'origine » n'est plus que la dernière étape d'une topographie régressive, l'accord est profond pour disqualifier le discours de la « nouveauté » américaine. Dévalorisation de la « sauvagerie » et identification des Américains aux vieux peuples d'Europe : ces gestes différents vont dans le même sens, celui d'un désenchantement de l'Amérique, laquelle cesse en même temps d'être une fenêtre sur l'état de nature et le théâtre d'une confrontation difficile mais revigorante entre sauvagerie et civilisation.

Le *Tableau du climat et du sol des États-Unis* de Volney prétend se cantonner dans l'exactitude et la neutralité de la géographie. Mais sa préface trahit une autre humeur. Offert au seuil d'un ouvrage scientifique, le message antiaméricain y est d'autant plus frappant et sa leçon durable, puisque le *Tableau* fera référence

---

19. Volney, *Tableau*..., p. 23.

pendant un demi-siècle. Car il est temps, souligne Volney pour ses lecteurs de 1803, que les Français se fassent une plus juste idée des États-Unis « en rectifiant quelques préjugés établis à une époque d'enthousiasme »[20]. C'était déjà le discours de Raynal qui, en pleine lune de miel franco-américaine, exhortait à « résister au torrent de l'opinion et à celui de l'enthousiasme »[21]... Faute de temps, Volney ne développera pas ses réflexions sur l'état politique et social des États-Unis ; la science d'abord ! Il y aurait trop à dire, trop d'idées fausses à redresser : ce sera pour une autre fois.

Prétérition, bien sûr, que tout cela. Chemin faisant, Volney livre un énergique condensé de ses impressions d'Amérique. Comme les autres émigrés, il leste son témoignage du poids de l'expérience personnelle. Il en renforce la crédibilité en insistant sur ses projets d'installation durable aux États-Unis : contrairement à tant d'autres (dont M. de Talleyrand), il n'était nullement pressé, nous dit-il, de rentrer en France, le danger passé. C'est l'animosité des Américains, à partir du printemps de 1798, qui l'y a forcé. Lui qui avait fui la Terreur a retrouvé aux États-Unis « un vrai *terrorisme* » exercé contre les Français[22]. Le mot est fort. Ce terrorisme à l'américaine a eu le mérite de lui ouvrir les yeux, d'aiguiser son regard. « Je le dirai avec regret : mes recherches ne m'ont pas conduit à trouver dans les Anglo-Américains ces dispositions fraternelles et bienveillantes dont nous ont flatté quelques écrivains. » Volney, comme Talleyrand avant lui, a fait un constat tout contraire. Les Américains restent éminemment britanniques, « ils conservent envers nous une forte teinte des préjugés nationaux de leur métropole originelle ». Notre brève fraternité d'armes n'y a pas changé grand-chose, ajoute Volney, sans savoir qu'il lance ici un thème d'avenir : ces préjugés ont été « faiblement altérés par notre alliance dans l'insurrection, très fortement ravivés dans ces derniers temps par les déclamations ». Car leurs politiciens déclament contre la France, tandis que les professeurs imposent aux collégiens des « prix d'amplifications et de thèses diffamatoires contre les Français » ; ainsi le « collège de Princetown » a-t-il mis au concours des sujets francophobes deux années de suite, en 1797 et 1798[23].

20. *Ibid.*
21. G.T. Raynal, *Histoire des Deux Indes*, À Genève, chez Jean-Léonard Pellet, 1780, t. IV, p. 451.
22. Volney, *Tableau...*, p. 22.
23. *Ibid.*, p. 29.

Mais la « rectification » doit aller plus au fond des choses. Au-delà de la crise ponctuelle de 1798, indépendamment des alarmes qu'inspire la consanguinité anglo-américaine, Volney entend montrer que les États-Unis ont trahi la promesse politique de leur naissance, qu'ils sont déjà apostats de leurs idéaux. Au même moment où Joseph de Maistre déboute les États-Unis comme une entité inviable née d'un vice de forme, Volney, par une démarche toute contraire destinée à un public tout différent, avance l'idée que ces mêmes États-Unis ont renié les principes, bons en eux-mêmes, qui avaient présidé à leur fondation : qu'ils ont « rétro-gradé ». Il y a eu, affirme Volney, entre la fin de la guerre d'Indé-pendance et la création du gouvernement fédéral, profonde dégénérescence des idéaux et des comportements : « altération de la bonne foi et de la simplicité primitive »[24]. Probité, pureté de mœurs, sens de la justice dans les rapports entre les citoyens : « sur presque tous ces chefs, la nation a rétrogradé des principes de sa formation ». Maistre n'attend rien de cette république, sinon qu'elle veuille bien disparaître, conformément à son impossibilité essen-tielle ; Volney, plus gravement peut-être, décrit une dégénération opérée à vue d'œil. Quoi qu'en disent les Américains, quoi que prétendent leurs derniers « enthousiastes », au cours des quinze dernières années, « il n'a régné aux États-Unis, proportionnelle-ment à la population, à la masse des affaires, à la multiplicité des combinaisons, ni plus d'économie dans les finances, ni plus de bonne foi dans les transactions, ni plus de décence dans la morale publique, ni plus de modération dans l'esprit de parti, ni plus de soin dans l'éducation ou l'instruction, que dans la plupart des États de la vieille Europe »[25].

Mieux vaut peut-être, conclut Volney, que j'aie remis à plus tard le tableau politique des États-Unis, car « mes résultats eussent pu paraître bizarres ». Surtout, ajoute-t-il, s'il m'avait fallu parler de l'Amérique en termes de « bonheur » possible pour un Français ; car alors « je n'eusse pas encouragé beaucoup de nos Français à suivre mon exemple »[26] – cet exemple de l'expatriation, qu'il n'aura pas donné bien longtemps.

24. *Ibid.*, p. 25.
25. *Ibid.*, p. 27.
26. *Ibid.*, pp. 28-29.

L'Amérique anathème de Joseph de Maistre

Le mouvement de disqualification de l'Amérique, d'ampleur européenne, prend dans chaque pays des formes particulières. En Allemagne, Herder donne une version anthropologique et théologique de la thèse naturaliste du « continent infortuné » : l'Amérique n'entre pas dans le plan général de la Providence et le Sauvage n'est qu'un « rameau sec » de l'arbre de l'humanité. Même exclusion chez Hegel au nom d'une autre logique : l'Amérique, purement naturelle et physique, reste à ses yeux hors-jeu. Absente du champ de gravitation de l'histoire universelle, exclue de la triade Europe-Asie-Afrique, elle est confinée dans les limbes d'une « impuissance » constitutive [27]. « Erreur au carré », commente Antonello Gerbi : Hegel nourrit de « données » inexactes (celles de l'histoire naturelle antiaméricaine du siècle précédent) un raisonnement spécieux. Et il paraît peu contestable, en effet, que Hegel s'est surtout soucié de recueillir, dans le douteux dossier rassemblé par les naturalistes des Lumières, tout ce qui pouvait justifier une exclusion décidée *a priori*.

La répudiation la plus véhémente de l'Amérique, dans les premières années du XIXᵉ siècle, n'est pas étrangère à la leçon de Herder ; mais elle prend une direction nouvelle sous la plume d'un écrivain souvent annexé par la France, comme le fut sa patrie : le Savoyard Joseph de Maistre. Cet expatrié qui refusait hautement de se dire « émigré » a quitté la Savoie gagnée à la Révolution pour Berne, puis Saint-Pétersbourg, au service du roi de Sardaigne. Porte-parole emporté de la « pensée réactionnaire » (Cioran), antidémocrate radical et théocrate paradoxal, l'auteur des *Considérations sur la France* et des *Soirées de Saint-Pétersbourg* voit dans l'existence même des États-Unis d'Amérique une aberration regrettable, mais heureusement provisoire. Il anathémise l'*homo americanus* sous les deux espèces : l'Européen d'Amérique comme un égaré et le Sauvage comme un réprouvé. Ce n'est pas en cela qu'il est le plus original. La stratégie de défense conjointe des *Native Americans* et des *Colonists* adoptée par Jefferson et ses amis, dans les années 1780, avait suscité l'ironie de Volney qui trouvait étrange leur panégyrique des Sauvages, « comme si, par une fiction bizarre,

---

27. Voir A. Gerbi, *La Disputa del Nuovo Mondo. Storia di una polemica (1750-1900)*, Milano-Napoli, Riccardo Ricciardi Editore, 1955, pp. 463-495 et, sur « l'erreur au carré » de Hegel, p. 491.

ils s'établissaient les représentants et les vengeurs des indigènes, leurs prédécesseurs »[28]. À ces apologies solidaires, les antiaméricains du début du siècle répondent logiquement par un amalgame négativement symétrique. Mais cette double condamnation prend chez Maistre une forme particulière : antirousseauiste absolu, il pose le sceau du dogme catholique sur un dénigrement de l'Amérique sauvage, resté jusque-là tout laïc. Chez lui, la stigmatisation théologique du Sauvage et la disqualification politique de la république américaine relèvent du même combat contre les Lumières : le Sauvage idéal est une créature née des sophismes de Rousseau ; la démocratie américaine, un fétiche du philosophisme. Des *Considérations sur la France* de 1797 aux *Soirées de Saint-Pétersbourg*, situées en 1809 mais qui ne paraîtront posthumes qu'en 1821, Maistre combine ainsi une critique à la fois antinaturaliste et antimoderne de l'Amérique dont Baudelaire sera le continuateur direct et avoué.

Des États-Unis, Maistre s'est au fond débarrassé dès 1797, dans les *Considérations sur la France*. Dans ce brûlot contre-révolutionnaire qui s'évertue à démontrer que la République française est non viable, l'Amérique, on le sent, est une épine, une écharde irritante dans le cuir du polémiste. Maistre l'introduit assez tard dans le débat : « On pourrait tout au plus citer l'Amérique ; mais j'ai déjà répondu d'avance, en disant qu'il n'est pas temps de la citer. » En note, il renvoie à son quatrième chapitre : « La République française peut-elle durer ? ». L'Amérique pourtant n'y est pas nommée et Maistre se contente d'y répéter le dogme des Lumières (et de Rousseau qu'il abhorre) sur l'impossibilité des grandes républiques : « Ce qu'on appelle *la Fortune*, jetant le dé sans relâche depuis quatre mille ans, a-t-elle jamais amené GRANDE RÉPUBLIQUE ? Non. Donc ce *nombre* n'était point sur le dé[29]. » Conclusion explicite : la France républicaine est une chimère. Conclusion implicite (« j'ai répondu d'avance... ») : les États-Unis n'existent pas. Pris au jeu, Maistre lance ce curieux pari sur la ville de Washington : « On pourrait gager mille contre un ou que la ville ne se bâtira pas, ou qu'elle ne s'appellera pas *Washington*, ou que le Congrès n'y résidera pas[30]. » Pas de chance pour le sénateur :

---

28. Volney, *Tableau...*, t. II, p. 31.

29. J. de Maistre, *Considérations sur la France* [1797], avant-propos de J. Boissel, textes établis, préfacés et annotés par J.-L. Darcel, Genève, Éd. Slatkine, 1980, p. 98.

30. J. de Maistre, *Considérations sur la France...*, p. 134.

ce pari prudemment alternatif, Maistre l'aura triplement perdu. Car devant l'Amérique, ce vigoureux logicien s'abandonne au *wishful thinking* le plus effréné : « Tout ce qu'il y a de véritablement nouveau dans leur constitution, tout ce qui résulte de la délibération commune, est la chose du monde la plus fragile ; on ne saurait réunir plus de symptômes de faiblesse et de caducité. » Et les vœux imprudents de reprendre de plus belle : « Non seulement je ne crois point à la stabilité du gouvernement américain, mais les établissements particuliers de l'Amérique anglaise ne m'inspirent aucune confiance [31]. » Ils sauront s'en passer.

Après avoir voué les États-Unis à l'échec, restait à *dévouer* le Sauvage à la mort. L'*homo democraticus* n'est pas en odeur de sainteté chez Maistre ; mais le « noble Sauvage », invention de missionnaires trop généreux ou de philosophes très mal intentionnés, n'a pas d'ennemi plus farouche. La pire erreur de Rousseau, « l'un des plus dangereux sophistes de son siècle », est d'avoir pris l'homme sauvage pour « l'homme primitif, tandis qu'il n'est et ne peut être que le descendant d'un homme détaché du grand arbre de la civilisation par une prévarication quelconque » [32]. « Nulle espèce de précision sur la nature de cette prévarication », note Cioran [33]. Cela importe visiblement assez peu. Ce qui importe, c'est le portrait-charge. Par une inversion aussi radicale qu'audacieuse du *topos* primitiviste, Joseph de Maistre fait du sauvage l'être « dégradé » par excellence. Sa personne, sa langue, ses mœurs ne pointent vers aucune origine : ce sont des « débris », des « ruines ». Le sauvage est ainsi renvoyé à la fois à un passé immémorial et à une faute aussi énorme que mystérieuse. Il est la version coupable du « rameau sec » de Herder : c'est en châtiment de quelque crime monstrueux qu'il a été détaché de l'arbre et qu'il est devenu, sur un continent séparé, l'être flétri qu'ont rencontré les Européens. Pour le décrire, Maistre retrouve les accents de De Pauw portraiturant l'Indien (il s'en réclame d'ailleurs ouvertement dans *Étude sur la souveraineté* [34]) ou de Talleyrand dépeignant le *squatter* de

---

31. *Ibid.*, p.133-134.

32. J. de Maistre, *Les Soirées de Saint-Pétersbourg ou Entretiens sur le gouvernement temporel de la Providence*, Paris, Librairie grecque, latine et française, 1821, Deuxième entretien, t. 1 ; cette citation et les suivantes figurent dans les pages 108 à 114.

33. E.M. Cioran, *Essai sur la pensée réactionnaire. À propos de Joseph de Maistre*, Montpellier, Fata morgana, 1977, p. 33.

34. « Les sauvages de l'Amérique ne sont pas tout à fait *hommes*, précisément parce qu'ils sont sauvages ; ce sont de plus des êtres visiblement dégradés au physique

la frontière. « C'est le dernier degré d'abrutissement que Rousseau et ses pareils appellent *l'état de nature*. » Cet « épouvantable état » a été maquillé en âge d'or bucolique par la Philosophie « pour étayer ses vaines et coupables déclamations contre l'ordre social ». Hideux et imbécile, le sauvage porte l'anathème « écrit, je ne dis pas seulement dans son âme, mais jusque sur la forme extérieure de son corps ». La « main redoutable » de la Providence s'est abattue sur « ces races dévouées », ajoute Maistre : le sauvage est un *devotus*, une créature sacrificielle, « il est visiblement dévoué, il est frappé dans les dernières profondeurs de son essence morale ». Les qualités les plus indispensables à la survie : la prévoyance et la perfectibilité, ont été effacées de sa conscience. Chaque siècle qui passe entraîne ce pseudo-primitif un peu plus loin de la seule origine, qui est divine, aussi inexorablement que, chez Talleyrand, l'humanité perd un peu d'elle-même à chaque pas fait vers le *wilderness*.

Croisade antirousseauiste et antiphilosophique, bien sûr, que celle de Joseph de Maistre ; mais aussi, incontestablement, croisade antiaméricaine qui reformule théologiquement la « malédiction » naturaliste des Lumières. La nouvelle Amérique l'irrite comme le parangon d'une modernité détestable ; l'Amérique sauvage l'exaspère comme le plus éhonté des mensonges philosophiques.

Le début du XIXᵉ siècle, si fortement associé dans les lettres françaises au nom de Chateaubriand, est donc un moment tournant pour ces représentations américaines où, pour peu de temps encore, sublimité du Sauvage et grandeur de l'Amérique sont nouées l'une à l'autre. L'œuvre de l'Enchanteur s'interpose, avec la même générosité que Maistre reproche aux missionnaires épris de leurs Indiens bibliques, entre le regard froid des antirousseauistes et leur victime désignée, le Sauvage désormais *dévoué*. Mais tous les arbres du Meschacebée, « de l'érable au tulipier, du tulipier à l'alcée »[35], ne peuvent cacher la forêt des signes annonciateurs d'un désenchantement de l'Amérique. Bien avant que ne s'impose à la conscience européenne l'évidence d'une extinction bien plus rapide que ne l'avait prévue Raynal, l'Indien est brutalement expulsé de l'humanité par Joseph de Maistre et de l'histoire par Herder. Mais ne

---

et au moral ; et, sur cet article au moins, je ne vois pas qu'on ait répondu à l'ingénieux auteur des *Recherches philosophiques sur les Américains* » (*Étude sur la souveraineté, Œ. C.*, Lyon, Vitte et Perrussel, 1884 ; t. 1, p. 453).

35. Chateaubriand, *Atala*, in *Atala, René, Les Natchez*, éd. J.-Cl. Berchet, Paris, Le Livre de Poche, 1989, p. 99.

l'est-il pas aussi, *en beauté*, chez Chateaubriand ? L'enfant mort des Natchez peint par Delacroix n'est-il pas l'allégorie même de cette disparition ? Sous les magnifiques festons de sa phrase, Chateaubriand célèbre-t-il autre chose qu'un office funèbre ? La première page indienne écrite par Chateaubriand, la célèbre nuit placée dans une note de l'*Essai sur les Révolutions* de 1797, portait déjà le deuil d'un peuple défunt. Charlevoix, Lafitau paraient l'Indien des prestiges de l'Ancien Testament ; Chateaubriand les embaume dans la miséricorde du Christ. Ses Sauvages romantiques feront verser des larmes, au grand dam sans doute de Joseph de Maistre ; mais leurs figures épiques ou sublimes n'en sont pas moins des profils perdus, des visages voués à disparaître, à peine entrevus, sous l'éclairage trop généreux des mots – comme s'effacent les fresques, dans *Fellini-Roma*, au moment même où elles viennent au jour.

« La description de l'Amérique sauvage appellerait naturellement le tableau de l'Amérique policée », écrit Chateaubriand dans la Préface aux *Natchez* de 1826 ; « mais ce tableau me paraîtrait mal placé dans un ouvrage d'imagination »[36]. Il transportera donc « l'Amérique policée » dans ses *Voyages* : « l'histoire ainsi fera suite à l'histoire, et les divers sujets ne seront pas confondus ». On ne peut mieux dire la dissociation du mythe indien et de l'histoire américaine. Chez Chateaubriand aussi, l'Indien est sorti de l'histoire : par le haut, certes, du côté du sublime et de l'épopée d'un peuple perdu ; mais sorti tout de même. Joseph de Maistre pourrait bien stigmatiser chez Chateaubriand, comme chez Las Casas, Charlevoix ou Lafitau, les « erreurs de la charité » en faveur des Indiens. Mais Chateaubriand ne commet pas, en tout cas, « l'erreur romanesque » dénoncée par Volney : il ne croit ni à la jeunesse de l'Amérique, ni à la survie du Sauvage.

De Mrs Trollope à Arrigo Beyle

Sauvages épiques, grands réprouvés ou figurants surnuméraires dans la théodicée de l'Esprit, les Indiens s'estompent à l'horizon du mythe ou passent à la trappe de l'histoire. Sortie par le haut ou élimination par le bas, leur éviction s'accomplit dans les textes européens dès le début du XIXᵉ siècle : les voilà cantonnés dans les

---

36. Chateaubriand, Préface des *Natchez* [1826], éd. cit., p. 69.

ouvrages « d'imagination » avant d'être parqués dans les réserves des collections enfantines. L'image de l'Amérique en est notablement appauvrie. Là où montaient les fumées des campements s'élèvera bientôt celle des fabriques. Pour l'heure, des villages aux noms pompeux – Rome, Paris, Syracuse – font ricaner les voyageurs. Des bourgades chétives prétendent au titre de capitales d'États. Des villes sans monuments accumulent sans les aligner des bâtisses sans distinction. L'habitat manque d'élégance, le costume manque de recherche, les manières manquent – tout court. Oubliant leur récent engouement pour la simplicité de Franklin, les voyageurs français se fatiguent vite de tant d'austérité : le costume pseudo-quaker avait fait merveille à la cour de Louis XVI ; quotidiennement croisé dans les rues de Philadelphie, il rebute ces Français restés voltairiens pour qui « *l'ennui naquit un jour de l'uniformité* ». On taxera bientôt d'hypocrisie cette simplicité trop affichée.

Les Français, à vrai dire, ne sont pas les seuls à dénigrer la vie pesante qu'on mène en Amérique. Lorsque les récits de « revenants » commenceront à tarir, il leur suffira de se tourner vers le voisin britannique. Les Anglais deviennent pour une vingtaine d'années, entre 1815 et 1835, les pourvoyeurs de l'Europe en malveillances contre leur ancienne colonie. La France entre justement dans une nouvelle période d'anglomanie, la seconde en quarante ans. Qu'il s'agisse de chevaux, de romans ou de blanchisserie, l'Angleterre donne le ton. Tandis que Guizot professe sur l'histoire anglaise des leçons très suivies (en 1828-1829), les Parisiens se fournissent à Londres de jockeys, d'aventures médiévales et de redingotes. De préjugés aussi, s'agissant des États-Unis. Qui serait mieux placé que les Anglais pour médire des Américains ?

Écrivains, voyageurs, mémorialistes britanniques ne s'en privent pas. La guerre de 1812 a ranimé une rancœur mal assoupie. Plusieurs militaires sortis du service, le « Captain » Hall, le « Major » Hamilton, repartent en campagne, la plume à la main, contre la médiocrité américaine. Au patriotisme yankee exacerbé par ce nouveau conflit, les Britanniques répondent par une volée d'ouvrages mortifiants. Le premier succès en ce genre revient à Basil Hall pour *Travels in America in the years 1827 and 1828* (1829). Il fera des émules, dont Thomas Hamilton, auteur de *Men and Manners in America* (1833). Tous ces livres rencontrent un franc succès ; mais dans cette compétition serrée, la palme du triomphe, britannique puis européen, revient sans conteste à Frances Trollope, pour *Domestic Manners of the Americans*, paru en anglais en 1832.

Le parcours de Frances Trollope est peu banal. Née en 1779 à Bristol, fille d'un pasteur-inventeur excentrique porté sur Pétrarque et sur la boisson, elle avait épousé en 1809 un avocat dont les espérances d'héritage furent déçues et dont les entreprises agricoles tournèrent au désastre. Elle prit la résolution en 1827 de répondre à l'invitation de sa grande amie Fanny Wright, militante abolitionniste et féministe qui avait fondé au Tennessee une communauté utopique et pédagogique destinée aux esclaves. Partie d'Angleterre avec trois de ses enfants (Anthony, le futur romancier, n'était pas du voyage), Frances Trollope devait découvrir à son arrivée que l'école consistait en quelques cabanes de rondins dépourvues de toit dans une forêt infestée par la malaria. Faisant contre mauvaise fortune bon cœur, elle gagna Cincinnati où elle ouvrit un étrange « bazar », à la fois magasin de modes, galerie d'art et centre culturel avant l'heure. Le bâtiment décoré par ses soins ne passait pas inaperçu. Thomas Hamilton le juge d'inspiration « gréco-mauresco-gothico-chinoise »[37]. Miss Martineau le décrit comme « gothico-gréco-turco-égyptien » et le définit moins charitablement encore comme « the great diformity of the city »[38]. Après la faillite de l'entreprise et le départ de Mrs Trollope, en 1831, son « bazar » devait devenir successivement une école de danse, le siège d'une société savante, enfin et plus durablement, un bordel réputé.

Peu heureuse dans ses entreprises américaines, Mrs Trollope reprend le bateau pour la Grande-Bretagne en août 1831. Elle était partie *whig*, féministe et réformatrice. Elle revient dégoûtée de l'Amérique, de l'égalitarisme, des parvenus incultes, des domestiques insolents, des sectes charlatanesques et des commerçants cupides. À cinquante-cinq ans, rentrée au bercail et réconciliée avec Britannia, cette femme énergique tire de ses déboires américains la matière d'un triomphe littéraire : avec quatre éditions anglaises et quatre éditions américaines dès la première année, suivies de rapides traductions en français, en espagnol, en allemand et en néerlan-

---

37. Thomas Hamilton, *Men and Manners in America* (II, 169) ; cité par A. Gerbi, *La Disputa...*, p. 528, note 1.
38. Cité par A. Gerbi, *ibid.*. Miss Harriet Martineau est l'auteur, entre autres, de *Society in America*, (1837) et *Retrospect of Western Travel* (1838). Elle passe deux ans aux États-Unis entre 1834 et 1836. Réformatrice et abolitionniste, elle reproche à Frances Trollope l'hostilité excessive de son ouvrage.

dais, *Domestic Manners of the Americans* lui apporte une brève aisance (dès 1834, elle et son mari fuient de nouveau les créanciers) et une notoriété un peu plus durable que ses *royalties*. Chateaubriand la goûte. Stendhal s'en délecte. Il arrive, à la lecture de *Domestic Manners*, qu'on se demande pourquoi. Car ce tableau des États-Unis *circa* 1830 (où Mrs Trollope tait ses mésaventures personnelles) paraît souvent bien long. Et la morale de l'histoire bien courte : « I do not like them. I do not like their principles. I do not like their manners. I do not like their opinions [39]. » Fanny Trollope manie la médisance avec une certaine verve, mais peu d'humour et aucune inventivité. Ses griefs se ramènent au fond à quelques chefs d'accusation connus : inculture de l'Américain moyen, mercantilisme inné, vulgarité des manières et grossièreté des divertissements, laideur générale du pays et particulièrement des villes, inaptitude de cette population au « délassement » (en français dans le texte), séparation sociale des deux sexes peu soucieux de se côtoyer au-delà du strict nécessaire. Tout cela n'est pas très neuf et Mrs Trollope d'ailleurs ne prétend pas à l'originalité, mais à l'exhaustivité, lorsqu'elle récapitule des défauts « si souvent mentionnés » [40].

Mais là est sans doute la clé de son succès : compilatrice d'une *doxa* en cours de formation depuis l'Indépendance, elle confère l'autorité de la chose vue et vécue à un ensemble de traits négatifs déjà largement acceptés par le public cultivé européen. Cette fille des Lumières n'a pas oublié son histoire naturelle, ni les leçons prodiguées par Buffon et reprises par Robertson. Son récit s'ouvre sur une vision d'indicible désolation, d'eaux fangeuses, de terres stériles, « d'agrégats de feuilles qui pourrissent là depuis le déluge » [41]. C'est le Mississippi et son delta. Mrs Trollope en appelle à Dante, mais elle récrit Cornelius De Pauw. Les lecteurs français ne sont pas dépaysés. Il y a d'autres raisons à l'engouement particulier qu'elle suscite en France. Cette Anglaise francophile, qui parsème son récit de gallicismes, n'hésite pas à citer avec louanges un mot de Talleyrand à Napoléon. Elle prise par-dessus tout l'échange des idées, défend l'art de la conversation tel qu'on le pratiquait dans les salons français des Lumières : comme un équi-

39. F. Trollope, *Domestic Manners of the Americans* [1832], éd., introd. et notes de Pamela Neville-Sington, Penguin Books, London & New York, 1997, p. 314.
40. *Ibid.*, p. 138.
41. *Ibid.*, p. 37.

libre entre politesse et conviction, élégance de la phrase et audace de la pensée. Les Américains qui « n'ont ni charme, ni grâce dans la conversation » en offrent le contrepoint parfait[42]. Cette néo-conservatrice un peu excentrique comble d'aise les ennemis idéologiques de l'Amérique républicaine, sans déplaire à la gauche littéraire, d'autant qu'elle reste fidèle à sa jeunesse sur deux points importants : l'anticléricalisme et l'antiesclavagisme. À vrai dire, même sans son trajet personnel – celui en somme d'une gauchiste assagie mais toujours bohème –, Fanny Trollope n'aurait guère eu de mal à séduire des lecteurs français qui, avant de la lire, pensaient déjà comme elle.

« Je m'ennuierais en Amérique... »

L'exemple de Stendhal est parlant. Il annote le livre de Mrs Trollope en 1834 sans bouder son plaisir. Il réclamera d'ailleurs bien vite le livre suivant, consacré aux Belges. Tout lui plaît, tout l'amuse dans *Domestic Manners of the Americans*. Il est ravi, bien sûr, d'y retrouver Talleyrand interrogé par Napoléon sur le caractère des Américains et répondant rondement : « Sire, ce sont de fiers cochons, et des cochons fiers. » Fanny Trollope approuvait cette définition[43] ; Stendhal bat des mains, inscrit « Bien » en marge[44].

Mais à vrai dire, elle prêche un converti. *Le Rouge et le Noir* a paru en 1830, deux ans avant l'édition anglaise de *Domestic Manners*. Dans le premier chapitre : « Une petite ville », Stendhal immortalise Verrières. Qui pourrait oublier, l'ayant lue, cette radiographie expresse de « l'une des plus jolies villes de la Franche-Comté » – dont il fait l'emblème de l'irrespirable province ? Mais aussi, qui se souvient de l'étrange chute ? « Dans le fait, [les] gens sages y exercent le plus ennuyeux *despotisme* ; c'est à cause de ce vilain mot que le séjour des petites villes est insupportable pour qui a vécu dans cette grande république qu'on appelle Paris. » Paris contre Verrières, point final ? Non, Paris contre l'Amérique. Car Stendhal conclut : « La tyrannie de l'opinion, et quelle opinion ! est aussi *bête* dans les petites villes de France qu'aux États-Unis

---

42. *Ibid.*, p. 40.
43. *Ibid.*, p. 241.
44. Sur ces annotations, voir R.L. Doyon, « Stendhal. Notes sur l'Angleterre et l'Amérique », *Table Ronde* n° 72, décembre 1953, p. 25.

d'Amérique[45]. » L'Amérique, mesure de toute bêtise, mètre-étalon de la tyrannie. L'Amérique : un, deux, trois Verrières...

Dans tous ses récits ultérieurs, Stendhal ne fera que reposer rhétoriquement une question résolue dès la troisième page du *Rouge et le Noir*. Dans *La Chartreuse*, on l'a dit, le comte Mosca, inquiet pour Fabrice, écarte l'hypothèse américaine. Fabrice lui-même, qui ne songe qu'à Clélia, ne pense plus à l'Amérique. Mais il y avait pensé, quelques années plus tôt, au retour de Waterloo. Que faire de sa vie ? Peu convaincu de sa vocation de prélat, « Fabrice rejeta d'abord bien loin le parti de l'Église. Il parlait d'aller à New York, de se faire citoyen et soldat républicain en Amérique ». Dans cette première délibération, il revenait à la duchesse de prononcer les formules consacrées contre la vie américaine : « Quelle erreur est la tienne ! Tu n'auras pas la guerre, et tu retomberas dans la vie de café, seulement sans élégance, sans musique, sans amours, répliqua la duchesse. Crois-moi, pour toi comme pour moi, ce serait une triste vie que celle d'Amérique. » Et Stendhal d'enchaîner : « Elle lui expliqua le culte du *dieu* dollar, et ce respect qu'il faut avoir pour les artisans de la rue, qui par leurs votes décident de tout[46]. » *Lucien Leuwen*, roman plus français et plus ancré encore dans l'histoire immédiate que *La Chartreuse*, reprend les termes d'un dilemme auquel se trouve confronté, en France, plus d'un jeune homme politiquement « imprudent » – à commencer par cet Auguste Hervieu, peintre et comploteur, recueilli par les Trollope et qui fut associé à leur expédition américaine. L'aimable Lucien Leuwen, chassé de Polytechnique pour républicanisme et plein de sympathie pour les sous-officiers qui conspirent sous des pseudonymes romains, se pose la même question : « Il vaudrait mieux s'embarquer tous ensemble pour l'Amérique... m'embarquerai-je avec eux ? » Une fois de plus, la méditation ne tourne pas à l'avantage de l'Amérique. « Sur cette question, Lucien se promena longtemps d'un air agité. Non, se dit-il enfin... À quoi bon se flatter ? [...] Je m'ennuierais en Amérique, au milieu d'hommes parfaitement justes et raisonnables, si l'on veut, mais grossiers, mais ne songeant qu'aux *dollars*. » Cette confession est aussi une profession de foi. Stendhal y livre le credo d'un antiaméricanisme esthétique et hédoniste à la française : « Je ne puis vivre avec des hommes incapables d'idées fines, si vertueux

45. Stendhal, *Le Rouge et le Noir*..., t. 1, p. 222.
46. Stendhal, *La Chartreuse de Parme*..., t. 2, p. 135.

qu'ils soient ; je préférerais cent fois les mœurs d'une cour corrompue. Washington m'eût ennuyé à la mort, et j'aime mieux me trouver dans le même salon que M. de Talleyrand. Donc, la sensation de l'estime n'est pas tout pour moi ; j'ai besoin des plaisirs donnés par une ancienne civilisation... »

Cette tirade est une première dans le roman français : l'antiaméricanisme s'y constitue en « préjugé » existentiel capable de combattre victorieusement les « convictions » du sujet. Déjà le « culturel » l'emporte sur le « politique ». Stendhal y insiste très délibérément : « Mais alors, animal, supporte les gouvernements corrompus, produits de cette ancienne civilisation. » Mais rien ne sert de (se) morigéner et le sincère Lucien, comme le lucide Stendhal, terminent crescendo une tirade qui, partie de Talleyrand, annonce Baudelaire. « J'ai horreur du bon sens fastidieux d'un Américain. Les récits de la vie du jeune général Bonaparte, vainqueur au pont d'Arcole, me transportent ; c'est pour moi Homère, le Tasse, et cent fois mieux encore. La moralité américaine me semble d'une abominable vulgarité, et en lisant les ouvrages de leurs hommes distingués, je n'éprouve qu'un désir, c'est de ne jamais les rencontrer dans le monde. Ce pays modèle me semble le triomphe de la médiocrité sotte et égoïste, et, sous peine de périr, il faut lui faire la cour[47]. » Faire la cour à la médiocrité, « faire une cour sérieuse aux boutiquiers de la rue », respecter « les artisans de la rue » : Lucien, Mosca, la duchesse parlent d'une seule voix − celle de Beyle ventriloque.

Un petit siècle plus tard, André Maurois fait lire *La Chartreuse de Parme* à ses étudiants de Princeton. « Ils arrivent très mécontents. » Trop long. Trop bizarre. « Et puis, dit Plug, il est antiaméricain, ce Stendhal. Il y a une attaque très méchante contre le "roi dollar"... Est-ce que déjà, en 1830, c'était la mode en Europe de dire du mal de l'Amérique ? »[48] L'intuition du jeune Plug ne l'a pas trompé, il y a bien une mode européenne du dénigrement de l'Amérique *circa* 1830. Le succès de Mrs Trollope n'a pas épuisé la veine. En 1842, Charles Dickens s'embarque pour les États-Unis et revient avec de caustiques « Notes américaines » (*American Notations*). Mais il aura besoin d'un roman, *Martin Chuzzlewit*, pour mieux vider son sac antiaméricain. La charge chez Dickens est à la fois plus moralisatrice et plus sociale. Il n'est pas sûr qu'elle

47. Stendhal, *Lucien Leuwen*..., t. I, pp. 822-823.
48. A. Maurois, *En Amérique*, Paris, Flammarion, 1933, pp. 93-94.

aurait amusé Stendhal autant que les saillies de M. de Talleyrand. Question sans réponse : quand commence à paraître le roman de Dickens, en 1843, Stendhal vient de mourir. Restent ses truchements romanesques qui, roman après roman, rhabillent à la française l'antiaméricanisme britannique en donnant à Talleyrand le pas sur Washington et à l'opéra une certaine priorité sur la démocratie.

Tocqueville & Cᵒ : « l'Amérique en sucre »

« Je crois qu'il n'y a pas un pays sur la surface de la terre où il y ait moins de liberté d'opinion sur tout sujet suscitant de larges divergences d'opinion, que celui-ci » – l'Amérique, bien sûr. Brouillon de Tocqueville ? Non, lettre de Dickens (mise en français [49]). Le romancier écrit ces lignes à Forster au retour de son équipée américaine, en 1842. Tocqueville, lui, avait écrit dans la première *Démocratie*, en 1835 : « Je ne connais pas de pays où il règne, en général, moins d'indépendance d'esprit et de véritable liberté de discussion qu'en Amérique. [...] En Amérique, la majorité trace un cercle formidable autour de la pensée. Au-dedans de ces limites, l'écrivain est libre ; mais malheur à lui s'il ose en sortir [50]. » Tocqueville et Dickens en sont d'accord : rien de plus malaisé en Amérique que d'être un dissident d'idées. Baudelaire le redira bientôt, dans l'un de ses articles consacrés à Poe : rien de plus difficile que d'y exercer les deux droits de l'homme oubliés par toutes les Déclarations, le droit de se contredire et le droit de s'en aller [51]... Ces lignes de Tocqueville et tout le chapitre où elles figurent, « De l'omnipotence de la majorité », seront en France,

49. « I believe there is no country, on the face of the earth, where there is less freedom of opinion on any subject in reference to which there is a broad difference of opinion, than in this – There ! – I write the words with reluctance, disappointment and sorrow ; but I believe it from the bottom of my soul » ; lettre à John Forster, 24 février 1842 ; *The Letters of Charles Dickens*, éd. par M. House, G. Storey et K. Tillotson, Clarendon Press, Oxford, 1974, vol. 3 (1842-1843), pp. 81-82.
50. A. de Tocqueville, *De la Démocratie en Amérique* (I), Paris, Robert Laffont, collection « Bouquins », éd. procurée par J.-Cl. Lamberti et F. Mélonio, 1986, p. 246.
51. « Parmi l'énumération nombreuse des *droits de l'homme* que la sagesse du XIXᵉ siècle recommence si souvent et si complaisamment, deux assez importants ont été oubliés, qui sont le droit de se contredire et le droit de s'*en aller* ». Baudelaire fait allusion à l'alcoolisme suicidaire de Poe (« Edgar Poe, sa vie et ses œuvres » [1856], *Œuvres Complètes*, Paris, Gallimard, Bibliothèque de la Pléiade, 1976, t. 2, p. 306).

pendant plus d'un siècle, les pages les plus volontiers citées de *La Démocratie en Amérique*. On pourrait parler, à cet égard, d'un usage antiaméricain de Tocqueville : c'est de cet usage, non de Tocqueville lui-même, qu'il sera question ici. Il faut donc prendre du champ par rapport à l'œuvre et des libertés avec la chronologie pour évoquer les « reprises » rarement ingénues de la *Démocratie* par les antiaméricains des deux générations suivantes. Coup d'œil sur un Tocqueville vu d'aval.

Une pièce de théâtre qui fit scandale à Paris en 1873, *L'Oncle Sam* de Victorien Sardou, mettait en scène un jeune Français débarquant aux États-Unis avec *De la Démocratie en Amérique* pour tout viatique. Heureusement une Mme Bellamy, compatriote instruite par l'expérience, le mettait aussitôt en garde contre cette lecture dangereuse : « L'Amérique en sucre... Fiez-vous-y ![52] »

« Aux États-Unis », avait écrit Tocqueville, « la majorité se charge de fournir aux individus une foule d'opinions toutes faites »[53]. C'est comme si la *doxa*, démasquée outre-Atlantique, avait tenu à se venger sur lui en France : au lendemain de sa mort, survenue en 1859, Tocqueville est déjà le prisonnier de sa caricature. Pendant plusieurs décennies, on le présentera comme l'homme d'une seule idée (jugée fausse) : les États-Unis sont essentiellement démocratiques, et comme le militant d'une seule cause : la promotion de l'idée démocratique par l'encensement systématique de l'Amérique. On fera de lui simultanément (et contradictoirement) un dogmatique abstrait et un *lobbyist* patenté, aggravé d'un prophète pontifiant, mais toujours démenti par l'événement. La guerre civile américaine n'a pas servi sa réputation. Tocqueville avait écarté comme très improbable tout désir de sécession d'un ou plusieurs États. La chose dût-elle se produire, contre toute vraisemblance, il avait assuré qu'aucun conflit n'en résulterait et que l'Union prendrait son parti de ces défections[54]. On lui pardonnera

---

52. V. Sardou, *L'Oncle Sam*, Comédie représentée au Théâtre du Vaudeville pour la première fois le 6 novembre 1873, Acte II, scène 3. Nous retrouverons *L'Oncle Sam* au chapitre 3.
53. A. de Tocqueville, *De la Démocratie en Amérique* (II)..., p. 434.
54. A. de Tocqueville, *De la Démocratie en Amérique* (I)..., p. 341. « Il me paraît donc certain que si une portion de l'Union voulait sérieusement se séparer de l'autre, non seulement on ne pourrait pas l'en empêcher, mais on ne tenterait même pas de le faire » ; suivent plusieurs pages qui développent l'idée que « les Américains ont donc un immense intérêt à rester unis » (p. 342) et qu'aucune divergence d'intérêt n'existe, assez grande pour les y pousser : « je vois bien dans les différentes parties de l'Union des intérêts différents, mais je n'en découvre pas qui soient contraires les uns aux

d'autant moins cette double « erreur », pendant et après le conflit, que son livre n'offre rien de satisfaisant à aucun des deux camps. Les pro-Sudistes n'ont guère à se louer du tableau très négatif que Tocqueville fait du Sud, incapable de concurrencer par « un autre modèle » de société le Nord puritain et démocratique. Quant aux partisans de l'Union, qui tiennent la question de l'esclavage pour fondamentale, ils ne peuvent que s'irriter de la position de Tocqueville qui après avoir affirmé un anti-esclavagisme de principe, considère le maintien du statu quo le plus longtemps possible comme la seule option qu'aient les Sudistes pour ne pas disparaître.

Expédiant *La Démocratie* en trois mots : « L'Amérique en sucre », Victorien Sardou ne résume pas mal l'idée réductrice que pouvait se faire de Tocqueville, en 1873, un public parisien qui n'avait pas attendu les conseils de Mme Bellamy pour cesser de le lire. Cette œuvre frappe aujourd'hui par sa singulière élévation et sa solitude intellectuelle, mais l'image qu'en ont ou que veulent en donner ses détracteurs, jusqu'à la fin du XIXᵉ siècle, est bien différente. Lorsqu'on la mentionne (on ne la *cite* à peu près jamais), c'est le plus souvent de compagnie et de niveau avec les ouvrages de Gustave de Beaumont, son compagnon de voyage, de Michel Chevalier ou de Philarète Chasles[55]. Ces livres peu ressemblants, on les dénonce en bloc, comme dictés par un même parti pris apologétique. Leurs auteurs sont présentés comme un petit club, une coterie. Voyez, dit-on, comme ils se renvoient la balle. Comment M. de Tocqueville fait la publicité de son compère Beaumont[56]. Comment Philarète Chasles, quinze ans plus tard, défère à l'autorité de Tocqueville et de Chevalier dès la première page de ses *Études sur la littérature et les mœurs des Anglo-Américains au XIXᵉ siècle* (1851)[57]. Voilà qui suffit aux antiaméricains précoces des années 1880 pour faire l'amalgame.

Si ces affidés supposés de l'Amérique et de la démocratie jouent un rôle dans la genèse de l'antiaméricanisme français, c'est donc malgré eux et à contre-emploi. Le discours antiaméricain qui prend son essor dans les années 1880 les met à contribution selon

---

autres » (p. 343). Seule une trop grande expansion territoriale pourrait à long terme présenter des dangers centrifuges.

55. F. Gaillardet, *L'Aristocratie en Amérique*, Paris, Dentu, 1883, p. 7.
56. A. de Tocqueville, *De la Démocratie en Amérique* (I)..., p. 316, note 2.
57. Ph. Chasles, *Études sur la littérature et les mœurs des Anglo-Américains au XIXᵉ siècle*, Paris, Amyot, 1851 ; Introduction, p. I.

deux formules cumulables – et souvent cumulées. *Primo*, en homogénéisant artificiellement ce corpus pour en faire l'émanation d'un *lobby* américain, il s'autojustifie comme discours de contre-attaque. De Tocqueville à Chasles, on dénoncera donc un secret dessein, un prêche d'imitation de l'Amérique, pourtant absent chez l'un comme chez l'autre. Chez Tocqueville, la description n'est nullement prescriptive ; quant à Chasles, il met explicitement en garde contre la tentation d'imiter l'Amérique et ses institutions : « Les enfants décrépits de notre monde blasé ont-ils raison d'imiter maintenant, en dépit de leur passé, l'autonomie américaine dont ils ne possèdent même pas le germe ? Réussiront-ils dans cet essai ? On peut en douter[58]. » Il n'importe à leurs détracteurs qui tirent une légitimité polémique de ce complot supposé.

Un second usage de Tocqueville et des « siens » apparaît à la fin du siècle : il consiste à isoler chez ces auteurs réputés « pro » un certain nombre de propositions « contra » pour en nourrir le dossier d'accusation contre les États-Unis. *De la Démocratie en Amérique* commence alors à être revisitée, mais comme ces monuments à l'abandon où chacun prélève pour sa bicoque la pierre qui lui convient. Le détournement fragmentaire de l'œuvre est facilité par sa désaffection. C'est « un livre célèbre, dont tout le monde parle et que personne ne lit plus guère », constate en 1892 l'auteur de *La Vie américaine*[59]. Les spécialistes de Tocqueville, aujourd'hui, lui donnent raison. Du vivant de son auteur, la diffusion de *La Démocratie* est l'histoire du verre d'eau à moitié plein ou à moitié vide. Paru en deux volumes en 1835 et 1840, le livre fut tiré d'abord à 500 exemplaires et « ne dépassa guère 10 000 exemplaires du vivant de son auteur. Il eut donc peu de lecteurs », écrit Françoise Mélonio dans son introduction à la première *Démocratie*, « – mais quels lecteurs ! ». Et de citer Royer-Collard, Guizot, Chateaubriand, Vigny et Lamartine[60]. Insuccès relatif ? Vrai succès, mais limité à une certaine sphère ? Les appréciations peuvent diverger sur ce premier temps de la réception. Mais l'éclipse qui suit est incontestable. Tandis que le public parisien applaudit *L'Oncle Sam*

---

58. *Ibid.*, p. 507.
59. P. de Rousiers, *La Vie américaine*, Paris, Firmin-Didot, 1892, p. 528.
60. Fr. Mélonio, Introductions à A. de Tocqueville, *De la Démocratie en Amérique*..., pp. 9 et 397.

et que la IIIe République, bon an mal an, se met dans ses meubles, Tocqueville entre dans « un long oubli »[61].

Les seuls à ne pas l'oublier tout à fait, ce sont justement les polémistes antiaméricains. Rares sont ceux qui le citent, on l'a dit, et personne ne se donne la peine de le réfuter. Mais son nom est rituellement prononcé pour être aussitôt conjuré. Les antiaméricains de la fin du XIXe siècle ne se lassent pas de reprendre le thème de « L'Amérique en sucre ». Leur grief fondamental est le même que celui de Sardou : Tocqueville a édulcoré la réalité américaine, il a vendu aux Français son Amérique démocratique comme une friandise frauduleuse. Il y a sur ce point une remarquable unanimité chez ces antiaméricains précoces que l'on retrouvera plus loin et qui appartiennent à des familles politiques très éloignées : Frédéric Gaillardet, qui intitule son livre *De l'Aristocratie en Amérique* pour inviter ses lecteurs à « retourner » Tocqueville ; le baron de Mandat-Grancey, qui s'excuse d'être un peu parent du vicomte, mais se flatte de ne partager aucune de ses déplorables opinions démocratiques ; Paul de Rousiers, l'envoyé du Musée social, qui dénonce le tort qu'a eu Tocqueville de « jeter dans le public français cette idée que les États-Unis sont uniquement conduits par la démocratie » et qui n'est pas « excusable [...] d'avoir accrédité cette opinion »[62]. Ce Tocqueville-repoussoir se double souvent, dans les préambules et préfaces, d'un Tocqueville faire-valoir. Le premier est synonyme de fraude ; le second d'échec : l'Amérique ne lui a pas livré ses secrets, tout reste à dire, son livre est à refaire. C'est la stratégie de Paul Bourget, en 1895, qui ne mentionne Tocqueville que pour souligner son insuffisance : « le livre qui résume pareille société reste à écrire »[63]. Enfin, Paul Bourget vint...

Dédaigné et expédié sans phrases par la plupart des polémistes antiaméricains jusqu'à la fin du XIXe siècle, Tocqueville connaît au tournant du siècle un retour de faveur paradoxal, qui est comme un nouveau revers de fortune. On découvre alors qu'il n'est pas impossible de le faire servir malgré lui à la bonne cause, ni de puiser dans *La Démocratie* des armes contre l'Amérique. Un livre, à cet égard, fait charnière en cumulant ces deux usages de Tocqueville : les *Éléments d'une psychologie politique du peuple amé-*

---

61. *Ibid.*, p. 9.
62. P. de Rousiers, *La Vie américaine...*, p. 528.
63. P. Bourget, *Outre-Mer. Notes sur l'Amérique*, Paris, Alphonse Lemerre, 1895, p. ii.

ricain d'Émile Boutmy. Les textes réunis dans ce volume par le fondateur de l'École libre des sciences politiques datent de 1890-1892 ; ils sont actualisés et complétés par lui en 1901. Boutmy semble déplorer, d'entrée de jeu, le discrédit où est tombé Tocqueville. Ce faisant, il confirme d'ailleurs l'atmosphère anti-tocquevillienne qui prévaut dans ces années-là : « On donne volontiers à entendre que la *Démocratie en Amérique* est un livre désormais daté et dépassé, où l'homme politique ne s'adresse plus pour s'instruire. » On se tourne vers des auteurs moins « abstraits », comme Bryce, l'auteur d'*American Commonwealth*, dont Boutmy nous apprend qu'il a « détrôné » Tocqueville [64].

Un tel exorde laisse présager la réhabilitation la plus nette. Or il n'en est rien. Sous couleur de rouvrir le procès et, pourrait-on croire, réviser le jugement, Boutmy accable le condamné. Tocqueville, selon Boutmy, est moins un observateur politique ou un analyste social qu'un « moraliste impatient ». Piètre guide pour l'action, il s'est trompé lourdement « dans plusieurs de ses prédictions », comme la désintégration durable des partis et celle de l'Union fédérale : « Tocqueville se persuada que l'Union, sans cesser d'exister en droit et en fait, ne serait bientôt plus qu'une ombre et un nom. Les deux méprises sont complètes : l'Union s'est finalement consolidée ; la théorie des *state rights* a été abandonnée, et les deux grands partis sont restés les cadres de toute activité politique. » Mauvais analyste, futurologue malheureux, Tocqueville a le défaut supplémentaire d'une méthodologie surannée, indigne de cette science irréfragable qu'est désormais la « psychologie politique » : « Les déductions politiques où se complaisait Tocqueville n'atteignent guère que l'homme universel, personnage dont nous n'avons point affaire. Quant à la psychologie de race ou de nation, celle dont le politique a surtout intérêt à devenir maître, il n'y a pas mieux que les faits particuliers pour la faire ressortir, par corrections et nuances, sur le fond banal de la psychologie abstraite. » En fin de compte, Boutmy revient à M. Bryce et en recommande la lecture comme bien préférable à celle des « observateurs militants », M. de La Boulaye, M. Claudio Jannet... et M. de Tocqueville. Car non seulement le Britannique leur est très supérieur

---

64. James Bryce, professeur de droit à l'université d'Oxford, avait publié avec succès *The American Commonwealth* en 1888 (London, Macmillan) ; le livre fut réédité en 1890 et 1903 ; la traduction française, *La République américaine*, paraît entre 1900 et 1902 (Paris, Giard et Brière, 4 vol.).

scientifiquement, mais encore ses ouvrages « contiennent, pour qui veut l'y trouver, les éléments du réquisitoire le plus nourri qui ait jamais été dressé contre un peuple » [65]. Entre le Français « abstrait » aux indulgences coupables et le Britannique aux sévérités garanties par la science, il n'y pas à balancer.

Donc, oublier Tocqueville ? Oui, mais pas tout à fait. Après l'avoir débouté en appel, Émile Boutmy ne dédaigne pas de le faire revenir comme témoin. À charge, bien entendu. Retour discret, réapparition modeste, mais tout de même augurale du nouveau rôle affecté à *La Démocratie en Amérique* : offrir par bribes probantes une caution insoupçonnable au discours antiaméricain. Ainsi Boutmy, soucieux de persuader son lecteur que les États-Unis d'Amérique constituent un « milieu insupportable » et que pas un Français dans son bon sens n'y pourrait survivre, va-t-il tirer Tocqueville par la manche et solliciter son approbation. Vous croyez que j'exagère, semble dire Boutmy à ses lecteurs ; oyez Tocqueville : « cette démocratie a spiritualisé la violence » [66]. On peut l'en croire, *lui* – mais seulement lorsqu'il parle contre les États-Unis.

« On se tromperait étrangement si l'on pensait que j'aie voulu faire un panégyrique », écrivait Tocqueville dans son Introduction de 1835 [67]. Ses adversaires du début du XXe siècle ne sont guère prêts à le croire sur parole ; mais ils ont compris l'intérêt de le prendre au mot. Ils puiseront désormais dans quelques passages, toujours les mêmes, des arguments d'autant plus précieux qu'ils sont arrachés à l'ennemi. La subtilité de Tocqueville, sa sinuosité exhaustive et, il faut le dire aussi, ses contradictions, facilitent la tâche au gang des ferrailleurs. Petit florilège des idées récupérables : aux États-Unis, la continuité législative n'existe pas ; le gouvernement n'a pas de stabilité administrative ; il n'est pas économe, comme on le croit en Europe ; la Chambre des représentants est une assemblée d'une incroyable vulgarité ; l'immoralité américaine, immoralité de parvenus, est plus dangereuse que l'immoralité des « grands » dans un régime monarchique ; tout ce qui est

---

65. É. Boutmy, *Éléments d'une psychologie politique du peuple américain* [1902], Paris, Armand Colin, 1911, pp. 3, 5, 7.

66. *Ibid.*, p. 289 ; la citation exacte ne figure pas dans Tocqueville ; il est présumable que Boutmy transcrit à sa manière le passage du célèbre chapitre VII de la première *Démocratie* : « Les princes avaient pour ainsi dire matérialisé la violence ; les républiques démocratiques de nos jours l'ont rendue tout aussi intellectuelle que la volonté humaine qu'elle veut contraindre » (éd. cit., p. 246).

67. A. de Tocqueville, *De la Démocratie en Amérique...*, p. 49.

intellectuel y est en « défaveur » ; « l'Amérique n'a pas encore eu de grands écrivains » parce qu'il « n'y a pas de liberté d'esprit en Amérique » ; tout là-bas n'est que tumulte et mouvement ; l'aspect de la société est « agité et monotone » ; les Américains sont « inquiets au milieu de leur bien-être », « graves et presque tristes dans leurs plaisirs »[68]. Tout cela *se trouve* en effet dans *La Démocratie en Amérique*, et bien d'autres choses encore, comme ce reproche, déjà fait par Mrs Trollope aux Américains, d'être incapables de supporter la critique[69]...

Ce sont tous ces extraits et morceaux choisis, arrachés au massif tocquevillien, que l'on retrouvera désormais, repiqués au petit bonheur dans les plates-bandes de l'antiaméricanisme ; avec, pour bouquet central, la célèbre page sur « le pouvoir qu'exerce la majorité en Amérique sur la pensée », au chapitre VII de la première *Démocratie*. « Des chaînes et des bourreaux, ce sont là les instruments grossiers qu'employait jadis la tyrannie ; mais de nos jours la civilisation a perfectionné jusqu'au despotisme lui-même, qui semblait pourtant n'avoir plus rien à apprendre[70]. » Nous sommes loin déjà de Verrières et du petit despotisme de l'Amérique provinciale décriée par Stendhal ; au plus près, en revanche, des grandes peurs modernes où le despotisme, sans plus avoir besoin de « frapper grossièrement le corps », exerce sa police directement dans les têtes.

Baudelaire : de l'Amérique belge à la fin américaine du monde

Reste à placer, dans ce qui n'est pas encore un chœur mais une suite d'arias antiaméricains, la voix singulièrement vibrante de Baudelaire : du Baudelaire des articles sur Poe, bien sûr, mais aussi et surtout de l'étonnante page de *Fusées* où il trace l'avenir d'un monde « américanisé ».

Mrs Trollope, pressée de dettes et soucieuse de capitaliser sur le succès de son livre américain, s'était ensuite jetée sur la Belgique. Baudelaire, s'il avait daigné la commenter, n'aurait pu

---

68. *Ibid.*, respectivement : I, 241 ; I, 206 ; I, 216 ; I, I, 199-200 ; I, 218 ; I, 284 ; I, 247 ; I, 235 ; II, 583 ; II, 520.
69. *Ibid.*, I, 231 et 247.
70. *Ibid.*, p. 246.

qu'approuver telle suite dans les idées. Quoi de plus *belge* en effet que l'Amérique ? Impostures jumelles, monstruosités apparentées que la *jeune* Belgique et la *jeune* Amérique. C'est le même utilitarisme, le même sentimentalisme, la même turpitude démocratique, la même haine du génie – et bien sûr la même « odeur de magasin »[71]. Ainsi pense Baudelaire, associant les deux pays dans une commune exécration. Leur dénonciation conjointe fait partie de ses derniers projets ou de ses dernières envies. « Il est temps de dire la vérité sur la *Belgique*, comme sur l'*Amérique*, autre Eldorado de la canaille française », écrit-il à Dentu en 1866, deux ans avant sa mort[72]. Dans le célèbre livre sur la Belgique, dont nous n'avons que des ébauches, l'Amérique est là, au premier feuillet de l'argument : « Comme on chantait, chez nous, il y a vingt ans, la gloire et le bonheur des États-Unis d'Amérique ! Sottise analogue à propos de la Belgique[73]. » À parcourir les feuillets de cette *Belgique déshabillée* (ou *Pauvre Belgique*), on a souvent l'impression que Baudelaire règle deux comptes à la fois. « Horreur générale et absolue de l'esprit », « Esprit d'obéissance et de CONFORMITÉ », « Esprit d'association. En s'associant, les individus se dispensent de penser individuellement », « Improbité commerciale (anecdotes) », « Tout le monde est commerçant, même les riches », « *Haine de la beauté*, pour faire pendant à la *haine de l'esprit* », « Études professionnelles. Haine de la poésie. Éducation pour faire des ingénieurs ou des banquiers » : c'est bien à la Belgique que Baudelaire jette toutes ces pierres ; mais l'Amérique est derrière.

C'est dire aussi que l'Amérique de Baudelaire n'est pas seulement le pays qui a martyrisé Poe. *Martyrisé* n'est pas pour Baudelaire une image : lorsqu'il veut s'astreindre à une prière quotidienne, il désigne Poe comme l'un de ses trois intercesseurs, lui « qui a beaucoup souffert pour nous »[74]. La dévotion de Baudelaire pour Poe, qu'Asselineau appelait une « possession », est véritable-

71. L'expression que reprendra Baudelaire pour l'appliquer à l'Amérique était utilisée par Joseph de Maistre contre Locke, incarnation à ses yeux de la fausse philosophie des Lumières. Maistre s'en prend à sa bassesse de ton : « J'espère, a dit Locke, que le lecteur qui achètera mon livre ne regrettera pas son argent. Quelle odeur de magasin ! » (*Les Soirées de Saint-Pétersbourg...*, t. 1, Sixième entretien, p. 450).
72. Baudelaire, lettre à Édouard Dentu du 18 février 1866 ; cité dans *Fusées. Mon cœur mis à nu. La Belgique déshabillée*, éd. d'André Guyaux, Gallimard, « Folio », 1986, p. 629 (2, note 5).
73. Baudelaire, *La Belgique déshabillée* (feuillet 352), *ibid.*, p. 293.
74. Baudelaire, « Hygiène. Conduite. Méthode. Morale » (feuillet 93), *ibid.*, p. 128.

ment amoureuse. Elle se situe bien au-delà de l'admiration qu'il ressent pour « le seul romantique de l'autre côté de l'Océan »[75]. C'est une émotion irradiante qui s'étend aux rares êtres qui furent secourables au poète, comme Mme Clemm, dont Baudelaire fait une figure de la Charité. En l'absence de toute information solide, Baudelaire s'est d'abord construit, sur la foi de chroniqueurs américains, un Poe de fantaisie, dandy sudiste, aristocrate de la naissance comme du génie. Apprend-il qu'il n'en est rien et que Poe ne fut pas le privilégié qu'il a cru, qu'il vécut difficilement et finit misérablement, Baudelaire redouble de tendresse pour ce « pauvre Eddie » si différent de « l'Edgar Poe que [s]on imagination avait créé » : « cette ironique antithèse me remplit d'un insurmontable attendrissement »[76].

Avocat passionné du poète et de l'homme, Baudelaire en veut non moins passionnément à l'Amérique marâtre qui a ignoré l'un et assassiné l'autre : « Edgar Poe et sa patrie n'étaient pas de niveau[77]. » La vie comme la mort de Poe dressent l'acte d'accusation de son pays. « Les documents que je viens de lire ont créé en moi cette persuasion que les États-Unis furent pour Poe une vaste cage, un grand établissement de comptabilité, et qu'il fit toute sa vie de sinistres efforts pour échapper à cette atmosphère antipathique[78]. » La persécution, à vrai dire, était inévitable. « Poe, éblouissant par son esprit un pays jeune et informe, choquant par ses mœurs des hommes qui se croyaient ses égaux, devenait fatalement l'un des plus malheureux écrivains[79]. » Il était à la fois précis et imaginatif, « une antithèse faite chair »[80]. C'en était assez pour être haï des suppôts associés de l'*utile* et du *sentimental*. Américain, Poe était plus qu'un autre menacé : il combattait en première ligne. Car « il y a, depuis longtemps déjà, aux États-Unis, un mouvement utilitaire qui veut enchaîner la poésie comme le reste »[81]. N'est-on pas allé jusqu'à vouloir lui faire écrire un « livre de famille » ? « Demander un livre de famille à Edgar Poe ! Il est donc vrai que la sottise humaine sera la même sous tous les climats

---

75. Baudelaire, « Edgar Allan Poe, sa vie et ses ouvrages » [*Revue de Paris*, 1852], *Œ. C*..., t. 2, p. 274.
76. Baudelaire, Dédicace des *Histoires extraordinaires, ibid.*, p. 291.
77. Baudelaire, « Edgar Poe, sa vie et ses œuvres » [1856], *ibid.*, p. 299.
78. Baudelaire, « Edgar Allan Poe, sa vie et ses ouvrages », *ibid.*, pp. 250-251.
79. *Ibid.*, p. 270.
80. *Ibid.*, p. 273.
81. *Ibid.*, p. 262.

et que le critique voudra toujours attacher de lourds légumes à des arbustes de délectation [82] ? »

La même sous tous les climats : c'est dire que l'Amérique n'est pas seule en cause. « D'ailleurs la Société n'aime pas ces enragés malheureux » – la Société comme telle, sans acception de nationalité. Il n'a pas manqué de canailles en France pour cracher sur le cadavre de Nerval, suicidé de cette Société [83]. Nous sommes tous Belges en cela. Tous Américains. Tous démocrates, veut dire Baudelaire. Et s'il est vrai que Poe a été « étouffé [...] par l'atmosphère américaine » [84], encore faut-il savoir et faire savoir que ce « monde goulu, assoiffé de matérialisme » qui est en même temps le monde du « débordement démocratique », est le nôtre, le tien – hypocrite lecteur. Les Américains sont trop bons démocrates pour ne pas haïr leurs grands hommes et ils devaient étouffer Poe. Mais l'Amérique n'est que l'appellation géographique de la Démocratie. Et la Démocratie ? Chez Stendhal, ce n'était encore que la cour faite au boutiquier. Baudelaire, lui, a « *entendu dire* qu'aux États-Unis il existait une tyrannie bien plus cruelle et plus inexorable que celle d'un monarque, qui est celle de l'opinion » [85]. Cet horrible blasphème met la « bave du patriotisme blessé » aux lèvres des Américains. À tort. Ce despotisme déjà n'a plus de patrie : il est l'avenir du monde, c'est-à-dire sa fin.

« Le monde va finir » – tel est l'incipit de la plus longue des « fusées » rédigées par Baudelaire à partir de 1855. Et il va finir *américanisé*. L'Amérique se trouve ainsi au seuil et au terme (inabouti) du dernier projet baudelairien. Au seuil : car Baudelaire place son entreprise, une fois de plus, sous l'invocation tutélaire de Poe, à qui il emprunte les deux titres entre lesquels il balance, « Fusées » et « Suggestions » [86]. Au terme, puisque le feuillet 22 qui contient l'évocation sinistre de l'humanité américanisée sera le dernier. Comme s'il était déjà trop tard, la colère prophétique des premières pages cède pour finir à une résignation testamentaire : « Cependant, je laisserai ces pages – parce que je veux dater ma colère. » À cette phrase ultime, Baudelaire ajoute un dernier mot

---

82. *Ibid.*, p. 269.
83. Baudelaire, « Edgar Poe, sa vie et ses œuvres », *ibid.*, p. 306 ; l'allusion de Baudelaire vise un article de Veuillot.
84. Baudelaire, « Notes nouvelles sur Edgar Poe » [1857], *ibid.*, p. 321.
85. Baudelaire, « Edgar Allan Poe, sa vie et ses ouvrages », *ibid.*, p. 252.
86. Voir la préface d'André Guyaux, *Fusées. Mon cœur mis à nu. La Belgique déshabillée...*, p. 15. Le feuillet 22 se trouve aux pages 82-85.

(pour remplacer *colère* ?) : le mot « tristesse ». La dernière fusée fait long feu, le fragment tourne à la tartine ou, comme dit Baudelaire, au « hors-d'œuvre » journalistique. La nuit américaine a eu raison de l'écriture lapidaire et de l'énergie prophétique du poète. Car l'Amérique de Baudelaire, loin d'être la jeunesse du monde, est la « *vieillesse* » de l'homme – « qui correspond à la période dans laquelle nous entrerons prochainement et dont le commencement est marqué par la suprématie de l'Amérique et de l'industrie »[87]. L'Amérique sonne l'heure de la caducité stérile, ennemie de la décadence féconde.

André Guyaux, dans son édition de *Fusées*, parle de ce fragment comme d'« un météore chargé des derniers feux du monde »[88]. Il faudrait citer *in extenso* cette étonnante vaticination où Baudelaire décrit, un siècle avant Baudrillard, l'avènement déjà advenu d'un monde du non-événement : « un orage où rien de neuf n'est contenu, ni enseignement, ni douleur ». La fin américaine du monde est une stase terne et sans éclat, une apocalypse sans révélation, une simple cessation d'activité spirituelle, une exténuation morale, le « total avilissement des cœurs » ; mais aussi la dissolution de tous les liens de la famille, le naufrage dans les eaux du calcul égoïste, la prostitution universelle à Plutus ; mais encore, la société disloquée, la religion annihilée, une terreur inouïe à l'ordre du jour, des Léviathans d'iniquité. « Ai-je besoin de dire que le peu qui restera de politique se débattra péniblement dans les étreintes de l'animalité générale, et que les gouvernants seront forcés, pour se maintenir et pour créer un fantôme d'ordre, de recourir à des moyens qui feraient frissonner notre humanité actuelle, pourtant si endurcie. »

Cette page (que Baudelaire pourrait avoir écrite en 1861) ne sera connue du public qu'en 1887, vingt ans après la mort du poète. Parmi les lecteurs aussitôt captivés par « la violence et l'accent de vérité de cette voix d'outre-tombe », on compte Bloy, Claudel et Proust. L'un des premiers est Nietzsche, qui lit et annote le volume des *Œuvres posthumes* au début de l'année 1888. Il y trouve des « remarques inestimables sur la psychologie de la décadence »[89]. Mais le feuillet 22 préfigure aussi toute une littérature du déclin

---

87. Baudelaire, « L'Art philosophique », *Œ. C...*, t. 2, p. 603.
88. A. Guyaux, Préface, *Fusées...*, p. 16.
89. F. Nietzsche, lettre à Peter Gast du 26 février 1888 ; citée par A. Guyaux, *Fusées...*, p. 10.

étroitement liée, comme on le verra plus loin, à la hantise de l'américanisation. Ce lien, Baudelaire est le premier à le nouer dans ces pages fulgurantes. Si la décadence peut être joyeuse et même « vigoureuse » (comme le souhaitait Bourget), le déclin de l'Europe n'aura rien d'épique et la fin de ce « vilain monde » sera fade comme le progrès, froide comme la machine, inexorable comme l'Amérique. Ce n'est même pas la mort, plutôt la non-vie. « Je demande à tout homme qui pense de me montrer ce qui subsiste de la vie. »

Que cette vision d'un futur sans avenir, que ce ciel vide et cette humanité vautrée « dans les étreintes de l'animalité générale », que l'arrêt de l'histoire et l'instauration d'immuables tyrannies, que tout ce paysage d'après la défaite porte le nom de l'Amérique, fait du dernier fragment de *Fusées* un texte prémonitoire et de Baudelaire, qui s'y sentait « prophète ridicule », l'éclaireur d'une résistance à l'américanisation comme mort clinique de l'humanité. Si le monde devient américain, demande Baudelaire, « qu'est-ce que le monde a désormais à faire sous le ciel ? ».

Si Baudelaire forge *américaniser*, verbe promis à un si bel avenir, ce n'est pas au hasard de sa verve ou par quelque accident d'humeur. Le néologisme sourd logiquement et nécessairement d'une suite de textes qui lui donnent vie et vigueur. Entre son premier emploi, en 1855, et celui que Baudelaire en fait dans le feuillet 22, le mot déjà s'est gonflé de sens – et de menaces. Il apparaît pour la première fois dans un article publié par *Le Pays* sur l'Exposition universelle de 1855, au fil d'une tirade contre « l'idée du progrès », cette « erreur fort à la mode », cette « idée grotesque qui a fleuri sur le terrain pourri de la fatuité moderne ». L'homme du progrès, c'est le Français d'estaminet, le lecteur de journaux chez qui « les choses de l'ordre matériel et de l'ordre spirituel » sont confondues, le pauvre d'esprit moderne au cerveau lavé par la philosophie matérielle : « Le pauvre homme est tellement américanisé par ses philosophes zoocrates et industriels, qu'il a perdu la notion des différences qui caractérisent les phénomènes du monde physique et du monde moral, du naturel et du surnaturel [90]. » Vision plutôt pitoyable que celle de 1855, où la « décadence » prenait l'aspect du « sommeil radoteur de la décrépitude ». C'est cette même vision, rendue tragique, devenue terrible, qu'amplifie le fragment « Le monde va finir » de *Fusées*. « La mécanique nous aura tellement

---

90. Baudelaire, « Exposition universelle » (1855), *Œ. C...*, t. II, p. 580.

américanisés, le progrès aura si bien atrophié en nous toute la partie spirituelle, que rien parmi les rêveries sanguinaires, sacrilèges, ou anti-naturelles des utopistes ne pourra être comparé à ses résultats positifs. »

D'un texte à l'autre, entre 1855 et 1861 (si telle est bien la date du fragment), l'*américanisé* a cessé d'être un Homais d'estaminet, un pilier de bistrot intoxiqué par la lecture de « *son* journal » ; c'est moi, c'est vous, c'est Baudelaire, c'est le « nous » de l'humanité finissante. « Les temps sont proches », martèle le prophète. Et la fin du monde est cette nuit américaine où se profilent, derrière les ruines du « spirituel », des horreurs encore indicibles.

2. Les États désunis d'Amérique

Le 19 juin 1864 est un dimanche. Sur les côtes de la Manche, la journée promct d'être magnifique. Depuis le samedi matin, la petite ville de Cherbourg, plus habituée aux uniformes qu'aux crinolines, est envahie par une foule très parisienne. À croire que la bonne société du Second Empire, après avoir fait la fortune de Biarritz et de Deauville, a jeté son dévolu sur l'austère port militaire du Cotentin. La direction des Chemins de Fer de l'Ouest se frotte les mains : à peine lancée, la formule de week-end ferroviaire à seize francs aller-retour depuis la gare Saint-Lazare (douze francs seulement en 3e classe) connaît le grand succès.

Mais le train du retour, prévu pour le dimanche matin, repartira à peu près vide. Car ni le soleil de juin, ni les derniers ukases de la mode, ni ces tarifs alléchants ne sont responsables de l'élégante invasion qui transforme Cherbourg, par ce beau dimanche, en station chic. Ces estivants précoces ne sont pas venus respirer l'air du large, mais humer l'odeur du sang. Ils sont là pour un spectacle qui promet d'être plus excitant que le derby d'Epson et plus mouvementé que la première de *Tannhäuser*. Tout ce beau monde est venu applaudir une bataille : ce 19 juin, la guerre de Sécession est en tournée dans le Cotentin. À l'affiche : Nord contre Sud, croiseur yankee contre corsaire confédéré, USS *Kearsarge* contre CSS *Alabama*. Et c'est pour n'en rien perdre que les curieux – Parisiens et Normands mêlés, militaires et civils au coude à coude – se pressent au parterre, sur les digues et les quais ; qu'ils se hâtent vers le balcon escarpé du Roule ; qu'ils poussent jusqu'au petit village de Querqueville qui offre la vue la plus dégagée sur le large, tout cela dans un gigantesque embarras de fiacres, de voitures, de calèches et de landaus. Une poignée de spectateurs privilégiés, parmi lesquels le romancier Octave Feuillet et sa femme, a eu droit à la loge d'honneur : la chaloupe du vice-amiral Augustin Dupouy, préfet maritime. Bien avant dix heures, tout le monde a pris place. Le combat peut commencer.

L'*Alabama*, en 1864, est un navire de légende. Pendant deux ans, sous le commandement de Raphael Semmes, il a semé la terreur dans la flotte de commerce nordiste, en se jouant des croiseurs de l'Union mobilisés pour le détruire. Bâtiment mixte en bois, non cuirassé, gréé en trois-mâts pour économiser le charbon, conçu pour la vitesse et la manœuvre, il a toujours échappé à ses poursuivants, quand il ne les a pas coulés bas, comme la canonnière cuirassée USS *Hatteras*. Les dommages qu'il a infligés à l'Union sont tels qu'après la fin de la guerre, les États-Unis réclameront de formidables indemnités à la Grande-Bretagne pour avoir permis la construction du corsaire sur son territoire[1].

Le destin de l'*Alabama* est en effet inséparable de la tortueuse politique pro-sudiste menée en Angleterre comme en France sous le voile d'une neutralité plus affichée que réelle. Construit en secret à Liverpool, à l'initiative de James D. Bulloch, envoyé spécial du Congrès confédéré, l'élégant navire alors nommé *Enrica* saura prendre le large avant que les réclamations de l'Union n'obligent le gouvernement britannique à l'immobiliser. Prévenu de ce risque par les nombreux amis du Sud que comptent les milieux gouvernementaux britanniques, le navire sort de Liverpool le 29 juillet 1862 sous couleur d'une partie de plaisir en mer, avec musique et champagne. Promenade sans retour – sauf pour les invités, figurants involontaires de cette mise en scène, qu'un remorqueur ramènera à bon port. C'est aux Açores, mais hors des eaux territoriales du Portugal neutre, qu'il reçoit son nom véritable, ses canons et sa poudre ; là aussi qu'il accueille son commandant, Semmes, le plus célèbre des « forceurs de blocus ». Le drapeau confédéré est hissé. La carrière du corsaire commence : elle le mènera des Antilles à la mer de Chine, au grand dam du négoce nord-américain.

Vingt-trois mois et soixante-deux prises plus tard, l'*Alabama* entre dans la Manche, retour du Cap. Le navire est fatigué, les chaudières doivent être remises en état. Semmes, lui-même épuisé, a décidé de faire escale à Cherbourg. Sitôt à quai, l'*Alabama* fait connaître ses avaries et demande la permission de séjourner pour réparations.

La situation n'est pas inédite : d'autres vaisseaux sudistes ont relâché dans des ports français. Elle n'en est pas moins embarrassante. Les exploits du corsaire ont fait de lui la bête noire du

---

1. Charles Grayson Summersell, *CSS Alabama : Builder, Captain and Plans*, University of Alabama Press, s.d.

gouvernement de l'Union et les textes régissant la neutralité française stipulent qu'en aucun cas « un belligérant ne peut faire usage d'un port français pour augmenter sa puissance de feu ou faire exécuter, sous le prétexte de réparations, des travaux ayant pour conséquence une augmentation de son potentiel militaire ». S'agissant d'un corsaire dont la rapidité fait la force, l'interdiction prise à la rigueur peut s'étendre à la réparation des chaudières... Pour gagner du temps – puisque les mêmes textes limitent l'escale des belligérants à soixante-douze heures –, on nomme une commission. Elle aura pour tâche d'examiner l'état du navire et de rendre compte aux autorités portuaires, mais surtout politiques. L'affaire est trop grave pour être tranchée à Cherbourg.

Mais les événements se précipitent. Trois jours plus tard, le 14 juin, le croiseur nordiste *Kearsarge* se présente au débouché de la rade. Le défi est clair. Raphael Semmes décide de le relever, malgré les déficiences de son bâtiment. Le jour même, il demande à être approvisionné en charbon, renonçant *ipso facto* à sa requête précédente d'escale pour réparations, comme ne manque pas de le lui notifier le préfet maritime. Le 15, il envoie une note à son adversaire (et ancien camarade de promotion) Winslow, offrant le combat.

Le dimanche suivant, à dix heures du matin, l'*Alabama* sort du port de Cherbourg, accompagné jusqu'à la limite des eaux françaises par le cuirassé *La Couronne*. Il marche droit au *Kearsarge*, qui commence par l'entraîner plus au large, conformément aux instructions reçues par son capitaine, puis se dispose au combat. L'*Alabama* ouvre le feu. Semmes ignore-t-il que son adversaire jouit d'une protection cuirassée, camouflée sous un soufflage de bois ? Toujours est-il que le *Kearsarge*, d'une puissance de feu équivalente, est un navire en parfait état, manœuvré par un équipage frais et dispos. La partie est inégale. L'*Alabama*, touché à mort, coule en quelques minutes. Semmes cependant n'est pas tombé au combat, ni aux mains de l'ennemi : un riche Anglais sympathisant de la cause confédérée l'a recueilli sur son yacht, le *Deerhound*, et mené à Southampton.

À la mi-journée, sous un soleil décidément estival, le capitaine John Winslow arpente en vainqueur, pistolets à la ceinture, les quais de Cherbourg qui ont servi de refuge, pendant une semaine, au dernier corsaire sudiste. Le public parisien, vaguement déçu, se répand dans la ville – en attendant le prochain train.

Manet peintre d'histoire

Si je mets en vedette le combat du 19 juin, ce n'est pas pour son importance militaire – qui est pourtant loin d'être négligeable, car la destruction de l'*Alabama* marque la fin d'une guerre de course fructueuse et anéantit les derniers espoirs sudistes de rompre le terrible blocus imposé depuis le début des hostilités par la marine de l'Union. C'est parce qu'il fait image pour les contemporains, au propre comme au figuré. L'*Illustration* du 25 juin consacre à l'événement un récit circonstancié qu'illustre une gravure de Lebreton : au premier plan, l'*Alabama* reçoit la décharge fatale ; il penche et semble prêt à s'abattre sur le flanc, vers le spectateur ; le drapeau confédéré qui flotte à la poupe occupe le centre de la gravure ; du *Kearsarge*, en retrait à gauche, monte la fumée noire des machines et la fumée blanche des canons ; à l'extrême droite et à l'arrière-plan, on devine la silhouette du steam-yacht anglais *Deerhound* ; plusieurs autres esquifs sont visibles autour des combattants ; la ligne d'horizon n'est pas maritime mais terrestre : c'est la côte française qui forme le cadre arrière de la scène, comme si le duel avait lieu dans un amphithéâtre ou une arène. Par contraste, l'image nord-américaine la plus répandue montre les deux navires face à face, étraves pointées l'une vers l'autre comme pour s'éperonner : scène de pleine mer, duel sans témoins, loin des regards européens.

Ce contraste entre l'imagerie nord-américaine et la théâtralisation française de l'événement est encore plus saisissant lorsqu'on se tourne vers l'authentique chef-œuvre suscité par le duel du 19 juin : *Le combat du* Kearsarge *et de l'*Alabama, une huile peinte par Manet en cette même année 1864 [2]. Cette marine a souvent été décrite comme sa première peinture « d'actualité ». Mais par l'audace de son cadrage anti-réaliste comme par l'intention qui préside à sa mise en scène, elle échappe à toute idéologie du reportage et renoue bien plutôt, dans son ambition herméneutique, avec la peinture d'histoire de l'âge classique [Cahier d'illustrations, p. 1].

De prime abord, la composition semble assez proche de celle de la gravure de l'*Illustration* – au point qu'on a pu faire l'hypothèse d'une influence directe [3]. Le Sudiste aux gréements fiers occupe le

2. E. Manet, *Le combat du* Kearsarge *et de l'*Alabama, 1864, Huile sur toile, 134 × 127, Philadelphie, The John G. Johnson Collection.

3. Voir dans *Manet*, catalogue de l'exposition Galeries nationales du Grand Palais, Paris et Metropolitan Museum of Art, New York, Éd. de la RMN, 1983, la notice de Françoise Cachin, pp. 218-221.

centre du tableau, magnifique et mourant. Le Nordiste, à l'arrière-plan, est une présence formidable mais presque invisible, masquée par la silhouette de l'*Alabama* et par l'épaisse fumée du combat. De part et d'autre, à l'arrière-plan droit et au premier plan gauche, secourables et futiles, l'Anglais et le Français : le *Deerhound* du britannique John Lancaster et une platte arborant le pavillon des pilotes – où domine le blanc strident des trêves et des capitulations. La mer, intensément verte et comme verticale, semble nous jeter à la tête cette histoire qui ne la concerne pas.

Manet n'a vraisemblablement pas assisté au duel du 19 juin. Il ne « rend » pas la scène comme aurait pu nous la restituer le photographe Rondin qui avait installé son appareil dans un clocher – mais dont le cliché est perdu. Il montre le spectacle, mais aussi les spectateurs (les marins français tendus à l'avant de leur esquif) ; il traduit à la fois la réalité de la guerre de Sécession et le regard français porté sur cette guerre. Ce que montre son étrange marine, c'est le nœud entier d'une relation faite de sympathie spontanée ou concertée pour le Sud, d'attentisme, de velléitarisme et, pour finir, de voyeurisme impuissant.

La destruction de l'*Alabama* au sortir du port de Cherbourg devient chez Manet un moment de vérité, de cette « vérité-foudre » qui émane en histoire de l'événement singulier et de la singularité même de cet événement. Fonctionnaires, politiques, militaires et littérateurs, journalistes ou mondains, tous les spectateurs de la bataille ont assisté au naufrage d'une politique : celle de la France impériale. Avec l'*Alabama*, c'est la discrète espérance d'un démembrement durable des États-Unis qui a sombré. Manet peint cela aussi. Ce n'est pas par « coquetterie » qu'il rapetisse les vaisseaux et les rejette à l'horizon, comme l'écrit à l'époque Barbey d'Aurevilly, qui par ailleurs admire la toile et la défend, sans en lire la charade politique[4]. Le choix de Manet est mieux motivé. Car le peintre entend montrer, plus que le combat, le regard de la France sur ce combat et, au-delà, sur la guerre civile américaine. Voilà, dit Manet, la manière dont vous la regardez, cette guerre : par le petit bout de la lorgnette. Sans perspective juste. Sans perspective du tout. Cette Amérique revenue si violemment dans votre champ de vision, vous ne savez comment la cadrer. (L'humoriste Cham, attaquant comme tant d'autres la toile de Manet, propose

---

4. Barbey d'Aurevilly, « Un ignorant au Salon », *Le Gaulois*, 3 juillet 1872 ; cité par F. Cachin, *ibid.*

cette légende drôle et plus vraie peut-être qu'il ne le pense : « Le *Kearsarge* et l'*Alabama* considérant la mer de M. Manet comme invraisemblable vont combattre dans la bordure du cadre[5]. ») La toile de Manet est allégorique. Elle est, mais n'est pas seulement, comme le veut Barbey, « une sensation de nature et de paysage [...] très simple et très puissante » ; elle est encore moins documentaire ou anecdotique. Les persifleurs eux-mêmes l'ont senti : Manet peint un imaginaire, il représente une représentation. « Nous pouvons lire sur la physionomie des poissons leurs impressions pendant le combat qui a lieu sur leurs têtes », commente un autre caricaturiste[6]. Les poissons ont bon dos : c'est la physionomie de la France impériale que Manet donne à lire.

Manet ou la vérité politique en peinture ? Que cette vérité sur le voyeurisme aveugle de la France impériale vis-à-vis du conflit américain n'ait pas été bonne à dire, c'est ce que prouvent l'ampleur et la violence des critiques lancées contre le tableau[7]. Que l'intuition de Manet ait été profondément juste et que la France, brutalement sortie d'une longue période d'indifférence, ait eu bien du mal à accommoder sur l'événement de cette guerre stupéfiante, c'est ce qu'attestent les atermoiements de la diplomatie et les ambivalences du sentiment public.

Une guerre très excitante

La guerre civile nord-américaine marque en effet le grand retour des États-Unis sur la scène idéologique et imaginaire française. De 1860 à 1865, elle suscite dans la presse et dans l'opinion un intérêt passionné qui peut paraître disproportionné par rapport aux enjeux réels du conflit pour les Français. L'historien W. Reed West s'étonne d'une telle mobilisation des esprits, « alors que des événements d'une importance considérable se déroulaient en Europe

---

5. Cham, « Le Salon pour rire », *Le Charivari*, 1872 ; *ibid.*
6. Stop, *Le Journal amusant*, 23 mai 1872 ; *ibid.*
7. *Le combat du* Kearsarge *et de l'*Alabama semble avoir été exposé par Manet dans la vitrine du magasin Giroux – « bimbeloteries, tableaux, éventails », là même où, treize ans plus tard, sera exhibée *Nana* refusée par le Salon. Voir à ce sujet O. Batschmann, « Transformations dans la peinture religieuse », dans *Mort de Dieu, fin de l'art* (dir. Daniel Payot), Cerf, CERIT, 1991, p. 61, note 7, ainsi que Anne Coffin Hanson, *Manet and the Modern Tradition*, New Haven et Londres, Yale University Press, 1977, p. 111. Il est exposé de nouveau au Salon de 1872, avant d'être vendu à New York en 1888.

et que l'évolution de la situation en Italie, en Russie et en Allemagne aurait légitimement pu accaparer les pensées des Français intelligents » [8]. La focalisation française sur le conflit nord-américain lui apparaît comme un dévoiement de cette intelligence, une grave erreur de jugement, un mauvais investissement de l'attention publique, détournée des vrais problèmes, comme la montée en puissance de la Prusse. En somme, les badauds de Cherbourg 1864 annonceraient les ébaubis de Sadowa 1866 et laisseraient présager la débâcle de 1870.

Il n'y a rien, en effet, dans le conflit nord-américain, qui semble toucher aux intérêts vitaux de la France. Ses effets néfastes sur certains secteurs de l'économie (l'industrie textile privée de coton ; les exportations de soie et de vin en chute libre) se font sentir dès 1861 ; mais l'ampleur en est modeste. Quant à ses conséquences à terme, elles ne paraissent pas de nature à bouleverser l'équilibre mondial des puissances, ni à menacer la position de la France ; et cela, quelle que soit l'issue du conflit. West a raison de le souligner : ce qui se passe en Europe au même moment est d'une autre gravité. La longue marche vers l'unité italienne entre dans sa phase finale – la récupération de Rome et de la Vénétie – et devient un casse-tête diplomatique pour la France, garante à Rome depuis 1849 des possessions papales. Tandis que la diplomatie impériale s'y empêtre, Bismarck vainqueur des Danois fait entériner à Gastein, en août 1865, sa mainmise sur le Schleswig et le Lauenbourg, prodrome du *Blitzkrieg* victorieux de l'année suivante contre l'Autriche. Irrésistible ascension de la Prusse, isolement croissant de la France : voilà en effet qui aurait pu « accaparer les pensées des Français intelligents ». Quant à leur sensibilité, elle ne manque pas d'objets, en Europe même, sur quoi s'exercer : à commencer par l'insurrection polonaise de 1863 et sa féroce répression par la Russie.

Ce n'est pourtant pas sans raisons que la France se tourne, dans ces années-là, avec une passion inattendue, vers les combats fratricides d'outre-Atlantique. À l'importance intrinsèque du conflit, creuset possible d'une refonte du continent et laboratoire de la guerre moderne, s'ajoutent des enjeux domestiques non négligeables, pour le pouvoir impérial comme pour ses opposants.

Côté gouvernemental, il s'en faut de beaucoup que l'excitation suscitée par la guerre tienne de la simple lubie, comme pourrait le

8. Warren Reed West, *Contemporary French Opinion on the Civil War*, Baltimore, The Johns Hopkins Press, 1924, p. 9.

suggérer le bilan final, désastreux, de la politique américaine et mexicaine de Napoléon III. Ce qui s'avérera, en fin de compte, un faux calcul, commence comme une excitante spéculation. La diplomatie française mise sur la dislocation de la Fédération américaine – dislocation qui n'aurait pour la France que des avantages. Un rêve passe : celui d'un conflit nord-américain long et inexpiable, sans issue, sans vainqueur, qui laisserait le pays exsangue. Déplorée par quelques humanistes chagrins et une poignée de républicains inconsolables, la « Civil War » apparaît comme une aubaine aux calcula-.eurs « réalistes » ou qui se croient tels. Aussi reçoit-elle en français un nom qui sonne comme une promesse : non pas « guerre civile américaine », mais « guerre de Sécession ». Ce grand dessein, *a priori*, n'était pas à clamer sur la place publique. Son succès même requérait plutôt le silence, la prudence et la patience. Rêve de chancellerie, songe doré de Bourse et de Chambre de commerce, ce pari sur la désunion américaine n'avait pas vocation à susciter le débat. Et la mobilisation de la presse et de l'opinion, en effet, viendra d'ailleurs : d'une opposition qui saisit là une chance d'exister.

L'Amérique sur la place publique

Dans le régime de presse très encadré qui est celui du Second Empire, cette opposition n'a pas souvent le choix du terrain, ni des batailles d'opinion qu'elle entend mener. La mainmise gouvernementale répond à une obsession personnelle de l'empereur. Elle est si notoire qu'un Sainte-Beuve y trouve une excuse pour passer du *Constitutionnel* (semi-officiel) au *Moniteur* (officiellement officiel) : « Tout journal, en ce temps-ci, étant sous la main du gouvernement, mieux vaut être avec le gouvernement même[9]. » Le décret du 24 novembre 1860, ouvrant l'ère de « l'Empire libéral », ne met nullement fin à la tutelle administrative sur les journaux. Avertissements et suspensions continuent de pleuvoir – sans préjudice des amendes et peines de prison infligées par les tribunaux. Il est extrêmement malaisé et périlleux, pour les plus hardis d'entre eux, de polémiquer sur les crises plus proches et plus brûlantes où la diplomatie impériale est activement (sinon efficacement) à l'œuvre.

La question américaine, en revanche, va être discutée contradictoirement et sous tous ses aspects : justement parce qu'elle est plus

---

9. Sainte-Beuve, cité par A. Billy, *Sainte-Beuve, sa vie et son temps,* t. II, pp. 63-64.

périphérique et moins immédiatement « sensible » ; et aussi parce que le rapide déclenchement de la guerre a pris de court le régime impérial. Au lendemain de l'élection de Lincoln, à la fin de 1860, l'absence de ligne officielle est patente. Deux journaux bien-pensants, *Le Constitutionnel* et *Le Pays*, donnent raison au Nord sur un point essentiel : son refus de restituer à leurs maîtres sudistes les esclaves réfugiés dans des États abolitionnistes. Au-delà de cette revendication des États esclavagistes, présentée comme déraisonnable, c'est la « détestable institution » de l'esclavage que la presse, journaux semi-officiels compris, juge trop rétrograde pour être défendue. *Le Constitutionnel* regretterait un compromis qui sauverait l'Union « avec l'esclavage constitutionnellement reconnu sur toute l'étendue de son territoire ». Si tel est le cas, ajoute l'éditorialiste, « le dix-neuvième siècle, qui aime le progrès, aura éprouvé une déception de plus ». Les « vœux » du journal, ce 26 décembre 1860, « sont tout à la fois pour le salut de la grande république américaine et pour la diminution graduelle de l'esclavage »[10]. *Le Pays*, en novembre, avait posé en préalable que c'était « une belle cause à défendre et à faire triompher que celle de l'abolition de l'esclavage », tout en s'interrogeant sur les meilleurs moyens d'y parvenir[11]. Dès le mois de décembre, cependant, il corrige le tir et entame une polémique avec *Le Constitutionnel*, qui témoigne trop d'admiration à l'Amérique. Granier de Cassagnac publie sur trois numéros une longue mise au point historique : « Admirez les Américains tant qu'il vous plaira, et prenez-les pour des républicains, si cela vous fait plaisir ; mais ne trompez pas vos lecteurs, qui croient à votre érudition, en leur disant que les fondateurs de la république américaine avaient mis dans la constitution juste le contraire de ce qui s'y trouve[12]. » Les partisans du Nord, naïfs thuriféraires d'une république qui n'en est pas une, ne s'aveuglent pas moins sur la générosité des Nordistes. « C'est par esprit de secte, par goût de controverse, par principe philosophique, que le Nord déclame contre l'esclavage, non par amour de l'esclave et sentiment d'égalité[13]. » Ultime argument, régulièrement resservi par les amis du Sud jusqu'à la fin du conflit : l'esclavage est déjà

10. *Le Constitutionnel*, 26 décembre 1860, p. 1. Fondé par Alletz le 1er janvier 1849 et dirigé par Lamartine en 1850, *Le Constitutionnel* passe ensuite dans le camp de l'Élysée.
11. *Le Pays*, 22 novembre 1860.
12. *Le Pays*, 29 décembre 1860.
13. *Le Pays*, 21 décembre 1860.

en voie d'extinction et son abolition immédiate ne justifie en aucun cas une guerre civile.

Les penchants pro-sudistes de l'Empereur connus et manifestés, la presse gouvernementale se remet donc, tant bien que mal, en ordre de bataille et gomme ce qui, dans ses analyses, pouvait plaider en faveur du Nord. Mais déjà la presse d'opposition, *Journal des débats* en tête, a eu le temps de s'engouffrer dans cet espace mal balisé. Contrainte de lui répondre, la presse officielle et semi-officielle, dès le début de l'année 1861, entérine la légitimité d'une polémique qui ne s'arrêtera qu'avec la guerre. Ainsi l'analyse et le commentaire du conflit nord-américain permettront-ils à l'opposition orléaniste, libérale ou républicaine de multiplier les coups de patte contre l'Empire. Face aux démarches à la fois tortueuses et transparentes de l'Empereur en faveur du Sud, l'occasion est belle pour l'opposition de se manifester, soit en soutenant ouvertement le Nord comme la *Revue des Deux Mondes*, soit en prônant une « vraie » neutralité et en dénonçant les coups de pouce discrètement donnés aux Confédérés par un gouvernement acquis à leur cause, mais timoré. Grâce à la guerre qui déchire les Américains, une opposition réduite à la sourdine peut redonner de la voix.

Elle le fait d'ailleurs sans vociférations. La polémique s'engage et se poursuit à fleurets mouchetés. Cette modération relève pour partie des règles du jeu fort strictes imposées à la presse et reflète, de la part de l'opposition, une prudence bien compréhensible. Mais elle révèle aussi un aspect de la situation plus inattendu : l'extrême proximité des analyses de la situation américaine faites par les partisans du Nord et du Sud. Il y a divergence profonde entre les « sympathies » des uns et des autres et les vœux qu'ils forment pour l'issue du conflit s'opposent diamétralement. Mais il y a fondamentalement accord sur trois points qui n'ont rien d'accessoire : la légitimité juridique de la Sécession ; l'illégitimité morale et politique de l'esclavage en tant qu'institution ; l'impossibilité d'une victoire de l'un quelconque des deux camps. Le consensus est là-dessus très large, presque total au début du conflit ; ceux-là mêmes qui s'en écarteront au fil de la polémique semblent le faire sans grande conviction ; et ils devront en tout état de cause adapter leur argumentation à une opinion qui, dans son ensemble, accepte ces prémisses.

Des trois propositions « consensuelles » énumérées ci-dessus, la première est favorable au Sud, la seconde au Nord, la troisième à l'un ou à l'autre, selon les phases de la guerre et le sort des armes. C'est dire que, pour les intégrer à son argumentaire, chacun des deux groupes aux prises devant l'opinion française doit inventer et déployer un discours apologétique ou critique original, parfois assez éloigné de la « ligne officielle » du camp qu'il favorise. Plaidoyers et réquisitoires sur l'Union et la Confédération tendent ainsi à une large autonomie par rapport à leurs « originaux » américains. Car force est aux éditorialistes de prendre des libertés avec la réalité des positions américaines, non seulement pour tenir compte des enjeux « franco-français », mais aussi pour inscrire leur démonstration dans l'horizon d'attente de leurs lecteurs. Comme toute contrainte, celle-là va donner force et forme aux nouvelles représentations de l'Amérique générées par la guerre de Sécession. Cette guerre ne remet donc pas seulement l'Amérique sous les projecteurs de l'actualité. Elle fait surgir, dans le désert d'un imaginaire laissé depuis plusieurs décennies en jachère, un foisonnement de notions, récits et jugements.

En greffant de l'hostilité (les accusations articulées par chaque camp contre le protagoniste américain soutenu par l'autre camp) sur du consensus (l'acceptation par les deux camps, comme base même de la discussion, d'un certain nombre d'« évidences » sur l'Amérique et sur la guerre), ces Français qui réinterprètent, jour après jour, pendant cinq ans, la tragédie de la Civil War constituent sans le savoir le socle de l'antiaméricanisme d'après-demain. Mais il faut serrer les choses de plus près.

Stérile sympathie

Très vite, les sympathies du pouvoir sont claires. C'est du côté du Sud, de la Confédération, que l'Empereur souhaiterait faire pencher la balance. Cette inclination reste inavouée publiquement, mais c'est le secret de Polichinelle. Selon son habitude, Napoléon III la susurre dans les tête-à-tête et la fait distiller par des éditorialistes choisis. Hostile au Nord, mais pas au point de reconnaître *de jure* la Confédération ; prêt à fermer les yeux sur certaines entorses à la neutralité (comme la construction en France de navires destinés aux Sudistes) mais pas jusqu'à les assumer lorsque des fuites rendent l'affaire publique, l'Empire s'installe dans une expectative entrecoupée de velléités d'intervention ou de « médiation ». Parallèlement, profitant du déclenchement de la guerre civile, Napoléon III se lance dans l'équipée mexicaine, avec le grand dessein de créer un empire catholique et latin qu'il conçoit comme une « digue infranchissable aux empiétements des États-Unis »[14].

Sur le plan diplomatique, la ligne de conduite erratique suivie par le gouvernement impérial aboutira à un échec complet. La seule occasion sérieuse de rupture avec l'Union, en accord avec l'Angleterre, tourne court. C'est l'affaire du *Trent*, ce steamer anglais arrêté en mer le 8 novembre 1861, en vertu du « droit de visite », par un bâtiment de guerre de l'Union, le *San Jacinto*. À bord du *Trent* se trouvent deux envoyés du Sud, le Virginien James M. Mason et le Louisianais John Slidell, accrédités en tant que *Confederate commissioners* en Grande-Bretagne et en France, respectivement. Les deux hommes sont faits prisonniers par le capitaine Wilkes. Il y a violation manifeste du droit des neutres, comme le souligne en France la note Thouvenel, qu'approuvent même des partisans du Nord, tandis que la presse semi-officielle réclame ouvertement l'entrée en guerre de la France et de la Grande-Bretagne contre l'Union et son « despotisme ». Le capitaine Wilkes est accueilli en héros à son retour en terre unioniste ; mais devant le tollé international, Lincoln fera relâcher les émissaires sudistes. L'alerte aura été chaude. L'incident, clos par la sage reculade de Lincoln, n'est pas prêt d'être oublié en France : il resurgira des années plus tard, on le verra, sous la plume des antiaméricains français, qui feront grief à l'Empereur déchu de cette occasion manquée. À l'automne 1862, les propositions françaises trop tardives et trop peu ingénues de « médiation » seront ignorées ou repoussées[15]. Entre la France et la Grande-Bretagne, la méfiance se réinstalle – aggravée du côté anglais par la présence de troupes françaises dans le Mexique de Maximilien, tête de pont possible d'une immixtion française dans les ex-colonies espagnoles.

Le Sud finira par être défait : il n'aura guère reçu de la France que de bonnes paroles. Quant au Nord, il gardera un durable ressentiment de l'attitude adoptée par Paris. L'un des premiers gestes des vainqueurs de 1865 sera de refuser de reconnaître Maximilien de Habsbourg, mis par la France sur le trône du

---

14. Note confidentielle de Napoléon III au général Forey ; citée dans P. Gaulot, *La Vérité sur l'expédition du Mexique*, Paris, Ollendorff, 1889, t. 1, p. 92.

15. Le 10 novembre, la France transmet une proposition officielle au Foreign Office d'agir à trois, avec la Russie, pour obtenir des belligérants un armistice de six mois.

Mexique, scellant ainsi le sort, et de ce chimérique empire, et de son infortuné monarque.

« L'inexorable fatalité »

Au moment de l'affaire du *Trent*, « on aurait pu compter sur ses doigts, ou à peu près, tous ceux en Europe – Américains mis à part –, qui gardaient encore le moindre espoir ou la moindre confiance dans la pérennité de notre Union », écrira dans ses *Souvenirs* John Bigelow, consul puis chargé d'affaires nordiste à Paris. « Nos amis politiques de France [*our political friends among the French people*] », ajoutait Bigelow, désignant ainsi le petit cercle de ses contacts, très marqués à gauche, comme Pagès ou Reclus, sont « totalement démoralisés ». D'une manière générale, « on tenait pour acquis que nous nous battrions encore le temps d'accepter l'idée qu'il n'y avait plus de raison de se battre, et qu'alors nous nous mettrions d'accord sur les termes de la séparation » [16]. Ce sentiment, unanime à la fin de l'année 1861, restera largement partagé bien après l'épisode du *Trent*, jusqu'à l'extrême fin de la guerre. Dans un autre passage, Bigelow attribue cette « impression presque universelle » au travail sourd des émissaires sudistes qui « pendant trois ou quatre ans ont insidieusement propagé l'idée qu'on se retrouverait, à l'issue du conflit, avec au moins deux républiques sur le territoire précédemment occupé par les seuls États-Unis » [17]. Difficile pourtant de ramener cette conviction française si répandue et comme indéracinable au simple effet de la guerre psychologique menée par les agents de la Confédération. Ceux-ci n'ont fait qu'arroser un terrain particulièrement favorable.

Si les Sudistes, dans leurs argumentaires à l'usage des Français, appuient sur l'idée de l'inéluctable division du pays, c'est pour flatter la marotte impériale et caresser dans le sens du poil ces « classes intelligentes » qui constituent, à leurs yeux, leur plus sûr soutien en Europe. La partition, on l'a dit, est le rêve à peine secret de la diplomatie française. Une longue guerre, suivie de la dislocation des États-Unis, rendue inévitable par les haines et les souffrances accumulées : tel est son scénario de prédilection. L'atten-

16. J. Bigelow, *Retrospections of an Active Life*, New York, The Baker & Taylor Company, 1909, vol. 1, p. 385.
17. *Ibid.*, p. 252.

tisme impérial s'explique en partie par cette « vision ». D'un côté, un Sud qui ne cherche pas la victoire, mais veut son autonomie ; de l'autre, un Nord qui ne saurait vaincre ce Sud et encore moins le subjuguer durablement. Dans cette logique, il ne s'agit pas tant d'aider à la victoire du Sud que d'empêcher un succès décisif du Nord. Le pourrissement d'une guerre aussi âpre doit provoquer naturellement, sans pesée extérieure, cette décomposition de l'Union jugée favorable aux intérêts nationaux. Il suffit en somme de donner du temps au temps. De s'en remettre à la rage des belligérants. Quitte à encourager discrètement la Grande-Bretagne à une intervention en faveur du Sud à laquelle on rechigne soi-même.

La sympathie pour le Sud se nourrit de réalités économiques et se colore d'émotions complexes, on le verra ; mais elle commence et finit avec ce « but de guerre » sudiste : la partition, qui coïncide avec les attentes diplomatiques de la France impériale. En tout état de cause et quel que soit le sort des armes, l'éclatement de la Fédération apparaît comme l'issue nécessaire d'un conflit sans issue. Et ce d'autant plus qu'au fond, la plupart des commentateurs, en dépit de Tocqueville, acceptent implicitement l'idée qu'un État aussi vaste, relié seulement par le lien très lâche du fédéralisme, devait un jour ou l'autre succomber aux forces centrifuges qui l'agitent inévitablement. Les États-Unis à leur taille de 1860 ne pouvaient perdurer : ce sentiment est partagé, d'un bout à l'autre du spectre politique, mais avec des prémisses différentes, monarchistes et impériaux jugeant le régime trop démocratique pour être viable, tandis que bien des libéraux continuent à douter (comme tout le XVIIIᵉ siècle) que la forme républicaine convienne aux vastes empires.

Cette étrange certitude d'assister à une guerre qui restera sans vainqueur fait fi des clivages partisans. Les défenseurs de l'Union pensent sur ce point comme leurs adversaires. Personne en France ne croit à l'écrasement d'un camp par l'autre. Jugée fort improbable en 1861, la chose apparaît tout aussi invraisemblable et même « impossible » en 1863. C'est l'avis d'Eugène Chatard, dans un journal étiqueté « progressiste » comme *La Presse*. « La réunion par la force des États séparés devient chaque jour plus impossible », écrit-il le 24 juin 1863. « La lutte n'est plus qu'une œuvre de destruction inspirée par une obstination sauvage. » Et de conclure : « Il ne reste plus qu'à tracer les limites des frontières[18]. » Même

18. *La Presse*, 24 juin 1863.

la bataille de Gettysburg, succès nordiste incontestable et sans doute décisif, est interprétée comme une preuve de plus que le conflit n'aura jamais d'issue militaire, plutôt que comme un signe annonciateur de l'écroulement du Sud [19]. Les Nordistes ont échoué quatre fois en territoire sudiste, les Sudistes viennent d'échouer pour la seconde fois en territoire nordiste : preuve que la balance est trop égale. Les journalistes qui tiennent cette comptabilité pronostiquent tous le match nul. Au reste, quand bien même le Nord remporterait, *in fine*, un avantage sur le terrain, on exclut qu'il puisse ou veuille occuper militairement le Sud. Pour la pro-nordiste *Revue des Deux Mondes*, un Sud envahi deviendrait « une Irlande des mauvais jours, une Hongrie, une Pologne » du Nouveau Monde, éternelle épine dans la chair de son vainqueur, territoire conquis mais jamais pacifié. « Pour garder à ses flancs une pareille plaie, l'Union américaine serait obligée d'abandonner ses institutions, de s'asservir elle-même, car comment une république fédérale pourrait-elle gouverner par la force un si grand territoire et tant de millions d'hommes hostiles à sa domination ? [20] » Le Nord vainqueur, ce serait l'Union vaincue et la fin du Prométhée américain, enchaîné de ses propres mains à une conquête rongeuse.

Cette issue décisive, cette situation extrême, nul en France ne semble d'ailleurs la souhaiter, pas même les partisans du Nord, libéraux et démocrates, qui redoutent pour leur champion le vertige d'un trop grand succès ; qui appréhendent même l'émergence d'un « homme fort », couronné par la victoire, qui menacerait les libertés américaines. Gouvernemental, *Le Pays* n'y va pas par quatre chemins et prédit dès janvier 1861 que le Nord, s'il devait l'emporter, deviendrait immanquablement un État dictatorial : « les États-Unis ne [seraient] plus une confédération d'égaux dans une union de souverains, mais bien une confédération d'inégaux dans une union de maîtres et de sujets » ; et cette fédération impossible mènerait tout droit au despotisme : « cette dictature d'une section conquérante sur une section conquise ne ramènerait pas l'ancienne harmonie ; elle conduirait directement à un empire, au gouvernement absolu d'un seul » [21]. Sans aller aussi loin dans cette voie, les

19. Voir W.R. West, *op. cit.*, ch. VIII, « From Gettysburg to the Close of the War », particulièrement pp. 130-131.
20. *Revue des Deux Mondes*, vol. XXXV, pp. 243-244, 1ᵉʳ septembre 1861 (E. Forcade).
21. *Le Pays*, 31 janvier 1861 (Camille de la Boulée).

journaux libéraux s'inquiètent des dérives autoritaires de l'Union, comme l'arrestation et le procès, en 1863, devant un tribunal militaire de Cincinnati, du démocrate Vallandigham, député de l'Ohio et farouche adversaire de la politique de Lincoln. Sa condamnation à l'emprisonnement, peine commuée en bannissement par Lincoln, est largement commentée en France. « Au milieu de ce déploiement de la force armée, la liberté civile disparaît complètement », écrit *La Presse*, qui compare Vallandigham à son directeur-fondateur Girardin : « C'est la répétition de l'épisode de l'arrestation de M. Émile de Girardin par ordre du général Cavaignac [22]. » Les sanctions prises contre un élu du peuple choquent et embarrassent bien des partisans français du Nord. Elles compliquent aussi la tâche d'« explication » du consul nordiste Bigelow, à qui l'un de ses familiers (américains) écrit sans mâcher ses mots qu'il y a « bien de la sottise à avoir arrêté Vallandigham et fermé le *Chicago Times* » [23].

L'affaire Vallandigham est de celles qui confortent les analyses alarmistes développées par la presse française depuis le début de la guerre. Elle confirme la crainte (chez les uns) ou le soupçon (chez les autres) d'une transformation radicale du régime politique au Nord. La logique de guerre ne risque-t-elle pas de balayer libertés et garanties constitutionnelles ? Le décret de Lincoln pris en septembre 1862 livrant à la loi martiale toute personne ayant tenté de faire obstruction au recrutement n'a-t-il pas déjà légalisé la dérive vers une dictature militaire ? Dès 1861, les très chauds sympathisants de la cause du Nord que sont les collaborateurs du *Journal des débats* s'inquiètent des « extrêmes dangers de la situation » et souhaitent que le gouvernement de Washington « ouvre les yeux sur les graves inconvénients de sa politique », caractérisée par « une série d'actes despotiques profondément antipathiques au génie des populations américaines ; [...] des mesures révolutionnaires contraires à l'esprit de la constitution et qui heurtent les mœurs du pays » [24]. Le « démembrement de l'Union », jugé probable par le même éditorialiste [25], n'est peut-être pas le pire des maux qui guettent l'Amérique.

Inspirés par l'hostilité ou la sollicitude, les scénarios français se ressemblent. La guerre totale implique contrôle de la presse, arres-

22. *La Presse*, 8 juin 1863 (Eugène Chatard).
23. Weed to Bigelow, 27 juin 1863 ; J. Bigelow, *Retrospections...*, p. 23.
24. *Journal des débats*, 28 septembre 1861.
25. *Journal des débats*, 15 août 1861 (F. Camus).

tations préventives, entrave à la circulation des personnes. Toutes ces mesures, déplorables en elles-mêmes, risquent de provoquer des troubles qui, à leur tour, pousseront le Nord à adopter des lois d'exception. La presse gouvernementale se fait ici un plaisir d'embarrasser la presse favorable au Nord, qui elle-même cache mal son inquiétude : elle craint les « mesures révolutionnaires » – celles-là mêmes que Marx et Engels, depuis Londres, reprochent à Lincoln de ne pas prendre [26] – qui peuvent porter à la dictature un général populaire sur les ruines des libertés américaines.

L'étrange unanimité qui se fait en France autour de l'idée d'une guerre sans vaincu ni vainqueur ne relève donc pas uniquement, ni même principalement, d'une analyse du rapport des forces. Elle traduit, dans un camp, le souhait de voir pérennisée la sécession ; dans l'autre, le souci de sauver l'essentiel, c'est-à-dire la forme démocratique, fût-ce dans une Union amoindrie. Les observateurs les plus neutres jugent la dissolution de la confédération logique et plus que probable ; les observateurs engagés lui voient des avantages pour leur champion, quel qu'il soit. C'est donc en toute bonne conscience que les Français s'emploient à découper et redécouper la carte des États-Unis ; que la presse se perd en savantes supputations sur ce démembrement ; et que, dans chaque sous-préfecture, des Talleyrand de Café du Commerce alignent comme des dominos les nouveaux États nés de leur imagination.

Les États désunis d'Amérique du Nord, combien de divisions ? En combien de morceaux ce trop grand corps va-t-il se tronçonner ? Deux au moins, cela va de soi. Les amis du Nord, en France, bornent leurs espérances à souhaiter que le tronçon confédéré reste le plus petit des deux. Le *Journal des débats*, on l'a vu, considérait au début de 1861 la sécession comme un fait accompli ; il continuera longtemps à juger probable le non-retour à l'Union d'un nombre d'États qu'il espère le plus réduit possible. Certains observateurs plus gourmands penchent pour un partage en trois du gâteau américain. Ce scénario ternaire semble avoir la faveur de la chancellerie impériale. Les États-Unis après la guerre devraient se fractionner en un Nord qui, inévitablement, renouerait avec la famille britannique ; un Sud qui deviendrait notre allié naturel ; et un Ouest qui, ayant saisi cette occasion de s'émanciper, pourrait entretenir des relations privilégiées avec la France, au nom d'affinités aux contours assez imprécis. Mais au fait pourquoi s'en tenir là ? Dans

---

26. On retrouvera ce débat au chapitre 8.

ses moments d'euphorie, la presse gouvernementale s'enhardit à compter jusqu'à cinq ! C'est *La Patrie*, sous la plume d'Oscar de Watteville, qui en mars 1861 avance ce pronostic : « Séparation en républiques du Nord, du Centre, du Sud, de l'Ouest, du Pacifique, telle sont les tendances qui se manifestent dans cette République, qui porte d'une manière en ce moment dérisoire le nom d'États-Unis [27]. » « Empêcher ce mouvement, cette explosion, tel est le rêve réservé à M. Lincoln », ajoute railleusement *La Patrie* qui, elle, ne rêve pas et croit fermement à la réalité de ses désirs.

Avec l'effondrement du Sud, son occupation militaire et la reconstruction rapide de la structure fédérale, ce n'est donc pas seulement le rêve chimérique d'une diplomatie velléitaire qui s'enfuit, c'est un mirage collectif qui se dissipe.

Le droit du Sud, le « prétexte » du Nord

Ce qui surprend les Français, c'est la violence et l'acharnement du conflit plus que la sécession elle-même : la plupart des observateurs jugent celle-ci logique et conforme aux termes du *covenant* originel. Les partisans du Sud considèrent comme inhérent à la constitution des États-Unis le droit de sécession que viennent d'exercer les Confédérés. Leurs détracteurs évitent ce terrain légal, le jugeant manifestement peu propice, et s'efforcent de porter le débat sur le plan des principes anti-esclavagistes. Peine perdue, car les partisans du Sud se veulent et se disent tout aussi anti-esclavagistes qu'eux.

Nous touchons ici à l'aspect le plus déconcertant peut-être de l'attitude française face à la guerre de Sécession : une sympathie majoritaire pour le Sud fait bon ménage avec une condamnation massive de l'esclavage. Contradiction qu'il faudra bien lever, au moins rhétoriquement, par une reformulation du problème. Pour concilier pro-Sudisme et abolitionnisme, ne suffit-il pas, en effet, de décider que l'esclavage n'est pas le véritable enjeu de la guerre civile ? Ainsi se développe en France, avec l'aide de propagandistes sudistes très attentifs à cette question, tout un discours tendant à dissocier la question de la guerre et la question de l'esclavage, présentée comme un simple prétexte à l'agression nordiste.

Car si l'hypothèse interventionniste effarouche, la sympathie pour le Sud paraît indéniablement majoritaire, et particulièrement

27. *La Patrie*, 25 mars 1861.

forte au sommet de l'échelle sociale. Ce sont les « élites », à quelques exceptions intellectuelles près, qui sont le plus pro-sudistes. Slidell, l'envoyé de la Confédération à Paris, est heureux d'informer son ministre, Benjamin, que « le sentiment des classes intelligentes est presque unanime en notre faveur »[28]. Cette sympathie est nourrie par la réalité d'intérêts économiques et de liens commerciaux non négligeables ; elle est entretenue par le zèle des milieux catholiques ; elle est étayée par le mythe vivace d'origines communes (on pense et répète volontiers que la moitié des habitants du Sud ont du sang français[29]) ; elle est relayée par une presse régionale et parisienne largement acquise à la cause confédérée – l'agent de propagande sudiste Hotze évalue à trois-quarts la proportion des journaux parisiens favorables à son gouvernement et n'en dénombre que deux, en tout et pour tout, franchement hostiles.

Mais, pour contradictoire que cela paraisse, le rejet de l'esclavage est encore plus unanime. Les émissaires et agents d'influence sudistes sont les premiers à le noter, à s'en étonner et à s'en inquiéter. De Leon, dans ses dépêches confidentielles, y voit un énorme handicap pour son travail. Il juge le problème plus aigu même qu'en Grande-Bretagne où, pourtant, les sociétés abolitionnistes sont puissantes et efficaces. « Cela peut paraître à peine croyable », écrit De Leon au même Benjamin, « mais la question de l'esclavage [the Slavery Question] est un plus grand obstacle à notre reconnaissance diplomatique en France qu'en Angleterre ; car c'est réellement et véritablement une disposition sentimentale chez les Français, toujours plus enclins à se laisser porter par ce genre de considérations que leurs voisins plus froids et calculateurs d'outre-Manche »[30]. Les Français, insiste De Leon dans la même dépêche, ont une « répugnance sentimentale » pour l'esclavage.

Que cette disposition soit « sentimentale » ou non, le constat paraît juste. En France, les plus fermes soutiens du Sud se démarquent sans ambiguïté de la doctrine confédérée sur la légitimité de

28. Slidell to Benjamin, n° 24, 21 janvier 1863 ; cité par W.R. West, *Contemporary French Opinion...*, p. 108.
29. *Le Constitutionnel* du 13 décembre 1861, encore mal résigné à abjurer son américanophilie, prépare son ralliement à la ligne officielle en faisant état des « affinités de race » et des « traditions d'origine qui se retrouvent jusque dans le nom des diverses provinces du Sud » – affinités qu'il faudra « écouter » [*sic*] lorsque « la convenance de prendre un parti [aura] clairement apparu ».
30. E. De Leon to Benjamin, 19 juin 1863 ; cité par Bigelow, *Reflexions...*, t. II, p. 20.

leur « institution particulière » – euphémisme cher aux Sudistes, qui reste sans écho en France. Rien ne paraît capable d'ébranler une conviction française où se mêlent humanisme des Lumières et humanisme chrétien et où prévaut la certitude que l'esclavage n'est pas seulement injustifiable moralement, mais périmé historiquement.

Or c'est justement cette idée communément reçue d'une incompatibilité de l'esclavage avec le monde moderne qui va donner aux Sudistes leur meilleur chance dans l'esprit des Français. L'esclavage est condamné par l'histoire encore plus que par la morale, qui ne le verrait ? Même les Sudistes le savent. Ils ne peuvent pas ne pas le savoir. La presse française le répète à l'envi : on ne peut sans mauvaise foi soupçonner le Sud de vouloir perpétuer éternellement une « institution » manifestement périmée. Quelle est, chez ces apologistes français du Sud, la part de naïveté ? La dose de duplicité ? Peu importe. Tandis que Hotze, qui a remplacé De Leon comme agent d'influence, rêve d'enrôler sous la bannière confédérée des hommes de science suffisamment au-dessus des préjugés pour avoir une « vue correcte de la place assignée par la providence aux diverses branches de la famille humaine »[31], la presse française pro-sudiste trouve d'elle-même des réponses mieux adaptées à la « répugnance » désespérément « sentimentale » de ses lecteurs envers l'esclavage.

Le Constitutionnel fournit un exemple de ce discours justificatif du Sud, exemple d'autant plus remarquable que le journal a été d'abord très favorable au Nord. En mai 1861, négociant un virage difficile, il affirme comme une évidence – « on sait trop » – que cette « guerre sans idée » n'a pas pour but immédiat « l'extermination de l'esclavage ». Reprenant un thème cher à la presse prosudiste, le journal ajoute que « les nègres n'ont pas beaucoup d'amis parmi ceux qui vont défendre Washington », alors menacée par les troupes confédérées[32]. La presse dans son ensemble fait chorus. Elle « insiste par-dessus tout sur le fait que l'esclavage ne compte pour rien dans les causes du conflit »[33]. Un an plus tard, le même *Constitutionnel*, décidément déniaisé, reconnaît « la vérité » dans « ces paroles récentes de M. Gladstone : le Nord se

---

31. Hotze to Benjamin, n° 38, 12 mars 1864 ; cité par W.R. West, *Contemporary French Opinion...*, p. 111.
32. *Le Constitutionnel*, 7 mai 1861.
33. W.R. West, *Contemporary French Opinion...*, p. 65.

bat pour la suprématie, le Sud se bat pour son indépendance ». Et de moraliser au profit du Sud : « On oublie toujours, d'ailleurs, qu'il s'agit de soumettre plus de six millions d'âmes », sous prétexte de libérer quatre millions de Noirs[34]. On retrouvera l'accusation, *post factum*, sous la plume des essayistes antiaméricains des années 1880. Le flottement est sensible jusque dans les milieux libéraux comme celui de la *Revue contemporaine*, laquelle estime, à l'été 1862, que la guerre a changé de sens et oppose un Sud qui sait ou « sent » l'esclavage condamné à un Nord qui en use cyniquement comme d'une arme de guerre : « Ce n'est plus contre l'esclavage que guerroie le Nord ; il se sert çà et là de l'abolitionnisme comme d'un instrument de guerre, comme d'un moyen pour nuire à l'ennemi. Ce n'est plus pour l'esclavage que combat aujourd'hui le Sud, il sent parfaitement que la guerre, quelle qu'en soit l'issue, a porté un coup mortel à la prospérité esclavagiste ; il soupçonne même que le seul moyen d'en prolonger quelque peu l'existence, de galvaniser l'institution agonisante, ce serait de la replacer sous l'égide du gouvernement fédéral[35]. » La France, qui a connu deux proclamations de l'abolition dans son histoire, comprend mal les atermoiements de Lincoln : sa « déclaration préliminaire d'émancipation » de 1862, qui ne prononce pas l'abolition pure et simple, est reçue avec consternation par les amis français du Nord. *La Presse* note que « les demi-moyens ne satisfont personne »[36]. *Le Constitutionnel*, quant à lui, s'indigne et triomphe devant cette tartufferie : « Loin de condamner l'esclavage, [Lincoln] en promet le maintien, il en fait une prime d'encouragement en faveur des États qui, d'ici au 1er janvier prochain, rentreraient dans l'Union. » Après cet incroyable reniement des principes, « qui donc osera dire encore que le Nord combat pour la suppression de l'esclavage ? »[37].

L'unanimité contre l'esclavage conjointe à la sympathie dominante pour le Sud aboutit donc à ce résultat paradoxal, mais non illogique, d'installer durablement dans l'opinion française la conviction que la Civil War n'aura nullement été la croisade libératrice chantée par les belles âmes, mais une impitoyable entreprise d'asservissement politique et économique du Sud par le Nord. Le

34. *Le Constitutionnel*, 22 mai 1862.
35. *La Revue contemporaine* (J.-E. Horn), 31 juillet 1862, pp. 425-426.
36. *La Presse*, 8 octobre 1862.
37. *Le Constitutionnel*, 8 octobre 1862.

Sud a tort, sans doute, de tarder à liquider son « institution parti-culière », mais les Nordistes ne sont-ils pas cent fois plus blâmables d'avoir cyniquement exploité la question de l'esclavage pour réduire le Sud à quia ?

Une guerre « purement industrielle » ?

Telle qu'elle est commentée en France dans l'immense majorité des publications, la guerre menée par les Nordistes est donc tout sauf une guerre du droit. Elle ne mérite ce nom ni techniquement – puisque le « droit strict » est du côté de la Confédération –, ni moralement – puisque l'abolition de l'esclavage est un prétexte fallacieux, une « arme » parmi d'autres dans l'arsenal de l'Union. Mais alors, de quoi s'agit-il ?

La Confédération a sa réponse, qu'elle charge ses porte-parole en Europe de diffuser largement : cette guerre est économique. Il s'agit pour le Nord d'asseoir son hégémonie industrielle et finan-cière : cela passe par des tarifs protectionnistes prohibitifs, aux-quels le Sud n'est pas favorable et qu'il risque de modifier s'il s'émancipe. C'est cette loi d'airain, et non l'idéal abolitionniste, qui rend tout compromis impossible ; les Nordistes se soucient bien moins de la liberté des esclaves que de la libre circulation dans tout le continent de leurs produits manufacturés et de la taxation à outrance des industries rivales, fût-ce au détriment de l'économie agricole du Sud, gênée dans ses débouchés par les inévitables mesures de rétorsion européennes. Née de l'économie, cette guerre, ajoutent les Sudistes, à mesure qu'elle se prolonge, prend de plus en plus l'allure d'une guerre de dévastation. Des ports aux planta-tions, le Nord s'attache à détruire systématiquement les moyens de production sur tout le territoire de la Confédération, dommages auxquels s'ajoutera, en cas d'émancipation, une sévère perte de « capital humain ».

L'argument est central dans la brochure diffusée pour le compte du Sud par Edwin De Leon, *La Vérité sur les États confédérés d'Amérique*. Habile à couler sa démonstration dans le moule des préjugés français, l'agent d'influence sudiste se garde bien de défendre la fameuse « institution particulière » – l'esclavage ; il se contente de dénoncer l'hypocrisie des Unionistes qui brandissent la bannière de l'émancipation alors qu'un apartheid quotidien fait de la liberté des Noirs, au Nord, « une lettre morte »[38]. Parfaitement indifférents au sort des Noirs, les Yankees décrits par De Leon n'ont utilisé la question servile que comme excuse à leur agression. Dans les tensions nées entre le Nord et le Sud, au cours des années qui ont précédé le conflit, « la question de l'esclavage n'entrait pour rien, quoique le Nord ait adroitement, et pour donner le change à l'Europe, pris ce prétexte »[39]. Ces tensions, De Leon y insiste, sont d'une tout autre nature : ce sont des oppositions bien réelles d'intérêts tout matériels : « La source réelle des difficultés présentes remonte à des questions purement industrielles ; le Nord est manufacturier, tandis que le Sud est agriculteur[40]. » Causalité économique, donc, et hostilité structurale. Il en est du Sud et du Nord comme, par exemple, de la France et de l'Angleterre. « La France et l'Angleterre n'ont pas été plus divisées sous le rapport de leurs intérêts, de leurs sentiments, de leurs habitudes et de leurs expériences, que ne l'ont été depuis les vingt dernières années les deux sections, Nord et Sud, de la grande république américaine[41]. » Le mot *section* est étrange et habile : cette guerre, insinue De Leon, ne fera qu'entériner la séparation de deux entités déjà « sectionnées » par leur économie et leur histoire...

Cette explication est volontiers acceptée des Français. Dès avant la parution de la brochure de De Leon, la presse semi-officielle, *Le Pays* en tête, avait promu la thèse de l'origine économique du conflit. Les « causes vraies » du conflit sont bien différentes des motifs invoqués au Nord : « L'esclavage n'est pour rien dans tout ceci : il s'agit d'une question économique compliquée d'une question agraire[42]. » Avec le temps et les ravages de la guerre dans le Sud, l'opinion française s'émeut de plus en plus de ce qui lui apparaît comme une politique concertée d'anéantissement des infrastructures et des richesses. Une vingtaine d'années plus tard, ces impressions auront pris force de certitudes et les motivations économiques de la guerre de Sécession deviendront le pont aux ânes de toute analyse française du conflit. On verra alors monarchistes impénitents et républicains repentants tomber d'accord avec les théoriciens marxistes pour ratifier la thèse énoncée par Edwin

---

38. E. De Leon, *La Vérité sur les États confédérés d'Amérique*, Paris, E. Dentu, 1862, p. 25.
39. *Ibid.*, p. 29.
40. *Ibid.*, p. 30.
41. *Ibid.*, p. 27.
42. *Le Pays*, 20 décembre 1861.

De Leon dès 1862 : « l'esprit qui a présidé à cette guerre et le but vers lequel elle tend », c'est « l'accaparement des propriétés du Sud » par le Nord [43].

Mais dans l'immédiat, pendant la guerre elle-même, cette logique matérielle est concurrencée dans l'opinion française par une approche d'inspiration différente, plus directement mobilisatrice. Accréditer la thèse de la guerre économique pour réduire à néant les prétentions morales de l'Union, c'est bien. Mais pour les amis les plus ardents du Sud, c'est insuffisant. Si le conflit américain n'est qu'une querelle de gros sous entre les deux « sections » des défunts États-Unis, pourquoi les Français s'en mêleraient-ils ? Les retombées avantageuses d'une éventuelle victoire du Sud – la baisse des tarifs douaniers, par exemple – ne justifient tout de même pas une coûteuse et hasardeuse belligérance directe. La propagande prosudiste se trouve donc ici confrontée à une double difficulté.

Première difficulté : il faut susciter en faveur des Sudistes la sympathie due aux victimes, tout en présentant la Confédération comme invincible et inexpugnable. Le Sud doit être un David résistant à un Goliath : car si l'on aime à soutenir le « petit » contre le « gros », c'est à la condition qu'il lui tienne la dragée haute. De Leon fait ce qu'il peut pour concilier rhétoriquement ces deux exigences. Il présente d'entrée de jeu les prétentions du Nord comme chimériques : « la soumission du Sud doit paraître un rêve à tout homme qui veut réfléchir sérieusement » [44] ; mais son exorde fait jouer une corde plus pathétique lorsqu'il présente les « mesures de confiscation prises par le congrès du Nord » comme « condamnant douze millions d'habitants à la peine de mort » [45].

Seconde difficulté : après avoir désinvesti la guerre de Sécession de toute charge affective, morale ou idéologique en la présentant comme un simple heurt d'intérêts, il faut de toute nécessité la réinvestir d'un sens historique tel que les Français, au lieu de s'en détourner purement et simplement, se sentent intéressés à son issue.

Ce sens, une nouvelle « explication » va le fournir. Située sur un autre plan que l'explication économique, elle est parfaitement cumulable avec celle-ci. Elle consiste à faire de la guerre de Sécession un affrontement ethnico-culturel entre Anglo-Saxons et Latins. Scénario original et séduisant pour les défenseurs français du Sud,

43. E. De Leon, *La Vérité...*, p. 31.
44. *Ibid.*, p. 13
45. *Ibid.*, p. 32.

pour la plupart conservateurs ou réactionnaires : il leur permet de transcender (après l'avoir exploitée) une lecture économique qui fait la part trop belle au matérialisme de leurs adversaires politiques ; et surtout, il rapatrie cette guerre étrangère dans le champ des intérêts français : le conflit cesse d'être une guerre civile inter-américaine pour devenir le premier épisode d'une guerre mondiale inter-ethnique.

Panlatinisme contre « race anglo-américaine »

Voici donc comment s'organisera ce nouveau discours : le poids des intérêts matériels, dans ce duel, n'est que trop évident ; mais cette évidence ne doit pas aveugler les Français sur une dimension plus cachée, plus secrète du conflit ; une guerre peut en cacher une autre ; la prétendue guerre d'émancipation masque un vaste plan d'asservissement ; la croisade en faveur de la race noire dissimule une expédition punitive contre la race latine ; et ceux-là mêmes qui se posent en libérateurs raciaux visent à la domination raciale absolue. Bref, derrière la fumée des apparences et les déclamations de la mauvaise foi, les Français sont invités à regarder cette vérité en face : la guerre de Sécession est une lutte à mort voulue par la race anglo-saxonne pour établir sa suprématie sur le continent américain.

Une telle grille de lecture passe par la mondialisation imaginaire du conflit. Cette stratégie n'est qu'esquissée chez les propagandistes sudistes. Ainsi chez De Leon, comparant les États confédérés d'Amérique à l'Italie, qui s'est montrée digne « d'être reconnue par les nations de l'Europe » en « combattant pour son indépendance et sa Constitution »[46]. Il n'a garde d'ajouter : et pour son unification... Mais il revient aux publicistes français d'avoir systématiquement exploité la piste des « parallèles », avec le double objectif d'embarrasser les partisans du Nord et d'impliquer dans le conflit des Français indifférents ou indécis.

À cette stratégie de discours, on doit notamment l'analogie entre Amérique et Russie martelée par la presse officielle. Dans les années 1860, trois quarts de siècle avant le début de la compétition productiviste entre les deux systèmes, le rapprochement ne va pas de soi. Mais l'Union, isolée diplomatiquement, fait flèche de tout

46. *Ibid.*, pp. 5-6.

bois : une visite officielle spectaculaire de la marine tsariste dans ses ports, en 1863, donne corps aux accusations de collusion entre l'autocratie d'Alexandre II et le gouvernement de guerre de Lincoln. Les émissaires sudistes en Europe mesurent bien le choc que représente, en France surtout, l'entente apparemment cordiale entre le bourreau de la Pologne et le champion des Noirs. De Leon ne cache pas sa joie : « Les marques d'affection que se sont mutuellement prodiguées les despotismes lincolnien et russe ont grandement édifié et surpris le monde européen et n'ont pas peu embarrassé les amis démocrates de "la République exemplaire" [*The Model Republic*] qui sont partisans enragés de la Pologne. Pour cacher leur chagrin, ils ont relancé leur vieille plainte sur l'esclavage, cette véritable "bête noire" de l'imagination française[47]. »

Au même moment, le quotidien gouvernemental *La Patrie* tend à ses lecteurs cette « clé » du conflit américain : l'Union est le bourreau des États dissidents, tout comme la Russie tsariste est celui des nations en quête de liberté. Or, loin d'être l'exercice de style d'un facétieux ou d'un maniaque, l'article « La Russie et les États-Unis d'Amérique » publié par *La Patrie* a été examiné et approuvé par Napoléon III lui-même, selon le témoignage de Delamarre, propriétaire du journal. En cette année d'insurrection polonaise cruellement réprimée, il s'agit évidemment d'imposer dans le public l'image d'un martyre du Sud similaire à celui des Polonais, aux mains d'une puissance brutale et sans scrupules. Manœuvre rhétorique aux objectifs limités (jeter le trouble dans le camp libéral et républicain), le rapprochement de l'Amérique du Nord et de la Russie est promis à un bel avenir – même si les pamphlétaires qui s'en ressaisissent dans les années 1930 ne s'empressent pas de reconnaître leur dette rhétorique envers le Second Empire...

Dans l'arsenal pro-sudiste, ce parallèle entre Russes et Yankees n'est guère qu'un engin tactique. L'arme stratégique et à longue portée, celle qui agrandit au « monde civilisé » le champ de bataille d'outre-Atlantique, c'est l'idée d'un affrontement entre race anglo-saxonne et peuples latins. Idée chère à l'Empereur : on a vu qu'elle guidait son « grand dessein » mexicain visant à contenir la pression des États-Unis. Idée séduisante pour bien des Français, prompts à s'émouvoir de la menace que représenteraient des États-Unis dominés par l'élément « anglo-saxon » et faisant bloc avec une Grande-

---

47. E. De Leon to Benjamin, 19 juin 1863 ; cité par J. Bigelow, *Reflexions...*, t. II, p. 20 ; le « bon mot » *bête noire* est en français dans le texte.

Bretagne toujours aussi inquiétante. Dans cette analyse, la guerre de Sécession change d'échelle et de signification. Ce n'est plus une guerre civile relativement localisée ; c'est la première manche d'une partie mondiale. L'hostilité entre Nordistes et Sudistes reflète un clivage ethnique et culturel beaucoup plus vaste ; l'agressivité et l'acharnement des Yankees traduit une soif de domination que n'étanchera pas une éventuelle victoire sur le Sud.

Cette lecture de la guerre n'est pas totalement absente du discours sudiste à usage des Français. Edwin De Leon en flaire l'opportunité et plaque quelques considérations raciales sur son exposé des racines économiques de la guerre. « À ces causes [économiques] viennent s'ajouter, écrit-il, les différences de race et d'aptitude qui existent entre les deux peuples. » Et de brosser un bref état de la division ethnico-culturelle entre Nord et Sud : « Ainsi que le montrent les statistiques, le Nord a été peuplé par les races d'origine anglo-saxonne ; et le Sud l'a été principalement par la race latine. Le descendant des puritains, ce général Butler, qui s'applique à faire la guerre aux femmes, est maintenant le digne proconsul du Nord à La Nouvelle-Orléans où la langue et les habitudes françaises trahissent l'origine de ses habitants [48]. » Habile manière d'intéresser les Français à la cause de quasi-compatriotes maltraités par un soudard puritain. Moins ajusté peut-être est son tir, lorsque De Leon présente les armées du Nord comme un ramassis d'émigrants : « Il faut bien l'avouer, les émigrants allemands et irlandais constituent la majeure partie des soldats de cette armée dont la mission est de "restaurer l'Union" [49]. » Il oublie que les Irlandais appartiennent de droit au mythique ensemble celto-latin qui sert de référence, on va le voir, au discours français le plus anti-nordiste. C'est qu'au fond, s'agissant des Blancs d'Amérique, l'agent sudiste raisonne en termes de castes, de cultures et de religions, non en termes raciaux. Les Yankees sont pour lui plus « puritains » qu'Anglais ; les « émigrants allemands », moins des Allemands que des émigrants, c'est-à-dire des « rouges », comme il s'en explique un peu plus loin : « Le Nord a aussi attiré à lui tous les révolutionnaires affamés et mécontents de l'Allemagne, tous les républicains rouges [...] pour soutenir l'effectif de son armée [50]. » Le clivage

---

48. E. De Leon, *La Vérité*..., p. 30 ; Butler, commandant de la place après la prise de La Nouvelle-Orléans, était accusé de brutalités envers la population.
49. *Ibid.*, p. 15.
50. *Ibid.*, pp. 30-31.

ethnique n'est ici ni déterminant ni absolu. Aux yeux de De Leon, il y a forcément aussi de bons Anglo-Américains, à commencer par cet « élément anglo-saxon que l'on retrouve dans le Sud » et qu'il oppose à la souche puritaine en le faisant remonter « à la noblesse royaliste bannie au temps de Cromwell »[51]... Entre Blancs, le social, le religieux et le politique priment décidément sur l'ethnique. Sudistes, encore un effort, si vous voulez être « panlatins » !

La hiérarchie des arguments s'inverse chez les interventionnistes français. À la causalité économique trop peu mobilisatrice est substitué un schéma de compétition raciale à l'échelle mondiale. À leurs yeux, le cours des événements présents (et futurs) relève d'une logique plus impérieuse encore que celle du calcul et de l'intérêt : d'une logique du sang et de la « civilisation ». Auprès de ces forces-là, qui jettent fatalement l'Union et la Grande-Bretagne l'une vers l'autre, en dépit des frictions du début de la guerre, nos pauvres liens avec le monde nord-américain ne pèsent pas lourd. Les souvenirs fanés de La Fayette et de Rochambeau seront vite effacés, s'ils ne le sont déjà. Place donc aux « affinités de race » et aux « traditions d'origine »[52] : ces réalités-là, plus réelles encore que l'intérêt économique, nous lient aux Sudistes. A fortiori, elles enchaînent les destins des Yankees et des Britanniques.

La victoire du Nord, ce serait en effet le triomphe du Yankee, appelé par la voix du sang à se réunir tôt ou tard à l'Anglais en un front commun dirigé contre les Latins, et donc contre les Français, suzerains et protecteurs de la latinité. Le Nord n'est pas une idée, ni un principe, ni un mode de gouvernement. C'est un peuplement, antagonique de celui du Sud : « Déjà diverses à l'origine, puisque l'une s'était surtout recrutée parmi les Français et les Espagnols, tandis que l'autre était principalement composée d'Anglais, de Hollandais, d'Allemands, de Suédois ; séparées par des distances considérables, vivant dans d'autres latitudes, livrées à des occupations différentes [...], les deux populations se sont toujours considérées comme des rivales[53]. » Le Nord vainqueur, c'est la race « anglo-américaine » ressoudée pour d'autres conquêtes.

Cette thématique, éparse mais insistante dans la presse de l'Empire, on la trouve à l'état condensé dans une brochure de 1863

---

51. *Ibid.*, p. 30.
52. *Le Constitutionnel*, 13 décembre 1861.
53. *La Patrie*, 12 janvier 1864, p. 1.

intitulée *Du Panlatinisme* et sous-titrée « Nécessité d'une alliance entre la France et la Confédération du Sud »[54]. On y trouve regroupés sur une trentaine de pages bien des traits anti-Yankees qui constitueront l'armature du discours antiaméricain de la fin du XIXᵉ siècle.

Dès les premières lignes, la perspective s'élève et la guerre de Sécession n'apparaît plus si américaine. Car pour la bien comprendre et l'interpréter correctement, il faut voir plus large : « Trois forces, éléments de civilisation, se répandent sur le monde et tendent à se partager l'avenir. On peut les nommer ainsi : le Russoslavisme, l'Anglosaxonisme et le Gallolatinisme[55]. » La première de ces forces paraît à l'observateur superficiel la plus menaçante. Mais il n'en est rien. Certes « la domination des Russes, bienfait pour des peuples ignorants et sauvages, ou corrompus par les vices de civilisations décrépites, serait une calamité pour l'Europe » ; mais le Russoslavisme a vocation à s'étendre en Asie et « tant que l'Europe sera ce qu'elle est aujourd'hui, c'est-à-dire disciplinée et forte, le canon des tsars frappera inutilement à sa porte »[56] : la « vitalité » des peuples européens les préservera.

Tout autre l'Anglosaxonisme, ce second « levier de civilisation » qui a, lui, « deux peuples à son service, les Anglais et les Américains, une aristocratie et une démocratie ». Race remarquable, en tout cas, par sa double aptitude à « ne compter que sur soi » et à « tirer le plus grand profit possible de son activité personnelle » : « *self-reliance* » et « *help yourself* », dans le langage de l'auteur. Race efficace et industrieuse, dont les succès doivent nous inspirer sans nous décourager. Car il n'y a pas de raison de croire « que la race anglo-saxonne soit par nature supérieure aux autres », « comme les Anglais et les Américains sont tout près de le faire ».

Il y a pourtant bien de la différence entre la Grande-Bretagne et ces colonies dont elle a dû se séparer, grâce à une politique française qui « ne manqua ni de prévoyance ni d'adresse », c'est-à-dire le soutien militaire accordé aux Insurgents. La Grande-Bretagne est à la fois « Tyr et Carthage » – ce double parallèle date du XVIIIᵉ siècle. Elle a besoin d'un monde ouvert pour son commerce et, vieille puissance assagie, « elle ne se laisse pas aller aux égarements de la présomption ». Elle préfère « enseigner par le com-

54. Dr Alfred Mercier, *Du Panlatinisme*, Paris, Librairie Centrale, s.d. [1863].
55. *Ibid.*, p. 5.
56. *Ibid.*, p. 7.

merce la civilisation européenne aux innombrables peuples de l'Asie, de l'Afrique et de l'Océanie ». Bref, avec elle, on peut s'entendre. Mais pas avec « les descendants de ses fils » ! Car si la Grande-Bretagne représente le bon côté du « levier de civilisation » anglo-saxon, l'Amérique du Nord incarne son agressivité destructrice des autres civilisations. Acharnés plutôt que tenaces, moins forts que violents, les Américains sont les apprentis sorciers de leur race. Rouleau compresseur lancé sur le monde, ils « suppriment les forêts de l'Amérique septentrionale », nivellent le continent ; ils « improvisent des villes » ; ils « créent des peuples ». Ils en détruisent aussi et avec la même énergie : « Sur cet immense théâtre, l'élément anglo-saxon a effacé ou tend à effacer tous les autres : les Hollandais sur les rives de l'Hudson ; les Suédois dans le Delaware ; les Français dans le Missouri, le Michigan, l'Arkansas, le Texas, la Louisiane, l'Indiana, l'Illinois, le Wisconsin, l'Alabama ; les Espagnols dans la Floride, la Californie, le Nouveau-Mexique ; il est en voie d'absorber toutes les variétés de la race blanche. Quant aux races rouge et noire, il a détruit la première en grande partie ou en a violemment rejeté presque tous les restes aux extrêmes confins de sa sphère d'action ; et la seconde, au Nord, il l'a repoussée avec ce froid et dur orgueil de caste qui voit une souillure même dans un simple voisinage ; tandis qu'au Sud il s'est juxtaposé à elle dans les conditions plus sociables de maître et d'esclave[57]. »

Tel est le contexte, telle la véritable perspective dans lesquels les Français doivent envisager la guerre de Sécession.

Il faut la voir d'abord – on ne s'en étonnera pas – comme une aubaine ou du moins un sursis pour l'Europe. « On calculait, il y a trois ans à peine, que le territoire sur lequel la race anglo-américaine était appelée à s'étendre, égalait les trois quarts de l'Europe » ; on supputait, par une projection plausible, que la population atteindrait le « chiffre de cent cinquante millions et demi » à cent vingt-cinq ans de là[58]. « On se demandait qui arrêterait l'extension du peuple américain. Qui ? il est probable que les Américains se sont chargés eux-mêmes de cette tâche, du moins pour le moment. » Difficile d'exprimer plus clairement les grandes espérances mises par la France dans la guerre de Sécession, ce coup

57. *Ibid.*, pp. 9-10.
58. Avec 249 millions d'habitants en 1990, la réalité dépasse de loin cette prévision qui se voulait alarmiste.

d'arrêt que l'Amérique se porte à elle-même. Réapparaît alors le topos du démembrement inévitable : « L'Union a reçu un coup dont il est impossible qu'elle se relève telle qu'elle fut jadis, quelle que soit l'issue de la lutte à laquelle nous assistons. »

Mais cet optimisme est de courte durée. Car qui sait au fond de quoi est capable le Nordiste fanatique ? Qui peut dire à quelles extrémités se portera sa rage ? Constatant crûment qu'un Sud vaincu mais non dompté serait une tête de pont idéale et « un point d'appui à toute puissance étrangère qui serait en guerre avec les États-Unis », l'auteur du *Panlatinisme* en tire, à la place des Nordistes, la conséquence inexorable : cette guerre doit nécessairement devenir une guerre « d'extermination » ; elle l'est déjà puisque le Nord « a sérieusement entrepris d'extirper par la mort et la proscription un peuple de huit millions d'âmes ». Rien d'impossible à ces cœurs impassibles : « L'histoire [leur] apprend que cette immense immolation n'a rien d'impossible ; sans aller chercher des exemples dans l'Ancien Monde, où certes il n'en manque pas, le Nord en a dans son voisinage et même dans son propre passé : [...] les Puritains de la Nouvelle-Angleterre ne sont-ils pas parvenus à effacer jusqu'aux derniers vestiges de la race rouge ? »

Ce n'est pas la première fois, bien sûr, qu'en France est dénoncée l'extermination des Indiens. Mais c'est la première fois, semble-t-il, que cette extermination est citée à l'appui d'une sorte de vocation génocidaire des « Anglo-Américains » ; la première fois aussi que le Puritain de Nouvelle-Angleterre, récemment réhabilité par Tocqueville comme source et origine des libertés démocratiques américaines, est identifié comme un pur et simple massacreur. Massacreur, naguère, des Peaux-Rouges ; massacreur aujourd'hui de cette autre race qui ose lui résister : les Blancs du Sud. « Les confédérés ne se font pas d'illusion sur le sort qui les attend, s'ils sont vaincus : ils savent jusqu'où peut aller le fanatisme des sectaires du Nord, fanatisme dont certainement on ne se fait pas une idée exacte en France, et qui est, à proprement parler, la monomanie ambitieuse et furieuse d'un peuple qui se croit véritablement l'élu du Dieu des armées, du Dieu exterminateur des Amalécites et des Moabites [59]. » La communion est ici totale avec le discours antipuritain tenu par De Leon, qui résumait ainsi « l'ancienne doctrine puritaine » remise à l'ordre du jour par les guerriers du Nord : « 1° Que la

---

59. *Ibid.*, p. 12.

terre et tout ce qu'elle renferme est la propriété des saints ; 2° Que nous sommes nous-mêmes les saints [60]. »

C'est aussi la première apparition d'une théorie des dominos à la française qui se banalisera dans les années 1880-1890 : l'ogre nord-américain procède bouchée par bouchée. Le Sud est un gros morceau, un plat de résistance. Mais qu'il soit englouti, l'ogre n'en sera pas repu. Le festin de terres continuera. D'autres peuples, à l'évidence, sont marqués pour l'abattage, leur « absorption » n'a été « ajournée » que par l'héroïque défense sudiste [61]. Après le Sud, l'Amérique latine. Tous les Latins le savent, le sentent, leur « instinct de conservation » le leur crie : la « nationalité anglo-saxonne », voilà l'ennemi ! Ennemi du Sud en ce moment même ; ennemi demain de l'Amérique latine dont « l'invasion » se « réaliserait inévitablement tôt ou tard » si elle ne se mettait en état de défense en se « régénérant » [62] et en cherchant l'appui de la France.

Vue depuis ces hauteurs ethno-stratégiques, la guerre de Sécession change de visage. Sans doute l'émancipation des Noirs n'est-elle qu'un « prétexte » pour le Nord [63] ; mais quand bien même elle serait un peu plus que cela : une « cause occasionnelle », il reviendrait aux Français de relativiser cet enjeu et de ne pas « permettre aux impulsions généreuses de leur cœur d'égarer leur jugement ». La belle affaire que l'abolition d'un système déjà bien « modifié et adouci », et qui allait mourir de sa belle mort ! Ce dont il s'agit est autrement grave et décisif. C'est le sort du monde qui se joue sur les champs de bataille du Maryland ou de la Virginie : « Quand on considère l'avenir de l'Europe, il s'agit pour cette partie du monde civilisé de bien autre chose que d'esclavage et d'émancipation des nègres dans cette lutte déjà trop prolongée. Les Américains du Nord établiront-ils sur tout le continent transatlantique une domination semblable à celle que les Romains firent peser sur le monde [...] ? [64] » Conclusion : la politique mexicaine de Napoléon III est une « grande politique » ; mais elle est « incomplète » et peu « assurée » si elle ne s'accompagne pas d'une alliance militaire avec la Confédération.

Ces « audaces » finales ne doivent pas faire illusion : cette brochure se situe au plus près des positions officieuses françaises ;

---

60. De Leon, *La Vérité...*, p. 31.
61. Dr Alfred Mercier, *Du Panlatinisme...*, p. 19.
62. *Ibid.*
63. *Ibid.*, p. 28.
64. *Ibid.*, p. 30.

elle reprend d'ailleurs les traits et même les tics caractéristiques de la presse gouvernementale, en particulier la dénonciation du « pacte entre les Yankees et les agresseurs de la Pologne »[65]. Faisant de l'affrontement entre trois grandes races-civilisations la clé du destin européen, l'auteur ne fait que systématiser un cadre de pensée qui est celui des dirigeants français et d'une bonne partie des « classes intelligentes », pour parler comme Slidell. Il est significatif que Morny, recevant en janvier 1865 John Bigelow, qui vient de prendre rang d'ambassadeur de l'Union à la place de Dayton, choisisse de mettre la conversation sur cette notion de « race latine », pour se défendre d'en faire l'axe de sa politique. À cette confidence aux allures de dénégation, Bigelow a l'astuce de répondre sur le registre même dont Morny prétend se démarquer, soulignant qu'il y a plus d'individus de « race latine dans la ville de New York que dans tous les États du Sud, et plus de catholiques dans l'État de New York que dans la Confédération tout entière »[66]. Manière élégante de dire qu'il n'est pas dupe de la distance affichée par Morny envers une « théorie » ethno-stratégique qui constitue effectivement le cadre de pensée de la politique impériale.

De cet effort de théorisation imaginaire, la brochure de Fournier livre un état concentré : *Du Palatinisme* est comme la décantation de cette masse de discours propagandistes où se mêlent, pendant toute la durée de la guerre, faits et fantasmes. Dans ce *digest* du pro-Sudisme apparaissent nettement les ingrédients qui serviront bientôt à mitonner la potion antiaméricaine.

Le trait le plus saillant en même temps que le plus nouveau, c'est cette ethnicisation de la politique qui s'étaye de références « scientifiques » (la brochure consacre plusieurs pages aux dangers pour l'Amérique du Sud du « mongrelisme » et renvoie explicitement à la toute jeune anthropologie raciale américaine qui désigne ainsi le « mélange des races blanche, noire et rouge »[67]), mais qui prend son essor à partir d'un imaginaire du déclin. *Du Panlatinisme* livre ainsi un état particulièrement précoce du fantasme français de dépossession et de déchéance face aux nouveaux « grands peuples » – l'Amérique et la Russie, arrogantes et sûres d'elles-mêmes[68]. La

---

65. *Ibid.*, p. 28.
66. J. Bigelow, *Reflexions...*, p. 281.
67. Dr Alfred Mercier, *Du Panlatinisme...*, p. 17.
68. *Ibid.*, p. 28.

résistance à ce qu'on appellera bientôt le « yankeesme » ne passe pas par les trompeuses leçons de l'histoire, ni par les fumeuses spéculations de la philosophie politique : elle est, elle doit être sursaut vital, réaction physiologique contre « l'esprit de conquête » d'une Amérique anglo-saxonne qui croit de sa « destinée manifeste »[69] de conquérir le continent jusqu'au cap Horn – en attendant mieux ?

Nord contre Sud, le roman

Du Panlatinisme est-il un texte « représentatif » ? Non, si l'on y cherche l'introuvable position moyenne de l'opinion française sur la guerre américaine. Oui, si l'on veut bien admettre qu'il représente la même logique, poussée à ses dernières conséquences, qui pendant tout le conflit préside aux décisions (ou aux atermoiements) de la politique impériale ; la même aussi qui s'exprime, plus prudemment, dans toute la presse pro-gouvernementale ; la même enfin qui déteint, peu ou prou, sur beaucoup de commentaires politiquement indépendants. Ce sont d'ailleurs ses traces durables, non son impact immédiat, qui font de ce discours une constituante importante du futur antiaméricanisme français. Le pro-Sudisme des sujets de l'Empereur prépare l'anti-yankeesme des administrés de Jules Ferry.

Tous pro-sudistes, ces Français des années 1860 ? Certainement pas. Et encore moins « panlatins ». Mais, en revanche, bien moins enclins à s'enthousiasmer pour Lincoln et Grant que ne le veut une imagerie d'Épinal postérieure au conflit : celle d'un élan irrésistible de sympathie pour le Nord anti-esclavagiste. La mémoire collective a, elle aussi, ses souvenirs-écrans. Ceux-là très délibérément mis en place. La IIIe République, une fois dans ses meubles, s'attellera à la tâche ingrate de renouer les fils d'une solidarité supposée entre les deux républiques atlantiques. L'hostilité marquée de la France envers l'Union pendant la guerre sera inscrite au passif du régime désormais honni de Napoléon le Petit ; et le « pays réel » crédité d'une solidarité avec le Nord qui n'avait guère été le fait que de petites minorités militantes. Dans cette opération de ravalement idéologique, la IIIe République pourra compter sur la caution anthume et posthume de Victor Hugo dont le constant philunionisme sera jeté comme un manteau de Noé sur l'attentisme

69. *Ibid.*, p. 20.

et l'ambivalence qui avaient prévalu pendant le conflit. Mais pour une image moins légendée, c'est vers Jules Verne qu'il faut se tourner.

Hugo est le phare, Jules Verne le photographe. L'un sert la légende d'une France solidaire des vainqueurs ; l'autre, dans deux romans écrits à vingt-deux ans d'intervalle, donne à voir toutes les ambiguïtés françaises. Jules Verne en effet réserve une surprise au lecteur enclin à croire que progressisme et scientisme riment nécessairement avec anti-Sudisme. Bien sûr, il y a *Nord contre Sud*, où il apparaît comme un partisan zélé de la cause nordiste. L'action se déroule en Floride. Les Burbank, militants anti-esclavagistes venus du New-Jersey, planteurs à visage humain, y deviennent la cible privilégiée d'agitateurs sécessionnistes menés par un dévoyé inquiétant, sans famille ni racine, le cruel Texar. Pillage, meurtre, condamnations iniques prononcées contre des innocents par un tribunal local terrifié, rapt d'enfant : tout est bon à ce démon au double visage. (Car le secret de l'ubiquité de Texar et la clé de son impunité, c'est l'existence d'un jumeau, sa doublure complice...) Tout finira bien pour les Burbank et pour la Floride, grâce notamment à Zermah, mulâtresse au grand cœur. Arrivés un peu tard, comme de vulgaires carabiniers, les renforts nordistes tant attendus auront tout juste le temps de saluer le public, avant la chute du rideau, d'une retentissante profession de foi : « – Oui, fédéraux, nordistes, anti-esclavagistes, unionistes ! répondit l'homme, qui semblait tout fier d'énoncer ces diverses qualifications données au parti de la bonne cause [70]. » Ce qu'on appelle enfoncer le clou.

Mais ce clou, Verne l'enfonce dans un cercueil : le cercueil d'un Sud depuis longtemps défait et défunt. Car, détail peu fait pour troubler les consciences enfantines, mais non dénué d'intérêt pour l'historien, *Nord contre Sud* n'a nullement été écrit pendant la guerre de Sécession, comme pourraient le faire croire son ton « engagé » et ses proclamations ronflantes. Tant s'en faut ! Jules Verne le publie dans le *Magasin d'éducation* en 1887, près d'un quart de siècle après l'événement. Ce délai confère à son prosélytisme une saveur un peu surannée. Que la cause de l'Union est devenue belle et bonne, au grand soleil de la Troisième ! Entretemps, le Sud a été mis en tutelle et « reconstruit » ; l'Empire est mort ; et Marianne mise dans ses meubles. Jules Verne, carabinier de la « bonne cause » ? Un préfacier moderne voit dans *Nord contre*

70. J. Verne, *Nord contre Sud*, [1887], Paris, Hachette, 1966 ; p. 403.

Sud une « nouvelle occasion [*pour Jules Verne*] de s'exprimer nettement » sur « l'émancipation et la liberté des peuples à disposer d'eux-mêmes »[71]. On ne peut pas dire que cette occasion, Verne l'ait saisie aux cheveux, à l'époque où la fortune des armes était incertaine et où les rares amis du Nord avaient du mal à faire entendre leur voix.

En fait, *Nord contre Sud* est un remords de plume, une retouche tardive faite à l'instantané bien différent tiré dans un autre roman, trop méconnu, *Les Forceurs de blocus*. Le « sujet » de la Sécession y est traité à chaud : le roman paraît en magazine en octobre 1865, avant d'être repris en volume en 1870[72]. Et il conte une tout autre histoire que le politiquement correct *Nord contre Sud*. Il place la guerre américaine sous un éclairage oblique qui n'éclaire pas moins la scène collective française que la toile peinte par Manet, l'année précédente, dans le sillage du combat naval de Cherbourg.

En 1865, *Les Forceurs de blocus* est un titre parlant. Tout le monde comprend qu'il s'agit du blocus des ports sudistes par la marine de guerre unioniste ; on n'a pas oublié que cette mesure brutalement appliquée a mis l'Angleterre et la France à deux doigts de la guerre avec l'Union ; les mieux informés ajouteront que Napoléon III en personne, lors de son fameux entretien de Vichy avec l'envoyé confédéré Slidell, le 16 juillet 1862, aurait exprimé son regret de n'avoir pas dénoncé et forcé ce blocus qui a étouffé la Confédération. Jules Verne ne romance pas la guerre que l'Empereur n'a pas osé faire. Plus politiquement encore, il met en scène le vœu le plus constant de la chancellerie impériale : la guerre contre le Nord, menée par procuration. Il n'y a donc, très logiquement, pas un seul Français dans cette histoire ; et guère plus d'Américains. *Les Forceurs de blocus* est un roman anglais. L'action commence à Liverpool : port lié de longtemps aux intérêts sudistes et qui entend malgré la guerre continuer le commerce du coton, plus lucratif que jamais ; port tout acquis aux amis du Sud et où l'*Alabama* a été construit clandestinement sous le numéro de code « 290 ». Le blocus qu'il faut forcer, c'est celui de Charleston. Le capitaine anglais est mû par des considérations essentiellement commerciales ; mais il tient aussi un dis-

---

71. Charles-Noël Martin, J. Verne, *Nord contre Sud*, éd. cit., Préface, p. vii. Cette « netteté » est un peu gâtée par un fonds raciste persistant. Les personnages du nègre stupidement revendicateur et celui du régisseur raciste-mais-si-brave-homme (Mr Perry) ne donnent pas précisément l'idée d'un bréviaire d'émancipation.

72. Il est alors joint à *Une île flottante* qui lui vole la vedette.

cours anti-nordiste d'intérêt plus général, sur la liberté des mers et contre les atteintes au droit des gens commises par l'Union. Héros de l'aventure, il entraîne donc le lecteur dans un sillage « objectivement » pro-sudiste. Mais la situation se complique (et l'équilibre se rétablit) lorsqu'un mystérieux passager de la dernière heure s'avère être une jeune Américaine, décidée elle aussi à entrer dans Charleston, mais pour y délivrer son père, officier du Nord prisonnier et menacé d'être exécuté. Le blocus sera forcé, le coton chargé, le père délivré – et la vaillante jeune fille épousera le capitaine courageux. L'ultime péripétie, l'échappée dramatique hors du port de Charleston, revêt une importance symbolique particulière.

Le site de Charleston n'a pas été choisi au hasard par le romancier. On l'a dit, le traitement infligé à la magnifique rade de Charleston avait été unanimement condamné en Europe comme un acte de « barbarie »[73]. Non content en effet d'en bloquer les accès, le gouvernement de l'Union y avait fait couler bas toute une « flotte de pierre » (*stone fleet*). L'envoi par le fond, pour obstruer les passes, de ces navires bourrés de pierres était apparu à l'époque comme un véritable crime de guerre. La presse française n'avait pas été moins véhémente à le dénoncer que les papiers anglais, l'officiel *Moniteur* marquant son « profond regret » et sa « répulsion »[74]. Il n'est évidemment pas indifférent que Jules Verne ait élu pour théâtre de son aventure une cité « martyre » de la Confédération. Mais plus symbolique encore, sans doute, est l'exploit final du capitaine James Playfair qui, nanti de son coton et de son futur beau-père, quitte cette baie infernale sous les feux croisés des Yankees désireux de couler le forceur de blocus et des Confédérés qui ont compris son rôle dans l'évasion de leur prisonnier.

Joli tour de force et bel escamotage que cette épopée de la Civil War vue du pont d'un navire britannique ! Si le lecteur de Jules Verne y entrevoit la guerre de Sécession, c'est de fort loin et à la lorgnette, comme les badauds de Cherbourg ont contemplé le dernier combat de l'*Alabama*. Autre allégorie politique du regard français sur la Sécession, *Les Forceurs de blocus* eût mérité de s'inti-

---

73. Le qualificatif de « barbare » est employé par *Le Constitutionnel* du 12 janvier 1862.

74. « Un sentiment profond de regret et de répulsion a accueilli, en Angleterre comme en France, l'acte que mentionnent les dépêches de New York » ; *Le Moniteur universel*, 11 janvier 1862.

tuler *Ni Nord, ni Sud* – avec pour épigraphe : « Messieurs les Anglais, tirez les premiers ! »

*

Telle est l'étrange conjoncture dans laquelle les Français redécouvrent les États-Unis : en rêvant de leur démembrement. Après un demi-siècle d'une indifférence à peine entamée par la voix solitaire de Tocqueville, la France se reprend d'intérêt pour la République transatlantique au moment où celle-ci paraît condamnée. On n'a jamais tant écrit sur le droit des États et les prérogatives du gouvernement fédéral ; sur les développements de l'économie dans les deux « sections » du pays ; sur les partis et leurs dirigeants ; et bien sûr sur tous les aspects matériels et moraux d'une guerre qui donne à l'Amérique une nouvelle physionomie, martiale et conquérante. À ce débat franco-français dominé par la conviction de leur prochain effacement sur la carte du monde, les États-Unis gagnent une paradoxale consistance, que n'avait pas l'Amérique romanesque du romantisme.

Le rêve déçu d'une partition du pays laisse des séquelles en France : rien de plus embarrassant qu'un vœu malveillant resté inexaucé. Une appréhension encore inarticulée perçait à travers les scénarios de découpage auxquels se sont complu la presse et la diplomatie ; les États-Unis de la Reconstruction apparaîtront d'autant plus formidables que tout le monde ou presque, en France, s'était persuadé de leur disparition. Dans une pareille épreuve, il faut qu'un peuple se brise ou se bronze : les Américains ne se sont pas brisés. Très vite, cette victoire remportée contre eux-mêmes apparaîtra comme le prodrome d'entreprises tournées contre d'autres.

La guerre de Sécession est donc une étape importante dans le processus de cristallisation de l'antiaméricanisme français. Elle remobilise l'intérêt plus que chancelant du public pour les destinées de la République transatlantique. C'en est fini de « la distance et de l'éloignement ». Mais la proximité retrouvée est plus soupçonneuse que cordiale. Le temps n'est pas venu encore des violences verbales : le ton est à la sollicitude, parfois un peu suspecte, devant les ravages de cette lutte fratricide. Mais le débat national qu'elle suscite en France, la prolifération des argumentaires pro et contra, ont pour conséquence essentielle la constitution d'une arsenal où puisera la génération de 1880. On verra alors resurgir, souvent à contre-emploi, parfois à contresens, la plupart des arguments produits dans le feu de la polémique : griefs contre le Nord et reproches faits au Sud seront en quelque sorte jetés à la masse et recyclés dans une critique globale de ces États-Unis qui se sont, contre toute attente, « reconstitués ». Face à l'Union reformée, on saura se souvenir alors des mises en garde des années de guerre contre la dérive autoritaire. La thèse répandue dès 1861 d'un Nord qui ne vaincrait qu'au prix d'une altération grave de sa nature politique refera surface avec la force d'une prophétie réalisée et le traitement jugé inique des vaincus sudistes apparaîtra comme le signe avant-coureur d'une soif de domination que la seule soumission des rebelles ne peut avoir étanchée.

3. Miss Liberty et les iconoclastes

> – Vous avez donc une aristocratie ?
> – Une ? Ils en ont bien deux !
>
> Victorien Sardou, *L'Oncle Sam.*

La guerre de Sécession aura donc été, pour l'antiaméricanisme, un important moment de *sédimentation*. Les observateurs français multiplient les analyses fortement dépréciatives de l'un ou l'autre camp, en réaction aux événements d'outre-Atlantique et en fonction de leurs agendas politiques respectifs. Critiques et dénonciations s'entrecroisent pendant quatre ans, modifiant sourdement mais profondément les représentations des États-Unis.

Il faudra pourtant du temps – deux décennies – pour que cette mutation des images apparaisse clairement et dans toute son ampleur. Car pour l'heure, dès la fin des combats entre Unionistes et Confédérés, l'attention des Français se porte ailleurs, tout entière mobilisée par la situation européenne. C'est, en 1866, le dur réveil de Sadowa et le choc d'une unification allemande opérée au forceps ; c'est aussi l'intervention française controversée en Italie, au profit du pape, contre les troupes de Garibaldi. De la lugubre affaire mexicaine, on se détourne avec embarras. La France a désormais les yeux fixés sur la Prusse, d'où l'ennemi viendra. La défaite de 1870, suivie par la Commune de Paris et son écrasement, rapatrie la guerre civile en France. Les récentes hécatombes du conflit américain sont facilement éclipsées par cette tragédie domestique. Le temps est passé des curiosités un peu voyeuristes pour une guerre lointaine et des plans sur la comète tirés dans la quiétude des salons parisiens. D'autres objets, plus pressants que le sort des États du Sud, sollicitent les esprits et les cœurs. Le souvenir d'Atlanta bombardée ou des plantations incendiées pâlit au grand brasier de Paris insurgé.

Tant de meurtrissures, des lendemains aussi incertains, ont mis à vif le nerf national. Et si les Français n'ont plus le temps de s'intéresser à l'Amérique de la Reconstruction, ils n'en ressentent pas moins amèrement les blessures symboliques que celle-ci leur inflige, lorsque, par exemple, se multiplient en 1870 les manifestations pro-prussiennes dans des villes américaines à fort peuplement allemand ; ou, pis encore, lorsque le président Ulysses Grant félicite par télégramme Guillaume Iᵉʳ de la naissance d'un Empire proclamé en pleine galerie des Glaces de Versailles, dans une France abattue, occupée et humiliée. Maladresse ou coup de pied de l'âne, les Français ne pardonneront pas de sitôt cette marque d'insensibilité à leurs malheurs.

Crépuscule d'un modèle, érection d'une idole

Le paradoxe de la décennie 1870, c'est qu'une conjoncture politique *a priori* favorable à une redécouverte du modèle politique américain ait débouché sur une répudiation quasi générale de ce modèle par ceux-là mêmes qui, en France, en étaient les plus ardents défenseurs : les inspirateurs républicains du nouveau régime, au premier rang desquels Gambetta.

Une fois acquise (ou plutôt acquittée en francs-or) la libération du territoire français amputé des « provinces perdues » d'Alsace-Lorraine, la question se pose avec acuité des institutions à donner à la France ; et cette question fait revenir les États-Unis au premier plan de l'actualité. La « patrie de Washington et de Lincoln » a été, tout au long de l'Empire, la référence majeure de l'opposition républicaine. Ces républicains sont loin d'être majoritaires dans l'Assemblée nationale élue en 1871. Mais à leur prestige d'opposants à Napoléon III s'ajoute le crédit qu'ils ont acquis comme animateurs de la défense nationale. On pourrait s'attendre à ce qu'ils jettent ce prestige et ce crédit dans la balance et plaident vigoureusement pour une Constitution inspirée de la *Model Republic*. Les députés conservateurs eux-mêmes peuvent-ils rester insensibles à l'exemplaire stabilité des institutions américaines, presque centenaires désormais et qui ont fait leurs preuves en survivant à la crise de la sécession ?

Or les choses vont se dérouler tout autrement, au grand dam des américanophiles qui n'ont pas vu le vent tourner. Un curieux incident politico-théâtral aurait pu les alerter. Le Boulevard reste à l'époque un des meilleurs baromètres de l'opinion parisienne et Victorien Sardou y fait la loi. Au lendemain de la débâcle, il écrit une comédie, *L'Oncle Sam*, qui est une violente satire des États-Unis. La charge est si rude que Thiers interdit les représentations d'une pièce qui « blesserait vivement une nation amie » [1]. Elle sera finalement donnée au Vaudeville le 6 novembre 1873. Sardou va nettement plus loin que ses prédécesseurs. Il ne se contente pas de mettre en scène quelques types américains ridicules ou indélicats. Sa comédie fustige pêle-mêle mode de vie et institutions. Elle dénonce la corruption de la presse et la déloyauté du monde des affaires, démasque l'imposture démocratique et la comédie des « religions » lancées par des escrocs. Inculture, âpreté, cynisme vulgaire : voilà l'Amérique. « – Quand je pense qu'il s'est trouvé un animal pour la découvrir ! » Cette réplique donne le ton. Le modèle est devenu repoussoir. Ce message est explicitement délivré dès le premier acte : « Qu'on n'ait donc plus la rage de vous offrir à nous comme modèle ! » lance aux Américains l'héroïne française de la pièce [2]. Apostrophe prémonitoire : applaudie sur scène en 1873, elle le sera de nouveau, deux ans plus tard, sur les bancs de l'Assemblée.

Logique et attendue, la « résurgence du modèle » américain dans la France post-impériale sera étonnamment « éphémère » [3]. Dès 1875, l'offensive des républicains modérés de « l'école américaine » au cours du débat constitutionnel se solde par un échec, qui est aussi un échec personnel pour leur chef de file, Édouard-René Lefèbvre de Laboulaye. Né en 1811, petit-fils d'un secrétaire de Louis XVI, juriste et historien, entré dans l'arène politique sous l'influence de la Révolution de 1848, nommé en 1849 professeur de législation comparée au Collège de France, Laboulaye a été, sous l'Empire, l'un des porte-parole les plus en vue du républicanisme modéré d'inspiration libérale. Il s'est depuis lors attaché à promouvoir le modèle américain contre la confiscation de souveraineté du régime impérial, bien sûr ; mais aussi contre la radicalité de la tradition révolutionnaire française depuis

---

1. Cité par Simon Jeune, *Les Types américains dans le roman et le théâtre français (1861-1917)*, Paris, Didier, 1963 ; p. 168. La violence de Sardou tranche avec le traitement théâtral de l'Américain, avant 1870, sur le mode du « gros comique » (*ibid.*, p. 162).
2. Sardou, *L'Oncle Sam*, Acte I, scène 3.
3. L'expression est de Jacques Portes, *Une fascination réticente. Les États-Unis dans l'opinion française*, Presses Universitaires de Nancy, 1990, p. 154.

Sieyès. C'est en 1863 qu'il a publié *L'État et ses limites* et *Le Parti libéral*, ses deux principaux ouvrages doctrinaux ; en 1865 qu'il a conçu l'étrange projet d'offrir une statue de la Liberté aux Américains pour l'anniversaire de leur Révolution. L'étonnant n'est pas que Laboulaye ait échoué dans son dessein, qui n'avait rien de déraisonnable, de faire adopter par la France née de Sedan une Constitution républicaine souplement inspirée du modèle constitutionnel américain ; c'est qu'il ait réussi dans le projet beaucoup plus extravagant de doter l'Amérique d'un colosse *made in France*.

Élu en 1871 à l'Assemblée nationale, Laboulaye commence aussitôt sa campagne en faveur d'institutions à l'américaine. Il s'adresse à l'opinion, publiant dès le mois de mai 1871 *La République constitutionnelle*. Dans ce texte programmatique, paru sous forme d'adresse à Eugène Yung, directeur du *Journal de Lyon*, Laboulaye rappelle que les Américains sont les « grands organisateurs de la démocratie moderne »[4]. Nul doute à ses yeux : « La République qui convient à la France, c'est celle qui ressemble au gouvernement de l'Amérique et de la Suisse[5]. » Mais plutôt de l'Amérique... Dans son *Esquisse d'une Constitution républicaine* de 1872, le modèle américain est favorablement opposé à celui de l'école révolutionnaire française, sans toutefois que Laboulaye tranche la question du présidentialisme. En 1873, il est le rapporteur de la commission des Trente chargée d'examiner les projets de lois constitutionnelles. Il partage aussi avec Waddington, futur président du Conseil, la responsabilité d'une étude comparée des Constitutions européennes et américaine. Au début de l'année 1875, tandis qu'approche l'heure de la décision, Édouard de Laboulaye a donc posé une série de jalons qui peuvent lui faire espérer une issue conforme à ses vues. Or la proposition qu'il avance le 29 janvier est repoussée par 356 voix contre 336. Son amendement était rédigé en ces termes : « Le gouvernement de la République se compose de deux chambres et d'un président. » Le lendemain, comme on sait, l'amendement Wallon arrache la majorité d'une voix et fonde la République, sur cet énoncé : « Le président de la République est élu à la pluralité des suffrages par le Sénat et la Chambre des députés réunis en Assemblée nationale. »

---

4. E. de Laboulaye, *La République constitutionnelle*, Paris, Charpentier, 1871, p. 16.
5. *Ibid.*, p. 9.

Avec l'amendement Laboulaye, c'est l'hypothèse même d'un présidentialisme à l'américaine que rejette une majorité de députés. Jacques Portes souligne la signification de ce refus : « Il n'est pas indifférent que l'amendement Laboulaye [...], aussi anodin et formel soit-il, ait été rejeté, trop proche de l'exemple américain auquel le nom de Laboulaye ne pouvait être qu'étroitement associé[6]. » Analyse que confirme la charge de Gambetta, quelques jours plus tard. Le leader de la gauche républicaine, grand américanophile sous l'Empire, se taille un joli succès en persiflant l'ex-modèle américain : « On a cité avec très grand fracas le sénat des États-Unis. On a même été jusqu'à faire écrire par un Américain (*Rires à gauche*) que je soupçonne fort d'être de la Seine-et-Oise (*Hilarité générale*), une consultation sur les analogies qui pouvaient exister entre le sénat français et le sénat américain... Il n'y a aucune espèce de comparaison de l'Amérique avec la France et pour cette fois-ci on aurait mieux fait d'aller simplement de Paris à Versailles que de Paris en Amérique (*Approbations et rires à gauche*)[7]. »

Sans faire dire à cet épisode parlementaire plus qu'il n'en peut révéler, on peut juger symptomatique cette distance prise avec le modèle américain et révélateur l'assentiment bruyamment manifesté sur les bancs de la gauche. Mettant les rieurs de son côté aux dépens des États-Unis et plus encore de leurs thuriféraires – au premier rang desquels Noailles et Laboulaye –, Gambetta laisse pressentir un mouvement de plus grande ampleur : le décrochement de la gauche républicaine par rapport à la « République modèle » tant vantée par eux sous l'Empire. Les républicains, renégats de l'Amérique ? Ce serait aller un peu vite en besogne. Reste que les liens intellectuels et affectifs se distendent. La répudiation des États-Unis comme « modèle » annonce des revirements plus radicaux : au premier rang des antiaméricains précoces, on trouvera, dès 1883, un Frédéric Gaillardet, républicain revenu de son américanophilie au point de consacrer tout un livre à brûler ce qu'il a adoré. Effet de tribune et manœuvre tactique, la tirade de Gambetta n'en est pas moins indicative d'un tournant qui n'est pas circonstanciel – tournant que corrobore, au même moment, la disparition de la référence américaine dans la littérature de propagande du

6. J. Portes, *Une fascination réticente...*, p. 155.
7. L. Gambetta à la Chambre des députés, 28 décembre 1876 ; cité par J. Portes (*ibid.*) qui souligne que l'allusion vise clairement Laboulaye, auteur d'une « Lettre d'un Américain » parue la veille au *Journal des débats*.

courant républicain. Ce n'est pas à dire que les États-Unis seront désormais sans amis ni champions sur la scène politique française. Mais ces fidèles ne représenteront plus qu'une petite troupe aristocratique de républicains conservateurs, dont les figures de proue disparaissent les unes après les autres. Laboulaye lui-même mourra en 1883, avant d'avoir vu la matérialisation dans la baie de New York de son rêve colossal.

Les tribulations de Miss Liberty

Le grand, le seul succès de cette petite phalange américanophile, c'est la fameuse statue de Bartholdi naturalisée Miss Liberty. Succès colossal, mais plein d'équivoques.

L'équivoque commence en France. Tout au long de la campagne française de souscription, puis de célébrations, l'ambiguïté règne dans les discours officiels, partagés entre l'éloge de la Liberté comme principe, l'exaltation de la République comme régime, la relance d'une amitié franco-américaine bien languissante et l'apologie libre-échangiste du Commerce et de l'Industrie [8]. On le voit, la Statue a les épaules larges. L'idée lancée lors du banquet du 21 mai 1884 d'installer une réplique de la statue à l'entrée du futur canal de Panama, si elle s'explique par le remplacement de Laboulaye par Ferdinand de Lesseps à la tête de l'Union franco-américaine, en dit long aussi sur les fluctuations symboliques des responsables du projet.

L'équivoque continue et s'aggrave avec la réception réservée par l'Amérique au plus encombrant cadeau jamais fait par une nation à une autre. Son érection sur le sol américain sera rendue très laborieuse par le refus du Congrès, puis des autorités new-yorkaises, d'assumer le coût de construction du piédestal. Une caricature américaine de 1884 montre la statue en vieillarde décrépite (elle ressemble étrangement au Voltaire vieillard sculpté par Pigalle), assise à même le rocher de Bedloe's Island, dans une attitude de parfait découragement. À ses pieds, un maçon minuscule s'affaire vaguement autour d'un bloc marqué « première pierre ».

---

8. Voir de Catherine Hodeir, « La campagne française », dans *La Statue de la Liberté. L'exposition du centenaire* (Musée des Arts Décoratifs/New York Public Library, 1986-1987), Musée des Arts Décoratifs et Sélection du Reader's Digest pour la version française du catalogue, 1986 ; pp. 132-153.

La légende du dessin n'incite pas le lecteur à l'optimisme : « La statue de la Liberté. Mille ans après, elle attend toujours [9]. » Elle n'attendra pas si longtemps. Deux ans plus tard, en 1886, une souscription nationale et une campagne de presse où se distingue Pulitzer lui permettront de poser ses pieds au sec. Mais ces embarrassantes tribulations, si elles excitent la verve des dessinateurs américains qui représentent la Statue en pauvresse, en mendiante ou en clocharde, ne font pas rire les Français. Le groupe américanophile animé par Laboulaye, en offrant aux Américains un gage aussi disproportionné de l'affection française, a pris un gros risque : celui de voir les heureux destinataires pâlir devant l'offrande. Rien de plus funeste à l'amour que le cadeau mal reçu. Née des frustrations d'un libéral français sous l'Empire, offerte par une République encore bien mal assurée à une « sœur » putative lointaine et indifférente, Miss Liberty ne résume pas seulement un programme idéologique (d'ailleurs confus) ; elle incarne admirablement l'amour tel que le définissait Lacan : celui qui consiste à « donner ce qu'on n'a pas à quelqu'un qui n'en veut pas ».

L'imbroglio autour du financement du piédestal n'est toujours pas démêlé lorsque Bartholdi et le Comité français décident d'emballer la Statue, vaille que vaille, direction New York. On n'est pas loin alors de basculer du burlesque bureaucratique au drame diplomatique. Si tout s'arrange *in extremis*, si les souscripteurs américains pallient les défaillances des autorités, si Cleveland lui-même, qui avait mis son veto au déblocage de fonds comme gouverneur de l'État de New York, participe à son inauguration en sa nouvelle qualité de président des États-Unis, l'alerte a été chaude et l'attitude de l'Amérique officielle mal comprise, impatiemment supportée en France. Conçue pour immortaliser « l'entente fraternelle des deux républiques », comme le proclame (en français) la banderole placée sur l'arc de triomphe érigé par le *World* au-dessus de Broadway, sur le trajet du cortège inaugural, Miss Liberty deviendra, quelques années après son installation à New York, un thème de récrimination française contre l'Amérique. De toute cette aventure, un Edmond Johanet, correspondant du *Figaro*, ne retiendra que l'insultante pingrerie du Congrès et « l'injure faite à la France par des représentants ingrats envers une nation qui avait si puissamment contribué à l'indépendance américaine » [10]. Un autre

---

9. *Frank Leslie's Illustrated Newspaper*, 30 août 1884 ; *ibid.*, p. 174, ill. 371.
10. E. Johanet, *Autour du monde millionnaire*, Paris, Calmann-Lévy, 1898, p. 56.

publiciste, Émile Barbier, poussant plus loin encore le dénigrement désabusé, raille la statue elle-même, « cet énorme joujou d'art qui se corse d'une qualité utilitaire » (puisque c'est un phare) et ironise sur la « subtile pensée » qui a guidé la France, « devinant le goût américain », dans le choix de ce monstrueux gadget [11]. L'émissaire de bronze de la Grande Nation, le pacifique Cheval de Troie forgé pour réintroduire la France au cœur de la cité américaine, n'est déjà plus pour Barbier, en 1893, qu'un colosse kitsch digne d'un bazar de Cincinnati : une de ces choses encombrantes et laides qu'on offre à une tante de province au goût notoirement calamiteux.

Peut-être la statue de Bartholdi arrive-t-elle tout simplement trop tard. Trop tard évidemment pour fêter 1776, comme Laboulaye l'eût souhaité. Trop tard aussi pour l'anniversaire de rattrapage envisagé par le Comité français : celui du traité de 1783 qui mit fin à la guerre d'Indépendance. Inaugurée le 28 octobre 1886, elle ne s'inscrit finalement dans aucun calendrier commémoratif et les médiocres rituels qui entourent sa dévolution (discours, parade, flonflons) comblent mal ce vide. Mais l'allégorie retarde aussi, du côté français, sur un imaginaire politique républicain qui ne trouve guère à s'y investir. Bartholdi, Alsacien bouleversé par la défaite de 1870, défenseur de Colmar dans la Garde nationale, compagnon de Garibaldi auprès de qui l'a envoyé le gouvernement de Tours, l'avait d'abord imaginée piétinant une chaîne brisée ; mais Laboulaye préféra la voir porter les tables de la Constitution américaine [12]. Cette Liberté, décidément, est une parente bien éloignée de la belle batailleuse des barricades peinte par Delacroix. Cette jeune géante a l'âge de son promoteur, qui la conçut sous l'Empire. L'âge aussi du grand vieillard qui lui rend une visite solennelle, avant son départ : le poète national, l'indéfectible ami de l'Amérique, Victor Hugo.

Le 29 novembre 1884, Victor Hugo, très affaibli, accompagné de sa petite-fille Jeanne, pénètre dans les établissements Gaget Gauthier, rue de Chazelles. Cette visite ou ce pèlerinage, bien d'autres l'ont accompli avant lui : ministres, ambassadeurs, dignitaires de tous rangs et jusqu'au président Grévy. Mais c'est ce jour-là, c'est au moment où le poète, qui s'est hissé péniblement

---

11. Rappelons que le mot *gadget* a pour étymologie probable le nom de la maison Gaget, qui eut l'idée de commercialiser des répliques miniatures de la statue.

12. Sur l'évolution des maquettes, voir « L'idée et la forme », par Pierre Provoyeur qui souligne aussi que cette chaîne foulée aux pieds risquait d'être invisible ou mal identifiable (*La Statue de la Liberté*, éd. cit., pp. 86-109).

par l'escalier intérieur de la statue, débouche sur le second palier de la construction, qu'a lieu le vrai face-à-face. Chacun le sent et quelqu'un, dans la foule, le crie : « deux géants se regardent »[13]. L'allégorie de Bartholdi est bien, en effet, la contemporaine colossale de ce contemporain capital, la sœur de fonte des gigantesques Entités – la Liberté, la Justice, l'Avenir – si obéissantes au Mage de Guernesey qu'elles venaient à son appel pianoter sur les tables tournantes les arrêts du Destin recodés en alexandrins. Laboulaye est mort l'année précédente. Bartholdi est bien vivant, mais il est l'homme du médium plutôt que du message ; nul doute qu'il n'aime la Liberté et peut-être même l'Amérique ; mais enfin, ce sont les colosses qui le passionnent et il n'avait pas hésité, en 1869, à en proposer un, tout pareil à Miss Liberty, à notre ami le Khédive, pour éclairer l'entrée du canal de Suez... Non, décidément, pour la valeur symbolique ajoutée, pour donner un peu de sens à tant de matière, il n'en reste qu'un et c'est celui-là – le vieil Hugo.

Le *Vates* a du métier. Il va, il voit, il vaticine. « J'ai dit en voyant la statue : – La mer, cette grande agitée, constate l'union des deux grandes terres apaisées. On me demande de laisser graver ces paroles sur le piédestal. » Voilà ce qu'il note le lendemain dans son journal, avec le sentiment du devoir accompli [14].

Hugo meurt quelques mois plus tard, lui aussi avant le sacre new-yorkais. C'est l'idole orpheline d'une génération descendue dans la tombe qui se dresse désormais face à Manhattan comme un signe en jachère. Il meurt sans savoir, évidemment, que son ultime effort d'inscription restera lettre morte et que jamais ne seront gravées au bas de la statue les paroles qu'elle lui avait inspirées. Il meurt sans se douter qu'un autre – *une* autre en l'occurrence – aura les honneurs de l'épigraphe et que cette épigraphe, oublieuse de la France, fera entrer la Statue dans une nouvelle carrière symbolique. Les vers de la poétesse Emma Lazarus, gravés sur le socle, ne font plus de la statue de Bartholdi la garante du lien franco-américain, mais la divinité tutélaire des pauvres de tous les pays, la Bonne Mère des immigrants qu'on entasse, à trois encablures, sur Ellis Island. « Give me your Poor, your Wretched... » Laissez venir à moi vos pauvres, vos misérables. En célébrant le Pauvre, Emma Lazarus était au fond plus hugolienne que

13. Voir C. Hodeir, « La campagne américaine », *ibid.*, p. 153.
14. V. Hugo, *Œ. C.*, sous la dir. de Jules Massin, Club Français du Livre, 1970, t. XV-XVI, 2, p. 915.

le vieil Hugo dédiant la statue à l'alliance de deux nations. Ses vers, bientôt connus de tous les écoliers d'Amérique, devaient pourtant sceller la séparation entre une Miss Liberty vite naturalisée et son pays d'origine. Plus sémiologiquement souple qu'elle n'en avait l'air dans son corset de fonte, la statue de Bartholdi n'a pas représenté longtemps « l'entente fraternelle des deux républiques ». Complaisante à ses nouveaux concitoyens, elle leur a vite laissé le soin de décider de son sens.

France-Amérique : la grande illusion

Si les promesses, comme on sait, n'engagent que ceux qui les reçoivent, les cadeaux n'engagent que ceux qui les donnent. L'effort tenace de Laboulaye et de ses amis aura sans doute moins visé à reconquérir une opinion américaine indifférente envers la France qu'à revigorer, chez les Français, une affection incertaine et déjà chancelante pour la « république sœur » de jadis. À l'arrière-plan de ce don monumental, il y a la sourde inquiétude d'un désamour franco-américain.

La grande idole n'a pas encore quitté le sol natal qu'entrent en scène les premiers iconoclastes : ceux qui vont s'acharner à dévoiler le néant de la relation franco-américaine, à en dire l'inanité et l'imposture. En ce début des années 1880, la stabilisation politique de la France républicaine ramène les États-Unis sous la plume des essayistes et des voyageurs. On pourrait s'attendre à un retour amical, élogieux, à tout le moins compréhensif et curieux. Or c'est un tout autre son de cloche qui, dès ce moment, commence de se faire entendre : un étrange carillon antiaméricain où se mêlent des timbres inattendus et qui prépare le tocsin de 1898.

Ce moment charnière, où déjà perce le désenchantement et pointe l'hostilité, s'incarne en deux figures antithétiques et complémentaires : celles de Frédéric Gaillardet et de Mandat-Grancey. Rien de commun, *a priori*, entre le boulevardier et le baron. Rien, sinon justement leur antiaméricanisme précoce. Obscurs éclaireurs de la vague d'hostilité à venir, Gaillardet et Mandat-Grancey sont les premiers à offrir au public français, sur plusieurs centaines de pages (chacun), un portrait-charge de l'Amérique contemporaine ainsi qu'une révision entièrement négative des relations franco-américaines. Polémistes antipodiques aux passés et aux convictions diamétralement opposés, ces pionniers sont encore exemplaires en ce qu'ils fournissent, dès le milieu des années 1880, un parfait exemple des convergences entre droite et gauche propres à l'antiaméricanisme français.

Le langage du désamour peut paraître excessivement sentimental et abusivement métaphorique, s'agissant des relations entre nations : il est pourtant tenu avec insistance par ces premiers détracteurs systématiques des États-Unis – Gaillardet surtout, ce déçu de l'américanité. Son *Aristocratie en Amérique* paraît en 1883. L'allusion est transparente et l'ambition affichée : corriger Tocqueville et démythifier l'image trop favorable qu'il a donnée de l'Amérique. Son gros ouvrage, à vrai dire, n'est pas à la hauteur de cette grande ambition et ses piques ne font guère de tort à son illustre victime. *L'Aristocratie en Amérique* n'eut d'ailleurs pas le succès escompté par Gaillardet, dont le principal titre à la postérité était (et restera) d'avoir cosigné avec Alexandre Dumas, un demi-siècle plus tôt, une lucrative *Tour de Nesle*. Son essai mérite pourtant d'être exhumé pour au moins trois raisons.

La première est qu'il rassemble et systématise, pour la première fois, tout un ensemble de griefs historiques, politiques, mais aussi culturels qui ne cesseront ensuite d'être articulés par les polémistes français contre les États-Unis. *L'Aristocratie en Amérique*, s'il n'est pas l'antidote annoncé au maître-livre de Tocqueville, se présente bien comme le premier exposé synthétique d'un antiaméricanisme global. Deuxième motif d'intérêt : le passé pro-américain de son auteur. *L'Aristocratie en Amérique* n'est pas l'œuvre d'un de ces publicistes qui font profession de mépriser les États-Unis comme Ohnet, par exemple, collaborateur du *Figaro* et pourfendeur notoire de tout ce qui est américain[15]. Tout au contraire. Non seulement l'auteur a passé dix ans de sa vie en Amérique (entre 1837 et 1847), mais il l'a, selon sa propre expression, « prônée depuis quarante-cinq ans », notamment dans le *Courrier des États-Unis*, périodique dont il a longtemps été le rédacteur en chef. Amoureux repentant, militant dépité, apôtre devenu apostat, Gaillardet incarne une figure tout à fait nouvelle dans le paysage intellectuel français : c'est un déçu de la *Model Republic*, un désenchanté du Nouveau Monde. Il revisite l'Amérique, au propre et au figuré. De ce voyage, il revient avec un

---

15. Il est présenté comme tel dans le *Voyage en Amérique et principalement à Chicago* du marquis de Chasseloup-Laubat (Paris, *Extraits des Mémoires de la Société des Ingénieurs Civils de France*, 1893, pp. 49-50).

portrait peu flatteur et même (il préfère en prévenir ses lecteurs) « d'une grande sévérité »[16] pour le pays qu'il a loué sa vie durant. Gaillardet ne reniant rien de son idéal républicain, il faut bien que ce soit l'Amérique qui ait failli. Le troisième trait qui rend son témoignage intéressant tient en effet à sa personnalité intellectuelle et à ses engagements politiques. Frédéric Gaillardet est un « progressiste », un républicain façon 1848, un néo-jacobin tendance Cavaignac, hostile à la Commune mais farouchement fidèle aux principes de la Révolution – de la Révolution française, s'entend. Son réquisitoire contre les États-Unis a des accents très personnels ; mais il s'inscrit aussi dans un mouvement plus vaste de répudiation du modèle transatlantique par les républicains français des années 1880.

Tel est l'homme dont les yeux se sont soudain dessillés. Gaillardet fait amende honorable. Il reprend la plume pour dénoncer une illusion qui fut aussi la sienne : l'illusion, chère aux Français depuis le règne de Louis XVI, d'être « aimés » des Américains. Ces Français, il est grand temps qu'à son exemple ils ouvrent les yeux.

La reconnaissance américaine pour le soutien apporté jadis aux *Insurgents* ? Une vieille lune. Une lubie française fort peu partagée de l'autre côté de l'océan. La première règle des nations n'est-elle pas d'oublier leurs dettes ? Les Américains n'ont-ils pas précocement prouvé, dès 1792, alors que la France affrontait seule la coalition des rois, qu'ils avaient la mémoire courte ou la reconnaissance passive ? Tocqueville les a excusés de nous avoir abandonnés, au motif que c'était là une sage décision, conforme à leurs intérêts vitaux. Gaillardet trouve un peu courte l'excuse de l'égoïsme national, mais retient la leçon de *Realpolitik*. Si l'affection meurt entre les nations au moindre heurt, à la plus petite friction de leurs intérêts respectifs, cessons du moins de nous bercer d'une légende d'amitié aussi illusoire que sentimentale.

La solidarité « naturelle » entre nations révolutionnaires ? Un mythe dangereux. Une erreur de perspective et de jugement. Car les Américains sont des « révolutionnaires sans révolution »[17]. (L'anti-tocquevillien Gaillardet pille ici Tocqueville : « ils n'ont point eu de révolution démocratique »[18].) Et ils détestent la nôtre.

16. F. Gaillardet, *L'Aristocratie en Amérique*, Paris, Dentu, 1883, p. 6.
17. *Ibid.*, p. 5.
18. A. de Tocqueville, *De la Démocratie en Amérique (II)*, Paris, Robert Laffont, collection « Bouquins », éd. par J.-Cl. Lamberti et F. Mélonio, 1986, p. 432.

À preuve : les États-Unis naissants se sont détournés de la France, leur bienfaitrice, au moment précis où elle devenait républicaine. Leur très hypothétique « gratitude », restée d'ailleurs purement « platonique », s'est « éteinte dès les premières années de la république fondée par nos pères en 1792 »[19]. La Terreur et ses excès n'ont servi que de prétexte. Cette solidarité républicaine est donc une légende historique et une imposture politique. En vérité la France, fondant une véritable république, a obligé l'Amérique à se démasquer comme une aristocratie travestie. Les Américains (et leurs épouses, ces « républicaines aussi fières que des duchesses »[20]), éprouvent une répulsion instinctive pour le legs essentiel de la Révolution française : l'aspiration à une démocratie sociale inhérente à l'esprit de 92 et que la IIIᵉ République remet à l'ordre du jour.

Quelle sottise que la nôtre, que la mienne, s'indigne Gaillardet ! Il a fallu toute la candeur de nos aïeux, toute la partialité d'un Tocqueville, tout l'aveuglement des Michel Chevalier, Gustave de Beaumont et autres Major Poussin pour forger cette illusion de fraternité et nous y entretenir[21] ! Rien de plus haineux que cette République envers nos propres idéaux. Pas un être au monde plus éloigné du républicain français que l'*homo americanus* – si ce n'est peut-être sa version femelle où s'incarne la foncière hypocrisie du type humain nord-américain. « Ces petites démocrates de nom », écrit Gaillardet, « sont de vraies aristocrates par nature »[22]. Si anecdotique ou biographique soit-il, ce léger délire qui saisit Gaillardet à propos des Américaines n'en a pas moins sa place dans le tableau sémiologique de son antiaméricanisme. Le discours d'animadversion est impur, traversé de bouffées d'imaginaire ; le filet de l'argumentation y est tendu par des humeurs, des affects, des préjugés et des souvenirs. À la sémiologie de se faire « impure », elle aussi, pour capter les effets de ces affects.

C'est d'ailleurs, à sa manière, un ouvrage sérieux que *L'Aristocratie en Amérique* : plus informé, historiquement mieux documenté que beaucoup d'essais postérieurs, hâtivement troussés par des épigones à peu près vierges de toute connaissance de leur sujet. Ce n'est ni un album crayonné de chic, ni un simple exercice

19. F. Gaillardet, *L'Aristocratie en Amérique*..., p. 123.
20. *Ibid.*, p. 157.
21. *Ibid.*, p. 7.
22. *Ibid.*, p. 157.

rhétorique. L'auteur connaît bien son terrain. On n'en saurait dire autant des dizaines de voyageurs pressés et d'essayistes fulminants qui livreront leurs « impressions » américaines au public français entre les années 1880 et la Grande Guerre. Si Gaillardet s'autorise quelques mouvements d'humeur, il ne s'y abandonne jamais longtemps. Son antiaméricanisme est lesté de toute une histoire personnelle, mais ne s'exhale pas sur le mode égotiste. Cet homme pourrait se pencher sur son passé, sur ses quarante-cinq ans de bons et loyaux services employés à prôner l'Amérique ; il préfère s'interroger sur le passé de l'illusion que nourrissent les Français : être aimés des Américains. Et s'il vaticine à l'occasion, plus fréquemment encore il argumente et s'efforce de démontrer.

« Il n'y a pas d'amour, il n'y a que des preuves d'amour », dira un jour Cocteau. C'est déjà l'avis de Frédéric Gaillardet. Ces preuves d'un amour américain pour les Français, il les cherche en vain. Dans sa relecture révisionniste des relations franco-américaines au cours du XIXᵉ siècle, il trouve plutôt trace, à chaque pas, de dispositions toutes contraires. Ce qui se dévoile à lui, ce qu'il révèle au lecteur, c'est la saga cachée d'une longue animosité ; c'est l'inexorable aggravation des antagonismes ; c'est l'irrésistible montée de l'agressivité américaine contre la France, après un siècle ou peu s'en faut de sourde hostilité. Menées douteuses et traverses obscures ne datent pas d'hier, mais des années mêmes qui auraient dû rapprocher fraternellement les deux républiques : ces années terribles où la Révolution française faisait ses premiers pas. Il faut donc remonter le fil, refaire l'histoire de la malveillance américaine. Dès 1794, rappelle Gaillardet, l'Amérique secrètement nous trahit, pactise avec sa marâtre coloniale, signe un traité occulte avec l'Angleterre qui autorise celle-ci à confisquer les navires français[23]. Première maille d'un filet captieux où se trouve prise régulièrement la bonhomie française. En 1835, c'est le président Andrew Jackson qui menace la France de lui déclarer la guerre pour une simple affaire de règlement d'indemnités maritimes et qui contraint Louis-Philippe à acheter la paix 25 millions de francs. En 1838, pression au Mexique et incident de Veracruz. Vient ensuite la guerre de Crimée : les Américains, loin de nous soutenir, favorisent les Russes. En 1862, de nouveau au Mexique, c'est bien sûr l'hostilité déclarée à l'installation de Maximilien. En 1870, dans les grands

---

23. C'est le traité conclu par Jay ; Gaillardet s'appuie sur un article de Peyrat paru dans *La Presse*, le 28 octobre 1860.

malheurs de la France défaite par la Prusse, « les Américains applaudirent partout aux victoires des Allemands »[24]. Et hier encore, en 1881, lors de la commémoration de Yorktown, les préférences américaines pour l'Allemagne honnie ont éclaté au grand jour, avec l'invitation de sept Allemands pour un seul Français[25]. Au passage, Gaillardet a escamoté la guerre de Sécession et les préférences affichées de la France pour la cause du Sud.

Preuves à l'appui, l'américanophile désabusé peut reposer la question : « Les Américains aiment-ils les Français ? » Il lui semble que non. Sur le visage impérieux et glacé de la nouvelle Amérique, plus le moindre sourire : grimaces et simagrées. Les Américains, il l'a finalement compris, « n'ont jamais eu pour la France et les Français que des sympathies de *pure* forme »[26]. Or la forme n'est pas leur fort, les Yankees lui préfèrent le fond, les réalités tangibles. La sympathie est un luxe, l'Américain ne se l'offre que si elle ne lui coûte rien. D'où cette amère conclusion, écho lointain de la tirade de Figaro : « Les Américains n'ont de sympathie pour nous que dans le cas où nous ne sommes en conflit d'intérêts, ni avec eux, ni avec les Chinois, ni avec les Mexicains, ni avec aucun des peuples, enfin, qui leur servent d'instruments et de marché[27]. »

« L'humanité entière dans son orbite »

Nous y voilà donc. Où ? Au fond matériel des choses. À la dure évidence des chiffres. À ce principe de réalité qui fait toute la religion civile de l'Amérique nouvelle. Que les idéalistes français cessent de s'aveugler ! Qu'ils regardent en face le passé démaquillé, qu'ils méditent sur nos rapports *réels* avec les États-Unis au cours du XIXᵉ siècle ! Qu'ils aient le courage, surtout, de s'interroger sur l'avenir à la lumière d'un présent démythifié ! C'est à prévenir de grands malheurs que doit servir cet examen. Car ce qui leur apparaîtra alors, avec évidence, c'est la destinée manifestement conquérante de ce pays, « hier encore, satellite obscur de la puissance anglaise », et qui « n'aspire aujourd'hui à rien moins qu'à attirer

---

24. F. Gaillardet, *L'Aristocratie en Amérique*..., p. 144.
25. Autre déboire l'année suivante : la commémoration prévue en hommage à La Salle doit être reportée pour cause de crue du Mississippi. Gaillardet s'abstient toutefois d'en tirer argument contre les États-Unis.
26. F. Gaillardet, *L'Aristocratie en Amérique*..., p. 123.
27. *Ibid.*, p. 146.

l'humanité entière dans son orbite »[28]. Aujourd'hui le Mexique, demain le monde. Telle est la vraie, la seule maxime de cette république impériale et marchande, impériale parce que marchande, aux yeux dessillés de son ancien admirateur.

Contre l'espérance naïve de ceux qui, depuis la guerre de Sécession, persistent à rêver d'une dislocation de l'Union, Gaillardet réplique que celle-ci n'éclatera pas. Le désir de cohésion l'emportera sur les tentations centrifuges, car il a pour moteur une « soif d'annexion » inouïe, irrépressible, irrationnelle, qui protégera les Américains de leurs propres démons[29]. Les Américains du Nord, du Sud et de l'Ouest n'ont que faire de sentiments fraternels. Ce qui les unit bien plus sûrement et les unira toujours davantage, c'est « l'ambition qu'ils nourrissent également d'étendre leur empire bien au-delà des limites actuelles. Cette ambition ne dépassait pas hier le Mexico, mais elle s'étend jusqu'à l'isthme de Panama » depuis que Ferdinand de Lesseps y a conçu le projet grandiose du canal[30] – un canal qui n'a pas fini d'amener de l'eau au moulin des antiaméricains, avant comme après sa confiscation par l'Amérique musclée de Theodore Roosevelt. Il faut donc, avoue Gaillardet, se résigner à l'existence durable des États-Unis d'Amérique. Car le ciment de l'Union, ce n'est pas la démocratie. Ni le pacte fédéral bafoué par le Nord en 1860. Ni les principes énoncés par les Pères fondateurs. Ce ciment, c'est la doctrine de Monroe, désormais érigée en « dogme national »[31].

Monroe n'a jamais eu bonne presse dans la vieille Europe. On ne voit d'ailleurs pas comment le principe lourd de menaces : « l'Amérique aux Américains », aurait pu l'y rendre populaire. Lors de sa formulation, en 1823, Français, Anglais, Espagnols, Hollandais sont encore omniprésents, du Pacifique aux Caraïbes, à quelques milles parfois de la nouvelle puissance nord-américaine. Mais en l'absence de crise majeure (sinon, celle, indirecte et très particulière, du Mexique), la « doctrine » n'a longtemps ému que les milieux restreints d'une diplomatie française d'ailleurs plutôt portée aux arrangements ; elle était loin de remuer les foules. Les années 1880-1890 marquent à cet égard un tournant et l'analyse de Gaillardet annonce une prise de conscience collective que précipitera la guerre hispano-américaine de 1898. Derrière l'affirma-

28. *Ibid.*, p. 3.
29. *Ibid.*, p. 358.
30. *Ibid.*, p. 348.
31. *Ibid.*, p. 349.

tion de principe, irréprochable, d'une souveraineté des Américains sur leur propre continent, les Français désormais tendent l'oreille au fourbissement des armes contre cette Europe que les Nord-Américains commencent d'appeler « avec un certain dédain, le *Vieux Monde* »[32].

Cette relecture de la « doctrine de Monroe » comme « dogme national » est une conséquence directe de la guerre de Sécession et de ses lendemains désenchantés. On a dit comment les Français, requis par des drames plus immédiats, avaient perdu de vue les affaires américaines pendant les années 1865-1875. Période, non d'oubli, mais d'incubation, au terme de laquelle la guerre de Sécession va redevenir un sujet privilégié d'analyses et de spéculations rétrospectives. Le Sud anéanti et humilié y gagne de nouveaux et parfois surprenants *supporters*. Il jouit de la sympathie volontiers accordée en France aux perdants. Il en jouit d'autant mieux que l'abolition de l'esclavage lève une gênante hypothèque. On peut désormais, sans aucun embarras, plaindre les Sudistes, victimes de l'impérialisme nordiste ; et l'on peut même, on le verra, s'identifier à eux jusqu'à voir dans leur sort une préfiguration du destin des Européens.

Ce retour sur la Civil War, après vingt ans de latence, est un moment inaugural du discours antiaméricain qui se donne alors son acteur vedette, son *villain* favori : le Yankee. Car pour les commentateurs français des années 1880-1890, le résultat le plus tangible du conflit est moins l'abolition de l'esclavage (dont on se plaît à souligner qu'elle a ruiné le Sud sans améliorer le sort des Noirs) que la mainmise « yankee » sur la totalité du territoire et des richesses des États-Unis. Par-delà les clivages idéologiques, la victoire du Nord est rétrospectivement analysée comme un échec pour la France. L'antiaméricanisme s'installe sur fond de regret des occasions perdues. Ce conflit « local » et lointain prend tout à coup des proportions inattendues. Hier encore, la capitulation du général Lee n'était que l'épilogue peu mémorable d'une guerre bien étrangère aux Français. Or voici que le doute s'installe. Et si tout l'échiquier des relations internationales s'en trouvait bousculé ? Et si la face du monde en était changée ? Telles

---

32. Edmond Demolins, *À quoi tient la supériorité des Anglo-Saxons ?*, Paris, Didot, 1897, p. III. La remarque de Demolins est plus symptomatique qu'exacte : l'expression *the Old World* est attestée depuis 1837, aux États-Unis, pour désigner l'Europe. Et le « dédain », lui non plus, ne date pas de 1897...

sont les questions qui taraudent les chroniqueurs tardifs de cette guerre perdue, non seulement par le Sud, mais, dirait-on, par la France.

Un regret les lancine : celui de la non-intervention. Le bilan dressé par le républicain Gaillardet en 1883 donne raison *a posteriori* aux agents d'influence sudistes et à la presse officielle impériale : il eût fallu travailler sans réserve à la victoire du Sud et, par là, au démembrement de l'Union. D'ailleurs, « le Sud avait pour lui le droit strict, le droit constitutionnel, résultant du pacte fédéral et de l'acte même de l'indépendance américaine »[33]. L'ancien jacobin ne recule pas devant le juridisme le plus pointilleux ; et ses regrets républicains répètent à s'y méprendre les rêveries retorses de l'Empereur, désormais accusé, non de collusion avec le Sud, mais de faiblesse timorée face au Nord : « Du moment où Napoléon III partageait les vues [hostiles au Nord] de l'Angleterre, que devaient faire les deux puissances européennes ? Non seulement reconnaître l'indépendance de la Confédération du Sud [...], mais contracter une alliance militaire défensive et offensive avec cette Confédération, pour imposer la paix au Nord. » Hélas ! Au lieu de cette « voie courageuse et droite, l'Angleterre et la France en ont suivi une autre pusillanime et tortueuse ». Considérable révision et spectaculaire renversement de perspective. Pendant le conflit, associations libérales et militants républicains reprochaient amèrement au gouvernement impérial une politique trop favorable aux « esclavagistes » et trop réservée vis-à-vis du Nord. Voilà le grief inversé : c'est pour le Sud qu'il fallait intervenir et jeter dans la balance tout le poids des armes franco-anglaises ! Au lieu de quoi la France et l'Angleterre, par leur inertie, ont permis la redoutable réunion, sous la férule du Nord, des États démembrés.

Mais il y a pire. Car entre Français et Anglais, l'échec n'est pas égal. La Grande-Bretagne est évidemment perdante au sens où un pays réunifié aux ressources immenses va concurrencer son industrie, gêner son commerce et revendiquer à brève échéance un statut de grande puissance navale. À terme, cependant, ce bilan négatif peut être compensé par un phénomène jugé capital par Gaillardet et qui va devenir dans la dernière décennie du siècle une hantise française : l'anglo-saxonisation du continent américain. L'irrépressible impulsion impérialiste des nouveaux États-

33. F. Gaillardet, *L'Aristocratie en Amérique...*, p. 341.

Unis sortis de la guerre de Sécession se double en effet, à l'intérieur même de l'Union, d'une confiscation totale du pouvoir par la « race anglo-saxonne ». À vrai dire, toujours dans l'esprit de Gaillardet, les deux mouvements n'en font qu'un, la mainmise anglo-saxonne par élimination ou marginalisation des autres ethnies ou cultures préparant et annonçant des conquêtes plus vastes. Les ambitions des nouveaux Américains « ne visent à rien moins qu'à la domination de la race anglo-saxonne sur le continent tout entier de l'Amérique du Nord »[34]. La sujétion du Sud fut une étape décisive dans ce plan de domination. Mais une étape seulement. Déjà la race des vainqueurs de 1865 porte ses regards plus loin. Déjà elle convoite d'autres proies. Procès d'intention ? Nullement, répond Gaillardet. Les faits parlent d'eux-mêmes et ils sont éloquents. Les flibustiers yankees agissent au Mexique. Walker, pendant deux ans, s'est rendu maître du Nicaragua. Ces équipées faussement sauvages sont les prodromes d'une expansion systématique de l'Union hors de ses frontières. L'Europe s'en émeut, mais comme de bavures commises à ses confins par une jeune puissance enfiévrée. C'est se méprendre sur leur vraie nature, prévient Gaillardet. En réalité, la poussée au sud est la continuation logique de cette guerre dite de Sécession qui fut, en vérité, le banc d'essai d'une vaste guerre de conquête anglo-saxonne.

La guerre de Sécession ainsi relue devient l'acte de naissance d'un impérialisme proprement *yankee*. Corollairement, le Sudiste vaincu se voit assigner, dans le discours français, le rôle décisif de victime exemplaire : ce perdant de l'histoire devient le personnage-clé de sa réinterprétation par les antiaméricains. Longtemps, l'Indien avait été la figure unique, la vivante image des injustices commises sur un continent teint de son sang. L'esclave nègre, iniquement déporté et odieusement maltraité, l'avait ensuite rejoint. Mais ces victimes, à la fin du XIXᵉ siècle, ont beaucoup perdu de leur douloureux prestige : le Noir émancipé ne paraît plus si « intéressant » ; l'Indien dépouillé de son aura romantique semble voué sans remède à une extinction sans grandeur. Leur malheur vient de trop loin – de l'Amérique coloniale, de la pratique « médiévale » de l'esclavage – pour une époque qui a la frénésie de l'avenir. Leur cause n'a-t-elle pas fait son temps, dès lors qu'il n'y a plus d'esclavage et presque plus d'Indiens ?

34. *Ibid.*, p. 238.

C'est, paradoxalement, la promotion du Sudiste comme proto-martyr de l'impérialisme yankee qui va relancer, dans les dernières années du XIXᵉ siècle, l'intérêt pour le sort des Indiens et celui des Noirs ou, plus exactement, le discours de « solidarité » avec leurs souffrances. Car ce discours, on en jugera bientôt, manque singulièrement d'empathie. Il est dépourvu de l'admiration ou de la sensibilité qui animaient ceux des romantiques et des anti-esclavagistes. C'est un discours éminemment tactique, où il s'agit avant tout de grossir, derrière le Sudiste humilié, la cohorte des plaignants qui viennent déposer contre l'injustice américaine. Le Sudiste (blanc) joue ainsi un rôle majeur dans la mise au point d'un dispositif essentiel à l'antiaméricanisme du XXᵉ siècle : le réquisitoire contre l'Amérique, prononcé en français au nom des « victimes » américaines de l'américanité – l'Indien, le Noir, le « minoritaire » blanc (depuis l'Italo-Américain ostracisé jusqu'au communiste *un-American* du maccarthysme). Par une ironie toute structurale, cette solidarité affichée avec « l'autre Amérique », celle des offensés et des humiliés, se développe dans les années 1880-1900 à partir de l'idéalisation du Sudiste vaincu, dans son propre pays, par une race adverse et dominatrice. L'Indien désenchanté n'y retrouve pas son aura (sauf, fugitivement, chez Gaillardet) ; le Noir émancipé ne cesse pas d'être antipathique ; le travailleur qui s'arme contre la police patronale n'en devient pas plus rassurant : tous pourtant sont exhibés sans vergogne par des antiaméricains français comme témoins à charge contre les États-Unis. Ils retrouveront, le temps de leur comparution, un peu de leur lustre d'antan, comme ces personnages peu recommandables que l'on affuble d'un costume sombre et d'une cravate sobre pour impressionner favorablement un jury. Ainsi « l'autre Amérique » commence-t-elle, au tribunal français des crimes américains, une longue et fructueuse carrière. Pendant toute la première moitié du XXᵉ siècle, on verra les esprits les moins soucieux du sort des peuples colonisés par les puissances européennes se prendre de passion pour les Indiens d'Amérique et se pencher avec une stupéfiante sollicitude sur les Noirs – à condition qu'ils habitent l'Alabama ou l'Illinois. Cette criante disparité de traitement nous paraît aujourd'hui le signe d'une vigoureuse mauvaise foi. Et à l'évidence, la démarche n'en est pas exempte, avant-hier chez un André Siegfried, hier dans la rhétorique du GRECE, aujourd'hui dans celle du Front national. Ce serait pourtant une erreur de l'y réduire. Si les antiaméricains français, *racistes compris*, tout au long du XXᵉ siècle, peuvent invoquer l'extermination des Indiens et l'exclusion des Noirs comme pièces à charge dans le procès qu'ils instruisent, s'ils peuvent sans sourciller se faire les porte-parole improbables de ces victimes-là, c'est en vertu de ce scénario originel, de ce script initial (dont le modeste Gaillardet est l'un des premiers rédacteurs), de ce discours matriciel qui crée entre impérialisme « yankee » à l'extérieur et hégémonisme « anglo-saxon » à l'intérieur un lien nécessaire, péremptoire, indiscutable.

Il vaut donc la peine de regarder de plus près comment *L'Aristocratie en Amérique* met en scène la politique raciale « anglo-saxonne », étendue au pays entier depuis la victoire de 1865.

Les ennemis de nos ennemis

En première ligne : « la race indigène », comme dit Gaillardet. Les Indiens. La tradition de sympathie pour les Indiens est forte en France et s'est alimentée à des sources diverses. Elle s'appuie sur une dénonciation philosophique et morale du tort qui leur a été fait, ininterrompue du XVIe au XVIIIe siècle, de Montaigne à Diderot, Raynal et Marmontel, en passant par les écrits de nombreux missionnaires. Dans le cas précis de l'Amérique septentrionale, elle remonte aux alliances anti-anglaises des guerres indiennes autant qu'aux enchantements de la prose de Chateaubriand. Dès avant *Atala*, l'engouement pour l'indianité encourageait les Montagnards à s'identifier aux Iroquois et le *Mercure* de 1794 à publier des chants de guerre indiens pour en montrer les affinités avec le *Ça ira !* sans-culotte. Mais beaucoup d'eau a coulé au fil du Meschacebé. Dès la fin du XVIIIe siècle, on a vu baisser la cote du Sauvage. L'Indien « dégénéré » que rencontrent les voyageurs de la fin du XIXe siècle ne leur inspire plus qu'une commisération souvent dégoûtée. La première tâche de Gaillardet est donc de raviver les couleurs ternies d'un mythe fatigué. Son Indien sera celui des primitivismes épiques : un mélange d'Ossian et de Chactas. Car « il y a dans l'Indien quelque chose d'homérique et de biblique, quelque chose de la grandeur orientale et primitive », écrit-il citant l'abbé Rouquette, missionnaire en Louisiane auquel il décerne le surnom – qui avait été celui de Las Casas – d'« avocat des Indiens »[35]. Son Indien renoue avec les vertus archaïques et subli-

---

35. *Ibid.*, p. 264.

mes que lui avaient conférées successivement l'enthousiasme des philosophes humanitaires et l'ardeur des poètes romantiques. Mais cette revalorisation est purement tactique. L'Indien redevient « biblique » par opposition à ses bourreaux brandisseurs de Bible ; il redevient « homérique », noble, libre et poétique, par contraste avec l'Amérique yankee, ce sinistre « essaim d'hommes », cette « ruche uniforme dont le travail est toute la poésie »[36].

Tout aussi polémique s'avère la relance, au profit de l'Indien, du mythe de fraternité dénoncé comme une imposture s'agissant des Yankees. Après le mythe primitiviste, Gaillardet convoque la légende historique. Il ressuscite contre le Yankee le vieux compagnonnage franco-indien des guerres à l'Anglais. Batailles perdues, sans doute, mais dont les solidarités n'étaient ni vaines, ni illusoires. Indiens et Français étaient faits pour s'entendre et vivre en bonne intelligence. Face à l'Anglais méprisant, auquel a succédé le Yankee massacreur, le Français de Gaillardet est l'homme de la cohabitation, du partage de la cabane et du mélange des sangs. Au plan nord-américain d'extinction de la race indienne dans les réserves, Gaillardet oppose le souvenir édénique de Saint-Louis, tête de pont française sur le Mississippi et « ville créole »[37] – au sens, qui n'est plus celui du XVIIIᵉ siècle, de « métissée ». L'éviction des Français, on le devine en filigrane de cette évocation nostalgique, a signé la fin de cette ère harmonieuse. S'esquisse ainsi la fable d'une persécution, d'un martyrologue communs. Le calvaire des Acadiens, jetés à la mer et souvent à la mort par les « Anglo-Saxons », se répète aujourd'hui aux dépens des Indiens, condamnés à un « exode [qui] n'aura évidemment qu'une issue, la mort, la disparition totale »[38].

Les Noirs, ensuite. Figurants obligés du drame racial américain, tel que le mettent en scène les polémistes français, ils sont régulièrement exhibés au titre de victimes exemplaires : non plus de l'esclavage, mais de la destruction du Sud paternaliste. Un double postulat présent chez Gaillardet dictera toutes les analyses postérieures de l'émancipation : l'abolition fut une imposture politique ; loin d'améliorer le sort économique des Noirs, elle l'a aggravé. Il ne faut donc pas s'étonner que les Noirs libérés aient voté avec leurs anciens maîtres : « C'est que les esclaves avaient compris,

---

36. *Ibid.*, p. 5.
37. *Ibid.*, p. 254.
38. *Ibid.*, p. 250.

dans leur naïveté, que la liberté, dont le Nord les avait gratifiés, serait pour eux la liberté de ne rien faire[39]. » Mais Gaillardet ne s'en tient pas au constat consternant d'une émancipation inutile. Il remonte aux sources de l'imposture et les trouve au Nord. Le mensonge originel est d'avoir représenté le Nord comme une terre d'équité pour les Noirs. Or leur condition n'y est pas enviable. Ils n'y sont pas véritablement citoyens. Ils ne sont pas même admis à servir dans la Milice : « La liberté, l'égalité et la fraternité leur permettent d'aspirer aux dignités de basson, de vivandière ou de bête de somme, voilà tout », souligne amèrement Gaillardet[40]. Bref, les Noirs d'Amérique n'ont rien gagné à la défaite du Sud et ils n'ont rien à espérer de leurs « libérateurs » du Nord. Ils ont même tout à craindre. Car derrière le mensonge de l'émancipation se profile la vérité prochaine de leur extinction. « Extinction totale », tel est l'avenir des Africains d'Amérique : « Les nègres la subiront aux États-Unis comme les Indiens, parce que, comme ces derniers, ils ne se reproduisent qu'entre eux[41]. » Voici l'Amérique blanche deux fois génocidaire.

Est-ce tout et Gaillardet a-t-il fait le tour de l'Amérique victimisée ? Non, puisqu'il lui reste à évoquer la plus noble victime de « l'esprit d'accaparement et de domination » caractéristique de la nouvelle Amérique yankee. Cet opprimé, ce « paria », comme l'appelle Gaillardet, n'est autre que l'ancien maître du Sud. Sans trop s'émouvoir de contredire son analyse précédente, qui faisait des Noirs affranchis les grands perdants de l'émancipation, il écrit à présent que les Nordistes ont fait « des planteurs des parias auxquels ils donnèrent pour maîtres leurs anciens esclaves »[42]. Dans ce nouveau schéma, qui vient se superposer au précédent, « un ancien excès » a été « remplacé par un excès plus grand ». Au mensonge de l'émancipation se surajoute ainsi l'injustice de la spoliation et de « l'esclavagisation » des planteurs. Le peu de consistance que ce discours confère aux Noirs – ils y restent dépourvus de toute épaisseur historique, sociologique ou tout simplement « humaine » – permet, à volonté, de les produire comme opprimés et comme oppresseurs et de blâmer ainsi le Nord, donc l'Amérique nouvelle, à la fois de ne pas avoir vraiment libéré les

---

39. *Ibid.*, p. 66.
40. *Ibid.*, p. 233.
41. *Ibid.*, p. 267.
42. *Ibid.*, p. 343.

Noirs et de leur avoir donné la haute main sur leurs anciens maîtres. Cette utilisation du Noir américain comme joker d'argumentations contradictoires est, elle aussi, promise à un bel avenir ; et l'on verra plus d'un « humaniste » des années 1930, d'André Siegfried à Georges Duhamel, afficher d'une plume foncièrement raciste sa commisération pour les Noirs d'Amérique.

Il faut s'arrêter un instant sur cette intrigue historico-ethnique qui va animer durablement le discours antiaméricain. Car c'est l'un des secrets de sa longévité que de s'être donné, face à l'ennemi américain (assimilé au Yankee et à « l'Anglo-Saxon »), des *amis d'Amérique* : les Noirs, les Indiens, les Sudistes. Et tant pis si lesdits amis ne se fréquentent guère entre eux, et ne se côtoient que dans les milliers de pages imprimées en français à leur sujet. Et tant mieux si ces acteurs de la fable française sont avant tout des figures projectives : c'est au seul public français, après tout, que ces allégories sont destinées. L'analogie, même un peu sauvage, n'effarouche pas nos déchiffreurs d'Amérique, au contraire. Loin de redouter l'identification, ils l'assument et l'encouragent. Ainsi Gaillardet compare-t-il la politique d'extinction des Indiens au harcèlement agressif des pays étrangers : « La politique suivie par les Américains à l'égard de la race indigène du pays qu'ils occupent [*sic*] a été une sorte de flibustiérisme exercé non plus à l'extérieur, mais à l'intérieur [43]. » Un tel parallèle veut suggérer le caractère global de la politique hégémonique menée par les maîtres de l'Amérique. Si les Indiens, sur leur propre sol, sont soumis aux mêmes exactions flibustières que le Nicaragua, le Mexique, demain Cuba ou peut-être, après-demain, les Antilles, en quoi sommes-nous assurés de ne pas être un jour prochain voués à la même « extinction » que les Indiens ? L'anéantissement ou l'asservissement des Indiens, des Noirs et des Sudistes, dans des textes comme *L'Aristocratie en Amérique*, vaut avertissement.

Mais le plus important est l'intervention massive de la référence raciale, paradigme central du discours antiaméricain fin-de-siècle. L'Amérique s'estompe comme pays ou nation pour devenir le *Lebensraum* en perpétuelle expansion d'une race sûre d'elle-même et dominatrice. La longue diatribe encore marquée d'amour déçu de Gaillardet sera amplifiée, déployée avec un luxe « scientifique » d'argumentation au cours de la décennie suivante, où s'élabore un discours entièrement neuf sur les États-Unis. Son terreau n'est pas

43. *Ibid.*, p. 249.

la fiction, romanesque ou dramatique. Ce sont de jeunes sciences auréolées d'un prestige un peu sulfureux : la psychologie politique, la sociologie, l'ethnographie. À ces nouveaux spécialistes, à ces experts qui travaillent aux marges des institutions universitaires et savantes, il reviendra de gratter la plaie mal cicatrisée de la guerre de Sécession, jusqu'au choc de 1898, qui la débridera.

Que dit ce nouveau discours, dont Gaillardet n'est que l'éclaireur ? Ceci à peu près : Américains et Français, jusque-là, ne s'étaient cru désunis que par l'oubli de leur solidarité profonde et de leur commune vocation à incarner les valeurs de l'universel. Mais cette croyance était elle-même une illusion. La vérité est tout autre. Elle est sortie des ruines de Charleston et du charnier de Gettysburg. Elle dit, cette vérité nouvelle, qu'Américains et Français sont bel et bien séparés : non seulement par les rivalités diplomatiques et économiques, toujours négociables et parfois remédiables ; mais dans leur être même, déterminé par des aptitudes de race et les formations sociales qui en résultent. La langue du malentendu n'est plus seulement la langue des chiffres, des bilans et des tarifs : c'est la voix sourde et profonde du sang, de la souche, des traits collectifs, des dispositions ataviques, dont les dispositifs sociaux sont à la fois l'émanation et la confirmation. Treize ans avant Edmond Demolins et son livre *À quoi tient la supériorité des Anglo-Saxons ?*, Frédéric Gaillardet fait œuvre pionnière en montrant Français et Américains doublement séparés par des « faits de race » et par la « réalité sociale ».

La tyrannie du social

En dépit de son titre, *L'Aristocratie en Amérique* n'engage donc aucun dialogue, même polémique, avec *De la démocratie en Amérique*. Le nom d'Alexis de Tocqueville, lancé dans la préface avec celui de Gustave de Beaumont, compagnon du voyage de 1833, disparaît rapidement de l'exposé. Gaillardet ne réfute pas Tocqueville ; il se contente d'inverser paradoxalement la thèse tocquevillienne de « l'égalité des conditions » comme fait générateur de la réalité américaine. « L'état social des Américains est éminemment démocratique »[44], posait Tocqueville. Pas du tout, réplique Gaillardet, l'état social des Américains est éminemment aristocratique.

44. F. Gaillardet, *L'Aristocratie en Amérique...*, p. 75.

À dix ans de distance, l'ancien auteur du Boulevard s'accorde avec Victorien Sardou : « – Vous avez donc une aristocratie ? », demandait un personnage de *L'Oncle Sam* ; « – Une ? Ils en ont bien deux ! »[45] Gaillardet renchérit : des aristocraties, il n'y a que cela aux États-Unis. Il y a une aristocratie de la race : le groupe WASP tout entier[46]. Une aristocratie « de la fortune » : la classe enrichie par le capitalisme. Mais il y a aussi et surtout une aristocratie du peuple – ce peuple « dont aucun journal n'oserait médire », cette plèbe qui fait l'objet d'une « courtisanerie nationale »[47], cette canaille régnante contre laquelle se déchaîne soudain le briscard de 1848. « La constitution politique et sociale des États-Unis a poétisé la force et illustré la canaille [...] ; là où l'Européen ne verra que des déguenillés, l'Américain voit un meeting... [48] »

Tocqueville, lui, s'interrogeait vraiment sur les formes rémanentes d'aristocratie que pouvait comporter un « état social démocratique » comme celui des États-Unis. Il en trouvait chez les Indiens à la « politesse aristocratique »[49]. Il les devinait, résiduelles, dans des institutions comme le cautionnement (*bail*) hérité des Anglais, qu'une démocratie où les pauvres sont majoritaires aurait dû logiquement supprimer. Dans la stratification sociale elle-même, il repérait l'équivalent d'une aristocratie, non chez les riches, mais chez les légistes[50]. Il n'y a plus chez Gaillardet souvenir ni souci de cette enquête : il décrit la société américaine entière comme un coude-à-coude d'aristocraties concurrentes, mais concourant toutes à une oppression réelle, palpable sous les libertés formelles. Indéniablement, les citoyens des États-Unis jouissent de la liberté politique et même d'une « liberté politique illimitée », reconnaît-il volontiers ; mais « la liberté sociale y subit de nombreuses restrictions ». Or « la liberté sociale » est la plus importante des deux. « L'une sert de rançon à l'autre, mais c'est la plus précieuse qui est sacrifiée. Or la liberté sociale est de tous les moments, tandis que la liberté politique n'est un besoin que dans certains cas déter-

45. V. Sardou, *L'Oncle Sam*, Acte I, scène 3.
46. F. Gaillardet, *L'Aristocratie en Amérique...*, p. 66.
47. *Ibid.*, p. 211.
48. *Ibid.*, p. 236.
49. *Ibid.*, p. 58.
50. « Si l'on me demandait où je place l'aristocratie américaine, je répondrais sans hésiter que ce n'est point parmi les riches, qui n'ont aucun lien commun qui les rassemble. L'aristocratie américaine est au banc des avocats et sur le siège des juges » ; Tocqueville, *De la Démocratie (I)...*, p. 257.

minés[51]. » Chez ce républicain de la vieille école, c'est là une révolution culturelle. Mais bien au-delà du cas particulier de Gaillardet, c'est toute une conversion du discours de gauche sur l'Amérique qui se dessine et prend forme : sa conversion « sociologique ». Dans le camp républicain traditionnellement ami de l'Amérique, le droit d'inventaire a succédé à l'adhésion abstraite. La démocratie élective, horizon des luttes jusqu'à la chute du Second Empire, n'apparaît plus comme une fin en soi ; bientôt, elle n'apparaîtra même plus comme un commencement. Sans craindre le blasphème envers le suffrage universel, Gaillardet affirme tout de go que le droit de voter sur tout et n'importe quoi n'est pas le nec plus ultra de l'exercice des libertés. La vraie vie démocratique est ailleurs et « le droit d'aller ou de ne pas aller à l'église ou au théâtre, ou celui de boire ce que l'on veut, c'est encore mieux ! ». Premier d'une longue théorie de voyageurs irrités et d'observateurs rebutés, l'ancien rédacteur du *Courrier des États-Unis* jette en vrac sur le papier toutes les entraves à la liberté que multiplie, aux États-Unis, la tyrannie du social : innocents plaisirs prohibés ; inquisition sur les actes de la vie privée et sur la pratique religieuse ; conformisme des comportements ; religion du travail. Autant de formes d'oppression quotidienne auxquelles s'ajoutent les dysfonctionnements d'un « social » plus envahissant qu'efficace : insécurité publique telle que les Communards exilés aux États-Unis regrettent la gendarmerie à la française ; « infériorité » du système de justice ; médiocrité des qualifications professionnelles ; incertitude sur la valeur des diplômes (particulièrement inquiétante en médecine) ; « démoralisation des employés publics » ; multiplication des abus de confiance, dont les États-Unis partagent la palme avec la Russie, etc. L'ampleur du catalogue montre que le malaise de Gaillardet n'est pas résumable à ses frustrations de boulevardier privé de bons spectacles et de fine à l'eau. À qui lui reprocherait de mettre en balance le droit de vote et le droit à l'apéro, il aurait d'ailleurs beau jeu de répondre en invoquant les *Beer Riots* de Chicago, qui, en mars et avril 1855, dressent toute une population d'origine surtout allemande contre le despotisme d'édiles « anglo-saxons » qui prétendaient prohiber la bière le dimanche. La liberté réelle commence devant son bock. Les sociétés qui orchestrent la « ridicule parade tempérante », souligne Gaillardet, « ne sont pas moins oppressives » que les sociétés reli-

51. F. Gaillardet, *L'Aristocratie en Amérique...*, p. 155.

gieuses qui prétendent, en Europe, régenter la morale individuelle[52]. La « rançon » est trop chère, en effet, si le carcan mis aux mœurs est le prix à payer pour mettre son bulletin dans l'urne. Le discours de Gaillardet n'est donc pas une palinodie politique. C'est véritablement – même si le mot est un peu écrasant pour le co-auteur de *La Tour de Nesle* – une conversion épistémologique. Pour les « progressistes » de cette fin de siècle, le temps est révolu du chèque en blanc accordé à l'Amérique sur la seule promesse de ses institutions. Le primat du social sur le politique ouvre la voie à la mise en cause de l'Amérique sur le plan de la « civilisation » – rubrique dont l'importance ne cessera de croître dans le discours antiaméricain. Si la période qui s'étend jusqu'à la Première Guerre mondiale est dominée par la dénonciation de formes plus brutales du « péril » américain, si la satire culturelle y tient une part relativement modeste, la critique du « mode de vie » s'y fraye une voie qui deviendra royale. Bien avant que l'*American way of life* ne dresse ses épouvantes dans les récits des clercs des années 1930, un réquisitoire s'esquisse contre l'horreur américaine, plus sociologique et moins esthétisant que les répugnances stendhalienne et baudelairienne : horreur d'une vie asservie au labeur et « dont le travail est toute la poésie » ; horreur d'une société niveleuse où « il n'y a pas de classe intermédiaire ; à proprement parler, il n'y a que des ouvriers, ouvriers sans le sou et ouvriers millionnaires, mais travaillant toujours »[53] ; horreur de la « ruche uniforme », de « l'essaim d'homme », de la « fourmilière »[54]. Les successeurs de Gaillardet sauront s'en souvenir dans leurs descriptions de la « société de masse » – en oubliant sagement le label *aristocratique* qu'il y avait apposé par provocation.

Un baron chez les cow-boys

Son accointance ancienne avec les États-Unis a donné à Frédéric Gaillardet quelques encolures d'avance, mais son équipée antiaméricaine ne restera pas longtemps solitaire. Dix ans plus tard, ce sera le grand *rush* éditorial sur l'Amérique, la ruée sur l'Oncle Sam.

52. *Ibid.*, p. 235.
53. *Ibid.*, p. 221.
54. *Ibid.*, p. 371.

Dans l'immédiat, Gaillardet doit se contenter pour compagnon de route de l'imprévisible Edmond de Mandat-Grancey. Cousin éloigné de Tocqueville dont il se flatte de ne pas partager les idées, le baron de Mandat-Grancey est un ultraconservateur. Raciste serein et antidémocrate convaincu (il prédit l'ensablement rapide du port de New York, rendu inévitable par « l'esprit d'imprévoyance qui est inhérent aux gouvernements démocratiques »), il paraît plus intéressé par l'amélioration de la race chevaline que par le fonctionnement des institutions américaines. Vert et correctif, il émaille ses journaux de voyage de remarques qui fleurent bon le noble Faubourg. Ainsi lorsqu'il note, réprobateur, qu'on voit à New York « très peu de voitures de maîtres » et que « celles qu'on voit sont mal attelées, mal tenues, et conduites par des cochers à moustache horripilante »[55]. Ou encore lorsqu'il s'indigne de « l'incommensurable ignorance culinaire » des six cent mille habitants de Chicago qui n'ont pas la moindre notion de l'écrevisse à la bordelaise, alors que « ces admirables crustacés grouillent littéralement dans tous les ruisseaux du voisinage »[56]. Ces graves griefs, il faut tout l'aplomb de l'irascible baron pour les articuler le plus sérieusement du monde et en grossir le dossier du procès qu'il instruit contre les États-Unis. À l'évidence, Gaillardet et lui ne sont ni de la même famille de pensée, ni du même bord politique. Mais si les ouvrages de Mandat-Grancey ont encore moins de titres à la postérité que *L'Aristocratie en Amérique*, leur intérêt réside justement dans la convergence de vues qui s'y observe avec l'essai de Gaillardet. *Dans les Montagnes Rocheuses* paraît dans *Le Correspondant*, puis chez Plon en 1884. Mandat-Grancey récidive dès 1885. *En visite chez l'Oncle Sam. New York et Chicago* croque l'Amérique urbaine, cette fois, mais avec la même acrimonie. La cible s'est élargie et le propos radicalisé. Le ton passe facilement du persiflage à l'indignation. Auteur à foucades, Mandat-Grancey est aussi un penseur à marottes. Gaillardet était obnubilé par les duchesses démocrates ; notre baron est obsédé par les cow-boys. Cette obsession n'est évidemment pas étrangère à l'exploitation, dans le Dakota, d'un ranch familial baptisé le « Fleur de lys », qu'un voyageur postérieur, Paul de Rousiers, mentionnera dans sa *Vie améri-*

---

55. E. de Mandat-Grancey, *En visite chez l'Oncle Sam. New York et Chicago*, Paris, Plon, 1885, p. 47.
56. E. de Mandat-Grancey, *Dans les Montagnes Rocheuses*, Paris, Plon, 1884, p. 178.

caine de 1892 comme une sorte de laboratoire patriotique d'insémination des juments américaines par les percherons français[57]. Toujours est-il que *Dans les Montagnes Rocheuses* dresse un portrait peu flatteur des cow-boys, ces hommes « trop paresseux pour travailler aux mines ou dans les fermes, [...] constamment en guerre avec les Indiens » et « la terreur des habitants » blancs eux-mêmes[58]. « Plaie de l'Ouest », ils poursuivent Mandat-Grancey jusque dans les métropoles auxquelles il consacre son second récit. « L'inévitable cow-boy » n'y chevauche pas en chair et en os, bien sûr. Devenu « le héros favori des romanciers modernes de l'Amérique », il caracole à travers la littérature. Cette mythification galopante – dont il est loin d'imaginer l'avenir radieux et hollywoodien –, met le baron hors de lui. Que ce sous-prolétariat de « pauvres diables » passe pour une nouvelle chevalerie ; que ces tricards du lasso s'esquintant « pour un maigre salaire de 41 dollars par mois » en soient les preux et les paladins, voilà qui suffirait à prouver qu'il y a quelque chose de pourri au royaume des Yankees[59]... Mandat-Grancey est d'autant plus mécontent de cette vogue littéraire des cow-boys qu'il avait trouvé une solution radicale pour en débarrasser l'Amérique : leur remplacement par les Indiens. L'Indien en effet « remplacerait avantageusement le cow-boy ». Et d'ajouter, pour les narquois : « L'idée que j'avance n'est pas une utopie[60]. » Gageons qu'il en est convaincu.

Cet admirable projet de remplacement des cow-boys par les Indiens, qui semble droit sorti d'un conte d'Alphonse Allais, intervient au terme d'une analyse de la « question indienne » remarquablement identique à celle de Gaillardet : rappel de la vieille solidarité d'armes entre Français et Indiens ; indignation devant la politique d'extermination menée par les Yankees ; identification avec les victimes. « La politique des Américains vis-à-vis des Indiens en général est abominable », écrit Mandat-Grancey. « Son but est leur extermination. Les hommes politiques ne s'en cachent guère mais s'excusent en disant que c'est la seule manière de venir à bout de la question indienne. » Cette excuse, Mandat-Grancey ne

---

57. « Au *Fleur de lys ranche* [sic], par exemple, dans le Dacotat [sic], cinq ou six jeunes Français sont associés avec M. le baron de Grancey pour l'élevage des chevaux et infusent patriotiquement du sang percheron aux juments américaines, trop légères pour le service de trait », Paul de Rousiers, *La Vie américaine*, Paris, Didot, 1892, p. 53.

58. E. de Mandat-Grancey, *Dans les Montagnes Rocheuses*..., p. 13.

59. E. de Mandat-Grancey, *En visite chez l'Oncle Sam*..., pp. 51-52.

60. E. de Mandat-Grancey, *Dans les Montagnes Rocheuses*..., p. 32.

l'accepte pas. Il proclame « absolument fausse » cette justification du génocide et en donne pour preuve, lui aussi, la cohabitation harmonieuse des Français et des Indiens dans l'ancien Canada, dans l'Acadie abolie. *Et in Acadia ego...*

Mais le baron a beau faire : il n'a pas l'air de trop croire au bonheur futur des Indiens promus cow-boys grâce aux bons offices de la France. « Quel sera l'avenir de cette race », s'interroge-t-il, « à laquelle nous autres Français avons le devoir de nous intéresser tout particulièrement, car elle a été pendant plus d'un siècle notre fidèle alliée ? »[61]. La réponse à cette question, il ne semble pas que le baron, ni la France, la détiennent. C'est que l'Indien fidèle, ici comme chez Gaillardet, n'est l'homme d'aucune Terre promise. Sorti du Paradis perdu (l'Amérique idyllique et fleurdelisée qu'il partageait fraternellement avec le Français), il est voué à l'exode et à la mort. Entre la mélancolie nationaliste de Gaillardet et le chauvinisme nostalgique de Mandat-Grancey, bien malin qui pourra passer le doigt. Le bon Indien des antiaméricains français est comme celui du général Custer : c'est un Indien mort, dont la commode déploration permet tout à la fois d'exalter une Amérique française disparue et de mettre en accusation le génocide yankee.

Ainsi voit-on s'établir, à la modeste échelle d'un antiaméricanisme encore balbutiant, une *communauté de discours*. Ces Français divisés par leur origine, leurs convictions et tout un siècle de passions politiques contradictoires, parlent soudain le même langage. Retrouvailles imaginaires, ou plutôt *dans* l'imaginaire, sans doute. Mais si le consensus idéologique sur l'Amérique est en trompe-l'œil, la convergence des énoncés est en elle-même un « fait », inducteur à son tour d'effets idéologiques et politiques. Le mécanisme de convergence à partir des extrêmes qui ne cessera de s'affirmer dans l'histoire longue de l'antiaméricanisme français est bien lisible déjà chez ces précurseurs : celui qui croyait à la République et celui qui n'y croyait pas ne partagent à peu près pas une idée ; mais ils se rejoignent dans le rejet des États-Unis. Ce mouvement de convergence paradoxale est particulièrement frappant s'agissant du sort des Indiens et des Noirs.

Frédéric Gaillardet maintenait vis-à-vis des Indiens un discours à la fois postromantique et républicain, où se mêlaient sympathie littéraire et attachement de principe à l'universalité des droits de l'homme. Le baron de Mandat-Grancey est un antidémocrate

61. *Ibid.*, p. 31.

« moderne » : il croit aux races et particulièrement aux races inférieures. Son portrait des Indiens ne ressuscite, ni de près ni de loin, le Noble Sauvage. Les Indiens, écrit ce protecteur sans complaisance, sont « d'une laideur repoussante et sinistre ». Ils tiennent de l'hippopotame et du rhinocéros. « Avec leurs grands traits durs et immobiles, [ils] paraissent manquer de je ne sais quelle touche finale et donnent la même impression d'inachèvement » que ces animaux [62]. On est loin des Indiens de Chateaubriand ; loin aussi du portrait sensible et sans mièvrerie que faisait d'eux Tocqueville en 1835. L'Indien de Mandat-Grancey est un hybride, mi-harki avant l'heure [63], mi-espèce menacée. Ce « fidèle allié » nous est décrit comme plus proche de l'animalité que de l'humanité. Au mieux, il permet au bienveillant baron de « se figurer l'homme préhistorique ». Mais rien de tout cela ne le disqualifie pour le rôle qu'il tient ici aussi honorablement que chez Gaillardet de témoin à charge contre le Yankee génocidaire. Mandat-Grancey illustre parfaitement l'axiome énoncé plus haut : dans le discours antiaméricain, la défense véhémente des races indienne et noire, en tant qu'opprimées par les Anglo-Saxons, est parfaitement compatible avec le racisme affiché ou larvé de leurs « avocats ». Et l'antagonisme des positions de Gaillardet et de Mandat-Grancey, tant sur le plan des principes que dans le champ politique français, perd ici tout relief, comme résorbé par l'irrésistible effet de perspective des immensités américaines.

Le traitement de la « question noire » est à la fois plus brutal et plus retors. Le racisme de Mandat-Grancey n'est ici pavé d'aucune bonne intention. C'est sans ambages que la race noire est déclarée « absolument inférieure à la race blanche » [64]. L'abolitionnisme est une abomination aux yeux du baron qui ne pardonne pas à Victor Hugo (en cette année 1885 où la France lui fait des obsèques nationales) d'avoir « tellement versé de larmes sur les malheurs de John Brown et de tous les Dombrowski et Crapulski de la Commune » [65]. Association assez révélatrice de l'univers intellectuel de Mandat-Grancey que celle de Communards aux noms imprononçables et du célèbre abolitionniste pendu en 1859 à Charlestown

62. *Ibid.*, p. 19.
63. À propos de Sitting Bull, Mandat-Grancey écrit qu'il « aurait fait un merveilleux général de cavalerie » – de cavalerie française, s'entend (*Dans les Montagnes Rocheuses,* p. 236).
64. E. de Mandat-Grancey, *En visite chez l'Oncle Sam...*, p. 203.
65. *Ibid.*, p. 198.

pour avoir appelé les Noirs à l'insurrection. Mais ce racisme de principe, exprimé sans sourdine, n'empêche pas le même Mandat-Grancey de rejeter sur le Yankee abhorré l'entière responsabilité de la situation intenable, explosive, créée par la « question noire ». Sans l'hypocrite propagande du Nord, les Noirs seraient restés à leur place. Ce sont les Yankees qui ont ouvert la boîte de Pandore et, en ce sens, ils sont bien plus détestables que les anciens esclaves égarés par leurs promesses. Dès lors, comment blâmer les Sudistes de prendre quelques mesures d'autodéfense – comme la création du Ku Klux Klan – en réaction à un « état de choses » insupportable ? Et comment ne pas rêver (tout haut) à l'annihilation des Yankees par ceux-là mêmes qu'ils ont prétendu affranchir à tout prix ? « Si cela continue », prophétise allègrement Mandat-Grancey, « les Yankees qui se sont donné tant de peine pour délivrer les nègres, seront conquis par eux, comme les Tartares l'ont été par les Chinois, ou il leur faudra supprimer le suffrage universel »[66].

Après les Indiens substitués aux cow-boys, pourquoi pas en effet les Noirs remplaçant les Yankees ? L'alternative offerte aux Anglo-Saxons d'Amérique a le mérite de la netteté. Ils ont à choisir entre leur propre disparition et la destruction de leurs institutions fondatrices, à commencer par le « *one man, one vote* ». Pour un peu, les Noirs trouveraient presque grâce (une grâce très provisoire) aux yeux de Mandat-Grancey. La justice immanente voudrait qu'ils fussent les instruments du châtiment contre ces mêmes Yankees qui les ont, dans tous les sens du mot, déchaînés. Frédéric Gaillardet se satisfaisait d'une ironie de l'Histoire moins apocalyptique, en soulignant que les Noirs libérés avaient usé de leur droit de vote en faveur de leurs anciens maîtres. Mais chez l'un comme chez l'autre fonctionne la même dialectique qui consiste à présenter les Yankees à la fois comme les exterminateurs des « races » non anglo-saxonnes et comme les apprentis sorciers d'une émancipation mensongère et calamiteuse.

Gaillardet, Mandat-Grancey, même combat ? En France, sûrement pas. Mais il leur suffit de mettre le pied en Amérique pour parler à peu près d'une seule voix. Convergence troublante, dont il faut dire pour finir qu'elle ne se limite nullement aux questions raciales, ni à cette stratégie de solidarité avec les victimes des Yankees dont a déjà dit qu'elle allait constituer, dans l'avenir, une

66. *Ibid.*, p. 202.

ligne de force du discours antiaméricain. En fait, la proximité de leurs analyses historiques, s'agissant des rapports franco-américains, est peut-être encore plus spectaculaire, compte tenu de leur appartenance à des familles de pensée qui se vouent depuis 1789 une haine solide et réciproque. Car Mandat-Grancey souscrit pleinement au diagnostic de Gaillardet sur le fameux manque d'amour des Américains pour la France. Il a enregistré, lui aussi, l'indifférence ou l'hostilité des lieux et milieux qu'il a traversés, avec une mention spéciale pour Chicago : « J'ai rarement rencontré une hostilité pour la France aussi caractérisée que celle qui ressort du ton général de la presse de Chicago[67]. » Il y a en France, à ce sujet, un malentendu qu'il fait remonter à la fin du XVIIIe siècle, comme Gaillardet, mais selon une logique toute contraire. Car si Gaillardet accusait les États-Unis d'avoir trahi la jeune République française dès 1792, Mandat-Grancey, lui, reproche à la guerre d'Indépendance américaine d'avoir déstabilisé la monarchie et frayé les voies funestes de la Révolution. Aux yeux du premier, le peuple américain a fait montre d'une ingratitude effrayante, qui doit nous mettre en défiance pour l'avenir ; le second tient que ce même peuple américain, dès ses premiers pas vers l'émancipation, nous a été « fatal »[68]. Mais par ces voies rigoureusement inverses, tous deux parviennent à la même conclusion et prônent la même vigilance défensive, fondée sur les leçons de l'histoire, vis-à-vis d'un peuple illusoirement ami et réellement hostile.

Même identité de vues sur la guerre de Sécession comme occasion manquée. Les sympathies de Mandat-Grancey sont moins inattendues que celles de Gaillardet : comment cet aristocrate conservateur ne serait-il pas du côté des Confédérés ? Mais avec la meilleure volonté du monde, le légitimiste n'arrive pas à se montrer plus pro-Sudiste que le républicain. Comme Gaillardet, il rebrasse les cartes diplomatiques ; il relance les dés et rejoue les coups à grands renforts de « il fallait » et « il suffisait ». Car « il suffisait de soutenir nettement [les Confédérés] pour que l'Amérique fût à tout jamais partagée en deux États rivaux qui se seraient paralysés mutuellement, et dont l'un, formé de populations ayant une majorité d'origine française, eût été pour nous un allié bien précieux... »[69]. L'intérêt et l'honneur étaient ici d'accord : « ayant com-

67. *Ibid.*, p. 255.
68. *Ibid.*, p. 268.
69. *Ibid.*, p. 269.

mencé la guerre du Mexique, c'était la seule manière d'en sortir honorablement ». On reconnaît le scénario. Mais non ! la pusillanimité française a laissé se créer ce monstre dévorateur : « les États-Unis reconstitués », qui dès aujourd'hui « ont mené à bien la conquête économique du Mexique, par la construction de son réseau de chemins de fer ; et prochainement ils s'empareront de l'isthme de Panama, pour profiter des millions que nous y dépensons si follement ». Mandat-Grancey est meilleur prophète lorsqu'il annonce des maux à la France que lorsqu'il en souhaite aux États-Unis. La confiscation du canal aura bien lieu, comme prévu par lui ; mais non la sécession de l'Ouest américain qu'il juge tout aussi inéluctable [70]. La France a si mal joué ses cartes lors du conflit de 1865 qu'il aurait pourtant été élégant et *fair-play* de lui donner une seconde chance en bissant la guerre de Sécession...

La peste et le phylloxéra

Mandat-Grancey, contrairement à Gaillardet, n'est pas déçu de ses voyages. Il n'était pas venu, lui, pour interroger la démocratie, « cette puissance mystérieuse, dans son plus vaste sanctuaire » [71], mais pour en démasquer l'imposture et bousculer le trépied de cette pythie de pacotille qu'on appelle l'Amérique. Avec tout son mépris, pourtant, et son outrecuidance, le baron ne laisse pas d'avoir peur. La verve satirique, lorsqu'elle s'épuise, laisse entrevoir un rictus inquiet. Car avec toutes ses tares : totale corruption des hommes publics ; médiocre « qualité des émigrants » récents [72] ; imbécile « forme républicaine » qui a « diminué les qualités » des habitants, l'Amérique ne laisse pas d'être dangereuse.

Elle l'est pour ainsi dire physiquement, par sa taille, son poids économique grandissant, sa rapacité congénitale et cette brutale énergie qui se reflète jusque dans l'usage que les Américains font de la langue anglaise. « Leurs néologismes donnent quelquefois la chair de poule, tant ils sont énergiques », écrit le baron qui n'est pas une poule mouillée [73]. En dépit de leur ton de supériorité impa-

---

70. E. de Mandat-Grancey, *Dans les Montagnes Rocheuses...*, p. 164.
71. F. Gaillardet, *L'Aristocratie en Amérique...*, p. 3.
72. Depuis le *Mayflower*, note Mandat-Grancey qui voyage sur *La Provence*, « la qualité des émigrants ne s'est pas améliorée » (*En visite chez l'Oncle Sam...*, p. 11). Thème d'avenir, là aussi.
73. *Ibid.*, p. 81.

tiente, ses pages trahissent l'anxiété. L'ironie, d'une ligne à l'autre, fait place à une véritable panique, moins articulée mais plus intense que l'inquiétude raisonnée d'un Gaillardet. Que Mandat-Grancey se détourne un moment des objets grotesques dont il s'amuse bruyamment, et son ton se fait sinistre. Tout à trac, voici que l'hostilité américaine lui rappelle « l'histoire d'un camarade pris par les Canaques qui voulaient le manger »[74]. Curieuse association d'idées, dont la suite n'éclaire guère le sens, mais qui traduit une espèce d'affolement de la pensée en proie à l'Amérique. « Nous sommes un peu dans le même cas », écrit Mandat-Grancey, que ce camarade menacé de la marmite canaque. « Nous nous rendons compte de ce qui a été fait ici ; nous voyons très clairement ce qui va s'y faire [...] Cet avenir, si l'on n'y met pas bon ordre, c'est notre ruine, un bouleversement général, la France entière réduite à 15 millions d'habitants. » Vers un ethnocide des Français ?

Y mettre bon ordre. La formule est forte et sent la poudre. À quand les canonnières françaises sur la Hudson River ? Il est frappant, là encore, de voir l'agressivité quelque peu débridée de Mandat-Grancey rejoindre la méfiance plus circonspecte de Gaillardet autour du thème, qui va déchaîner les imaginations jusqu'à la fin du siècle, de la guerre imminente avec les États-Unis. Mandat-Grancey semble l'appeler de ses vœux, préventive et indispensable à notre survie. Gaillardet notait, sobrement mais sombrement, que la guerre avait bien failli avoir lieu déjà, pas plus tard qu'en 1881, lors de l'immixtion américaine dans le conflit entre le Chili et le Pérou. « Si le cabinet de Washington avait persisté à imposer au Chili et au Pérou son arbitrage [...], c'eût été la guerre avec les puissances maritimes de l'Europe[75]. » Tout en soulignant que « la nouvelle génération américaine [...] se croit assez puissante pour jeter le dé à l'Europe entière », Gaillardet veut encore croire à la sagesse de la majorité. Les antiaméricains des années 1890 ne partageront pas son optimisme mitigé : ils s'attacheront à prouver au contraire que prévaut entre les États-Unis et la France une logique de guerre. La seule question sera pour eux de savoir quelle forme cette guerre affectera. Ouverte ? Feutrée ? Délocalisée ? En attendant, tous pourraient conclure comme Paul de Rousiers en

---

74. *Ibid.*, p. 266.
75. F. Gaillardet, *L'Aristocratie en Amérique...*, p. 357.

1892 (six ans avant la guerre de Cuba) : « Le seul parti à prendre, c'est donc de s'armer pour la lutte inévitable[76]. »

Ce n'est d'ailleurs pas nécessairement la lutte à force ouverte que mitonne l'Amérique dans le chaudron de Mandat-Grancey. Comme de la boîte de Pandore, le baron en sort à volonté la ruine de nos campagnes par la concurrence des vins californiens et du bœuf à 8 sous la livre (contre 20 sous au Havre : « cela ne peut pas durer »[77]) ou la subversion de la société par cette « école d'admirateurs » de l'Amérique qui nous font « adopter », l'une après l'autre, « les institutions américaines », à commencer par le déplorable système du jury[78]. Une américanisation insidieuse est fomentée en France par une cinquième colonne qui s'étend du feu cousin Tocqueville, coupable d'avoir « fourni des citations à plusieurs générations de doctrinaires »[79] jusqu'à de mystérieux « communistes »[80] pro-américains, en passant par Victor Hugo chantre de John Brown.

Ce que risque la France, dans cette dernière perspective, c'est moins l'invasion que la contamination. Mandat-Grancey est probablement le premier antiaméricain depuis De Pauw à désigner l'Amérique comme un agent infectieux et même (ce qui la rend d'autant plus redoutable) comme une sorte de porteur sain des maux politiques et sociaux. « Il y a là-bas une foule d'institutions qui sont pour les Américains ce qu'est le phylloxéra pour leurs vignes. Ils en souffrent, mais n'en meurent pas : transportées chez nous, elles deviennent mortelles[81]. » La métaphore est d'actualité. C'est dans les années 1870 que, la maladie s'étendant dans les vignes du Sud-Ouest, les Français prennent pleinement conscience du désastre. Le *phylloxera vastatrix* et son cousin d'Amérique, identifié en 1854, le *pemphigus vitifolia*, sont le cauchemar d'une France largement rurale, éminemment viticole et massivement œnophile. Elle va beaucoup servir, cette métaphore, en attendant d'être supplantée par celle, plus dramatique encore, du « cancer américain », qui donnera son titre à un essai de 1931. Le phylloxéra lui-même ne serait-il pas du complot ? « Un de ces jours », écrit Émile Barbier en 1893, « il viendra à Pauillac des chargements de

76. Paul de Rousiers, *La Vie américaine*, Paris, Didot, 1892, p. 682.
77. E. de Mandat-Grancey, *Dans les Montagnes Rocheuses...*, p. 302.
78. E. de Mandat-Grancey, *En visite chez l'Oncle Sam...*, p. 273.
79. *Ibid.*, p. 59.
80. *Ibid.*, p. 270.
81. *Ibid.*, p. 68.

bordeaux d'Amérique pour remplacer nos crus anéantis par le phylloxéra » [82].

Précieux phylloxéra ! Synonyme à la fois d'invasion et de dévastation, il fournit une métaphore idéale de ce mal rampant qu'est l'américanisation. Car l'américanisation n'est pas la simple adoption, copie ou même imposition de traits institutionnels, sociaux ou culturels américains. C'est un mécanisme de contamination-corruption. Ce qui passe d'Amérique en Europe et y fait souche, au sens infectieux du terme, est toujours de l'ordre du pire. Il n'y a jamais transfert productif entre « eux » et « nous », seulement des échanges viciés. Gaillardet voyait là une sorte de loi naturelle : « l'Europe s'américanise chaque jour, mais les deux races s'empruntent leurs défauts et non leurs qualités [83]. » À travers cet imaginaire de la contagion, l'Europe pour la première fois se découvre et décrit fragile, affaiblie, sans défenses immunitaires : « vieux continent devenu leur proie », écrit un voyageur français de 1893 [84].

*

Francs-tireurs avancés de l'antiaméricanisme fin-de-siècle, Gaillardet et Mandat-Grancey ne sont pas des porte-parole. Leurs craintes, leurs déceptions, leurs colères sont éminemment personnelles. Leurs témoignages n'en préfigurent pas moins, dans ses contours essentiels, l'antiaméricanisme plus délibéré des deux décennies suivantes.

On assiste en effet chez eux à la précoce mise en place d'une vulgate antiaméricaine faite de lieux communs partagés. Topoï historiques, avec la relecture désenchantée des relations franco-américaines ; le regret de la neutralité française durant la guerre de Sécession ; la dénonciation des visées hégémoniques sur le continent des États-Unis « reconstitués ». Topoï raciaux, avec la dénonciation du sort réservé aux non-Yankees, apparenté à un génocide ; l'exaltation, par contraste, d'un passé « métissé » propre à la présence française en Amérique ; le recours systématique à la notion de « race anglo-saxonne » pour désigner l'élément dominant de la nouvelle Amérique. Topoï culturels, enfin, trop nombreux

---

82. Émile Barbier, *Voyage au pays des dollars*, Paris, Marpon et Flammarion, 1893, p. 337.

83. F. Gaillardet, *L'Aristocratie en Amérique...*, p. 367.

84. *Ibid.*, p. 339.

déjà chez les deux polémistes pour être récapitulés, mais dont la nomenclature, tout en laissant place aux humeurs personnelles (les cow-boys de Mandat-Grancey), s'organise en rubriques promises à une grande longévité : laideur des villes et manque de goût des hommes ; indigence des échanges intellectuels et platitude des conversations ; place excessive tenue par la femme chez elle et dans la cité ; inefficacité, corruption et vénalité des institutions publiques ; et, bien entendu, culte du dollar, veau d'or de cette démocratie que Gaillardet préfère appeler une « aristocratie » et que Mandat-Grancey dénonce comme une ploutocratie.

4. De La Havane à Manille : le monde aux Américains ?

La planète a des bornes... Que deviendra l'Europe désunie devant cet ogre réaliste ?

Jules Huret, *En Amérique* (1905).

Le peuple qui possède ce continent dominera le monde au xxᵉ siècle. Il ne peut y avoir de doute à cet égard.

Urbain Gohier,
Le Peuple du xxᵉ siècle aux États-Unis (1903).

Les années 1880 avaient été l'âge du doute. Ces États-Unis tant vantés et si fiers d'eux-mêmes étaient-ils vraiment dignes de notre admiration et de leur propre estime – un peu trop affichée au goût des voyageurs français ? Un Gaillardet, un Mandat-Grancey, venus des deux extrémités du spectre idéologique, avaient porté la question sur la place publique et répondu tous deux par la négative. Voix solitaires, on l'a dit, mais pour peu de temps. Dès les années 1890, les voilà rejoints et dépassés. La troupe antiaméricaine grossit, la rumeur enfle, le ton change. À l'âge du doute succède l'ère du soupçon. On ne se contente plus de déplorer l'insensibilité ou l'indifférence américaine. On dénonce l'hostilité active et l'ambition brutale de la république transatlantique. On s'inquiète de sa mutation « impériale ». Une sourde appréhension devient en quelques années un véritable état d'alerte. Le « péril américain » n'est plus hypothétique, ni projeté sur le long terme. Il est pour demain et il est certain.

L'idée d'une Amérique dangereuse pour la France n'allait pourtant pas de soi, quelque peu de sympathie qu'on eût pour elle. Et sans doute n'aurait-elle pas diffusé si rapidement, sans l'événement qui, deux ans avant la fin du siècle, vint apposer l'estampille du « réel » sur un ensemble encore vague de méfiances et de présomp-

178

tions. En 1898, en effet, les sombres prévisions des alarmistes reçoivent une confirmation spectaculaire : les États-Unis déclarent la guerre à l'Espagne, détruisent sa flotte, débarquent à Cuba et bientôt aux Philippines. Cette guerre hispano-américaine a un énorme retentissement en France. Valéry décrira plus tard ce « choc imprévu » comme un traumatisme fondateur. Pour l'antiaméricanisme de beaucoup de Français, en tout cas, cette « agression » est un puissant catalyseur.

Douze années seulement s'écoulent entre le carrousel nautique qui célèbre pacifiquement l'érection de Miss Liberty dans la baie de New York et le bombardement par l'US Navy du port de La Havane. Mais ces douze ans ébranlent tout un monde de représentations. À leur terme, c'est une troupe nombreuse, brillante et bruyante qui aura rallié les défricheurs de l'antiaméricanisme ou plutôt qui aura pris leur relais, nantie de nouveaux griefs et forte de nouveaux arguments.

S'il y avait un sens à doter l'antiaméricanisme français d'un acte de baptême, il faudrait donc le dater de 1898. Geste peu compatible avec la logique de cette enquête : un système de représentations ne pousse pas comme un champignon, il est le résultat d'une lente sédimentation de discours. Reste qu'à tel moment précis et identifiable, *ça prend*. Des idées qui cheminaient dans des venelles écartées paradent sur le boulevard de l'opinion. Ou pour mieux dire : *ça prend forme*. Préjugés épars, griefs atomisés, souvenirs historiques malheureux : tout un matériau fait de reproches mal articulés et de ressentiment flottant dépose et se fixe. Souligner cette date de 1898 ne revient donc pas à cautionner l'illusion du « point de départ ». On peut parler de seuil, en revanche, dans la mesure où l'antiaméricanisme français, de ce moment, atteint son état stable. Ce n'est pas à dire qu'il ne changera en rien, mais que ses variétés ultérieures (idéologiques, politiques ou morales) ne seront que des états dérivés de ce précipité fin-de-siècle. L'inventivité des dénigreurs d'Amérique n'en sera pas tarie, pas plus que la verve des polémistes. Chaque conjoncture historique permettra aux générations successives d'enrichir l'argumentaire antiaméricain. D'autres « interventions », des guerres plus cruelles que celle de 1898, raviveront l'indignation contre la loi du plus fort impérialement imposée. De multiples différends économiques, géopolitiques, symboliques ou moraux, viendront régulièrement réamorcer la pompe de l'antiaméricanisme. Mais le canevas en est bel et bien fixé dès la fin du XIXe siècle.

La cristallisation

« Imprévu », le choc de 1898 ne l'est pas pour tout le monde. Pas pour ceux, en tout cas, qui pendant plus d'une décennie ont clamé dans le désert leur inquiétude. À ces Cassandre de l'abaissement français et européen, l'injure faite à l'Espagne procure l'amère satisfaction réservée aux prophètes de mauvais augure. Leurs avertissements sur la montée en puissance militaire des États-Unis, leurs mises en garde contre les appétits de moins en moins maîtrisés de « l'ogre » américain : tout cela se trouve ratifié par l'événement. Mais dans cette brèche de la confiance française s'engouffrent d'autres soupçons venus d'ailleurs. Des symptômes inquiétants, mais isolés, sont maintenant rassemblés, corrélés, constitués en tableau nosographique d'un mal américain qui ne se limite pas au prurit impérialiste. En même temps qu'une Amérique impérieuse et impériale, ce nouveau diagnostic révèle une Amérique inégalitaire et brutale. À la lumière des crises du travail spectaculaires des années 1870-1890, les Français étonnés, atterrés, découvrent la violence de relations sociales qu'ils croyaient pacifiées par la culture démocratique.

Cette prise de conscience se fait jour peu à peu, à la faveur notamment des Expositions universelles et des rapports que font les délégués ouvriers ou artisans français de leur séjour américain[1]. Dès l'exposition de Philadelphie de 1876, les représentants d'une vingtaine de métiers avaient profité de ce contact exceptionnel avec le Nouveau Monde pour passer au crible légendes et réalités sur la condition ouvrière américaine. Leur verdict était dépourvu d'enthousiasme. À travers leur regard, le paradis des travailleurs rêvé par les républicains d'avant 1870 apparaît déjà comme un paradis perdu. L'organisation des travailleurs d'outre-Atlantique est loin d'avoir tenu ses promesses. L'Amérique est un pays capitaliste comme les autres – pire peut-être que les autres. (Ce débat, on le verra dans un chapitre ultérieur, agitera pendant plusieurs décennies le socialisme européen.) Nul doute, en tout cas, pour ces visiteurs ouvriers – ici mécaniciens – : la division est aussi tranchée qu'en Europe entre « ceux qui vivent du travail d'autrui et ceux qui produisent » ; et « ceux-ci sont, dans toute la

---

1. Voir, de J. Portes, *Une fascination réticente. Les États-Unis dans l'opinion française*, Presses Universitaires de Nancy, 1990, pp. 273-276.

hideur de l'expression, à la merci de ceux-là »[2]. D'autres délégués vont plus loin : « Loin d'être la terre promise du travailleur, la grande République américaine est devenue, à l'instar de l'Europe, une véritable géhenne sociale. L'antagonisme, qui se révèle de jour en jour plus vivace et plus ardent entre le travail et le capital, doit dissiper les dernières illusions de ceux qui se plaisent à faire des États-Unis le dernier refuge de la félicité humaine. » Jacques Portes, qui cite ce rapport des tailleurs d'habit, souligne qu'en sa sévérité, il « n'est pas vraiment exceptionnel »[3]. L'impressionnante exposition organisée à Chicago en 1893 sera l'occasion, pour les délégations de travailleurs, de trouver confirmation de ces analyses pessimistes, aggravées par l'effroi grandissant (d'ailleurs partagé par les chefs d'industrie) devant le perfectionnement et la généralisation des machines-outils.

Ces observations et ces analyses sont le fait de groupes restreints. Leur diffusion aurait pu rester strictement corporative ou militante. Mais les stupéfiantes explosions sociales de 1877 et 1886 leur donnent un écho considérable, tandis que le procès de Haymarket va porter un coup fatal à une autre illusion : celle qui tendait à associer, dans l'esprit des républicains français, institutions démocratiques et égalité de tous devant la justice.

L'inauguration de la statue de la Liberté, à cet égard, ne pouvait plus mal tomber qu'à la fin de la terrible année 1886. Moins de dix ans après les affrontements quasi insurrectionnels du Grand Soulèvement – le *Great Upheaval* de 1877 –, le pays tout entier est de nouveau secoué par une vague de grèves extrêmement dures : près de quinze cents, en une seule année, dans une dizaine de milliers d'établissements, et dont on a pu estimer qu'elles avaient touché presque un demi-million de personnes. L'organisation des Chevaliers du Travail, créée en 1869 par une poignée d'ouvriers du textile, comptera au milieu de l'année 1886 plus de 700 000 membres (contre 111 000 un an auparavant)[4]. Dirigées avant tout contre les baisses de salaires imposées par le patronat dans tous les secteurs, certaines de ces grèves sont victorieuses, comme celle du Southwestern Railroad System, qui fait plier Jay Gould, le « Wizard of Wall Street » ; mais beaucoup d'autres échouent devant

2. *Rapport de la délégation ouvrière libre, Mécaniciens*, Paris, Sandoz, Fischbacher et Vve Morel, 1877, p. 199 ; cité par J. Portes, *ibid.*, p. 272.
3. *Rapport d'ensemble de la délégation ouvrière libre à Philadelphie, Tailleurs d'habit*, Paris, Imprimerie nouvelle, 1879, p. 124 ; cité par J. Portes, *ibid.*, p. 273.
4. Jeremy Brecher, *Strike !*, San Francisco, Straight Arrow Books, 1972, p. 28.

l'utilisation systématique de briseurs de grèves et de milices privées, sans préjudice du recours à la force armée.

Le mouvement pour la journée de huit heures lancé à l'échelle du pays augmente le nombre des confrontations. La ville de Chicago, où syndicalistes, anarchistes et Chevaliers du Travail ont fait taire leurs divergences, en est l'épicentre. C'est là qu'aura lieu un événement destiné à faire date pour longtemps, bien au-delà de l'Illinois et même des États-Unis. Le 1er mai, la grève pour la journée de huit heures est un succès, avec plus de 30 000 grévistes. Secteur par secteur, les victoires s'accumulent, encourageant d'autres grèves. Le 3 mai, alors que le mouvement bat son plein, la police tire sur des grévistes qui s'en prenaient violemment aux « jaunes » de l'usine McCormack, faisant quatre morts et de nombreux blessés. Des réunions de protestation sont prévues ainsi qu'un meeting à Haymarket Square le 4 au soir. Ce rassemblement est peu nombreux. Sur sa fin, la pluie l'a réduit à trois cents personnes. C'est alors que la police intervient pour le disperser. Une bombe est lancée qui fait un mort et plusieurs blessés parmi les policiers. Cet attentat attribué aux anarchistes, bien implantés à Chicago, déclenche une campagne de presse violente contre les grévistes et une répression brutale. Des arrestations massives et arbitraires sont opérées. Sept anarchistes sont inculpés et condamnés à mort, malgré l'absence de témoins et de preuves. Quatre seront pendus.

L'impact de ces événements sur l'opinion française est énorme et nullement limité au monde ouvrier. Syndicalistes et socialistes leur assurent une vaste publicité par leurs protestations, mais la presse conservatrice n'est pas en reste : l'occasion est trop belle de vilipender la *Model Republic* qui fut chère à leurs adversaires républicains et de railler la crédulité des « progressistes ». Le syndicalisme français, année après année, pérennisera ce souvenir par des journées illégalement chômées et souvent sanglantes. La décision de célébrer désormais le 1er mai comme un jour de lutte sociale de par le monde installe au centre de la mémoire ouvrière un crime commis par l'Amérique. La mémoire de Haymarket et surtout de la répression policière et légale dont l'attentat fut l'occasion restera au cœur de l'antiaméricanisme de gauche, avec d'autant plus de persistance qu'il sera ravivé, à trente ans d'intervalle, par deux autres drames politico-judiciaires perçus et ressentis comme des répétitions du crime judiciaire originel : le procès de Sacco et Vanzetti et celui des Rosenberg.

À la désacralisation du système politique par les récits de corruption et les rumeurs de fraude électorale s'ajoutent donc une
radicale désillusion vis-à-vis du modèle social et une immense
déception quant au fonctionnement de la justice. Cette perception
négative ira s'aggravant, d'autant que loin de s'apaiser, les grèves
meurtrières aux allures de guerre civile se poursuivent sans relâche
ni merci (Carnegie en 1892, Pullman en 1894), tandis que le revenu
ouvrier stagne jusqu'à la Première Guerre mondiale. La chute des
images est brutale. Un an après son érection dans le port de New
York, pour beaucoup de militants ouvriers, Miss Liberty est devenue « la déesse de l'assassinat »[5].

Monroe : de la doctrine au « dogme »

Tandis que s'installe dans le public cette nouvelle image, brutale
et même sanglante, de l'Amérique industrielle, des cercles encore
confidentiels, mais proches des centres de décision politiques,
s'inquiètent d'une autre violence : celle dont nous menace, à terme,
la militarisation grandissante des États-Unis. Cette attention technique portée aux armements (surtout navals) des Américains
s'accompagne d'une relecture de la « doctrine de Monroe » comme
charte d'un expansionnisme, voire d'un impérialisme de type nouveau. Dès avant la crise du Venezuela de 1895, et, *a fortiori*, de la
crise cubaine de 1898, l'image de la grande République pacifique
a commencé de s'estomper derrière celle d'une puissance décidée
à accomplir son « destin » – fût-ce au prix d'un affrontement armé
avec l'Europe.

Pendant la guerre de Sécession et ses hécatombes mécaniques,
quelques voix s'étaient élevées pour mettre en garde les Français
contre une puissance militaire devenue formidable. Mais la réduction drastique des effectifs militaires de l'Union après sa victoire
avait imposé une sourdine provisoire à ce discours, que sa trop
grande conformité avec la propagande du Second Empire rendait
d'ailleurs rétroactivement suspect. Dans un premier temps, c'est

---

5. Dans le journal anarchiste *La Révolte*, 27 novembre 1887 ; cité par M. Cordillot,
« Les réactions européennes aux événements de Haymarket », *À l'ombre de la statue
de la Liberté. Immigrants et ouvriers dans la République américaine. 1880-1920*,
textes réunis et présentés par Marianne Debouzy, Presses Universitaires de Vincennes,
Saint-Denis, 1988, p. 185.

donc à petit bruit qu'il se fait de nouveau entendre, au début des années 1890.

Sobre et technique, Justin Prosper de Chasseloup-Laubat, ministre de la Marine sous Napoléon III, est l'un des premiers spécialistes à décrire l'effort d'armement naval des États-Unis. Son *Voyage en Amérique et principalement à Chicago*, paru en 1893 sous la forme d'un « Extrait des mémoires de la Société des Ingénieurs Civils de France », n'est manifestement pas destiné au grand public, ni de nature à déchaîner les passions. Chasseloup-Laubat est l'homme des faits, non des effets. Il décrit avec une minutie tranquille la puissance et « l'armement réellement formidable »[6] des bâtiments de guerre qu'il a vus : le croiseur *Columbia*, lancé le 26 juillet 1892 ; le *New York* ; et aussi l'*Oregon*, l'*Indiana* et le *Massachusetts*, « trois navires de combat identiques » produits en série. Navires redoutables, mais dont les Français n'ont rien à craindre. Car Chasseloup-Laubat les imagine plutôt voués « à détruire le commerce anglais, dans le cas, d'ailleurs peu probable, d'une lutte entre les États-Unis et la Grande-Bretagne »[7]. Rien de très alarmant, en somme, pour le lecteur bénévole qui se serait égaré dans la collection des *Mémoires* destinés aux ingénieurs civils. C'est plutôt même un « événement heureux » pour la France, ajoute l'auteur avec une cynique candeur, que ces armements antibritanniques des Américains[8] ! Mais cette sérénité n'est pas partagée par ceux qui reprennent ses informations sans adopter ses hypothèses. À supposer que l'Angleterre soit visée, à coup sûr elle ne l'est pas *seule*. Une chose est sûre, « quand l'Amérique aura une flotte imposante qui lui aura coûté très cher, l'esprit positif du peuple américain n'acceptera pas que ses navires ne soient que des bateaux de plaisance »[9].

Charles Crosnier de Varigny n'est pas de ceux qui pêchent par excès de naïveté, ni d'optimisme. Il apparaît, dans cette dernière décennie du siècle, comme l'un des plus remarquables détracteurs des États-Unis par sa virulence, mais aussi par la variété de ses angles d'attaque. Il ne s'agit plus avec lui de rapports techniques,

---

6. J. P. de Chasseloup-Laubat (marquis de), *Voyage en Amérique et principalement à Chicago*, Extrait des Mémoires de la Société des Ingénieurs Civils de France, Paris, 10 cité Rougemont, 1893, p. 53.

7. *Ibid.*, p. 48.

8. *Ibid*, p. 73.

9. Jules Huret, *En Amérique. I – De New York à La Nouvelle-Orléans*, Paris, Fasquelle, 1904, p. 51. Le second volume *En Amérique. II – De San Francisco au Canada* paraît en 1905.

ni de contributions confidentielles : ses livres paraissent chez de grands éditeurs comme Hachette ou Colin et ils visent un large public. Observateur éclectique, Varigny a commencé par donner une étude sur *Les Grandes Fortunes aux États-Unis et en Angleterre* (1889), pour se pencher ensuite sur *La Femme aux États-Unis* (1893). Mais c'est surtout dans un recueil d'articles paru en 1891 sous le titre *Les États-Unis. Esquisses historiques*, qu'il donne libre cours à sa méfiance et à son hostilité.

Pour partie, la problématique antiaméricaine de Varigny se situe dans le droit-fil de l'antiaméricanisme économique : la dénonciation du protectionnisme américain y tient une place de choix. Mais son analyse de l'expansionnisme est enrichie et renouvelée par l'importance qu'il accorde à sa dimension idéologico-religieuse. C'est l'originalité de Varigny que de nouer les deux motifs. D'où son choix, pour bête noire, du politicien américain qui incarne le plus parfaitement la conjonction du *tariff* et de la « mission » : Blaine, « le Bismarck américain » [10], qui depuis 1881 et l'administration Garfield rêve d'imposer à l'Europe affaiblie des droits de douane exorbitants ; mais Blaine aussi et surtout l'apôtre de la nouvelle mystique nationaliste et le chantre de la « mission providentielle » des États-Unis. Le rapprochement de Blaine et de Bismarck vise moins les hommes que leurs doctrines. Varigny entend alerter les Français sur la similitude des nationalismes américain et allemand, tous d'eux d'inspiration providentielle. Les Français de 1891, hantés par l'Allemagne victorieuse, auraient tort de voir en elle la seule puissance dont le brutal expansionnisme puise sa force et sa justification dans le mythe d'une élection divine. « La Prusse n'est pas, de nos jours, la seule puissance qui se dise ou se croie investie d'une "mission providentielle" », insiste Varigny. « La grande république américaine a, elle aussi, sa mission providentielle, sa *manifest destiny*. »

Manifest destiny : la formule que commente Varigny est en réalité vieille d'un demi-siècle. Elle a été forgée en 1845 par le publiciste John O'Sullivan, directeur de la *Democratic Review*, dans le droit-fil de l'héritage jacksonien. Le président Andrew Jackson, dans son adresse d'adieu de 1837, avait évoqué les desseins de la Providence confiant aux États-Unis la sauvegarde de la liberté du monde. Il « nationalisait » ainsi une ancienne et puissante convic-

---

10. Ch. Crosnier de Varigny, *Les États-Unis. Esquisses historiques*, Paris, Kolb, 1891, p. 233.

tion puritaine. C'était en effet un thème fondateur du puritanisme de la Nouvelle-Angleterre que ce rôle imparti aux Colonies d'être un phare dans la nuit du monde et un havre pour la foi persécutée. L'Amérique avait déjà, dans ce discours, vocation à abriter la liberté de conscience – non celle des libres-penseurs, bien sûr, mais la liberté réglée d'une conscience définie comme « le jugement de l'homme sur lui-même, conforme au jugement que Dieu porte sur lui »[11].

John O'Sullivan, au cours des années 1840, devait mettre son éloquence très biblique au service de cette idée et travailler inlassablement à l'exaltation d'une Amérique « arche des espoirs humains »[12]. Mais si la formule de la « Destinée manifeste » lancée en 1845 s'appuie sur cette tradition, elle la déborde – comme le peuple américain sa frontière en constante extension. « Notre destinée manifeste [est] de nous répandre [overspread] sur le continent qui a été alloué par la Providence au libre essor de nos multitudes chaque année multipliées » : telle est la bonne parole que propage l'éloquent publiciste. C'était passer de l'idée traditionnelle d'une terre refuge, d'un lopin préservé de l'iniquité, à une vocation beaucoup plus dynamique. Le continent américain tout entier devenait Terre promise. La vigueur du verbe to overspread (« se répandre », mais aussi « déborder ses rives ») était encore renforcée par sa proximité avec le mot overspill, qui désigne le trop-plein de population. De la citadelle des Justes à l'espace vital des masses, l'Amérique avait décidément fait du chemin. La permanence du vocabulaire religieux ne masquait qu'en partie la transformation de la perspective. Et le slogan de la « Destinée manifeste », revisité par les Français dans les années 1890, pouvait d'autant mieux leur apparaître comme le supplément d'âme d'un nouvel impérialisme que son succès dans l'opinion américaine avait été inséparable, au cours des années 1850-1860, de tout un effort de réélaboration de la doctrine de Monroe comme « support de l'expansion » américaine[13].

11. La formule est de William Ames, *Conscience with the Power and Cases Thereof*, London, 1643, t. I, p. 2. La première édition (latine) date de 1632.
12. John O'Sullivan, « The Progress of Society », *United States Magazine and Democratic Review*, VIII, July 1840, p. 87 ; cité par Cl. Fohlen, « La tradition expansionniste des États-Unis au XIXᵉ siècle », *L'Expansionnisme et le débat sur l'impérialisme aux États-Unis. 1885-1909*, textes réunis et présentés par R. Rougé, *Americana* n° 2, Presses de l'Université de Paris-Sorbonne, 1988, p. 15.
13. Cl. Fohlen, *ibid.*

Varigny reste fort discret sur ce processus. Il se garde bien de signaler à ses lecteurs que la « Destinée manifeste », cette clé qu'il leur tend de l'Amérique contemporaine, a quelque cinquante ans d'âge. Au reste, pour beaucoup de Français, tout cela est en effet assez nouveau. La formule de O'Sullivan comme la relecture expansionniste de Monroe sont intervenues pendant les années de « distance et d'éloignement », en un temps où rares étaient ceux qui prêtaient attention aux affaires américaines. L'ouvrage de Charles Crosnier de Varigny offre un cours de rattrapage sur la montée impérialiste en Amérique ; mais c'est le présent qui importe : la menace actuelle ou imminente. L'adoption par toute une partie de la population et de la classe politique américaines de la « Destinée manifeste » ne témoigne pas d'un abandon de la « doctrine de Monroe », mais tout au contraire de son renforcement et de sa concentration en une nouvelle formule qui la « résume » tout en l'enrichissant d'une dimension religieuse qui lui manquait jusqu'alors. En investissant la doctrine de Monroe, résume Varigny, l'idéologie providentielle l'a « élevée à la hauteur d'un dogme »[14]. Gaillardet avait prononcé le mot, Varigny explique la chose.

Protectionnisme (au nom des intérêts supérieurs de l'Amérique) et annexionnisme (au nom des intérêts supérieurs de la Providence) : tel est désormais le double credo de l'Amérique. Or ce peuple pratique n'entend pas en rester aux professions de foi. Varigny est donc particulièrement attentif aux intentions hégémoniques annoncées par le Congrès panaméricain de 1889. Le slogan de Monroe, « l'Amérique aux Américains », il nous en prévient, a pris un nouveau sens et résume désormais un double objectif : « la fédération des trois Amériques groupées sous l'égide des États-Unis » et « ce continent fermé aux produits européens »[15]. Prochaine proie probable : Cuba. Prescience remarquable ? Non, prévision sans risque. Voilà un siècle que l'appartenance géopolitique de Cuba à l'ensemble continental nord-américain et son inéluctable rattachement aux États-Unis font l'objet d'un débat lancé par Jefferson. Autour de 1890, plus d'un politicien américain évoque une telle annexion sans ambages. Blaine le premier, que Varigny ne manque pas de citer : « de toutes les annexions auxquelles nous sommes en droit de prétendre, celle de Cuba [...] est la plus légi-

14. Ch. Crosnier de Varigny, *Les États-Unis...*, p. 114.
15. *Ibid.*, p. 257.

time »[16]. Aussi bien n'est-il pas tolérable, continue Blaine, que la fièvre jaune qui sévit dans cette île mal tenue continue de contaminer notre bassin du Mississippi... Aux yeux de Varigny, il est clair que le compte à rebours a commencé ; clair aussi que la force de leur destin entraînera les Américains bien au-delà de Cuba.

Plus crédible que Mandat-Grancey, moins étroitement technicien que Chasseloup-Laubat, Varigny arrive un peu trop tôt pour être entendu. Jusqu'à la guerre de 1898, des scénarios comme le sien intriguent sans convaincre. L'alarmisme antiaméricain est encore prématuré et passe aisément pour fiel monarchiste ou rancune bonapartiste. Critique ou louange, tout est suspect, note Varigny lui-même, soulignant combien rares sont les historiens impartiaux de l'Amérique, puisque tous « cherchent surtout des arguments hostiles ou favorables à la forme républicaine »[17]. Est-ce pour en avoir tiré les conséquences qu'il préférera consacrer son dernier *opus* américain à un sujet plus riant : *La Femme aux États-Unis* ?

La remarque de Varigny est pertinente. L'identification de l'Amérique à la « forme républicaine », en ces dernières années du siècle, aiguise quelques plumes polémiques (à la Mandat-Grancey) ; mais elle rend suspecte une animosité qui vise Marianne plus que l'Oncle Sam. Quant aux républicains, s'ils ont pour la plupart cessé de se réclamer de l'Amérique, ils retiennent leurs coups contre un pays qui fit longtemps leur espérance. Mais cette situation qu'évoque Varigny est justement sur le point de changer : la « forme républicaine » triomphante en France n'est plus un enjeu aussi central ; parallèlement, l'Amérique cesse de symboliser avant tout un type de régime pour représenter une formation sociale dominée par le capitalisme et le machinisme. Ce transfert de symbolisation lèvera les dernières autocensures et donnera un nouvel élan à l'antiaméricanisme français. En attendant et pour quelques années encore, la diatribe antiaméricaine est un exercice plutôt solitaire et assez marginal. C'en est fini, certes, de l'Amérique idéalisée – cette « Amérique en sucre » dont Sardou faisait grief à Tocqueville. Mais on ironise plutôt qu'on ne diabolise. Les inquiets sont encore rares et s'inquiètent moins des armements navals américains que des perfectionnements de leurs machines-outils.

---

16. *Ibid.*, p. 277 ; il s'appuie sur un entretien de Blaine paru dans le *New York Herald* du 12 février 1889.
17. Ch. Crosnier de Varigny, *Les États-Unis*..., p. 119.

« L'Amérique envahit la vieille Europe, elle l'inonde, elle va la submerger », écrit Émile Barbier en 1893. Mais il veut parler du déluge des marchandises : locomotives, houille, soie, fruits, coton et jusqu'au « bordeaux d'Amérique »[18]. Paul de Rousiers, économiste lié au Musée social, se situe sur le même terrain lorsqu'il écrit dans *La Vie américaine* (1892) : « L'Amérique a cessé d'être un objet de curiosité pour devenir un objet d'effroi[19]. » Le mot est fort. Mais il ne vise, là aussi, que l'impressionnant essor de l'industrie américaine et de son agriculture mécanisée. Rousiers comme Barbier sont attentifs à l'exacerbation de la concurrence économique entre les États-Unis et l'Europe. À bon droit : cette décennie décisive pour l'antiaméricanisme français est aussi celle du bond en avant de la production américaine et de son installation au premier rang mondial, devant la Grande-Bretagne, dépassée pour l'acier en 1887, pour le fer en 1890, pour la houille en 1899. L'Amérique, explique Rousiers, « devient pour le Vieux Monde une redoutable rivale ». Pas une seconde pourtant, il ne l'imagine recourant à la force nue pour conquérir ou conserver ses marchés. De la compétition à la colonisation, Rousiers ne franchit le pas qu'au titre du fantasme, lorsqu'il choisit d'illustrer la pénétration des produits américains par cette vignette symboliquement chargée : « Le soldat français porte sur son sac des conserves de bœuf fabriquées à Chicago. »

L'Amérique n'est pas encore vraiment dans les têtes, mais le *corned-beef* est déjà dans la musette.

Une « splendide petite guerre »

En 1898, l'électrochoc de Cuba change brutalement le sens des mots et la portée des accusations. La génération antiaméricaine à laquelle appartiennent Varigny, Barbier et Rousiers avait tiré quelques sonnettes ; désormais, c'est le tocsin qui se fait entendre. Après la cristallisation, la catalyse. La guerre déclenchée par les États-Unis contre l'Espagne précipite, au sens chimique, un antiaméricanisme en suspension. Cet événement de peu d'envergure

18. Émile Barbier, *Voyage au pays des dollars*, Paris, Marpon & Flammarion, 1893, pp. 336-337.
19. Paul de Rousiers, *La Vie américaine*, Paris, Didot, 1892, p. 2.

et qui ne concerne la France qu'indirectement constitue donc, paradoxalement, une date-clé de l'antiaméricanisme français.

Il faut rappeler rapidement les circonstances de ce conflit aujourd'hui presque oublié. De l'immense empire que l'Espagne s'était taillé dans les Amériques, ne subsistent à la fin du XIXᵉ siècle que les îles de Cuba et de Porto-Rico. Encore la jouissance en est-elle peu tranquille. Cuba, la perle des Antilles et la source de tant de fortunes espagnoles, connaît une succession de rébellions dirigées à la fois contre la métropole et les grands propriétaires. Une campagne de dix ans (1868-1878) avait été nécessaire pour réduire un premier soulèvement. Une nouvelle révolte commence en 1895. Le gouvernement conservateur de Cànovas del Castillo entend mater l'adversaire une fois pour toutes : il confie la répression au général Weyler qui organise la « reconcentration » forcée des villageois et paysans dans les bourgs et villes. C'est, avant l'heure, le système des « hameaux stratégiques » appliqué (sans plus de succès) par les Américains pendant la guerre du Vietnam. Humainement, politiquement et économiquement, l'opération est désastreuse. Tandis qu'aux États-Unis la propagande s'intensifie dans tous les milieux en faveur des rebelles et d'une « junte » d'opposition installée à New York, à Madrid le libéral Sagasta succède à Cànovas del Castillo, assassiné au Pays basque en 1897. Le changement de politique est complet. « Butcher Weyler » – comme l'appelle la presse nord-américaine – est limogé et le ministre espagnol des colonies Moret annonce la mise en place à Cuba d'un statut d'autonomie locale dès 1898.

L'Espagne considère la crise comme close et, arguant de sa bonne volonté réformatrice, demande aux États-Unis de ne plus héberger, ni laisser s'approvisionner en armes, une « junte » d'opposants devenue illégitime. Sur le terrain, pourtant, le calme n'est pas revenu. Les rebelles jouant la surenchère exécutent un colonel espagnol venu leur exposer le plan d'autonomie, tandis que les partisans du statu quo colonial descendent dans la rue et manifestent violemment contre les « réformistes ». Au début de l'année 1898, alors que l'élection d'un parlement cubain est prévue pour avril, les échauffourées se multiplient.

C'est alors que, le 25 janvier, un puissant navire de guerre nord-américain, le *Maine*, s'invite dans le port de La Havane. À la demande du consul-général Fitzhugh Lee (neveu du chef des armées confédérées Robert E. Lee), le président McKinley a dépêché le *Maine* avec pour mission de protéger les ressortissants des

États-Unis d'hypothétiques mauvais traitements. Le gouvernement espagnol accueille l'initiative avec la tiédeur qu'on imagine. Le Premier ministre Sagasta préfère cependant considérer ces visiteurs inattendus comme des hôtes et, pour sauver les apparences, envoie un croiseur tout neuf, le *Vizcaya*, rendre une visite de courtoisie au port de New York. L'agitation à La Havane reste toute relative et les troubles qui sont censés justifier sa présence n'empêchent pas le commandant du *Maine*, Sigisbee, d'assister à plusieurs corridas. Tout se passe donc à peu près bien jusqu'à la fatale soirée du 15 février.

Ce soir-là, à neuf heures quarante, une énorme explosion secoue le port et la ville. Le *Maine* vient de sauter. Il y a deux cent soixante-huit morts, dont deux officiers. Tandis que l'Espagne proteste de son innocence, la presse populaire du groupe Hearst se déchaîne contre « l'ennemi » et sa « perfide machine infernale ». De son côté, le *World* de Joseph Pulitzer appelle à la guerre dès le 18 février. Les politiciens ne sont pas en reste et le démocrate Bryan, adversaire malheureux de McKinley aux élections de 1896, prône ouvertement l'intervention.

Dans cette atmosphère, l'enquête confiée à la Navy devient une instruction à charge : les membres de la commission se soucient peu d'affronter le torrent de l'opinion ; ils se soucient beaucoup, en revanche, d'exonérer la Marine elle-même de toute faute ou négligence qui expliquerait l'explosion. La commission conclut, sans en apporter la preuve, à l'action d'une mine sous-marine. Travaillant de son côté (puisque les États-Unis ont refusé une enquête conjointe), la commission espagnole, elle, conclura à un incendie dans une soute à charbon et à l'explosion sous l'effet de la chaleur du magasin de munitions, trop proche et trop peu isolé. Cette dernière thèse, aujourd'hui admise par la plupart des historiens, a été entérinée en 1976 par l'amiral Rickover dans une publication officielle du Département d'Histoire navale du ministère de la Marine [20].

Le public, quant à lui, n'avait pas attendu le jugement des experts pour crier vengeance. Attisée par la presse et entretenue par la plupart des politiciens – au premier rang desquels un sous-secrétaire d'État à la Marine particulièrement va-t-en-guerre du nom de Theodore Roosevelt –, la « fièvre de guerre » fait grimper le ther-

20. H.G. Rickover, *How the Battleship Maine Was Destroyed*, Naval History Division, Department of the Navy, 1976.

momètre politique. Les États-Unis adressent à l'Espagne une note en forme d'ultimatum : ils y réclament un rôle d'arbitre dans le processus d'autonomisation qui doit, à leurs yeux, mener à l'indépendance complète de l'île. Après quoi, ajoutant l'insulte à l'ingérence, l'administration McKinley propose au gouvernement espagnol de racheter Cuba pour 300 millions de dollars. La guerre est devenue inévitable. Ce sera une « splendid little war », pour les *jingoists* américains [21] ; pour l'Espagne, un conflit humiliant et désastreux dans lequel seront perdus non seulement Cuba, mais aussi Porto-Rico et les Philippines.

Une France unie contre l'Amérique flibustière

Et la France dans tout cela ? Ces événements distants et confus, sur des théâtres d'opération toujours plus exotiques, semblent peu faits pour mobiliser l'attention d'une nation réputée pour son ignorance de la géographie. Ils y ont pourtant un retentissement considérable.

D'emblée, la presse s'enflamme contre l'opération militaire des États-Unis. L'explosion du *Maine*, qui a servi de justification au déclenchement des hostilités, laisse sceptiques les diplomates comme les journalistes. Personne ne croit à un attentat perpétré par les Espagnols ; on croirait plus volontiers à une provocation de la « junte » réformiste ou de ses complices nord-américains. Car enfin, à qui le crime profite-t-il ? L'hystérie belliciste de la presse populaire américaine surprend, choque et renforce les soupçons français. Un organe aussi pondéré que *Le Temps* ne mâche pas ses mots et, lorsque les États-Unis s'emparent de La Havane, parle de « haute flibusterie » [22]. Le ton est donné, d'autant plus aigre que tout réussit à ces flibustiers. Le désastre subi par la flotte espagnole devant Manille, connu à Madrid le 2 mai 1898, plonge la Péninsule dans la consternation. Mais la stupeur est à peine moindre à Paris et l'inquiétude partagée. Jamais peut-être des événements militaires aussi lointains et dans lesquels la France n'est pas directement

---

21. « It has been a spendid little war ; begun with the highest motives, carried on with magnificent intelligence and spirit, favored by that fortune which loves the brave » ; lettre de John Hay (alors ambassadeur à Londres) à Theodore Roosevelt du 27 juillet ; citée par W.R. Thayer, *The Life and Letters of John Hay*, Boston, 1915, vol. 2, p. 337.
22. *Le Temps*, 11 avril 1898 ; cité par J. Portes, *Une fascination...*, p. 345.

impliquée n'ont provoqué un tel émoi, et cela en dépit d'une situation intérieure préoccupante, marquée par la poussée d'agitation antisémite la plus violente qu'ait connue la IIIe République.

La conjonction au printemps 1898 de ce que Pierre Birnbaum a appelé le « moment antisémite »[23] et de cette violente réaction antiaméricaine est accidentelle. Mais elle révèle un trait essentiel de l'antiaméricanisme français : il est dès ce moment profondément unificateur. En pleine affaire Dreyfus, au lendemain de la condamnation de Zola, cette étonnante unanimité frappe un observateur cubain : « On dirait vraiment que la haine de l'Américain est le sentiment qui divise le moins les Français car jamais on ne vit pareille unanimité. Des républicains défendent une monarchie rétrograde, des libres-penseurs font bruyamment des vœux pour le succès d'une nation de fanatiques, et des conservateurs, gardiens de la tradition de la famille, traitent de "marchands de cochons" les aïeux maternels des gentilshommes qui, demain, porteront les plus beaux noms de France[24] ! » Étrange spectacle, en effet, et joliment croqué par ce visiteur narquois : la France républicaine et anticléricale fait chorus avec la France des gentilhommières (restaurées grâce aux riches mariages américains) pour conspuer les États-Unis et encenser la monarchie espagnole !

Cette description n'est pas seulement cocasse, elle est prophétique. Au plus fort des discordes civiles dans une France déchirée, l'antiaméricanisme est la seule « passion française » qui calme les autres passions, estompe les antagonismes et réconcilie les adversaires les plus acharnés. Le raccommodement sur le dos des États-Unis ou, à tout le moins, la suspension d'armes entre les factions françaises face à l'ennemi supposé commun restera une constante de la vie politique et intellectuelle. Impossible de comprendre l'antiaméricanisme français, ni sa pérennité tranquille, si l'on ne prend pas la mesure du *bénéfice social-national* qu'il représente, en tant que fabrique de discours consensuels. Si telle est sa fonction (ou du moins l'une de ses fonctions), on ne peut s'étonner de le voir s'épanouir et s'imposer, à l'occasion de la guerre de 1898, mais aussi en réaction contre les violentes divisions françaises du tournant du siècle. Il était logique que l'antiaméricanisme, cet anti-

23. P. Birnbaum, *Le Moment antisémite. Un tour de la France en 1898*, Paris, Fayard, 1998.
24. A. Ruz, *La Question cubaine. Les États-Unis, l'Espagne et la presse française*, Paris, P. Dupont, 1898, p. 46.

dote aux querelles intestines, s'épanouît « du temps que les Français ne s'aimaient pas »[25]. Du moins savaient-ils désormais qui détester ensemble.

Un second trait de la crise de 1898 se répétera, lui aussi, dans l'histoire ultérieure de l'antiaméricanisme : le décalage entre exaspération de l'opinion et modération des autorités constituées. Du côté du gouvernement français, en effet, l'attitude est à la retenue. La France, après tout, n'est pas belligérante et n'assume d'autre rôle dans le conflit que la protection des nationaux espagnols à Cuba. C'est dans le public que se multiplient les manifestations d'une violente indignation contre les États-Unis. Le climat est tendu et la pression suffisamment forte pour faire craindre aux responsables de la diplomatie française – Gabriel Hanoteaux le racontera plus tard – d'être poussés par la rue à la rupture. L'émotion immédiate est donc vive ; mais c'est aussi une commotion profonde et durable que provoque la guerre hispano-américaine. Car plus encore que les commentaires immédiats sur « l'agression » américaine, c'est la rapide diffusion d'une nouvelle image de l'Amérique qui retient l'attention. L'onde de choc de l'événement se prolonge sans s'atténuer au cours des mois et des années qui suivent. À peine retombée l'indignation des éditorialistes, ce sont les essayistes et les écrivains qui prennent le relais. Feuilletons et romans de gare se peuplent soudain, comme par enchantement, d'Américains inquiétants. Au Yankee ridicule succède le Yankee terrifiant et Gustave Le Rouge, qui s'affirme alors comme un maître du feuilleton populaire, tient en haleine ses lecteurs avec *La Conspiration des milliardaires*, haletant récit de géo-politique-fiction qui commence à paraître dès 1899. L'intrigue – un comité secret de magnats yankees entreprend d'asservir l'Europe au moyen d'une armée d'automates – eût paru ridicule dix ans plus tôt. Aujourd'hui, la fiction est à la traîne de l'événement et les héros de Le Rouge ne font guère qu'imiter un Pierre Loti bien réel et au zénith de sa gloire, qui se précipite à Madrid, dès le début des hostilités, pour assurer la reine régente de la « sympathie » des Français et lui dire leur « révolte » devant la lâche agression dont l'Espagne est victime[26]. Le bruit court même, à Paris, que l'auteur

---

25. Maurras désigne ainsi l'avant-14 dans un texte que nous retrouverons plus loin (deuxième partie, chapitre 2).
26. P. Loti, « À Madrid, les premiers jours de l'agression américaine », *Reflets sur la sombre route*, Paris, Calmann-Lévy, 1899, p. 104.

de *Pêcheur d'Islande* et des *Désenchantées* va se voir confier le commandement d'un bâtiment corsaire et faire la course au Yankee. Loti dément avec regret. Ce n'est ni vrai, ni malheureusement possible. À défaut de sabre, reste la plume. En guise de boulets, Loti lancera sur l'ennemi une rafale de feuillets au titre vengeur : « À Madrid, les premiers jours de l'agression américaine »[27]. Pourquoi une telle émotion ? Bien des facteurs y contribuent : une longue tradition d'alliance avec l'Espagne, l'analogie de situation entre deux pays qui conservent des colonies à quelques encablures du continent américain, la propagande récemment faite en France en faveur d'une solidarité latine et plus que tout, peut-être, l'hostilité constante à l'endroit de la doctrine de Monroe – hostilité réveillée par la propagande de Napoléon III dès l'époque de l'aventure mexicaine et attisée, on l'a vu, par les ouvrages antiaméricains des années 1880-1890. Mais indépendamment de toute autre considération, l'affaire de Cuba, suivie de la conquête et de l'occupation des Philippines, est tout de suite perçue en France dans sa dimension symbolique. Pour la première fois, les États-Unis ont pris l'initiative d'une guerre contre un pays européen. Un seuil a été franchi. Un tabou levé. L'agression cubaine est un démenti cinglant infligé aux admirateurs crédules de la Grande République pacifique. Victor Hugo est mort à temps : avant d'avoir vu la nation modèle devenir une puissance comme les autres.

La guerre de 1898 est interprétée d'autant plus dramatiquement en France que cette conversion belliciste des États-Unis laisse présager une métamorphose de la guerre elle-même, entrevue lors de la *Civil War*. La guerre américaine sera à l'image de l'Amérique yankee : inesthétique et inhumaine. L'écrasement des Espagnols à Cuba et aux Philippines n'est pas seulement un coup bas porté à la vieille Europe ; c'est l'exportation d'une guerre de type nouveau. Bien sûr, s'écrie Loti indigné, les États-Unis n'ont pas inventé la guerre ; mais ils en ont fait une hideuse industrie de mort ; mais ils l'ont rendue « laide, empuantie de houille, chimiquement barbare »[28]. À cette guerre-là, « les ennemis d'outre-mer » excellent, puisqu'ils « ont plus d'argent, plus de machines, plus de pétrole pour y tremper leurs obus, plus d'explosifs [...] » Le topos déjà triomphant dans la décennie précédente de la vulgarité et de l'indigence du goût américain trouve ici une application inattendue :

27. *Ibid.*, p. 84.
28. *Ibid.*, p. 152.

faite par de pareils béotiens, la guerre même n'est plus jolie. Et il n'y a vraiment qu'eux pour la trouver « splendide ».

Bas les masques

Mais là n'est pas le plus important. L'important, l'essentiel, c'est que le masque soit tombé. Les plus fieffés optimistes, les idéalistes les plus incorrigibles ne peuvent plus se voiler la face, ni faire la sourde oreille. La canonnade des cuirassés US flambant neufs étrennant leurs obusiers sur La Havane ou Manille a réveillé en sursaut ceux qui se berçaient d'illusions sur la nature essentiellement paisible de l'Union nord-américaine. Des naïfs thuriféraires qui élevaient des statues à la démocratie américaine ou de ceux, plus lucides, qui, depuis une dizaine d'années, tâchaient de nous alerter, on voit bien désormais qui avait tort et qui raison.

Octave Noël est l'un des premiers à tirer les conclusions de l'événement dans *Le Correspondant*, revue catholique qui vire alors à l'antiaméricanisme. Il y publie de janvier à juin 1899 une série d'articles, aussitôt repris en un volume auquel il donne le titre expressif de sa chronique du 25 mars : *Le Péril américain*. Le temps des métaphores est passé et ce péril est devenu très réel. Non seulement les États-Unis sont entrés dans une phase d'agression à force ouverte, mais cette attaque qui a pris les Européens au dépourvu a été préméditée. Mieux : elle était inscrite là-haut, sur le grand rouleau du destin américain, tel qu'il a commencé de se dérouler au début du siècle. « L'agression brutale que les États-Unis ont commise contre l'Espagne, si soudaine et si difficile à justifier en droit et en équité qu'elle ait été, n'était pas un fait imprévu. Elle résultait d'un plan prémédité et elle constitue un épisode nouveau de la politique inaugurée, dès 1810, par la république transatlantique [29]. » C'était déjà, quinze ans plus tôt, la thèse de Frédéric Gaillardet ; la voilà lestée de son pesant d'obus. La guerre avec l'Espagne était donc inscrite dans le patrimoine géopolitique des États-Unis d'Amérique. Elle n'en marque pas moins une étape décisive : celle de la mondialisation des ambitions nord-américaines. Il y a longtemps, bien sûr, que la doctrine de Monroe ne pouvait plus raisonnablement apparaître comme une doctrine purement défensive. Pourtant, même convertie en dogme agressif,

---

29. O. Noël, *Le Péril américain*, Paris, De Soye et fils, 1899, p. 1.

elle ne concernait toujours que le Nouveau Monde, à l'exclusion des autres continents. Certes, « cette formule n'a jamais visé d'autres parties du monde que l'Europe »[30], mais une Europe qu'il s'agissait de déloger de l'Amérique, non d'aller provoquer au bout du monde. Un nouveau pas vient donc d'être franchi – petit pas à Cuba, pas de géant à Manille – vers un interventionnisme planétaire. Aujourd'hui, écrit Noël, « les Yankees sont volontiers disposés à donner à la doctrine de leur ancien président une extension que celui-ci n'avait peut-être pas prévue »[31]. Ils viennent d'en imprimer, dans le sang des Philippins, la nouvelle version, « plus large et plus conforme à leurs aspirations ». Une nouvelle version qui, ajoute Noël, peut se résumer d'un slogan : « le monde aux Américains »[32].

Guerre-Janus que le conflit avec l'Espagne. Sa phase cubaine est encore tournée vers le passé ; selon Noël, c'est pour avoir échoué dans leur tentative de mainmise diplomatique sur l'Amérique latine (lors du Congrès panaméricain qui s'est séparé sans résultat le 19 avril 1890) que les États-Unis, « ajournant leur vengeance », « se sont rabattus sur une proie moins préparée »[33]. Puisque les États latins d'Amérique, mal enjôlés, refusaient de s'enrôler sous la bannière étoilée, on irait la planter en terre cubaine sans rien demander à personne. L'insurrection téléguidée des prétendus « réformistes » cubains, c'est la diplomatie panaméricaine continuée par d'autres moyens : cette « insurrection a pris naissance dans les trusts et dans ces clubs de spéculateurs en sucre et en tabac de New York, dans les fabriques de cigares de la Floride »[34]. Cuba a été, en somme, un lot de consolation. Splendide petit lot, tout de même : la « clef du golfe du Mexique et du futur canal transocéanique »[35]. Empoché en douceur, bien empaqueté de papier cadeau philanthropique : « au dernier acte le gouvernement est intervenu, et [...] a renouvelé la comédie de la philanthropie qui avait si bien réussi en 1861 »[36]. Rien de tel que de réclamer l'abolition de l'esclavage ou l'émancipation des Cubains opprimés pour avancer, pas à pas, vers la conquête du

---

30. *Ibid.*, p. 32.
31. *Ibid.*, p. 40.
32. *Ibid.*, p. 41.
33. *Ibid.*, p. 38.
34. *Ibid.*
35. *Ibid.*, p. 39.
36. *Ibid.*

monde. La « philanthropie » a toujours servi aux Yankees de manteau de Noé jeté sur leur impudente volonté de puissance...

Dans la foulée de Cuba, donc, les Philippines. Voilà le nouveau visage de Monroe : celui d'une Amérique dont l'ambition déborde le cadre jugé par elle trop étroit du continent. Les Philippines aussi sont une clef : la « clef du commerce de cet Extrême-Orient qui exerce sur les États-Unis une fascination » [37]. Ainsi le masque que les États-Unis n'avaient pas voulu tomber en 1890, lors de leurs déceptions panaméricaines, est-il à présent déchiré. Washington ne farde plus son ambition mondiale. Les Américains ne dissimulent plus leurs visées, « ils prétendent s'étendre au-delà [de leurs] frontières naturelles, cependant excessives ». Et s'ils ne s'en cachent plus, c'est qu'ils sont prêts à l'affrontement direct avec l'Europe, cette Europe qui « à cause de son développement économique, de sa puissance de capitaux, de son génie et de son expansion coloniale, est considérée, par ce pays d'alluvions, comme une ennemie qui gêne ses projets » [38]. L'Amérique depuis Monroe sécrète « le fiel le plus amer contre l'ancien continent » [39]. Cette poche de fiel vient de crever. L'affrontement est inévitable. « Sur tous les points du globe, les États-Unis sont appelés à entrer prochainement en conflit avec l'Europe [40]. »

À aucun moment, Octave Noël n'oublie de montrer les racines économiques de cette agressivité impérialiste. Économiste lui-même (on le retrouvera professeur à l'École des Hautes Études commerciales à la veille de la Première Guerre mondiale), il ne manque pas de souligner que si l'Amérique attaque, c'est qu'elle « étouffe chez elle » et qu'elle a le besoin vital d'une « perpétuelle expansion ». Le protectionnisme, là encore, est la cause première de l'irréfragable volonté de conquête américaine, puisqu'il oblige les Américains à « mourir d'inanition sur leurs trésors ou à étendre indéfiniment, et à tout prix, le cercle de leur influence et même de leur domination commerciale ». Cercle vicieux, en l'occurrence, où besoin de marchés et nécessité de conquêtes s'enchaînent fatalement. « De là sont nés », ajoute Noël, « d'abord les récentes tentatives de rajeunissement et d'interprétation de la doctrine de Monroe qui reste l'évangile yankee par excellence ; puis l'esprit

37. *Ibid.*, p. 41.
38. *Ibid.*, p. 32.
39. *Ibid.*
40. *Ibid.*, p. 49.

de conquête et la recherche de débouchés qui caractérisent sa politique actuelle » [41]. De là naîtra le heurt désormais fatal des deux mondes : « La lutte pour la vie, pour la suprématie économique, va prendre, entre l'Europe et l'Amérique, un caractère de brutalité et d'âpreté inconnu jusqu'ici [42]. »

Le Correspondant, très attentif aux affaires américaines, publiera en août un article intitulé « Le monde aux Américains » [43]. La formule fera recette. Son auteur, Edmond Johanet, est un vieux routier du reportage sur l'Amérique. Il a publié chez Mame, en 1889, sous le titre *Un Français dans la Floride*, un insipide récit de voyage dont le meilleur passage est sans doute la célèbre réplique de Labiche : « Quel voyage ! mon Dieu quel voyage ! comme gémissent les bourgeois de la *Cagnotte* [44]. » Dix ans plus tard, le ton a changé et les malveillances anecdotiques du fondateur de « Jonanetville » en Floride se sont muées en incrimination globale des États-Unis. Corruption politique, lobbyistes gagnant leur vie à faire la « médiation entre corrupteurs et corrompus » [45], dictature des trusts sur les industries (toutes « entrustées » [46]), égoïsme des riches, infériorité du protestantisme sur le catholicisme et sa « charité plus belle » [47] : *Autour du monde millionnaire* présente la panoplie à peu près complète d'un antiaméricanisme catholique et conservateur, dont la virulence encore latente en 1889 a trouvé dans le coup de Cuba l'occasion de se débonder. Le promeneur de Floride aux anecdotes de table d'hôte s'est métamorphosé en pourfendeur de la Babylone américaine et du « Tout-Ploutopolis » qui, selon Johanet, régente cette prétendue démocratie. Cette radicalisation du ton, entre 1889 et 1898, est frappante et traduit la rapide montée en puissance du discours antiaméricain.

---

41. *Ibid.*, p. 2.
42. *Ibid.*, p. 42.
43. *Le Correspondant*, 10 août 1898, p. 498 ; cité par J. Portes, *Une fascination...*, p. 349.
44. E. Johanet, *Un Français dans la Floride*, Paris, Mame, 1889, p. 75. Seul trait original : cet habitué de la bonne presse étale un racisme épais qui nous vaut des boutades de cette force : « comme dit le solfège, une blanche vaut toujours deux noires » (p. 43).
45. E. Johanet, *Autour du monde millionnaire*, Paris, Calmann-Lévy, 1898, p. 84.
46. *Ibid.*, p. 78.
47. *Ibid.*, p. 355.

La guerre des mondes

La guerre contre l'Espagne est donc doublement décisive. D'une part, l'image française des États-Unis se recompose autour du thème impérialiste ; d'autre part et du même mouvement, l'Europe se met soudain à exister dans la conscience d'un certain nombre de Français, à la fois comme entité solidairement menacée et comme seule force capable de tenir tête au « péril américain », si elle fait taire ses propres divisions.

L'impérialisme, tout d'abord. La campagne de 1898 met fin définitivement à l'image pacifique des États-Unis promue en France par les républicains. Le démenti est cinglant pour ceux qui en entretenaient fidèlement la légende ; pour ceux aussi, comme Paul de Rousiers, qui lui donnaient créance en insistant sur la faiblesse numérique de l'armée américaine [48]. « Les États-Unis ne sont pas absolument à l'abri d'une guerre », écrivait en 1892 l'enquêteur du Musée social : il ne pouvait imaginer cette guerre qu'imposée aux États-Unis. Six ans plus tard, c'est l'Europe qui n'est plus à l'abri d'une guerre américaine. Le journaliste Jules Huret, en 1904, se fait un plaisir de corriger la copie de cet expert qui ne s'est intéressé qu'aux effectifs de l'armée américaine, jamais à son budget. Car « pour un pays qui n'a pas d'armée ou du moins dont l'armée ne se monte qu'à une cinquantaine de mille hommes, l'Amérique a un budget militaire d'*un milliard et demi de francs* ! Plus élevé que celui de la France », martèle Huret avec plus de véhémence que d'exactitude [49].

Tout peut donc arriver et sur n'importe quel terrain d'opérations. Car cette guerre, menée à la fois dans l'Atlantique et dans le Pacifique, vient aussi démentir la quiète conviction des observateurs de la décennie précédente selon laquelle les tentations expansionnistes des États-Unis trouveraient un exutoire suffisant sur leur

48. P. de Rousiers, *La Vie américaine*..., p. 604. Soulignant ses effectifs extraordinairement bas de 25 000 hommes, Rousiers notait aussi que les qualités individuelles du soldat et le patriotisme ambiant rendraient les Américains « redoutables » en cas de conflit.

49. J. Huret, *En Amérique. I*..., p. 50 ; les dépenses militaires américaines pour 1904 sont officiellement de 165 millions de dollars pour des effectifs de 70 387 hommes dans l'armée et 115 937 dans la *National Guard*. Quoique doublé en sept ans, ce budget est très inférieur au chiffre donné en francs par Huret.

continent, sans que devienne inévitable un conflit direct avec l'Europe. Les plus pessimistes entrevoyaient la possibilité de frictions avec une Grande-Bretagne jalouse du rôle grandissant des États-Unis en Amérique latine. Nul n'imaginait une attaque frontale et délibérée contre un pays de la vieille Europe, ni une extension du conflit aux deux hémisphères.

L'impérialisme militaire des vainqueurs de 1865, présenté jusqu'ici comme une tentation latente, est devenu réalité patente. La face de l'Amérique « yankee » en est changée aux yeux des Français. Un Américain nouveau est arrivé : au *farmer* pacifique et au boutiquier débonnaire succède le guerrier de l'ère industrielle, incendiaire de villes et massacreur de civils. Dans le texte furibond qu'il lance en représailles littéraires contre l'agresseur yankee, Loti fait des obus trempés dans le pétrole le symbole de la sale guerre inventée par les Américains, avec « leurs captures avant la déclaration de guerre, leurs bombardements sans prévenir, leurs obus enveloppés de toiles pétrolées qui mettent le feu aux villes »[50]. Guerre de massacreurs, donc. (Encore écrit-il avant la « pacification » sanglante des Philippines.) Guerre de tricheurs, puisque l'invasion de Cuba a pris pour prétexte un attentat contre le *Maine* inventé de toutes pièces. Guerre de bluffeurs enfin, car ce gant jeté à l'Europe est un test de sa volonté, de sa capacité de résistance. Puisse l'Europe le comprendre, s'exclame Loti ! Puisse-t-elle en tirer les leçons et ne pas laisser son glaive au fourreau ! Puissent les nations européennes fondre ensemble sur l'ennemi commun ! Cette union sacrée, Loti en rêve chez l'ambassadeur d'Allemagne à Madrid, devant un tableau allégorique « peint par l'empereur Guillaume » : des femmes en tenue de walkyries y représentent les différentes nations européennes. « L'allégorie sans doute eût été plus juste », commente Loti, « d'un enseignement plus immédiat, si le génie aux ailes ouvertes eût désigné à l'assemblée des guerrières, par-delà l'océan, vers le Nouveau-Monde, tout l'ouest du ciel, rayé de fils électriques et noirci de fumées d'usine »[51]. Saisissant programme pictural ! Pierre Loti est sans doute le premier Français à rêver d'une grande croisade antiaméricaine menée par une Europe walkyrisée.

Singulier par le tour que prennent ses emportements, Loti n'est pas seul à s'émouvoir. Parmi les témoignages convergents, ceux de

---

50. P. Loti, *Reflets...*, p. 156.
51. *Ibid.*, p. 121.

Valéry et de Suarès sont les plus frappants, l'un par sa sobre netteté, l'autre par une véhémence qui ferait passer Loti pour un modéré. On les retrouvera l'un et l'autre dans le chapitre consacré à l'anti-américanisme sous égide européenne. Ces textes ne voient le jour, en effet, que dans l'entre-deux-guerres. Celui de Valéry décrit comme un traumatisme fondateur la guerre hispano-américaine, associée à la guerre sino-japonaise de 1895. Ces deux conflits, Valéry les juge décisifs, non par leurs conséquences directes, mais en tant que signes avant-coureurs d'un irrémédiable ébranlement du monde européen. Cette méditation rétrospective et mélancolique prolonge avec une étrange solennité le cri de colère et de détresse lancé à l'époque par Loti. « Un choc qui nous atteint dans une direction imprévue », écrit Valéry, « nous donne brusquement une sensation nouvelle de l'existence de notre corps en tant qu'inconnu. [...] Je ne sais pourquoi les entreprises du Japon contre la Chine et des États-Unis contre l'Espagne qui se suivirent d'assez près me firent, en leur temps, une impression particulière. Ce ne furent que des conflits très restreints où ne s'engagèrent que des forces de médiocre importance [...]. Je ressentis toutefois ces événements distincts non comme des accidents ou des phénomènes limités, mais comme des symptômes ou des prémisses, comme des faits significatifs dont la signification passait de beaucoup l'importance intrinsèque et la portée apparente »[52]. L'Europe naît, pour Valéry, non d'un rapt mythologique, mais d'un viol tout aussi lourd de symbole : celui de la Vieille Europe par ses enfants ou disciples – et tout particulièrement par l'ingrate Amérique. Car si la guerre de 1895 pouvait à bon droit inquiéter l'Europe comme « le premier acte de puissance d'une nation asiatique [le Japon] réformée et équipée à l'européenne », celle de 1898 devait l'indigner et la blesser comme « le premier acte de puissance d'une nation [les États-Unis] déduite et comme développée de l'Europe contre une nation européenne ».

Loti, dans le feu de son inaction, rêvait d'une chevauchée euro-péenne contre l'ennemi américain. Valéry découvre l'Europe comme on découvre son corps blessé : « Nous ne savions pas tout ce que nous étions, et il arrive que cette sensation brutale nous rende elle-même sensibles, par un effet secondaire, à une grandeur et à une figure inattendues dans notre domaine vivant. Ce coup

52. P. Valéry, *Regards sur le monde actuel*, *Œuvres II*, Paris, Gallimard, Bibliothè-que de la Pléiade, 1960, p. 914.

indirect en Extrême-Orient, et ce coup direct dans les Antilles me firent donc percevoir confusément l'existence de quelque chose qui pouvait être atteinte et inquiétée par de tels événements. Je me trouvai "sensibilisé" à des conjonctures qui affectaient une sorte d'idée virtuelle de l'Europe que j'ignorais jusqu'alors porter en moi[53]. » Tel pourrait bien être, une génération avant les désastres de 14-18, l'acte de naissance de l'Europe défaite – défaite comme le fut en effet l'Espagne dans l'affaire de Cuba. L'Europe, fille de la peur ? L'Europe, création involontaire de l'Amérique matricide ?

Français contre Yankees : le feuilleton

Un écrivain qui travaille pour un tout autre public n'attendra pas un quart de siècle pour réagir au choc de 1898, ni pour appeler l'Europe à l'union sacrée contre l'ennemi américain : le romancier Gustave Le Rouge. Quelques mois seulement après l'explosion du *Maine* et l'invasion de Cuba, Le Rouge livre au public populaire le premier volume d'une fabuleuse saga antiaméricaine : *La Conspiration des milliardaires*, feuilleton fracassant qui exalte la lutte héroïque et solitaire d'une poignée de Français contre un complot yankee d'asservissement de l'Europe.

La Conspiration des milliardaires, dont les huit livraisons s'étageront de 1899 à 1900, fait date dans l'histoire des narrations antiaméricaines par sa précocité, par sa radicalité et par le caractère populaire de sa diffusion. Ce roman de quatre sous (c'est le prix de chaque volume) est le premier ouvrage de Gustave Le Rouge, qui le cosigne avec Gustave Guitton. Pour son coup d'essai, celui qu'on surnommera « le Jules Verne des midinettes » réussit un coup de maître. À trente-deux ans, il fait la synthèse du mélo populaire manichéen à la Eugène Sue et du récit d'anticipation technique à la Verne. Mais c'est surtout le choix du sujet qui fait de *La Conspiration des milliardaires* une grande première dans la fiction française. Captant astucieusement la colère et l'inquiétude nées de l'affaire cubaine, Le Rouge fait tourner toute son intrigue autour du péril américain. À la fois opportuniste et militant, il mobilise contre l'ennemi yankee un public tout disposé à croire que les États-Unis de 1899, leur univers impitoyable et leur frénésie impérialiste, font peser la menace bien réelle d'une guerre des mondes

53. *Ibid.*

transatlantiques. Cette guerre inexpiable sera finalement évitée et le complot déjoué. Mais jusqu'à l'heureux dénouement, pendant plusieurs centaines de pages, une Amérique du Nord plus bardée de dollars que de scrupules aura bandé toute sa puissance mécanique et toute son énergie psychique en vue d'anéantir l'Europe.

L'argument du drame est régulièrement rappelé au lecteur dans des passages comme celui-ci, dont on respectera les alinéas haletants (et lucratifs) :

« En face de l'Europe, une civilisation s'est dressée, hâtive et monstrueuse. En un siècle, les États-Unis ont réalisé l'impossible, ont atteint le summum de l'activité matérielle.

Pour nous autres, le véritable péril est là. Jusqu'à ce jour, les Américains se sont contentés d'être d'étonnants industriels. Cela ne leur suffit plus.

Nous les sentons s'agiter et se débattre dans des problèmes économiques. Ils cherchent à nous imposer leurs tarifs commerciaux ; ils emploieront tous les moyens pour y arriver.

Déjà leur armement s'augmente et se perfectionne. [...]

Que résultera-t-il de cet immense conflit ? Peut-on, sans frémir d'horreur, envisager la perspective d'une guerre générale ? »

Ainsi médite le jeune Olivier Coronal, ingénieur et humaniste, sur « le péril américain, le véritable danger des races latines »[54]. Comme toute littérature dite d'anticipation, *La Conspiration des milliardaires* fait du futur simple avec du passé recomposé, assaisonné de présent immédiat. Notre héros, dont le souci s'exhale en stances feuilletonesques, ne dit en fait guère autre chose qu'un Octave Noël. Le récit de Le Rouge, baroque dans ses trouvailles de détail (les Yankees, pour voler nos idées, disposent d'un régiment d'hypnotiseurs), n'a rien d'extravagant dans son propos ni dans ceux qu'il fait tenir, longuement et sentencieusement, à ses personnages positifs. L'avertissement qu'il martèle sans relâche est celui des Cassandre des années 1890 : « le péril transatlantique est devenu une réalité »[55].

La Conspiration des milliardaires mérite donc doublement le détour. Tandis que son succès signale la popularisation de l'anti-américanisme, l'insistance stéréotypique propre au genre fait de ce

---

54. Gustave Le Rouge et Gustave Guitton, *La Conspiration des milliardaires* [1899-1900], Paris, UGE, 1977, t. I, p. 201. [Pour abréger, on attribuera désormais à Le Rouge ce qui est aussi à Guitton.]
55. *Ibid.*, t. III, p. 194.

feuilleton un trésor sémiotique des traits antiaméricains reçus ou recevables au tournant du XXᵉ siècle.

L'ennemi désigné par Le Rouge n'est d'ailleurs pas l'Américain : c'est le Yankee. Le terme est employé systématiquement et à chaque page, ou presque. Par les personnages français, pour parler de leurs adversaires. Par le narrateur, lorsqu'il nous livre ses réflexions anthropologico-politiques. Mais aussi par les Yankees eux-mêmes : le milliardaire Boltyn parle ainsi de son propre gouvernement comme du « gouvernement yankee »[56]. Cette onomastique est centrale dans la diabolisation recherchée de l'ennemi américain. En imposant vigoureusement ce terme négativement marqué comme le désignant « normal » des habitants des États-Unis, Gustave Le Rouge tourne la page de l'Amérique romantique, épique ou fraternelle. Cette Amérique-là, terre d'asile ou d'aventure, n'est plus qu'un souvenir ; la nation amie qui l'habitait, un mythe suranné. Au lieu de deux nations côte à côte – la France et les États-Unis –, le feuilleton campe deux continents face à face – l'Europe et le « pays yankee ». Deux continents et surtout deux races. Entre Européens et Yankees, « entre les deux races qui se font vis-à-vis sur les rivages de l'Atlantique », la « différence », insiste Le Rouge, est « énorme »[57]. Tellement énorme que l'Anglais lui-même ferait presque figure d'Européen, par comparaison...

L'emploi constant du désignant *Yankee* n'est donc pas le simple enregistrement d'un usage qui gagne du terrain. Le Rouge, par son insistance, produit une nouvelle figure de l'Amérique, où s'estompe la nation avec son histoire, au profit de la race avec ses constantes. L'absence complète, dans le récit, du peuple américain (le seul personnage populaire et sympathique rencontré par nos héros s'avérera être une non-Américaine) répond logiquement à l'élision du nom. Substituer le Yankee à l'Américain est une opération qui va bien au-delà de la diffamation onomastique : les États-Unis (que Le Rouge appelle l'Union, comme du temps de la guerre de Sécession) se définissent désormais par la « race » dominante qui « occupe » l'espace américain. L'aréopage scélérat des milliardaires bellicistes, ces « quelques Yankees ambitieux » qui se donnent les moyens d'anéantir l'Europe, ne constitue au fond que le noyau dur, la condensation et l'exacerbation de cette race âpre et vindicative.

56. *Ibid.*, t. III, p. 259.
57. *Ibid.*, t. II, p. 171.

Plus de nation américaine, donc. Mais plus de terre américaine non plus. Le pays que parcourent les héros de Le Rouge est d'une grande abstraction. Que Le Rouge n'ait jamais mis les pieds en Amérique ne lui en facilite évidemment pas la description. Mais, en fait, la pauvreté de l'évocation sert mieux ses desseins. Le « pays yankee » doit rester terne et sans qualités, n'étant qu'un négatif de « l'Amérique », ce continent disparu dont les paysages et les habitants sont aujourd'hui relégués dans les livres d'enfant. À la géographie aventureuse et bariolée des romans de la prairie succède la triste topologie d'une nature dénaturée et d'un espace confisqué.

Tel est le spectacle qui s'offre au jeune ingénieur Olivier Coronal et à son fidèle valet Léon (de Belleville), lorsqu'ils se lancent à la recherche de la mystérieuse base secrète où se construit l'armada automatisée des milliardaires, la terrible phalange des « spectres d'acier ». Vision ingrate et décevante : « Le train file à toute vapeur, en ligne droite. Le jeune Français se rappelle, en souriant, les romans d'aventure qui charmaient son enfance, Fenimore Cooper et Gustave Aymard... Où sont la *Longue Carabine*, *Bas de Cuir*, *Œil de Faucon*, et tous ces héros merveilleux de la prairie [...] [58] ? » Plus de place pour ces êtres romanesques au « pays yankee ». Les États-Unis de 1899 ont chassé les aventuriers comme ils ont massacré ou parqué les Indiens, « sous le prétexte de leur faire goûter les bienfaits de la civilisation ». Laminoir des rêves et usine de normalisation, l'ex-Amérique traversée par Olivier et Léon avilit jusqu'à ses victimes, épargnées au prix de leur déchéance : « les derniers représentants de la race rouge, décimés par d'inutiles révoltes, s'habillent à l'européenne, et font des affaires ». Le pays yankee est une table rase, mais non de celles où lève l'utopie : un désert standardisé. Dévasté, son paysage où « les maisons en aluminium remplacent les huttes de branchage ». Dévastatrice, l'humanité errante qui s'est substituée aux Indiens, ces « sans-travail » qui « parcourent les États-Unis, les armes à la main, pillant et brûlant tout, comme cela s'est encore produit lors de la dernière grève des chemins de fer » [59]. Désastre humain, en un mot, que cette civilisation qui a « érigé en théorie le droit du plus fort » et qui « s'inquiète fort peu de ceux qui succombent dans la lutte » [60].

58. *Ibid.*, t. II, p. 98.
59. *Ibid.*, t. II, p. 100.
60. *Ibid.*, t. I, p. 314.

Car si l'Amérique a pu concevoir le monstrueux projet d'invasion qui doit rendre l'Europe « vassale », c'est qu'elle est, elle-même, une terre de violence et d'injustice. « L'asservissement de l'Ancien Monde par le Nouveau » est maintenant « une question de mois, de jours peut-être », apprendra avec inquiétude le lecteur de Le Rouge. Aux yeux des milliardaires, l'invasion est une simple stratégie d'exportation. Il s'agit d'étendre à l'Europe le servage moderne qui prévaut déjà aux États-Unis. Il s'agit de s'assurer pour toujours la maîtrise de tous les marchés. Il s'agit de mondialiser la dictature des quatre-cents. Ardente obligation d'un pays plein de sève, comme veulent le faire croire les admirateurs de Teddy Roosevelt et de la « *strenuous life* » ? Fièvre de croissance d'une Amérique débordée par sa propre énergie ? Pas du tout, répond Le Rouge : exportation mondiale du lugubre despotisme d'une gérontocratie ploutocratique. « Mais qui triompherait avec l'Amérique ? Les quatre cents multi-millionnaires qui détiennent tous les capitaux ! Plus puissants que les Césars et les rois que célèbrent les annales, les milliardaires se partageraient le monde ; l'or deviendrait la religion universelle, et les usines à vingt étages en seraient les sanctuaires, comme les tours de fer et les ponts gigantesques en seraient les monuments vénérés [61]. »

À la pointe de la pyramide yankee, régnant sur cette « civilisation qui ne se pique pas de philanthropie », les milliardaires, bien sûr ; mais aussi leurs suppôts, au premier rang desquels l'indispensable ordonnateur du complot machinique, le « célèbre Hattison », de Zingo-Park, « l'électricien connu dans le monde entier » [62]. Dans cette sombre figure, le lecteur français de 1899 n'a guère de peine à reconnaître Thomas Edison, de Mungo Park. Sa visite en France, dix ans plus tôt, a fait la une de tous les journaux. Mais l'inventeur du phonographe et de la lampe à incandescence que s'arrachaient les salons parisiens est ici devenu un bien triste sire, un « petit homme silencieux et de physionomie perpétuellement morose » [63], plus habile qu'inventif, exploitant avisé des idées des autres autant que des siennes, et prêt à servir aveuglément les projets bellicistes des capitalistes fédérés par le roi de la conserve, William Boltyn.

Monde mécanisé et hiérarchisé, univers impitoyable que cette Amérique dénaturée sur laquelle règne le couple infernal du capi-

---

61. *Ibid.*, t. III, p. 277.
62. *Ibid.*, t. I, p. 225.
63. *Ibid.*, t. I, p. 60.

taliste sans scrupule et de l'ingénieur sans âme. C'est même cet attelage humain qui définit, au plus juste, « le type odieux du yankee, du savant sans élévation d'idées, de l'industriel sans humanité » [64]. En décrire un, c'est les connaître tous, c'est démasquer l'espèce : « C'est seulement aujourd'hui », songe le preux Olivier traîtreusement tombé aux mains de l'ennemi yankee, « que je le comprends entièrement, dans toutes ses nuances... ».

Manichéisme pour « midinettes » ? Peut-être. Mais le grand reporter du *Figaro* Jules Huret ne pense pas autrement, lorsqu'il oppose aux savants de chez nous, ces « apôtres dont la gloire est le seul salaire », ce « phénomène inverse » propre à l'Amérique : « des savants ne consentant à guérir leurs semblables qu'à la condition de s'enrichir ». « Égoïsme excessif, sens pratique exagéré » : ces traits dominants du Yankee « tuent toute virtualité noble, tout sentiment du devoir et de la solidarité humaine » [65]. D'ailleurs, « toutes les inventions qu'on exploite en Amérique et qu'on y perfectionne ont été inventées dans la vieille Europe » [66]. *Corruptio optimi pessima*, répètent les défenseurs français d'une science humaniste. La pire des corruptions est celle qui corrompt l'humanité au cœur : jusque dans l'humanisme de ses grands hommes. Science sans conscience et savants sans scrupules marquent d'infamie cette Amérique où l'avidité souille les plus belles vocations. Nulle recherche que celle du profit. Le brigandage là où régnait l'émulation. Le « pillage éhonté » des brevets, le vol des copyrights deviennent logiquement une industrie nationale dans ce pays où « les "savants" n'ont pas plus de pudeur que les mercantis » [67]. Le tableau brossé par l'envoyé spécial du *Figaro* est une copie presque conforme de la fresque du feuilletoniste : il n'y manque guère que le « régiment des hypnotiseurs » que Gustave Le Rouge imaginait pompant nos pensées scientifiques depuis leurs mansardes stratégiques du Quartier latin.

En haine de l'Europe

Pour Gustave Le Rouge, il n'y a plus à proprement parler d'Amérique, mais un pays yankee au peuple introuvable, aux autorités

---

64. *Ibid.*, t. II, pp. 169-170.
65. J. Huret, *En Amérique. I...*, p. 267.
66. *Ibid.*, p. 393.
67. J. Huret, *En Amérique. II..*, p. 298.

légales fantoches. Tout s'y résorbe et résume dans le cénacle occulte qui gouverne véritablement le pays. Ce *leadership* parallèle obéit à une logique d'intérêt, sans doute ; mais, circonstance aggravante, il est aussi électrisé par une pure haine de l'Européen. Le taciturne Hattison, cerveau du complot, est dévoré contre l'Europe d'une rage continue et mal contenue : « L'ingénieur Hattison [...] n'avait en effet qu'un but, auquel il subordonnait toutes ses actions, et l'incroyable énergie qu'il logeait dans son corps chétif et malingre. Plus que tout autre, il avait la haine de l'Européen, de ses mœurs, de ses idées. [...] Il songeait, avec un frisson de plaisir, à la destruction totale de ces races barbares d'outre-mer, dont les principes sociaux et l'inaptitude commerciale avaient le don de l'exaspérer[68]. » Quant au sanguin Boltyn, l'empereur des abattoirs, ses tirades enfiévrées ne l'apaisent pas ; il a besoin d'un défouloir : une galerie d'art dont il arpente les vastes salles en « crevant çà et là à coups de canne les chefs-d'œuvre des maîtres européens »[69]. Saisissante mise en scène du ressentiment américain et de sa rageuse impuissance devant la supériorité artistique européenne. Et d'autant plus significative, semble-t-il, qu'elle démarque ouvertement une célèbre nouvelle de Maupassant, *Mademoiselle Fifi* (1882), où le rôle du vandale était tenu par un officier d'occupation prussien, sadique et efféminé, dont l'amusement quotidien consistait à faire exploser des charges de poudre au milieu des objets d'art du château normand qu'il occupait militairement[70].

On a déjà croisé chez Crosnier de Varigny cette étrange analogie prussienne, sous forme d'un parallèle entre Blaine et Bismarck. Elle prend ici un sens différent. Tout se passe comme si, décidément, pour le pacifiste qu'est Gustave Le Rouge, l'ennemi n'était plus de l'autre côté du Rhin ; comme si la grande menace surgie à l'ouest était en train d'exonérer nos vainqueurs de 1870. Gustave Le Rouge se retrouve ainsi aux côtés du capitaine Loti, appelant les Walkyries à la rescousse contre l'ennemi d'outre-Atlantique et sa guerre sale. Il rejoint aussi sur ce point Edmond Demolins dont l'essai à succès, *À quoi tient la supériorité des Anglo-Saxons ?*, paru en 1897, est alors dans tous les esprits. Dans *La Conspiration des milliardaires*, il revient au sage M. Golbert, le mentor d'Olivier

68. G. Le Rouge, *La Conspiration...*, t. I, p. 225.
69. *Ibid.*, t. I, p 315.
70. Ce divertissement que l'officier prussien appelle « faire la mine » laisse « le vaste salon bouleversé par cette mitraille à la Néron et sablé de débris d'objets d'art » (*Mademoiselle Fifi*, Paris, Éd. Conard, 1929, p. 12).

Coronal, d'en discuter les thèses : il n'approuve pas le postulat d'une supériorité absolue et générale des Anglo-Saxons (« leur intelligence ne franchit pas les bornes des réalités pratiques, ne saurait les franchir »[71]) ; mais il partage avec Demolins le souci de ne pas se tromper d'adversaire en continuant de diaboliser l'Allemand, infiniment moins redoutable, à terme, que le Yankee.

Effet secondaire, mais non éphémère, de la montée en puissance du sentiment antiaméricain : l'Allemagne en paraît moins hostile, et, à coup sûr, moins étrangère. L'idée d'une alliance défensive la fait rentrer dans le concert des nations au nom d'une logique « européenne » poussée parfois très loin – jusqu'à envisager une coalition antiaméricaine sous la houlette de Guillaume II[72] ! Il paraît même assez clair que pour certains (dont Loti), l'antiaméricanisme sert d'autorisation à un choix de « civilisation » en faveur de l'Allemagne. (On verra plus loin comment Proust met en scène un Charlus chez qui une germanophilie irrésistible se combine à une américanophobie irrépressible.) Le Rouge, en 1900, se contente d'inviter « l'empereur d'Allemagne, à la figure martiale » au dénouement de *La Conspiration des milliardaires* – ce qui n'était déjà pas si mal. Car le dénouement, bien sûr, est heureux. Devant tant de haine servie par tant d'argent, les chances de nos honnêtes savants paraissaient bien minces. Ils triompheront pourtant, et l'humanité avec eux, grâce à deux armes, non moins magiques l'une que l'autre : l'amour et « l'accumulateur psychique ». Le premier change les cœurs (même les cœurs américains) ; le second produit de la bénignité à grande échelle. Le propre fils d'Hattison, Ted, subjugué par une Française et corrompu par des visites trop nombreuses dans nos musées, trahira l'indigne cause de son père. Et symétriquement, la froide fille de Boltyn, l'orgueilleuse Aurora, finira par succomber aux charmes d'Olivier Coronal et à la douceur de vivre au bord de la Loire... Quant à « l'accumulateur psychique », convenablement dirigé vers les peuples les plus rétifs à la bienveillance, il les rend doux comme des agneaux : « à plusieurs kilomètres de distance, il suffisait d'en braquer quelques-uns sur une ville, pour influencer et transformer en bloc toute la population. Les luttes de parti, les haines séculaires, les rivalités entre les castes et les individus disparaissaient tout à

---

71. *Ibid.*, t. II, p. 171.
72. E. Reyer, « L'Américanisation de l'Europe », *Revue bleue, politique et littéraire*, 19 avril 1902, p. 487 ; cité dans J. Portes, « Un impérialisme circonscrit », *L'Expansionnisme...*, p. 46, note 26.

coup »[73]. Les Yankees seraient vraiment trop chiens s'ils résistaient à pareil engin, qui a d'ailleurs l'approbation du tsar et de Guillaume II ! Tout peut donc s'achever dans la joie, après une impressionnante parade de la Paix, dans le château du même nom, où convergent les savants du monde entier, tandis que Boltyn transfiguré finit dans la peau d'un flâneur parisien. Pour cette fois, l'Europe est sauvée. Reste que jusqu'au dernier moment, jusqu'à ce « dénouement inattendu », jusqu'à la miraculeuse fumigation psychique des populations agressives, l'Europe n'en menait pas large face au Goliath yankee.

Il a donc fallu, pour neutraliser la menace américaine, la magie de la science et une forte dose de merveilleux moderne. Mais la vraie merveille du feuilleton de Le Rouge, c'est l'homme – l'homme européen. Et le véritable accumulateur psychique, c'est l'État fédéral réconciliant le vieux continent divisé. Derrière la fable scientifique, le programme idéologique est clair, très proche des fantasmes de Loti et des récollections de Valéry. Il se résume d'un trait : l'Europe unie – unie contre les États-Unis. C'est un vieux rêve hugolien que ces États-Unis d'Europe, rappelle le feuilletoniste. Mais ce rêve, il se charge de le réinterpréter, non sans audace, comme un rêve anti-américain. Si « le grand poète » les avait tant voulus, ces États-Unis d'Europe, « n'était-ce pas pour les opposer au flot envahisseur des États-Unis d'Amérique [...] ? »[74] Le détournement manque de candeur, Le Rouge le sait bien. La logique hugolienne était une logique d'émulation où l'Union américaine, fédéraliste et pacifique, montrait la voie à l'Europe monarchique et retardataire. Aujourd'hui, plus question d'émulation, mais de riposte et d'autodéfense. Si les États-Unis doivent jouer un rôle dans l'unification européenne, c'est par la légitime terreur qu'ils inspirent. « Contre le péril américain », lance Olivier Coronal pris d'une « fièvre d'évocation », « sait-on s'il ne se formera pas, en Europe, une immense république, englobant toutes les puissances du vieux continent que divisent encore des querelles séculaires ? Après tout, ce serait logique ».

Le Rouge n'invente pas cette logique européenne, sur laquelle il faudra revenir ; mais il est probablement le premier à la populariser sous cette forme.

*

73. *Ibid.*, t. III, pp. 362-363.
74. *Ibid.*, t. II, p. 89.

Ce qui fait toute l'importance de la « catalyse » de 1898, ce n'est donc pas seulement la réaction à chaud, vive et souvent violente, de Français étrangement unis dans la réprobation [75]. C'est la marque qu'elle imprime sur toute une génération. Témoin Valéry. Témoin aussi André Suarez, qui conçoit en 1898 l'idée d'un essai sur le « principe européen » qui ne verra le jour qu'en 1926. Les tons diffèrent grandement, on le verra plus loin : la méditation doloriste de Valéry est bien éloignée de l'exaspération xénophobe de Suarez. Mais on ne peut qu'être frappé par le parallélisme de ces réactions, inquiète ou rageuse, au même « coup » frappé par l'Amérique. En apportant une confirmation éclatante aux mises en garde lancées jusque-là par des voix isolées, ce « conflit d'ampleur limité » a transformé l'horizon d'attente des Français devant l'Amérique : les plus extrêmes violences peuvent désormais venir s'y inscrire sans invraisemblance.

En mettant le pied à Cuba, ce quasi-prolongement de leurs côtes, les États-Unis paraissent aux Européens avoir à demi enjambé l'Atlantique et, en envahissant les Philippines, leur avoir signifié qu'ils pouvaient s'inviter partout. Que cet impérialisme soit atypique – par son hésitation à annexer et sa répugnance à administrer les territoires sur lesquels il empiète – ne le rend pas forcément plus rassurant. Les États-Unis semblent vouloir se comporter comme les grandes puissances coloniales sans entrer dans leur club, source prévisible d'autres tensions futures. Ils veulent faire main basse sans se salir les mains – version puritaine et hypocrite, pensent les Français, du beurre et de l'argent du beurre. Leur *self-restraint* dans l'expansionnisme rassure les diplomates, mais ne répare pas dans l'opinion les dégâts d'image causés par le bombardement de La Havane et la sale guerre des Philippines. Progressivement, à partir de 1903, le tumulte s'apaise et l'excitation retombe. Mais la face de l'Amérique en a été changée : elle passe le seuil du siècle sous le mufle yankee.

---

75. C'est dans les rangs socialistes que les États-Unis sont le moins critiqués, du moins au début du conflit ; mais l'occupation militaire et la « pacification » sanglante des Philippines, révélée dans toute sa brutalité par la presse en 1902, amènera socialistes et syndicalistes à durcir leur position.

5. Yankees et Anglo-Saxons

La plus grande partie du continent découvert par Christophe Colomb est, depuis bientôt cinq siècles, aux mains d'une race qui l'a conquise.

Octave Noël, *Le Péril américain* (1899).

Jonathan est le cousin germain de John Bull, mais pas aussi *germain* qu'on pourrait bien le croire.

Max O'Rell et Jack Allyn,
Jonathan et son continent (1900).

L'Américain nouveau, donc, est arrivé. Il est brutal, borné, sans culture ni curiosité désintéressée. Il a l'œil froid, les mains promptes, les dents carnassières. Son avidité est sans fard, sa rapacité exempte de scrupules – scrupules que sa religion, d'ailleurs, lui interdit. Tel est l'inquiétant individu dont s'effarent les Français de 1900. Ce n'est d'ailleurs pas un individu, mais bien, comme l'écrit Gustave Le Rouge, un *type* : le « type odieux du yankee », halluciné par Olivier Coronal dans la nuit obscure de son souterrain. Cette typologie est nouvelle, radicalement différente de celle qui prévalait jusqu'aux années 1860-1870, du temps que l'Américain n'était encore qu'une silhouette sommaire et contradictoire : manière d'Anglais en plus vulgaire ou « rastaquouère à cravache » [1]. L'heure n'est plus à ces profils pittoresques et ridicules sortis d'un *pub* ou de la pampa : marchand de cochon tirant son chéquier ou matamore texan tirant son six-coups. S'ils traversent encore la scène française, c'est que le théâtre est attaché à la stabilité des « emplois » et ne modifie qu'à regret les types familiers au public.

1. S. Jeune, *Les Types américains dans le roman et le théâtre français (1861-1917)*, Paris, Didier, 1963 ; p. 162.

Avec ces caricatures vieillies, l'Américain nouveau n'a plus en commun que ses dollars et l'amour qu'il leur porte. *La Conspiration des milliardaires*, cette remarquable chambre d'enregistrement de la stéréotypie post-1898, illustre bien la mutation. Le Yankee 1900 ? Un « savant sans élévation d'idées ». Un « industriel sans humanité ». Une intelligence réduite aux acquêts de la rentabilité et incapable de « franchir les bornes des réalités pratiques ». Un affairé pathologique qui, passé l'âge d'entreprendre, sombre dans le « suicide ou la folie ». Et puis encore ? Un nationaliste arrogant, dont l'extrême chauvinisme ne peut se dire qu'en langue originale, d'un mot barbare mais devenu familier aux Français : « jingoïsme »[2]. Un prédateur insatiable, un infatigable expansionniste. Bref, un impérialiste. (Encore du franglais, malgré les apparences, encore un mot reforgé là-bas[3] : chez nous, *impérialiste* voulait dire jusque-là « partisan du régime impérial ».) Et un impérialiste qui s'avance drapé de religiosité candide, vêtu du lin blanc de sa « mission providentielle ».

Le Yankee s'est étoffé, ce n'est plus un fantoche. Il a acquis une netteté, on pourrait même dire une dureté de traits qui tranche avec le flou de ses profils antérieurs. Il s'est dégagé du stéréotype britannique : on ne peut plus le prendre pour un Anglais. Mais il s'est aussi émancipé des stéréotypes que les Anglais avaient mis en circulation à son sujet dans le premier tiers du XIXᵉ siècle. Le Yankee français de la Belle Époque est une construction indigène qui reflète la montée d'un antiaméricanisme *sui generis*, qui ne doit plus grand-chose à Fanny Trollope ou à Basil Hall. Et comme pour bien marquer cette rupture, les Français se dotent même d'une étymologie de *Yankee* inconnue des anglophones.

Il faut, pour prendre la mesure de cette émancipation, remonter le fil des mots et des images.

Yankee et Yankie

L'apparition du mot *Yankee* est contemporaine de la guerre d'Indépendance. Selon une étymologie probable, il s'agirait d'un sobriquet utilisé par les soldats britanniques pour désigner leurs

---

2. Le mot *jingoism*, dérivé d'un exclamatif (« *By jingo !* ») est attesté à partir de 1878 pour signifier un chauvinisme agressif.
3. Lors de la crise vénézuélienne de 1896.

adversaires, les *colonists* révoltés. *Yankee* viendrait de *Yanke*, « le petit Jan » en néerlandais. Ce diminutif serait donc apparu parmi les troupes anglaises comme un quolibet xénophobe, renvoyant les Insurgents à une origine étrangère et jetant le discrédit sur la vraie nature de leur rébellion. Ce terme péjoratif, les habitants des Colonies l'auraient repris au bond et adopté pour leur compte, selon un processus de bravade sémantique fréquent dans les situations d'effervescence révolutionnaire. Tel est le scénario étymologique adopté par la plupart des historiens et par le *Oxford English Dictionary*.

Après l'indépendance, le terme continue en Grande-Bretagne sa carrière péjorative pour désigner les Américains du Nord-Est. Fanny Trollope, dans *Domestic Manners of the Americans*, définit le Yankee par son habitat géographique, mais aussi par un habitus décrit en termes ethniques. D'une part, en effet, les Yankees sont tout simplement les habitants de la Nouvelle-Angleterre que Mrs Trollope appelle « the New England or yankee country » ; il y a donc pour elle un « pays yankee » et cette aire est limitée aux six États situés à l'est de l'Hudson (Connecticut, Rhode Island, Massachusetts, Vermont, New Hampshire et Maine). Mais d'autre part, le Yankee se caractérise par une « nature » ethno-psychologique composite et complexe. Autant il est facile de situer les Yankees sur la carte, autant il est difficile, explique-t-elle, de définir *le* Yankee : tout au plus peut-on cerner sa personnalité collective à travers une triple analogie. Le Yankee en effet « ressemble à l'Écossais par l'astuce, la prudence, l'industrie et la persévérance » ; au Hollandais par sa propreté et sa frugalité ; et « aux fils d'Abraham » par son goût du lucre. À quoi s'ajoute un quatrième trait par lequel « il ne ressemble qu'à lui-même » : sa franche et superlative admiration pour tout ce qui constitue sa propre personne [4]. Ce portrait-charge fera le tour de l'Europe. N'a-t-il pas reçu, d'ailleurs, l'assentiment des intéressés eux-mêmes ? Car, précise Mrs Trollope, que les Yankees soient « fourbes, manipulateurs, égoïstes et trompeurs », non seulement tous leurs compatriotes en sont d'accord, mais eux-mêmes « l'admettent avec un sourire complaisant » [5] !

Ce Yankee à l'anglaise, porté par le succès de *Domestic Manners of the Americans*, modèlera longtemps les représentations françai-

---

4. F. Trollope, *Domestic Manners of the Americans* [1832], éd., introd. et notes de Pamela Neville-Sington, Penguin Books, London & New York, 1997, p. 287.
5. *Ibid.*, p. 235.

ses. Il est frappant de voir son influence s'exercer jusque dans les ouvrages les plus favorables à l'Amérique comme les *Études sur la littérature et les mœurs des Anglo-Américains au XIXᵉ siècle* de Philarète Chasles (1851). Considéré en son temps comme un admirateur inconditionnel des États-Unis, Chasles trace pourtant un portrait psychologique et moral peu engageant de celui qu'il appelle « l'Yankie du Nord ». Dans un épilogue intitulé « L'avenir de l'Amérique », ce Yankie est donné comme le « type complet de l'ancien colon, avec sa finesse de spéculateur, son silence impassible, sa curiosité cauteleuse, son audace froide et sa redoutable sagacité »[6]. Le même Philarète Chasles qui, dans son introduction, défère à l'autorité de Tocqueville et de Michel Chevalier, perpétue sans sourciller les stéréotypes trollopiens lorsqu'il évoque le « type » humain de la Nouvelle-Angleterre.

Mais s'agit-il vraiment de la Nouvelle-Angleterre et de ses habitants ? La formulation de Chasles – « l'Yankie du Nord » – est équivoque. Sans suggérer nécessairement l'existence d'un énigmatique Yankee du Sud (dont Chasles ne souffle mot), l'expression élargit le territoire yankee à un « Nord » qui n'est plus circonscrit à la Nouvelle-Angleterre historique. Cette discrète déterritorialisation du Yankee permet de surmonter une contradiction gênante. Chasles, en effet, est de ces rares Français qui suivent Tocqueville dans son éloge des Puritains de Nouvelle-Angleterre, même s'il en déplace l'accent. Tocqueville voyait dans le puritanisme le foyer des lumières démocratiques américaines[7] ; pour Chasles, « l'autonomie » puritaine est surtout une manifestation d'« énergie ». Le puritanisme selon Tocqueville contenait en germe la démocratie et la république ; celui de Chasles contient la puissance et la gloire : les Puritains, écrit-il, ont « déposé sur les sables d'Amérique l'œuf d'un empire colossal »[8]. Et Chasles ne cesse d'opposer la « force morale [...], la sincérité, la croyance, la persévérance, le courage » de la souche puritaine à « notre faiblesse morale, à notre débilité d'action »[9]. Comment dès lors concilier cette vibrante apologie des

6. Philarète Chasles, *Études sur la littérature et les mœurs des Anglo-Américains au XIXᵉ siècle*, Paris, Amyot, 1851, pp. 491-492.
7. Ce que Chasles appelle « la vie énergique des États-Unis » (p. IV) se traduit par un « en-avant perpétuel (*go-a-headism* [*sic*]) » propre à la culture américaine (*ibid.*, p. 483). Tocqueville développe sa thèse dans le chapitre 2, « Du point de départ et de son importance pour l'avenir des Anglo-Américains » de la première *Démocratie*.
8. Ph. Chasles, *Études...*, p. 4.
9. *Ibid.*, p. 4 et IV.

Puritains et le dénigrement du Yankee, leur héritier direct, sinon en décrochant le type « Yankie » de cette Nouvelle-Angleterre où l'antiaméricanisme britannique le confinait ? Philarète Chasles prépare ainsi, fût-ce à son insu, l'extension du concept Yankee qui caractérisera bientôt son emploi français.

Car l'ouvrage de Chasles, paru au mitan du siècle, se situe aussi à la charnière de deux époques sémantiques. Pendant toute la première moitié du XIXe siècle, en effet, l'usage français du terme *Yankee* est rare, dispersé et indécis. Remarquable est son omission dans les deux *Démocratie* de 1835 et 1840, contemporaines du succès européen de Fanny Trollope. Que ce succès ait paru à Tocqueville de bien mauvais aloi est d'ailleurs attesté par le ton mordant du chapitre « Quelques réflexions sur les manières américaines » : le vicomte y raille les « impitoyables détracteurs » anglais issus des classes moyennes qui « se sont fort égayés aux dépens des manières américaines » sans se rendre compte que « le même tableau [leur était] fort applicable »[10]. Madame Trollope morigénant les Américains, c'est l'arroseuse arrosée... Pas question en tout cas pour Tocqueville d'adopter une terminologie à la pertinence douteuse : il n'y a pour lui que des « Anglo-Américains ».

Yankee, en France, dans cette période, est en effet une appellation peu contrôlée, au référent indécis et aux connotations variables. L'usage péjoratif est manifestement bien établi déjà, mais il n'exclut pas des emplois neutres et même laudatifs. Une anecdote et une citation suffiront à illustrer cette souplesse sémantique.

L'anecdote a Baudelaire pour héros et l'insulte *Yankee* pour chute. On sait la passion du poète pour Edgar Allan Poe. Au début des années 1850, tandis qu'il s'efforce en vain d'obtenir des renseignements sur cet « enragé malheureux », Baudelaire apprend l'arrivée à Paris d'un Américain qu'il suppose bien informé. Il se précipite à son hôtel, accompagné d'Asselineau – qui plus tard racontera la scène. Las ! Baudelaire ne tire du malgracieux personnage (qu'il dérange dans un essayage de bottes) que quelques grommellements peu flatteurs pour l'auteur d'*Eurêka*. Son sang ne fait qu'un tour, il claque la porte sur ces mots : « Ce n'est qu'un Yankee ! »[11]. À l'évidence, l'anathème lancé par Baudelaire ne vise

---

10. A. de Tocqueville, *De la Démocratie en Amérique* (II), Paris, Robert Laffont, collection « Bouquins », éd. procurée par J.-Cl. Lamberti et F. Mélonio, 1986, p. 577.
11. Cité dans Baudelaire, *Œuvres complètes*, Paris, Gallimard, Bibliothèque de la Pléiade, 1976, t. 2, p. 1202.

pas l'affairiste madré de Nouvelle-Angleterre décrit par Mrs Trollope, mais bien le philistin panaméricain, le butor d'outre-Atlantique, l'ennemi né des arts. Yankee très français que celui-là.
Le contre-exemple date de 1853. Il s'agit du premier emploi connu en français du substantif *yankisme* – auquel plus tard se substituera *yankeesme*. La patience des lexicographes en a repéré l'occurrence dans un livre intitulé *Les Hommes et les Mœurs en France sous le règne de Louis-Philippe*. Or cet emploi est dénué de toute péjoration et intervient dans un contexte totalement positif.
« L'habitude du cercle ou du café », peut-on lire dans cet essai, « est en harmonie avec l'individualisme qui s'introduit dans nos mœurs depuis une cinquantaine d'années. Au surplus, un peu de *yankisme* dans les habitudes de ce peuple catholique [le peuple français] ne ferait de tort ni à l'esprit ni aux affaires de la nation » [12].
Pour son premier passage imprimé en langue française, *yankisme* n'est pas brandi comme une accusation, mais exhibé comme un modèle à suivre.
En 1900, tout cela est bien fini. Cette cohabitation d'usages très différemment marqués relève d'un passé révolu. Non qu'il y ait accord parfait sur le référent ; la latitude d'interprétation personnelle reste assez grande. (Le Yankee de Lanson, par exemple, est « le milliardaire qui n'est pas encore décrassé, le *business-man* qui, dans la lutte pour l'argent, ne voit plus que l'argent comme but de la vie » [13].) Mais la seule possibilité d'un usage positif est exclue.
En fait, l'inexorable basculement vers le péjoratif a commencé dès les années 1860. La guerre de Sécession a eu trois effets principaux. Jusque-là géographiquement flottant (de la Nouvelle-Angleterre à l'ensemble de l'Amérique du Nord en passant par le « Nord » des États-Unis), le Yankee est désormais assimilé au « Nordiste » par opposition au « Sudiste ». En même temps, la propagande de guerre sudiste assigne définitivement au mot un sens négatif. Tandis que l'Amérique de Lincoln chante le *Yankee Doodle*, en Europe seuls les adversaires du Nord utilisent le mot *Yankee*. (Ses partisans

---

12. H. Castille, *Les Hommes et les Mœurs en France sous le règne de Louis-Philippe*, Paris, Henneton, p. 354 ; référence donnée par Pierre Enckell, *Datations et documents lexicographiques* n° 42, CNRS-Klincksieck, 1994.
13. G. Lanson, *Trois Mois d'enseignement aux États-Unis*, Paris, Hachette, 1912, p. 66 ; il se trouve aussi quelques auteurs pour refuser comme inexacte l'extension du terme à l'ensemble de la population blanche des États-Unis et rappeler qu'il « ne s'applique qu'aux habitants de la Nouvelle-Angleterre » (Max O'Rell et Jack Allyn, *Jonathan et son continent. La société américaine,* Paris, Calmann-Lévy, 1900, p. 13, note 1).

disent « l'Union », « les Unionistes », les « Fédéraux ».) Monopolisé par le discours d'hostilité, le terme est définitivement retiré de toute circulation autre que polémique. Dernière étape enfin d'une mutation imposée par la guerre civile : la victoire du Nord suscite en France un redéploiement du sens. Les Yankees (Unionistes) s'étant rendus maîtres du pays tout entier, toute l'Amérique (blanche) sera désormais réputée « yankee country ». On a pu le constater chez les antiaméricains précoces dès 1880 : *Yankee* désigne, avec une intention dénigrante, l'Américain du Nord en général. La polysémie antérieure se rassemble et se stabilise : *Yankee* devient le péjoratif générique de l'*Homo Americanus Nordicus*, à l'exclusion de l'Indien et du Noir.

Entre le milieu et la fin du siècle, *Yankee* a donc changé de définition, d'extension et de connotation dans l'usage français. Son dérivé aussi. L'usage positif de *yankisme* chez l'essayiste néologue de 1853 est désormais frappé d'obsolescence. Lorsque le mot réapparaît dans la graphie *yankeesme* (chez Octave Noël, par exemple, en 1899), il ne peut plus se prêter qu'à des usages fortement péjoratifs – type : « la férocité égoïste du *yankeesme* »[14]. Les jeux sémantiques sont faits. On ne trouvera plus désormais aucun usage neutre, encore moins positif du mot. À l'intérieur du registre négatif, les emplois « trollopiens » ne sont plus que des survivances[15]. Le Yankee à l'anglaise vit en France ses derniers jours ; il a d'ailleurs cessé de faire recette en Grande-Bretagne même, où les appels à l'unité anglo-saxonne ont remplacé les sarcasmes culturels contre les cousins mal dégrossis d'outre-Atlantique.

Tardivement, mais résolument, l'antiaméricanisme français s'est donc approprié le Yankee et l'a refaçonné à son usage pour en faire la figure centrale d'une scénographie des rapports franco-américains où le rôle de l'Angleterre a complètement changé.

La manipulation étymologique

La manifestation la plus curieuse de cette appropriation est la promotion d'une étymologie « à la française » de *Yankee*.

---

14. O. Noël, *Le Péril américain*, Paris, De Soye et fils, 1899, p. 33.
15. Chez Edmond Johanet (*Un Français dans la Floride*, Paris, Mame, 1889, pp. 53-55), le Yankee ressemble encore beaucoup à celui de Fanny Trollope. Le Français doit employer préventivement « la ruse et la perfidie » et rester toujours sur ses gardes ; s'il sourit, « c'est mauvais signe... il vous a choisi pour dupe ».

On a dit qu'une tradition bien établie, sinon parfaitement attestée, attribuait aux soldats britanniques confrontés aux Insurgents la création du mot *Yankee*. Mais une tout autre explication de ses origines circule en France et finit par s'imposer à la fin du XIXᵉ siècle. Elle fait de *Yankee* une déformation indienne du mot *English*. Émile Littré l'appuie de son autorité en 1877 : « Sobriquet par lequel les Anglais désignent familièrement, et avec une espèce de dénigrement, les habitants des États-Unis de l'Amérique du Nord. C'est le mot *english*, anglais, défiguré par la prononciation des Peaux-Rouges. » La première phrase de Littré décrit sans surprise la relation de « dénigrement » établie (et perpétuée) par les Anglais envers les cousins d'Amérique. Mais la seconde, en sa sobriété toute positiviste, est un vrai coup de théâtre. Ce ne sont pas les Anglais, nous dit Littré, qui ont nommé le Yankee : ce sont eux-mêmes qui ont été traités de *Yankees* par les Indiens. Littré ne cite aucune source à l'appui de son affirmation qui contredit la tradition anglophone et retire à l'Anglais toute autorité baptismale dans cette affaire de sobriquet : loin qu'il puisse se targuer d'avoir eu l'initiative, l'Anglais a été le premier objet de cette appellation dénigrante qu'il utilise bien aveuglément contre les Américains.

Où donc Littré a-t-il déniché son étymologie et pourquoi l'imposer au public français de manière péremptoire, sans même mentionner qu'elle ne s'accorde pas avec l'hypothèse courante dans le monde anglophone ? Malgré le silence de Littré, sa source est identifiable et elle éclaire le sens de sa démarche. C'est chez Philarète Chasles, dans les *Études* de 1851 déjà mentionnées, que Littré a trouvé la solution étymologique qu'il adopte et accrédite. Chasles en effet faisait suivre son court portrait typologique du « Yankie » de cette curieuse note sémantique : « Le mot Yankie, appliqué aujourd'hui comme sobriquet aux populations agricoles et commerciales du nord, n'est autre que le mot *English* (Anglais) transformé par la prononciation défectueuse des indigènes du Massachusetts, *Yenghis, Yanghis, Yankies*. » Il ajoutait : « Nous tenons de l'un des hommes les plus instruits de cette province cette curieuse étymologie que ne donne aucun ouvrage américain ou anglais[16]. » Et pour cause... Cette précision fort évasive – puisque Chasles, lui non plus, n'identifie pas sa source – est pourtant fort précieuse. En soulignant le caractère inédit de son information, Chasles se présente, sinon comme l'inventeur, en tout cas comme

16. Ph. Chasles, *Études...*, p. 491, note 1.

l'initiateur de cette tradition étymologique française. Quoi qu'il en soit de sa « source » américaine, Chasles est bien à l'origine de la chaîne dont se saisit Littré. On voit mieux, du coup, les enjeux de cette « francisation » de l'étymologie. « Les Anglais », ajoutait en effet Chasles, « quand ils se moquent des *Yankies*, se moquent d'eux-mêmes »[17]. C'est le tour et la formule mêmes de Tocqueville critiquant les « impitoyables détracteurs » anglais : « ils ne s'aperçoivent pas qu'ils se raillent eux-mêmes... »[18]. Tout cela, dira-t-on, pour donner une petite leçon d'humilité à nos trop fiers voisins ? Évidemment non. Mais bien pour poser la question, autrement plus grave, de la connivence de l'Anglais et du Yankee, de leur solidarité siamoise, de leur identité anglo-saxonne que l'étymologie anglaise de Yankee cherche à dénier et que l'étymologie « à la française » tient à rappeler. Et l'on ne s'étonnera pas que le spectre de l'Anglo-Saxon, qui hantera toute la fin de siècle, fasse l'une de ses premières apparitions françaises précisément dans les *Études* de Chasles, en 1851, et justement dans le chapitre « L'avenir de l'Amérique » qui révise l'origine du mot *Yankee*. En dépit de sa déférence envers Tocqueville, on l'a dit, Chasles ne fait nullement du principe démocratique le point focal de son analyse des États-Unis. Plus précisément : il ne cesse de subordonner la viabilité du principe démocratique à l'énergie vitale du peuple qui le met en œuvre – au point de douter que le modèle américain puisse être d'un quelconque intérêt pour les « enfants décrépits de notre monde blasé »[19]. « L'avenir de l'Amérique », il le voit en fin de compte inscrit dans le passé de la race : « La vieille sève circule dans les veines de cette société composée de plusieurs millions d'Anglo-Saxons dignes de leurs pères, et qui, le marteau et la hache à la main, continuant leur œuvre, pratiquent une clairière immense pour l'avenir[20]. » Lorsqu'il cesse de regarder en arrière (vers le Yankee de Fanny Trollope), Chasles voit se dessiner une nouvelle figure du Yankee indissociable de la problématique anglo-saxonne – celle qui s'imposera dans le discours français de la fin du siècle.

---

17. *Ibid.*
18. A. de Tocqueville, *De la Démocratie...*, p. 577.
19. « Les enfants décrépits de notre monde blasé ont-ils raison d'imiter maintenant, en dépit de leur passé, l'autonomie américaine dont ils ne possèdent même pas le germe ? Réussiront-ils dans cet essai ? On peut en douter. » (Ph. Chasles, *Études...*, p. 507.)
20. *Ibid.*, p. 455.

Après plusieurs décennies de tortueux cheminement, le sacre du désignant *Yankee* a lieu dans ce dernier quart du XIXᵉ siècle, entre son admission par Littré et sa popularisation par des romanciers comme Gustave Le Rouge. Il régnera sur tout le XXᵉ siècle comme l'inusable sobriquet de l'ennemi américain. Hulans, Boches et Rosbifs sont depuis longtemps relégués au musée de l'invective que *Yankee* continue parmi nous sa carrière polémique. On n'en dira pas autant de ses dérivés, *yankisme* et *yankeesme*, qui végètent sans jamais s'implanter[21]. Il y a plus d'une explication possible de cet échec, à commencer par le manque d'euphonie et l'hésitation orthographique. Mais il est permis de soupçonner une raison plus essentielle : *yankisme* et *yankeesme* sont trop abstraits, trop intellectualistes ; ils renvoient implicitement, par leur forme même, à une doctrine, à une morale, à un projet de société (comme tentera de le faire *américanisme*, en version française). C'est en quoi justement ces mots sont en porte-à-faux par rapport à la figure du Yankee. Le Yankee de l'antiaméricanisme français au tournant du XXᵉ siècle n'est pas une figure idéologico-politique, mais ethnicosociale. À ces mots en -*isme* recalés par la langue, il manquait ce qui précisément a fait le succès de *Yankee* : la carnation d'un imaginaire.

On se souvient de *L'Ève future* de Villiers de L'Isle-Adam, cet étrange roman qui faisait de Thomas Edison le créateur démiurgique d'une vivante automate : l'Andréïde, destinée à remplacer auprès de Lord Ewald la femme aimée, réelle et décevante. À cette merveille mécanique, donner vie, c'était donner chair – cette merveilleuse chair artificielle, orgueil de l'inventeur, cet « Épiderme, qui est la chose capitale »[22]. Le *Yankee*, lui aussi, pour s'incarner dans l'imaginaire social français, a eu besoin d'une chair artificielle. Il fallait faire vivre ce squelette sémantique. Cette chair artificielle, mi-historique, mi-« scientifique », lui a été fournie par le discours racial, sous la forme du mythe anglo-saxon.

La rencontre est décisive. Au seuil du XXᵉ siècle, la nouvelle rhétorique antiaméricaine noue alliance avec un discours qui donnera au mannequin épaisseur et consistance : le discours de la race. Pour le dire plus précisément : c'est la réélaboration tardive d'un

---

21. On retrouve « yankeesme » chez Edgar Morin en 1964 ; ce n'est pas un néologisme puisque Octave Noël l'emploie en 1899 ; le terme ne « prend » pas davantage en 1964 qu'il n'avait pris en 1899.

22. Villiers de L'Isle-Adam, *L'Ève future* [1886], Paris, Garnier-Flammarion, 1992, p. 312.

anglo-saxonnisme à la française qui, combiné à la poussée de fièvre antiaméricaine d'après 1898, donne corps au Yankee : le voilà doté d'une histoire qui remonte aux âges obscurs et d'une « nature » où domine la germanité originelle. Le Yankee, ce « sale type », fait figure de débutant, jeune acteur de l'histoire frais émoulu du mélodrame des nations ; mais il a de la branche et même, derrière lui, tout un arbre généalogique. Le « type », comme disent d'une seule voix Chasles et Gustave Le Rouge, acquiert ainsi une véritable physionomie.

Anglo-Saxons : les versions originales

Au commencement étaient les Angles, les Saxons – et quelques autres sans doute, moins chanceux auprès de la postérité. Ces peuples germaniques (les Angles auraient habité une partie du Schleswig) avaient été, selon la tradition, appelés dans l'île de Britannia au VIIIᵉ siècle et y avaient servi comme mercenaires, avant de se tailler des royaumes aux dépens des rois celtes. Au moment de la conquête normande, les différents royaumes saxons, plus le royaume des Angles (l'actuelle East Anglia) couvraient la plus grande partie de l'Angleterre moderne. Mais en 1066 Harold, dernier souverain saxon, est vaincu et tué à Hastings. Les Anglo-Saxons dépossédés entrent dans la légende.

Ils devront en fait attendre quelque temps au purgatoire de l'Histoire. C'est au XVIᵉ siècle et pour les besoins des luttes religieuses que la légende anglo-saxonne est réveillée de son sommeil. Dès 1530, des références apparaissent à l'Église saxonne pour justifier la rupture avec Rome et soutenir le schisme de Henry VIII. Sous la houlette de l'archevêque Matthew Parker, l'étude et l'interprétation du passé anglo-saxon se systématise, toujours dans le dessein de fournir des arguments à la couronne britannique. Dès 1563, dans un livre comme celui de John Foxe, *Acts and Monuments*, érudition religieuse et reconstruction du passé se mêlent polémiquement à l'affirmation d'une nature particulière du peuple anglais dont la clé serait à chercher dans son ascendance anglo-saxonne. Une seconde étape, capitale, intervient dès le début du XVIIᵉ siècle. Le débat est cette fois juridique et politique. Ce sont les institutions saxonnes qui sont exaltées contre le système d'oppression mis en place par l'envahisseur normand. Le retour aux origines est ici synonyme de revitalisation des libertés « germaniques » fondamentales, telles que les décrit Tacite dans sa *Germania*, source obligée de tous les anglo-saxonnistes depuis l'Angleterre de la Renaissance (avec Verstegen et Camden) jusqu'à l'Amérique des Lumières, avec Thomas Jefferson.

À l'intérieur même de cette historiographie combattante, un clivage s'instaure entre les penseurs Whigs qui se satisfont grosso modo du rétablissement des libertés opéré par la *Glorious Revolution* de 1688, et les Whigs plus radicaux, les « Real Whigs », qui considèrent que la pureté de l'Angleterre saxonne (pré-normande) est encore à retrouver par un nouvel effort révolutionnaire. Ce clivage prendra toute son importance avec la *translatio* vers l'Amérique de cette narration refondatrice. Laissons ce « grand récit » poursuivre son chemin, sur le sol anglais, jusqu'à Walter Scott et Rudyard Kipling, et suivons ceux qui l'exportent outre-Atlantique. On le voit, c'est d'un mythe historiographique déjà bien rodé qu'héritent les Américains de la génération révolutionnaire : ils en adoptent généralement la version radicale, celle des Real Whigs. Reginald Horsman a montré dans le détail par quels canaux privilégiés (les manuels de droit et les Histoires d'Angleterre) la narration anglo-saxonne vint à irriguer la réflexion américaine de la seconde moitié du XVIIIᵉ siècle. Toute la littérature politique coloniale des années 1760-1770 en est imprégnée. Le cas de Jefferson n'est qu'un exemple particulièrement saillant de l'engouement américain pour les Anglo-Saxons. Jusqu'à sa mort, le maître de Monticello resta fidèle à ses recherches sur l'ancien saxon : son « hobby », disait-il, mais aussi un savoir civiquement essentiel qu'il voulut voir enseigner à l'Université de Virginie fondée par lui. Toute sa vie il lut et relut l'indispensable Tacite – « first writer in the world, with no exceptions » –, associé à l'indispensable Montesquieu ; il médita Molesworth et Catherine Macaulay, ainsi que les Français Paul de Rapin-Thoyras, auteur d'une *Histoire d'Angleterre* (La Haye, 1727-1738) qu'il appréciait particulièrement ; Pelloutier, spécialiste des Celtes ; et Paul Henri Mallet, auteur d'une *Histoire de Dannemarc*. Jefferson, on le sait, poussa très loin l'adhésion au mythe anglo-saxon et ses tentatives pour le faire revivre aux États-Unis. Sa conception de l'Amérique émancipée comme juxtaposition de petites républiques agraires s'inspirait de l'organisation territoriale saxonne et tentait d'en ressusciter les vertus. Il allait de soi, pour Jefferson, que la nouvelle nation américaine devait se placer explicitement sous l'invocation de ses ancêtres anglo-saxons ; d'où sa proposition de faire figurer sur une face du Grand Sceau des États-Unis Hengist et Horsa, les chefs saxons qui avaient débarqué en Angleterre au VIIIᵉ siècle. (Le côté pile était réservé aux Enfants d'Israël dans le désert, guidés par un nuage et une colonne de feu.)

La mythographie anglo-saxonne, chez Jefferson, n'est donc plus seulement une mine de matériau polémique, comme c'était le cas dans les disputes religieuses et même chez beaucoup de Real Whigs ; elle devient le fantasme dictateur d'une politique active de retour aux origines. « Ne vaut-il pas mieux », écrit Jefferson en août 1776, « que nous revenions tout de suite à l'heureux système de nos ancêtres, le plus sage et le plus parfait jamais conçu par l'esprit humain, tel qu'il existait avant le VIIIᵉ siècle [23] ? » Étonnant projet de construction régressive du futur, dont le seul Mably, en France, pourrait être rapproché, mais qui reste sans équivalent pendant la Révolution française elle-même, sinon sous la plume isolée de tel patriote prônant le retour à la langue celte... Aussi n'est-il pas très étonnant que cette face archaïsante du discours révolutionnaire américain soit restée à peu près invisible aux observateurs français du temps.

Au reste, du vivant même de Jefferson, le débat a commencé de se déplacer sous l'influence – que Reginald Horsman juge décisive pour l'Amérique – des recherches indo-européennes. Ces recherches ont commencé dès avant la fin du XVIIIᵉ siècle. C'est en 1786 que le fondateur des *Asiatic Researches*, Sir William Jones, donne sa conférence fondatrice sur le sanskrit. Le mythe anglo-saxon sera désormais repris dans une perspective beaucoup plus vaste : celle de l'aryanité linguistique et raciale. Tandis que la Grande-Bretagne, soucieuse de conserver aux Saxons la prééminence établie par trois siècles de laborieuse érudition, semble bouder cet élargissement de la saga, les États-Unis se lancent avec enthousiasme dans l'exploitation « scientifique » des intuitions aryennes. Très tôt, dans le sillage de précurseurs anglais comme Thomas Percy, convergent aux États-Unis mythographie anglo-saxonne et recherches indo-européennes. Cette convergence nourrit tout un corpus à prétentions scientifiques et à forte teneur idéologique où s'affirme la supériorité intrinsèque de la race anglo-saxonne. La phrénologie connaît son apogée en termes de prestige scientifique et de reconnaissance

23. Cité par Reginald Horsman, *Race and Manifest Destiny : The Origins of American Racial Anglo-Saxonism*, Harvard University Press, Cambridge, 1981, p. 22.

sociale dès avant 1840, beaucoup plus tôt qu'en France. Tandis que « jusqu'en 1815, le vocable anglo-saxon n'avait pas été utilisé pour donner de la population américaine une définition à caractère racial »[24], à partir des années 1840 le terme alimente un discours raciste, comparatiste et hiérarchisant. Sa jonction avec la rhétorique de la « destinée manisfeste » qui émerge, on l'a vu, en 1845, installe fermement la mythographie anglo-saxonne comme une pierre d'angle du discours expansionniste.

Les Anglo-Saxons en version française

Contrairement à une légende tenace, née sans doute de l'opiniâtre désinvolture avec laquelle ils abusent de l'expression[25], les Français n'ont donc pas inventé les Anglo-Saxons. C'est en Angleterre qu'a pris forme et aux États-Unis que s'est modifiée cette mythographie des origines germaniques, en fonction d'enjeux religieux et politiques bien éloignés des préoccupations françaises. Longtemps, très longtemps, les Anglo-Saxons n'ont été, pour les Français, que... des Angles et des Saxons, protagonistes de la lointaine histoire d'un canton de l'Europe.

On a dit en quelle estime Jefferson tenait l'*Histoire d'Angleterre* de Paul de Rapin-Thoyras, parue en français au début du XVIIIe siècle. Les Français en effet n'ont pas attendu Walter Scott ni Augustin Thierry pour s'intéresser à l'histoire d'Angleterre, y compris aux âges obscurs de l'implantation saxonne. L'adjectif *anglo-saxon* est en usage dans la République des lettres dès la fin du XVIe siècle. L'époque des Lumières voit se multiplier les ouvrages qui font place aux Saxons et aux Angles, dans le cadre de l'histoire anglaise ou dans celui d'une histoire celtique en plein essor : ils sont encore parfois désignés comme « Angles-Saxons »[26] ; mais cette forme copulative est déjà abandonnée par la plupart des auteurs qui,

---

24. *Ibid.*, p. 94.
25. Voir, de Jacques Portes, « En finir avec une norme : les Anglo-Saxons », *La Norme*, (coll.), dir. par Y. Janeur, ALCUP, Paris, Chancellerie des Universités, sous presse. L'article présente un florilège édifiant d'emplois contemporains d'*Anglo-Saxon*.
26. Ainsi en 1751, le *Nouvel Abrégé chronologique de l'Histoire d'Angleterre*, traduit de l'anglais par M. Salmon et paru chez Rollin et Jombert, mentionne-t-il, pour l'an 596, la conversion par le moine Austin des « Angles-Saxons ».

comme Voltaire, adoptent l'expression substantivée : « les anciens Anglo-Saxons »[27].

Gardons-nous cependant de les confondre, ces Anglo-Saxons acclimatés, avec ceux qu'ont modelés, outre-Manche, deux siècles de controverses. Ils n'ont ni les mêmes fonctions, ni le même statut. Ce n'est pas que la France soit insensible à l'attrait des primitivismes. La tentation n'a pas épargné les Philosophes même les moins enclins à « marcher à quatre pattes ». Montesquieu, Voltaire même y ont sacrifié : le premier, en faisant naître dans les forêts de Germanie les libertés anglaises ; le second, en peignant les Scythes (autres « Nordiques » bientôt associés à la saga aryenne[28]) comme des héros de la Liberté et les ancêtres moraux des Américains. Ce n'est pas non plus que la France ait été épargnée par les disputes historiographiques de légitimation qui ont fait rage en Europe depuis la Réforme : autour de la prérogative royale, des libertés fondamentales, des usurpations féodales ou parlementaires, la lutte y a été aussi vive qu'ailleurs. Mais par Francs, Romains et Celtes interposés.

Car à chacun son primitivisme et la France, de ce côté-là, est déjà pourvue. Elle a ses ancêtres germaniques tout trouvés : les Francs de Boulainvilliers et de Mably. À quelque scénario qu'on les associe, à quelque sauce (aristocratique ou démocratique) qu'on les serve, les Francs sont de taille à satisfaire les besoins de l'historiographie. Les « partisans » des Francs n'ont donc que faire des Anglo-Saxons. Les celtisants leur sont plus accueillants, mais c'est à condition qu'ils se fondent dans la masse. Pour un Mallet, pour un Pelloutier, les Anglo-Saxons sont des « Nordiques » comme les autres ; ils appartiennent à la grande famille celte mais n'y brillent pas d'un éclat particulier. Alors qu'en Angleterre on aime brandir, contre les Normands bien sûr, mais aussi contre les Celtes, la mythographie anglo-saxonne comme le signe d'une différence, d'une supériorité, voire d'une élection, l'historiographie française ne cesse d'ignorer les Anglo-Saxons que pour les diluer dans l'océan de la celtitude. Telles sont les positions respectives, face à la narration anglo-saxonne, à la fin du siècle des Lumières. Elles ne sont pas bouleversées, malgré les apparences, par la relecture

---

27. Voltaire, *Essai sur les mœurs*, éd. de R. Pomeau, Paris, Bordas, « Classiques Garnier », 1990, t. 1, p. 465.
28. John Pinckerton, en 1787, les associe aux Goths et aux Persans, contre les Celtes, jugés inférieurs ; voir R. Horsman, *Race and Manifest Destiny...*, pp. 31 et 47.

romantique. La mode « nordique » est forte en France, dès l'Empire, et pas seulement dans le sillage d'Ossian. Elle fait se côtoyer, dans un syncrétisme vague, Scandinaves, Bretons et Samoyèdes. Mais ces épopées brumeuses n'ont pas vocation à fournir modèles ou cautions : la Grande Nation n'en ressent pas le besoin et, dût-elle se tourner vers les âges obscurs, la France impériale préfère rêver sur la figure de Charlemagne[29].

Il faut donc attendre Augustin Thierry pour que reviennent en force et majesté les Anglo-Saxons. Encore est-ce dans le rôle des vaincus, puisque l'histoire que raconte Thierry est l'*Histoire de la conquête de l'Angleterre par les Normands*. Le prodigieux succès de la prose d'Augustin Thierry, les multiples éditions du livre (1825, 1826, 1838) rendirent les mystérieux Saxons familiers à un large public. Le savant et coquet Atlas en couleurs, gravé tout spécialement en 1839 pour accompagner la troisième édition, s'ouvrait même sur une « Carte d'Angla-Land ou Angleterre saxonne » digne du Baedeker : les Anglo-Saxons, décidément, valaient le détour et les Français pouvaient désormais musarder en imagination dans les farouches royaumes de la Heptarchie comme s'il se fût agi de préparer une excursion dans les châteaux de la Loire.

Augustin Thierry aura donc été, pour les Anglo-Saxons historiques, un formidable agent littéraire. Mais si son entreprise les remet littéralement « sur la carte » dans un style qui participe de l'ethnicisation *völkisch* ambiante, elle reste très imperméable aux tentatives anglaises ou américaines qui tendent peu à peu à transformer les recherches anglo-saxonnes en laboratoire de la hiérarchisation ethnique. Chroniqueur des Barbares, Thierry ne se rallie pas à leurs thuriféraires. Il s'est enflammé dans sa jeunesse à la lecture de Walter Scott et il a, de son propre aveu, adoré *Ivanhoé*. Mais l'historien qu'il est devenu reste à l'écart des mythologies politiques et sociales qui sont venues se greffer sur la saga saxonne. Loin de relayer auprès de son public le mythe de supériorité qui fait désormais le cœur du récit anglo-saxon anglais et américain, il choisit de se référer au moins « nationaliste » et au moins « ethniciste » sans doute des spécialistes anglais de la génération précédente, Sharon Turner. Dans son *History of the Anglo-Saxons*, publiée entre 1799 et 1805, Turner met évidemment l'accent sur tout ce que les institutions

29. Voir Robert Morrissey, *L'Empereur à la barbe fleurie. Charlemagne dans la mythologie et l'histoire de France*, Paris, Gallimard, 1997.

anglaises doivent à la passion de liberté saxonne ; mais il croit à l'unité raciale de l'humanité et s'en prend aux anglo-saxonnistes racistes comme Pinckerton. Qu'il soit le seul auteur nommé par Augustin Thierry dans sa préface de 1838 est significatif, comme l'est aussi la théorie paradoxale sur conquérants et conquis dont il jette l'esquisse. Selon cette théorie, les « envahisseurs », installés en plaine, sont tous devenus serfs dans les pays mêmes qu'ils avaient conquis. Les « races les plus anciennes », les races vaincues, celles des autochtones réfugiés en petit nombre dans les montagnes, sont les seules à s'être « maintenues pauvres, mais indépendantes » [30]. Autant pour les conquérants, saxons ou non. Augustin Thierry a beau vibrer avec *Ivanhoé*, ses héros historiques, obscurs premiers occupants refoulés vers des hauteurs inhospitalières, ressemblent plutôt aux Troglodytes de Montesquieu qu'aux champions empanachés de l'anglo-saxonnité.

Les Français auront donc mis beaucoup de temps à s'apercevoir du rôle idéologique que jouaient, outre-Manche et outre-Atlantique, les Anglo-Saxons et à s'inquiéter du rapprochement que favorisait, entre la Grande-Bretagne et les États-Unis, une histoire des racines réécrite en saga de la race. On a entendu Philarète Chasles, en 1851, parler des « millions d'Anglo-Saxons » qui peuplent les États-Unis. Mais tandis que l'expression, en anglais, s'emploie par référence aux Anglais et aux Américains depuis le début des années 1830, Chasles, vingt ans plus tard, continue de l'utiliser dans une perspective généalogique et primitiviste. Lorsqu'il désigne les Nord-Américains comme des Anglo-Saxons, c'est pour souligner leur double héritage de chrétiens et de Teutons [31] : aucune mention n'est faite de l'Angleterre, ni des Anglais. Par une sorte de court-circuit généalogique, Chasles remonte directement à la souche teutonique et chrétienne, aux âges obscurs et aux immenses forêts de Germania : élidant l'articulation anglaise d'*anglo-saxon*, il élude le redoutable problème de la collusion américano-britannique qui obsédera la génération suivante.

Quelle est la part de la dénégation dans cette répugnance française à enregistrer la nouvelle valeur qu'a prise l'anglo-saxonnisme

---

30. A. Thierry, *Histoire de la conquête de l'Angleterre par les Normands*, préface à l'édition de 1838 (Paris, J. Tessier), p. 7.
31. « Les Américains n'ont pas imaginé qu'ils pussent briser les traditions teutoniques et chrétiennes de leur race anglo-saxonne » (Ph. Chasles, « L'avenir de l'Amérique », *Études...*, p. 457) ; Chasles parle ailleurs (p. 431) de « christianisme fraternel » et de « teutonisme antique », toujours sans référence anglaise.

aux États-Unis ? Grande, si l'on en juge par la violence des réactions qui suivront la prise de conscience. Mais qu'il procède ou non d'un mécanisme de défense, l'auto-aveuglement est indéniable. En 1877, Littré présente encore comme néologique l'usage de l'expression « les Anglo-Saxons » pour désigner conjointement Anglais et Américains. Il confirme ainsi un décalage temporel considérable – plus de quarante ans –, entre usage francophone et usage anglophone [32]. L'entrée « Anglo-Saxon » de son dictionnaire commence évidemment par la définition historique : « qui appartient au mélange d'Angles et de Saxons, peuples germains qui s'emparèrent de l'île de Bretagne, à la chute de l'empire romain ». Puis on passe à la « langue anglo-saxonne » qui, mêlée de normand, a donné naissance à l'anglais. Enfin, Littré note l'extension et le déplacement que vient de connaître le terme : « En parlant de la race à laquelle appartiennent les Anglais et les Américains des États-Unis, on dit souvent que ce sont des Anglos-Saxons. » C'est enregistrer avec circonspection un usage récent, vague, abusif peut-être, que le lexicographe scrupuleux signale sans tout à fait l'entériner (« on dit souvent »). Mais c'est aussi expliciter on ne peut plus clairement (« en parlant de la race... ») le déplacement de l'expression depuis le champ de l'historiographie vers celui de l'anthropologie raciale. Vingt ans après, au crépuscule du siècle, il n'y aura plus un Français, devant le mot « Anglo-Saxon », pour penser aux Angles et aux Saxons...

Comment passe-t-on, dans le dernier quart du XIXe siècle, de la nonchalance à la passion et de l'indifférence à l'effervescence autour du mot et du « motif » anglo-saxon ? Toute cette mythographie jugée pendant trois siècles assez inoffensive, qu'est-ce qui la rend soudain si redoutable qu'il faille d'urgence mobiliser contre elle ?

La réponse est simple. Les Français avaient pu suivre très distraitement le débat des XVIIe et XVIIIe siècles, jugé anglo-anglais (les plus polémiques des « anglo-saxonnistes » se contentant de dénigrer Écossais, Gallois ou Irlandais). Ils avaient pu, pendant le premier XIXe siècle, ignorer à peu près complètement ses rebondissements américains : l'exploitation raciale du mythe d'origine paraissait, là aussi, relever de problèmes « intérieurs » et tout spécialement des questions soulevées par la présence de populations non anglo-américaines sur le sol des États-Unis. Tout bascule,

---

32. En 1832, selon l'*Oxford English Dictionary*.

brutalement en effet, lorsque les Français découvrent, dans les années 1870-1880, que le mythe anglo-saxon a changé, non tellement de nature, mais de fonction : qu'après s'être « racialisé », il s'est mondialisé ; qu'il ne cautionne plus seulement la division et la hiérarchisation des groupes ethniques à l'intérieur des États-Unis, mais fournit le programme d'une redistribution planétaire des rôles, où le couple anglo-américain tiendrait évidemment la vedette. La mythographie anglo-saxonne n'avait rien de bien gênant tant qu'elle alimentait des agendas politiques internes, particuliers et distincts, en Grande-Bretagne et aux États-Unis. Tout change aux yeux des Français, dès lors qu'elle apparaît comme un trait d'union et un langage commun entre la Grande-Bretagne et les États-Unis ; et, pourquoi pas, demain, entre ces deux puissances et l'Allemagne, qui pourrait trouver son intérêt à faire valoir auprès des deux nations « anglo-saxonnes » les affinités « teutoniques ». La perspective est angoissante et dans l'isolement diplomatique français qui suit la défaite de 1870, on comprend aisément que l'Anglo-Saxon cesse d'être un barbare pittoresque et provincial, pour devenir le spectre terrifiant d'une communauté de sang, de coutumes et de langue dont la France serait exclue, avant d'en être victime.

Paranoïa française ? Du moins trouve-t-elle, sans avoir à beaucoup chercher, des aliments substantiels dans les discours tenus chez les « Anglo-Saxons » eux-mêmes. Car après l'Anglo-Saxon bénin des archéologues et des historiens, voici venir l'Anglo-Saxon autrement menaçant des politiques et des poètes.

Qu'un Carlyle, par exemple, naguère encore admirateur éperdu de la France révolutionnaire, se fasse maintenant le chantre de l'unité organique saxonne ; que dans son souci d'éradiquer tout élément français du passé britannique, il revendique les Normands comme des « Saxons qui avaient appris le français » ; qu'il prêche pour un « All Saxondom » avec la même ferveur qu'il mettait à défendre l'universalisme de 89 ; qu'il abjure même l'orgueil britannique au point d'accepter la translation de la puissance « saxonne » vers Boston ou New York, capitales futures de cette multinationale de la race – voilà, en effet, qui peut inquiéter les Français. Qu'en face, de l'autre côté de l'Atlantique, le Yankee Ralph Waldo Emerson se prenne à chanter la grandeur anglaise (dans *English Traits*) ; qu'il la chante au nom des hypothétiques aïeux communs des forêts de Germanie ; qu'il en oppose la grandeur à l'abjection latine ; que, sans barguigner, il décerne aux

Anglo-Saxons « le sceptre du globe », sceptre qu'ils auraient amplement mérité par leur « sens exigeant du bien et du mal » ; bref, que le plus éminent penseur de l'Amérique moderne puisse lancer un péan aux « tribus teutonnes » et à leur « forme nationale d'unanimité de cœur [*national singleness of heart*], qui contraste avec les races latines »[33], voilà qui peut et doit alarmer les Français.

La supériorité de quel Anglo-Saxon ?

Le cri d'alarme le plus retentissant aux oreilles des contemporains est sans nul doute celui que jette Edmond Demolins dans son essai de 1897 : *À quoi tient la supériorité des Anglo-Saxons ?* Titre péremptoire, en dépit de sa forme interrogative : cette supériorité est donnée pour acquise. Reste aux Français la mince consolation d'en démêler les causes. Les thèses essentielles en sont connues, on ne les rappellera que pour mémoire. Plus intéressante est la tension, au cœur du livre et de l'argumentation, entre volonté d'affirmer l'unité anglo-saxonne (cette unité de « vertus » à la Emerson constitue la thèse même de l'ouvrage) et mouvement permanent de dissociation de ses composantes (la Grande-Bretagne et les États-Unis nettement différenciés, l'Allemagne purement et simplement écartée, le reste du monde anglo-saxon réduit à la figuration). Le livre de Demolins est donc doublement significatif : par son effet d'électrochoc sur l'opinion française (l'éditeur annonce un tirage de 15 000 pour les deux éditions de la seule année 1897), mais aussi par le curieux strabisme qui fait diverger le regard de son auteur – comme si l'entité anglo-saxonne n'était, en fin de compte, pas facile à fixer.

Demolins ne polémique pas, il entend expliquer rationnellement, s'il se peut, les ressorts d'une hégémonie. Moins pour la dénoncer, d'ailleurs, que pour proposer aux Français de s'en inspirer. Ce souci de positivité pragmatique lui dicte une rhétorique qui n'a rien d'alarmiste. (Mais c'est justement ce ton d'objectivité qui a le plus inquiété les contemporains.) Or, à y regarder d'un peu près, la démarche suivie est étrange. Tout repose, on l'a dit, sur l'intime

---

33. Cité par Michael Lind, *The Next American Nation. The New Nationalism and the Fourth Revolution*, New York & alibi, The Free Press, 1995, p. 29 ; on se reportera avec intérêt à l'analyse par M. Lind de la « première République » américaine qu'il baptise « Anglo-America ».

conviction d'un bloc anglo-saxon homogène. Mais ce bloc, d'emblée, s'effrite sous la plume de Demolins.

Il commence par perdre sa base : la souche germanique d'où sort tout le lignage et d'où émanent toutes ses vertus. Ces aïeux teutoniques, les voici purement et simplement expulsés de l'aventure à laquelle ils ont donné leur nom. Demolins, en effet, commence par mettre l'Allemand moderne hors-champ et hors de cause. On redoute l'Allemand, note-t-il, parce qu'il arrive « avec de gros bataillons et des armes perfectionnées ». Mais celui qu'il faut craindre, l'homme du « vrai péril », c'est l'Anglo-Saxon d'outre-Manche ou d'outre-Atlantique, cet individualiste intrépide « qui arrive isolément et avec une charrue » [34]. Dans le scénario du disciple de Le Play et de Henry de Tourville, la « force sociale est cent fois plus puissante que toutes les armées du monde » et il faut avoir la clairvoyance de discerner derrière l'ennemi apparent (l'Allemagne) le danger réel (l'Anglo-Saxon) : « Le grand péril, le grand danger, le grand adversaire ne sont pas, comme nous le croyons, de l'autre côté du Rhin : le militarisme et le socialisme se chargent de nous débarrasser de cet ennemi-là, et cela ne traînera pas. Le grand péril, le grand danger, le grand adversaire sont de l'autre côté de la Manche, de l'autre côté de l'Atlantique. » Avertissement qui, lancé en 1897, prendra l'année suivante une allure prophétique, même si son auteur, loin d'imaginer la crise de Cuba, analyse ce « péril » anglo-saxon en termes de « prédominance sociale qui est seule réelle » [35], non d'impérialisme militaire.

Voici donc la composante germanique éliminée de la nouvelle figure « anglo-saxonne ». Non pour des motifs d'opportunité, mais bien, dans la pensée de Demolins, en raison d'une divergence fondamentale dans ce qu'il appelle la « formation sociale de la race » : car « la formation sociale de la race anglo-saxonne est aussi profondément particulariste que celle de la race allemande est profondément communautaire » [36]. En clair : l'Allemand est grégaire et potentiellement collectiviste, alors que l'Anglo-Saxon a pour trait principal l'énergie individuelle. Une des preuves décisives de cette incompatibilité d'humeur ethnique, c'est l'attitude des uns et des autres face au socialisme. Autant les Allemands y sont enclins,

34. E. Demolins, *À quoi tient la supériorité des Anglo-Saxons ?*, Paris, Didot, 1897, p. 112.
35. *Ibid.*, p. 320.
36. *Ibid.*, p. 272.

autant les Américains y restent rétifs, en dépit des efforts de Marx (qui avait fait transférer chez eux le siège de l'Internationale mais dont les « espérances furent trompées ») et malgré l'envoi de prestigieux *missi dominici* : « Pour essayer de convertir les Anglais des États-Unis au socialisme, on leur envoya plusieurs agitateurs allemands, entre autres M. Liebknecht et l'une des filles de K. Marx, celle qui a épousé M. Aveling. Tout fut inutile[37]. » Ainsi l'échec du socialisme aux États-Unis ou, pour mieux dire, l'insurmontable inappétence des Anglo-Saxons d'Amérique au socialisme devient-elle chez Demolins une preuve décisive de la différence radicale entre Anglais et Américains d'une part, Allemands d'autre part.

Exit l'Allemagne. Mais le glissement ne s'arrête pas là et le mouvement de refocalisation se poursuit : de la Grande-Bretagne, cette fois, vers le Nouveau Monde. Demolins a posé en principe, d'emblée, la consanguinité de « l'Anglais et son frère le Yankee »[38]. Mais insensiblement, tout au long de son essai, lorsqu'il s'agit de donner des exemples de leur dangerosité, il glisse du premier au second. La préface est significative à cet égard. « L'Anglo-Saxon nous a supplanté en Amérique du Nord », constate sans originalité Demolins. Mais voici qu'à la page suivante, les sociétés anglo-saxonnes sont devenues « ces jeunes sociétés » – qualificatif qui s'accorde mal, on l'avouera, avec la Grande-Bretagne de la reine Victoria. Discrètement et peut-être inconsciemment, dans cette préface comme dans son développement, Demolins décroche le wagon britannique de la locomotive américaine. « Ces jeunes sociétés », ajoute-t-il dans ce qui constitue un aveu involontaire de sa focalisation sur les États-Unis, « nous appellent déjà, avec un certain dédain, le *Vieux Monde* »[39]. Les deuxième et troisième parties du livre confirment cette pente. La Grande-Bretagne et ses Dominions n'y sont pas totalement perdus de vue ; mais c'est bien sur les États-Unis que se fixe le regard admiratif et inquiet de l'observateur social, car « les États-Unis sont aujourd'hui à la tête du progrès social, comme ils sont à la tête du progrès mécanique »[40]. Ce n'est plus en Angleterre, c'est en Amérique que bat le pouls de la « race qui semble vouloir succéder à l'Empire romain dans le gouvernement du monde »[41] ;

---

37. *Ibid.*, pp. 269-270.
38. *Ibid.*, p. 100.
39. *Ibid.*, p. iii.
40. *Ibid.*, p. 343.
41. *Ibid.*, p. ii.

là encore que triomphe véritablement le génie « particulariste » des Anglo-Saxons, tonifié et exalté par un « milieu énergiquement viril »[42].

Destin doublement paradoxal d'un livre à succès : *À quoi tient la supériorité des Anglo-Saxons ?*, qui opposait la réalité de la « force sociale » aux illusions de la violence militaire, alimentera le moulin de tous ceux qui, après 1898, ne croient plus du tout à la « répudiation complète du militarisme »[43] par les États-Unis. Quant à l'équivalence entre Anglais et Américains qui en fait la thèse principale, elle sera d'autant moins retenue par ses lecteurs qu'elle s'effiloche déjà sous la plume de l'auteur. Demolins entendait livrer « le secret de cette prodigieuse puissance d'expansion »[44] qui est celle des Anglo-Saxons et tendre aux Français la clé de leurs succès communs. Mais cette clé « universelle » est rouillée avant d'avoir servi. Car déjà, dans les représentations françaises, les États-Unis ont « décroché » du modèle britannique. Et si certains des clichés rapportés d'Amérique par les voyageurs français portent encore la marque d'« une longue tradition d'anglophobie française », on ne peut pas dire qu'en cette fin du XIXe siècle les États-Unis ne soient à leurs yeux qu'une « extension de l'Angleterre »[45]. Dès le Second Empire, on l'a vu, la mise en garde contre l'anglo-saxonnité établissait une très nette différence entre la Grande-Bretagne, vieux pays pondéré, et les États-Unis, puissance sauvage et imprévisible. Les images culturelles négatives qui se sont multipliées avec les récits de voyages n'ont fait qu'accentuer le contraste. L'Entente cordiale aidant, les « Anglo-Saxons d'outre-Atlantique » concentreront bientôt sur eux seuls la saine terreur qu'Edmond Demolins entendait inspirer en décrivant « cet esprit d'initiative endiablé, cette aptitude à se tirer d'affaire, que nous paierions au prix de l'or, et que tout l'or que nous économisons si péniblement, si platement, ne fait qu'étouffer »[46]. Face à la France

---

42. *Ibid.*, pp. 272 et 339.
43. *Ibid.*, p. 309.
44. *Ibid.*, p. iv.
45. Comme l'écrit David Strauss : « whether Anglophobe or Anglophile, however, travelers regarded the United States as an extension of England » ; il considère par ailleurs que l'ouvrage de Demolins constitue un tournant positif dans les représentations de l'Anglo-Saxon (« this change naturally improved attitudes towards Anglo-Saxons ») ; aucune des deux affirmations ne paraît corroborée par les faits. (*Menace in the West. The Rise of French Anti-Americanism in Modern Times*, Westport-London, Greenwood Press, 1978, p. 50.)
46. E. Demolins, *À quoi tient...*, p. 110.

rentière et malthusienne – « nous vivons comme des gueux, nous pratiquons la stérilité systématique pour permettre à nos enfants de ne rien faire » –, Demolins a beau présenter la « race » anglo-saxonne comme un bloc, le monstre dont il menace les Français est bel et bien bicéphale – et c'est la tête yankee qui désormais fait peur.

Et le Yankee enfanta l'Anglo-Saxon...

Les antiaméricains français de 1900 semblent donc avoir suivi, à leur manière, le programme de Carlyle : transférant, eux aussi, en Amérique ce qu'on pourrait appeler le siège social de l'anglo-saxonnité, son pôle d'intensité – et donc de dangerosité. Mais l'image du transfert masque ici la réalité d'un mouvement inverse. Car c'est à partir de la prise de conscience d'une dangerosité américaine et des risques de collusion de cette « ingrate » Amérique avec nos autres ennemis, que s'est constituée la figure anglo-saxonne française. Dans sa version française, la figure anglo-saxonne n'est plus généalogique qu'en apparence. La continuité raciale qu'elle implique permettait à l'Anglais ou à l'Anglo-Américain de s'arroger les farouches vertus de leurs ancêtres. Dans le discours français, le lignage anglo-saxon fonctionne désormais à rebours : il est fondé depuis son point d'arrivée, non depuis son point d'origine. (On peut d'autant mieux, comme Demolins, se passer complètement des Allemands.)

Tard venus dans le feuilleton mythographique, les Français n'ont pas seulement raté la plupart des épisodes : ils se sont passé le film à l'envers. C'est à partir du Yankee qu'ils réinventent l'Anglo-Saxon. C'est sur sa physionomie de néo-barbare qu'ils déchiffrent les traits d'une redoutable hérédité. C'est devant le prédateur moderne qu'ils s'affolent, lors même qu'ils l'affublent rhétoriquement des oripeaux du soudard d'antan. C'est la puissance positive du Yankee qu'ils redoutent, tout en exaspérant leur crainte, comme on gratte sa plaie, à l'idée de solidarités ancestrales et de dangereuses consanguinités. On attendra en vain, dans les textes français, de voir se profiler, derrière l'Anglo-Saxon moderne, l'archaïque silhouette des belles brutes saxonnes : le Barbare qui les hante est celui de l'avenir, non celui du passé. C'est le barbare Yankee, avec ses mâchoires trop fortes et son âpreté trop matérielle, ses appétits de conquête et sa brutalité à les assouvir. La lecture anglo-saxonne des États-Unis en France est ce discours qui, tenu au nom d'une caractéristique raciale, permettra d'occulter l'historicité américaine en l'écoutant aux portes d'une légende européenne. Mais germanité ou anglicité n'y sont guère invoquées que pour justifier allégations et fantasmes sur le « pays yankee », perçu désormais comme le centre névralgique d'un péril planétaire. En de rares occasions – le Maurras de 1919 –, la figure anglo-saxonne se recomposera, reformera le faisceau redoutable des « puissances ethniques » coalisées contre la France ; mais Maurras est ici l'exception. À la fin du XIXᵉ siècle, la *translatio imperii* vers les États-Unis est chose acquise dans l'imaginaire français ; et, avec elle, le transfert de la peur. De ce transfert, l'Anglo-Saxon français est le produit ; on pourrait dire aussi : le revenant.

On peut donc à la fois et sans contradiction, comme Gustave Le Rouge, incriminer inlassablement les « Anglo-Saxons » et ne viser que les Américains. (Le personnage du britannique Tom Punch est un allié des Français dans leur lutte contre les Yankees et le roi d'Angleterre est un « bon » : comme Guillaume, il participera aux festivités finales du triomphe européen.) On peut même écrire, à propos du face-à-face hostile des Européens et des Américains, installés en chiens de faïence sur leurs continents respectifs : « Les deux races qui se font vis-à-vis sur les rivages de l'Atlantique ». Phrase à première vue distraite ou absurde, puisqu'en termes de « races », c'est la Manche et non l'Atlantique qui devrait tracer la démarcation. Mais bizarrerie compréhensible, cohérente même dans le cadre d'un schéma « anglo-saxon » irrésistiblement emporté par un tropisme yankee. La race anglo-saxonne, Gustave Le Rouge l'avoue ici implicitement, se résorbe et s'exalte à la fois dans la seule figure de l'Américain, dans « le type odieux du Yankee ».

6. Portraits de race

Je reconnaîtrais, aux confins du monde, le type américain.

Jules Huret, *En Amérique* (1904).

À défaut d'identité, les Américains ont une dentition merveilleuse.

Jean Baudrillard, *Amérique* (1986).

La silhouette sommaire du Yankee a donc reçu, de son croisement avec la figure de l'Anglo-Saxon, une consistance qui lui manquait. Nanti d'une physionomie (et même, on le verra, d'une physiognomonie), l'Américain a cessé d'être un idéogramme hâtif réduit à quelques clés – conformisme, philistinisme, provincialisme –, comme c'était son lot jusqu'aux années 1860. D'autres traits : avidité, brutalité, chauvinisme et volonté de puissance, se sont superposés aux anciens sans les effacer. Ces traits nouveaux ne sont pas seulement plus accusés, plus inquiétants : ils ressortissent d'une autre logique. Les défauts imputés jusqu'alors aux Américains, mauvaises manières ou âpreté au gain, pouvaient passer pour les conséquences remédiables d'un état social provisoire : celui d'un pays mal dégrossi, aux mœurs rudes et aux appétits rudimentaires. Chez le Yankee, ce sont désormais des déficiences innées, des tares héréditaires qui sont décrites et dénoncées : le syntagme « race yankee » fait désormais « partie de la doxa commune »[1].

Voilà ce qui, à l'Ouest, est nouveau. Une race adverse s'y dresse. On le dit, on le répète, il est permis de croire qu'on le pense un

---

1. Madeleine Rebérioux l'a constaté avec étonnement : « "race française", "race anglaise", voire, ô surprise ! "race yankee" : ces couples, comme l'a montré Marc Angenot pour l'année 1889, font partie de la doxa commune » (« Le mot *race* au tournant du siècle », *Mots*, n° 33, déc. 1992, p. 56).

peu. Race radicalement étrangère. Foncièrement antagonique. Doublement redoutable. Car cet *hostis novus* des confins occidentaux incarne la menace la plus moderne qui soit, en même temps qu'il perpétue imaginairement un long lignage de haines héréditaires. La figure du Yankee sera donc crayonnée selon les contours d'une agressivité moderne (matérialiste, industrielle et machinique), mais sur le patron d'un antagonisme racial issu du fond des âges. Le nouvel adversaire, capitaliste calculateur, sectateur froid du « dieu puant » de la Modernité, s'avance secrètement lesté d'un passé multiséculaire d'animosité.

La situation a son ironie. C'est au moment même où les grandes vagues d'émigration commencent à bouleverser la composition de la population nord-américaine que les Français fixent sur le Yankee la lorgnette anglo-saxonne. Scène cocasse même : tandis que l'opérateur, pour tirer le portrait du Yankee, s'agite nerveusement sous son drap noir, toute une foule envahit la scène, inaperçue de l'objectif. Cette troupe bigarrée, ces visages innombrables venus des quatre coins de la planète, il faudra quelques années de plus pour qu'ils entrent vraiment dans le champ. Mais alors leur intrusion, loin de calmer les hantises françaises, ajoutera aux alarmes. À la méfiance haineuse qu'inspirait déjà le Yankee se superposera une sorte de dégoût inquiet devant ce pêle-mêle de peuples, ce micmac humain. Que les « alluvions cosmopolites » déferlent, couche après couche, sur « l'airain de Corinthe » de la « race américaine » ; que « la boue de toutes les races » vienne chercher alliage avec le bronze yankee – voilà qui n'apportera aux antiaméricains français aucun soulagement, mais redoublera leur hostilité.

Airain de Corinthe de la *race américaine, alluvions cosmopolites, boue de toutes les races* : ceux qui pensent, écrivent et publient ces formules, autour de 1900, ne sont pas d'obscurs libellistes racisants, mais quelques ducs et pairs de l'intelligentsia française : le très brillant Paul Bourget, le très sérieux Octave Noël, le très respecté Émile Boutmy [2] – la Psychologie, l'Économie, la Science politique. L'antiaméricanisme d'avant 1914 est déjà l'affaire des élites et des intellectuels. Mais il présente avec celui de la période ultérieure un intéressant contraste. Dans cette phase décisive de stabilisation du

---

2. P. Bourget, *Outre-Mer. Notes sur l'Amérique*, Paris, Alphonse Lemerre, 1895, p. 12 ; O. Noël, *Le Péril américain*, Paris, De Soye et fils, 1899, p. 43 ; É. Boutmy, *Éléments d'une psychologie politique du peuple américain* [1902], Paris, A. Colin, 1911, p. 61.

discours antiaméricain, ce ne sont pas les « gens de lettres » qui sont aux avant-postes. Ceux que nous trouvons en première ligne sont, pour la plupart, économistes, sociologues, politologues, sans oublier les romanciers-psychologues à la Bourget, qui ne doutent pas de l'existence des mentalités collectives. Ce sont des hommes (très rarement des femmes) qui se réclament de disciplines nouvelles et audacieuses. Tous, tant s'en faut, ne présentent pas des profils de savants ni d'experts. Mais c'est en invoquant des savoirs modernes et non une culture ancienne ; c'est avec le vocabulaire conquérant des nouvelles sciences du social et non dans l'idiome nostalgique de lettrés offusqués qu'ils prennent la plume contre l'ennemi américain. Plus tard – à partir des années 1920 – viendra le temps des grands écrivains, des humanistes et des spiritualistes, des poètes et des idéologues : pour le moment, tout se passe comme s'ils ne se sentaient pas encore concernés, ni menacés, par le « péril américain ».

Or ces discours venus d'horizons méthodologiques (et idéologiques) très divers présentent une surprenante homogénéité. Il serait excessif de dire que l'antiaméricanisme français, dans cette phase ascendante, parle d'une seule voix ; mais il est frappant de voir se répéter, d'un texte à l'autre, les mêmes arguments, souvent articulés avec les mêmes accents. Derrière variations et fioritures s'entend une basse continue : le lancinant motif de la race. Une conviction partagée, que l'on peut appeler « ethnographique », anime et rapproche ces discours à prétentions scientifiques ; et c'est elle aussi qui les met de plain-pied avec la parole des non-spécialistes, du grand reporter à la Huret au feuilletoniste comme Le Rouge. Tous témoignent d'un même penchant, d'une même passion pour l'ethnicisation de leur objet : qu'il s'agisse d'expliquer la personnalité de Theodore Roosevelt ou le phénomène des trusts, la violence des grèves ou l'étonnante liberté dont jouissent les jeunes filles américaines, il est bien rare que le dernier mot ne revienne pas aux « dispositions natives » et au génie de la race. D'anodines observations sur le « caractère national » aux énoncés héréditaristes les plus brutaux, la description de l'Amérique et des Américains se nourrit surabondamment de références à l'atavisme, aux caractères acquis, aux traits moraux et psychologiques héréditaires. Les nouvelles descriptions de l'Amérique présentent toute la palette d'une « peinture de race » qui relègue au second plan l'analyse historique. Cette « contamination » de l'histoire (ou cette compromission des historiens) passera le cap de la Première Guerre mondiale, comme en témoigne le chapitre d'ouverture des *États-Unis d'aujourd'hui* de l'historien André Siegfried (1927), hallucinant morceau de bravoure racial (et raciste) dont la mise en vedette en tête de ce futur « classique » est révélatrice de la priorité accordée en France à l'élucidation ethnique de la « mosaïque » américaine.

Effort militant et concerté ? Adhésion de tous ces antiaméricains aux théories raciales développées en France et ailleurs depuis le milieu du XIXᵉ siècle ? Certainement pas. Les antiaméricains de la Belle Époque se recrutent dans tout le spectre idéologique. Leur racisme est des plus ordinaires. Pas un ne se donne pour adepte de Gobineau ou de Chamberlain. Quelques-uns citent Darwin, aucun Vacher de la Pouge. Leur émoi ou leur fureur devant le Yankee emprunte ses inflexions, non aux théoriciens du racisme, mais à une *doxa* raciale diffuse dont l'œuvre de Renan a probablement été le vecteur le plus efficace.

On trouve en effet chez Renan une problématique de la description des civilisations et une définition de la race suffisamment ambiguës pour offrir une troisième voie entre l'approche historique, sociologique et culturaliste d'un Tocqueville, alors en pleine éclipse, et les théories exclusivement raciales. Installé au carrefour de l'histoire des religions, de la philologie et d'une sorte de philosophie des cultures, Renan sème à tous vents une conception de la race qui combine dimension historique, composante ethnique et stratification culturelle (dans laquelle la langue tient une place décisive). La définition qu'il propose de la race est loin d'être exempte de contradictions[3] ; mais c'est précisément ce flottement qui facilite son adoption aussi bien dans le cadre de théories culturalistes que dans des constructions ethnographiques à fondement physiologique. Impact paradoxal, au fond, que celui de Renan. Comme l'écrit Maurice Olender, « dans sa perspective d'une anthropologie culturelle, Renan invite les lecteurs à admettre que "l'histoire est le grand *criterium* des races". Mais la vision historique de Renan est ici parfaitement statique »[4]. En faisant de la race « le secret de tous les événements de l'histoire de l'humanité » et « la grande explication du passé »[5], il pousse l'histoire sous les

---

3. Contradictions d'ailleurs revendiquées par Renan ; voir à ce sujet Maurice Olender, *Les Langues du Paradis*, Paris, Gallimard-Le Seuil, coll. « Hautes Études », 1989, pp. 75-111 et particulièrement p. 83.
4. *Ibid.*, p. 85.
5. E. Renan, « Nouvelles considérations sur le caractère général des peuples sémitiques, et en particulier sur leur tendance au monothéisme », *Journal asiatique*, février-mars et avril-mai 1859 ; cité par M. Olender, *ibid.*, pp. 84-85.

fourches caudines de l'ethnographie raciale, tout en prétendant exonérer de ce déterminisme les races élues – celles qui, par leur haut degré de civilisation, se sont élevées au-dessus d'un atavisme pourtant fondateur de leur grandeur. Chez ces « races » (qui ne sont autres que les nations européennes), le processus de civilisation a dilué la part « anthropologique » au point de la rendre négligeable : dans leur cas, « la langue, les lois, les mœurs firent la race bien plus que le sang »[6]. Par ce retournement, la race en Europe (mais en Europe seulement) n'est plus la prémisse d'un devenir pro-grammé mais au contraire la résultante d'un jeu complexe de forces diverses. Le sens du mot se dédouble pour les besoins d'une épis-témologie à deux vitesses, scindée selon le clivage Europe/non-Europe. Car sitôt franchies les frontières de l'Europe, la race reprend le goût du sang. La tare ethnographique derechef s'abat sur les épaules des peuples. Les appartenances de nouveau se confondent avec les hérédités. Les aptitudes se mesurent au faciès.

« On n'a pas le droit », dit Renan aux Européens et singulière-ment à nos cousins les Germains, « d'aller par le monde tâter le crâne des gens, puis les prendre à la gorge en leur disant : "Tu es notre sang ; tu nous appartiens !" »[7]. Autant pour le pangerma-nisme. Autant pour l'anglo-saxonnisme ? Mais Renan n'empêche nullement le même Européen d'aller par rizières et savanes affirmer sa supériorité. Et même il l'y incite : c'est là sa mission. D'un côté, donc, les nations européennes, « pairs d'un grand sénat où chaque membre est inviolable »[8], qui doivent donc sentir l'injustice et l'absurdité de toute préséance raciale *entre elles*. De l'autre, des races soumises au déterminisme de leurs aptitudes naturelles, pro-mises au labeur, vouées à l'outil sous la houlette européenne. Ce vaste schéma directeur contribuera à former l'idéologie coloniale de la IIIᵉ République, mais aussi à promouvoir l'idée d'une indis-pensable solidarité de l'Europe face à la non-Europe.

Comme naguère Hegel excluant l'Amérique du Nord du plan de développement de l'humanité, Renan laisse vide la case « États-Unis » et pendante la question de leur rôle dans cette répartition mondiale des tâches. L'Amérique du Nord ne peut s'y définir que

6. E. Renan, *Histoire du peuple d'Israël*, *Œuvres complètes*, éd. par Henriette Psichari, Paris, Calmann-Lévy, 1947-1961 ; t. 6, p. 32 ; *ibid.*, p. 84.
7. E. Renan, « Qu'est-ce qu'une Nation ? » [1882], *Œ. C.*, t. 1., p. 898 ; *ibid.*, p. 86.
8. E. Renan, *La Réforme intellectuelle et morale* [1871], *Œ. C.*, t. 1., p. 455, *ibid.*, p. 88.

par un « ni, ni » : ni membre du « Sénat européen », ni soumise au « sceptre » et au « glaive » de l'Europe. Le long entêtement du discours antiaméricain à dénier aux États-Unis, contre l'évidence, une « histoire » et une « civilisation » prend ici tout son sens. En refusant aux Américains du Nord toute historicité, en répétant que « les États-Unis sont le seul pays qui soit allé directement de la sauvagerie à la barbarie sans passer par la civilisation », on fait plus que souligner une minceur de l'expérience humaine ou une pauvreté culturelle propre à l'Amérique – et en effet les châteaux de la Loire ne sont pas sur le Potomac : on dresse le constat d'une différence radicale avec les nations européennes. L'Amérique du Nord, au nom de cette carence d'histoire et de civilisation, est implicitement constituée en un tiers monde, symboliquement insituable dans l'univers binaire de l'Europe coloniale de la fin du XIXe siècle.

A-t-on le droit d'aller y mesurer les crânes ? On ne se prive pas, en tout cas, de tirer le portrait de l'Amérique – un « portrait de race » tel que les préconisait Renan. L'ethno-stéréotypie du Yankee n'épargne en France ni les feuilletonistes, ni les ambassadeurs.

Monsieur Roosevelt et Miss Betty

Mai 1900. Tandis que les lecteurs de Gustave Le Rouge savourent l'heureux dénouement de *La Conspiration des milliardaires*, Jules Cambon, ambassadeur de France aux États-Unis, suit attentivement un autre feuilleton : la campagne présidentielle de McKinley, flanqué de Theodore Roosevelt. L'art aujourd'hui en péril de la dépêche diplomatique est alors florissant et culmine dans le portrait des souverains ou chefs d'État. Ce portrait physique, psychologique, moral et politique, il revient à l'ambassadeur lui-même (sauf incapacité notoire) de le tracer à l'intention de son ministre. Précieux documents que ces fiches signalétiques confidentielles : elles nous en apprennent autant, aujourd'hui, sur ceux qui les échangent que sur ceux qui y sont dépeints.

Ce 8 mai, donc, Cambon prend sa plus belle plume pour croquer le candidat républicain à la vice-présidence, Theodore Roosevelt, qui deviendra, à la mort de McKinley, le vingt-sixième président des États-Unis. « M. Roosevelt, écrit Cambon, est très ambitieux, très intelligent, partisan à outrance de la politique impérialiste et militaire qu'il a soutenue dans ses écrits aussi bien que par ses actes.

Il représente excellemment cette jeune race anglo-saxonne dont M. R. Kipling est le poète et M. Seeley l'inspirateur historique [9]. »

Quatre ans plus tard, alors qu'il achève son mandat, le même Theodore Roosevelt, premier président américain depuis Lincoln à intéresser les Français, fait l'objet d'une biographie très hagiographique signée par son traducteur attitré, Albert Savine. Le livre s'intitule *Roosevelt intime* et s'ouvre, lui aussi, sur un portrait du grand homme – portrait à la fois tout proche et très différent de celui de Cambon. « À la Hollande, Theodore Roosevelt doit ses habitudes posées, son attitude solide ; à l'Écosse, sa finesse ; à l'Irlande, ce qu'il y a en lui de combatif et de généreux ; à la France, sa vivacité, son imagination, son audace. Pareil mélange de sang ne peut produire qu'un être viril, original, sincère, équilibré [10]. »

La confrontation est troublante : les deux portraitistes sont manifestement de la même école, mais on dirait qu'ils n'ont pas peint le même modèle. Ils travaillent sur la même palette et dans le même registre : celui de la race et des racines. Mais ils n'y ont pas broyé les mêmes couleurs. Le parangon anglo-saxon a fait place à un Européen composite. Le Roosevelt de Cambon était l'archétype de la « jeune race anglo-saxonne ». Celui de Savine est un métis culturel, un sang-mêlé de la vieille Europe, un magnifique produit de synthèse, l'hybride idéal pour le marché français. Hollandais, à la bonne heure. Écossais, irlandais, à merveille : le voilà proche par le sang et l'histoire. Et qu'il soit aussi français, bien sûr, ne gâte rien. Mais la perfection du dosage se reconnaît surtout à l'ingrédient manquant. Pas une goutte de sang anglais chez ce Roosevelt à usage hexagonal ! La case « anglo » laissée vide conjure le risque d'étiquetage « anglo-saxon ».

En faisant de Roosevelt un multi-Européen, Savine tente de conjurer le spectre du Yankee, ce paranoïaque de village prêt à conquérir le monde sans vouloir le connaître, ni daigner le comprendre. Il est bon, il est nécessaire pour son image (en France) que le Président truste les racines européennes. Mais encore faut-il que les racines soient inoffensives et les origines bénignes : sans trace aucune d'anglicité, ni évidemment de germanité. Car le por-

9. Cambon à Delcassé, 8 mai 1900 ; cité par J. Portes, *Une fascination réticente...*, p. 193. Moins célèbre aujourd'hui que Kipling, John Robert Seeley (1834-1895), historien et essayiste, avait publié avec succès *The Expansion of England* (1883) qui retraçait l'histoire des rivalités anglaises avec la France depuis 1688. Il était l'un des animateurs intellectuels de l'Imperial Federation League.
10. Albert Savine, *Roosevelt intime*, Paris, Juven, 1904, p. 2.

teur en France du message rooseveltien a bien compris deux choses. La première : que son portrait de Roosevelt ne peut éluder le discours des races. La seconde : que pour être sympathique aux Français (et il le sera), ce Roosevelt ne doit être ni anglo, ni saxon ; qu'il doit tirer de souches amies la sève de ces mêmes qualités qui, chez Cambon, faisaient de lui un « anglo-saxon » type. Et c'est pourquoi le fidèle Savine s'emploie à recopier sur le palimpseste racial une légende épurée : il propose, des vertus de Roosevelt, une sorte de généalogie bonifiée.

Impossible, apparemment, au seuil de la Belle Époque, de faire l'impasse sur les antécédents ethniques : tout l'art est de savoir faire parler cette voix du sang. Cambon ne serait pas un informateur scrupuleux s'il n'entamait par là son portrait du futur président. Savine serait bien maladroit si, voulant faire aimer Roosevelt, il ne commençait par lever l'hypothèque anglo-saxonne. Cambon, Savine, Le Rouge, chacun dans son « genre », suivent les mêmes codes narratifs parce qu'ils partagent avec leurs lecteurs, du ministre à la midinette, les mêmes convictions sur la race comme principe explicatif.

Ce statut herméneutique de la notation ethnique est explicite chez l'ambassadeur et le biographe. Chez le feuilletoniste, il est « prouvé » par le récit lui-même. La « conspiration des milliardaires » naît d'un désir de domination ethnique irrépressible chez les Yankees. L'antagonisme irréductible entre Yankees et Européens qui fait tout le thème du roman est d'origine raciale. Mais la race intervient aussi comme principe de causalité interne au récit, au niveau des péripéties cette fois, puisqu'elle « explique » telle alliance inespérée ou tel secours providentiel reçu par les héros. Si elle déchaîne le conflit, c'est elle aussi qui, aux moments cruciaux, enchaîne les méchants et favorise les justes.

Pourquoi croyez-vous que Ned Hattison, le fils de son terrible père, choisisse le camp du Bien ? Pour les beaux yeux de Lucienne Golbert, certes. Mais ces yeux, les auraient-ils seulement remarqués, si sa mère, la défunte Mrs Hattison, n'était une Canadienne ? Une Canadienne française, cela va sans dire. (Mais c'est dit.) Le ralliement de Ned à la bonne cause est donc, lui aussi, un ralliement ethnique. Contre la loi d'airain du profit, les maximes de l'humanité resteraient sans force, si elles n'étaient relayées par la voix du sang. Autre témoin privilégié de la loi d'ethnicité : miss Betty, la seule simple « Américaine » – ni milliardaire, ni fille de milliardaire – qu'il nous soit donné de rencontrer. Lorsque, perdu dans la jungle des villes américaines, Léon Goupit (de Belleville) la rencontre, il hésite un instant à lui confier ses lourds secrets. Un instant seulement. « Sous son petit chapeau de paille, miss Betty avait un doux visage qu'éclairait un regard intelligent et décidé. Ses lèvres n'étaient pas minces et pincées comme le sont ordinairement celles des Anglaises. » Et pour cause, puisque anglaise, grâce à Dieu, elle ne l'est point. Ni américaine. Mais bel et bien irlandaise. « Vous n'êtes pas américaine ! s'écria le Bellevillois. Ah ! bien, j'en suis content. Il faut vous dire que les Yankees et moi n'avons jamais été bons amis. Tous ces mangeurs de jambon me font l'effet de vilains pantins articulés [11]. » Sentiments partagés par Betty : « Oh ! je les déteste aussi, etc. » Cette scène de marivaudage antiaméricain est probablement une première dans le roman français.

Dans le *Voyage au bout de la nuit*, souvent décrit (un peu vite) comme un monument d'antiaméricanisme, une femme se rencontre aussi, dans l'enfer de la grande ville, pour aider et aimer Bardamu. Cette rédemptrice par laquelle soudain l'humanité est repeuplée, Céline, moins raciste en cela que son prédécesseur progressiste, n'a pas éprouvé le besoin de la faire Normande, Picarde ou Louisianaise. Gustave Le Rouge, lui, s'empresse de préciser la distribution ethnique des rôles. Cette jeune Betty, seule et unique figure positive rencontrée dans toute l'Amérique, il la *désaméricanise* d'emblée, comme Savine son Roosevelt. Si Miss Betty peut devenir pour Léon une alliée providentielle en plein territoire ennemi – en attendant de devenir au dénouement Mme Léon Goupit –, c'est grâce aux précieuses « affinités de race » qui doivent nécessairement unir un Français et une Irlandaise. La confiance est originelle et la connivence inscrite dans l'arc de cette bouche celtiquement pulpeuse. Lèvres pleines ne sauraient mentir. Celles de Betty font doublement, en silence puis en paroles, l'aveu de son aimable origine, pour la plus grande joie du brave Léon : « Savez-vous, miss Betty, déclara le Bellevillois, que je compte bien vous revoir. Les Irlandais, c'est comme qui dirait des Français du Nord [12]. » Non-Anglos de tous les pays (européens), unissez-vous ! Léon, qui a l'enthousiasme de l'universel – autre passion française –, est prêt à ouvrir toute grande la définition de la « bonne » race pour mieux en exclure l'Ennemi : « On est tous de la même race, du moment qu'on n'est pas américain. »

11. Gustave Le Rouge et Gustave Guitton, *La Conspiration des milliardaires* [1899-1900], Paris, UGE, 1977, t. II, p. 222.
12. *Ibid.*, p. 224.

À quoi ressemble cette race mise au ban des races par Léon Goupit ? Poussons, pour le savoir, la porte du magasin anthropologique. Promenons-nous dans la galerie des « portraits de race » américains. Voyons comment se décline, d'œuvre en œuvre, de journal de voyage en roman de mœurs, « le type odieux du Yankee ».

L'Américaine, avenir du Yankee

Ce type, de l'avis général, c'est chez la femme américaine qu'il faut d'abord le chercher : car elle exprime et accomplit, mieux que son *partner* masculin, le génie de la race. Charles Crosnier de Varigny, auteur en 1893 de *La Femme aux États-Unis*, semble avoir été le premier à affirmer cette prééminence en des termes où le souvenir des Goncourt se mêle aux réminiscences de Renan : aux États-Unis comme ailleurs, « la femme devait nécessairement apparaître, à un moment donné, comme l'expression définitive, le type supérieur de la race et du milieu. Elle l'est aujourd'hui »[13]. L'Américaine est l'avenir (déjà présent) de l'Américain. La thèse fera vite école. Quelques années plus tard, on la répète comme un truisme. Voilà donc scientifiquement justifié l'intérêt débordant que portent à la femme américaine les observateurs français de la Belle Époque, au détriment du Yankee mâle, qui les mobilise peu. « En Europe, l'Américaine est aussi populaire que [l'Américain] l'est encore peu »[14], reconnaît volontiers Crosnier de Varigny, mettant ainsi d'accord les caprices de la mode et les exigences de l'épistémologie...

Le fait est qu'en moins d'une génération l'Américaine, discrète chez un Gaillardet, absente chez un Mandat-Grancey, est passée au premier plan des descriptions et analyses françaises. Mouvement féministe et « suffragisme » y sont peut-être pour quelque chose, au moins indirectement. Difficile de l'affirmer : en dehors de la littérature militante, la plupart des textes français d'avant 1914 font l'impasse sur le sujet. *Le Correspondant*, généralement attentif aux choses américaines, évoque sur un ton désinvolte « le mouvement gynocratique », confirmant qu'il a aux États-Unis « sa base d'opérations la plus importante. C'est là que délibère son état-major et que s'organisent ses colonnes d'attaque contre la tyrannie mascu-

13. Ch. Crosnier de Varigny, *La Femme aux États-Unis*, Paris, Colin, 1893, p. 302.
14. *Ibid.*, p. 303.

247

line »[15]. Mais dans l'ensemble, la presse française en parle peu, fût-ce ironiquement. La plupart des livres consacrés à l'Amérique ne lui font aucune place. Au manque probable d'intérêt ou d'enthousiasme des chroniqueurs masculins s'ajoute la conviction inébranlable que la femme est la « vraie souveraine de la grande République », comme le répète Urbain Gohier dix ans après Crosnier de Varigny[16].

L'Amérique du Nord est une gynocratie. Cette affirmation a valeur de dogme ou de postulat en France dès les années 1890. La suprématie de l'Américaine est donc double : à sa supériorité dans le « type » correspond logiquement l'empire qu'elle a pris sur l'autre sexe. Entre fascination, effroi et réprobation, le même topos est inlasssablement répété : la femme américaine règne sur le pays comme elle gouverne son *home*. L'homme américain est son serviteur, voire son esclave. Le mari yankee n'est pas maître chez lui. Heureux s'il n'y est pas trop maltraité ! Celle que Frédéric Gaillardet appelait naguère « duchesse républicaine » est passée du tabouret au trône. Et elle l'occupe en despote plutôt qu'en souveraine.

L'omnipotence que les Français prêtent aux femmes américaines ne les fait pas rire, fût-ce aux dépens des maris. L'heure n'est plus aux plaisanteries narquoises, ni aux joyeusetés pittoresques. Ce monde à l'envers n'enchante pas ses explorateurs. Ils tentent bien de se rassurer, ils se répètent que la femme française ne voudrait pas de cette domination-là puisque 1°) elle n'aime pas dominer, 2°) elle domine déjà – *à la française*, sans en faire étalage. Mais on sent que le cœur n'y est pas et qu'ils redoutent la contagion de l'exemple. Crosnier de Varigny laisse percer son inquiétude sous le badinage, lorsqu'il présente la « *dame* » (en anglais dans le texte) comme la plus pernicieuse des exportations américaines : ce n'est pas seulement notre balance économique qu'elle risque de déséquilibrer, c'est la délicate harmonie française des rapports entre les sexes. L'auteur de *La Femme aux États-Unis* croit fermement que « la *dame*, non contente d'avoir conquis, elle aussi, le Nouveau Monde, est en bonne voie d'américaniser l'ancien »[17]. Encore un effort et cette dominatrice-née imposera chez nous le droit au *flirt*, en lieu et place des droits de l'homme et du citoyen : car « le

---

15. Henri Destrel, *Le Correspondant*, février 1887 ; cité par J. Portes, *Une fascination réticente...*, p. 244.
16. U. Gohier, *Le Peuple du XXᵉ siècle aux États-Unis*, Paris, Fasquelle, 1903, p. 33.
17. Ch. Crosnier de Varigny, *La Femme...*, p. 3.

privilège de flirter est aussi sacré et aussi imprescriptible aux États-Unis que le sont chez nous les immortels principes de 1789 » [18].

Crosnier de Varigny n'est pas le seul à s'inquiéter du pouvoir des Américaines et de leur propension à venir l'exercer jusque dans nos contrées. Jules Huret, parcourant les États-Unis en 1904 pour le compte du *Figaro*, cite une lettre de Mrs Flora Thompson dans laquelle cette éminente *socialite* du grand monde new-yorkais fustigeait le goût déplorable des Parisiens pour les nudités féminines. Qu'ils en profitent pendant qu'il est temps, ajoutait-elle menaçante ; car le jour approche « où notre nation trouvera le temps d'envahir la vôtre et de vous réformer ». Ce badinage un peu musclé déclenche chez Jules Huret, d'ordinaire plus serein, une réponse d'une acrimonieuse gravité : « Mrs Flora Thompson veut coloniser la France – et, sans doute, l'Europe. Elle trahit là, sans prudence, l'arrière-pensée des plus notoires de ses compatriotes impérialistes qui, non seulement rêvent de faire de l'Ancien Monde le déversoir de leur surproduction industrielle, mais aussi un séjour de vacances ! Il s'agit de savoir si l'Europe se laissera faire [19]. » Décidément non, là-dessus, les Français n'entendent pas la plaisanterie. Que l'envoyé spécial du *Figaro* puisse métamorphoser une salonnière new-yorkaise en walkyrie du *yankeesme*, voilà qui en dit long sur la place que l'Américaine occupe dans l'imaginaire des Français de la Belle Époque.

Chasseurs de dot mis à part, le vif intérêt que les observateurs français portent à la femme américaine est strictement herméneutique : elle fascine comme une énigme – l'énigme même de l'américanité. C'est plus tard, au cours de l'entre-deux-guerres, que s'affirmera peu à peu son statut érotique. Pour l'heure, même belle, elle séduit peu. Jeune, sa liberté d'allure dérange et déroute. Mariée, son sérieux décourage. Mais elle captive l'attention comme un problème bien posé. Résoudre son équation serait comme entrer dans l'intimité de ce « pays yankee » dont l'Américain n'offre qu'une version rudimentaire. Plus forte et plus secrète à la fois, concentrant en elle les vertus et les vices de sa race : l'autonomie, l'énergie, l'égoïsme, la volonté de domination, l'Américaine détient toutes les clés de l'Amérique. Mais le Jason, le Thésée, le Latin enfin n'est pas né qui les obtiendra d'elle.

La coquetterie féminine elle-même change de sens aux États-Unis. Elle n'est nullement, pour l'homme, promesse de bonheur,

---

18. *Ibid.*, p. 95.
19. Jules Huret, *En Amérique (II)*, Paris, Fasquelle, 1905, p. 340.

mais source de sérieux malentendus. Car, note l'impitoyable Urbain Gohier, « en France la femme est coquette pour les hommes ; en Amérique, pour elle-même » [20]. De fait, les Américaines sont froides, inaccessibles, intouchables. Impossible de les fléchir, impensable de les séduire. Le même Jules Huret retrouve (brièvement) humour et distance pour décrire la frustration latine devant la « bastille indifférente » qu'est la femme anglo-saxonne : « Les Latins s'exaspèrent devant l'Américaine, sa froideur, sa maîtrise si évidente, son réalisme étroit, le calcul réfléchi de tous ses actes [...] Et pas d'imagination à troubler, pas de curiosité à émouvoir ! » Pauvres Latins, pauvre Jules Huret. Le trait final est douloureux : « Vous abandonnez la partie avec la sourde rancune de l'imposteur démasqué [21]. » Type dans le type, l'Américaine de la côte Est, stade suprême de la féminité yankee, est un Sphinx des neiges : « Il est un type d'Américaine de l'Est, entre deux âges, avec des lunettes d'or, dont je me souviens particulièrement pour l'avoir rencontré plusieurs fois. Elle a les lèvres minces, le regard glacé, la figure impassible [22]. » On aura reconnu, dans cette Gorgone de Nouvelle-Angleterre, le classique cauchemar du Français : l'aggravation américano-puritaine de l'Anglaise prude « aux lèvres minces ». L'anti-Miss Betty...

Décrites par les Français, ces Américaines de la Belle Époque apparaissent imposantes comme l'Amérique même et aussi inflexibles que la politique étrangère du président Roosevelt. Aussi la fascination tourne-t-elle rapidement à l'irritation, puis à l'exaspération. Aux « imposteurs démasqués » se joignent les enquêteurs déçus : l'Américaine ne répond ni aux avances des uns, ni aux attentes des autres. Elle suscite donc, au bout du compte, une hostilité proportionnelle au pouvoir qu'on lui prête. Les don Juan éconduits font chorus avec les moralistes ronchons et tous ces Français horripilés lui imputent à péché les vertus mêmes qui faisaient d'elle l'incarnation exemplaire de sa race. Retournés, ses traits caractéristiques deviennent même doublement négatifs, puisque l'Américaine, femme et Yankee, menace l'observateur une première fois en tant qu'homme et une seconde fois en tant que Français. Son énergie devient brutalité ; son autonomie, égoïsme

20. U. Gohier, *Le Peuple*..., p. 9.
21. J. Huret, *En Amérique*..., p. 378.
22. *Ibid*., p. 384.

et excès d'indépendance ; son intelligence pratique, matérialisme trivial et esprit de calcul.

Aussi les portraits-charges de la femme américaine abondent-ils au cours des années 1890-1920. Certains, comme Crosnier de Varigny, jugent le sujet assez important ou assez « porteur » pour mériter un livre entier. La même année 1893 où paraît sa *Femme aux États-Unis*, il trouve un rival en la personne d'Émile Barbier, qui publie alors un *Voyage au pays des dollars*. La femme américaine n'y est pas épargnée. Barbier reprend l'antienne de la domestication des mâles : les femmes mènent leur vie à leur guise et leurs maris par le bout du nez. Il s'indigne de l'intolérable despotisme exercé par ces épouses aussi dépourvues de qualités domestiques que de bon vouloir matrimonial. « – Mais la femme ? – Nous allions dire : *elle est*. Soyons prudents et modestes, et rectifions : *elle nous paraît* ignorante et prétentieuse, incapable de tenir une conversation, froide à nous geler [...] ; muette, revêche et bégueule. [...] Ont-elles des qualités domestiques ? Encore moins. La femme américaine est la paresse incarnée. Elle n'a même pas le courage de rafistoler ses robes, ni de recoudre un bouton aux culottes de son mari [23]. » Barbier poursuit longuement et sur le même ton ses « modestes » critiques, sans épuiser un sujet auquel il reviendra l'année suivante dans un ouvrage de la même eau, *Cythère en Amérique*.

On pourrait objecter que la paresseuse invétérée décrite par Barbier contredit le mythe dominant de l'énergique virago yankee. Mais ce n'est pas le cas. Ce laisser-aller est tactique et ce farniente vindicatif. Cette femme au foyer n'y est pour personne, elle fait la grève sur le tas. L'énergie ne lui fait pas défaut ; elle refuse simplement de la mettre au service de son mari. Sa « paresse » domestique est une affirmation de plus de son empire. On ne raccommode pas de culotte quand on la porte. Émile Barbier a une curieuse formule pour donner à entendre la souffrance de l'homme américain et l'injustice dont il est victime. Les Américaines, dit-il, ont fait tant et si bien que « l'homme vit, avec sa femme légitime, sur le même pied qu'un Français avec sa maîtresse » [24] – situation qui, visiblement, n'éveille chez Barbier aucune idée de luxure. Sa comparaison n'est pas affaire de stupre, mais de structure. Barbier veut simplement dire que l'homme perd sur les deux tableaux, contraint

23. É. Barbier, *Voyage au pays des dollars*, Paris, Marpon et Flammarion, 1893, pp. 126-128.
24. *Ibid.*, p. 128.

qu'il est d'« entretenir » sa femme sans jouir en retour des minimales aménités que procure un intérieur bien tenu. Infortuné pays, décidément, où les dragons domestiques s'arrogent les prérogatives de nos cocottes !

L'exploitation éhontée, en Amérique, de l'homme par la femme, ou plutôt de l'époux par l'épouse, est un thème cher aux Français. Les plus américanophiles n'y résistent pas. Témoin André Tardieu, future bête noire des antiaméricains français de l'entre-deux-guerres, vantant en 1908 un « livre charmant » qui lui « apporte de bien précieux renseignements » sur le couple américain ; après inventaire, ces renseignements se résument à cette équation essentielle : « le mari travaille, la femme dépense »[25]. Témoin plus tard André Maurois, le mieux disposé peut-être des voyageurs français au tournant des années 1930, reprenant le cliché du mari féal et de son « don-quichottisme du carnet de chèques »[26]. Qu'aurait à ajouter un Georges Duhamel ? Il se contente de rappeler sobrement en quel servage est tenu le mari américain, ce *good provider* dont la fonction maritale se borne à acquitter les factures et qui, sur le siège arrière de l'automobile conduite par son épouse, se tient « profondément silencieux » et « fume une cigarette, comme les condamnés à mort »[27]... Oui, décidément, « la femme mariée américaine vit dans la laine », comme l'avouera à André Maurois l'une de ses hôtesses d'outre-Atlantique[28]. Une laine, commentent les Français, tondue sur le dos des maris.

Paul de Rousiers, en 1892, était arrivé aux mêmes conclusions. Le mari américain, observait l'enquêteur du Musée social, « est toujours un peu l'hôte de sa femme ; c'est elle qui gouverne »[29]. Aux États-Unis, le mari a quelque chose de superfétatoire. Il est chez lui comme de passage : c'est dire qu'on peut aussi bien s'en passer. Varigny, qui garde de sa formation d'économiste un goût pour les chiffres, ne manque pas d'en produire un qui, en 1893, était fait pour impressionner les lecteurs : 328 716 – le nombre des divorces « en vingt ans »[30]... Une cascade d'abus mène, en Amé-

25. A. Tardieu, *Notes sur les États-Unis. La Société. La Politique. La Diplomatie*, Paris, Calmann-Lévy, 1908, p. 56. Tardieu tire ses « précieux renseignements » d'Eliot Gregory dont *Worldly Ways & Byways* avait connu un certain succès en 1898.

26. A. Maurois, *En Amérique*, Paris, Flammarion, 1933, p. 13.

27. G. Duhamel, *Scènes de la vie future* [1930], Paris, Arthème Fayard, « Le Livre de demain », 1938, p. 47.

28. A. Maurois, *En Amérique*..., p. 13.

29. P. de Rousiers, *La Vie américaine*, Paris, Didot, 1892, p. 441.

30. Ch. Crosnier de Varigny, *La Femme*..., p.198.

rique, de la prérogative indûment laissée aux femmes à la dissolution des couples. L'inversion des rôles prépare l'éclatement de la famille, en attendant le bouleversement de la société.

Car si cette inversion est particulièrement criante dans le couple américain, le dérangement est évidemment plus général, comme l'atteste une autre figure problématique : celle de la jeune fille.

Jusqu'à la Grande Guerre, la jeune fille américaine n'a pas trop mauvaise réputation en France. On déplore les « petits flirts à douze ans », mais au nom de la poésie plus que de la morale. Car « que deviennent le "trouble délicieux de l'amour", cette "pudeur rougissante", cet "émoi des sens" dont parlent les métaphores séculaires des littératures latines ? »[31]. Force est de constater que l'inconduite est rare : les jeunes filles ont beau jouir de libertés extravagantes, elles ne semblent pas en mésuser. Ou bien faut-il mettre cette incroyable sagesse au douteux crédit des garçons ? Jules Huret soupçonne que le fameux *flirt* n'est pas l'invention moderne et diabolique dont ses compatriotes se croient menacés, mais la transposition américaine, « le ressouvenir du "Tout mais pas cela" des privautés paysannes et populaires permises chez des gens restés grossiers et que ne choque que *le reste* »[32]. Le *flirt*, en somme, loin d'être une pente vers la perdition, serait l'école du *self-control*... On reprocherait presque à la jeunesse américaine d'être, sinon trop chaste, du moins trop prude : un Urbain Gohier se gausse des étudiants et étudiantes d'Evanston qui ont « fondé une *Anti-Kissing-League* pour proscrire le baiser "qui provoque le dégoût et propage les maladies" »[33].

Éducateurs mis à part, ces Français d'avant 14 s'intéressent beaucoup moins à la *girl* qu'à la femme mariée américaine. Les débutantes de la haute société, ces très coûteux « boutons de rose » évoqués par Edmond Johanet, relèvent d'un monde à la fois cosmopolite, fermé et irréel. Restent toutes les autres, que les Français rencontrent toujours avec le même étonnement : surpris que de telles rencontres, dans la rue, au travail, soient licites et même banales ; plus surpris encore de la neutralité sexuelle de ces rencontres. Paul de Rousiers s'interroge ainsi avec un admirable sérieux sur les « jeunes filles de l'Ouest » et leur virginité. Serveuses de bars et de restaurants, elles lui paraissent constituer « un

---

31. J. Huret, *En Amérique (I)*..., p. 325.
32. J. Huret, *En Amérique (II)*..., p. 385.
33. U. Gohier, *Le Peuple*..., p. 36.

sexe à part » (le troisième, déjà ?), « ni embarrassé, ni provocant, sans grâce comme sans gaucherie, qui ne répond à rien de connu en France ». Ni petites filles, ni mamans, ni putains, « elles ne sont pas vertueuses, peut-être, mais toutes conservent un extérieur honnête »[34]. De quoi y perdre son latin, en effet. De quoi, pour ce « Latin », s'y perdre.

Mieux vaut, en tout état de cause, être prudent et se tenir à l'écart de ce « sexe à part ». Car si la jeune fille américaine paraît fort capable de maîtriser ses émois éventuels, elle est aussi réputée experte en tours pendables et autres pièges pour les hommes seuls. Victorien Sardou avait porté sur la scène, dans L'Oncle Sam, les sordides manigances dont sont capables les demoiselles yankees pour « attraper » un mari : une déclaration enflammée écrite sur un carnet de bal et c'en était fait du soupirant naïf. La loi est de son côté, comme Paul de Rousiers en prévient ses lecteurs : « Les lois contre la séduction protègent avec une telle efficacité la femme réputée honnête qu'elle constitue un danger dont s'écarte l'homme à bonnes fortunes égaré en Amérique[35]. » L'inexpérimenté ou l'étourdi n'échapperont d'ailleurs aux rets de la ruse et aux rigueurs de la loi que pour succomber à la force ouverte. Paul de Rousiers a reçu personnellement les confidences d'un « jeune Français de l'Ouest » contraint « d'épouser le revolver sur la gorge une fille de Saint-Louis qui l'avait attiré dans un piège »[36]. Un demi-siècle plus tard, Sartre informera les lecteurs du Figaro qu'il « y a un cours, dans un college new-yorkais, sur la façon dont une jeune fille doit s'y prendre pour se faire épouser par son flirt »[37] – sans recourir aux armes à feu.

Une girl pourtant tire son épingle du jeu : la college girl que découvrent, au début du siècle, les premiers universitaires français à répondre à l'appel des campus. Invité dans le cadre des précoces accords qui unirent la Sorbonne à Columbia et Harvard, Lanson n'est manifestement pas resté insensible aux charmes de ses étudiantes. Cela nous vaut un étonnant portrait de celle que le grave Lanson appelle audacieusement la « girl américaine ». Mais – honni soit qui mal y pense ! – c'est à la girl comme type que va son intérêt. Et comme « type » de la race, bien entendu. Car aux

34. P. de Rousiers, La Vie américaine..., p. 184.
35. Ibid., p. 525.
36. Ibid, p. 451.
37. J.-P. Sartre, « Individualisme et conformisme aux États-Unis » [Figaro, février 1945], Situations III, Paris, Gallimard, 1949, p. 81.

yeux favorablement disposés de Lanson, seule la « girl » incarne de manière convaincante la race américaine et maintient le type mis à mal par le *melting pot*. Dans une société qui paraît réunir « toutes les races, tous les types humains » – nous sommes ici en 1910 –, seule la jeune fille répond à l'idéal introuvable d'un « type américain ». « Impossible », s'étonne Lanson, « de définir un type qui soit le type américain. De temps à autre, cependant, une jeune fille svelte, bien musclée, aux traits réguliers, au profil pur, cheveux blonds ou châtains, œil bleu limpide, regard rieur, franc et décidé, gestes souples et sûrs, rien de la raideur anglaise, un mélange de force et de grâce, une expansion de vie libre, riche, joyeuse : voilà ce qui me paraît bien être le type américain de la *"girl"* »[38]. Joli détournement du « portrait de race » que ces lignes frémissantes consacrées à ses gracieuses élèves par Gustave Lanson, qui s'autorise de l'enquête ethnographique pour faire le blason des jeunes corps yankees.

Mais l'émotion de Lanson est loin d'être partagée. Et heureusement ! Car rien de plus redoutable que la même *girl*, lâchée un ou deux ans plus tard à la conquête de Paris, si par malchance elle est « jolie comme un démon ». Dans son roman intitulé *De trop*, Mlle Zénaïde Fleuriot, prolifique auteur pour la jeunesse, met en scène le drame de toute une maisonnée des beaux quartiers, dont la sérénité est soudain menacée par les projets de remariage du père avec « une Américaine de vingt ans, jolie comme un démon, ayant une fortune dans les savanes, une religion sans consistance, des goûts ruineux, des allures de folle »[39]. Dans cette famille à valets de pied où la conversation roule tantôt sur *La France juive* de Drumont, tantôt sur les mérites comparés des différents attelages, ce projet d'épousailles avec une miss Arabella Blunt confine à la haute trahison. Mais tout est bien qui finit bien : le père veut en effet se remarier, non point du tout à l'Américaine que soupçonne son entourage, mais à une parfaite Française au profil de Madone. Amours solitaires, donc, que celles de Lanson dans le vert paradis des campus de Nouvelle-Angleterre. Éphémères aussi. Dans ces thébaïdes mêmes, les temps modernes exerceront leurs ravages.

Dix ans plus tard, dans les années 1920, commence l'ère fitzgéraldienne des *flappers* émancipées[40], des cheveux courts et des

38. G. Lanson, *Trois Mois d'enseignement aux États-Unis*, Paris, Hachette, 1912, pp. 55-56.
39. Mlle Zénaïde Fleuriot, *De trop* [1888], Paris, Hachette, 1907, p. 21.
40. *Flappers and Philosophers* de F. Scott Fitzgerald paraît en 1920.

idées folles – un peu trop folles au goût des Français. Les allures trop libres de la jeune fille américaine relancent alors blâmes et censures : elle incarne toujours la « perfection du type », mais comme tyrannique, égoïste, arrogante et d'autant plus pernicieuse qu'elle est désormais désirable et use cyniquement d'une liberté sexuelle affichée.

La *girl* gracieuse des romans de James et des souvenirs de Lanson cède la place aux jeunes allumeuses égoïstes et riches garces dessalées. Un roman de 1928, *Des Américains chez nous*, montre quelle eau douteuse a coulé sous les ponts. On reviendra plus loin sur cette allégorique histoire, au cours de laquelle un coin de terre normande est colonisé par Nathaniel Birdcall, millionnaire américain ; disons seulement un mot de sa fille, la sémillante Diana, qui fait un pendant intéressant, à un quart de siècle de distance, avec l'Aurora Boltyn de Gustave Le Rouge – fille de milliardaire elle aussi, impérieuse et un peu exaltée, mais noble cœur au fond et capable d'amours cornéliennes avec l'ennemi de papa. La Diane américaine 1928, « instable comme une mousseline », est sortie du même moule : le vaste moule de la stéréotypie romanesque anti-américaine. Mais les temps ont changé et le ton s'est durci. Diana séduira le narrateur français, l'enchaînera physiquement, sans se priver pour autant d'autres liaisons peu reluisantes. Le portrait de l'héritière en enfant gâtée tourne à la caricature grinçante. Les caprices de Diana sont autant d'exercices de soumission de l'autre et d'exhibition de soi, comme dans cette scène curieuse où, ravie d'avoir choqué son compagnon en lui racontant qu'elle a un jour, à cheval, « pissé sans descendre de selle », elle « répète, crie, hurle : – Je pisserai. *Je pisserai*. JE PISSERAI... » à tous les échos de la campagne.

« Comment une fille d'Amérique aurait-elle de gêne pour parler ou faire de ces menues choses naturelles ? » Ce commentaire doucereusement vachard du narrateur sadisé ne fait pas illusion. Sous la feinte justification « culturelle » perce la conviction d'un antagonisme absolu, d'un face-à-face ou plutôt d'un corps à corps inexpiable entre deux races irréconciliables. Une autre scène paroxystique exhibe encore plus clairement, avec une sorte de sobriété clinique, cette déchirure anthropologique. Une banale scène de beuverie – les Américains ne sachant pas festoyer, se saoulent – est soudain rayée d'une zébrure obscène et stridente : « Miss Diana se lève ; elle relève ses courtes jupes vers son visage. Elle danse en pantalons blancs les pas les plus nègres. Le pantalon [de marin] grimace et bâille. J'aperçois la toison, le ventre mat, le sexe. Je me rince l'œil sans joie [41]. » Étrange plongée au cœur des ténèbres de la féminité américaine – où ne manque même pas la trace, indispensable au fantasme, des « pas nègres » animant le corps blafard de la Diane blanche. Qu'est-ce que le racisme, sinon la haine du corps de l'autre rapportée à son appartenance nationale ? Chez Raoul Gain, le seuil est indubitablement franchi.

Le dénouement est conforme à l'ambiance de cynisme sadisant où s'enfonce le narrateur : vilainement blessé par son rival qui lui a fort phalliquement tailladé une narine, il sera laissé en rade par l'Américaine dégoûtée. « Je ne veux pas plus de ce garçon ! » Ainsi s'achève une saga dérisoire où le Français américanisé a laissé son honneur et son nez. Ainsi culmine, dans les années folles, la caricature misogyne d'une femme américaine en qui se rassemblent toutes les tares de l'espèce et toutes les vulgarités d'une culture, pimentées de fatales salacités. Miss Diana, *ultima Pandora*...

Cette avalanche de stéréotypes négatifs traduit évidemment la réaction d'hommes qu'inquiète une répartition nouvelle, indésirable, des rôles et des prérogatives entre les sexes. Ces descriptions, qu'elles soient indignées ou déjà résignées, ne sont d'ailleurs pas incompatibles avec l'aveu d'une « amélioration » de la condition féminine. Jules Huret ne laisse pas d'admettre, du bout des lèvres, qu'« il sort de cet état [nouveau des rapports entre les sexes] une élévation générale de la femme » [42]. Plus rares à témoigner, les Françaises comme Marie Dugard s'inscrivent en faux contre la légende de la domination de la femme en Amérique. Elles passent en revue et décortiquent avec soin les avantages qu'y présente la condition féminine, par comparaison avec la situation européenne. Mais c'est souvent pour conclure de manière ambiguë : est-il bien sûr, se demande pour finir Marie Dugard, que ces « avantages » compensent les désagréments liés à cette « forme primitive de l'existence et inférieure » qu'est la vie laborieuse et calculatrice de l'Amérique en général [43] ? En sorte que la lucidité sceptique de cette observatrice cultivée et trop bien informée pour être dupe de la légende française sur la gynocratie américaine, rejoint pourtant les tableaux calamiteux et fantasmatiques brossés par ses compa-

41. R. Gain, *Des Américains chez nous*, Paris, Éditions Montaigne, 1928, p. 100.
42. J. Huret, *En Amérique (II)*..., p. 380.
43. Marie Dugard, *La Société américaine. Mœurs et caractères. La famille. Rôle de la femme. Écoles et universités*, Paris, Hachette, 1896, p. 311.

triotes masculins : ceux-ci jugent l'Amérique inclémente aux hommes, aux maris, aux Latins ; Marie Dugard, elle, n'est pas sûre que les femmes y trouvent suffisamment d'avantages pour leur en recommander le séjour.

Les dents de l'Amérique

La femme américaine n'est pas de tout repos. Il ne fait pas bon lui résister. Ni lui céder d'ailleurs. Les maris américains en savent quelque chose. Les amants, eux, sont interdits par la loi. Dans l'entre-deux-guerres, le poète et romancier Luc Durtain racontera la déchéance d'un jeune Californien chaste et travailleur, séduit et abandonné par une passante désabusée des hommes. Déboussolé par cette aventure d'une nuit à laquelle il ne peut imaginer d'autre issue que le mariage, plus désemparé encore par la disparition de la jeune femme à la fin du week-end, le *successful young man* d'hier, épave à la dérive, scelle son destin absurde dans un cinéma où, sans préméditation ni désir, il pose une main sur le genou d'une inconnue, hideuse au demeurant. Scandale, début de lynchage, procès, prison et chute dans la misère. On entreverra, dans une dernière scène, le réprouvé devenu pousseur de wagonnets dans une exploitation agricole. Cette intrigue que l'on pourrait croire inspirée des méfaits du *politically correct* date pourtant des années 1920, comme le récit des frasques de Miss Diana. Son titre : « Crime à San Francisco », est délibérément ambigu ; mais tout incite le lecteur à conclure que le vrai crime n'est pas l'attouchement furtif, fatal au désaxé, mais bien la terreur que fait régner l'ordre sexuel américain [44].

L'homme américain, donc, n'est pas à la fête. Cela se sait en France depuis la fin du XIXᵉ siècle. Le *home* est pour lui un lieu de contention, où il subit un martyre résigné. Heureusement, il y est peu désiré et ses occupations, qui le retiennent longuement au travail, abrègent ses souffrances. Est-il d'ailleurs tout à fait innocent ? À la fin du XIXᵉ siècle, plus d'un voyageur français suggère qu'il mérite son malheur ou qu'à tout le moins, par diverses insuffisances, il porte sa part de responsabilité dans le statu quo consacrant la tyrannie domestique des épouses. Tel va jusqu'à mettre en

---

44. Luc Durtain, « Crime à San Francisco », *Quarantième Étage*, Paris, Gallimard, 1927.

cause son peu d'appétence pour les femmes. À la question :
« L'Américain est-il un bon mari ? », Jules Huret répond par cette
parabole délicate : « Un homme dit : j'aime la lecture, et il lit deux
ou trois livres par an. Peut-on croire là en un véritable amour ?
Non. Pourtant, lui le croit, et il est sincère[45]. »

Cette situation ne suscite pas, chez les Français qui la décrivent,
une considérable commisération, ni une quelconque sympathie.
Car ce même homme, mari docile et effacé, ilote domestique
privé chez lui de toutes les satisfactions sexuelles et/ou gastrono-
miques qui peuvent justifier le mariage, cet homme-là redevient,
passé le seuil de son foyer, un redoutable prédateur : *vir americanus horribilis*. Il faut toujours se méfier des hommes qui filent
doux aux pieds d'Omphale. Le Yankee, maritalement subjugué,
reste un Hercule d'autant plus redoutable qu'il peut déchaîner aux
dépens du monde extérieur une énergie peu entamée par sa vie
privée. Effacé et timide, méconnaissable dans son domestique,
sitôt dehors, le voici grand fauve, reconnaissable au premier coup
d'œil.

« Je reconnaîtrais, aux confins du monde, le type américain[46]. »
Ce physionomiste avisé n'est pas un personnage de *La Conspiration des milliardaires* ; c'est le bien réel Jules Huret, parcourant
l'Amérique de 1904. Et à quel signe physique, à quel stigmate
notre reporter reconnaît-il le « type américain » ? Simplement à ses
mâchoires.

C'est en chemin de fer ou plutôt en Pullman que l'envoyé
du *Figaro* en a eu la révélation. À la faveur de cette intimité forcée,
il a pu surprendre le type à l'état brut et saisir, dans toute sa netteté,
la nature yankee arrachée au sommeil. Il faut le savoir : c'est au
petit matin et dans les couloirs des sleepings que la craniologie
donne ses meilleurs résultats ; là que les Yankees mâles semi-
assoupis révèlent à la vigilance française la « volonté directe et
tenace qui est inscrite dans leurs têtes osseuses ». L'illumination
physiognomonique de Jules Huret transfigure cette banale scène
de réveil ferroviaire en Épiphanie de la race : « Dans l'œil dur, le
menton, les maxillaires volontaires, se condensaient l'expression
foncière, les signes caractéristiques de la race. » C'est alors, dans

---

45. J. Huret, *En Amérique (II)*..., p. 387. Le même thème fait la chute d'un poème
de Luc Durtain, « El Paso », sur les locomotives du Southern Pacific : « [...] *des
mécaniciens gantés/ les caressent./ Les machines sont les seules femmes/ que les
Américains savent rendre heureuses* » (*USA 1927*, Paris, Plaisir de bibliophile, 1928).
46. J. Huret, *En Amérique (I)*..., p. 318.

sa nudité sans fard, que le faciès américain livre son secret. Il est trop tard ensuite, la toilette estompe l'âpreté des lignes ; et l'on pourrait soupçonner d'ailleurs les Américains de multiplier les ablutions pour des motifs, non d'hygiène, mais de pure dissimulation. « L'eau froide des ablutions [...] effaçait vite ces marques trop accusées de l'énergie nationale. Mais la vision matinale se perpétuait tout le jour, et, depuis, je reste hanté du caractère de ces mentons et de ces mâchoires [47]. »

Mâchoires redoutables, donc, seules capables de s'attaquer au « véritable steak américain », « la chose la plus résistante dont un être vertébré ait jamais eu l'idée de confier la mastication à ses mandibules » [48]. Mâchoires, du même coup, prodigieusement inquiétantes, dont un feuilletoniste-né comme Le Rouge ne manque pas d'exploiter le symbolisme. La scène se passe, là aussi, dans un Pullman et succède directement à l'évocation des Indiens exterminés de la grande Prairie. « L'ancien colonel de la milice a délaissé la jeune miss, et ne pense plus qu'à attaquer vigoureusement le rosbif aux pommes de terre, inévitable plat de résistance de toute table américaine. » Mais le rosbif ne saurait résister longtemps aux terribles dentitions du colonel et de sa voisine, mistress Bottmund, dont la bouche « donne l'idée d'une rangée de menhirs bretons animés d'un mouvement de marteau-pilon » [49] ! Tout cet engloutissement n'empêche pas les Yankees de poursuivre, devant le stoïque Français, une conversation fanfaronne où ils clament, entre deux bouchées, leur ferme intention de « devenir maîtres du monde »... Grandioses ou grotesques, ces mâchoires sont en tout cas démesurées, à l'image des appétits de puissance américains. Elles trahissent l'*hubris* de la race. Elles en sont le siège et l'organe. Les Yankees d'ailleurs le savent, qui ont soin d'en entretenir la vigueur par des exercices permanents. Une révélation suivant l'autre, Jules Huret parvient aussi à résoudre l'énigme du *chewing-gum*, cette inexplicable passion nationale qui intrigue tous les voyageurs. Paul de Rousiers avait là-dessus sa propre théorie : les Américaines, renonçant à chiquer, auraient adopté comme substitut la mastication de la gomme sucrée ; il voyait là un effort d'hygiène d'autant plus louable qu'il attribue par ailleurs la stérilité des femmes américaines à « l'influence du

---

47. *Ibid.*
48. E. Johanet, *Un Français dans la Floride*, Paris, Mame, 1889, p. 37.
49. G. Le Rouge et G. Guitton, *La Conspiration...*, t. II, p. 99.

climat et l'abus du tabac à chiquer »[50], mais sans se dissimuler les inconvénients esthétiques de cet effort de civilisation : car « aucune jolie figure ne résiste à cette difformité »[51]. Tout autre est l'interprétation de Huret, promise à un bel avenir. Si l'Américain mastique, affirme Huret, c'est « pour se faire les mâchoires ». Ne pouvant « se passer de mouvement », il a imaginé de mouvoir ses mandibules « dans les endroits publics où il est obligé de demeurer inactif »[52]. Le chewing-gum satisfait donc en lui deux pulsions à la fois : sa haine de l'oisiveté et son souci constant d'améliorer ses performances dévoratrices.

Une petite mythologie est née. Cinquante ans plus tard, elle se porte encore comme un charme et un livre persifleur de 1953 la reprend entre premier et second degré. Le voyageur Jérôme, sorte de Huron français rempli d'enthousiasme, admire à Chicago un magnifique *skyscraper* de faïence blanche, le Chicklett Building : « Tcherbek [son guide américain] m'apprit qu'il était dédié à cette sorte de gomme parfumée que mâchaient les Américains pour s'entraîner à la volonté en fortifiant leurs maxillaires. "Les mâchoires, me dit Tcherbek, sont, vous le savez, le lieu des décisions énergiques : c'est en serrant les dents que l'on *veut* le mieux. La gomme est pour beaucoup dans la supériorité que nous avons acquise sur les autres peuples." [53] »

La supériorité des Anglo-Saxons d'Amérique prouvée par leur dentition : voilà à quoi n'avait pas pensé Edmond Demolins en 1897 ! Il avait bien pressenti que cette supériorité avait son siège moral du côté des dents – ces dents que les Anglais savent serrer comme pas un peuple. Cette qualité britannique par excellence : la ténacité, Demolins l'avait donc étendue au cousin d'Amérique. Mais le Yankee n'est pas seulement tenace, il est vorace. Comme l'Anglais, il sait s'accrocher (au sol en particulier, sous les espèces du *settler* et du *squatter*) ; mais il est homme aussi à aller décrocher ce dont il a envie. Toujours prompt à la manducation, cette propédeutique de la dévoration : tel est le Yankee aux maxillaires suren-

50. P. de Rousiers, *La Vie américaine...*, p. 447 ; la « stérilité » des femmes américaines intéresse vivement les observateurs sociaux ; en 1894, un collaborateur de *La Réforme sociale*, R.G. Lévy, en propose une autre explication : elle serait en corrélation directe avec l'accès des femmes aux études supérieures (« La vraie Amérique », Paris, 1894, p. 15 ; cité par J. Portes, *Une fascination...*, p. 222).
51. P. de Rousiers, *La Vie américaine...*, p. 526.
52. J. Huret, *En Amérique (I)...*, p. 304.
53. Maurice Bedel, *Voyage de Jérôme aux États-Unis d'Amérique*, Paris, Gallimard, 1953, p. 139.

traînés par le *chewing-gum*, arme secrète de son appétit de puissance. Comme l'Ennui baudelairien, cette Amérique des mandibules pourrait avaler le monde : non d'un bâillement, pourtant, mais d'un vigoureux coup de dents.

Saisies en pleine mastication ou au repos, les mâchoires de l'Amérique ne cesseront pas, en tout cas, de désigner l'Américain dans les dessins et caricatures ; ni, dans les portraits même bénins, de rappeler un fond de férocité ou d'arrogance. Duhamel, bien sûr, n'oubliera pas d'affubler collectivement les « gens qui vous bousculent dans les rues de New York ou de Chicago » de « mâchoires de fauves en chasse » [54]. Très logiquement, les présidents américains – y compris des présidents aussi peu matamores que Wilson et Franklin Delano Roosevelt – seront rituellement gratifiés par les observateurs français de mâchoires proéminentes, doubles symboles de leur « race » et de leur charge. Maurois, on l'a vu, cherchait les « puissantes mâchoires » du défunt président Wilson sous les ombrages de Princeton. Plus curieux encore le portrait que trace Jean-Paul Sartre de F.D.R., après l'entretien que le président a accordé aux invités français de l'Office of War Information, le 10 mars 1945 : « quelque chose d'ouvert et de communicatif qui se mélange curieusement avec l'âpreté un peu féroce des mâchoires » [55]. Mais le plus perfide et persifleur est sans doute Cocteau, prêchant aux Américains un changement de dentition dont il n'est pas sûr qu'il les croie capables : « L'esprit a les dents robustes », leur rappelle le poète dans sa *Lettre aux Américains* de 1949 ; « Mâchez les choses avec ces dents robustes » [56].

Qu'est-ce au fond que la « théorie de Tcherbek », gravement exposée à un Français ébaubi devant les splendeurs du Chicklett Building, sinon la parodie drolatique du « portrait de race » à la française, tel qu'il survit, depuis le début du XXᵉ siècle, aux idéologies raciales qui lui ont donné naissance ? Dans le riche corpus des récits satiriques français, la chose est assez rare pour être soulignée : tout en exerçant son humour sur l'Amérique elle-même, l'auteur du *Voyage de Jérôme en Amérique* ironise sur nos propres

54. G. Duhamel, *Scènes*..., p. 118.
55. J.-P. Sartre, *Le Figaro*, 11-12 mars 1945.
56. Cocteau, *Lettre aux Américains*, Paris, Éd. Bernard Grasset, 1949 [rééd. 1990], p. 32.

stéréotypes américains et sur les mécanismes mêmes de cette stéréotypie.

Au-dessus de la mêlée

On voit mieux, désormais, ce qu'a été « l'incarnation du Yankee » au début du siècle ; mieux aussi pourquoi, après avoir
squatté le mythe anglo-saxon, le discours antiaméricain devait
s'écarter de la version qu'en proposait Demolins. Le paradoxe de
Demolins est d'avoir exposé sous un pavillon ethnique une thèse
foncièrement culturaliste. Le *corps* ne l'intéresse pas : l'anglo-
saxonnité est pour lui *chose mentale* qui s'acquiert, puisqu'elle
peut s'apprendre. Au contraire, pour le discours antiaméricain, le
corps yankee existe comme le lieu d'une différence foncière (y
compris par rapport à l'Anglais). « Je le reconnaîtrais partout »,
affirme Jules Huret. Pas au geste, ni au vêtement, ni à la langue.
Mais bien à la gueule. « – C'est bien des gueules d'Amérique ! »,
s'écrie trente ans plus tard un personnage du roman de Raoul
Gain, devant les naufragés nocturnes d'un yacht inconnu[57]. Cette
certitude, touchant la possibilité de l'identification corporelle, trahit la présence, aux origines mêmes du discours antiaméricain en
France, d'une obscure politique du corps.

On a dit, au chapitre précédent, de quel strabisme était affectée
l'analyse de Demolins. Il faut encore souligner dans quel porte-
à-faux elle s'enferme. Porte-à-faux historique, quant à la menace
principale : non seulement la Grande-Bretagne est en passe de
devenir notre alliée, mais elle est en train d'être surpassée sur
presque tous les plans économiques par les États-Unis ; le léopard
britannique devient un animal bénin, comparé à la nouvelle Amérique aux dents longues. Porte-à-faux épistémologique, surtout,
puisqu'une démonstration ancrée dans l'inné se conclut en termes
d'éducation. « Il ne faut pas mettre ses fils au régime allemand,
mais au régime anglo-saxon », conseille Demolins, « si l'on veut
qu'ils ne soient pas broyés comme de simples Indiens du Far-
West »[58]. Outre que la comparaison avec les Indiens trahit une fois
de plus l'obsession américaine sous-jacente au thème anglo-saxon,

---

57. R. Gain, *Des Américains...*, p. 25.
58. E. Demolins, *À quoi tient la supériorité des Anglo-Saxons ?*, Paris, Didot, 1897,
p. 50.

le recours à la métaphore du *régime* pour désigner l'éducation anglo-saxonne qu'il faudrait donner à la jeunesse française ne fait que souligner l'embarras d'une pensée empêtrée du cadre racial dans lequel elle s'est enfermée. Il faut « former des hommes » à la « lutte pour la vie »[59], affirme encore Demolins. « Question de vie ou de mort[60]... » Mais apprend-on à devenir Anglo-Saxon ? Quel « régime », même carné, nous transformera en grands fauves de l'industrie, de la banque et du négoce ? Ou même, plus simplement, en joueurs de football ? À cette utopie pédagogique, les antiaméricains opposent l'incompatibilité des natures inscrite dans l'opacité des corps. D'où l'importance donnée au sport dans leurs descriptions.

Cet intérêt est nouveau. Sans doute est-il stimulé par le débat qui commence en France sur l'introduction de l'« éducation physique » et l'incitation aux sports collectifs dans l'enseignement. Il faudra attendre les années 1920-1930, cependant, pour que des auteurs comme Duhamel tirent argument des choses vues en Amérique pour polémiquer contre « cette comédie du sport avec laquelle on berne et fascine toute la jeunesse du monde »[61]. Les premiers voyageurs qui consignent sur leurs tablettes les étranges rituels des stades américains ne le font pas dans cet esprit : ils croient encore la France immunisée. Loin de voir dans le sport à l'américaine un modèle, fût-il discutable, pour l'avenir de nos établissements d'enseignement, ils l'évoquent comme un phénomène quintessentiellement américain, d'une radicale et indéchiffrable étrangeté. Tout leur paraît opaque dans ces jeux – à commencer par leurs règles. Si la description de match devient un morceau obligé du récit de voyage dans les dernières années du XIXᵉ siècle, elle ne renseigne guère le lecteur français. Tous les auteurs, sans exception, avouent ne rien comprendre aux « parties » qu'ils décrivent. Le *base-ball* leur est parfaitement impénétrable. Paul de Rousiers lui voit « quelque rapport avec le *cricket* anglais »[62]. Jules Huret est en mesure d'affirmer qu'il s'agit d'un « jeu de balle » ; après quoi, ses efforts tournent court : « Il est très compliqué et je n'en ai compris que ceci : deux camps et une balle très dure qu'on lance en l'air avec une longue crosse qui se

59. *Ibid.*, p. 1.
60. *Ibid.*, p. iv.
61. G. Duhamel, *Scènes...*, p. 94.
62. P. de Rousiers, *La Vie américaine...*, p. 510.

manie à deux mains[63].» Aussi n'est-ce pas leur propos que d'expliquer. C'est même avec une satisfaction non déguisée que Duhamel (à propos de « foot-ball » cette fois) affichera sa vertueuse incompétence : « Je ne connais pas ce jeu de ballon, fameux pourtant sur toute la terre[64].»

Le véritable objet de ces évocations n'est pas de faire connaître ces jeux, mais d'exhiber les corps et les foules yankees dans leurs démonstrations collectives les plus sauvages. Si le football, beaucoup plus que le base-ball, fixe les regards, c'est bien comme illustration d'une violence inhérente aux « traditions de race ». Bien avant que Duhamel ne lui consacre un chapitre entier des *Scènes de la vie future*, le football tient en effet la vedette. Non que les voyageurs français en percent davantage les arcanes que celles du base-ball, mais parce qu'il offre plus crûment la révélation attendue. « C'est un divertissement presque féroce », écrit Paul Bourget en 1895, un « terrible jeu ». Marqueur de civilisation en même temps que trait de race, le football « suffirait seul à mesurer la différence qui sépare le monde Anglo-Saxon et le monde Latin »[65]. Un Français ne saurait s'y livrer sans franchir la barrière des espèces. Jules Huret renchérit : loin de pouvoir l'apprendre et le pratiquer, nous ne pouvons pas même, sans un radical renoncement à notre nature, en être simples spectateurs. Il n'est pas en nous de hurler « Kill him » et « Break his neck », comme le jeune homme bien sous tous rapports qui fascine Huret durant le match Harvard-Yale : « C'était un jeune homme de dix-neuf à vingt ans, brun, imberbe, correct ; ses yeux luisaient d'une flamme aiguë entre ses sourcils froncés ; ses dents étaient serrées et ses maxillaires en saillaient davantage[66]. » Non, décidément nous n'avons pas les mêmes mâchoires, ni les mêmes émois. Nous n'en voudrions pas pour tout l'or du monde. Voilà ce qui fait que nous ne jouerons pas au football. Non que nous soyons des « clercs quinteux, économes de leurs muscles, paresseux ou timides », insistera plus tard Duhamel dans un chapitre qui ramasse avec brio les descriptions de ses prédécesseurs ; mais parce que le football américain porte à son paroxysme la « comédie du sport » et l'imposture humaine

63. J. Huret, *En Amérique (I)*..., p. 135.
64. G. Duhamel, *Scènes*..., p. 93.
65. P. Bourget, *Outre-Mer*..., p. 144.
66. J. Huret, *En Amérique (I)*..., p. 43.

de ces « compétitions » qui « deviennent brutales, dangereuses » et « ressemblent à des attentats plutôt qu'à des divertissements ». Ce que trahit le football ? L'habitus caractéristique d'une race prédatrice. (L'équipe, dira Duhamel, est une « meute » qui « guette sa proie ».) Ce qu'il menace ? Rien moins que la civilisation. Duhamel, là encore, refrappe des sentences déjà rendues par ses aînés : « Un jeu d'où émane une telle frénésie de lutte brutale ne peut pas être bon pour la civilisation[67]. »

En ce sens, l'évocation effarée du *football* américain n'est pas plus anodine que le retour inlassable des abattoirs de Chicago sous la plume des voyageurs et même de ceux qui ne voyagent pas. S'y condensent diverses résistances culturelles : à la brutalité du jeu lui-même, à la grégarité du public, à l'hystérie de masse – cette « fièvre ardente »[68] qu'Urbain Gohier désigne comme typiquement américaine –, à la tribalisation des *supporters*, à l'indigence intellectuelle des cris, des musiques et des danses, à la bassesse morale du spectacle que donne la *cheerleader*, cette *college girl* devenue tribade : « Le porte-voix au poing, la jupe au vent, elle hurle, elle se démène, elle exécute avec furie une suggestive danse du ventre, tout comme les prostituées dans les ports méditerranéens[69]. » Le spectacle effarant de ces « rixes » ritualisées prend d'autant plus de poids dans l'argumentaire antiaméricain qu'elles se déroulent entre étudiants du meilleur monde. La surprise des observateurs français est décuplée par un sentiment d'inconvenance sociale : ce sont des jeunes gens « corrects » qui hurlent leur haine de l'adversaire et la *cheerleader* aux déhanchements de prostituée « arbore un des noms les plus honorables de toute la contrée ». Que ces orgies de brutalité et de vulgarité aient pour théâtres les hauts lieux de la culture et du savoir achève de disqualifier toute idée de « leçon » américaine. « Je ne crois pas, *a priori*, que l'Europe ait quelque chose à apprendre des pédagogues américains »[70], lâche Jules Huret dans les mêmes pages où il décrit l'étrangeté absolue, la barbarie du match Harvard-Yale.

Après le symptôme du maxillaire, la preuve par le football ? Oui, car ce football qui fascine les Français est bien plus qu'un

---

67. G. Duhamel, *Scènes...*, pp. 94-95
68. U. Gohier, *Le Peuple du xxᵉ siècle...*, p. 13 ; Gohier, qui ne déteste pas prendre le contre-pied des stéréotypes, dénonce celui de « l'énergie » (associé à Teddy Roosevelt) comme « une légende ».
69. G. Duhamel, *Scènes...*, p. 93.
70. J. Huret, *En Amérique (I)...*, p. 133.

sport, c'est un paradigme, comme le *mégalognathisme* est un pronostic. Jules Huret veut-il donner une idée de la « violence révoltante » des comportements ordinaires (la manière new-yorkaise de prendre d'assaut les tramways, par exemple), il recourt naturellement à cette image : « C'est brutal et bref comme du football » [71]... Au-delà de toutes les raisons pratiques de *ne pas* nous mettre à l'école anglo-saxonne, au propre, il y a donc celle-ci, qui doit nous dissuader de nous y mettre au figuré : ils n'ont pas le même corps que nous ; ils ne sont pas taillés dans la même étoffe. Ce n'est pas de l'enseignement dispensé dans ces universités que parle Jules Huret – il ne semble pas s'y être beaucoup intéressé –, c'est de l'éclatante incompatibilité qu'il observe entre des « natures ». Lorsque, mal remis encore de sa journée au stade, Huret se réfugie à la bibliothèque de Boston, il éprouve « une sensation d'imprévu extraordinaire : celle d'Américains qui ne bougent pas » et il « a envie de leur demander s'ils sont bien des Américains » [72].

L'impossibilité de l'apprentissage est donc à la fois une fatalité et un refus : les deux thèmes s'entrecroisent sans cesse dans les récits de voyageurs, à propos de tels traits de comportement discipliné, par exemple, qui sont présentés, alternativement, comme incompatibles avec le tempérament latin (ou gaulois) *et* inadmissibles pour des esprits libres et fiers de leur « personnalité ». La fameuse « volonté » américaine ne s'enseigne pas. C'est d'ailleurs plus un instinct qu'une faculté de l'âme. C'est cette impérieuse (et bientôt impériale) bougeotte qui frappait déjà Philarète Chasles, en 1851, comme un trait caractéristique de l'Anglo-Saxon d'Amérique : son « en avant perpétuel », son « *go-aheadism* » [73]. C'est la « vie ardente », la *strenuous life* de Teddy Roosevelt. Elle coule de source et dans les veines : l'histoire pionnière de l'Amérique, les conditions d'existence des premiers habitants n'ont fait qu'amplifier les dispositions qui, déjà, les avaient menés là. En avoir ou pas : l'antienne est à peu près unanime. S'y ajoute le refrain qu'avoir cette volonté-là, implacable et farouche, c'est avoir aussi tout ce qui fait le Yankee : « l'amour immodéré de la spéculation, la haine de la concurrence, la prétention à la domination commer-

---

71. *Ibid.*, p. 15
72. *Ibid.*, p. 58.
73. Philarète Chasles, *Études sur la littérature et les mœurs des Anglo-Américains au XIXe siècle*, Paris, Amyot, 1851, p. 483.

ciale universelle » [74] ; « la ruse et la perfidie » [75], etc. Un Français américanisé serait un monstre, s'il n'était une chimère. Quelques voyageurs se font des peurs bleues. Jules Huret, en Amérique depuis trois pages, est saisi de panique : « La force d'absorption de ce pays est-elle si grande que je sois en train de devenir américain [76] ? » Urbain Gohier, arrivé vierge de toute notion d'anglais, se surprend à rêver dans cette langue et, au bout de cinq mois, se découvre « américanisé » [77]. Terreurs passagères – Gohier et Huret reviendront Français comme devant –, qui soulignent moins un risque réel qu'une phobie de la dénaturation.

Le Yankeesme est un bloc, comme la Révolution française selon Clemenceau. À prendre ou à laisser. « Prendre » – en admettant même que cela soit possible –, ce ne serait pas seulement renoncer aux joies de l'existence, comme le répètent à l'envi tous nos voyageurs si heureux de retrouver leurs pénates parisiens. Olivier Coronal s'était déjà posé la question : pour résister, faudra-t-il devenir comme eux ? Apprendre à « gagner de l'argent, beaucoup et très vite » ? En faire « dans la vie son seul but » ? Faudra-t-il donc, pour le combattre, réaliser en nous-mêmes « le type odieux du Yankee, du savant sans élévation d'idées, de l'industriel sans humanité » [78] ? Ce serait trahir, abjurer une essence. Devenir ce Français dénaturé que Sartre décrit longuement, avec un dégoût non dissimulé, dans l'un de ses articles de 1945 comme une « métamorphose d'Ovide » [79]. Cet affreux mutant que « l'Amérique possède déjà jusqu'à moitié » et qui rend Sartre tout songeur – « Je me demandais avec curiosité quelles forces puissantes devaient entrer en jeu pour réaliser si sûrement et si rapidement ces désintégrations et ces intégrations » –, n'est encore, pour les antiaméricains de 1900, qu'un fantasme vite écarté. Tout le monde n'est pas prognathe et tout le monde ne veut pas jouer au *football*. Tout le monde ne peut pas être Yankee.

*

Le moyen pourtant de faire autrement – sauf à rester définitivement sur la touche ? Le Yankee n'est pas homme à nous laisser le choix

74. O. Noël, *Le Péril américain*, Paris, De Soye et fils, 1899, p. 39.
75. E. Johanet, *Un Français dans la Floride*..., p. 53.
76. J. Huret, *En Amérique (I)*..., p. 3.
77. U. Gohier, *Le Peuple du xxᵉ siècle*..., p. 251 et p. 3.
78. G. Le Rouge et G. Guitton, *La Conspiration*..., t. II, p. 170.
79. J.-P. Sartre, « Individualisme et conformisme aux États-Unis »..., p. 77.

du ballon, ni du terrain. Encore moins à nous offrir de botter les premiers. Soyons prêts, soyons en jambes, gardons l'œil ouvert : c'est ce que répètent sur tous les tons « observateurs » et essayistes. Le match va commencer. L'affiche a changé depuis les années 1860. Ce n'est plus Anglo-Saxons contre Latins. C'est Yankees contre Européens. Henri de Beaumont a été le premier, sans doute, à le prophétiser en termes aussi nets : « Notre génération n'a assisté qu'à la lutte que se sont livrée entre elles et que se livrent encore les nations de l'Europe pour conquérir le premier rang. La génération qui nous succédera verra lutter l'Europe et les États-Unis pour s'assurer la prééminence sur le globe [80]. » C'était en 1888 : les temps sont proches.

Le match se jouera sûrement en plusieurs manches. Le pugilat économique est bien entamé. Côté partage du monde, on hésite entre la main chaude et le bras de fer. Comment savoir si, dans un an, dans un jour, la France ne se réveillera pas, comme Jules Huret dans son sleeping-car, face aux puissantes mâchoires de l'Amérique ?

Ce réveil n'aura vraiment lieu qu'au lendemain de la Grande Guerre : on verra plus loin avec quelle violence verbale. Et parfois physique, comme en témoigne un bizarre incident survenu lors des Jeux olympiques de Paris de 1924. Les Américains du Nord y font une percée remarquée. Un certain Weissmuller, qui ne répond pas encore au doux nom de Tarzan, décroche le titre du 100 mètres (en 59 secondes) et du 400 mètres. Sans anicroche. Mais voici qu'arrive la finale de l'épreuve de rugby – notre *football* à nous. La France domine à l'époque le rugby européen. À la surprise générale, elle se retrouve face à l'équipe des États-Unis, qui s'est hissée en finale. Un peu désinvoltes, selon les chroniqueurs sportifs du temps, et oublieux des avertissements de Jules Huret, les joueurs français sont battus d'un 18-3 sans appel. Commencent alors des scènes d'émeute d'une rare violence, sans précédent dans la courte histoire des Olympiades modernes. Le public parisien, déchaîné, envahit le stade pour faire un mauvais parti aux Yankees et la police municipale doit plusieurs fois charger à la matraque pour empêcher le lynchage de l'équipe gagnante, poursuivie jusque dans les rues par la foule en colère. Comme dira si bien Duhamel, stigmatisant le sport à l'américaine : « Dès que les compétitions perdent leur gracieux caractère de jeux purs, elles sont empoisonnées par des considérations de gain ou de haines nationales »...

7. « Des gens de sang ennemi »

> De quelle tour de Babel découle donc cette confusion de peaux de toutes nuances, rouges, jaunes, blanches et noires, qui se donnent rendez-vous sur le sol des États-Unis ?
>
> Duc de Noailles, *Le Correspondant* (1877).

> Quelle différence, quand on s'approche, avec l'homogénéité foncière qui est celle de tous les Français !
>
> André Siegfried, *Les États-Unis d'aujourd'hui* (1927).

Ironie du contretemps, donc. Comme on l'a dit, le fantasme français d'affrontement avec la « race adverse » de l'Amérique yankee se déploie au moment même où l'immigration massive modifie en profondeur la composition de la population.

Ignorée, passée sous silence ou minimisée dans son ampleur par les observateurs français jusqu'au début des années 1890, l'arrivée en masse d'immigrants qui ne sont, dans leur écrasante majorité, ni anglos, ni saxons, ni protestants, finit par s'imposer comme une dimension essentielle de la nouvelle réalité américaine. À cet égard, *Outre-Mer* de Bourget, paru en 1895, fait partie des textes pionniers : on n'y trouve guère de documentation et encore moins de chiffres ; c'est l'intérêt de Bourget pour les races et leurs conflits qui a orienté son regard vers un phénomène encore peu commenté en France. À partir de là et très rapidement, ce qu'on appelle en France la « nouvelle immigration » prendra une place centrale dans l'analyse et le commentaire. En 1927, dans la première édition de ses *États-Unis d'aujourd'hui* – livre de référence pour au moins deux générations –, André Siegfried fait de la dénaturation de

270

l'Amérique « anglo-saxonne » par l'immigration allogène la question américaine par excellence.

Comment en France le discours antiaméricain, qui vient de se donner pour cible une Amérique purement anglo-saxonne et intrinsèquement yankee, va-t-il intégrer cette nouvelle donnée ? Avec brio. Il y trouvera même une source nouvelle d'inspiration.

Il paraissait pourtant difficile, *a priori*, de concilier les deux thèses : celle de l'impérieuse domination continentale (et bientôt mondiale ?) du Yankee et celle d'une Amérique submergée par une émigration hétéroclite. Comment mettre d'accord Octave Noël, concluant en 1899 : « la plus grande partie du continent découvert par Christophe Colomb est, depuis bientôt cinq siècles, aux mains d'une race qui l'a conquise »[1], et Paul Bourget, annonçant dès 1895 l'arrivée de « la foule immense des ouvriers de race étrangère, animés d'idées étrangères », et prophétisant un gigantesque « duel ethnique », une guerre civile des races qui ravagerait les États-Unis[2] ? Difficulté plus apparente que réelle : le discours d'hostilité n'est pas discriminant, mais cumulatif ; il suspend le principe de non-contradiction au profit de l'aggravation des charges. Bourget, dont on vient de dire qu'il fut le prophète précoce d'une « guerre des races » à l'américaine, donne aussi le premier exemple de cette compatibilité polémique d'énoncés logiquement exclusifs : *Outre-Mer* tantôt décrit l'Amérique anglo-saxonne acculée à une guerre de survie par « l'excès de l'immigration » et tantôt rétablit dans toute sa puissance la « race américaine », « cet airain de Corinthe »[3] inaltéré par la déferlante étrangère.

Son scénario violent fera peu d'adeptes : non, décidément, la « guerre des races » n'aurait pas lieu. Pas sous la forme, en tout cas, d'un *remake* de la guerre de Sécession dans lequel « l'Amérique des étrangers » affronterait en bataille rangée « l'Amérique des Américains »[4]. Tout le monde adoptera, en revanche, sa rhétorique cumulative. Et l'on verra, à son exemple, se multiplier les textes qui combinent antiaméricanisme de résistance (contre le Yankee brutal et dominateur) et antiaméricanisme de répugnance

1. O. Noël, *Le Péril américain*, Paris, De Soye et fils, 1899, p. 50.
2. P. Bourget, *Outre-Mer. Notes sur l'Amérique*, Paris, Alphonse Lemerre, 1895, t. 1, pp. 295, 297.
3. *Ibid.*, p. 12.
4. *Ibid.*, p. 310.

(envers le « nouvel immigrant » et les « nécroses » dont il est porteur[5]).

Raciste et multiraciale : une Amérique doublement fautive

Ce montage a sa rhétorique que l'on peut décrire comme « racistement antiraciste » : elle consiste à dénoncer les États-Unis comme une nation juridiquement et culturellement raciste, au sein d'un discours lui-même raciste à l'encontre des mêmes groupes que l'on reproche aux Yankees d'ostraciser. Dans ce schéma, les États-Unis cumulent un crime et une tare : coupables du racisme exercé par le groupe WASP dominant, ils sont *en même temps* racialement suspects, en temps que chaos ethnique, caravansérail de peuples.

Les Américains donnent doublement le mauvais exemple : sur le plan des principes, en mettant au ban de l'humanité des groupes ethniques entiers (les Indiens, les Noirs, mais aussi et d'une autre manière les Asiatiques, les Italiens, les Irlandais) ; sur le plan des réalités, en laissant leur pays devenir une Babel multiethnique. Et il est clair, à lire les analyses françaises, que le malaise ressenti devant la réalité du mélange ethnique l'emporte nettement sur la gêne éprouvée devant la mise à mal des principes égalitaires. Le témoignage d'Urbain Gohier, l'un des voyageurs français du début de siècle aux idées les plus « avancées », est significatif à cet égard. S'agissant des Noirs américains, l'internationaliste et pacifiste militant est ébranlé dans ses « convictions doctrinales » : « C'est un des points sur lesquels un Européen, un fils de la Révolution française, se sent le plus troublé quand ses convictions doctrinales entrent en contact avec la réalité. » Le pot de fer du réel a tôt fait de briser le pot de terre de l'idéal. Et Gohier, toutes convictions bues, de débonder son cœur : « Les Noirs sont communément fripons, menteurs et paresseux. Ils sont encore plus dépravés. L'idée de la femme blanche les obsède et cette obsession les conduit fréquemment aux plus lâches crimes[6]. » Que

---

5. Le mot est de Boutmy, *Éléments d'une psychologie politique du peuple américain* [1902], Paris, A. Colin, 1911, p. 64.
6. U. Gohier, *Le Peuple du XXᵉ siècle aux États-Unis*, Paris, Fasquelle, 1903, pp. 244, 251.

dirait Gohier, s'il n'était « fils de la Révolution française » ? Ajoutons pour être équitable que chez beaucoup de ses contemporains libéraux et éclairés, le racisme ordinaire ne s'embarrasse pas même de scrupules oratoires.

Le discours sur la « question raciale » aux États-Unis est une fusée à deux étages qui peut embarquer beaucoup de passagers : tous n'ont pas la même destination, mais tous auront fait un bout de chemin antiaméricain. Dans les premières décennies du xxᵉ siècle, ce discours peut être tenu (et entendu) dans les secteurs de l'opinion française les plus éloignés les uns des autres. La quasi-totalité des auteurs, dans les trente premières années du xxᵉ siècle, tapent dans cette veine, avec une ingénuité inégale et une ingéniosité variable. Les spécialistes patentés des États-Unis (de Boutmy à Siegfried) explorent systématiquement le filon. Duhamel y pioche quelques morceaux de bravoure. Dans les années Vichy, l'exploitation s'intensifie : cette imagerie ambiguë qui reflétait au départ les contradictions de Français « fils de la Révolution », partagés entre attachement aux droits de l'homme et hantise de la « cohésion », trouvera son aboutissement caricatural dans le portrait-charge que trace sans relâche la presse collaborationniste d'une Amérique du Nord tout à la fois raciste et « métèque ».

Lorsque cette rhétorique se met en place, vers 1900, voyageurs et observateurs ne sont pas des agents de propagande : ils font parler leurs humeurs, qui elles-mêmes reflètent leurs préjugés et parfois leurs principes. Pas trace de campagne orchestrée dans ces écrits antiaméricains. L'hostilité est de bonne foi. La « mauvaise foi » réside dans les silences et, en particulier, dans le silence assourdissant fait autour de la colonisation française et du statut des colonisés. Le parallèle est pourtant dans toutes les têtes, et depuis longtemps[7]. Mais justement, il doit y rester. « N'en parlons pas ! » : telle pourrait être la légende de ces analyses de l'Amérique raciale, derrière lesquelles se devine à chaque instant, impensée ou tue, la « question coloniale » française. Ils en ont parlé pourtant. En vitupérant contre la Reconstruction. En affichant leur dégoût

---

7. Le voici, par exemple, formulé dès les années 1830, mais dans une correspondance « intime » : « L'Américain est sans pitié pour les Indiens, et c'est en les traitant ainsi qu'il fait des sorties philanthropiques sur la manière dont nous faisons la guerre en Algérie. » Adolphe Fourier de Bacourt, *Souvenirs d'un diplomate. Lettres intimes sur l'Amérique*, publiées par la comtesse de Mirabeau, Paris, 1882, p. 299 ; cité par R. Rémond, *Les États-Unis devant l'opinion française. 1815-1852*, Paris, Armand Colin, 1962, p. 741, note 62.

pour le Noir affranchi. En ressassant le cliché des Blancs du Sud esclaves de leurs anciens esclaves. En s'indignant surtout, en s'affolant même du droit de vote des Noirs émancipés. Entre les lignes, les commentateurs français de la question raciale en Amérique et de la crise supposée du *melting-pot* parlent évidemment de leurs propres soucis : gestion d'un Empire multiethnique ; assimilation des éléments « allogènes » par la communauté nationale.

Ces préoccupations sous-jacentes expliquent un autre trait des analyses françaises : le fait qu'elles rapprochent des groupes humains que semblent séparer nettement leurs statuts dans l'Amérique de l'époque. La « nouvelle émigration » est perçue comme si profondément hétérogène qu'elle est traitée, en tant que problème, dans les mêmes pages et presque sur le même pied que les deux « minorités » historiques, indienne et noire. Le thème de « l'inassimilable », voire du « barbare », rassemble alors sous un même regard les plus indigènes des Américains et les plus « exotiques » des nouveaux venus. L'amalgame est très courant chez les voyageurs du tournant du siècle. Un Edmond Johanet, par exemple, très raciste vis-à-vis des Noirs qui « pullulent » au Sud[8], évoque les masses ouvrières du Nord, composées d'immigrants récents, comme des « hordes barbares », potentiels « fléaux de Dieu » à la Attila[9]. Marie Dugard, comme beaucoup de ses compatriotes masculins *circa* 1900, tout en se demandant si le nègre américain n'est pas condamné à disparaître[10], réserve aux Asiatiques ses observations les plus racistes ; San Francisco lui plaît, mais « un seul spectacle gâte cette ville aimable et vous y redonne brusquement les sensations d'inachevé du Far West : c'est celui des Chinois, plus nombreux qu'à Portland, et plus âpres [...] ; ils sont là quarante mille pullulant comme des rongeurs, dont ils ont l'air rapace, les dents aiguës, la queue mince [*sic* !] et jusqu'aux habitudes souterraines »[11]. Sur un ton beaucoup plus docte et mesuré, André Siegfried introduit ses *États-Unis d'aujourd'hui* par deux courts chapitres, « La formation du peuple américain » et « La crise de l'assimilation » qui, de fait, n'en font qu'un : du Noir au Juif, à travers tout le « bariolage ethnique » de l'émigration d'après 1880, il s'agit pour Siegfried de dresser la carte de l'impossible assimi-

8. E. Johanet, *Un Français dans la Floride*, Paris, Mame, 1889, p. 42.
9. E. Johanet, *Autour du monde millionnaire*, Paris, Calmann-Lévy, 1898, p. 374.
10. Marie Dugard, *La Société américaine. Mœurs et caractères. La famille. Rôle de la femme. Écoles et universités*, Paris, Hachette, 1896, p. 162.
11. *Ibid.*, p. 93.

lation et de communiquer au public français le frisson ambigu que lui donne le « manque d'homogénéité, peut-être irrémédiable » des États-Unis modernes [12].

Or que les Indiens, confinés dans le territoire des réserves, que les Noirs eux-mêmes, souvent empêchés de voter, tenus en lisière de la vie blanche même là où ne s'exerce pas la ségrégation légale, indésirables longtemps jusque dans les syndicats – que ces Indiens et ces Noirs eussent beaucoup en commun avec les immigrants, fussent-ils de la plus « mauvaise qualité », voilà qui n'allait pas de soi aux États-Unis mêmes, sauf peut-être pour les plus extrémistes des xénophobes, depuis les Know Nothing de 1850 jusqu'au Ku Klux Klan reconstitué des années 1920. C'est au fond le point de vue de ces groupes de résistance anglo-saxonne et protestante, hostiles en bloc aux Noirs, aux Juifs, aux catholiques et à tous les éléments *un-American*, qu'adoptent consciemment ou inconsciemment les lectures françaises [13]. Une déjà longue tradition de « compréhension » des problèmes sudistes n'est certainement pas étrangère à l'adoption de ce point de vue.

Les grands perdants de cette nouvelle donne, dans l'imagerie française, ce sont les Indiens et les Noirs. Leur présence s'était faite discrète dans les récits français, au cours des deux dernières décennies du XIXᵉ siècle. De nouveau traînés sur la scène polémique au moment où elle est envahie par les foules bigarrées d'Ellis Island, ils y reparaissent méconnaissables.

Indiens mornes et Noirs « dépravés »

Jusqu'aux années 1860, Indiens et Noirs américains avaient été entourés en France d'une aura romanesque ou d'une sollicitude humanitaire. Dans les années 1840, l'indignation avait été grande contre la politique indienne de l'Union : les « traités » imposés et rarement respectés étaient flétris comme barbares par « toutes les nuances de l'opinion » [14]. La question noire ne suscitait pas moins d'émotion. Sous l'impulsion de la Société pour l'abolition de

---

12. A. Siegfried, *Les États-Unis d'aujourd'hui*, Paris, Armand Colin, 1927, pp. 6, 7-8.
13. Cette « résistance » blanche rencontre une grande compréhension chez les conservateurs, mais aussi, de manière plus inattendue, auprès de l'envoyé du Musée social Paul de Rousiers (*La Vie américaine*, Paris, Didot, 1892, p. 590).
14. R. Rémond, *Les États-Unis devant...*, p. 732.

l'esclavage créée en France en 1834, des campagnes sont alors organisées contre le sort fait aux esclaves afro-américains. On commence à se préoccuper aussi du préjugé racial qui stigmatise le Noir libre ; cette prise de conscience fait le succès du roman de Gustave de Beaumont, *Marie ou l'Esclavage aux États-Unis* (1835). Si la permanence de l'esclavage dans les colonies françaises suscite jusqu'en 1848 quelques partisans de « l'institution particulière », si l'attachement de certains libéraux à la cause américaine les entraîne jusqu'à justifier l'injustifiable et se faire les avocats du *statu quo* esclavagiste, l'opinion française, on l'a vu, est très largement antiesclavagiste avant et pendant la guerre de Sécession.

La période qui s'étend de la Reconstruction à la Première Guerre mondiale est au contraire une période de reflux : Indiens et Noirs occupent une place bien moindre dans les débats et récits français. Leur cause n'éveille plus beaucoup d'intérêt. Indice révélateur : « les grands événements de l'histoire indienne, Little Big Horn ou Wounded Knee, n'ont eu qu'un écho réduit dans la presse française » où ils sont « réfractés de manière très indirecte »[15]. Le ton, surtout, a changé. Littérairement, les Indiens ont cessé d'être à la mode. Les publicistes français ont tant annoncé leur extinction qu'ils la tiennent sans doute pour acquise. « Ils ne sont plus qu'une quantité négligeable », écrit le feuilletoniste Le Rouge ; « la civilisation américaine les trouvait gênants »[16]. Jules Huret en 1904 et 1905 ne consacre que quelques lignes de ses deux forts volumes aux Indiens, dont il estime le nombre à 200 000. Entre l'Indien romantique du premier XIXe siècle et l'Indien politico-symbolique de la contre-culture à la fin du XXe siècle, commence une longue traversée du désert des signes. Les récits des voyageurs poussent la sobriété jusqu'à la sécheresse et réduisent l'Indien à une silhouette allégorique, *desdichado* fantomatique d'une prairie elle-même domestiquée. Au prix de cette abstraction, l'Indien peut encore recueillir quelques bonnes paroles en forme d'épitaphes. Il vaut d'ailleurs mieux pour lui qu'il reste dans cette pénombre mélancolique. Lorsqu'il paraît en chair et en os, la description est sévère. Sauvin, en 1893, lui préfère ses faux congénères du Châtelet : « Comme le Peau-Rouge gagne à être vu dans une féerie du

---

15. J. Portes, *Une fascination réticente. Les États-Unis dans l'opinion française*, Presses Universitaires de Nancy, 1990, p. 87.
16. Gustave Le Rouge et Gustave Guitton, *La Conspiration des milliardaires* [1899-1900], Paris, UGE, 1977, t. II, p. 98.

Châtelet !... Le type est bestial, grossier, hommes et femmes semblent mal bâtis. » Ultime avanie de l'Indien : après la lui avoir tant reprochée, on lui dénie même sa « race » – « non une race », estime Sauvin, « mais une dégradation de l'espèce humaine »[17]. Retour à la case De Pauw... Urbain Gohier, en 1903, est péremptoire : « Ils sont laids avec un air doux et servile. Ils acceptent l'esclavage sur le sol où leurs pères vivaient librement : ils ne méritent nul intérêt[18]. » Jules Huret, l'envoyé du *Figaro*, est à peine moins dur. Il n'approuve pas les évictions, ni les déplacements des populations indiennes. Mais les rares lignes qu'il leur consacre sont assez désinvoltes. « Nous nous demandons en Europe : Que font donc les Américains des Indiens indigènes ? En vérité ils n'en font pas grand-chose. Ils les repoussent chaque année davantage vers les déserts de l'Ouest. Ces terrains qu'ils leur donnent sont de plus en plus mauvais. Dès qu'ils prennent une certaine valeur par leur position, on les force à les quitter. » Cet état de choses ne remplit pas Huret d'une excessive commisération. Lui aussi semble regretter, comme plus gais, les figurants du Châtelet : « En attendant qu'ils ne se fâchent, ils ne sont pas gais. » Les Indiens ont chez eux (si l'on peut encore parler d'un « chez eux ») « le même air dépaysé et étranger qu'ils avaient à Paris quand le cow-boy Cody les y amena »[19].

Le Noir d'après l'émancipation n'est pas moins déchu. Libre, il s'avère beaucoup moins « intéressant » pour la sensibilité européenne. Et que fait-il de sa liberté ? Au mieux, rien. Au pis, il en abuse contre ses anciens maîtres. Chez les voyageurs français, c'est un tollé contre la Reconstruction et l'oppression à laquelle sont soumis les vaincus de race blanche. Dès 1875, Louis Simonin, dans *À travers les États-Unis*, reprenait à son compte les préjugés sudistes sur la paresse des Noirs et le risque d'anarchie que courraient les États-Unis tant que la race noire n'y serait pas éteinte[20]. Cette extinction, Frédéric Gaillardet l'envisageait lui aussi en 1883, sans regret superflu. En 1889, le stéréotype français du Sud devenu par la faute du Nord un « monde à l'envers » est bien établi et Johanet peut en tirer une espèce de bon mot : « À Jacksonville, les nègres

---

17. G. Sauvin, *Autour de Chicago*, Paris, Plon, 1893, p. 203 ; cité par J. Portes, *Une fascination...*, p. 91.
18. U. Gohier, *Le Peuple du xxᵉ siècle...*, p. 299.
19. J. Huret, *En Amérique (II)...*, Paris, Fasquelle, 1905, pp. 179-180.
20. Louis Simonin, *À travers les États-Unis*, Paris, Charpentier, 1875, p. 34 ; cité par J. Portes, *Une fascination...*, p. 103.

pullulent. On marcherait dessus s'ils se laissaient écraser ; mais au contraire, que de blancs ils écrasent[21] ! » On a vu déjà que les « convictions » de Gohier ne l'empêchaient pas de dresser un portrait du Noir en violeur digne de la littérature du Klan. Jules Huret tente une timide résistance : la ségrégation le « défrise un peu » ; « un court moment, je boude la Louisiane ». Il évoque de manière émouvante un enterrement noir ; et il s'indigne, décidément, que l'on parque « comme des lépreuses » les « Cléopâtres émigrées dans la civilisation brutale du Nouveau Monde »[22]. Mais de ces sursauts, il s'excuse presque : il veut « comprendre » les ségrégationnistes, promet de s'informer. Et le chapitre qu'il consacre finalement, sous forme dialoguée, à la « position de la question nègre », fait la part belle aux arguments des Blancs du Sud.

Dans leur convergence, ces réactions sont révélatrices. Elles le sont d'autant plus qu'elles sont corroborées par les prises de position hostiles à la citoyenneté noire qui se multiplient, au même moment, en France. Il ne s'agit pas là d'impressions de voyage, ni de mouvements d'humeur, mais de savantes sentences passées par de grands universitaires et intellectuels. Les voix les plus autorisées s'élèvent en France pour condamner la politique des successeurs de Lincoln et déplorer l'accès des Noirs à la citoyenneté : celle d'un brillant économiste comme Leroy-Beaulieu ; celle du fondateur de l'École des Sciences politiques, Émile Boutmy. Tous concluent, « malgré leurs opinions différentes sur bien des points, à l'erreur commise par les Républicains en faisant des Noirs des citoyens »[23].

Cette unanimité est accablante ; les attendus, dans leur formulation, le sont encore plus. Leroy-Beaulieu parle d'une « race placée au dernier échelon de l'anthropologie et de plus moralement dégradée par quatre cents ans d'esclavage »[24]. Boutmy, qui a très tôt approuvé les mesures prises, État par État, pour entraver le vote noir, persiste et signe dans ses *Éléments d'une psychologie politique du peuple américain* et se réjouit que la Cour suprême ait laissé les États du Sud multiplier les digues contre ce vote, depuis le *literacy test* jusqu'au cens électoral. Encore quelques années et André Siegfried, après avoir décrété « le bloc nègre » ethniquement

---

21. E. Johanet, *Un Français dans la Floride*..., p. 42.
22. J. Huret, *En Amérique (I)*..., pp. 332, 398.
23. J. Portes, *Une fascination*..., p. 104.
24. P. Leroy-Beaulieu, « Blancs et Noirs dans l'Amérique du Nord », *Le Correspondant*, 25 octobre 1886 ; cité par J. Portes, *Une fascination*..., p. 110.

« inassimilable », pourra proposer cet apologue : « Avez-vous lu *L'Île du docteur Moreau*, de Wells, l'histoire fantastique de ces animaux qu'un savant transforme en demi-humains, qui réclament les mêmes droits que l'homme et qu'on finit par tuer, tous ? C'est cela la question nègre [25]. »

Noirs et Indiens d'Amérique, qui comptaient tant d'amis et d'avocats en France jusqu'aux années 1860, sont en disgrâce. Est-ce à dire que l'Anglo-Amérique, si souvent montrée du doigt pour sa « barbarie » envers eux, sort du XIXe siècle exonérée ? Pas le moins du monde. Le dénigrement des uns n'enraye pas la dénonciation de l'autre. On plaint de moins en moins (et souvent plus du tout) les victimes anciennes de l'Amérique « anglo-saxonne ». On décrit sans aménité leur laideur, leurs travers et leurs vices. On n'a pas renoncé pour autant à les instrumentaliser. Ces témoins si peu reluisants, on continue de les appeler à la barre pour confondre l'iniquité yankee. Ils ne sont plus « intéressants », comme dit si bien Gohier, ni sentimentalement, ni intellectuellement (l'information donnée sur eux en France devient d'une extrême pauvreté), – mais ils peuvent encore servir.

Déracinement de l'Amérique

Indiens et Noirs, ces parias de l'intérieur, ont été happés par la scène qui, à partir de 1900, fascine les observateurs français : « l'inondation », comme l'écrit Siegfried, d'une immigration « cosmopolite ». Ils sont confondus dans cette « invasion étrangère » (Siegfried toujours), traités eux-mêmes en « étrangers » dont la présence sur le sol américain aggrave une situation critique d'hétérogénéité. En 1885, quinze ans après leur accession à la citoyenneté, Émile Boutmy définissait les Noirs américains comme des « outlaws » ; il récidive en 1902 : « Autrefois, [le Noir] pouvait passer pour un membre mineur de la nation ; la tutelle du maître était à la rigueur un lien entre lui et la race blanche. » (Admirable *à la rigueur...*) « Il n'est devenu *légalement* citoyen en 1860 [*sic*] que pour tomber *socialement* dans la condition d'un étranger [26]. » Cette analyse de Boutmy reproduit à propos des Noirs le fantasme de Jules Huret sur les Indiens : les uns et les autres ont décidément

25. A. Siegfried, *Les États-Unis d'aujourd'hui*..., p. 89.
26. É. Boutmy, *Éléments*..., p. 73.

un petit air « étranger ». N'est-il pas temps, pour ces vieux Américains (car même les Noirs, comme le rappellera André Siegfried, sont de « vieux Américains ») – n'est-il pas temps de sortir de scène ? Après l'extinction des Indiens, pourquoi pas celle des Noirs américains ? De Frédéric Gaillardet à Marie Dugard, on l'envisage sérieusement. André Siegfried, avec son apologue tiré de *L'Île du docteur Moreau*, en perpétue l'hypothèse – fût-ce sur le mode « fantastique ». Mais peut-être s'agit-il simplement, comme dans une féerie du Châtelet, de dégager la scène pour le tableau suivant...

Tableau très prometteur, épisode à grand spectacle : des millions de figurants, une troupe « bigarrée » à souhait, « cosmopolite » en diable. Ce qu'on eût appelé, dans un ballet de cour, l'entrée des Exotiques (le mot *exotique* revient quatre fois sous la plume de Siegfried, dans son seul chapitre introductif). La grande poussée déstabilisatrice viendra d'eux, pas des vieilles minorités enkystées. Ce sont eux qui feront sauter le *melting-pot*. Bienvenue aux « fléaux de Dieu » et de l'Amérique ! Non que les commentateurs français les admirent, ces nouveaux immigrants. Tout au contraire. Ils n'ont pas de mots trop durs pour les décrire. Johanet les traitait de « barbares ». Varigny, surtout soucieux de l'émigration asiatique, annonçait comme « certaine » la défaite de la race blanche en Californie[27]. Noailles, s'inquiétant lui aussi des Chinois, prédisait que « le pur sang anglo-saxon, déjà croisé de sang irlandais et germanique, se perdr[ait] dans cette promiscuité de races inférieures »[28]. Octave Noël ne voyait plus en 1889 dans la nation américaine qu'un « peuple d'alluvions cosmopolites ». Mais tout cela restait, si l'on peut dire, un peu épidermique.

Voici maintenant plus sérieux, plus réfléchi. Voici Émile Boutmy, pionnier de la « psychologie politique » et fondateur de Sciences Po. Il va nous expliquer, posément, savamment, qu'il « est à peu près exact de dire que chaque génération d'arrivants [aux États-Unis] s'est trouvée inférieure moralement et intellectuellement à la précédente »[29]. Écoutons-le faire l'histoire de cette dégradation. « Les contingents postérieurs [aux Pilgrims] paraissent avoir obéi à des impulsions moins élevées ; ajoutez qu'ils étaient formés d'élé-

---

27. « La défaite de la race blanche est certaine [en Californie]. Sur ce terrain pacifique, elle ne peut pas lutter à armes égales » ; Ch. Crosnier de Varigny, *Les États-Unis, esquisses historiques*, Paris, Kolb, 1891, p. 71.

28. A. de Noailles, « Les publicistes américains et la constitution des États-Unis », *Le Correspondant*, 25 février 1877 ; cité par J. Portes, *Une fascination...*, p. 307.

29. É. Boutmy, *Éléments...*, p. 271.

ments plus divers. » Le mal vient donc d'assez loin et la « diversité » menace de longue date. « Mais la vigueur et la volonté, l'esprit d'aventure et le goût du lucre leur composaient encore une physionomie commune très déterminée et très apparente. » Vauriens peut-être, mais pas interlopes ! Clairement typés, au contraire. Vient alors l'inévitable métaphore biologique. « Jusque vers le milieu du XIXᵉ siècle, ce sont encore des tissus sains et vivaces, capables de reprendre par la greffe, que l'Europe cède au Nouveau Monde ; plus tard, et notamment après 1860, ce sont des cellules plus ou moins mortifiées et même nécrosées qu'elle lui jette. » Nécrosés, les nouveaux immigrants ? Assurément, puisque illettrés, immoraux et amateurs de fruits blets. La « psychologie politique » est une science exacte et il faut citer intégralement la démonstration de Boutmy. « Les nouveaux immigrants sont dénués de tout acquis technique – 76 p. 100 sont de purs manœuvres –, illettrés – au Massachusetts sur 122 000 personnes sans instruction, il y a 108 000 étrangers, et c'est à cause d'eux que le coefficient de l'ignorance est croissant de décade en décade dans les États du Nord-Est –, immoraux – au Massachusetts, les étrangers qui forment 27,1 p. 100 de la population, fournissent 46 p. 100 des prévenus –, dégradés dans leurs habitudes de vie – les Polonais, les Italiens surtout, habitent entassés dans des taudis infects et se nourrissent de croûtes de pain, de fruits blets et de bière gâtée [30]. »

L'Amérique de « l'énergie et de la foi » cède donc devant l'Amérique « faite de la boue de toutes les races » [31]. La « psychologie politique » de Boutmy n'a pas oublié les leçons de l'anthropologie raciale. Son Yankee est – ou plutôt *était* – un alliage tout nordique : « Les Norvégiens ou les Danois essaiment de leurs fjords, les chevaliers teutoniques aux prises avec les Esthes, la Hanse et ses comptoirs, quelque chose de ces trois types se retrouve chez les Yankees [32]. » Sur cette souche s'est greffé un « christianisme de réfugiés » [33]. Ainsi, « le Yankee a dans une certaine mesure fait l'Amérique, la religion et l'Église ont fait le Yankee » [34]. Or ce que perçoit maintenant Boutmy, ce qu'il veut montrer aux Français, c'est tout cela se défaisant, la race diluée, la religion même dénaturée. Car si l'Amérique est restée « très décidément chrétienne »,

30. *Ibid.*, p. 64.
31. *Ibid.*, pp. 25, 61.
32. *Ibid.*, p. 41.
33. *Ibid.*, p. 89.
34. *Ibid.*, p. 90.

il n'y « reste du christianisme, en dernière analyse, qu'une sorte de résidu, de marc à demi pressé et égoutté, qui donne encore un vin âpre et réconfortant, mais sans générosité ni bouquet »[35].

L'Amérique de l'enracinement s'efface ; elle disparaît sous une couche d'écume : « l'écume rejetée par la société européenne »[36]. Une note, un peu plus loin, évoque « le peu de racines de ces plantes humaines » que sont les nouveaux immigrants[37]. Étonnant et symptomatique retour, sous la plume d'Émile Boutmy, d'un très vieil apophthegme : celui d'Isabelle la Catholique comparant les trop peu fiables habitants de l'Amérique à ses arbres, qui poussent « sans racines »[38]. Tandis que s'éteignent les « déracinés » indigènes, voilà que surviennent d'autres déracinés, beaucoup plus modernes, cosmopolites, *heimatlose*, à « l'errante légèreté », écrit Boutmy – et, chez lui, ce n'est pas un compliment nietzschéen. André Siegfried s'en souviendra, en 1927, lorsqu'il résumera le « problème vital » de l'Amérique comme une confrontation entre « une tradition et un cosmopolitisme ». Et qu'il souhaitera à ce pays, contre le déracinement menaçant, un « nationalisme de redressement » : « Déjà il a eu ses Drumont. On voudrait qu'il suscitât un Barrès[39]. » L'Amérique nous serait tellement plus proche, littérairement peuplée de Colette Baudoche ! C'est là, bien sûr, un vœu pieux, en même temps qu'une illusion d'optique : « Quelle différence, quand on s'approche, avec l'homogénéité foncière qui est celle de tous les Français ! »

Le « creuset surmené » du *melting-pot*

Bourget, Boutmy, Siegfried : de 1895 à 1927, la représentation française des États-Unis et de leurs nouveaux immigrants suit le même cours intellectuel. Aussi ce cours est-il dicté par la même préoccupation. La question qui passionne ces Français, c'est celle de « l'assimilation » des éléments allogènes à une communauté nationale.

Paul Bourget, avec une désarmante franchise, avoue le caractère préconçu de son enquête américaine. Celle-ci lui a permis de véri-

35. *Ibid.*, p. 94.
36. *Ibid.*, p. 26.
37. *Ibid.*, p. 46, note.
38. Voir Prologue, note 12.
39. A. Siegfried, *Les États-Unis d'aujourd'hui...*, p. 17.

fier sa « vision [...] de l'antagonisme irréconciliable des races »
– vision qu'il avait « apportée » dans ses bagages[40]. Les « hypothèses très générales »[41] qu'il entrevoit bravement dès la première
semaine de son séjour se rattachent directement à ce primat accordé
à la lutte des races. L'Amérique de la nouvelle immigration – cette
« seconde poussée de civilisation » – illustre obligeamment une loi
déjà reconnue et établie par le romancier-psychologue : « La lutte
des classes n'est qu'une apparence. Il y a tout au fond un duel
ethnique. » Bref, « c'est de nouveau à une question de conflit entre
des gens de sang ennemi »[42] qu'il faut ramener la situation explosive des États-Unis au tournant du siècle. D'où le scénario catastrophe d'une guerre Est-Ouest qui verrait s'affronter deux Amériques racialement antagoniques : « Du jour où l'excès de l'immigration aura vraiment créé deux Amériques en Amérique, le conflit
entre ces deux mondes sera aussi inévitable que celui de l'Angleterre avec l'Irlande, de l'Allemagne avec la France, de la Chine et
du Japon[43]. » Durable rêve français, décidément, que de voir les
États-Unis rejouer périodiquement leur *Civil War*...

L'hypothèse extrême proposée par Bourget, celle d'une guerre
civile et même plus que civile, fera peu d'adeptes. Mais sa thèse
principale n'est pas là : c'est la panne de l'assimilation. « Depuis
ces trente dernières années », affirme Bourget, « l'américanisation » ne fonctionne plus[44]. C'est ce dysfonctionnement, réel ou
supposé, qui captive les observateurs français pendant tout le premier tiers du XXe siècle. *Américanisation* : le mot n'a évidemment
plus ici le sens que lui donnait Baudelaire. Il ne s'agit pas de
l'influence contaminatrice des États-Unis sur la vieille Europe et
sur la France en particulier. Il s'agit de leur capacité d'absorption
des nouveaux venus. Il s'agit du *melting-pot* et de son efficacité.
À cette question lancinante – et dont il est facile de percevoir la
dimension projective, ne serait-ce qu'à travers le recours systématique au vocabulaire très français de « l'assimilation » –, les deux
historiens et politologues qui, dans cette période, orientent l'ana-

---

40. P. Bourget, *Outre-Mer...*, p. 324 ; Mark Twain donna en 1897 un compte rendu
désopilant du livre de Bourget sous le titre « What Paul Bourget Thinks of Us » (*How
to Tell a Story and Other Essays*, New York, Harper & Brothers, 1897). Je remercie
Robert Maniquis de m'avoir signalé ce savoureux morceau.
41. *Ibid.*, p. 26.
42. *Ibid.*, p. 297.
43. *Ibid.*, p. 111.
44. *Ibid.*, p. 295.

lyse française des États-Unis, vont donner deux réponses différentes, mais au fond complémentaires.

Boutmy, tout d'abord. Il ne fait pas grand cas, on l'a vu, de la nouvelle immigration « latino-slave ». Pour lui, l'infériorité des vagues successives d'immigrants ne fait pas l'ombre d'un doute. Pourtant, il n'aboutit pas au diagnostic de paralysie de « l'américanisation » auquel s'arrêtait Bourget. La machine n'est pas cassée. Mais elle brasse un matériau devenu si vil qu'il vaudrait peut-être mieux, après tout, qu'elle le fût. Pour Boutmy, ce n'est pas le « creuset » qui est en cause, c'est ce qui en sort. Le mélange se fait tant bien que mal. Mais c'est *parce qu'il se fait* que l'Amérique dégénère. Tous les immigrants, en fin de compte, « se retrouvent Américains de sentiments, de façons et d'habitudes, après un délai dont la brièveté étonne. Mais l'américanisme, dans son ensemble, présente des caractères de plus en plus simples et tranchés, parce qu'ils sont de plus en plus appauvris et réduits, de moins en moins harmonieux et sains »[45]. Boutmy laisse fonctionner le *melting-pot*, mais pour y noyer l'américanité.

André Siegfried, maintenant. Avec lui, nous enjambons la Première Guerre mondiale, nous empiétons sur cet âge d'or de l'anti-américanisme que sera l'entre-deux-guerres. Mais cet enjambement est justifié. D'abord parce que la guerre, on le verra, est une coupure bien mince dans l'épaisseur déjà acquise par les représentations négatives de l'Amérique ; ensuite parce que Siegfried est ici le continuateur de la tradition d'enquêtes américaines du Musée social (son livre paraît en 1927 chez Armand Colin dans la « Bibliothèque du Musée social ») et que, professeur à l'École libre des Sciences politiques, il relaye également l'enseignement de Boutmy. On reviendra plus loin sur ses *États-Unis d'aujourd'hui*, bréviaire obligé des études américaines jusqu'aux années 1950 ; mais les pages qu'il consacre à « la crise de l'assimilation » ont mieux leur place ici, comme point d'orgue d'une littérature alarmiste qui, depuis 1900, annonce la balkanisation ethnique de l'Amérique.

Siegfried transmet des États-Unis une image d'actualité (1925) en jouant de l'éclairage historique comme d'une lumière rasante, pour souligner les reliefs du présent. Fidèle en cela à la tradition d'enquête du Musée social, il expose et traite ce pays comme un problème. Ou plutôt, comme une triade de problèmes, d'inégale acuité. Dès la seconde phrase de son introduction, Siegfried énonce

---

45. É. Boutmy, *Éléments...*, p. 68.

en effet les trois grands pôles d'intérêt qu'offre l'examen des États-Unis contemporains : les « progrès matériels fantastiques » qu'ils ont accomplis ; le nouvel équilibre mondial où leur place est importante ; mais avant tout, en première ligne : ces « invasions pacifiques d'immigrants qui sournoisement transforment la race »[46]. Toute la première partie sera donc consacrée à la « crise éthique et religieuse du peuple américain », selon une problématique limpide : « Restera-t-il anglo-saxon et protestant ? » Nous sommes en pleine vogue des « caractères nationaux » ; mais le caractère national selon Siegfried reste étroitement tributaire de l'ethnicité : c'est toujours par le « sang » qu'est irriguée sa réflexion. Témoin la toute première phrase de cette première partie : « La réaction inquiète de l'élément vieil-américain contre la conquête insidieuse d'un sang étranger, c'est, au point de vue social, la note essentielle du lendemain de la guerre aux États-Unis[47]. »

Avec Siegfried, c'est chaque phrase qu'il faudrait commenter, chaque tournure et chaque métaphore. Car cet historien est un styliste. Il « écrit bien » et parfois surécrit. Si son livre, d'allure et de dessein si pédagogiques, a eu sur l'antiaméricanisme de l'entre-deux-guerres un tel impact – on ne peut guère lui comparer que les *Scènes de la vie future* de Duhamel et les récits de Luc Durtain –, c'est d'abord par le brio d'écriture qui s'y déploie, le sens de la formule, l'image qui fait mouche. Très clair et d'une aisance tout orale dans l'exposé des faits et des chiffres, Siegfried a volontiers la pédagogie caracolante : il y a chez ce professeur un Paul Morand que briderait un Paul Bourget. Les « portraits de race » lui viennent aisément sous la plume, chacun traité en morceau de bravoure. Il faudrait citer entièrement le tableau qu'il brosse de la mosaïque ethnique américaine, selon un procédé narratif assez retors. Le lecteur est invité à s'imaginer les ancêtres les plus divers « pour sentir par sympathie l'esprit profond des races innombrables qui ont été jetées dans le creuset ». Mission impossible, bien sûr, puisque le mélange américain dépasse de loin les « possibilités héréditaires ». Élégante manière de consacrer, non seulement la pertinence scientifique des « caractères nationaux », mais aussi une inquiétante épistémologie qui fait de l'appartenance la condition de la connaissance.

Ce fantastique arbre généalogique dont les ramifications impossibles sont censées donner une idée du mélange américain com-

46. A. Siegfried, *Les États-Unis d'aujourd'hui*..., p. 1.
47. *Ibid.*, p. 3.

mence avec un « protestant non conformiste anglais » et se perd, pour finir, aux frontières de la race blanche, du côté des « nourrices de couleur » et des Asiatiques de la marche californienne, avec, au mitan savamment calculé du monde civilisé et des autres, cette étrange « fenêtre sur l'âme juive et sur l'Orient » : « Ne possédez-vous pas un oncle israélite, de Londres ou de Francfort ? Vous le retrouveriez là-bas. J'aimerais peut-être mieux encore un Juif d'Alsace, un youpin de Breslau, un "youtre" de Lemberg ou de Salonique, ou même – je n'exagère nullement – un Hébreu d'Asie aux yeux de chèvre, à la barbe de prophète [48]. » L'histoire selon Siegfried est une poétique de Babel. Sur plus de quinze lignes nous sont énumérés tous les peuples recensés par l'Immigration américaine. Des Africains aux Gallois et « originaires des Indes occidentales ». Pour augmenter l'impression de confusion, Siegfried a conservé l'ordre alphabétique *anglais* (*Africans*, etc., jusqu'à *Welsh* et *West Indies*). Cette liste de quarante-quatre nations ou ethnies, sans aucune indication de nombre, ni de pourcentage, n'a aucun intérêt informatif, elle ne vise qu'au vertige. Les données démographiques tournent à l'incantation onomastique. La statistique se débonde en un etcetera célinien. Tel est bien le but de l'opération, qu'on n'en voie pas le bout : « Les statistiques, incapables de tout énumérer, sont obligées d'ajouter encore : "autres peuples" [49]. »

De Boutmy à Siegfried, le kaléidoscope ethnique s'est emballé, la rhétorique raciale s'est appesantie, mais aussi le constat d'échec s'est aggravé. Comme son prédécesseur, Siegfried souligne la basse qualité des émigrants récents. Il note que « du point de vue américain, la nouvelle immigration ne valait pas l'ancienne » [50]. Amphibologie astucieuse. Est-ce à dire qu'il se contente de reproduire le point de vue américain – et alors de quels Américains ? Ou bien qu'il se place, magnanime, du point de vue supérieur des intérêts américains pour porter, lui, Siegfried, ce jugement ? Mais peu importe, au fond, car au-delà de ces petites finasseries, c'est bien lui qui assume la description de ces émigrants du moindre effort, « plèbe amorphe et bigarrée », attirée uniquement par « un niveau de salaires en apparence élevé par rapport au médiocre *standard*

48. *Ibid.*, p. 20.
49. *Ibid.*, pp. 6-7.
50. *Ibid.*, p. 7.

of living de l'Europe sud-orientale »[51]. (Que de mépris dans cet humour !)

Sur le fond : la prétendue crise de « l'assimilation », le tour de force de Siegfried est de cumuler la réponse donnée par Boutmy et celle, contraire, qu'il propose lui-même. Siegfried affirme en effet l'échec de « l'américanisation » ; mais conserve *aussi* l'idée d'une baisse générale du niveau par injection excessive d'éléments douteux. Thèse n° 1 (façon Boutmy) : « L'assimilation, rouleau compresseur qui écrase sans merci les plus belles fleurs des civilisations antérieures, ne laisse le plus souvent subsister qu'un être primaire, implacablement ramené au type de la série. Il était arrivé vieux, chargé de siècles, l'Amérique le fait jeune, presque puéril[52]. » Thèse n° 2 : « La formule du "creuset", devenue presque classique, répondait à une doctrine généralement acceptée : chacun était persuadé que, par la vertu de ce *melting-pot*, le nouveau continent assimilerait, plus ou moins vite mais complètement, un nombre indéfini d'immigrants [...] ; c'était alors la mode de croire à l'environnement plutôt qu'à l'hérédité. Vers 1910, en pleine marée slavo-latine, des doutes commençaient à se manifester quant à la vertu du creuset, mais immédiate et décisive fut l'impression produite par la guerre : comme une révélation soudaine, le manque d'unité de la nation apparut aux Américains conscients[53]. » Ces « Américains conscients » ressemblent fort à un Français du nom d'André Siegfried qui, le 4 août 1914, observe dérouté les réactions évidemment contradictoires des diverses communautés de New York – cette ville au « fantastique cosmopolitisme ethnique »[54]. Et malgré les commodités du « on », c'est bien André Siegfried qui conclut au nom des Américains conscients : « Des milliers d'étrangers, qu'on se flattait de croire américanisés, ne l'étaient pas. » Et c'est lui, toujours, qui prononce ces mots amers : « Avec de pareils citoyens – quelle dérision dans ce terme ! – les États-Unis devenaient une mosaïque, risquaient de n'être plus une nation[55]. » Il est amusant qu'André Siegfried, par une prosopopée fallacieuse, projette sur d'opportuns « Américains conscients » une vision aussi typiquement française, où l'on reconnaît sans peine, trois quarts de siècle à l'avance, le cabrement d'esprit de la France jacobine et

---

51. *Ibid.*
52. *Ibid.*, p. 18.
53. *Ibid.*, pp. 9, 10.
54. *Ibid.*, p. 16.
55. *Ibid.*, p. 11.

uniculturelle devant l'hydre de la polyethnicité et du multicultura-
lisme. André Siegfried ou « l'idéologie française »[56]...

Toute cette ventriloquie, pour nous dire quoi ? Que les États-Unis
sont comme « ce bateau des *Mille et une Nuits* qui, naviguant près
d'une montagne d'aimant, voyait tous ses clous de fer se détacher
de lui ». *Wishful thinking*, comme on dit là-bas : au rêve d'éclatement de la Fédération a succédé l'espoir, à peine secret, d'une
désagrégation communautariste des États-Unis.

En retenant *à la fois* les deux scénarios élaborés en France sur
l'avenir ethnique de l'Amérique, André Siegfried a bien mérité du
discours antiaméricain. De deux choses l'une, en effet. Ou bien les
groupes, considérables en nombre, qui débarquent avec leur langue,
leur religion, leurs coutumes, etc., conservent leur identité : ils
deviendront, eux aussi, des « blocs inassimilables » et c'en sera
fait de l'Amérique comme nation. (Siegfried, on y reviendra, suggère que c'est déjà le cas des Juifs.) Ou bien cette même Amérique,
jusque-là homogène – par exclusion des Noirs et élimination des
Indiens – parvient vaille que vaille à ingérer, intégrer, assimiler ces
millions de corps étrangers ; et alors, inévitablement, cette absorption massive d'éléments à la fois extérieurs et « inférieurs » aura
pour résultat la dilution de l'américanité. Bref, l'Amérique n'aura
évité son éclatement qu'au prix de son identité. À tous les coups,
voilà les États-Unis perdants, voire perdus.

*

Faut-il réhabiliter Bourget ? Sa « vision » d'un duel continental
entre l'« Amérique des Américains » et l'« Amérique des étrangers » est simpliste. On voit d'ailleurs mal comment Bourget, qui
a passé le plus clair de son temps à Newport, aurait pu faire mieux :
« à l'évidence, Newport est un endroit calamiteux pour l'observateur non acclimaté », note Mark Twain, pince-sans-rire[57]. Mais si
Bourget ne peint pas l'Amérique, il reflète admirablement le manichéisme ambigu qui désormais anime le discours antiaméricain,
organisant la confrontation de l'Amérique yankee et d'une Amérique allogène « exotique » et « inassimilable », dont les tares et

---

56. Au sens où l'entend Bernard-Henri Lévy dans *L'Idéologie française* (Paris,
Grasset, 1981) dont les pages sur l'antiaméricanisme (pp. 281-291) restent d'une pleine
actualité.

57. M. Twain, « What Paul Bourget Thinks of Us » ; voir note 40.

l'infériorité sans cesse soulignées deviennent « intéressantes » par l'effet dissolvant qu'elles peuvent avoir sur « l'airain de Corinthe » yankee. Ni la « nouvelle émigration », ni les parias indigènes auxquels on l'associe ne suscitent l'enthousiasme ni même la sympathie des observateurs français qui supputent les chances d'une guerre des races en Amérique. Non, Bourget n'est pas le seul à rêver d'inexpiables combats. Les métaphores guerrières abondent pour décrire le « déferlement », « l'invasion » des nouveaux barbares. Certains se reprennent à rêver, comme pendant la *Civil War*, du déchaînement de nouvelles guerres serviles. Celles-là ne laisseraient de l'empire américain qu'une immense ruine, détruiraient ses monuments et profaneraient ses tombeaux : « Les siècles seront-ils plus cléments aux tombeaux du nouveau monde ? Que sait-on si des hordes barbares, fléaux de Dieu, descendant quelque jour des montagnes américaines, surgissant des mines, rompant les digues des usines, ne se précipiteront pas, torrents vengeurs, contre les monuments de la tyrannie du million et contre les restes des tyrans eux-mêmes [58] ? » Scénario extrême et rarement explicité comme il l'est ici par Edmond Johanet, mais qui traduit bien le fantasme, très répandu, d'une mission vengeresse dont le discours antiaméricain investit « l'autre Amérique » : détruire Babylone ou, à défaut, désagréger Babel.

---

58. E. Johanet, *Autour du monde millionnaire...*, p. 374.

8. L'empire des trusts :
socialisme ou féodalité ?

Dans la marqueterie de discours qui s'ajuste au tournant du siècle pour former l'image d'une Amérique néfaste, reste à placer une pièce, et non des moindres : la pièce « capitalisme ». Et à introduire une parole à peu près absente des chapitres précédents : celle du socialisme.

L'identification des États-Unis au capitalisme triomphant a aujourd'hui statut d'évidence ; mais il faut rappeler qu'elle est intervenue assez tard dans l'histoire des représentations américaines. Pendant la majeure partie du XIXᵉ siècle, les États-Unis sont perçus comme un pays essentiellement agricole, où domine la petite propriété[1]. Cette Amérique rurale, digne fille de Washington-Cincinnatus, le *farmer* l'incarne mieux que le planteur ; et le petit commerçant mieux que le gros industriel. Les stéréotypes négatifs marchent du même pas décalé. Stendhal se représente l'Amérique comme une vaste sous-préfecture : aux nez suspicieux des Français de 1840 ou 1850, elle sent la bouse et la boutique. Mais plus le siècle avance et plus la boutique s'agrandit. L'éleveur de porcs de Cincinnati supplante le *farmer* à la Crèvecœur, avant de céder lui-même la préséance aux Rois de la conserve. À la fin du siècle, l'Amérique est devenue le pays du « dollar roi », c'est une « Ploutopolis », un « monde millionnaire »[2]. L'âpreté boutiquière s'est épanouie en *libido dominandi* : un César a percé sous le Birotteau yankee.

Un seuil décisif est franchi dans les dernières années du XIXᵉ siècle. Il avait été question jusque-là d'affairisme inné, de mercantilisme agressif et de protectionnisme à outrance. L'obsession des

---

1. Jusque « sous la Monarchie de Juillet, l'image de l'Amérique n'est pas encore entièrement dégagée du mythe agraire », écrit René Rémond, *Les États-Unis devant l'opinion française. 1815-1852*, Paris, Armand Colin, 1962, pp. 777-778.
2. Comme l'annoncent les titres d'Émile Barbier, *Voyage au pays des dollars* ou d'Edmond Johanet, *Autour du monde millionnaire* dont le premier chapitre traite du « Tout-Ploutopolis ».

Français était le « tariff » : la barrière douanière élevée à des hauteurs himalayennes pour la plus grande prospérité de l'économie américaine. C'était lui, le « tariff », qui avait mis la France et les États-Unis, à plusieurs reprises, au bord de la crise diplomatique ; lui encore qui avait poussé à la Sécession un Sud exaspéré de faire les frais de l'industrialisation du Nord ; lui toujours qui lançait maintenant les États-Unis à la conquête de nouveaux marchés, sud-américains ou asiatiques, non protégés par les barrières de « rétorsion » européennes. À la veille du XXe siècle, le « tariff » ne disparaît pas des préoccupations françaises, mais il perd la vedette au profit du Trust.

Pour une fois (la première sans doute), il n'y a pratiquement pas de décalage entre l'événement américain et son écho français. Le trust s'impose sans délai à l'attention. Il fixe les regards et mobilise les plumes. Il oblitère par sa magnitude le vieux cliché de l'avarice yankee. L'Amérique cesse définitivement, dans l'imaginaire français, d'être le pré carré du cultivateur, le paradis du boutiquier, le royaume des grippe-sous de sept ans vendant à prix d'or leurs œufs à Madame Trollope. Petit Jonathan est devenu grand : il ne compte plus en *pennies*, ni même en dollars méticuleusement amassés ; son unité de mesure est le million. Il y a toujours des gamins pour revendre vingt cents à leur papa les bonbons qu'ils viennent d'en recevoir[3], mais ces anecdotes de cupidité enfantine font désormais pâle figure dans ce « monde millionnaire ». Le trust n'est d'ailleurs pas un simple changement d'échelle ; il représente une mutation profonde, une sortie des « voies ordinaires » du profit. Comme le souligne Edmond Johanet, « on n'entasse pas million sur million par les voies ordinaires, les petites pelletées n'y suffisent pas » ; il y faut quelque engin nouveau et « cet outil est le *trust* »[4]. Sans doute les « qualités de race » yankees ne sont-elles pas étrangères à son invention. Sans doute son développement extraordinairement rapide doit-il beaucoup à la même cupidité « matérialiste » qui se traduisait hier par une pingrerie plus rustique. Mais par sa structure et son gigantisme, cette nouvelle formation sociale est irréductible au capitalisme connu et à ses comportements traditionnels. Car le trust n'est pas seulement un « outil », comme l'écrit Barbier en 1893 : c'est un « système ». Cette conviction se répand rapidement

---

3. É. Barbier, *Voyage au pays des dollars*, Paris, Marpon & Flammarion, 1893, p. 135.
4. E. Johanet, *Autour du monde millionnaire*, Paris, Calmann-Lévy, 1898, p. 70.

et se reflète dans l'adoption générale de l'expression *trust-system*, comme plus appropriée que *trust* tout court.

Aux yeux de nombreux observateurs, il s'agit en effet d'un saut qualitatif d'ordre social, plus encore que d'un saut quantitatif d'ordre économique. Le mot *système*, dans le champ sémantique français, n'a rien de neutre : il y désigne, en cette fin de siècle, tout un jeu de collusions entre politique et affaires. La contamination d'images est facile entre le « système » politico-économique qui pérennise en France l'exploitation des « petits » par les « gros » et ce trust-system américain qui semble institutionnaliser une macro-exploitation, par absorption et filialisation des petites entreprises. Mais quoi qu'il en soit de cette contamination, l'engouement des commentateurs français pour l'expression *trust-system* montre bien qu'au-delà du trust comme entité, c'est la « trustification » (autre néologisme d'époque) qui inquiète. Non, décidément, le trust n'est pas un simple outil financier et industriel, ni même une machine-outil : c'est un nouvel univers social. Le saut qualitatif est aussi un saut dans l'inconnu. Une structure financière et industrielle totalement nouvelle, aux lourdes implications humaines, se met en place irrésistiblement, à l'échelle du pays tout entier ; elle pousse déjà ses tentacules vers le reste du monde. C'est une révolution et cette révolution est planétaire. Dès 1900, l'Amérique des Français est devenue *l'empire des trusts* : sa circonférence est partout, son centre nulle part. La mondialisation a commencé.

Traduire cette radicale nouveauté dans le lexique disponible n'est pas chose aisée. L'économiste Pierre Leroy-Beaulieu reconnaît que définir le trust est délicat ; lui-même le considère comme un « groupement d'établissements qui parvient à s'assurer le monopole d'une industrie donnée [...] ou du moins une part suffisamment prépondérante » ; la traduction qui a sa préférence est « combinaison industrielle »[5]. C'est, de la part de ce libéral, une définition défensive : il s'agit d'affirmer, contre le sentiment général, que « tout trust ne vise pas à l'accaparement et encore moins y réussit ». Car telle est bien, en France, la perception la plus répandue : le trust est un instrument d'accaparement. Paul de Rousiers le décrit sobrement comme un « monopole privé »[6], mais Edmond Johanet, la

---

5. P. Leroy-Beaulieu, *Les États-Unis au XXe siècle*, Paris, Armand Colin, 1904, pp. 233, 232.

6. P. de Rousiers, *Les Industries monopolisées (trusts) aux États-Unis*, Paris, Armand Colin, Bibliothèque du Musée social, 1898, p. vi.

même année, y voit une « confédération financière d'accaparement par une grande industrie de toutes les moyennes industries similaires »[7]. Octave Noël va dans le même sens : « trusts, c'est-à-dire syndicats d'accaparement »[8]. Ces traductions et gloses replacent le *trust* dans la longue durée : elles renvoient par association à l'accapareur-affameur des rumeurs d'Ancien Régime et facilitent ainsi son acclimatation. Le « trusteur » américain cumule d'emblée la lourde hérédité mythologique de cet accapareur d'antan et le pedigree non moins haïssable du spéculateur moderne, du loup-cervier de la finance. L'image du trust qui se propage alors en France reflète bien cette dichotomie : il est fortement incarné sous les traits de quelques « magnats » (Rockefeller, Morgan, Carnegie, etc.), dans le même temps qu'il inquiète par son caractère protéiforme et anonyme.

Il fait aussi, sur un autre plan, l'objet d'une lecture dédoublée : la question est posée d'emblée de sa nature, industrielle ou financière. Le trust produit. Mais sa vocation productive s'estompe souvent, dans les descriptions, derrière l'importance accordée à la conquête et au contrôle de la distribution. Marxistes et libéraux convergent sur ce point : le trust organise et domine des secteurs entiers de la production pour le plus grand profit d'une poignée d'aventuriers économiques qui n'ont pas le moindre rapport avec la production elle-même. Ainsi John Rockefeller et ses associés, fondateurs de la *Standard Oil*, n'avaient-ils « jamais extrait un litre d'huile et ne connaissaient le pétrole que pour l'avoir brûlé dans les lampes »[9]. Le poids de la tradition saint-simonienne entraîne beaucoup d'économistes à soupçonner dans cette mainmise financière et cette subordination du producteur au « trusteur » une forme nouvelle de parasitisme social. L'étude marxiste de référence, celle de Paul Lafargue, incline elle aussi à voir dans le trust une formidable machine financière de contrôle de l'industrie, plutôt qu'une nouvelle organisation industrielle. « Le trust-system courbe sous sa discipline le commerce, qui jusqu'ici avait fait la loi à l'agriculture et à l'industrie »[10], écrit Lafargue. Le trust marquerait donc le franchissement d'une nouvelle étape dans l'histoire des rapports de production. Le trust-system est un super-commerce qui corres-

7. E. Johanet, *Autour...*, p. 71.
8. O. Noël, *Le Péril américain*, Paris, De Soye et fils, p. 34.
9. P. Lafargue, *Les Trusts américains*, Paris, V. Giard et E. Brière, 1903, p. 41.
10. *Ibid.*, p. 124.

pond au stade ultime du capitalisme. Plus puissant et sophistiqué que l'ancien, il est voué à se substituer à lui, comme « art de rançonner la production ». Lafargue y insiste : « la bande de Rockefeller », pionnière de la « trustification », n'a ni inventé ni amélioré l'outil de production ; elle a seulement « fait preuve d'une supérieure habileté commerciale » [11].

De ces lectures qui le traduisent en termes de mutation globale des rapports sociaux, le trust reçoit un élan décisif qui le propulsera, tout au long du XXᵉ siècle, au premier rang des métaphores négatives de l'Amérique du Nord. Ainsi naît, dès la fin des années 1890, la figure la plus répandue en France de l'américanité, sa métaphore capitale. Le mot *trust* fixe pour plus d'un siècle non seulement l'image du capitalisme américain, mais aussi l'image du capitalisme en tant qu'américain. « La *Standard Oil*, avec plus de réalité que le Bon Dieu des chrétiens, est omniprésente », note Paul Lafargue, décrivant le premier né des trusts. Omniprésence, omnipotence : ces attributs divins des trusts deviendront ceux-là mêmes d'une Amérique de plus en plus redoutée.

Paul Lafargue écrit *Les Trusts américains* en 1903 [12]. Mais le gendre de Karl Marx a été devancé par plusieurs économistes, sociologues et publicistes qui, eux, n'ont rien de marxiste. L'intérêt pour le phénomène est général. Il est aussi très rapide. La *Standard Oil Cᵒ* de Rockefeller date du début des années 1880. Elle trouve son premier historien (et critique) américain dès 1894 en la personne de H.D. Lloyd [13]. En France, le débat sur le *trust-system* est déjà vigoureux quatre ans plus tard. En cette année 1898, décidément décisive, Paul de Rousiers donne, dans la « Bibliothèque du Musée social », une description de référence, *Les Industries monopolisées (trusts) aux États-Unis*, tandis qu'Edmond Johanet réunit ses articles du *Correspondant* dans *Autour du monde millionnaire*. Moins d'un an plus tard, toujours dans *Le Correspondant*, Octave Noël revient sur le trust, arme offensive d'un « péril américain » dont le protectionnisme est l'arme défensive [14]. (Par contraste, les livres de Crosnier de Varigny parus très peu de temps auparavant,

---

11. *Ibid.*, p. 41.
12. Il en donne la primeur à l'organe guesdiste *Le Socialiste* (18-25 janvier 1903), avant la parution en volume.
13. H.D. Lloyd, *Wealth against Commonwealth*, New York, Gay & B., 1896.
14. « [le *tarif*] est à leurs yeux une arme contre l'Europe et ils l'aiguiseront jusqu'au jour où ils se sentiront assez forts pour écraser le monde industriellement » ; O. Noël, *Le Péril américain...*, p. 30.

en 1889 et 1891 respectivement, *Les Grandes Fortunes aux États-Unis* et *Les États-Unis, esquisses historiques*, ignorent encore le trust-system.) Lorsque Lafargue entre en lice, l'intérêt pour le trust est donc intense et le nouvel objet si familier aux lecteurs que ni Gohier en 1903, ni Huret en 1904 ne se donnent plus la peine de le définir [15].

Tous les observateurs français sont conscients de la menace économique que représente pour l'Europe le trust-system ; mais c'est le problème théorique posé par son développement qui les retient surtout. Ce problème, vu de France, est celui du collectivisme que le trust contiendrait en germe, comme l'œuf le poussin. Le surgissement des trusts américains oblige en effet à reformuler la question de l'appropriation collective des moyens de production en des termes auxquels ne sont préparés ni les théoriciens marxistes, ni les économistes libéraux.

Le dilemme des libéraux peut se résumer ainsi : le trust, né de la concurrence, ne risque-t-il pas d'aboutir à l'abolition de toute concurrence ? La concentration et les ententes qu'elle suppose peuvent-elles rester longtemps compatibles avec une saine doctrine libérale ? La réponse la plus simple consiste à nier, non l'existence du trust-system, mais son importance historique : loin d'être la figure incontournable du capitalisme de l'avenir, le trust ne serait qu'un accident, une fièvre de croissance, l'anomalie passagère d'une économie en surchauffe. Pierre Leroy-Beaulieu explique ainsi, en 1904, que « loin d'être des organes essentiels, la plupart d'entre eux sont plutôt, à nos yeux, des excroissances passagères du progrès industriel américain » [16] ; ils donnent d'ailleurs déjà des signes de faiblesse, « chancellent et tombent de toutes parts », « comme capucins de cartes », à cause des « exagérations des trustomanes » [17]. Il faudrait donc, aux yeux des libéraux, distinguer la concentration et la rationalisation (gages d'efficacité, de bas prix et de hauts salaires) et les manœuvres spéculatives de surcapitalisation qui lui font cortège. Cette dissociation est évidemment récusée par les marxistes. Le trust n'en suscite pas moins une certaine gêne dans le camp libéral, où les réactions s'étagent de la désap-

---

15. Urbain Gohier met en parallèle les « trusts du capital et du travail » : « deux bancs de requins » (*Le Peuple du XXᵉ siècle aux États-Unis*, Paris, Fasquelle, 1903, p. 93).
16. P. Leroy-Beaulieu, *Les États-Unis au XXᵉ siècle...*, p. XVII.
17. *Ibid.*, pp. 238, 244 ; pour Leroy-Beaulieu, ce constat n'a rien de rassurant, car ce marasme intérieur va relancer l'économie américaine vers les marchés extérieurs.

probation morale (le trust fausse la saine compétition, il est « déloyal ») à l'inquiétude politique (le trust est un collectivisme larvé, un socialisme potentiel).

L'embarras est sensible aussi chez Paul de Rousiers, le premier à donner une analyse des trusts issue d'une enquête de terrain. Pour ce réformateur anticollectiviste, le trust pose un problème ardu. « Si l'évolution, écrit-il dans sa préface, conduit fatalement aux monopoles, il faut s'incliner devant les théories collectivistes [...]. Il est vrai que les Trusts américains sont des monopoles privés et non publics, comme le monopole général rêvé par le collectivisme ; mais lorsque la collectivité ne trouvera plus en face d'elle qu'un seul capitaliste dans chaque industrie, il lui sera facile de se substituer à lui [18]. » C'est tout à fait l'avis d'un libertaire comme Gohier : pour lui, « le public [américain] fait du socialisme sans le savoir, comme M. Jourdain de la prose » ; il en conclut que « la nationalisation des propriétés accaparées par les *trusts* ne lésera plus qu'un nombre infime de propriétaires. Les voies sont beaucoup plus ouvertes au collectivisme dans les États-Unis qu'en France » [19]. Paul de Rousiers allait moins vite en besogne, reprenant même dans sa conclusion ce qu'il semblait accorder dans sa préface. Trois cents pages après avoir vu se profiler dans le trust un avenir collectiviste, Rousiers préfère y voir un « accident » ou un « cas pathologique » [20], ajoutant que si d'aventure il en était autrement, la faute n'en incomberait pas au trust lui-même, mais à la socialisation larvée de l'économie américaine qui a permis le trust : « Si le Trust prépare l'avènement du socialisme, c'est parce que le socialisme, sous forme d'intervention abusive de l'État, permet la naissance du Trust [21]. » Pour Paul de Rousiers, le ver était déjà dans le fruit et l'Amérique insidieusement *ensocialisée* (par la politique ultraprotectionniste et par « la confusion des intérêts privés et des intérêts publics » [22]) avant même d'être *entrustée*. On retrouvera plus tard une approche assez similaire chez Bertrand de Jouvenel.

À ces sinuosités, chez l'un des observateurs les plus sérieux de la scène sociale américaine, on mesure la résistance qu'oppose le trust au regard analytique ; on voit aussi que le débat sur le trust,

18. P. de Rousiers, *Les Industries...*, p. vi.
19. U. Gohier, *Le Peuple du XXᵉ siècle...*, p. 89.
20. P. de Rousiers, *Les Industries...*, p. 326.
21. *Ibid.*, p. 320.
22. *Ibid.*, p. 322.

Cherbourg, 19 juin 1864 : un balcon sur la Sécession…

METROPOLIS
La Liberté étouffée par les gratte-ciel

Bois de Guy Dollian
pour *Scènes de la vie future,* de Georges Duhamel,
Arthème Fayard.

COSMOPOLIS
«Ô carrefour ! Ô Cuvier ! Quoi donc encore ? Humus !
Compost de cinquante nations… »

Bois de Guy Dollian
pour *Scènes de la vie future,* de Georges Duhamel,
Arthème Fayard.

La tête de la statue de Bartholdi, installée sur le Champ-de-Mars pendant l'Exposition Universelle, pleure à chaudes larmes à l'idée de quitter Paris

Cham
Charivari, 18 novembre 1878

«Orateurs amis qui, la ma
sur le cœur, nous assurez
l'Amérique n'est pas cette
bande de pasteurs hypocri
et de financiers avides qui
tourmente Chaplin et bat
monnaie avec ses soldats
au nom de quoi voulez-vou
nous vous écoutions?»
La condamnation inique de
Sacco et Vanzetti alimente
le procès global des
États-Unis : derrière le
squelette grimaçant de
la Liberté, les étoiles
du drapeau tombent
en gouttes sanglantes.

Dessin de Guilac illustrant
l'éditorial de Pierre Scize
Le Canard enchaîné, 10 août 1927

«La Liberté… enfin ! Éclaire le monde ! »
L'imagerie collaborationniste substitue à
Miss Liberty un Roosevelt luciférien
et judéo-maçon, dont le chandelier
à sept branches menace d'embraser l'Europe.

Mara
La Gerbe, 25 mai 1944

Éternel «biffin des Ricains»,
le soldat français porte tout le poids
de l'intervention militaire en Afghanistan…
avant même d'y avoir mis les pieds.

Plantu
Le Monde, 16 novembre 2001

en France, est avant tout un débat sur le collectivisme. On pourrait croire les socialistes plus à l'aise. Il n'en est rien. Ils ne s'accordent ni sur l'analyse de cette concentration, ni surtout sur les leçons politiques à en tirer. À leurs yeux, la nouvelle organisation économique née de la « trustification » ne saurait être décrite dans l'absolu, indépendamment des rapports de forces entre classes tels qu'ils se présentent aux États-Unis dans cette phase particulière du développement capitaliste. Or, sur ce point, les appréciations divergent fortement. Le regard porté sur le *trust-system* est à l'avance orienté : il est inséparable d'une estimation globale de la situation américaine et des choix stratégiques afférents. L'Amérique avait été une pomme de discorde entre républicains au début de la IIIe République ; elle le devient ici entre socialistes révolutionnaires et réformistes ; et les termes de cette dispute marqueront durablement l'antiaméricanisme de gauche en France.

L'Amérique, bannière ou croix du socialisme ?

On se souvient du ton désinvolte sur lequel Demolins résumait l'inappétence des Américains du Nord pour le socialisme : on avait eu beau faire donner la garde et la famille, leur envoyer Liebknecht et Eleanor Aveling-Marx, rien n'y avait fait. Pas moyen de « convertir les Anglais d'Amérique »[23]. Le socialisme américain restait un greffon allemand, rejeté par le corps politique « anglo ». C'était pour Demolins une paisible évidence – et la confirmation de sa théorie sur la différence radicale entre la nature « communautaire » de la race germanique et l'individualisme anglo-saxon. Ce constat d'échec est largement partagé, dans les années 1890. Y compris par nombre de théoriciens et de militants socialistes. Mais pas question pour eux de le prendre à la légère, ni de se satisfaire d'une explication ethnographique.

L'évidence s'impose, en tout cas, dès la fin du XIXe siècle : il y a bien un « problème américain » du socialisme. On pourrait, à vrai dire, faire venir le mal de plus loin et commencer par rappeler les échecs répétés des tentatives d'implantation de communautés socialistes ou communistes dites « utopiques ». La confrontation de l'idée socialiste et de la réalité américaine commence en effet

---

23. E. Demolins, *À quoi tient la supériorité des Anglo-Saxons ?*, Paris, Didot, 1897, p. 270.

avec l'arrivée de ces étranges immigrants venus arrimer leurs rêves à une terre réputée vierge. Terre d'asile de tant de communautés « modèles », havre des disciples de Cabet ou de Fourier, les États-Unis ont été accueillants aux hommes et indifférents aux idées dont ils étaient porteurs. Tout au long du XIXᵉ siècle, ces petites collectivités se succèdent, essaiment, périclitent. À peine fondées, les communautés semble fondre au soleil trop violent et se perdre aux horizons trop vastes de la Californie ou du Texas. Lorsque Th. Bentzon (nom de plume de Thérèse Blanc), auteur de nombreux livres sur la société et la littérature américaines, publie en 1898 *Choses et Gens d'Amérique*, son premier chapitre est pour « Le communisme en Amérique » – mais c'est celui des Shakers, « les seuls vrais communistes qui existent en Amérique » [24] ! Boutade sans doute, mais qui n'exposait guère son auteur à des démentis.

Dès les années 1860, ce socialisme des communautés a vécu. Que la greffe n'ait pas pris n'a rien pour étonner les pères fondateurs du socialisme scientifique, qui tournent alors leurs regards vers l'Amérique, non plus pour y chercher l'espace et la liberté propices à l'expérimentation de formules idéales, mais pour y suivre attentivement le développement de la machine capitaliste et les progrès de l'organisation ouvrière. Volontiers méprisant pour ses devanciers « utopiques », leur socialisme connaîtra ses propres déboires. Avec les États-Unis, le mouvement socialiste en général et les groupes marxistes en particulier entretiendront toujours un rapport malheureux, fait de grandes espérances et de grosses déceptions, avant de s'installer dans une résignation hargneuse. On n'évoquera ici qu'à grands traits cette histoire tourmentée, pour tenter d'en mesurer l'impact sur l'antiaméricanisme de gauche et d'extrême gauche en France. Tâche doublement délicate. Le socialisme français d'avant 14, dans sa diversité déconcertante, n'est guère tourné vers le théâtre américain, ni très sensible aux « chances » du socialisme outre-Atlantique. Quant aux positions marxistes vis-à-vis des États-Unis – à commencer par celles des fondateurs et de leurs continuateurs immédiats – elles sont fluctuantes, tributaires d'une histoire sociale pleine de bruit et de fureur, faite d'accélérations erratiques et de retombées chaotiques du mouvement ouvrier. Difficiles à fixer, donc, elles sont aussi difficiles à interpréter, car presque toujours liées à des controverses dogmatiques et à des querelles au sein de l'Internationale.

24. Th. Bentzon, *Choses et Gens d'Amérique*, Paris, Calmann-Lévy, 1898, p. 2.

En plusieurs conjonctures historiques, entre 1861 et le début du xxᵉ siècle, les États-Unis prennent une importance considérable aux yeux de Marx, d'Engels et de leurs successeurs. On a bien du mal pourtant à accommoder sur l'image qu'ils en donnent : on la dirait toujours « bougée », comme si l'Amérique, enfant trop turbulente, faisait systématiquement rater la photo de famille socialiste. Va-t-elle vraiment trop vite, déjà, pour être rattrapée par la théorie ? Ou bien ce tremblé de la photo est-il imputable aux opérateurs ? L'historien Laurence Moore fait une remarque intéressante : « Les marxistes européens n'ont cessé d'analyser la société américaine comme si elle était perpétuellement au bord d'une profonde transformation [...] L'Amérique qui se dessine à travers leurs descriptions est une abstraction, le modèle de ce que cette société doit devenir après quelques années de plus de développement capitaliste [25]. » Si les États-Unis de Marx et d'Engels, comme plus tard de Lénine et de Trotski (le plus américanophile des quatre), n'apparaissent jamais comme une entité stable, politiquement, socialement, économiquement bien définie, c'est en effet qu'ils se voient appliquer un regard perpétuellement prospectif. D'emballements en découragements, le récit marxiste sur les États-Unis n'est pas seulement une analyse en dents de scie : l'auscultation du futur y a toujours préséance sur la dissection du présent. L'Amérique a le don de transformer les tenants du matérialisme historique en diseurs de bonne aventure, annonçant infatigablement des mutations aussi imminentes qu'inéluctables : ils ne peignent guère les États-Unis tels qu'ils sont, mais tels que, dès demain, ils devraient être. Le marxisme européen se donne ainsi le spectacle d'une Amérique qui n'est jamais celle de l'instant, mais celle de l'instant d'après. Qu'il écrive en 1880 ou en 1900, l'observateur militant s'intéresse à l'Amérique telle que cinq ou dix ans de plus l'auront changée – quitte à retarder régulièrement les échéances.

Le vieux schème rhétorique qui fait de l'Amérique un monde jeune, informe, non stabilisé trouve ici un nouvel avatar. Mais la perspective a radicalement changé. Elle s'est même inversée. Car ce ne sont plus les insuffisances de son développement qui brouillent l'image de l'Amérique : c'est le rythme époustouflant de l'essor capitaliste qui empêche d'en fixer les traits et invite à une perpétuelle anticipation. Le visage informe d'une Amérique enfançonne est

25. Laurence R. Moore, *European Socialists and the American Promised Land*, New York, Oxford University Press, 1970, p. 192.

devenu le masque de l'avenir collectif, déformé par la vitesse, comme ces têtes d'automobilistes distendues par la course, que bientôt peindront les Futuristes. Oublié le temps, pas si lointain, où Hegel jugeait superfétatoire d'introduire l'Amérique dans le plan du développement universel. La guerre de Sécession, passionnément suivie par Marx et Engels, a réinscrit les États-Unis dans la dialectique de l'histoire mondiale. Et voici que l'accélération vertigineuse des processus matériels, dans les années 1865-1890, les propulse aux avant-postes du devenir historique. Au tournant du siècle, les chiffres commencent à tomber qui attestent, secteur par secteur, de la suprématie industrielle américaine. Mais aux yeux des socialistes, le « dépassement » économique de l'Angleterre par les États-Unis a un sens eschatologique. Le calcul des puissances matérielles débouche nécessairement sur un autre comput : sur l'évaluation du rôle alloué à chaque pays dans l'acte final du drame capitaliste. Car, pour ces socialistes fin de siècle, le temps du capitalisme est compté. Compté en années, cinq, dix tout au plus ; rarement en décennies.

Or d'où viendra le coup décisif, sinon du pays où les forces d'autodestruction du système auront été déchaînées par la plus totale (et brutale) liberté ? « Le pays le plus développé industriellement montre à ceux qui le suivent sur l'échelle industrielle l'image de leur propre avenir. » Cette maxime de Marx, Paul Lafargue en fait l'épigraphe de son livre sur les trusts, en 1903. Si les États-Unis se sont hissés au sommet de l'échelle des espèces capitalistes, n'y a-t-il pas urgence à y aller lire notre futur ? Un thème s'impose, nullement antiaméricain, mais qui nourrira pourtant l'antiaméricanisme : celui de l'Amérique comme laboratoire du futur, creuset expérimental des destins européens. Chez Marx, Engels et leurs disciples, ce thème est catastrophique (au sens où le déchaînement de la productivité crée une entropie irrémédiable) et apocalyptique (au sens où l'Amérique va révéler au système capitaliste sa propre vérité). Tonique et dynamique, dans la perspective d'un bouleversement planétaire de l'économie, on verra qu'il ne suscite pas le même enthousiasme dans la classe ouvrière que parmi ses dirigeants.

Marx, Engels, Lincoln, même combat – ou pas ?

Harry Turtledove est un romancier américain d'histoire-fiction (comme on dit science-fiction) qui a consacré au passé potentiel de l'Amérique du Nord une série d'anti-romans (comme on dit anti-matière)[26]. Au départ de cette histoire américaine très particulière, une hypothèse « vraisemblable » : la guerre de Sécession s'achève sans vainqueur ni vaincu. Il y a partition du pays et création, au Nord, d'une Union réduite à quelques États. Situation que l'historien-romancier pimente en imaginant la radicalisation de Lincoln (qui n'a évidemment pas été assassiné) et son ralliement à la *Sozialdemocratie*. Sous sa houlette, les États-Unis du Nord deviennent la première république socialiste au monde.

La première partie du scénario aurait comblé Napoléon III. La seconde n'aurait pas déplu à Karl Marx. Ce Lincoln radicalisé de Harry Turtledove est, au fond, le leader dont Marx et Engels ont rêvé tout au long de la guerre ; cette Amérique du Nord « révolutionnarisé » par le conflit, celle qu'ils n'ont cessé d'appeler de leurs vœux, de 1861 à 1865, sans grand espoir de voir ces vœux exaucés.

Pour éclairer les relations complexes que les marxistes entretiennent au tournant du siècle avec les États-Unis, il faut en effet remonter à la guerre civile et à l'engagement journalistique de Marx et d'Engels en faveur du Nord. Il n'a pas paru utile d'en faire état plus tôt, au chapitre consacré à cette guerre, dans la mesure où leurs articles, parus pour l'essentiel en allemand dans *Die Presse* et en anglais dans le *New York Daily Tribune*, n'ont pas eu d'impact sur la polémique franco-française. C'est leur entrée dans le corpus des « écrits politiques » marxistes qui, plus tard, leur conférera le statut de références incontournables sur l'Amérique. Ce n'en sont pas moins des interventions dictées par l'urgence, tributaires d'une information difficile à contrôler, soumises aussi aux humeurs fluctuantes des deux amis – celles d'Engels surtout, souvent irrité contre le Nord et découragé par le tour que prend la guerre. À relire ces articles et la correspondance échangée par Marx et Engels dans la même période, on est frappé de voir se dessiner une relation avec l'Union plus complexe et contentieuse que prévu.

La ligne générale des articles ne varie pas : c'est le soutien au Nord contre les « quatre millions de canailles blanches » du Sud, ces « flibustiers de profession »[27]. Jamais Marx ni Engels, dans leurs écrits publics, ne reviennent sur ce choix. Loin d'adopter, sur les causes et

---

26. H. Turtledove, *How Few Remain*, New York, Ballantine, 1997 ; *The Great War. Walk in Hell*, *The Great War. Breakthroughs*, *ibid.*, 1999 et 2000. Je remercie John Mason de me les avoir signalés.

27. Marx à Engels, 10 septembre 1862 ; *Correspondance*, trad. par J. Molitor, A. Costes, 1933 (t. 7).

les enjeux de la guerre, l'attitude « réaliste » qu'affecteront plus tard ses épigones, loin de ne voir dans ce terrible conflit qu'un heurt d'intérêts matériels, Marx ne cesse d'insister sur l'importance centrale de la question de l'esclavage. Mieux, il consacre l'un de ses premiers et plus importants articles à critiquer la presse bourgeoise (et pro-sudiste) qui dénie cette importance et entend tout ramener à un conflit d'intérêts entre le Nord protectionniste et le Sud libre-échangiste. Ces arguments, si souvent ressassés par la suite par la vulgate marxiste, c'est Marx lui-même qui les épingle dans la presse britannique pour les dénoncer comme « leurs arguments » : ceux du Sud, ceux de l'adversaire [28]. Marx les balaye, non pour des raisons tactiques – jouer sur la fibre abolitionniste de ses lecteurs –, mais au nom d'une vision large, d'une conviction historique : rien de « progressiste » ne peut marcher sous la bannière de l'esclavage. On peut dire ce qu'on voudra du Nord, juger l'action de Lincoln étriquée et mesquine : « cela n'en empêche pas le fond historique » [29]. L'abolition est pour lui une grande affaire et pas seulement une clarification ou une modernisation des rapports d'exploitation. La question des esclaves, il le répète en tête d'un autre article de décembre 1861, est « la question qui se trouve au fond de toute la guerre civile » [30]. Contre les « réalistes » du camp adverse qui répètent, en Grande-Bretagne comme en France, que la question de l'esclavage n'est qu'un prétexte, Marx persiste et signe. L'esclavage n'eût-il pas été le « but » de la guerre, la question de l'affranchissement est bel et bien devenue l'enjeu majeur du conflit. Elle l'est même devenue doublement : par la signification historique qu'aura l'abolition américaine ; mais aussi, plus immédiatement, dans la mesure où la décision trop différée de l'affranchissement serait l'une de ces mesures « révolutionnaires » capables de changer à la fois la face du conflit et la nature de la démocratie au Nord. Car l'esclavage est tout à la fois « le point le plus vulnérable de l'ennemi » et « la racine du mal », comme le soulignent d'une plume commune Marx et Engels à la fin de 1861 [31]. On voit tout ce qui sépare Marx de ses adversaires

---

28. Marx, « La guerre civile nord-américaine » [*Die Presse*, 25 octobre 1861], dans Marx et F. Engels, *La Guerre civile aux États-Unis*, trad. et prés. de R. Dangeville, Paris, UGE, 10-18, 1970, p. 38.

29. Marx à Engels, 29 octobre 1862.

30. K. Marx, « Crise dans la question esclavagiste » [*Die Presse*, 14 décembre 1861], *La Guerre civile...*, p. 217.

31. F. Engels et K. Marx, « La guerre civile aux États-Unis » [*Die Presse*, 26 novembre 1861], *ibid.*, p. 87.

d'alors et de tant de ses disciples depuis : le refus du cynisme historique et de la fétichisation de la marchandise comme *ultima ratio* de l'histoire. L'humanité, la classe ouvrière sont intéressées à la victoire du Nord plus encore que le capitalisme du Nord n'est intéressé à mettre les Sécessionnistes au pas. Il faut donc se garder de faire chorus avec la presse bourgeoise et de relayer son cynisme facile en tenant la question de l'émancipation comme accessoire, secondaire ou même indifférente à l'action guerrière de l'Union.

D'autant que les reproches ne manquent pas, plus légitimes, à faire aux Yankees et à Lincoln en particulier. Le second trait de la lecture de la guerre par Marx et Engels est la sévérité de leur jugement sur les Nordistes. Cette sévérité éclate surtout dans la correspondance, mais elle affleure aussi dans les publications : ainsi lorsque Marx, dans *Die Presse*, reproduit un discours particulièrement violent de Wendell Phillips, l'un des chefs de file des abolitionnistes, contre les atermoiements de Lincoln [32]. Marx et Engels, à l'instar des pro-Unionistes français, passent en effet par des phases de découragement qui se traduisent, surtout chez Engels, par des jugements ravageurs portés sur le camp qu'ils soutiennent. Passionné de stratégie, Engels analyse les opérations militaires avec beaucoup d'acuité. (Dès mars 1862, il a préconisé, contre le plan d'étouffement baptisé « Anaconda », la percée massive du Tennessee à Savannah, destinée à couper la Confédération en deux – plan adopté finalement par Grant en 1864 [33].) Or, militairement, l'Union le consterne, chefs militaires et masses citoyennes confondus. Les généraux sont des incapables, sinon des traîtres. Le Congrès pusillanime prend des mesures dérisoires que « l'honnête Lincoln tripatouille de telle façon qu'il n'en reste rien ». La population du Nord ne vaut pas mieux : « Ce manque de ressort, cet aplatissement, pareil à celui d'une vessie crevée, sous la pression de défaites qui ont anéanti la plus forte et la meilleure des armées et, en fait, découvert Washington, cette absence totale de toute élasticité dans toute la masse du peuple, tout cela me prouve que c'en est fait de tout [34]. » Ce tableau date de l'été 1861. Engels le noircit encore à

---

32. K. Marx, « Manifestations abolitionnistes en Amérique » [*Die Presse*, 30 août 1862], *ibid.*, pp. 223-227. Marx introduit cette vigoureuse diatribe par ces mots soulignés : « Dans la situation actuelle, *le discours de Wendell Phillips à Abbington est plus important qu'un bulletin de bataille* » (p. 223).

33. F. Engels et K. Marx, « La guerre civile américaine » [*Die Presse*, 26 et 27 mars 1862], *ibid.*, p. 109.

34. Engels à Marx, 30 juillet 1862.

l'automne 1862 : « Malgré toutes les criailleries des Yankees, il n'y a pas encore le moindre indice que les gens voient dans tout cet imbroglio une question de vie ou de mort [35]. » Marx a beau le morigéner, Engels n'en démord pas : « Je ne puis, et je suis bien forcé de l'avouer, m'enthousiasmer pour un peuple qui, dans une question aussi colossale, se laisse battre par le quart de sa propre population, et qui, après dix-huit mois de guerre, a tout simplement découvert que tous ses généraux sont des ânes et tous ses fonctionnaires civils des filous et des traîtres [36]. » Les élections de novembre 1862, où les démocrates enregistrent quelques succès, confirment ses soupçons : « Les drôles sont capables de faire la paix, si le Sud rentre dans l'Union à la condition que le Président sera toujours un homme du Sud et que le Congrès comprendra toujours un nombre égal de Sudistes et de Nordistes. Ils sont même capables de proclamer immédiatement Jefferson Davis [le président de la Confédération] président des États-Unis et de sacrifier même tous les *border states*, si la paix n'est qu'à cette condition. Mais alors, adieu l'Amérique [37] ! » Un an et demi plus tôt, Engels s'en prenait surtout aux dirigeants yankees. Son antipathie est maintenant générale : « Je ne sais plus que penser des Yankees. Qu'un peuple, placé devant un grand dilemme historique où se joue en même temps sa propre existence, puisse, après dix-huit mois de lutte, devenir réactionnaire dans sa masse, voilà qui dépasse pourtant quelque peu mon entendement [38]. » Même jugement au début de 1863 : « Au pays des Yankees, cela va mal », écrit Engels, « les symptômes de relâchement moral se multiplient tous les jours, et l'incapacité de vaincre augmente tous les jours ». Et d'ajouter, sarcastique : « C'est une chance que la paix soit devenue une impossibilité matérielle, sans quoi ils l'auraient faite depuis fort longtemps, afin de pouvoir vivre de nouveau pour le dollar toutpuissant [39]. » Ce n'est plus du « soutien critique », c'est du soutien caustique ! Il arrive même que son impatience envers les Yankees lui fasse entonner l'éloge des Confédérés : au « marasme » de la

35. Engels à Marx, 5 novembre 1862.
36. *Ibid.*
37. Engels à Marx, 15 novembre 1862 ; les *border states* (Delaware, Maryland, Virginia, Kentucky et Missouri) étaient en partie peuplés de Sudistes propriétaires d'esclaves, mais leurs liens historiques et institutionnels avec le Nord étaient forts ; tous optèrent pour le Nord, sauf la Virginie (au prix d'une scission, la West Virginia ralliant le Nord en 1863).
38. *Ibid.*
39. Engels à Marx, 17 février 1863.

population du Nord, qui semble « avoir passé trois mille ans sous le sceptre autrichien », il n'hésite pas à opposer la valeur de ces Sudistes qui, eux, « se battent admirablement »[40]. Il récidive un mois plus tard : « Les gens du Sud, qui savent du moins ce qu'ils veulent, ont des airs de héros, quand on les compare au régime sans nerfs du Nord[41]. »

Il est temps que Marx siffle le hors-jeu et lui rappelle que les qualités guerrières des « canailles blanches » ne suffisent pas à en faire les héros de l'histoire. Mais les humeurs anti-Yankee d'Engels l'agaceraient sans doute moins s'il ne les partageait très largement. Marx lui-même se livre, tout au long de la guerre, à une sévère critique du Nord et de Lincoln, tempérée dans ses formulations par la nécessaire solidarité avec le « bon camp », mais tout aussi radicale que celle d'Engels, sinon plus. Car à l'origine des revers militaires qui font enrager son correspondant, il y a, insiste Marx, l'incapacité politique du Nord à mener la guerre de manière « révolutionnaire ». Il faut tirer la « morale » des défaites de l'été 1862, répond Marx à Engels, et cette morale est « que des guerres de ce genre doivent être faites révolutionnairement et que les Yankees ont essayé jusqu'ici de la faire constitutionnellement »[42]. Lincoln, manifestement antipathique à Marx jusqu'à la veille de son assassinat, résume cette incapacité. « Tous les actes de Lincoln », écrit-il à Engels en octobre 1862, « ressemblent à des conditions mesquines et compliquées, présentées par un avoué à l'avoué de la partie adverse »[43]. Ces remarques acerbes ne sont pas réservées au secret de la correspondance. Il les a rendues publiques, deux mois plus tôt, en publiant le violent discours où Wendell Phillips déclarait : « Il faudra des années pour que Lincoln apprenne à combiner ses scrupules légalistes d'avocat avec les nécessités inhérentes à la guerre civile[44]. » L'approbation de Marx est totale. Comme le leader abolitionniste, il juge avec la dernière rigueur Lincoln et les « scrupules juridiques de son esprit médiateur et constitutionnaliste »[45]. Jamais au fond Marx n'accordera grand crédit à Lincoln. Mais il trouvera assez vite un argument « brechtien » – le Brecht du : « Malheur au pays qui a besoin de héros ! » –, pour s'accom-

40. Engels à Marx, 30 juillet 1862.
41. Engels à Marx, 9 septembre 1862.
42. Marx à Engels, 7 août 1862.
43. Marx à Engels, 29 octobre 1862.
44. *Ibid.*
45. K. Marx, « Manifestations abolitionnistes en Amérique »..., p. 222.

moder des faiblesses d'Abraham Lincoln. Lincoln est un médiocre, « a first-rate second-rate man », comme disait Phillips[46]. Mais qu'importe, au fond. « La plus grande victoire que le Nouveau Monde ait jamais remportée, c'est d'avoir démontré qu'étant donné le niveau avancé de son organisation politique et sociale, il est possible que des gens de l'ordinaire, animés de bonne volonté, réalisent des tâches pour lesquelles le vieux monde avait besoin de héros[47]. » Lincoln ne deviendra le héros de Marx que par sa mort. En 1865, l'adresse rédigée par Marx au nom de l'Internationale contient ces lignes qui sonnent comme un discret *mea culpa* : « Ce grand et brave homme était si modeste que le monde ne découvrit son héroïsme qu'après qu'il fût tombé en martyr[48] »... Quant à son successeur, Andrew Johnson, il est immédiatement en butte aux soupçons d'opportunisme et de compromission dont Lincoln assassiné est innocenté : « avant six mois », écrit Engels à Marx, « tous les vieux coquins de la sécession seront au Congrès de Washington »[49].

Étrange scène primitive que celle de cette solidarité revêche, dont la tradition marxiste retiendra surtout les critiques et réticences à l'endroit du Nord[50]. L'exégèse marxiste tirera en effet ces textes dans deux directions principales. La première est l'affirmation du primat des causes économiques dans le déclenchement de la guerre, au détriment de l'importance accordée par Marx au sens historique et politique de l'émancipation en tant que telle. En accentuant la matérialité des processus, les successeurs de Marx ôtent à l'Union nord-américaine le peu de « mérite » historique qu'elle pouvait avoir. La seconde est la dénonciation de la démocratie bourgeoise, dont le Nord illustrerait toutes les tares et carences. Et sur ce second point, les marxistes seront fidèles, sinon à la lettre des articles publiés, du moins à l'esprit qui les inspire et que révèle la correspondance. « Je vois naturellement, comme d'autres, ce qu'il y a de répugnant dans la forme du mouvement chez les Yankees », répond Marx à un Engels très remonté contre

46. *Ibid.*, p. 226.
47. F. Engels et K. Marx, « Les événements d'Amérique du Nord » [*Die Presse*, 12 octobre 1862], *La Guerre civile...*, p. 133.
48. « Adresse de l'Association Internationale des Travailleurs au président Johnson », *ibid.*, p. 245.
49. Engels à Marx, 15 juillet 1865, *ibid.*, p. 244, note.
50. Avec un humour involontaire, l'éditeur des textes sur la guerre civile américaine, Roger Dangeville, écrit de l'éloge posthume de Lincoln : « il serait évidemment abusif d'étendre cet éloge de Marx à tous les présidents des États-Unis ». Il serait même abusif de l'étendre à Lincoln vivant (*ibid.*, p. 239, note).

le peuple « sans nerfs » du Nord ; « mais », ajoute-t-il pédagogiquement, « il me semble que cela s'explique par la nature d'une démocratie *bourgeoise* »[51]. Car là au fond est la clé d'une ambivalence qui perce à tout moment sous la solidarité. Les buts de guerre de Marx et d'Engels sont bien les mêmes : défaite de l'oligarchie du Sud et démystification de la démocratie bourgeoise du Nord. Ce que résume Engels, dans une longue période « dialectique » qui vaut d'être citée en entier : « Quelque bon qu'il soit, d'une part, que la république bourgeoise se compromette aussi, de façon sérieuse, en Amérique, de telle sorte qu'on ne puisse plus dorénavant la préconiser pour elle-même, mais uniquement comme moyen et transition vers la révolution sociale, on est cependant fâché de voir qu'une vulgaire oligarchie, deux fois plus faible par le chiffre de sa population, se soit montrée aussi forte que la démocratie lourde, grande, désemparée[52]. » Étrange balancement rhétorique qui jette un doute sur l'ordre même des priorités. La vulgate en ce sens a raison : aucune des deux Amériques affrontées n'a la sympathie des pères fondateurs. Cette sympathie est réservée à une Amérique potentielle ou imaginaire.

Le cœur révélateur du capitalisme

La guerre civile terminée, les États-Unis réunifiés ne sortent pas des préoccupations socialistes. Ils y retrouvent la place que leur avaient assignée Marx et Engels vingt ans plus tôt : celle du « cœur révélateur » du capitalisme. L'intérêt de Marx et d'Engels pour la puissance économique émergente des États-Unis remonte en effet aux années 1840. Dès cette époque, Engels annonce le retournement, à court terme, du rapport de forces entre l'Angleterre et son ancienne colonie. Les temps sont proches, prévoit-il en 1845, où la concurrence américaine fera vaciller le colosse industriel britannique[53]. La guerre de Sécession apporte la confirmation attendue. En détruisant la vieille structure économique rurale du Sud, elle accélère une concentration industrielle qui n'épargnera pas l'agri-

---

51. Marx à Engels, 29 octobre 1862.
52. Engels à Marx, 15 novembre 1862.
53. F. Engels, *The Condition of the Working Class in England* ; cité par L. Moore, *European Socialists...*, p. 6.

culture elle-même, comme le soulignera bientôt Lafargue, dans la droite ligne des fondateurs [54].

Cette accélération est doublement bénéfique pour la cause révolutionnaire, puisqu'elle asphyxie l'économie européenne et qu'elle étouffe le désir d'Amérique des émigrants. C'en sera bel et bien fini, pensent Marx et Engels, de l'exutoire social américain et de la tentation de l'émigration inspirée aux prolétaires européens par les libres espaces d'une économie surtout agraire. Moins l'Amérique aura à offrir, plus l'exploitation industrielle y ressemblera (en pire ?) à celle de l'Europe, plus faibles seront les risques de voir les éléments les plus entreprenants du prolétariat européen céder aux sirènes du départ.

Car les socialistes, sur ce terrain, perpétuent la vieille défiance des Lumières et Marx n'est pas moins hostile à l'émigration, au nom du prolétariat, que Cornelius De Pauw ne l'était au nom du roi de Prusse. Les naturalistes du XVIIIᵉ siècle menaçaient l'émigrant de dégénération ; Marx et Engels déplorent sa désertion et redoutent sa domestication. Le prolétaire qui émigre aux États-Unis, comme le chien de De Pauw, ne va-t-il pas cesser d'aboyer ? C'est un militant perdu pour l'Europe, pas forcément gagné pour le Nouveau Monde. Marx, puis Engels, se trouvent ainsi dans la curieuse situation d'avoir à cornaquer un parti socialiste américain majoritairement composé d'Allemands dont ils désapprouvent hautement l'émigration.

Ce désaveu marxiste de l'émigration – qui vient se greffer en France sur une forte tradition de répugnance culturelle à l'exil – est une donnée fondamentale du rapport malheureux entretenu par le socialisme avec les États-Unis. Il a évidemment quelque chose de paradoxal : car il est bien « moraliste » de reprocher, à ceux et celles qui le font, un choix effectué le plus souvent sous de terribles pressions politiques, économiques, religieuses ou ethniques. Pour tous ceux-là, l'émigration est un sursaut de survie : le coup de pied donné au fin fond du malheur pour remonter à la surface. Mais ce ne sont pas ces pressions-là qui intéressent Marx, Engels, ni les autres théoriciens socialistes contemporains du triomphe de la vapeur. La société capitaliste est pour eux une locomotive emballée dont il faut pousser les feux jusqu'à l'explosion. L'émigrant est

---

54. « L'agriculture, phénoménalement développée depuis la guerre civile, a pris aux États-Unis le caractère de la grande production capitaliste » ; Paul Lafargue, *Les Trusts américains...*, p. 88.

donc doublement fautif : objectivement, il fait baisser la pression en Europe et, subjectivement, il accrédite l'idée qu'il y aurait encore, ailleurs, quelque part dans le monde, une atmosphère respirable. Il fait croire au grand air. Le socialisme européen condamne par principe cette échappatoire individuelle qu'est l'émigration parce qu'elle retarde les échéances. Plus sourdement mais encore plus passionnément, il déteste cet appel d'air qui a nom Amérique.

De tous les contemporains, c'est Nietzsche qui a le plus crûment décrit le souci obsessionnel des « chefs socialistes » de fixer leurs troupes. Il faudrait citer ici tout entier le fragment d'*Aurore* titré « L'impossible classe » [55], page étonnante de lyrisme polémique où Nietzsche oppose sa symphonie du Nouveau Monde à la ritournelle « des attrapeurs de rats socialistes » et de leurs « pipeaux ». Eux seuls, insiste Nietzsche, ont intérêt à détourner les prolétaires de l'aventure américaine, du « grand essaimage de la ruche européenne », du « nomadisme de grand style ». Aux mises en garde captieuses de ces chefs apeurés de voir fondre leurs troupes, il oppose la prosopopée du prolétaire nomadisé : « Plutôt émigrer, chercher à devenir maître dans des régions du monde sauvages et intactes, et surtout maître de moi ; changer de place aussi longtemps qu'un signe quelconque d'esclavage se manifeste à moi... » Tout, et même la mort, « pourvu que l'on cesse de devenir amer, venimeux et comploteur ! » À l'enfermement manigancé par les chefs socialistes dans l'arène étouffante de la vieille Europe, les prolétaires doivent préférer l'air du large. Ils doivent se sauver et l'Europe avec eux : « Puisse l'Europe se délester du quart de ses habitants ! Ceux-ci, tout comme elle, s'en trouveront le cœur plus léger ! »

Ce vœu impie, Nietzsche le formule en 1881. Son Amérique de la Grande Promesse – qui n'est pas une promesse de facilité –, est précisément celle que toute la littérature marxiste, au même moment, s'efforce d'extirper des esprits militants, en répétant, comme le corbeau de Poe, qu'il est déjà trop tard, que l'Amérique est désormais saturée, qu'elle est aussi irrespirable que l'Europe, que *jamais plus* elle ne sera une terre d'« opportunités ».

---

55. F. Nietzsche, *Aurore, Œuvres philosophiques complètes*, texte et variantes établis par G. Colli et M. Montinari, trad. de J. Hervier, Paris, Gallimard, 1970, p. 160.

Les « prodigieux zigzags »
du socialisme américain

Il y a pourtant eu, aux yeux de Marx et d'Engels, pour quelques années en tout cas, une promesse américaine : collective celle-là et née des luttes, une promesse de révolution. L'Amérique du Gilded Age et du Great Upheaval n'est pas seulement celle d'un bond en avant économique qui permet à Marx d'affirmer en 1879 que la Grande-Bretagne est dépassée en rythme de croissance [56] ; c'est aussi le pays des grandes grèves aux allures insurrectionnelles et de la répression brutale symbolisée par les condamnations à mort prononcées après l'incident sanglant de Haymarket Square (4 mai 1886). Cette marche à la radicalisation, Marx a le temps de l'entrevoir avant de mourir en 1883. Elle semble déjà porter ses fruits politiques. La campagne de Henry George, candidat indépendant et « social » à la mairie de New York, sous l'étiquette du United Labor Party, remporte un succès inespéré. L'écrivain finit très honorable second (le troisième est Theodore Roosevelt). Cette glorieuse défaite enthousiasme Engels, qui en oublierait presque que l'auteur de *Progress and Poverty* n'est qu'un de ces bourgeois réformateurs si souvent vilipendés par lui [57]. « Enfin l'histoire bouge là-bas », se réjouit-il en 1887, avant de se décider, l'année suivante, à faire le voyage d'Amérique [58].

L'euphorie sera de courte durée ; mais entre la fin de la guerre de Sécession et ces années 1880 où le Labor émerge comme une force autonome avec la même énergie, dirait-on, que les trusts imposent leur empire sur l'économie, la cote des États-Unis monte furieusement à la bourse des valeurs socialistes. L'Amérique n'était guère, jusque-là, qu'un atout indirect dans le jeu du mouvement ouvrier mondial. En cessant de constituer un débouché postcolonial à la surproduction européenne et d'offrir une soupape de sûreté au

---

56. Marx to N.F. Danielson, 10 avril 1879 ; *Letters to Americans. 1848-1895*, ed. by Alexander Trachtenberg, New York, 1953 ; cité par L. Moore, *European Socialists...*, p. 9.

57. Paul de Rousiers commente : « Il est assez curieux de voir ce qu'est devenue l'idée socialiste entre les mains d'Henri [*sic*] George ; ce n'est plus le *socialisme de l'état de tribu*, selon l'appellation qu'il lui donne, c'est du socialisme américain, exagérant encore les caractères que nous avons constatés dans la société américaine ; c'est l'amélioration obligatoire, la réussite obligatoire... ou la mort » (*La Vie américaine...*, p. 642).

58. « History is on the move over there at last » ; Engels à Sorge, 8 août 1887, *Letters to Americans...*, cité par L. Moore, *European Socialists...*, p. 15.

trop-plein de la main d'œuvre du Vieux Monde, les États-Unis travaillaient « objectivement » à saper un système qu'ils avaient jusque-là aidé à survivre. Or non seulement l'efficacité croissante de leur appareil de production, construit à l'abri de solides barrières protectionnistes, les met dès à présent en compétition avec le capitalisme européen qui s'en trouve *ipso facto* affaibli, mais encore la brutalité des concentrations suscite une prise de conscience révolutionnaire en Amérique même. Au tournant des années 70-80, les penseurs du socialisme ne cantonnent plus les États-Unis dans un rôle d'adjuvant : les espérances soulevées par les avancées politiques en Amérique les amènent à considérer une accession au pouvoir des socialistes comme non seulement possible, mais plus prochaine peut-être là-bas qu'en Europe. Ne serait-il pas d'ailleurs logique, orthodoxe, que le pays où, décidément, les forces productives ont atteint leur plus grand développement soit aussi celui où la socialisation des moyens de production devienne le plus aisément réalisable ? Le trust honni n'est-il pas une ruse de l'histoire et un raccourci vers l'appropriation collective ? Bref, l'Amérique ne va-t-elle pas, dans la course à la révolution, coiffer au poteau l'Angleterre (où le mouvement socialiste traîne les pieds) et même l'Allemagne (où les succès électoraux de la *Sozialdemocratie* semblent impuissants à ébranler l'autorité du régime) ?

Seulement voilà : sur cette terre décidément imprévisible que les marxistes s'efforcent de ramener analytiquement aux schémas connus et communs, rien ne semble suivre un cours tout à fait régulier. Hauts et bas se succèdent avec une rapidité déconcertante. Bien malin le théoricien capable de dire dans quel sens souffle vraiment le vent. Cette extrême instabilité du mouvement, cette précarité de ses acquis étaient déjà sensibles au lendemain du Great Upheaval. Le Socialist Labor Party, après avoir progressé en 1878, était retombé en 1879 pour plusieurs années, avant de reprendre vigueur vers 1885[59]. Au plus fort de son euphorie américaine, Engels lui-même avait eu l'intuition d'une impondérable volatilité du socialisme outre-Atlantique. Dans la même lettre où il se réjouissait de voir l'Amérique de nouveau en branle, il ajoutait qu'elle ne suivrait en aucun cas « the classic straight

---

59. Voir à ce sujet Hubert Perrier, « Le Parti Ouvrier Socialiste d'Amérique du Nord jusqu'en 1886 », *À l'ombre de la statue de la Liberté. Immigrants et ouvriers dans la République américaine. 1880-1920*, textes réunis et présentés par Marianne Debouzy, Presses Universitaires de Vincennes, Saint-Denis, 1988, p. 169.

line » – celle du développement européen –, mais avancerait par
« prodigieux zigzags »[60]. Mais plutôt qu'en zigzags foudroyants,
c'est en dents de scie de plus en plus déconcertantes que va
progresser (et surtout régresser) le mouvement américain. Les
socialistes, à leur tour, comme ces démocrates républicains qu'ils
exècrent, mais pour des raisons toutes différentes, vont devenir des
déçus de l'Amérique.

Déçus, ils le sont d'abord par la retombée du mouvement social
violent qui avait dominé les années 1880. Ils le sont ensuite par
la trop lente progression, puis par la stagnation électorale des
candidats du Labor. Entre 1892 et 1898, le Socialist Labor Party
de De Leon est passé de 20 000 à 80 000 voix. La croissance est
impressionnante ; mais, en chiffres, le score reste dérisoire. Sous
la houlette du charismatique (mais très peu marxiste) Eugene
Debs, le Socialist Party of America obtiendra 400 000 voix en
1904 et plus du double en 1912 : beau score, mais qui ne représente tout de même que 6 % des voix. Une vingtaine d'années
après le voyage d'Engels aux États-Unis, les socialistes américains
n'ont qu'un représentant à la Chambre et ne gouvernent qu'une
ville, Milwaukee, conquise en 1910. Plus encore que ces trop
minces percées, la faiblesse du militantisme américain provoque
le scepticisme des observateurs européens. Faiblesse qualitative :
dire que le Labor américain n'est pas très armé doctrinalement est
un euphémisme ; et y voir, comme Engels, un effet de la culture
américaine peu encline à « l'abstraction », offre une consolation
toute relative. Faiblesse quantitative, aussi et surtout, puisque le
nombre des adhérents reste extrêmement bas (25 000 en janvier
1904). Après le point culminant électoral de 1912 commence
d'ailleurs une descente aux enfers accélérée, pendant le conflit
mondial, par le neutralisme du parti, souvent perçu comme pro-
allemand plutôt que pacifiste. « Une implantation pourtant si brillamment commencée va tourner court », a écrit Marie-France Toinet. Sobre résumé d'un échec qui va longuement retentir dans le
socialisme européen[61].

---

60. Engels à Sorge, 8 août 1887, *Letters to Americans...,* ; cité par L. Moore,
European Socialists..., p. 15.
61. Marie-France Toinet, « La participation politique des ouvriers américains à la
fin du XIXᵉ siècle », *À l'ombre....*, p. 291.

L'incertain regard des socialistes français

Synthèse de toutes ces déceptions et somme de toutes les interrogations européennes, un livre de Werner Sombart pose la question en 1906 : *Warum gibt es in dem Vereinigten Staaten keinen Sozialismus ?* Pourquoi diable, en effet, le socialisme n'existe-t-il pas aux États-Unis ? Le sociologue de Tübingen ne sera pas longtemps en odeur de sainteté parmi les marxistes orthodoxes ; mais il est encore, à cette date, l'un des vulgarisateurs efficaces de la pensée économique de Marx. Son livre impose un débat déjà latent en Europe. Nul pays, nul courant du socialisme ne sera épargné. À travers le cas américain, en effet, c'est le postulat de la corrélation « nécessaire » entre développement capitaliste et avènement du socialisme qui est remis en cause.

L'impact de l'ouvrage de Sombart ne tient ni à l'originalité ni à la rigueur de son analyse. Le constat de carence énoncé par le titre et longuement développé s'achève, assez bizarrement, sur une prophétie annonçant l'avènement *malgré tout* du socialisme en Amérique. Mais c'est peut-être par ses ambiguïtés mêmes que le livre de Sombart aura exercé la plus durable influence. En ramenant le socialisme américain tel qu'il est à sa portion congrue, il met du baume sur le cœur des socialistes européens, quelque peu mortifiés de se voir si tôt dépassés par le surgeon d'outre-Atlantique. En décrivant comme supérieures les conditions de vie faites à l'ouvrier américain, il fournit une explication (furieusement contestée par les marxistes, mais qui intéresse les « possibilistes ») à l'étrange indifférence des travailleurs de là-bas pour le socialisme. Mais cet ouvrier bien payé, il le décrit en même temps comme le plus férocement exploité du monde : citron que l'on presse et que l'on jettera ; ce qui laisse grande ouverte la porte à un avenir de révolte.

Oui, décidément, l'ambiguïté est porteuse de dividendes. Soutenant à la fois 1°) que l'Amérique, cette « terre de l'avenir », a une classe ouvrière foncièrement étrangère au socialisme ; mais que 2°) le retournement de cette situation est l'affaire d'une seule génération, Sombart ne satisfait peut-être personne, mais il intéresse tout le monde. Ses réponses déçoivent ou irritent les militants. Reste que l'abcès est crevé. La question qui, depuis les promesses d'Engels, taraudait les plus confiants est désormais posée à haute voix. Le livre, en ce sens, a valeur de révélateur. Jusque dans les répliques qu'il suscite, il met au jour un désenchantement envers le socialisme américain qui se traduit en Europe, à partir de 1905, par l'absence de contributions ou thèses nouvelles sur les États-Unis[62]. La révolution de 1905 en Russie, les tensions et menaces de guerre en Europe, il est vrai, contribuent à détourner l'attention de l'Amérique. Mais il y a clairement, outre l'espoir déçu, une lassitude devant le casse-tête américain.

Warum ? La question de Sombart était mieux formulée que ses réponses. Les détracteurs de son « possibilisme » ne manquèrent pas de le souligner. Non sans injustice. Car qui pouvait se vanter d'avoir débrouillé l'énigme américaine ? Engels lui-même semblait, au moment de sa mort, y avoir renoncé. C'est ce que suggère cette lettre à Sorge où, en désespoir de cause, Engels trouve refuge dans le cliché le plus éculé : celui de la « jeunesse » du Nouveau Monde, réécrit sous cette forme paradoxale : « L'Amérique est le plus jeune mais aussi le plus vieux. Vous avez là-bas des styles de mobilier démodés à côté de ceux que vous avez inventés tout seuls [...] et de la même manière, vous portez encore toutes les vieilles nippes intellectuelles que l'Europe a mises au rebut. Tout ce qui est périmé ici peut survivre encore en Amérique pendant une ou deux générations[63]. » Par cette parabole dialectique, l'Amérique passait de l'avant-garde à l'arrière-garde. Idéologiquement, elle usait encore les vieux fonds de culotte des démocrates d'Europe. L'idée d'Engels, à vrai dire, n'était pas non plus de toute première jeunesse. Volney raillait déjà, on le sait, « l'erreur romanesque des écrivains qui appellent *peuple neuf* et *vierge*, une réunion d'habitants de la vieille Europe... »[64]. C'était en 1803. Preuve du moins que la longévité des guenilles intellectuelles n'est pas un phénomène strictement américain. Piètre consolation, pour les amis américains du vieil Engels en plein désarroi politique, que de réentendre cette antienne quasi centenaire, dialectiquement remobilisée pour calmer leurs impatiences militantes.

La France n'échappe pas à un débat qui mobilise la plupart des ténors européens de la mouvance socialiste : Liebknecht, Bebel, Aveling, Hyndman ; sans parler de Marx et Engels eux-mêmes ; sans oublier les sympathisants, de Sombart à H. G. Wells. Comment

---

62. L. Moore souligne que dans la presse marxiste, « après 1905, il se dit peu de choses nouvelles sur l'Amérique » : on ressert de la vieille copie, quand on ne la réimprime pas telle quelle (*European Socialists...*, p. 130).

63. Engels à Sorge, 16 janvier 1895, *Letters to Americans...* ; cité par L. Moore, *ibid.*, p. 19.

64. Volney, *Tableau du climat et du sol des États-Unis* [1803], *Œuvres*, Paris, Fayard, 1989, p. 23.

d'ailleurs rester à l'écart d'une controverse dont chaque aspect (depuis le « bien-être » de l'ouvrier américain jusqu'au fameux développement synchrone du capitalisme et des forces révolutionnaires) est gros de conséquences doctrinales ? Mais il y a bien des différences entre la manière dont la « question d'Amérique » agite les partis allemand et anglais, et la façon dont réagit le socialisme français – avec pour conséquence la formation d'un « imaginaire américain » propre à une extrême gauche française internationaliste par vocation, mais gallocentrique par tradition.

Elles s'expliquent avant tout, ces différences, par la double distance où se tient, dans cette affaire, le socialisme français. Distance d'une bonne partie du mouvement à l'égard de l'orthodoxie marxiste, qui donne au débat sa coloration particulière en mêlant les voix d'orthodoxes, d'indépendants, de proudhoniens, de « possibilistes », sans oublier les anarchistes. Mais surtout, distance par rapport à un pays mal connu et à un parti américain qui, pour être une organisation « sœur », n'en est pas moins, avant tout, le surgeon de la *Sozialdemocratie* allemande. Cette perception n'est d'ailleurs pas propre aux Français et elle correspond à un état de fait. Émigrés allemands et Américains d'origine allemande fourniront longtemps l'essentiel des cadres et même des troupes du socialisme américain. Le *Socialist Labor Party* parle bel et bien allemand, au propre comme au figuré, puisque sa presse est majoritairement rédigée dans cette langue – au grand dam de Friedrich Engels, méfiant envers ces expatriés un peu trop imbus de leurs « traditions de lutte » et exaspéré par le superbe isolement où ils semblent se complaire[65]. Internationalisme oblige, tandis qu'Engels ne se gêne pas pour traiter ses ex-compatriotes de vieilles filles sectaires, les camarades français conservent sur le sujet une réserve de bon aloi. Reste qu'ils n'ont guère d'affinités avec ces socialistes souvent dogmatiques qui raisonnent en allemand avec une pointe d'accent anglais. Car si le *Socialist Labor Party* entretient des liens étroits et quasi filiaux avec la *Sozialdemocratie*, il est aussi en contact permanent et intense avec

---

65. Au Congrès de fondation de Newark (1877) ont participé 17 militants d'origine allemande, 7 d'origine anglaise, 3 Tchèques et 1 Français. Hubert Perrier (art. cité, p. 169) apporte quelques correctifs en signalant les efforts des responsables du SLP pour diffuser autant d'exemplaires en anglais qu'en allemand des résolutions ou encore pour demander que soient désignés des délégués « connaissant bien la langue anglaise ». Ces bonnes résolutions montrent aussi que l'on partait de très bas. Tous les efforts pour maintenir un journal central en langue anglaise devaient d'ailleurs être vains.

les socialistes britanniques, heureux d'exercer en Amérique une influence que leur refuse souvent la mère-patrie.

Allemands et Anglais ont donc le quasi-monopole des relations avec le mouvement américain pour des raisons de langue, de culture et de tradition militante communes. Et aussi, tout simplement, de circulation des hommes (ou des femmes). En 1872 déjà, lorsque Marx avait décidé de mettre l'Internationale à l'abri de la répression et des ambitions hétérodoxes de ses rivaux, c'est à New York qu'il en avait transporté le siège – moins comme dans une terre de mission que dans une sorte de chasse gardée « anglo-saxonne ». Translation équivoque, à tous égards, dont la Ire Internationale ne devait jamais se remettre : quatre ans plus tard, en 1876, elle sera enterrée à Philadelphie sans fleurs ni couronnes. Mais jusque dans ce micmac un peu funèbre du transfert de l'Internationale moribonde, s'avère l'intimité de Marx et des siens avec l'Amérique. Loin d'ailleurs que la liquidation de la Ire Internationale ralentisse les échanges, les visites des camarades britanniques et allemands se multiplieront dans la décennie suivante.

À l'évidence, les socialistes français ont avec les États-Unis et le mouvement social qui s'y organise des rapports bien moins étroits, qui traduisent un intérêt à la fois limité et intermittent pour la situation américaine. Ils ne jouent auprès de l'*American Socialist Labor Party* aucun rôle particulier. Ils n'en sont ni les mentors, ni les interlocuteurs privilégiés. Leurs informations, presque toujours de seconde main, sont puisées à d'autres sources socialistes européennes ou dans la lecture plus ou moins critique des voyageurs français non marxistes, voire antisocialistes comme la plupart des experts qui gravitent autour du Musée social.

Le Musée social perpétue l'héritage intellectuel de Frédéric Le Play et de son « économie sociale » qui, « contrairement à l'économie politique, repose sur une méthodologie inductive d'observation factuelle »[66]. Dans les années 1880-1900, il regroupe ou fédère la plupart des travaux empiriques sur les États-Unis. C'est dans le cadre de son ambitieux programme de missions internationales que Paul de Rousiers, après avoir visité l'Angleterre des Trade-Unions, a accompli son tour d'Amérique. Des contacts durables sont établis avec le US Department of Labor et l'American

---

66. Voir la riche étude de Janet R. Horne, *A Social Laboratory for Modern France. The Musée Social and the Rise of the Welfare State*, Durham and London, Duke University Press, 2002 (p. 22).

Institute of Social Service. En 1896, William Willoughby, expert auprès du ministère du Travail américain qui accédera à la direction de l'Institute for Government Research en 1916, peut parler du Musée social français comme d'un véritable « international bureau of labor »[67]. À cela s'ajoutent les liens du Musée social avec l'École libre des Sciences politiques, créée en 1871 par Émile Boutmy et avec des personnalités comme Jules Siegfried (père de l'historien auteur des *États-Unis aujourd'hui*) ou encore l'économiste libéral Leroy-Beaulieu. Même si le Musée social s'intéresse davantage à la Grande-Bretagne qu'aux États-Unis, il n'en est pas moins le foyer le plus actif d'enquête et de réflexion sur la société américaine au tournant du siècle. Un si vif intérêt, de la part de ces « économistes » sans cesse dénoncés par les marxistes et qui, en 1895, lancent d'ailleurs une très violente campagne antisocialiste, ne peut que rendre suspect le pays qui est l'objet de leurs soins. Et ce n'est évidemment pas à cette source impure que les socialistes peuvent puiser leur information sur les États-Unis.

Sur place aussi les relais font défaut. Aucun prolétariat nombreux d'origine française ne peut jouer le rôle de « correspondant » collectif. Limités aux expositions universelles, les voyages de militants ouvriers restent un phénomène marginal. Les dirigeants eux-mêmes, pour lesquels ne se posent pas les mêmes problèmes de financement ni de disponibilité, ne sont pas plus enclins à traverser l'Atlantique. Ce ne sont pas, en effet, les leaders français qui font le voyage, rencontrent les militants américains, parlent dans les meetings de Chicago ou de Milwaukee : ce sont les deux Liebknecht, Wilhelm et Karl. Ce n'est pas Jaurès, c'est Engels et ce sera Trotski ; ce sont les fondateurs du parti anglais, tel H.M. Hyndman qui se rend plusieurs fois aux États-Unis entre 1871 et 1880. Ce ne sont pas les gendres français de Marx, Paul Lafargue et Jean Longuet – encore qu'ils aient tous deux écrit sur les États-Unis ; c'est le troisième gendre, le flamboyant Edward Aveling, le mari d'Eleanor Marx, dont les somptueuses notes de frais américaines devaient d'ailleurs provoquer une sérieuse tension entre les camarades du SLP, priés de les acquitter, et les socialistes britanniques... Si les « possibilistes » français, proches de Kautsky, paraissent les plus intéressés par le cas américain, on ne les voit pas pour autant très empressés d'aller vérifier sur place la pertinence de leurs thèses. Et tandis que Ramsay MacDonald, futur Premier ministre

---

67. Cité par J. Horne, *ibid.*, p. 157.

du Labour, sacrifie lui aussi au rite du séjour américain, il ne paraît pas indispensable à Alexandre Millerand de visiter les aciéries de Pittsburgh ou les *slums* de New York. Même chose du côté des écrivains sensibles à la question sociale. Ce n'est pas Zola qui s'embarque pour le Nouveau Monde ; c'est l'auteur de *La Machine à explorer le temps* et de *La Guerre des mondes*, H.G. Wells, qui s'y rend en observateur de la guerre des classes et en revient avec *The Future in America : A Search for Realities* (1906).

Pendant toute cette période, la France n'aura guère dépêché aux États-Unis que deux écrivains de renom : Henri de Régnier et Paul Bourget. La question sociale n'est pas leur fort. Le périple d'Henri de Régnier a surtout été marqué par son évanouissement en pleine visite des abattoirs de Chicago. Lorsque Jules Huret, à son tour, sacrifie au rite, on lui « montre l'endroit où M. Henri de Régnier, le poète délicat des idylles mélancoliques, des princesses en robe d'hyacinthe, des porteurs de thyrses, des palmes et des licornes, s'est trouvé mal »[68]. Des licornes au *corned beef*, on comprend que le choc ait été rude. Très jeune et moins littérairement chlorotique, Paul Bourget n'a pas précisément non plus le profil de l'observateur social. Il vient de se tailler un joli succès avec *Cosmopolis*, roman de mœurs situé dans une Italie ultra-chic, plus tout à fait Grand Tour et pas encore *jet-set*. Coqueluche des mondains de la côte Est, kidnappé par la riche Mme Gardner, Bourget observe depuis Newport « l'âme américaine ». En huit mois de séjour – durée fort respectable pour un voyageur français en Amérique –, il ne quittera guère les « heureux de ce monde » que pour quelques parties de *slumming* canaille à New York, du côté du Bowery. Mark Twain ne fut pas seul à le persifler. Il « n'a vu que les "quatre cents" de New-Port [*sic*] », ironise Urbain Gohier, l'un des très rares visiteurs français intéressés par le monde ouvrier à faire son tour d'Amérique au début du XXe siècle. « Pique-assiettes académiques ou moralistes mercenaires »[69], voilà les émissaires de la France pensante en Amérique, raille le même Gohier.

Mais Gohier, cet oiseau rare des échanges transatlantiques, est une exception qui ne confirme aucune règle. Où situer en effet l'homme qui publie aux *Cahiers de la Quinzaine* une pièce intitulée *Spartakus* et donne en 1903, en même temps que son étude américaine, un brûlot contre la gauche socialiste, où il malmène par-

---

68. J. Huret, *En Amérique. (II)*..., p. 284.
69. U. Gohier, *Le Peuple du XXe siècle*..., p. 1.

ticulièrement Waldeck-Rousseau, l'homme « des grands moines et des grands juifs »[70], et Jaurès, « le charlatan le plus verbeux, le plus inconsistant, le plus effronté que le Midi eût depuis longtemps lâché sur la capitale »[71] ? Pacifiste et internationaliste, anticlérical et hostile à « la tyrannie familiale », mais déçu du socialisme et du dreyfusisme, Gohier est particulièrement ambivalent face aux syndicats américains, qu'il décrit comme « menaçant le régime capitaliste beaucoup plus sérieusement que nos clubs de petits politiciens »[72], tout en renvoyant dos à dos « les trusts du capital et du travail »[73]. Il écrira plus tard, de 1919 à 1939, dans le « Bulletin du service mondial » dont le siège est à Erfurt, avant de sombrer dans le collaborationnisme et de signer, dans *Au Pilori* notamment, des articles violemment antisémites. Dès 1903, ce libertaire inclassable qui regimbe contre tout étiquetage dame souvent le pion à Paul Bourget en incorrection politique : lorsqu'il daube, par exemple, sur les camarades syndiqués de Chicago qui « exigent que le bâton des policemen porte l'étiquette de l'Union »[74] ! Entre le populiste Gohier, qui contemple avec une ironie ambiguë les « ouvriers gras et bien vêtus, bien lavés, bien reposés » d'Amérique, nantis de « salaires de professeurs au Collège de France »[75], et Bourget, le psychologue du Grand Monde qui n'imagine pas de changement rédempteur pour l'Amérique, sinon venu « de l'ouvrier »[76] (espèce qu'il n'a pas beaucoup fréquentée), les chassés-croisés idéologiques défient souvent les positionnements sociaux. Ce n'est pas avec de tels informateurs, en tout cas, que le mouvement socialiste français pourrait se former une idée nette de ce qui se passe aux États-Unis.

Bien des écrans, donc, masquent l'Amérique aux socialistes français ; et parmi ces écrans figurent en bonne place le socialisme et le syndicalisme américains, dont les voies leur restent impénétrables. Le trait ironique de Gohier sur ces syndicalistes qui ne veulent « être bâtonnés qu'avec des clubs fabriqués par des ouvriers unionistes »[77] va au-delà de la simple boutade. Il traduit une incom-

---

70. U. Gohier, *Histoire d'une trahison, 1899-1903*, Paris, SPE, 1903, p. 9.
71. *Ibid.*, p. 29.
72. U. Gohier, *Le Peuple du XXe siècle...*, p. 88.
73. *Ibid.*, p. 77.
74. *Ibid.*, p. 78.
75. *Ibid.*, p. 16.
76. P. Bourget, *Outre-Mer...*, p. 219.
77. U. Gohier, *Le Peuple du XXe siècle...*, p. 78.

préhension largement partagée dans le monde ouvrier français devant le mystère des Unions, ces formidables instruments, mis en branle pour des revendications jugées dérisoires. Car le même Gohier ne méconnaît nullement « la solide organisation, la discipline et les ressources des Unions ouvrières américaines »[78]. Il prend même un malin plaisir, on l'a vu, à les opposer favorablement aux organisations politisées du prolétariat français. Mais cette conviction, il aura du mal à la faire partager aux militants socialistes français. À en juger par les rapports émanant des délégués ouvriers qui font le voyage d'Amérique, à la faveur des expositions universelles notamment, la divergence des perspectives reste totale. À quoi bon une telle puissance d'organisation, si les revendications restent aussi peu révolutionnaires, si à tout le moins elles ne posent pas la « question sociale » dans son ensemble ? Ainsi raisonnent et raisonneront longtemps encore les « délégués ouvriers [...] confrontés ainsi au véritable paradoxe d'une organisation admirable, mise au service de buts pusillanimes »[79]. Les syndicats d'outre-Atlantique sont-ils décidément et comme fatalement corporatistes ? Réformateurs ? Potentiellement révolutionnaires ? Tout cela à la fois ? On ne sait trop. Ou plutôt, on évite de trancher. Au moment même où Gohier croise sur son chemin ces *Union-men* qui ne badinent pas avec la provenance des bâtons, le congrès national de l'American Federation of Labor repousse de justesse une motion soutenue par les socialistes invitant les syndicalistes américains à « instaurer leur pouvoir économique et politique afin d'assurer au monde du travail la pleine rétribution de son labeur »[80]. Et si le très antisocialiste boss de l'AFL, Samuel Gompers, fait jaser en France par l'énormité de son salaire (25 000 dollars annuels, autant qu'un patron !), il n'en est pas moins invité à prendre la parole dans les locaux de la CGT, en 1909, avec tous les honneurs dus à son rang.

Ces contrastes ou ces contradictions déconcertent les militants français. Tous ces traits « exotiques », du plus bénin (l'ouvrier habillé comme son patron) au plus sauvage (les grévistes répondant coup pour coup dans les fusillades avec les Pinkerton) sont autant

78. *Ibid.*, p. 88.

79. J. Portes, *Une fascination réticente. Les États-Unis dans l'opinion française*, Presses Universitaires de Nancy, 1990, p. 286.

80. « [...] to organize their economical and political power to secure for labor the full equivalent of its toil » ; Philip S. Foner, *History of the Labor Movement in the United States*, New York, 1964, p. 383 ; il s'agit du Congrès de 1902.

d'énigmes culturelles et sociales que la presse militante s'efforce de déchiffrer tandis que la presse populaire y puise feuilletons et mélodrames. Rude tâche et rarement couronnée de succès. Des différents aspects de la vie américaine, c'est sans doute celui des relations et conflits du travail qui se laisse le moins facilement transcrire selon les codes et repères français, tant paraissent contradictoires ou tout bonnement invraisemblables les récits des voyageurs. Toutes opinions confondues, ces témoins désorientés laissent percer leur désarroi devant un « monde du travail » si différent du leur. Jules Huret, l'envoyé spécial du *Figaro*, note qu'on a bien du mal à parler de ce pays. La rédaction d'*En Amérique* lui a beaucoup coûté, avoue-t-il, parce que, là-bas, « le mécanisme des formules ne fonctionne pas »[81]. Voyageurs bourgeois et observateurs militants sont ici logés à la même enseigne. Bienvenue au pays des vérités déconcertantes ! On leur parle d'abondance, on ne leur cache rien. On étale les chiffres, les choses. On leur présente les hommes. Aucune entrave à leur curiosité, nulle réticence aux questionnements. Ce livre grand ouvert n'en est pas plus compréhensible. Urbain Gohier, qui raille Bourget pour n'avoir fréquenté que les *rich and famous*, éprouve lui-même un certain soulagement intellectuel devant ces riches reposants d'immuabilité : « Il y a cependant quelque chose d'immuable, c'est l'extravagance et l'ineptie des multimillionnaires qui composent la troupe des "Quatre Cents" ou la Society[82]. » Les riches sont limpides, contrairement à ces étranges ouvriers « gras, bien vêtus » et même « bien lavés » qui sont peut-être nos frères, mais sûrement pas nos semblables.

Carences de l'information ; difficultés de l'interprétation ; vives flambées d'intérêt – au moment du procès de Haymarket notamment –, suivies de rechutes rapides dans une quasi-indifférence : le socialisme français d'avant 14 entretient avec les États-Unis un rapport à la fois distant et intermittent. L'absence de liens directs, via un prolétariat d'émigrants d'origine française capable de faciliter la traduction des cultures politiques, prive ce rapport de toute dimension humaine, de toute réelle familiarité. Si les ouvriers français ou leurs délégués, rencontrant leurs homologues américains, ne s'y retrouvent pas, c'est d'abord faute de se reconnaître en eux.

81. J. Huret, *En Amérique. (I)...*, p.8.
82. U. Gohier, *Le Peuple du XX*ᵉ *siècle...*, p. 162.

Ils sont eux aussi unanimement hostiles à l'émigration[83]. Leur profonde défiance envers le mythe d'une Cocagne américaine et leur attachement à une identité nationale dont on juge, dès cette époque, qu'elle est inévitablement broyée par « la force absorbante du pays américain »[84] éloignent d'eux la tentation du départ plus sûrement que toutes les exhortations militantes. Trop désincarnée par les analyses militantes ou trop insolite pour être tout à fait vraisemblable, l'Amérique laborieuse ne « prend pas » dans l'imaginaire du mouvement français. Les quelques traits qui s'imposent à l'attention des travailleurs sont contradictoires et déroutants. Comment concilier l'extrême violence des grèves et de leur répression avec le confort auquel, dit-on, accède l'ouvrier américain ? Comment expliquer que, dans un système politique réputé totalement démocratique, n'émerge point un parti représentant le monde du travail ? Comment le déversement en Amérique d'une main-d'œuvre issue de cinquante nations ne serait-il pas dommageable à la cohésion du camp ouvrier ? Toutes questions sans réponses, auxquelles l'actualité en ajoute une autre : ces États-Unis que l'on décrivait pacifistes et anticolonialistes, passe encore qu'ils aient délogé de Cuba la monarchie espagnole ; mais que diable vont-ils faire aux Philippines, sinon justement la même chose que les Européens, en quête d'empires et de débouchés ?

Les trois antiaméricanismes du premier socialisme français

Il y a donc, dans le camp socialiste français, trois manières d'être antiaméricain.

La plus classique découle de l'impérieuse nécessité de combattre et démasquer tous ces « républicains » et « démocrates » aussi nocifs sur le plan idéologique que, dans une autre sphère, les « éco-

---

83. Ce refus est lisible dans les rapports des délégations ouvrières retour de Philadelphie, comme celle des couvreurs-plombiers-zingueurs : « C'est l'émigration qui a fait la richesse matérielle de l'Amérique et qui, en même temps, en fait sa pauvreté morale [*sic*] » (*Rapport d'ensemble de la délégation ouvrière à Philadelphie*, Paris, Imp. Nat., 1879, p. 122 ; cité par J. Portes, *Une fascination...*, p. 306). Même volonté de dissuader l'émigration une vingtaine d'années plus tard chez Levasseur : « Malheur à celui qui, incomplètement armé, ira végéter dans ce pays où la foule des sans-travail n'est que trop nombreuse » (*L'Ouvrier américain*, Paris, Larose, 1898, pp. 475-476 ; *ibid.*, p. 307).

84. J. Huret, *En Amérique. (II)...*, p. 246.

nomistes ». L'Amérique a toujours servi de modèle à un certain nombre d'entre eux, à commencer par le plus vénérable, celui que des funérailles nationales portent en terre en 1885 : Victor Hugo, l'admirateur de John Brown, de Lincoln et du syndicalisme américain. Les discours idéalistes de ces « démocrates républicains » se sont volontiers nourris, dans la France du Second Empire, de la référence américaine, au risque d'accréditer l'idée que la démocratie formelle, à elle seule, pouvait répondre aux aspirations des travailleurs. En pleine guerre de Sécession, on l'a vu, Marx et Engels n'oubliaient pas une seconde les tares du régime même qu'ils soutenaient. Dénoncer l'imposture de ce faux modèle reste une préoccupation majeure aux yeux des dépositaires de l'héritage marxiste. Car si l'image de la *Sister Republic* s'est beaucoup dégradée en France, en quelques décennies, tout danger n'est pas écarté d'une convergence et d'une passation de témoin entre la génération précédente, celle des républicains bourgeois endormeurs du peuple, et la cohorte de plus en plus fournie des transfuges réformistes. Collusion potentiellement redoutable, surtout lorsqu'elle s'incarne en un tribun comme Jaurès : Jaurès qui drape d'un idéal humaniste le projet collectiviste ; Jaurès qui ne désavoue pas la participation de Millerand à un gouvernement « bourgeois » ; Jaurès enfin qui manque rarement de louer les institutions américaines. La contre-offensive des marxistes « scientifiques » passe inévitablement par une dénonciation sans cesse réitérée du faux modèle américain.

Il y a ensuite la manière « sectaire », liée aux débats doctrinaux et internes au mouvement. Les États-Unis y sont prétexte à vider des querelles. Car le socialisme révolutionnaire est ici pris entre deux feux. Il doit se garder à droite et à gauche : des réformistes qui arguent du progrès social aux États-Unis en faveur de leurs thèses ; et du syndicalisme révolutionnaire, tenté par l'anarchie, auquel la violence sociale américaine fournit des arguments et des martyrs.

Les réformistes, tout d'abord. Très tôt, à la suite de Bernstein dont *Socialisme évolutionniste* paraît en 1899, les « révisionnistes » européens s'appuient sur le cas américain. Ils en tirent d'abord un avantage théorique, puisque les maigres progrès du socialisme aux États-Unis ne semblent pas confirmer la thèse marxiste d'un développement parallèle du capitalisme et des forces destinées à l'abattre. La surpuissance de l'économie capitaliste américaine ne suscitant pas un mouvement ouvrier organisé de puissance équivalente, tant s'en faut, le cas américain autorise à douter de la thèse des

« contradictions insurmontables », clé de voûte de l'orthodoxie. Ce doute jeté, le « révisionnisme » peut proposer des avancées partielles et provisoires, dont le modèle, là aussi, est américain. Y a-t-il si grand mal, suggèrent les « possibilistes », à remporter dès aujourd'hui des victoires d'étapes, comme font les Unions américaines, sans attendre que le capitalisme agonisant ait bouclé sa grande boucle ? Surtout lorsque ces gains « ponctuels », loin d'être de simples miettes du festin bourgeois, s'appellent, par exemple, la journée de huit heures ? Cette revendication prioritaire de l'Internationale, « possibilistes » et « broussistes »[85] ont beau jeu de faire remarquer qu'elle est déjà satisfaite dans une partie de l'industrie américaine. Certains, comme Gustave Rouanet, admirateur non déguisé des États-Unis, poussent plus loin encore la déviation idéologique, suggérant que le socialisme ne peut naître que dans un contexte d'abondance matérielle et après une élévation intellectuelle et morale des prolétaires qui les aient rendus dignes de leur mission historique. Sans aller aussi loin, des militants de plus en plus nombreux commencent à s'interroger sur un passage pacifique au socialisme que favoriserait la concentration de l'industrie en trusts. Un révisionniste comme Eugène Fournière va jusqu'à faire l'apologie des trusts dans *La Petite République* : ils oppriment moins l'ouvrier en lui garantissant de meilleures payes ; et en substituant l'organisation à la concurrence, ils contribuent à réguler la production, épargnant ainsi aux travailleurs les à-coups des crises industrielles. « Les trusts », conclut Fournière, « ont été les agents de cette puissance formidable. Les maudire ne servirait de rien. J'estime d'ailleurs que les socialistes auraient bien tort de regarder d'un mauvais œil ces formidables entreprises collectives, plus tort encore d'applaudir aux propositions législatives qui ont pour objet de les briser »[86]. Autant pour les lois anti-trusts – qui de toute façon réconcilient en France socialistes de toutes obédiences et libéraux dans la même incrédulité.

Le modèle américain de haute productivité et de hauts salaires présente un risque considérable de dévoiement du prolétariat : il faut donc démythifier l'Amérique du bien-être ouvrier et des prétendues avancées sociales. *Les Trusts américains* de Lafargue sont écrits pour dénoncer en Bernstein un « prophète de la bourgeoisie »

85. Brousse sera le seul dirigeant socialiste à rester silencieux lors du procès de Haymarket.
86. Eugène Fournière, *La Petite République*, 1er déc. 1902, p. 1.

et endiguer le flot montant du socialisme réformiste en réaffirmant le caractère *primo*, inévitable et *secundo*, funeste aux travailleurs, de la concentration capitaliste. Car il y va, non seulement de la crédibilité des analyses économiques de Marx, mais de la centralité stratégique de la lutte des classes. On entreprendra donc de relativiser, minimiser et finalement dénier tout réel intérêt aux conquêtes sociales américaines. La même journée de huit heures pour laquelle les ouvriers européens sont appelés à tous les sacrifices, octroyée aux États-Unis, leur apparaît soudain dérisoire et presque frivole. Appliquée là-bas, elle n'a en rien diminué l'exploitation capitaliste puisque, rappelle Lafargue, « en civilisation capitaliste, rien ne tourne à l'avantage des travailleurs, pas même les réformes qui au premier moment les favorisent »[87]. D'où encore la réaction ambiguë, faite d'indignation et de « soulagement »[88], devant les événements de Haymarket et autres « crimes du capitalisme » : l'émotion est profonde, mais s'y mêle l'amère satisfaction de voir l'Amérique capitaliste et policière lever le masque.

Mais l'orthodoxie doit aussi se garder à gauche : du côté de l'anarchie, concurrente du socialisme au sein du mouvement ouvrier, notamment à la CGT. Parmi les retombées de l'affaire de Haymarket, on ne peut sous-estimer l'élan de solidarité dont bénéficient les militants anarchistes condamnés et, à travers eux, la mouvance anarchiste en général. Aucune famille de l'extrême gauche française n'a manqué à l'appel pour protester contre un verdict qui apparaît comme un meurtre judiciaire. Et l'on a vu à la même tribune Guesde, Longuet, Vaillant, Rochefort et Louise Michel proclamer leur solidarité avec les accusés. L'événement attire l'attention sur le développement vigoureux du courant anarchiste aux États-Unis. À cet essor, les partisans français de « l'action directe » ne restent pas indifférents. Le plus notoire d'entre eux est Émile Pouget, l'éditeur du *Père Peinard*. À partir de 1886, Pouget s'inspire des événements américains et des méthodes de « propagande par le fait » prônées depuis le Congrès de Londres. Devenu en 1900 le rédacteur de *La Voix du Peuple*, l'organe de la CGT, Pouget peut désormais faire passer dans l'ensemble du mouvement syndical une vision théorique et tactique

---

87. P. Lafargue, *Les Trusts américains...*, p. 131 ; voir aussi son article « Les réformes et le parti socialiste », *L'Humanité*, 24 septembre 1908.

88. J'emprunte l'expression à Michel Cordillot, « Les réactions européennes aux événements de Haymarket », *À l'ombre...*, p. 185.

inspirée des luttes américaines. Prise au Congrès de Bourges de 1904, la décision de lancer une action nationale pour les huit heures, sous forme d'une grève générale qui commencerait le 1ᵉʳ mai 1906, se réfère directement à la stratégie de l'International Worker Association de Chicago. Cet engouement anarcho-syndicaliste pour un « exemple » américain que Pouget appelle à « imiter »[89] renforce la méfiance des marxistes envers les formes américaines du militantisme, cependant que l'échec cuisant de la grève générale « à l'américaine » de 1906 dégoûte pour longtemps les syndicalistes français d'aller prendre leur inspiration outre-Atlantique.

La troisième manière d'être, en France, socialiste et antiaméricain déborde largement le cadre du débat théorique ou des positionnements stratégiques : c'est la manière ouvrière, qui n'est pas celle des penseurs du mouvement. Pour les théoriciens du socialisme scientifique, on l'a dit, l'Amérique de 1900 est l'épicentre de l'Apocalypse attendue, le pays du « stade ultime » du capitalisme, puisque « le trust-system travaille à préparer les hommes et les événements pour [sa] fin "catastrophique" »[90]. Paul Lafargue, qui annonce ici la bonne nouvelle, met l'adjectif « catastrophique » entre guillemets. Pour souligner l'ironie de l'histoire ? Ou pour ménager la sensibilité de ses lecteurs, intéressés à la disparition du salariat, sans doute, mais plus directement concernés encore par la cascade de catastrophes qui doit précéder celle-ci ? Ce troisième antiaméricanisme socialiste reflète en effet une double réaction : réaction aux impressions d'Amérique reçues dans le monde ouvrier (grèves sanglantes, répression féroce, procès iniques comme celui de Haymarket, mécanisation déqualifiante et destructrice d'emplois) ; mais réaction aussi à l'enthousiasme théorique des dirigeants du mouvement pour la menaçante promesse américaine. Cet antiaméricanisme-là est celui d'ouvriers qui ont parfaitement compris l'analyse faite par Marx et Engels dans les années 1880 ; qui ont entendu les récits et retenu les remarques de leurs délégués retour des États-Unis ; qui ont vu les reportages de l'*Illustration* sur les armées de Mr. Pinkerton ; qui se sont divertis, peut-être, au feuilleton anti-yankee de Gustave Le Rouge ou qui auront lu,

---

89. « Imitons les Américains, suivons leur exemple [...] Fixons-nous une date et proclamons qu'à partir du jour que nous aurons choisi, pour rien au monde nous ne consentirons à faire plus de huit heures » ; É. Pouget, *La Voix du Peuple* n° 23, 1ᵉʳ mai 1901 ; cité par M. Cordillot, *ibid.*, p. 188.

90. P. Lafargue, *Les Trusts américains...*, p. 124.

certains soirs, les premières traductions d'un camarade de là-bas nommé Jack London. Ce sont ces ouvriers, ces artisans, ces syndicalistes qui retiennent avant tout, de la situation américaine, la brutalité qui sévit dans les crises sociales ; qui adhèrent à l'idée marxiste que l'extraordinaire croissance américaine va déstabiliser l'économie capitaliste en Europe ; mais qui n'en tirent pas exactement les mêmes conclusions. Car à l'évidence, l'Apocalypse ne sera pas joyeuse. On leur dit que le rouleau compresseur de la concurrence américaine va déblayer le terrain de la révolution en poussant à la faillite les entrepreneurs européens ; ils en acceptent l'augure sans pouvoir le trouver tout à fait réjouissant. On leur dit que le capitalisme européen est d'ores et déjà acculé dans un coin du ring et prêt de s'écrouler ; ils veulent le croire mais voudraient bien savoir aussi de quel prix, de quelle détérioration ou destruction de leurs propres vies cet effondrement sera payé. On ajoute que, bien entendu, cet immense bond vers l'avenir auquel nous force l'Amérique signifiera, dans l'immédiat, immense chômage et fortes baisses de salaires ; et ils finissent par se demander et demander tout haut, dans les réunions et les congrès, s'il y a vraiment de quoi pavoiser. Tous ceux-là, contre les décisions de l'Internationale favorables au libre-échange, ne détesteraient pas qu'un peu de protectionnisme vienne au secours de leurs patrons et de leurs emplois ; ils s'indignent, comme leurs employeurs, des droits de douane américains fermant aux Européens la plupart des marchés ; et s'ils sont prêts à se réjouir du niveau de vie de certains de leurs camarades d'outre-Atlantique, c'est à condition toutefois de ne pas en faire les frais. Ces antiaméricains-là, ce sont en somme tous les travailleurs qui, en France (comme d'ailleurs en Allemagne et en Angleterre), veulent bien souscrire à l'idée de l'Amérique comme « grand laboratoire social », selon la formule que relance Jean Longuet[91], pourvu qu'on les dispense d'en être les cobayes à distance. Derrière l'analyse théorique qui tend, chez les marxistes, à faire de l'Amérique un Golem dévastateur pour les démiurges capitalis-

---

91. Jean Longuet, « Aux États-Unis », *La Petite République*, 5 novembre 1902 ; cité par L. Moore, *European Socialists...*, p. 90. La métaphore du « laboratoire » appliquée aux États-Unis se trouve déjà en 1851 chez Philarète Chasles, dans un des nombreux passages de ses *Études* qui démentent sa réputation d'américanophile à tout crin : « C'est si bien et si exclusivement un atelier, une fournaise, *un laboratoire pour la fabrication future d'une civilisation inconnue* », dit-il des États-Unis, « et c'est si peu une patrie achevée, complète, renfermant tous les résultats des sociétés définitives, qu'après avoir fait fortune là-bas, on se hâte de venir en jouir en Europe[91]. »

tes mêmes, sous les festons de ce dithyrambe à la nécessité, ce qui domine les représentations ouvrières et militantes et qui pèse d'un poids beaucoup plus lourd, c'est l'obtuse certitude que rien de bon ne peut venir de cette Amérique-Moloch qui, après avoir absorbé par bateaux entiers les prolétaires européens, menace d'engloutir, avec l'économie européenne elle-même, ceux qui lui échappent encore. « Si le capitalisme saute en Amérique, il sautera en Europe », promettait Lafargue en 1903. Sa prophétie eût davantage réjoui les prolétaires français auxquels il l'adressait si elle ne s'était accompagnée de l'évocation des « victimes qui, dans toutes les couches sociales, se compteront par millions... »[92].

Cette apothéose désastreuse des trusts est au centre d'un messianisme socialiste dont le ton s'exalte au fil des années, comme si la Bonne Nouvelle de la fin violente du « système » tendait à compenser les bulletins maussades venus du front syndical ou politique américain. Lafargue voit parfaitement que cette apocalypse sera non seulement peu riante, mais peu profitable aux prolétaires, si des forces révolutionnaires conscientes et organisées ne se saisissent de l'occasion. À l'avant-dernière page des *Trusts américains*, il glisse un hommage tardif aux « camarades du Nouveau Monde » comme on donne un bon point à un élève peu doué. Louable attention, mais qui ne contrebalance guère l'impression d'omnipotence laissée par sa description du « trust-system ». Les capitalistes, écrit-il dans sa péroraison, « croient que les trusts, bien munis de capitaux et solidement organisés sur une base nationale et internationale, résisteront à la tourmente économique et se dresseront plus gigantesques encore sur les ruines amoncelées autour d'eux »[93]. Quel lecteur, après avoir refermé le petit livre de Lafargue, ne partagerait leur point de vue ?

Collectivisme et féodalité

L'Amérique du Nord est devenue au tournant du XXᵉ siècle l'*x* irritante d'une équation socialiste où le trust figure la seconde inconnue. Mais l'importance prise par le trust, non seulement dans les analyses spécialisées, mais aussi dans l'imaginaire collectif, reflète un désarroi devant la configuration sociale américaine qui

92. P. Lafargue, *Les Trusts américains...*, pp. 138, 137.
93. *Ibid.*, p. 137.

ne touche pas les seuls socialistes. La fascination qu'exerce le trust-system est proportionnelle à une double hantise : celle de la montée en puissance américaine et celle d'une aggravation de la « question sociale ». Le trust n'apporte aucune réponse à ces angoisses. Il les *fixe* : d'où son implantation rapide et durable dans l'imaginaire et le lexique. De gauche à droite, on croit à la toute-puissance du trust-system ; on juge qu'il s'agit là de bien autre chose que d'un simple outil économique ; on y voit en général la nouvelle pierre angulaire de l'institution sociale américaine. Le trust-system, cet ogre économique et financier, engloutit ou engloutira aussi l'ensemble des rapports sociaux. Sa loi d'airain se substituera au jeu politique. Il sera à lui seul la force et le droit, la source de toute richesse et de toute autorité.

Ce succès est avant tout sémiotique. Il n'a que faire de précision dans la description, ni de pertinence dans l'analyse. Il est fonction, au contraire, d'une capacité à accueillir l'ambivalence. Le trust est un bon vecteur « mythologique » par les passions qu'il suscite, mais aussi et surtout par la faculté qu'il laisse à ses commentateurs de déployer librement des imaginaires contradictoires. Ainsi le trust est-il présenté à la fois comme une maladie typiquement américaine – « toutes les industries américaines sont entrustées », écrit Johanet[94] – et comme une structure à vocation universelle – « elle s'étend sur toute la terre », écrit Lafargue[95]. De manière encore plus frappante, le trust décrit par les Français combine les traits d'une absolue nouveauté avec ceux de l'archaïsme le plus radical. Il « préfigure » l'avenir sous les traits du passé le plus lointain. Le trust américain est l'avenir du monde, mais cet avenir ramène l'humanité au Moyen Âge.

C'est sans doute l'aspect le plus étrange et le plus déconcertant de la littérature accumulée en France sur le trust-system que de faire converger appréhension de la modernité (« américanisation », mondialisation, anonymat des structures, domination du « nouveau commerce » sur la production) et fantasme de régression vers la brutale enfance préindustrielle de l'humanité. Car le Moyen Âge, faut-il le souligner, n'est pas précisément une référence positive autour de 1900. La grande surprise est l'omniprésence dans ces

---

94. E. Johanet, *Autour du monde millionnaire...*, p. 78. Le néologisme probablement calqué sur « enjuivé » traduit un fantasme épidémique que l'on retrouvera dans les métaphores du « cancer américain ».

95. P. Lafargue, *Les Trusts américains...*, p. 10.

textes de la métaphore féodale. Le trust-system, ce parangon de modernité, ramène l'humanité aux temps obscurs. Comme par un retour inconscient de la pensée cyclique, l'ultime phase de développement capitaliste fait resurgir le passé le plus révolu. Le « système des trusts » cesse d'être alors une catégorie descriptive essentiellement économique et sociale, pour devenir implicitement une catégorie historiographique, sur le modèle (forgé au XIXᵉ siècle) de : *système monarchique, système impérial* et, justement, *système féodal*. Dans cet imaginaire second, le saut dans l'avenir est un « En avant vers le passé ! ». Le « *go-a-headism* » [*sic*] dont Chasles faisait un trait caractéristique du Yankee nous précipite en arrière. L'Amérique de Rockefeller est une réplique électrifiée de la nuit féodale, un remake industriel des temps barbares. Par une étonnante condensation des contraires, le présent de l'Amérique devient à la fois notre avenir et notre passé : un avenir aussi impitoyable qu'inéluctable ; d'autant plus terrifiant que nous Européens l'avons déjà vécu. Structure de cauchemar : le rêveur est d'autant plus terrifié par l'imminence de la catastrophe qu'il a la conviction de l'avoir déjà vécue.

Cet imaginaire « barbare », « médiéval » ou « féodal » est le point de rencontre des discours français sur le Trust. Il n'est pas sans rapport avec le grand thème des années 1880 : celui de « l'aristocratie en Amérique ». Il s'agit, dans un cas comme dans l'autre, de dénoncer la modernité démocratique américaine comme une mystification. Ainsi Paul de Rousiers, reprochant à Tocqueville d'avoir accrédité l'idée de l'Amérique comme démocratie, ajoute-t-il que si « l'ancienne *chevalerie* du Sud paraît s'enfoncer de plus en plus dans la médiocrité », une autre a pris la relève, celle des Carneggie [*sic*] et des Morgan. Non seulement « la République américaine n'est pas [...] une réunion d'hommes absolument égaux ; mais à un certain point de vue, les hommes y sont même plus inégaux que partout ailleurs », puisque rien n'y entrave la force des forts [96]. Le règne des trusts confirme et aggrave le constat. L'imagerie médiévale se substitue peu à peu aux analogies avec l'Ancien Régime. Au mythe de l'égalité américaine, on n'oppose plus seulement l'existence d'une aristocratie inavouée, mais l'évidence de la mise en servage des pauvres et des faibles. La loi d'airain du profit redouble la loi d'airain de la race « à tel point »,

96. P. de Rousiers, *La Vie américaine...*, pp. 533, 528.

écrit Bourget, « que, par moments, cette démocratie donne l'impression d'une aristocratie, j'allais dire d'une féodalité »[97]. Précaution oratoire bien superflue : en cette fin de siècle, le paradoxe de l'Amérique féodale est entré dans la *doxa*. Edmond Johanet en fournit un autre exemple. Comme chez Paul de Rousiers, la continuité est marquée avec le scepticisme de la génération précédente envers la fausse démocratie américaine (Johanet renvoie ici au baron de Mandat-Grancey[98]), mais la nouveauté réside dans l'imagerie médiévale chargée d'illustrer la confiscation de la démocratie : « Les aristocraties du nom et de la fortune se sont rendues maîtresses de la constitution démocratique américaine et l'on peut dire sans exagération que la politique des États-Unis est devenue en fait, le gouvernement public des intérêts privés d'une caste privilégiée[99]. » Johanet consacre une centaine de pages à décrire un univers de privilèges et d'usurpations où Ward Max Allister, « inventeur » des Quatre-Cents[100], côtoie les jeunes filles en fleur de la *Society* new-yorkaise dont le coût d'entretien est estimé à mille dollars par an[101]. Il promène longuement son lecteur autour des « églises de millionnaires », comme l'église presbytérienne de la Cinquième Avenue. Mais c'est un voyage dans le temps qu'il décrit : « Des seigneurs de haut parage, pères nobles ou damoiseaux, correctement drapés dans la dernière coupe, escortent des princesses de l'âge d'or[102]. » Domination paisible. Les « heureux de ce monde » en sont aussi les maîtres : « L'état démocratique n'est-il pas au pouvoir d'une aristocratie armée de tous les instruments de domination du régime féodal[103] ? » Le gouvernement fédéral ? En tutelle. Comme le « gouvernement beylical » de Tunisie, il « vit heureux et satisfait sous le régime tutélaire des conquérants »[104]. Les institutions américaines ? Un « protectorat politique »[105]. Et ces protecteurs, ces conquérants de l'intérieur, ces nouveaux seigneurs, ce sont évidemment les maîtres des trusts. « Le Moyen Âge n'a pas connu de plus hauts et plus puissants barons que ces seigneurs américains, tout bardés d'or, qui courent

---

97. P. Bourget, *Outre-Mer...*, pp. 12, 318.
98. E. Johanet, *Autour du monde millionnaire...*, p. 212.
99. *Ibid.*, p. 215.
100. *Ibid.*, p. 203 ; il venait de mourir en 1895.
101. Frais de *college* non compris. Soit à peu près 22 000 $ (ou euros) de 2002.
102. E. Johanet, *Autour du monde millionnaire...*, p. 111.
103. *Ibid.*, p. 206.
104. *Ibid.*, p. 209.
105. *Ibid.*, p. 210.

la plaine sillonnée de leurs chemins de fer et se retirent ensuite dans les châteaux forts des banques et des grandes compagnies où se combinent les *trusts*, ces machines d'oppression dans lesquelles toute concurrence indépendante est broyée, toute liberté commerciale anéantie, tout objet de première nécessité majoré[106]. » Dans sa version française, on le voit, le *robber-baron* n'est pas un pillard de grand chemin (de fer), un *outlaw* ivre de sa force sauvage : c'est un conquérant en pays soumis. Il fait les lois, rétribue les politiciens et « protège » les gouvernements ; il dote les églises et marie ses filles à ses pairs et compagnons de la Cinquième Avenue. Si le trust est l'avenir du monde, ces beaux seigneurs ont reçu la planète en apanage. Tel est ce « régime aristocratique d'une féodalité toute moderne auquel est soumis l'État démocratique »[107].

Des conservateurs comme Johanet aux enquêteurs du Musée social comme Paul de Rousiers, l'imagerie médiévale revient avec trop d'insistance pour être disqualifiée comme une facilité rhétorique. Quant à y voir un subterfuge idéologique destiné à éluder une analyse « matérialiste » du trust-system, mieux vaut, avant de risquer l'hypothèse, retourner une dernière fois à Lafargue et à ses *Trusts américains* de 1903 : on y retrouvera le Moyen Âge, non plus seulement comme métaphore ou analogie, mais comme socle étymologique et historique où s'enracine le trust-system. Parmi toutes ces peintures des États-Unis dans le style Ivanhoé, la plus étonnante ne se trouve ni chez les « économistes », ni chez les anticollectivistes, mais bien chez ce gendre de Marx. Enluminure d'autant plus déconcertante que *Les Trusts américains* se veut plus austère. Lafargue ne cultive ni l'anecdote, ni la scène de genre. Ses tableaux sont tout pédagogiques : les Compagnies, leurs capitaux, leurs profits s'y ordonnent en colonnes bien alignées. Ses « monographies de trusts » assument vaillamment leur côté pensum militant. Milliardaires, « capitaines d'industrie » et « trustificateurs » passent dans son récit sans fioritures. (De Rockefeller, nous saurons seulement qu'il « a l'estomac si délabré qu'il ne peut se nourrir que de laitages »[108].) Mais le romanesque qu'il refuse aux Morgan et aux Rockefeller, Lafargue ne le dénie pas au trust lui-même. Exactement à mi-course de son ouvrage, il s'interrompt soudain, s'arrête sur le magique monosyllabe qu'il a répété page après page.

---

106. *Ibid.*, p. 207.
107. *Ibid.*, p. 211.
108. P. Lafargue, *Les Trusts américains...*, p. 122.

Il le prend, le retourne, le fait parler. Impossible d'ignorer plus longtemps, dit Lafargue, que le mot *trust* n'a rien d'un néologisme. Que c'est, tout au contraire, une sorte de paléologisme, un signifiant primitif, « un mot de l'époque barbare ». Et pas n'importe quels Barbares : « *Trust* est un mot de la vieille langue scandinave, que Grimm dérive du *trôt* ou *traust*, qui signifie protection, tutelle. » Entrée des Angles. « *Trôst* dans le Niblunge est dit pour protecteur. » Entrée des Saxons. « Être dans la *truste* d'un chef, être son *antrustion*, c'était être sous sa protection. Les hommes libres et les serfs qui étaient dans la *truste* des rois mérovingiens avaient droit à un *wergeld* (dommage) supérieur pour toute injure. » Érudition gratuite, pédanterie de pédagogue ? Non : rétablissement d'un pedigree, complément d'information dans le procès fait au trust. Malgré les apparences, nous n'avons pas quitté Detroit ni Pittsburgh, nous feuilletons l'album de famille des nouveaux seigneurs. « Le mot tombé en désuétude dans la langue française, mais usité dans la langue anglaise avait conservé son sens barbare. » Lafargue en profite pour rétablir la préséance étymologique de *trustee* sur *trust* : « Les directeurs de la Standard-Oil, le père du trust-system, étaient les *trustees*, c'est-à-dire les hommes de confiance des actionnaires. C'est de là probablement que vient l'emploi du mot *trust* pour désigner les sociétés industrielles [109]. » Avant le trust, il y a eu les *trustees*. Sous les pavés de la plus-value, les plages de la Baltique. Derrière le décor industriel, la scène primitive anglo-saxonne. Grattez le lecteur du *Capital* et vous trouvez celui d'Augustin Thierry. Entre Hengist, Horsa et les Nibelungen, c'est l'économie écoutée aux portes de la légende et le marxisme scientifique attaché au char de la mythographie. Cet étonnant développement n'est pas une simple digression philologique. Il fait entendre pourquoi ce traité des trusts commence par un exposé sur l'organisation corporative du Moyen Âge. C'est que, Lafargue l'écrit en toutes lettres, le « trust-system » dans sa phase avancée – et « il s'en faut bien, ajoute-t-il, que tous les trusts, même les mieux organisés et consolidés soient parvenus à ce stade [*sic*] de l'évolution [...] applique le principe directeur de la production précapitaliste, que l'on observe dans la période patriarcale et féodale » [110]. Quoi de plus juste, de plus approprié, dès lors, que de « désigner ses organismes d'un mot de l'époque barbare » ? Lafargue rejoint ainsi le conser-

109. *Ibid.*, p. 84.
110. P. Lafargue, *Les Trusts américains...*, p. 84.

vateur Johanet dans un même effort de déchiffrement du trust à travers une grille médiévale qui, de proche en proche, est étendue à toute la hiérarchie sociale américaine. « Le général américain », écrivait Johanet, « n'est autre qu'un duc, au sens primitif ; le gouverneur des États de l'union a les mêmes pouvoirs civil, administratif, militaire, judiciaire, qu'autrefois un comte ; le magnat des chemins de fer américains peut être assimilé au baron » [111]. Mais des « économistes » bourgeois ou des marxistes comme Lafargue, ceux qui prennent *à la lettre* la métaphore médiévale ne sont pas ceux que l'on croyait. Caparaçonné d'imperturbable sérieux, Lafargue rejoint au grand galop les fantaisies héroïques de Johanet peignant les « hauts et puissants seigneurs » de Manhattan ou celles de Gustave Le Rouge, montrant le redoutable William Boltyn, dans *Le Complot des milliardaires,* lancé à toute vapeur, dans son train privé, à travers la prairie désertée par les trappeurs, comme un « chef d'État européen » – ou plus simplement comme un vrai baron du nouveau Moyen Âge.

*

Le roman français du trust, c'est *Un Américain à la cour du roi Arthur* raconté à l'envers : Mark Twain transportait son Yankee à Camelot ; marxistes et libéraux également fascinés par la « trustification » transposent les États-Unis de 1900 au Moyen Âge [112]. C'en est décidément bien fini, non seulement de l'imagerie démocratique naïvement attachée aux États-Unis par les idéalistes des générations précédentes, mais de l'idée de progrès sur le sol américain. Ce pays ne peut être moderne qu'à reculons. Il retrouve les horreurs médiévales au bout de sa folle course à l'avenir. Le socialisme français de la fin du XIXᵉ siècle, à travers la complexité d'enjeux liés à ses propres divisions, aura massivement confirmé les appréhensions antiaméricaines de ses adversaires. Dans la coalescence, au tournant du siècle, d'une imagerie négative des États-Unis, il sera même allé beaucoup plus loin que bien des conservateurs irrités par la démagogie ou l'incivilité américaine. Jetant dans la bataille le poids de la « science économique » et de sa

---

111. E. Johanet, *Autour du monde millionnaire...*, p. 224.
112. Notons au passage que le titre original du célèbre roman de Mark Twain, paru en 1889, est *A Connecticut Yankee in King Arthur's Court.* Les traductions successives ont oblitéré le *Yankee,* trop péjoratif déjà dans l'usage français.

rhétorique autoritaire, il aura parachevé le geste iconoclaste des premiers douteurs, en dénonçant la liberté des Américains comme une fraude et leur système politique comme l'émanation corrompue du vrai pouvoir détenu par le trust-system. À l'entendre, l'Amérique du Gilded Age a enfanté plus de barbarie que de socialisme. Quant à la Grande République chère à Hugo, loin d'aspirer à diffuser de par le monde un idéal démocratique, elle ne songe qu'à une chose : imposer à l'Europe le féodalisme rétabli par « l'empire des trusts ».

DEUXIÈME PARTIE

Le parti pris des clercs

1. L'autre ligne Maginot

« Nous passons à la défensive... »

Emmanuel Mounier, *Esprit* (1933).

1917 : « Arrivée des Américains en France. Hymne national et armes des États-Unis ». C'est une image d'Épinal. Une vraie. Elle sort des célèbres ateliers de Pellerin. Les Sammies débarquent, accueillis par des soldats français en « bleu horizon ». Aucun décor réaliste : la mise en scène a un caractère fortement symbolique. Une autre planche consacrée aux alliés d'outre-Atlantique est apparemment plus documentaire : « Autour d'un poste de secours américain ». L'image présente les costumes et le matériel des équipes sanitaires. Mais ses vignettes « instructives » sont elles aussi chargées d'intentions : il s'agit à l'évidence de célébrer la geste héroïque de ces brancardiers et infirmières volontaires qui ont précédé les soldats américains sur les champs de bataille français.

Les idées reçues et longtemps entretenues en France sur cette période ressemblent à ces deux images d'Épinal : à en croire les unes comme les autres, la Première Guerre mondiale aurait rouvert une ère d'affection fraternelle entre Français et Américains et ranimé d'un coup une flamme souffreteuse depuis cent vingt-cinq ans. Privé des jolies couleurs du pochoir mythologique, le tableau apparaît assez différent. Non seulement ce regain fut sans lendemain, mais rarement frères d'armes sortirent du champ plus mécontents les uns des autres : deux ou trois ans après l'arrivée des premiers Sammies, la France et les États-Unis auront repris leurs distances et refermé la parenthèse de cette seconde lune de miel.

Du moins leur entrée en guerre aura-t-elle ouvert aux Américains la porte de l'imagerie d'Épinal, où les représentations de l'Amérique avaient été jusque-là d'une pauvreté confinant à l'inexistence. Sur une production globale d'environ quinze mille images, pour

339

l'essentiel exécutées dans la seconde moitié du XIXᵉ siècle, cinquante à soixante seulement ont un rapport (souvent ténu) avec le Nouveau Monde[1]. Chiffre extraordinairement faible, qu'il faut réduire encore, puisqu'il inclut les scènes d'Amérique latine et toutes les planches qui n'évoquent qu'incidemment les États-Unis – type : « Les différentes heures sur la terre au moment où il est midi à Paris ». On tombe alors en dessous de la douzaine. Non moins significatif que le petit nombre des images est le choix des sujets traités : la découverte de l'Amérique, les Sauvages, les Indiens, le général Tom Pouce, « Un clown chez les Peaux-Rouges ». Entre légende des origines et anecdotes pittoresques, l'actualité ou l'histoire récente ont du mal à se frayer un chemin à travers de très rares dessins : le soulèvement des « derniers Peaux-Rouges » dans leurs réserves de l'Ouest en 1891 ; la « statue de la Liberté à New York » (maquette à monter) ; et, plus inattendue, l'invention de la machine à coudre par Elias Howe. On ne peut décidément pas reprocher à Pellerin d'avoir *américanisé* les chères têtes blondes.

Pour cet indicateur mythologique qu'est la fabrique d'Épinal, les deux images inspirées par l'entrée en guerre des États-Unis en 1917 marquent-elles un tournant, voire une révolution, après des décennies d'indifférence ? On peut en douter. La maison Pellerin exécute son cahier des charges patriotique. Depuis le début du conflit, elle n'a oublié aucun allié de la France. Difficile de faire moins pour les Américains que pour les Monténégrins. À l'instar des petits ouvrages vantant les États-Unis qui fleurissent entre 1916 et 1918, ces deux images qui célèbrent sagement, en service commandé, le cliché d'une « amitié séculaire » relèvent de la propagande de guerre, plus qu'elles n'attestent un mouvement de l'opinion. À peine les couleurs auront-elles séché que le symbole d'alliance proposé aux petits Français sera vraiment devenu... une image d'Épinal.

---

1. On retrouvera ces données dans le catalogue de l'exposition « Images d'Épinal : les Amériques » (Venise, 1992), présentation de Brigitte Maury et textes de Henri George. Voir aussi Véronique Alemany-Dessaint, « La représentation des Américains dans la Première Guerre mondiale », *Les Américains et la France (1917-1947). Engagements et représentations*, sous la dir. de F. Cochet, M.-Cl. Genet-Delacroix, H. Trocmé, Actes du colloque organisé à Reims par le Centre Arpège (Université de Reims) et le Centre de recherche d'histoire nord-américaine (U. de Paris I), Paris, Maisonneuve et Larose, 1999.

De la ferveur à la rancœur

Le renfort des États-Unis dans la Première Guerre mondiale avait été ardemment désiré et recherché, tant par le Foreign Office que par la diplomatie française ; il est vivement fêté lorsqu'il se matérialise enfin, à l'automne 1917.

L'entrée en guerre contre l'Allemagne a été votée le 6 avril par le Congrès. À partir de mai, les autorités font diligence pour tirer cinq cent mille recrues d'une masse de dix millions de mobilisables. Pershing peut bientôt débarquer avec une première division symbolique. À la fin de l'année 1917, deux cent mille soldats américains sont sur le sol de France et cent mille autres arrivent chaque mois. En janvier 1918, les Sammies, d'abord mêlés à des corps existants, sont regroupés en unités proprement américaines. En juillet, au moment de la contre-offensive de Foch, ils tiennent à eux seuls cent trente-cinq kilomètres de front. L'heureux mot du colonel Stanton : « La Fayette, nous voilà ! » ; l'allant de cette jeunesse américaine dont la bravoure rachetait l'inexpérience ; le poids ainsi jeté dans le bon plateau de la balance au moment crucial de la défection russe et de l'effondrement italien de Caporetto : tout semblait concourir à faire de l'année 1917 non pas seulement une heure de grâce pour les relations franco-américaines, mais l'an 1 d'un rapprochement durable.

Or dix-huit mois plus tard, ces relations sont retombées à un degré de froideur rarement atteint, tandis que les attaques contre les États-Unis et leur président se multiplient dans la presse, toutes obédiences confondues. Accueillie avec une extraordinaire ferveur, l'Amérique wilsonienne repart mécontente et lassée, laissant derrière elle une rancœur que la décennie suivante ne fera qu'exacerber. Loin d'opérer la refondation attendue, la camaraderie de 1917-1918 reste sans lendemain. Sitôt passé que vécu, ce moment euphorique apparaît bientôt comme une parenthèse illusoire dans une relation redevenue distante et acrimonieuse. Le souvenir même en sera gâché par un sentiment très répandu en France de déception, voire de duperie, auquel répond, de l'autre côté de l'Atlantique, la frustration des jeunes *veterans* qui se réinsèrent mal dans la société américaine : leur grande désillusion fournira un thème de prédilection à la génération littéraire qu'incarne Scott Fitzgerald.

C'était une belle trouvaille que l'apostrophe de Stanton devant la tombe de La Fayette, au cimetière de Picpus[2]. Le parallèle historique, toutefois, devait s'accomplir au-delà de ses vœux. Car de même que l'aide française aux Insurgents pendant la guerre d'Indépendance n'avait pas empêché amertume et hostilité de s'installer entre les deux nations moins de dix ans plus tard ; de même et plus promptement encore, les applaudissements émus des Français au passage des premiers Sammies vont se muer en sifflets et grincements de dents contre une Amérique jugée aussi arrogante qu'égoïste. Les couronnes tressées aux *boys* de l'Argonne et de Saint-Mihiel ont à peine eu le temps de faner que fusent en France reproches et accusations. À la fraternité des tranchées succède, sans transition, un dialogue de sourds transatlantique qui durera jusqu'à la guerre suivante – et au-delà.

Paradoxe, donc : c'est au lendemain d'une guerre gagnée en commun que s'exacerbe et surtout que *se fixe* en France le discours antiaméricain. « Comment en un plomb vil l'or pur s'est-il changé ? » Par une fatale alchimie où se mêlent, justement, le plomb des batailles et l'or des banques, le poids de la dette (réelle et symbolique) et la pesanteur des représentations. Avec, au centre de cette transmutation négative, un homme, d'abord adulé, puis honni : l'incompréhensible président des États-Unis, l'impossible M. Wilson. Il a été « reçu comme le sauveur de l'humanité » à Paris, fin 1918, pour la conférence de la Paix. (C'est Freud qui l'écrit ; et puisqu'il hait Wilson, on peut l'en croire[3].) Il quittera la Ville-Lumière au milieu de l'hostilité générale, pour affronter une Amérique qui l'a par avance désavoué en livrant les deux chambres du Congrès à ses adversaires républicains, en novembre 1918.

De malentendu en échec et d'éloignement en désaveu, dès 1919, le fossé s'est recreusé. La gauche socialiste, redevenue pacifiste ou éblouie par la « grande lumière surgie à l'Est », dans la patrie des Soviets, dénonce la volonté wilsonienne de relancer le conflit mondial en préconisant l'intervention contre l'Armée rouge pour un *containment* avant l'heure. Au reste, l'indifférence ou l'hostilité de l'opinion de gauche envers les États-Unis a ses racines profondes

---

2. Le mot « La Fayette, nous voilà ! » a souvent été attribué au général Pershing, qui a lui-même démenti cette rumeur et désigné le colonel Stanton comme son auteur.
3. S. Freud et W. Bullitt, *Le Président Thomas Woodrow Wilson. Portrait psychologique*, trad. par Marie Tadié, Paris, Albin Michel, 1967, p. 106 ; Freud parle de son « antipathie » pour Wilson dans la préface qu'il signe personnellement.

dans l'imaginaire globalement négatif qui s'est mis en place depuis 1880 dans le camp socialiste et parmi les syndicalistes. S'y mêlent la perception des États-Unis comme terre brutale aux travailleurs et la déception suscitée par les revers du mouvement socialiste américain. L'image démocratique du pays, fortement ébranlée par la violence policière et patronale lors du *Great Upheaval*, ne cesse de s'effriter dans l'esprit des militants français. Face à un fonctionnement des institutions souvent impénétrable et à des « camarades » bien indéchiffrables, reste l'évidence de la répression et du déni de justice. L'affaire Sacco et Vanzetti qui commence en 1920 vient rafraîchir la mémoire de ceux qui auraient oublié les pendaisons de Haymarket Square.

À l'extrême droite, dès 1919, c'est la voix, alors puissante, de Maurras qui lance l'anathème contre le « naïf président » américain et tire le bilan de son échec : « Ce qui est sûr, c'est que M. Wilson n'a pas pu quitter l'ancien [Monde] sans se rendre compte de l'éclipse totale qu'y avait subie sa pensée [4]. » C'est un constat auquel se rallie volontiers, bien au-delà de l'Action française, la droite nationaliste. L'opinion en général s'irrite des efforts de Wilson, jugés nuisibles à nos intérêts, pour modérer l'appétit des vainqueurs. Peu curieux de politique intérieure américaine, les Français s'ébahissent du refus des États-Unis – c'està-dire du Congrès devenu républicain – d'entrer dans la Société des Nations inlassablement prêchée par Wilson ; ils se scandalisent de l'accueil hostile réservé au traité de Versailles par le Sénat en juillet 1919 ; ils s'indignent de voir ledit traité deux fois repoussé par le même sénat, en novembre 1919 et en mars 1920. Ulcérée de se voir refuser l'essentiel : la garantie par les États-Unis des frontières créées par les traités, la France se détourne une fois de plus de l'Amérique. Celle-ci le lui rend bien, en plébiscitant « l'américanisme » isolationniste de Harding, triomphalement élu en 1920, puis de son successeur à la Maison-Blanche, Calvin Coolidge.

Aux récriminations succèdent les procès d'intention ; et la méfiance se porte, rétrospectivement, sur les motifs et le comportement de l'allié américain durant le conflit. À peine tournée, la « page de gloire » écrite en commun commence d'être *rewritée* par les Français.

---

4. Ch. Maurras, *Les Trois Aspects du président Wilson. La Neutralité. L'Intervention. L'Armistice*, Paris, Nouvelle Librairie Nationale, 1920, p. 186.

Les ouvriers de la dernière heure

L'attitude de Wilson depuis 1914 est passée au crible, réexaminée avec suspicion. N'a-t-il pas tout fait, pendant des années, pour tenir son pays en dehors de cette « guerre du droit » où les démocraties française et anglaise risquaient pourtant d'être débordées par des régimes impériaux et militaristes ? N'a-t-il pas réagi avec la plus grande mollesse aux agressions et crimes de guerre allemands, y compris au torpillage du *Lusitania*, le 7 mai 1915, se satisfaisant d'un vague désaveu allemand alors que l'opinion américaine semblait enfin prête à aller beaucoup plus loin ? N'a-t-il pas été réélu en 1916 sur une équivoque, promettant d'un côté de « tenir l'Amérique hors de la guerre » et affirmant de l'autre : « Nous sommes prêts à dépenser nos forces sans réserve pour préserver la paix dans l'intérêt de l'humanité » (discours d'Omaha) ? N'a-t-il pas encore, à la veille de l'entrée en guerre de son pays, proposé l'objectif inadmissible d'une « paix sans victoire » – qu'il devra convertir en « paix de justice » pour calmer ses partenaires européens ? Bref, si les Allemands eux-mêmes, trop sûrs de l'inertie de Wilson, n'avaient poussé les provocations jusqu'à l'inacceptable en reprenant le torpillage des paquebots et en pressant le Mexique de prendre les *Yankis* à revers, l'Amérique serait-elle entrée en guerre ? On en doute désormais et on le dit bien haut.

Et d'ailleurs, n'y est-elle pas entrée un peu tard, dans cette guerre, pour se poser en arbitre des destinées européennes ? Beau souvenir que ces mois de lutte épaule contre épaule ; mais qui serait plus probant si l'on pouvait parler d'*années*. Ouvriers de la dernière heure, les Américains ne sauraient se prévaloir des mêmes sacrifices ni des mêmes souffrances que la France envahie et saignée à blanc. « Votre intervention [...] vous fut clémente, puisqu'elle ne vous prit que 56 000 vies humaines au lieu de nos 1 364 000 tués[5]. » Ce n'est pas un trublion irresponsable, ni un quelconque semeur de zizanie, c'est l'ancien président du Conseil et ministre de la Guerre, c'est Clemenceau lui-même qui, en 1930, apostrophe ainsi les Américains, tard arrivés et encore plus tard engagés sur le terrain. Ce temps perdu, ce fut pour la France du sang versé : « C'était grand'pitié de voir faucher nos hommes sans

5. G. Clemenceau, *Grandeurs et Misères d'une victoire*, Paris, Plon, 1930, p. 146.

relâche, tandis que, sous le commandement de leurs bons chefs, d'importantes troupes américaines restaient inactives, à portée de canon[6]. » Une sorte de polémique posthume avec Foch révèle aux Français le détail d'une querelle qui, pendant le conflit même, a secrètement opposé les deux hommes sur l'emploi de ces renforts – emploi que Clemenceau aurait voulu plus rapide et massif.

Propos acides, perception largement partagée. Déçus par l'allié transatlantique, les Français ne se souviennent plus que de ses lenteurs. Proust, en génial entomologiste des discours, épingle celui-là dans *Le Temps retrouvé*. La page est écrite au début des années 20 et en reflète le désenchantement ; mais Proust, situant le dialogue en pleine guerre, renforce l'effet provocateur des propos aigres-doux tenu par le baron de Charlus sur le tardif allié américain : « Je ne veux pas dire du mal des Américains, Monsieur, continuait-il, il paraît qu'ils sont inépuisablement généreux, et comme il n'y a pas eu de chef d'orchestre dans cette guerre, que chacun est entré dans la danse longtemps après l'autre, et que les Américains ont commencé quand nous étions quasiment finis, ils peuvent avoir une ardeur que quatre ans de guerre ont calmée chez nous[7]. » Proust enregistre avec une belle acuité et une ironie à plusieurs tranchants la force d'un antiaméricanisme (ici germanophile, sodomite et esthétisant) que ne parviennent à brider ni le patriotisme de façade du baron, ni sa crainte de « trop laisser apercevoir son point de vue ». Énoncé par un Charlus cauteleux dans le contexte (fictif) de 1918 où il était encore tabou, le grief d'une tardive « entrée dans la danse » des Américains est désormais sur toutes les lèvres.

De même le poids réel de l'intervention américaine fait-il l'objet de révisions à la baisse, au fur et à mesure que sont portés à la connaissance du public les différends entre alliés, jusque-là couverts par le secret militaire. Le livre de Clemenceau, *Grandeurs et Misères d'une victoire*, est le point culminant de ce grand déballage. C'est une réponse acerbe aux attaques posthumes de Foch, dont le *Mémorial* venait d'exposer au grand jour la petite guerre dans la guerre qui l'avait opposé au président du Conseil quant au mode

---

6. *Ibid.*, p. 46.
7. M. Proust, *Le Temps retrouvé*, Paris, Gallimard, Bibliothèque de la Pléiade, 1989, t. IV, pp. 373-374. Virtuosité de l'ironie proustienne : dans « quand nous étions quasiment finis », le double sens offert par l'usage archaïque de l'auxiliaire fait dire au germanophile Charlus, soit que nous *avions* pratiquement fini, soit que nous étions quasiment foutus.

d'emploi du renfort américain. Tandis que Foch se donne le beau rôle – celui du chef « patient » – et s'adjuge le mérite d'avoir évité une crise franco-américaine majeure en ménageant la susceptibilité de Pershing, Clemenceau persiste et signe : « L'organisation tardive de la grande armée américaine [par opposition à l'incorporation immédiate des Américains dans les divisions françaises et anglaises] nous coûtait beaucoup de sang[8]. » Tout cela parce que « le naturel orgueil de la grande démocratie la portait à donner en bloc, pour la suprême victoire, sur le dernier champ de bataille »[9]. Clemenceau ne parle guère autrement que Charlus : réputés « inépuisablement généreux », les Américains ont été, en réalité, ménagers de leurs forces et moins empressés à soulager leurs alliés souffrants que soucieux d'apparaître comme les *dei ex machina* du conflit. On est décidément loin des images d'Épinal.

En somme, pour le pays qui s'érige, à travers Wilson, en donneur de leçons, la Grande Guerre a été bien courte : « une guerre de cinquante-deux mois, dont trente-deux se sont passés pour le conseilleur dans l'état de neutralité et douze dans celui d'abstention militaire »[10]. Ce froid résumé date de 1927. Il est signé par l'homme politique français le plus compréhensif à l'égard des États-Unis, le Haut Commissaire français à Washington du temps de guerre : André Tardieu. Et c'est le même André Tardieu qui, pour dissiper « l'erreur fondamentale » qui consiste à faire reposer une politique sur le mythe d'une « amitié », dresse, toujours en 1927, ce bilan impitoyable des relations franco-américaines : « Ces deux pays, unis de sympathie, n'ont jamais collaboré sans connaître d'immédiates ruptures et, en toutes autres circonstances, l'absence seule de contact explique entre eux l'absence de troubles. J'ajouterai, continue Tardieu, que ces courtes périodes de collaboration politique – moins de dix ans sur cent quarante – ont obéi non aux lois du sentiment, mais à celles de l'intérêt et que, l'intérêt épuisé, le sentiment n'a pas suffi à maintenir la coopération[11]. »

Avec des américanophiles de cette trempe, il reste peu de grain à moudre aux américanophobes.

---

8. G. Clemenceau, *Grandeurs...*, p. 59.
9. *Ibid.*, p. 38.
10. A. Tardieu, *Devant l'obstacle. L'Amérique et nous*, Paris, Éd. Émile-Paul Frères, 1927, p. 295.
11. *Ibid.*, p. 6.

Haro sur Woodrow Wilson

« Ah ! cette forte mâchoire toujours présente sous les ombrages de Princeton », s'écrie Maurois dans un livre publié en 1933 [12]. Cette mâchoire insistante est celle de Woodrow Wilson. L'ancien président de l'université de Princeton devenu président des États-Unis d'Amérique est mort depuis près de dix ans déjà (1924). Mais Maurois n'est pas le seul Français à en être encore obnubilé.

La figure indéchiffrable aux Français de Woodrow Wilson est centrale dans le regain antiaméricain de l'immédiat après-guerre. Adulé puis détesté, le président prédicant est le premier homme public américain à faire les frais de la personnalisation de l'anti-américanisme. Le retournement rapide et violent de l'opinion à son sujet reflète la désaffection envers les États-Unis qui succède sans transition à l'engouement pour leurs courageux petits soldats. Devenu le symbole même d'une Amérique incompréhensible, Wilson continuera, même après sa mort, à catalyser haines et récriminations. Son ombre ne hante pas seulement les bosquets de Princeton, mais tous les classiques de l'antiaméricanisme français des années 30. Trois présidents plus tard, *Le Cancer américain* d'Aron et Dandieu s'en prend toujours à « cet Attila à lunettes d'écailles » comme au fléau de l'Europe [13]. Quant à Maurois, son désir d'élucider le « cas Wilson » apparut si vif à ses hôtes princetoniens qu'ils organisèrent obligeamment deux dîners successifs, *pro* et *contra*, pour satisfaire sa curiosité [14] ! L'énigme Wilson apparaît à bien des Français comme l'énigme de l'Amérique elle-même, mystique et brutale, religieuse et pragmatique, scrupuleuse à l'excès et sûre d'elle-même en diable. L'impénétrable président, écrit Clemenceau, avait des « combinaisons d'empirisme et d'idéalisme dont ne pouvait s'étonner un Américain » [15]. Mais qui laissent les Français pantois.

En 1919, pourtant, le président des États-Unis arrivé en triomphe à la conférence de la Paix n'est pas encore l'incompréhensible M. Wilson. Il est seulement cet allié encombrant qui s'ingénie à mettre des bâtons dans les roues du char diplomatique des vainqueurs. Ses efforts pour brider les exigences françaises dissipent

---

12. A. Maurois, *En Amérique*, Paris, Flammarion, 1933, p. 37.
13. R. Aron et A. Dandieu, *Le Cancer américain*, Paris, Rioder, 1931, p. 105.
14. A. Maurois, *En Amérique*..., p. 35. Maurois s'avoue encore plus perplexe après les deux dîners qu'avant.
15. G. Clemenceau, *Grandeurs*..., p. 140.

en quelques semaines le vaste crédit de confiance dont il était porteur à son arrivée. Ils sont pourtant peu suivis d'effets. « Wilson parle comme Jésus-Christ et se conduit comme Lloyd George » : ce bon mot court les couloirs de la Conférence [16]. Tout à son idéal de Ligue des Nations, Wilson, sur le plan pratique, ne cesse en effet de céder du terrain, au propre comme au figuré. Il laisse la Grande-Bretagne faire main basse sur les colonies allemandes et réorganiser à sa guise le Moyen-Orient ; il octroie à l'Italie le Haut-Adige germanophone, en contradiction avec le droit des minorités qu'il a lui-même énoncé. Aux Français, il a concédé le principe qui leur tenait à cœur d'un calendrier *illimité* de paiement de réparations par l'Allemagne ; il se résoudra même à l'occupation de la Rhénanie à titre de « gage ». Au bout du compte, c'est le texte d'un traité bien peu conforme à l'esprit de ses « 14 points » de janvier 1918 qu'il s'efforcera, en vain, de faire accepter par ses compatriotes. Au cours de la tournée américaine qu'il entreprend pour plaider la ratification, Wilson s'effondre. À peine rentré à Washington, une hémiplégie gauche le confine à la Maison-Blanche pour le reste de son mandat.

« A light that failed completely », comme le suggérait récemment un historien – princetonien [17] ? L'impression d'échec, en tout cas, ne date pas d'aujourd'hui. Wilson n'a guère réussi à mettre son empreinte sur le traité de Versailles, trop obsédé qu'il était par cette Ligue des Nations que Clemenceau appelait son « *credo* mystique » [18]. Son propre pays a désavoué et le traité et la SDN. Ses velléités d'arbitrage lors de la Conférence de Paris ont indisposé les vainqueurs, sans que son ultime et pathétique combat pour la ratification par le Congrès ne lui vaille aucun retour de sympathie. Plutôt qu'aux républicains (au pouvoir de 1921 à 1933), c'est à lui que l'on continue de reprocher le lâchage américain. Clemenceau peut écrire en 1930, à propos de Wilson et de ses « 14 points » : « Quand on accepte superbement de telles responsabilités, peut-on s'en dégager dans la désinvolture d'une *paix séparée* ? » – comme si Wilson n'avait pas, avant de disparaître, opposé un ultime veto à cette paix séparée votée jointement par

16. Freud le rapporte dans *Le Président Thomas Woodrow Wilson...*, p. 304 ; il est consigné dans le journal du colonel House en date du 13 mai 1919.
17. « Une lumière qui s'éteignit [mais aussi échoua] complètement », titre du compte rendu par Jeff Shesol de deux ouvrages consacrés à Wilson, *New York Times Book Review*, 14 octobre 2001.
18. G. Clemenceau, *Grandeurs...*, pp. 140, 144.

les deux chambres du Congrès. Clemenceau sans doute raisonne
ici en Français et au nom d'une certaine idée de la continuité de
l'État ; mais aussi Woodrow Wilson est devenu le synonyme ou la
synecdoque des États-Unis. Jusque dans la tombe, les Français lui
demandent raison de ce qu'il a fait, de ce qu'il n'a pas fait et même
de ce qui s'est fait contre lui.

Son identification à Wilson change dramatiquement le visage de
l'Amérique. Très tôt, en effet, Wilson est présenté comme un
mythomane, un névrosé, peut-être un fou. À travers son « cas »,
c'est l'Amérique elle-même qui est pathologisée, non plus sur le
mode de la déficience physique comme au XVIIIe siècle, mais dans
le registre moderne de la maladie mentale. L'anticlérical Clemenceau, à la conférence de la Paix, se contentait de persifler cet
étrange chef d'État aux ambitions christiques. La droite nationaliste, Maurras en tête, aggrave le diagnostic et surtout le généralise
à la psyché américaine. L'imputation de névrose religieuse, voire
de délire mystique, rejoint dès lors le fonds commun des représentations antiaméricaines. Elle fait très vite l'objet d'une unanimité
déconcertante dont le témoignage le plus spectaculaire est sans
doute l'étonnant « portrait psychologique » de Wilson cosigné par
Sigmund Freud et le diplomate américain William Bullitt [19]. *Le
Président Thomas Woodrow Wilson. Portrait psychologique* est une
lecture troublante, non seulement par le caractère aventuré et polémique de l'entreprise, mais aussi par le système d'échos qui s'établit entre cette monographie analytique austro-américaine et la
« figure » pathologisée de Wilson proposée en France dans un tout
autre contexte, politique et polémique. On retrouve ainsi, non sans
surprise, dans le *Portrait psychologique*, la trace explicite de Clemenceau, cité à titre d'informateur (« Il se croit un second Jésus-
Christ venu sur la terre pour convertir les hommes » [20]), mais aussi,
et plus étrangement encore, la marque implicite de celui qui a lancé
dès 1919 le thème de Wilson névropathe : Charles Maurras.

Livre étonnant donc et d'abord étonnant d'animosité. Freud
affiche une « antipathie » sans fard dans la préface qu'il signe
personnellement : « Je ne peux m'empêcher de trouver qu'un
homme qui peut interpréter les illusions de la religion de manière

---

19. William Bullitt avait démissionné de la délégation américaine à la conférence
de la Paix pour marquer son désaccord avec les concessions faites aux Alliés.
20. G. Clemenceau, cité par S. Freud et W. Bullitt, *Le Président Thomas Woodrow
Wilson...*, p. 274.

si littérale et qui est sûr d'entretenir des rapports personnels intimes avec le Tout-Puissant n'est pas fait pour s'occuper des hommes ordinaires [21]. » Quant au jugement final, il est sans appel : « Les qualités de ses défauts le portèrent au pouvoir, mais les défauts de ses qualités en firent, finalement, non l'un des plus grands hommes du monde, mais un raté [22]. » Mais au-delà de cette animosité motivée – Freud juge Wilson responsable de la descente aux enfers européenne de l'entre-deux-guerres –, les coauteurs du *Portrait psychologique* partagent avec les antiaméricains français la conviction que la pathologie personnelle de Woodrow Wilson ouvre une fenêtre sur l'univers morbide de la culture américaine elle-même. La Folie-Wilson ne peut être qu'américaine, les États-Unis sont le « milieu pathogène » qui explique Wilson.

Sur ce double constat, l'accord est complet entre le texte tardif et posthume de Freud *cum* Bullitt (c'est en 1938 seulement que tous deux se sont accordés sur la version définitive) et l'essai de Maurras *Les Trois Aspects du président Wilson*, paru en1920. Par-delà les frontières, les années et l'abîme qui sépare leurs pensées, l'impitoyable verdict du psychanalyste autrichien corrobore et aggrave le diagnostic ébauché par le nationaliste français. Leurs Wilson, indéniablement, se ressemblent. Grand paranoïaque chez l'un, « autocrate en herbe » chez l'autre, dans les deux cas comparé à Guillaume II, Wilson est un aliéné virtuel. Freud le dit sans ambages : « S'il n'avait pu obéir quotidiennement à Dieu, il se serait peut-être réfugié dans la paranoïa, aurait contracté la "manie de la persécution" et, au lieu de devenir le maître de la Maison-Blanche, il aurait pu être le pensionnaire d'un asile d'aliénés. » Mieux, Wilson n'a échappé à l'asile que pour avoir eu la chance de naître en Amérique : « L'écran de rationalisations qui lui permit de vivre toute son existence sans affronter sa passivité envers son père serait tombé plus tôt s'il avait vécu en Europe. Il eut la chance de naître au sein d'une nation protégée de la réalité, au XIXe siècle, par l'amour héréditaire des idéaux de Wyclif, Calvin et Wesley [23]. » Si Wilson n'a pas fini à l'asile, c'est qu'il était déjà enfermé dans

21. *Ibid.*, pp. 13-14.
22. *Ibid.*, p. 157.
23. S. Freud et W. Bullitt, *Le Président Thomas Woodrow Wilson...*, p. 95 ; John Wyclif ou Wycliffe (mort en 1384), théologien d'Oxford, traducteur de la Bible et réformateur religieux, en appelait à l'Écriture contre les abus de l'Église. Il proposait une vision à la fois éthique et pratique de l'Évangile. John Wesley (1703-1791), évangéliste et longtemps prêtre itinérant, est le fondateur de l'église méthodiste.

cette maison de fous qu'est l'Amérique puritaine ! *America* : le pays où chaque paranoïaque peut devenir président...

Maurras n'allait pas aussi loin. Mais il notait l'inquiétant solipsisme et le déni de la réalité extérieure caractéristiques (à ses yeux) du Wilson de 1918. « Après l'armistice, écrit Maurras, les yeux, les narines, les oreilles et tous les autres sens politiques de l'homme semblent s'être refermés chez M. Wilson [...] Il semble remonter une fois pour toutes par l'escalier mystérieux dont il a seul la clef dans une tour inaccessible [24]. » Freud penche pour la paranoïa ; Maurras décrit une forme d'autisme. Le thème est lancé, en tout cas, de « l'idéalisme » du président américain comme monomanie religieuse. Comment le « naïf président qui joue de la trompette » douterait-il de sa mission providentielle, puisqu'il « croit voir tournoyer dans l'abîme à chacune de ses sommations les Dominations et les Trônes, et les autres Puissances du Mal européen » [25] ? Puritain et fou, fou parce que puritain [26] : l'idée paraît en France si claire et distincte qu'il eût été dommage d'en limiter l'application à Wilson. Elle lui survivra en effet, transférée sans état d'âme à ses successeurs. Lorsque tel pamphlet de 1931, après avoir mentionné la Maison-Blanche, ajoute entre parenthèses : « beau nom d'asile ! », le clin d'œil n'est perdu pour aucun lecteur [27].

La focalisation sur Wilson, au lendemain de la guerre, va donc bien au-delà des ressentiments suscités par les frictions de la conférence de la Paix, puis par une défection américaine qu'il fut impuissant à empêcher. Elle permet de constituer, au profit du nouvel imaginaire antiaméricain, la figure d'une Amérique mégalomane, en proie non seulement au « vertige de la puissance » (comme l'écrit Maurras), mais au délire religieux le plus caractérisé. Andrew Jackson, menaçant grossièrement la France en 1835 et Ulysses Grant, lui donnant le coup de pied de l'âne en 1871, n'étaient après tout que des culottes de peau. Teddy Roosevelt n'avait pas toujours été tendre avec l'Europe, ni délicat avec notre canal de Panama ; mais du moins ne confondait-il pas son *big stick* avec la verge de Moïse. Le doux Woodrow Wilson, en duplex permanent avec Dieu, irrite bien davantage les Français ; comme les inquiète cette Amérique remontée dans sa « tour inaccessible »

24. Ch. Maurras, *Les Trois Aspects du président Wilson...*, p. 184.
25. *Ibid.*, p. 165.
26. Métaphoriquement parlant ; on sait que Wilson était presbytérien.
27. R. Aron et A. Dandieu, *Le Cancer américain...*, p. 16.

et qui, après avoir soûlé les Européens de sermons, s'est mise aux abonnés absents.

Un discours autarcique

Cette « défection » des États-Unis fournit évidemment le cadre général du ressentiment français de l'entre-deux-guerres. Pourtant, le crescendo antiaméricain de la fin des années 20 n'intervient pas en réaction à tel ou tel agissement des États-Unis, comme cela avait pu être le cas dans le passé, avec les guerres tarifaires ou l'invasion de Cuba. C'est sur fond général de déclin à la fois annoncé et refusé que s'exaspère l'antiaméricanisme, et non en fonction de tel incident ou heurt ponctuel. Même s'il connaît des « pointes » à l'occasion d'événements d'une charge émotionnelle exceptionnelle, comme l'exécution de Sacco et Vanzetti en 1927, il n'a plus besoin de circonstances particulières pour se manifester : il se constitue dès ce moment comme une sphère de discours largement autonome par rapport à l'actualité. La déferlante polémique commence en 1927. C'est dire qu'elle coïncide avec le seul épisode de convergence diplomatique de la période, que consacre le pacte Briand-Kellogg. C'est dire aussi que le déchaînement antiaméricain est antérieur à la Dépression et à ses séquelles françaises, sensibles surtout après 1931. La mobilisation se fait contre une Amérique prospère et puissante, non contre l'Amérique en crise. Cette vague de fond antiaméricaine ne peut donc être présentée comme une réaction à une faillite mondiale dont les États-Unis seraient tenus comptables : l'accusation n'interviendra qu'*a posteriori* et viendra étayer un discours d'hostilité déjà largement déployé.

Des « faits » aux représentations, la relation de cause à effet semble souvent s'inverser. Entre 1920 et 1940, il n'y a aucun différend irrémédiable entre les deux pays, ni même de grave contentieux, sinon celui des dettes de guerre. Ce dossier, incontestablement, aiguisera l'antiaméricanisme dans l'opinion ; mais on verra (au chapitre suivant) qu'il a été lui-même embrouillé jusqu'à l'inextricable par la force nouvelle du sentiment antiaméricain. Les sommets déclamatoires atteints par le débat sur les dettes de guerre en 1931 sont inséparables des diatribes anti-wilsoniennes et des portraits-charges de l'Amérique qui se multiplient à la fin des années 20. Le discours antiaméricain désormais pèse sur le réel et en distord la perception. Fausses démarches, inerties périlleuses et grippages transatlantiques de l'entre-deux-guerres ont pour origine fréquente les automatismes nés d'une imagerie sommaire. Nul débat, nulle négociation militaire, économique, financière, qui ne soit grevé d'une lourde charge fantasmatique.

Premier trait, donc, du nouveau discours antiaméricain : son *autarcie*, qui désignerait ici non seulement sa logique de plus en plus autoréférentielle, mais sa tendance à l'autosuffisance. Le trésor rhétorique accumulé au cours des trois ou quatre décennies précédentes, considérablement enrichi par une nouvelle génération d'écrivains et de polémistes, se stabilise désormais en une « culture » antiaméricaine produite par un milieu restreint, mais largement diffusée au-delà, car pleinement consensuelle.

Consensus ne veut pas dire unanimité. Quelques-uns regimbent contre cette camisole de discours. Une poignée d'intellectuels : André Maurois, qui rectifie à petit bruit certaines caricatures ; Élie Faure, auteur de pages lumineuses sur l'architecture new-yorkaise qui font un spectaculaire contraste avec les élucubrations de Duhamel et les pontifications de Claudel [28] ; Paul Morand même, pour son *New York* équivoque ; Céline surtout, celui du *Voyage*, dont nous retrouverons plus loin la savante duplicité ; joignons-y quelques éloges du New Deal, à la veille de la Seconde Guerre mondiale, et nous serons à peu près au bout du compte. Chez les politiques, l'espèce est encore plus rare (et menacée) : André Tardieu, qu'une connaissance précoce et directe des affaires américaines a vacciné contre la *doxa* ; le socialiste André Philip, mollifié peut-être par d'autres contacts (il a épousé une Américaine) ; l'un et l'autre porteront comme un boulet leur réputation d'américanophilie.

La dissidence à l'égard du consensus antiaméricain est à haut risque. Rien de tel, en France, pour discréditer un homme public que de le peindre en ami de l'Amérique. La recette, expérimentée aux dépens de Tardieu dans l'entre-deux-guerres, sera reprise à grande échelle après la Libération. Tardieu, sans complaisance pourtant envers la politique étrangère américaine, s'était vu traiter de « valet du *Menteur* » et de « trafiquant de notre indépendance » [29]. La propagande communiste après 1945 utilisera systématiquement contre ses adversaires l'étiquetage infamant de « parti

---

28. É. Faure, *Mon périple* [1932], éd. établie et commentée par J. Hoffenberg, avant-propos de J. Lacouture, Paris, Seghers-Michel Archimbaud, 1987, pp. 42-45.
29. R. Aron et A. Dandieu, *Le Cancer américain...*, p. 92.

de l'étranger », « parti américain » et même de « cinquième colonne » de l'Amérique. Georges Soria dénonce en 1948 « ce qu'on appelle désormais en France le "parti américain", formule par quoi le bon sens populaire désigne ceux des hommes politiques français, dont l'attitude consiste à abonder dans le sens des demandes américaines, touchant à la vie politique et économique du pays »[30]. Une plaquette communiste de 1950, *La Cinquième Colonne, la voici !*, livre les noms de vingt-trois agents yankees – dont les plus notoires sont Robert Schuman, Guy Mollet et... Charles de Gaulle[31]. Trente ans plus tard, la flèche reste empoisonnée, comme l'éprouvera Michel Rocard, lorsque sera épinglée à son courant au sein du Parti socialiste l'étiquette « gauche américaine ». Sarbacane politique ou fusil à tirer dans les coins, l'arme a beau être assez imprécise, elle n'en est pas moins redoutable. Dans l'intelligentsia comme dans le monde politique, c'est une formidable machine à ostraciser. Le consensus dont elle tire sa force ne naît pas dans l'entre-deux-guerres : on a pu l'observer dès cette année 1898 où, déjà, l'antiaméricanisme était ce qui divisait le moins les Français. La nouveauté, c'est qu'il n'est plus même besoin d'une guerre de Cuba pour en activer le mécanisme. L'antiaméricanisme français fait désormais de l'auto-allumage.

Ce discours autarcique est aussi un discours très monologique. On ne peut pas dire que la déferlante antiaméricaine de la fin des années 20 « ouvre un débat » sur les États-Unis ; elle « vitupère contre », comme dirait Flaubert. Aucun des classiques de l'antiaméricanisme qui voient alors le jour, à commencer par les *Scènes de la vie future* de Georges Duhamel, ne conteste ni ne réfute un adversaire quelconque. Si les américanophiles réels ou supposés sont montrés du doigt, leurs thèses sont mises à l'index sans commentaire. Et si par extraordinaire le polémiste se donne des interlocuteurs, comme font Aron et Dandieu dans *Le Cancer américain*, l'adversaire désigné est lui-même un antiaméricain – en l'occurrence : Georges Duhamel – jugé trop peu ou trop sottement antiaméricain !

Divisés sur l'Amérique, les Français ? Oui, si l'on veut. Mais divisés uniquement entre antiaméricains de droite, antiaméricains de gauche et antiaméricains non conformistes, les plus virulents,

30. G. Soria, *La France deviendra-t-elle une colonie américaine ?*, préface de F. Joliot-Curie, Paris, Éd. du Pavillon, 1948, p. 48.
31. *La Cinquième Colonne, la voici !*, Paris, SEDIC, s.d. [1950].

qui prônent le « ni droite, ni gauche ». De la droite nationaliste, monarchiste, fascisante à la gauche révolutionnaire en passant par les divers non-conformismes, cela fait beaucoup de monde. Parmi les intellectuels qui dès lors prennent l'affaire en main, cela fait à peu près tout le monde.

La mobilisation des clercs

Le deuxième trait caractéristique de cette nouvelle ère de discours, c'est en effet le rôle moteur qu'y jouent des « intellectuels » qui ne sont plus les mêmes après qu'avant 1918, comme si la production de l'antiaméricanisme faisait l'objet d'une sorte de transfert de compétence.

Avant la guerre, dans la période 1880-1914, images et analyses américaines passaient surtout par le récit de voyage ou la monographie spécialisée, beaucoup plus rarement par la fiction ou l'essayisme. Peu de célébrités, au demeurant, parmi les intervenants : Paul Bourget est le seul nom vraiment connu dans un corpus pourtant fourni. Ce rapport s'inverse dans les années 20. Les grands pourvoyeurs français d'images américaines seront désormais les écrivains ou les « philosophes-écrivains », et les plus célèbres d'entre eux. De Morand à Céline en passant par Claudel et Duhamel, puis de Sartre et Simone de Beauvoir à Jean Baudrillard, les États-Unis sont désormais « couverts » par un nouveau groupe au sein de l'intelligentsia : romanciers, poètes, moralistes, polémistes, essayistes et philosophes. Le changement est considérable et irréversible : l'arrivée de l'image cinématographique, puis télévisuelle, ne fera qu'élargir le champ et l'audience de cette fictionnalisation de l'Amérique.

Les ordonnateurs de l'imagerie américaine ne sont plus (plus principalement, en tout cas) ces experts de toutes disciplines : économistes, politologues, psychologues ou proto-sociologues, dont les vues avaient fortement dirigé le regard français de la fin du XIXe siècle. Non que tous se détournent des États-Unis. Il y aura encore, bien sûr, de savants enquêteurs en voyage d'étude : toujours des pédagogues et des agronomes, de plus en plus d'économistes et d'hygiénistes, flanqués des premiers spécialistes ès relations humaines et organisation industrielle. Tous continueront d'interroger le « laboratoire » du futur. Mais si certains de leurs travaux – ceux d'un Georges Friedmann sur la parcellisation du travail, par

355

exemple – sont promis à une belle postérité, ils contribuent peu, dans l'immédiat, à façonner ou modifier l'image collective des États-Unis. En précisant leurs objets et disciplinant leurs démarches, les nouvelles sciences sociales perdent en influence ce qu'elles gagnent en crédibilité. Seule l'histoire, qui découvre tardivement l'Amérique, accroît son influence dans la fabrication des représentations américaines. Un André Siegfried, chez qui convergent la tradition d'enquête du Musée social, des rémanences d'anthropologie raciale et les souvenirs d'une politologie à la Boutmy, devient une référence incontournable, sans doute (et entre autres raisons) parce qu'il est l'intermédiaire idéal entre les discours « savants » d'avant-guerre et l'essayisme littéraire qui s'empare désormais des États-Unis.

Mais un Siegfried lui-même, ou un Bernard Faÿ, n'interviennent qu'en renfort. Le discours antiaméricain triomphant n'en est plus à se chercher des cautions. Aux disciplines du savoir, aux voyageurs méthodiques, il ne demande désormais que des confirmations. « Quelle idée préconçue allez-vous vérifier là-bas ? » demandait Hippolyte Taine à un disciple partant pour l'Angleterre. Les littérateurs antiaméricains qui font le voyage emportent, avec toute une bibliothèque antérieure, leur « check-list » de préjugés à valider. Maurois le note, nul n'échappe au feuilletage des lectures, nul regard désormais qui puisse prétendre à la fraîcheur : « Déjà je ne sais plus. [...] les souvenirs de voyage sont gâtés par la lecture. Est-ce moi qui ai vu ce pays ? Est-ce Keyserling ? Ou Siegfried ? Ou Romier ? Ou Luc Durtain[32] ? » Manière malicieuse de souligner que lui, Maurois, plus conscient de cet encombrant bagage, saura aussi mieux s'en délester que la plupart de ses contemporains... L'antiaméricanisme d'avant 1914 était l'enfant d'un doute lancinant. Et si la *Sister Republic* n'était pas du tout celle que l'on croyait ? Et si les États-Unis étaient moins amicaux, moins pacifiques, moins démocratiques, moins prospères, moins socialistes, etc., que leurs sympathisants français ne l'avaient imaginé ? Cet âge est révolu. Fini, le doute. Closes, les enquêtes. On assiste donc à une véritable « relève » dans le personnel intellectuel antiaméricain. Une vaste coalition de gens de lettres s'attaque au sujet : l'antiaméricanisme est devenu le champ de spécialisation des non-spécialistes, l'apanage d'une intelligentsia qui s'érige en gardienne des valeurs menacées.

32. A. Maurois, *En Amérique*..., p. 69.

On appellera *clercs*, pour les distinguer de leurs prédécesseurs, ces nouveaux cartographes des représentations américaines, non pas tant en hommage à un livre célèbre de Julien Benda que par référence à Nietzsche et à la nature « sacerdotale » de leur fonction : l'élaboration des Fictions collectives. L'antiaméricanisme français est depuis lors un parti pris des clercs.

Avec eux s'impose un nouveau corpus. Jusqu'au milieu des années 30, la vague traverse tous les genres : essais, romans, revues, théâtre, pamphlets, reportages. La violence verbale est de mise et s'affiche dans les titres, du *Cancer américain* à « Procès de l'Amérique »[33]. Le témoignage se fait caustique et la dénonciation frontale. Détail significatif, le récit de voyage, très pratiqué avant 1914, n'est plus l'indispensable tremplin de l'accusation : les États-Unis peuvent désormais être pesés et jugés sans même avoir été visités. Duhamel reste fidèle à la tradition du carnet de route et du croquis de terrain ; il est d'autant plus intéressant de l'entendre déclarer, le succès venu : « Je n'avais pas besoin d'aller aux États-Unis pour dire ce que j'ai dit ; j'aurais pu écrire la plupart des chapitres de mon livre sans quitter Paris[34]. » Ses jeunes rivaux Aron et Dandieu dénoncent à distance et argumentent *in abstracto*. Cette abstraction ne nuit pas à la polémique : si elle prive le lecteur de vignettes satiriques et d'anecdotes vitriolées, elle facilite le rejet global, sans nuances ni regrets, d'une américanité quintessenciée.

L'accumulation du « matériau » est d'une rapidité impressionnante. En quelques années, la bibliothèque américaine des Français s'enrichit de plusieurs ouvrages majeurs, dans tous les genres, tandis que se multiplient les numéros spéciaux de revues et les « grands reportages ». André Chaumeix, en juin 1930, recensait pour la *Revue des Deux Mondes* « pas moins d'une douzaine d'ouvrages » parus sur l'Amérique en quelques semaines[35]. Le pic s'étend en fait de 1927 à 1932, avec des livres aussi différemment marquants que *Les États-Unis d'aujourd'hui* d'André Siegfried (1927), *Qui sera le maître, Europe ou Amérique ?* de Lucien Romier (1927), le *New York* de Paul Morand (1927) et son *Champions du monde* (1930), le curieux roman-parabole de Raoul Gain

---

33. Titre donné par la revue *Réaction* à un numéro spécial en 1930.
34. André Rousseaux, « Un quart d'heure avec M. G. Duhamel », *Candide*, 19 juin 1930, p. 4 ; cité par A.-M. Duranton-Crabol, « De l'anti-américanisme en France vers 1930 », *RHMC*, nº 48-1, p. 122.
35. Cité par J.-L. Loubet del Bayle, *Les Non-Conformistes des années 30. Une tentative de renouvellement de la pensée politique française*, Paris, Seuil, 1969, p. 254.

Des Américains chez nous (1928), les deux volumes de récits de Luc Durtain (*Quarantième étage*, 1927, et *Hollywood dépassé*, 1928) auxquels s'ajoutent une plaquette de poésie et de nombreux articles, les *Scènes de la vie future* de Duhamel (1930), le numéro spécial de *Réaction* (1930), *Le Cancer américain* d'Aron et Dandieu (1931), *La Crise du capitalisme américain* de Bertrand de Jouvenel (1933), sans parler du *Voyage au bout de la nuit* de Céline (1932). À cette foisonnante production française, il faudrait adjoindre quelques traductions d'auteurs considérés en France – pour des raisons parfois énigmatiques – comme des autorités ès USA : ainsi le profus Keyserling (*Psychanalyse de l'Amérique*, 1930) et le fuligineux Waldo Frank (*Nouvelle Découverte de l'Amérique*, 1930). Tout cela représente un stock de formules et d'idées considérable. On ne retrouvera plus par la suite une telle concentration en nombre, ni surtout en originalité : dans les années 1950 comme dans les années Vietnam, la production polémique, ciblée et « événementielle », n'enrichit guère la spectrographie de l'Amérique faite entre les deux guerres.

« À partir de 1931 », note l'historien David Strauss, « il est devenu à peu près impossible à un voyageur ou commentateur français de penser l'Amérique sans en passer par l'une au moins des six autorités qui ont émergé dans la période 1927-1930 »[36]. Ces six autorités sont à ses yeux Siegfried, Tardieu, Romier, Duhamel, Durtain et Morand. À vrai dire, Cornelius De Pauw déjà voyageait par procuration, Chateaubriand recopiait ses paysages et les promeneurs du XIXᵉ siècle transportaient à pleines malles les livres de leurs devanciers. Reste qu'en effet, en quelques années seulement, l'antiaméricanisme français s'est donné un corpus de référence décisif : l'américanophobie intellectuelle des années 20 et 30 reste, aujourd'hui encore, l'horizon indépassé de l'antiaméricanisme français.

« Nous passons à la défensive... »

Cette nouvelle bibliothèque américaine est massivement hostile. Les voix favorables y sont si rares qu'à grand peine peut-on, comme Loubet del Bayle, parler de « courant » à propos des quelques

---

36. David Strauss, *Menace in the West. The Rise of French Anti-Americanism in Modern Times*, Wesport, Connecticut/London, England, Greenwood Press, 1978, p. 69.

dissidents très conscients d'aller contre le torrent de l'opinion[37]. Mais la nouveauté n'est pas là, elle réside dans les nouvelles logiques selon lesquelles se déploie l'hostilité.

Jusqu'alors, l'hostilité envers les États-Unis était restée diffuse, éclatée, éparpillée en humeurs singulières et en inquiétudes localisées. Ses divers motifs se croisaient sans s'entrelacer. C'était une très visible constellation, pas encore une galaxie structurée. De l'anthropologie raciale à l'analyse économique du *trust*, de la « psychologie politique » à la sociologie ou à l'histoire culturelle, de jeunes disciplines offraient des cadres concurrents pour l'analyse du « péril ». Et si nombre d'observateurs, déjà, appelaient à des ripostes, c'était en ordre dispersé, et avec plus de véhémence que de cohérence. Leurs schémas d'analyse séduisaient chacun telle portion du public à laquelle il était destiné. Manquait encore ce que le marketing appellera, d'un mot venu d'outre-Atlantique, le *cross-over* : ce seuil au-delà duquel le discours, comme un produit bien lancé, n'en appelle plus seulement à un groupe d'usagers particulier, mais à tout un chacun.

Il revenait aux clercs de réaliser cette opération en désenclavant la dénonciation des États-Unis des domaines particuliers où elle s'exerçait. La mise en cause globale l'emporte désormais sur les incriminations particulières. Les « nouvelles découvertes de l'Amérique », pour reprendre le titre de Waldo Frank, ont pour commune ambition de la décrire comme un système clos et complet, *en tout* opposé à ce que nous sommes ou voulons être. Le discours antiaméricain y gagne en compacité et en puissance d'impact.

Offensive générale, donc, contre l'Amérique ? Non, mais bien *défensive générale*. C'est même là le troisième trait, essentiel, qui modifie profondément et durablement la teneur et la tonalité de l'antiaméricanisme français. Celui de l'Âge des Lumières était empreint de commisération ; celui du premier XIXᵉ siècle, de dédain ; celui des années 1880-1900, d'étonnement, d'inquiétude et surtout de colère. Le nouvel antiaméricanisme qui prend forme dans les années 1920 (et qui dominera le XXᵉ siècle) est un discours à la fois réactif et résigné, un discours de vaincus d'avance, de déjà-colonisés. La haine de l'Amérique s'y nourrit d'un violent mépris de soi-même. On se souvient de Raoul Gain construisant son roman *Des Américains chez nous* autour d'un narrateur-collabo

---

37. J.-L. Loubet del Bayle, *Les Non-Conformistes...*, p. 254 ; c'est une litote en tout cas que de décrire ce « courant » comme « plutôt minoritaire ».

asservi aux caprices des envahisseurs : cette fable de 1928 donne le ton des temps nouveaux et la fiction ne fait ici que devancer l'analyse. *Le Cancer américain* d'Aron et Dandieu, en 1931, se termine pareillement et significativement sur un portrait des Français en quémandeurs de faveurs financières et sexuelles, en prostitués de la nouvelle Rome, en « *græculi* » des temps modernes, « cous pelés de toutes professions, de tous sexes et de tous poils, qui se pressent autour des guichets ou des alcôves yankees »[38]. Le temps est loin déjà (1895) où Maurras pouvait comparer New York à telle « cité demi-barbare, établie près de la Chersonèse taurique » et décrite par Dion-Chrysostome[39]. Les pôles de la puissance se sont inversés : pour l'imagerie antiaméricaine, la métropole est désormais outre-Atlantique et les Français de 1930, nouveaux Grecs de la décadence, mendient aux marges de l'Empire les faveurs des vainqueurs. Soumission, humiliation, assimilation : tel est le programme d'asservissement que dénonceront désormais sans relâche les antiaméricains français.

Aucune solution de continuité, là non plus, entre la véhémence non conformiste des années 30 et l'alarmisme communiste ou gaulliste d'après 1945, qui remobilisera la même rhétorique de l'abjection consentie et de la trahison. La presse du PCF présente infatigablement les « atlantistes » comme des « munichois » ou plus simplement encore, comme de nouveaux collaborationnistes. Mais le gaulliste Étiemble, en 1964, n'a plus même l'excuse des excès logomachiques de la guerre froide lorsqu'il décrit « les négriers yankis » de Remington et de General Motors affairés à « ruiner la France » ; lorsqu'il dépeint la France elle-même, à longueur de pages, comme une « concession », un « dominion », une « chétive colonie »[40] des maîtres américains ; lorsqu'il ne recule pas devant la comparaison entre occupation américaine et occupation nazie – pour conclure, en faveur des nazis qui, du moins, « se donnaient la peine de rédiger en vrai français leurs atroces tableaux d'honneur »[41]. Nul doute que les suppliciés, même si « *à pronon-*

38. R. Aron et A. Dandieu, *Le Cancer américain...*, p. 240.
39. Ch. Maurras, « La France et l'Amérique » [1926], *Quand les Français ne s'aimaient pas. Chronique d'une renaissance. 1895-1905*, Paris, Nouvelle Librairie Nationale, 1916, p. 323.
40. Étiemble, *Parlez-vous franglais ?*, Paris, Gallimard, 1964 ; pp. 332, 33 (Étiemble reprend le mot « concession » à Audiberti), 52, 435 respectivement.
41. *Ibid.*, p. 244. À travers ce « sabir » de Précieuse, on aura peut-être compris qu'Étiemble parle des affiches annonçant les exécutions de résistants et d'otages.

cer, [leurs] noms sont difficiles », n'aient été sensibles à cette correction allemande qu'Étiemble oppose aux atrocités linguistiques
de l'occupant américain. *Parlez-vous franglais ?* triomphe en
France en pleine prospérité retrouvée, dans la France apaisée de
1964. Mais sa violence rhétorique prolonge celle du matraquage
stalinien et ressuscite le ton d'imprécation du non-conformisme
d'avant-guerre. L'hommage est-il volontaire ? Étiemble conclut en
tout cas là où Aron et Dandieu commençaient : sur un « cancer
américain » devenu chez lui « *cancer yanqui* »[42].
L'antiaméricanisme des clercs a l'esprit de suite.

*

Un discours autarcique de dénonciation défensive monopolisé
par les clercs : tel se présente, grosso modo, le nouvel antiaméricanisme français issu de la Grande Guerre. Avec la catastrophe de
1914-1918, l'hégémonie américaine est devenue patente, indéniable. Ce sont les Européens eux-mêmes qui l'ont permise et qui
l'affermissent par leurs dissensions. L'antiaméricanisme français,
naguère encore pétulant, insolent, caracolant en tout cas et combatif, se retranche sur un front du refus maussade. Il cultive l'amertume, aime à exhiber son impuissance et à la gratter comme une
plaie. Dorénavant, sous les rhétoriques les plus exacerbées s'entend
la complainte, souvent complaisante, de la décrépitude. La violence
verbale s'envole à proportion même de la vanité, implicitement
reconnue ou explicitement avouée, de la résistance qu'elle prétend
éveiller. L'ennemi est dans la place ou, du moins, il contrôle les
portes. Les plus antiaméricains ne le dissimulent guère. Duhamel
dès son titre présente l'atroce *way of life* d'outre-Atlantique comme
notre « vie future ». *Le Cancer américain* d'Aron et Dandieu, pamphlet le plus violent sans doute de la période, est en même temps
le plus défaitiste, celui qui énonce le plus brutalement que l'ennemi
américain a déjà gagné la partie, que le monde déjà lui appartient.
Un fiel de défaite infiltre ces proses agressives. Naguère encore,
entre deux bordées d'indignation, on se gaussait, parfois avec
esprit, de cette Amérique qui n'en avait guère. Aujourd'hui, on
ricane encore, mais c'est du ricanement stupide que Céline prête
à Bardamu et ses compagnons devant Manhattan : « À travers la
brume, c'était tellement étonnant ce qu'on découvrait soudain que

---

42. *Ibid.*, p. 333. En italique dans le texte, ce qui suggère l'allusion délibérée.

nous nous refusâmes d'abord à y croire et puis tout de même quand nous fûmes en plein devant les choses, tout galérien qu'on était on s'est mis à bien rigoler, en voyant ça, droit devant nous... » Céline : l'homme de la preuve par neuf – neuf fois plus drôle et méchant que les autres. Vitupérer contre l'Amérique policière et fécale, à la bonne heure ! Mais la jérémiade française sur l'Amérique, elle aussi, en prend pour son grade. Le *Voyage au bout de la nuit* est un poème héroï-comique de la minabilité du Vieux Monde. Avec les galériens de l'*Infante Combitta*, c'est toute l'Europe crasse qui s'esclaffe devant un spectacle qui la dépasse. « On en a donc rigolé comme des cornichons [43]. »

Loti et bien d'autres voulaient encore aller à l'abordage, sus aux Yankees et tout le monde sur le pont ! Ce panache n'est plus de saison. Tout le monde aux abris, plutôt ! Défense de la France ; défense de l'Europe ; défense de l'Homme ; défense de l'Esprit ! Tels sont désormais les mots d'ordre de l'antiaméricanisme, auxquels il faut ajouter ce commandement tacite : défense de la Corporation, défense de l'intellectuel (français), défense des Clercs. Le discours antiaméricain a choisi sa ligne : la ligne Maginot. « Nous passons à la défensive », écrit Mounier en 1933 [44] : ce mot du fondateur d'*Esprit*, l'un des plus constants accusateurs de la fausse civilisation américaine, de l'embourgeoisement pharisien et de « l'homme qui est né avec l'âge du confort », pourrait être inscrit sur la bannière des clercs de nos deux après-guerre.

43. Céline, *Voyage au bout de la nuit*, Paris, Gallimard-Folio, 1983, p. 237.
44. E. Mounier, *Esprit*, n° 6, mars 1933, p. 896 ; cité par J.-L. Loubet del Bayle, *Les Non-Conformistes...*, p 243.

2. Face au déclin
Réduit gaulois ou glacis européen ?

> *Lido, Séville, rue de la paix, Bond Street, la*
> *Rotonde*
> *Manet, Cartier, Dostoïewsky, Pommery, Larue,*
> *Napoléon, Chabannais, Marcel Proust,*
> *préférez-vous*
> *tous ces nouveaux États de l'Union, annexés*
> *depuis 1917 ?*
> *Oui, oui. Ya, yeâ, yep, yep.*
>
> Luc Durtain, *USA 1927* (1928).

Défendre, donc. Défendre tout ce que menace l'Amérique. Réagir. Ne pas se résigner au déclin. Ne pas écouter les sirènes de l'abandon. Ne pas désespérer – et avant tout ne pas désespérer de la France. Car n'est-ce pas en son nom, en son honneur que sont prononcés la plupart des vœux d'antiaméricanisme ? N'est-ce pas « pour la France » que les clercs se mobilisent et se mettent en défense depuis la fin des années 20 ?

La réponse est moins simple qu'on ne l'aurait attendue.

Assurément, le mal-être d'un déclin français rôde derrière les malédictions accumulées contre l'Amérique. Le plus virulent des essais antiaméricains de l'entre-deux-guerres, *Le Cancer américain* d'Aron et Dandieu, fait diptyque avec leur *Décadence de la nation française* paru la même année, comme Tony Judt l'a remarqué [1]. Pourtant le dernier mot de leur pamphlet n'est pas pour la France, il est pour l'Europe : « Europe, réveille-toi ! » ; et les quolibets y abondent contre le nationalisme étriqué. En cela du moins, les deux jeunes gens en colère d'Ordre Nouveau rejoignent celui qu'ils

---

1. T. Judt, *Un Passé imparfait. Les intellectuels en France (1944-1956)*, trad. de P.-E. Dauzat, Paris, Fayard, 1992, p. 229.

traitent de Joseph Prudhomme de l'antiaméricanisme, le désuet Duhamel. Toute la fin des *Scènes de la vie future* – ce livre si français qu'il commence par une polémique avec Curtius – en appelle, non à la France, mais à l'Europe. C'est aux « gens d'Europe » que Duhamel adresse son envoi. C'est en « notre civilisation européenne » qu'il place ses ultimes espoirs[2]. Quelques années plus tard, c'est encore au nom de l'Europe – une tout autre Europe, il est vrai : celle de la famille néo-européenne regroupée dans le giron de Germania –, que les collaborationnistes appelleront à la lutte contre le bolchevisme *et* l'Amérique « ploutocratique ». Et quand, en face, depuis l'Angleterre où il a rallié de Gaulle, Maurice Druon décide de mettre en garde les Américains, dont la victoire approche, contre le vertige du succès et le dédain qu'ils pourraient éprouver pour une France amoindrie, il choisit lui aussi d'intituler son appel, non pas *Lettres d'un Français*, mais bien *Lettres d'un Européen*.

On pourrait multiplier les exemples : pris dans tous les camps, ils signalent ce qu'on pourrait appeler l'européanisation spontanée des contre-offensives françaises. La blessure, sans nul doute, c'est le déclin de la France. Mais le remède préconisé est presque toujours, à cette époque, européen. Maurras et sa descendance font exception, qui n'attendent de sursaut que national. Comme font exception, aujourd'hui, quelques antiaméricains cocardiers, arcboutés sur le seul nationalisme : ceux que Yann Moulier-Boutang décrit poussant contre la mondialisation le « cocorico du coq gaulois qui gratte ses ergots dans le désert »[3]. Entre les deux, pas grand-chose : pas même le gaullisme, en tout cas pas le « gaullisme de gouvernement », qui sut toujours maintenir une logique de résistance à l'échelle européenne ou (selon les cas) internationale, derrière le drapé d'une insistante rhétorique nationale.

L'antiaméricanisme français, à cet égard, n'est pas un chauvinisme. Ni en 1930 ni en 2002, les défenseurs de la France contre le péril américain ne comptent *uniquement* sur elle pour contre-attaquer. Comme dans ces opérations militaires mises sous pavillon international, le discours antiaméricain, si français dans ses

---

2. G. Duhamel, *Scènes de la vie future* [1930], Paris, Arthème Fayard, « Le Livre de demain », 1938, pp. 124, 125.

3. Dans « Enquête sur une détestation française », Jean Birnbaum, *Le Monde*, 25-26 nov. 2001. Le directeur de la revue *Multitudes* y dénonçait la stérile stéréotypie antiaméricaine d'une partie du mouvement antimondialisation.

thématiques et ses mécanismes, se déploie presque toujours au nom d'une entité supérieure. Ce sera l'Homme, ce sera l'Esprit – on y reviendra. Mais c'est aussi, pour quelque temps du moins, l'Europe.

L'Europe désunie face à « l'ogre réaliste »

Il paraît incontestable que l'essor de l'antiaméricanisme français est lié à l'amère perception d'un déclin national. Reste qu'une idée de déclin peut en cacher une autre. En cette fin du XIXᵉ siècle qui a vu s'épanouir l'antiaméricanisme français, l'inquiétude est moins dirigée vers la France que vers l'Europe. L'ambition « impériale » américaine est perçue dans les années 1880-1890 comme une menace collective à laquelle devraient réagir l'ensemble des puissances du Vieux Monde. La Grande-Bretagne elle-même, qui aime à penser qu'elle est protégée par les affinités « anglo-saxonnes », aurait tort de se croire immunisée contre une vassalisation douce. Tel est du moins l'avis de la plupart des commentateurs français. Certains prédisent même que l'Anglais sera le premier dévoré par son cousin et congénère. Mais qu'ils associent ou dissocient le cas britannique, les antiaméricains français de la Belle Époque ont le souci de l'Europe en bloc. Ils appréhendent une perte de puissance et d'influence du continent tout entier, beaucoup plus qu'une déchéance qui serait particulière à la France, comme ce sera le cas quelques décennies plus tard.

Cette mise en vedette de l'Europe dans l'appel à la résistance antiaméricaine est très nette chez Henri de Beaumont qui publie en 1888 son article pionnier « De l'avenir des États-Unis et de leur lutte future avec l'Europe » dans le *Journal des Économistes*. Beaumont part d'un constat très général : le déplacement constant du centre économique mondial d'est en ouest – selon le schéma classique de la *translatio imperii*. Cette dérive de la suprématie permet de prévoir que « le centre des affaires va [...] s'établir à New York ou à Washington qui deviendrait la capitale du monde civilisé »[4]. Inversement, ajoute Beaumont, « l'Europe ne peut que suivre un mouvement opposé au mouvement ascensionnel des États-Unis et tout ce que possèdent aujourd'hui les États euro-

---

4. H. de Beaumont, « De l'avenir des États-Unis et de leur lutte future avec l'Europe », *Journal des Économistes*, juillet 1888, p. 76.

péens : avantages de la position géographique, aptitudes héréditaires, existence basée sur un long passé, richesses accumulées, tout disparaîtra dans la déchéance finale »[5]. Europe et Amérique du Nord sont liées par un mécanisme de poids et de contrepoids : l'abaissement de l'une sera l'effet mécanique de l'élévation de l'autre. Dans cette funeste bascule, l'Europe apparaît d'autant plus démunie qu'elle se ruine et se déchire. L'avenir est sombre pour « nous autres nations continentales qui nous battons à coups d'argent et de masses armées pour conquérir une suprématie peut-être éphémère et qui, épuisées et ruinées, serons un adversaire encore plus facile pour ce jeune peuple »[6]. L'Angleterre elle-même, moins suicidaire pourtant que la France et l'Allemagne, commence à s'inquiéter de la montée en puissance américaine – à juste titre, pense Beaumont, qui se prévaut de la thèse darwinienne selon laquelle une espèce s'attaque d'abord à ses « variétés » proches pour étayer son idée que les Américains s'en prendront d'abord aux autres Anglo-Saxons[7].

Quoi qu'il en soit, le sort de l'Europe se décidera solidairement et à brève échéance. « Les États-Unis, lorsqu'ils seront devenus plus puissants et plus riches qu'aucun des États de l'Europe et peut-être qu'aucune des nationalités ou des associations de peuples groupés dans un intérêt commun, changeront d'attitude à l'égard de l'Europe. » Leur expansion irrépressible provoquera l'affrontement : « Quand ces États [Unis] auront la population qu'ils doivent normalement contenir, ils déborderont fatalement. La lutte pour la vie et la concurrence inévitable les forceront à se répandre au-dehors. Les Américains fourmilleront alors partout, non seulement dans les deux Amériques, mais encore sur le monde entier, cherchant à s'établir, réclamant des droits et des privilèges et devenant peut-être maîtres des nations de l'ancien monde. » Le thème du fourmillement américain est lancé ; encore une décennie et il sera associé à celui du « grouillement » asiatique.

Il y a donc « une vérité future dans la célèbre assertion que l'Amérique est capable de "fouetter l'univers" ». L'avenir selon Beaumont ? À court terme, il faut s'attendre à une application offensive de la doctrine de Monroe : « On peut être certain que le

---

5. *Ibid.*, p. 77.
6. *Ibid.*
7. Cette application du darwinisme aux relations internationales ne rassure pas un Octave Noël, qui tient que « l'union des races anglo-saxonnes protège les possessions anglaises » (*Le Péril américain*, Paris, De Soye et fils, 1899, p. 45).

jour où les États-Unis se sentiront assez forts, ils appliqueront dans toute sa rigueur la doctrine de Monroë [*sic*] et commenceront par l'expulsion des puissances européennes du continent et des îles américaines. » L'affaire cubaine, dix ans plus tard, commencera d'accomplir la prophétie. À moyen terme, la lutte se tournera contre l'Europe : « Notre génération n'a assisté qu'à la lutte que se sont livrée entre elles et que se livrent encore les nations de l'Europe pour conquérir le premier rang. La génération qui nous succédera verra lutter l'Europe et les États-Unis pour s'assurer la prééminence sur le globe. » Guerre ouverte, conflit larvé ? Beaumont ne se prononce pas, le résultat seul l'intéresse et il sera le même : « Un jour l'Europe se réveillera pour constater que les destinées du monde ne lui appartiennent plus. » Conquête militaire ou « conquête pacifique », c'est-à-dire économique et financière, le sort de l'Europe est scellé, à moins d'un sursaut immédiat et énergique. Pour Beaumont, il est clair qu'il n'y a de solution qu'européenne au péril américain. La France isolée se condamne à subir, la contre-attaque doit être commune. Beaumont ici se veut réaliste et fixe des objectifs modestes. La France et l'Allemagne ne sont pas mûres pour arrêter la course aux armements. Aucun professeur Golbert n'a encore inventé « l'accumulateur psychique » capable de pacifier les peuples par ses vibrations positives[8]. « Que faire ? Désarmer, impossible. Mais au moins cesser la guerre de tarifs en Europe[9]. » L'Europe fédérative est à l'horizon de ce programme d'autodéfense. Elle se situe dans un long terme imprévisible. Mais l'important, c'est que pour la première fois le « péril américain » ait été présenté à la fois comme la meilleure justification et le plus puissant stimulant d'une union politique européenne. « Le danger commun est un des meilleurs motifs d'union. Peut-être serons-nous contraints un jour de constituer une fédération européenne. Dieu veuille qu'il ne soit pas trop tard. »

Chez Henri de Beaumont cristallise donc une certaine idée des États-Unis d'Europe, non plus comme émulation et réplique des États-Unis d'Amérique, mais comme réponse et riposte à la menace que ceux-ci constituent. Sa voix ne restera pas longtemps solitaire. Au cours des deux décennies suivantes, l'inquiétude française face aux ambitions planétaires des États-Unis s'exprimera de plus en plus en termes européens. La priorité accordée, même par les plus

---

8. Voir *La Conspiration des milliardaires*, au chap. 4 de la première partie.
9. H. de Beaumont, « De l'avenir des États-Unis... », p. 84.

patriotes, à cette dimension européenne de la résistance contre le *yankeesme* n'a rien, au fond, de si paradoxal. Elle vient en réaction à une agressivité américaine elle-même perçue comme globalement antieuropéenne. La conviction est ancienne. Elle trouve ses racines dans la déclaration de Monroe de 1823. La mise en demeure de Monroe était adressée à toute puissance susceptible d'interférer dans les affaires américaines ; mais derrière la généralité du propos, nul ne pouvait s'y tromper, c'était bien l'Europe qui était visée [10]. Unanimement considérée comme la charte fondatrice du nouvel hégémonisme américain, cette « doctrine » crée entre les Européens une solidarité de fait ; c'est du moins la conviction des Français, lorsque le débat se ranime autour du fameux document, à la fin du XIXᵉ siècle. On a déjà vu en quels termes. Non seulement la « doctrine » a pris rang de nouvel « évangile » ; mais, de déclaration défensive, elle est devenue manifeste agressif. Beaumont en 1888 ne manque pas d'y renvoyer – « on connaît la fameuse doctrine de Monroe prêchée par Adams et Jefferson » – sans éprouver le besoin d'insister sur un document dont tous ses lecteurs ont pu méditer la nocivité.

L'accalmie diplomatique qui suit la guerre hispano-américaine ne change rien à cette conviction. Les moins antiaméricains des observateurs voient dans la « théorie du big stick » de Teddy Roosevelt [11] la prolongation et l'aggravation de la doctrine de Monroe. Voici l'analyse que livre en 1908, dans des *Notes sur les USA*, un jeune homme d'avenir, André Tardieu : « Bismarck pouvait dire, il y a vingt-cinq ans, que la doctrine de Monroe était une "impertinence internationale". L'impertinence, aujourd'hui, consisterait à en méconnaître la portée. N'oublions pas d'ailleurs que, depuis dix ans, les États-Unis se sont dotés d'une force militaire, qui pèsera sur leur histoire : car si la fonction crée l'organe, l'organe développe la fonction [12]. » C'était confirmer le diagnostic d'Octave Noël, avertissant les Français de 1899 que « sur tous les points du

10. Sur les réactions françaises à la déclaration de Monroe, voir R. Rémond, *Les États-Unis devant l'opinion française. 1815-1852*, Paris, Armand Colin, 1962, pp. 606-616.

11. Dans un discours rapidement célèbre, prononcé à la Foire de l'État de Minnesota, le 2 septembre 1901, Theodore Roosevelt avait cité ce « proverbe bien de chez nous » : « façons douces et gros bâton, le voyage vous sera bon » (« speak softly and carry a big stick, you will go far »). C'est Tardieu qui en fait une « théorie » dans *Notes sur les États-Unis. La Société, La Politique. La Diplomatie* (Paris, Calmann-Lévy, 1908, p. 262).

12. A. Tardieu, *ibid.*, p. 270.

368

globe, les États-Unis sont appelés à entrer prochainement en conflit avec l'Europe ». « Nous avons vu l'effroyable matériel de guerre industriel qu'ils peuvent armer contre nous », ajoutait Noël [13]. Le potentiel agressif de 1899 est devenu en 1908 une formidable réalité : on n'accumule pas navires et obusiers pour les laisser rouiller.

Les Yankees haïssent l'Europe et tout ce qui est européen, répétait Gustave Le Rouge à chaque épisode de *La Conspiration des milliardaires*. Ils ne la haïssent pas, corrige Tardieu ; mais il faut bien convenir qu'ils ne l'aiment guère et la méprisent fort. Le haut personnage américain qu'il interroge sur l'Europe lui répond : « Notre politique à l'égard de l'Europe est une politique d'indifférence, nuancée, si vous voulez que je sois franc, de quelque dédain. » Tardieu commente : « Il est impossible d'exprimer plus exactement l'état d'esprit des hommes politiques d'outre-mer à l'égard de l'ancien monde [14]. » Ce dédain équitablement réparti, cette menace collectivement suspendue au-dessus du Vieux Monde sont d'assez bonnes raisons, aux yeux des Français, pour en appeler à une contre-offensive unifiée. Ou d'y rêver. Ou de déplorer les obstacles qui l'entravent. « Vous le savez », écrit Huret en 1904, « l'Amérique se prépare à la grande lutte économique qui doit un jour ou l'autre éclater entre l'ancien et le nouveau continent. [...] Et l'Amérique s'arme, construit des cuirassés, en construira encore, sans fin. En effet, le Yankee n'est pas homme à se soucier d'un obstacle. Pour lui comme pour l'Anglais, il n'y a que la force qui vaille. Et l'on assistera alors au plus formidable duel qu'ait jamais vu la terre. Car la planète a des bornes... La position de San Francisco à quinze jours de mer de Yokohama et à vingt jours de Pékin donne aux États-Unis une avance énorme sur l'Europe. Et quand l'Atlantique d'un côté et le Pacifique de l'autre seront devenus des lacs américains sillonnés de steamers bourrés de marchandises bon marché et de navires de guerre gavés d'obus, que deviendra l'Europe désunie devant cet ogre réaliste ? » [15]

L'Europe, encore et toujours... Ce tableau géo-politico-commercial, brossé dans l'un des livres les moins polémiques de la période, reflète une perception tellement partagée par ses compatriotes que Jules Huret s'excuse presque de la banalité du propos. La thèse

13. O. Noël, *Le Péril américain*..., p. 49.
14. A. Tardieu, *Notes sur les États-Unis*..., pp. 360-361.
15. Jules Huret, *En Amérique (II)*..., Paris, Fasquelle, 1905, p. 86.

provocatrice défendue en 1888 par Henri de Beaumont est déjà entrée, quinze ans plus tard, au dictionnaire des idées reçues.

Exhalant son regret de voir « l'Europe désunie », l'envoyé du *Figaro* est à l'unisson, en effet, de l'européanisme spontané dont se colore l'antiaméricanisme de ses contemporains. Le moment est propice. La Grande-Bretagne nous est cordialement alliée. Beaucoup d'intellectuels espèrent en un règlement pacifique des litiges avec l'Allemagne. La remarquable progression électorale des socialistes, réputés internationalistes et pacifistes, en France et en Allemagne, donne du poids à ces espérances. L'européanisme antiaméricain joint sa voix au concert. Comme le suggérait Beaumont et comme l'illustre le dénouement paneuropéen du feuilleton de Gustave Le Rouge, se donner un ennemi commun est peut-être la manière d'en finir avec des antagonismes mortels pour l'Europe. L'Amérique peut jouer ici, à son corps défendant, un grand rôle historique : celui de repoussoir et donc aussi de catalyseur d'une identité européenne. Car si, comme le bruit s'en répand de plus en plus, l'Amérique est la parfaite antithèse de l'Europe, elle peut rendre aux Européens l'inappréciable service de les éclairer sur ce qu'ils sont.

En ce début du XXᵉ siècle, il paraît évident de conjoindre, contre l'Amérique aux fortes mâchoires, défense de la France et défense de l'Europe. Nul n'a oublié le mot de Victor Hugo : « la France, c'est l'Europe ». Pour ces Français, l'Europe sera fille de la France. Aussi n'ont-ils aucune difficulté à ériger en souci européen leur conscience nationale d'un « péril » américain. Restent les faits, têtus, qu'évoquait le réaliste Beaumont : l'oubli des injures entre la France et l'Allemagne relève encore du vœu pieux. Du même coup, jusqu'en 1918, l'appel à une Europe antiaméricaine reste une incantation propitiatoire plutôt qu'un véritable cri de ralliement. Il faudra le désastre de la Grande Guerre pour que ce recours à l'Europe esquissé surtout rhétoriquement prenne une forme plus concrète, plus délibérée et plus militante.

Finis Europae

« Je me demande si tout ceci – l'Europe – ne finira pas par une démence ou un ramollissement général. "AU QUATRIÈME TOP"

– il sera exactement... la *fin d'un Monde*[16]. » Cette note, dans les *Cahiers* de Valéry, date de 1939, vingt ans après la parution de « La crise de l'esprit ». Mais pour Valéry, on le sait, le compte à rebours européen a commencé bien plus tôt : avant même le grand carnage de la Première Guerre mondiale, en cette fin du XIXe siècle où Beaumont, déjà, voyait décliner l'astre de l'Europe. Évoquant cette heure, peut-être proche, où « les vieilles nations, renonçant trop tard à leurs rivalités, cesseraient de se disputer une suprématie qui n'aurait plus de valeur », Beaumont terminait son article du *Journal des Économistes* sur une clausule latine très valéryenne : faute de réagir, « nous ne léguerions à nos descendants que la triste obligation de murmurer : *Finis Europae* »[17].

L'obsession de la fin de l'Europe qui court dans toute l'œuvre de Valéry est dans le droit-fil de cette admonestation. Elle plonge ses racines dans le terreau mélancolique d'une fin de siècle hantée des mauvais anges : Doute, Déclin, Déchéance. L'Europe en ruine de 1919 confirme, avec une acuité tragique, un pressentiment qu'aggravent désormais sentiment de culpabilité et sens de l'irréparable. Valéry en tire la leçon dans « La crise de l'esprit » : « Nous autres, civilisations, nous savons maintenant que nous sommes mortelles. » Ou plutôt : « We civilizations now know that we are mortal... ». Car ce texte si fameux – est-ce un symbole ? – a d'abord paru en anglais[18].

Cette déploration fera le tour du monde. En France même, elle innervera pour des années les constats de carence ou de défaillance les plus variés. Valéry n'est ni le premier ni le dernier à annoncer à l'Europe son effacement : mais il donne à l'idée une forme et une autorité incomparables[19]. Tout le discours antiaméricain de l'entre-deux-guerres en porte la marque, implicite ou explicite – à commencer par l'ouvrage de référence d'André Siegfried, *Les États-Unis d'aujourd'hui*, dont la conclusion oppose « civilisation européenne et civilisation américaine » pour prédire, en fin de compte, l'effacement historique de la première devant la seconde. Valéry

16. P. Valéry, *Cahiers*, Paris, Gallimard, Bibliothèque de la Pléiade, éd. de J. Robinson, 1974, t. II, p. 1498.

17. H. de Beaumont, « De l'avenir des États-Unis... », p. 83.

18. Première publication dans *Athenæum*, April-May 1919 ; puis *Nouvelle Revue française* (août 1919).

19. Seul Spengler, avec *Le Déclin de l'Occident* (paru en 1918, mais conçu en 1912, sous le choc de la crise d'Agadir) peut se prévaloir d'une influence aussi vaste. Le beau texte de Musil « L'Europe désemparée » (*Das hilflose Europa*, 1922) est d'audience beaucoup plus restreinte.

n'a même pas eu à descendre dans l'arène de la polémique anti-américaine pour y exercer son influence. Rien ne pouvait exacerber davantage les répulsions contre la prétendue civilisation des Américains que l'idée qu'elle dût survivre à la nôtre : en ce sens, les diatribes qui se multiplient dans les années 30 contre cette « fausse civilisation » doivent beaucoup de leur âpreté à la mauvaise nouvelle apportée par Valéry.

Les lecteurs de « La crise de l'esprit » qui méditent ce texte le regard tourné vers l'Amérique ne savent pas encore, en 1919, à quel point ils ont raison. Valéry, on l'a déjà dit, ne livre qu'en 1931 le secret de cette origine : l'idée d'Europe, d'une Europe vulnérable, n'est pas née en lui du spectacle des ruines laissées par la Grande Guerre, mais du « choc imprévu » des guerres de 1895 et 1898. Avant cette époque, écrit Valéry, « je n'avais jamais songé qu'il existât véritablement une *Europe*. Ce nom n'était qu'une expression géographique » [20]. Étrange reprise du mot de Metternich : « L'Italie n'est qu'une expression géographique. » Car si le chancelier autrichien entendait dénier à l'Italie toute réalité nationale, malgré lui cependant l'Italie s'était faite. Valéry souhaite sans doute à l'Europe de démentir pareillement les prophéties négatives ; il les multiplie pourtant, comme incapable de croire en cette Europe qui s'est révélée à lui sous la forme d'une meurtrissure.

L'Europe de Valéry naît *défaite* – et défaite par la non-Europe. Graves prodromes, donc, que ces deux conflits restreints. Noirs signaux annonçant l'aspect le plus moralement mortifère de la guerre mondiale : le « recours désespéré des deux partis aux non-Européens, comparable au recours à l'étranger qui s'observe dans les guerres civiles » [21]. Démarche fatale, souligne au même moment Duhamel, dans une conférence publiée sous le titre « Entretien sur l'esprit européen ». « La guerre de 1914-1918 a gravement affaibli l'autorité de l'Europe », explique-t-il à un auditoire d'instituteurs, car les « auxiliaires de toutes les colonies » n'ont plus reconnu le « demi-dieu éblouissant et terrible » [22]. (C'est « l'homme blanc » qu'il veut dire.) L'Europe n'a pas seulement laissé des morts par millions dans la boue des tranchées, elle y a aussi laissé ses prestiges. Elle y a perdu son empire sur l'esprit des colonisés. Le « trésor » de

20. P. Valéry, *Regards sur le monde actuel*, *Œuvres*, Paris, Gallimard, Bibliothèque de la Pléiade, 1993, t. 2, pp. 913-914.
21. *Ibid.*, p. 927.
22. G. Duhamel, « Entretien sur l'esprit européen », *Cahiers libres*, 1928, p. 29.

la civilisation européenne est donc menacé. Et ceux qui comptent, pour le défendre, sur l'appui de l'Amérique, s'abusent étrangement : « L'évolution de ce grand pays, loin de les atténuer, ajoute aux menaces de l'ennemi.» Non seulement parce que son zèle en notre faveur reste à démontrer ; mais aussi parce que « la civilisation mécanique et industrielle, en se développant à l'extrême, surtout dans l'Amérique du Nord, [est] en train de cheminer vers une nouvelle barbarie »[23]. Duhamel n'est pas le seul, dans cet entre-deux-guerres, chez qui affleure le thème de la collusion entre la « barbarie » américaine et celle des races non blanches : on le retrouvera, exaspéré, chez André Suarès. Trois ans avant son voyage aux États-Unis, Duhamel, dans l'exact sillage de Valéry, décrit déjà une Europe succombant à ses fautes, menacée d'un côté par des Sauvages aux yeux dessillés et de l'autre par les nouveaux Barbares de la « civilisation des machines».

Lorsque le « sénat » européen, comme disait Renan, s'entredéchire, il livre l'Europe à « l'étranger». Ces étrangers de l'Ouest, de l'Est et d'ailleurs, les puissances européennes les ont « appelés » sur les champs de bataille de 1914-1918, contresignant ainsi la déchéance qui leur avait été notifiée en 1895 et 1898, lorsque Japonais et Américains s'étaient invités au banquet de l'histoire mondiale. Tandis que Duhamel consacre son énergie, dans les années 30, à pourfendre la civilisation « d'ilotes » qui menace la culture européenne, Valéry ne cesse plus de prophétiser l'anéantissement d'« une *Europe* », fruit mort-né d'une prise de conscience sans lendemain. Le lamento nécrologique de « La crise de l'esprit » n'est en ce sens que le premier d'une longue série d'avis de décès consignés dans les *Cahiers*, dans l'attente depuis longtemps imminente du « quatrième top ». Jusqu'à ces lignes datées de 1945 : « L'Europe a fini sa carrière. Voir la carte du monde. 1945 − 1815 = 130[24].» Curieuse façon de marquer la défaite du nazisme. Sur la stèle funéraire de l'Europe, Valéry grave une soustraction pour toute épitaphe.

La ligne Siegfried, la folie Suarès

De 1919 à 1945, Valéry sans relâche aura donc sonné le glas de l'Europe. Mais beaucoup de ses lecteurs, dans les années 20, enten-

23. *Ibid.*, p. 50.
24. P. Valéry, *Cahiers...*, t. II, p. 1552.

dent ce glas comme un tocsin. En dépit de lui-même[25], Valéry contribue donc de tout son prestige à la mobilisation contre cette Amérique qui entrera dans la carrière quand son aînée n'y sera plus. Ce que Valéry laissait en filigrane : la substitution de cette nouvelle Puissance à celle, abolie, des Européens, devient le fil conducteur d'une série d'essais écrits dans le sillage de « La crise de l'esprit », mais aussi en réaction contre une résignation mélancolique qui peut passer pour une capitulation. Son épitaphe à *Europa moribunda* sert ainsi d'exergue paradoxal à toute une littérature antiaméricaine qui en assume le pessimisme historique, sans en accepter le verdict démobilisateur.

Deux textes, parus à un an d'intervalle, en 1926 et 1927, illustrent cette double descendance valéryenne. Le premier est un assez court essai d'André Suarès : « Vues d'Europe : le principe européen » ; le second, l'ouvrage vite classique d'André Siegfried, *Les États-Unis d'aujourd'hui*. Brûlot d'un côté, somme pédagogique de l'autre : les deux œuvres semblent n'avoir rien en commun – pas même leur sujet. Mais l'Europe de Suarès est une anti-Amérique ; et les États-Unis de Siegfried, d'abord présentés comme une mosaïque européenne, sont au terme de l'analyse définis comme une non-Europe. Dialoguant l'un et l'autre avec « La crise de l'esprit », Siegfried et Suarès en tirent, sur des modes contradictoires, les leçons américaines.

La dette est très claire chez Siegfried, qui écrira plus tard (en 1935) un ouvrage au titre explicitement valéryen, *La Crise de l'Europe*. Si *Les États-Unis d'aujourd'hui*, en 1927, se présentent avant tout comme un compendium de données démographiques, économiques et sociales, Siegfried pourtant ne manque pas de donner à son livre une conclusion « philosophique ». L'ouvrage s'achève en effet sur le constat d'un antagonisme historique irréductible entre les deux continents, antagonisme pensé à travers la catégorie de « civilisation », que l'historien dispute ici au philosophe. Intitulé « Civilisation européenne et civilisation américaine », l'ultime chapitre assène au lecteur de 1927 quelques rudes vérités. Et avant tout celle-ci : « La vieille civilisation de l'Europe, il faut s'en rendre compte, n'a pas traversé l'Atlantique[26]. » Cette simple phrase est une petite révolution. Les détracteurs de l'Amérique

---

25. Valéry considère comme accompli le triomphe conjoint du machinisme et de la démocratie et ne milite pas contre la « civilisation américaine ».
26. A. Siegfried, *Les États-Unis d'aujourd'hui*, Paris, Armand Colin, 1927, p. 345.

s'étaient jusqu'alors contentés de constater (et de déplorer) l'abandon progressif et rapide par l'Amérique du Nord des coutumes, institutions et modes de pensée qui la rattachaient au Vieux Monde. Paul de Rousiers consacrait l'introduction de sa *Vie américaine* à commenter ce décrochement progressif et à en proposer une chronologie. « Pendant près de trois siècles », écrivait-il alors, « l'Amérique fut considérée comme une sorte de dépendance de l'Europe » ; la guerre d'Indépendance « fut en quelque sorte la première phase d'une désillusion qui n'est pas encore près de prendre fin ». « Aujourd'hui », concluait Rousiers (en 1892), « nous assistons à la seconde phase de la désillusion : non seulement l'Amérique a une existence propre, mais elle devient pour le Vieux Monde une redoutable rivale »[27]. André Siegfried rompt avec ce récit de séparation : les États-Unis n'abjurent pas la civilisation européenne, ils n'en ont jamais reçu livraison. C'est balayer les dernières illusions de ceux qui, comme Valéry (mais est-ce le Valéry de 1898 ou de 1931 ?), s'accrochent encore à l'idée que les États-Unis sont un « pays déduit de l'Europe ». Rien n'est plus faux, souligne Siegfried. Le peuple américain n'a pas rompu les amarres, il est sans attaches : il « est en train de créer une société complètement originale, dont la ressemblance avec la nôtre tend à n'être plus que superficielle ». Et c'est précisément cette « création » qui laisse présager notre marginalisation et notre effacement historique. « Peut-être même s'agit-il d'un âge nouveau de l'humanité, reléguant l'Europe, qui n'en est plus l'animateur, dans l'histoire, avec un idéal appartenant désormais au passé. » Car « l'Europe et l'Amérique tendent à diverger maintenant dans leur hiérarchie des valeurs » et la guerre « a mûri ce contraste »[28]. L'Amérique de la prospérité (une prospérité dont Siegfried, deux ans avant le Black Thursday de 1929, ne doute pas) s'oppose à une Europe « pays de pauvres ». Mais cette Europe distancée dans la course à la prospérité veut-elle payer le même prix, « presque tragique », qu'a acquitté l'Amérique : le sacrifice de l'individu sur l'autel de l'automatisme ? Question évidemment toute rhétorique, si, comme le suggère Siegfried pour finir, il s'agit entre l'Europe et l'Amérique d'une « opposition entre deux âges successifs de notre humanité occidentale »[29].

27. P. de Rousiers, *La Vie américaine*, Paris, Firmin-Didot, 1892, p. 2.
28. A. Siegfried, *Les États-Unis d'aujourd'hui*..., p. 346.
29. *Ibid.*, p. 351.

Le dernier mot, inattendu, n'est pas le moins inquiétant pour la « civilisation européenne » : « la discussion s'élargit, devenant un dialogue entre Ford et Gandhi ». Étrange conclusion, beau sujet d'estampe : « le mode de production américain s'entretenant avec le mode de production asiatique ». Au lecteur de décider s'il doit y voir une allégorie ou un tableau d'histoire. Quoi de plus frappant en tout cas, quoi de plus parlant pour l'imagination inquiète des Français que cette Europe muette, réduite à faire tapisserie, tandis que confèrent doctement, par-dessus sa tête, l'Extrême-Orient et l'Extrême-Occident ?

L'historien André Siegfried a le déclin désabusé. L'essayiste et critique André Suarès l'a virulent. C'est d'ailleurs la *Revue des vivants* qui publie en 1928 des pans de son factum antiaméricain. La mort peut attendre et « Le Principe européen » est tout sauf languissant. Il y a en Suarès un prophète dévergondé. Ce proche de Péguy, cet ami de Maurice Pottecher et de Romain Rolland aime les âmes fortes et l'écriture tranchante. Étrangement étiquetée « byzantine » par Benda, son œuvre est pleine d'éclairs et de fulgurations. Suarès ne fait ni dans la dentelle, ni dans la jérémiade : la violence de son texte le tire du pair, même en un âge de systématique outrance pamphlétaire.

André Suarès vaticinant sur l'Europe se retrouve, comme Valéry, penché sur la mappemonde. « Qui regarde la carte avec soin découvre l'histoire de l'Europe. Qu'est-ce donc que l'Europe, péninsule de l'Asie, flèche de terre lancée dans les océans, sinon l'étoile à quatre branches de l'Occident ? » Difficile de ne pas songer à la question centrale de « La crise de l'esprit » : « L'Europe deviendra-t-elle *ce qu'elle est en réalité*, c'est-à-dire : un petit cap du continent asiatique [30] ? » Toujours ce cap, cette péninsule à quoi l'Europe nouvelle tend à se réduire. Toujours l'Asie, dont il semble qu'on ne puisse plus se passer pour parler de l'Amérique. Mais Suarès tient à Valéry par d'autres fils. Il est l'enfant de la même fin de siècle, ses hantises sont nées des mêmes coups de canon. Lui aussi est le fils spirituel de 1895 et de 1898, du péril jaune et de l'horreur yankee. La violence de son essai ne tient pas seulement à sa personnalité de bretteur polémique, ni au personnage de condottiere qu'il s'est tôt forgé (son *Voyage du Condottiere* commence à paraître à partir de 1910). Elle résulte aussi de l'empilement de deux

---

30. P. Valéry, « La crise de l'esprit », *Variété, Essais quasi politiques*, Deuxième lettre, *Œuvres I*, Paris, Gallimard, Bibliothèque de la Pléiade, 1957, p. 995.

époques, de l'accumulation de deux rages antiaméricaines, celle de la fin de siècle et celle des années 20 : c'est une colère au carré que fait éclater Suarès dans l'entre-deux-guerres. Le projet remonte au siècle précédent, comme l'attestent sa correspondance et une première mouture conservée dans le fonds Doucet[31], et la source est exactement la même que chez Valéry : toujours et encore le « choc » de Cuba. Le texte de 1928 retient de nombreuses traces de cette origine lointaine, à commencer par une obsession de la doctrine de Munroë [*sic*] qui appartient davantage aux années 1890 qu'aux années 1920, même si Suarès essaie d'en adapter la référence à la nouvelle donne isolationniste : « L'Amérique a fait jouer le principe de Munroë au gré de ses besoins. Elle exige désormais que l'Europe n'ait aucune part à ses affaires ; et elle entend en être seule juge. Elle se dérobe à toute amphictyonie ; elle décline toute autorité, toute cour internationale. » Suarès en déduit la seule ligne de conduite possible pour les Européens : l'autodéfense par la contre-attaque. La résistance aux Yankees est au cœur du « principe européen » : en fait, elle le définit. « Le devoir et la nécessité pour l'Europe d'interdire l'Ancien Monde à la politique et à l'esprit américain, voilà le fondement et le premier usage du principe européen[32]. » Le « principe de Munroë » appelle réponse et rétorsion : « C'est contre le principe de Munroë et ses conséquences fatales, que j'élève le Principe européen » ; et encore : « Le temps est donc venu d'un principe contraire qui s'oppose, légitimement, à ce que l'Amérique ait aucune part, si petite fût-elle, aux affaires de l'Europe, de l'Afrique et de l'Asie[33]. » Le « principe de Suarès » ainsi défini ne se bornerait pas à interdire l'Europe aux ingérences américaines, mais à leur barrer l'accès aux autres continents, ces chasses gardées de l'Europe coloniale. Vaste programme. Et aussi optimiste que la méditation de Valéry pouvait sembler pessimiste...

Comme d'autres avant lui (Demolins jugeant l'Allemagne moins dangereuse que les Anglo-Saxons) et après lui (Aron et Dandieu présentant les Allemands comme victimes, eux aussi, de l'américanisation), Suarès demande aux Français de ne pas se tromper de

---

31. Voir à ce sujet Jacques Alain Favre, *André Suarès et la grandeur*, Paris, Klincksieck, 1977, pp. 118-120 et *passim*.
32. A. Suarès, « Vues d'Europe : le principe européen », *Revue des vivants*, n° 8, août 1928, pp. 183-193. Repris dans Y. Hersant et F. Durand-Bogaert, *Europes. De l'Antiquité au XXᵉ siècle*, anthologie critique et commentée, Paris, Robert Laffont, coll. « Bouquins », 2000, p. 170.
33. *Ibid.*, pp. 171-172.

cible. L'ennemi, malgré les apparences, n'est pas l'Allemand, mais le « rat gris » d'Amérique. Ce rat, il le poursuit d'une haine haletante, qui fait hoqueter sa syntaxe. Cette note de 1911, écrite après avoir rencontré des Américains en Bretagne, jette un jour assez cru sur l'étrange alchimie raciste qui fait bouillonner ses alambics : « Misérables Yankees... Jusqu'à leur accent nasal et leur timbre de rire qui les prédestine à s'unir avec les Chinois pour s'emparer du monde... Avec les Chinois ils feront la race grise, la race de l'argent usé, du ballot, du titre, la race positive [...] Le nom, l'œuvre d'art, le génie, le divin, c'est tant. Ces misérables Yankees ne comprennent rien et condamnent presque tout. [...] Les Turcs, les Chinois, les nègres même entreront chez moi, si j'ai jamais un domaine. Mais les Yankees n'y pénétreront pas : à coups de fouet, hors d'ici...[34] » Le Condottiere n'y va pas avec le dos de la cuiller. Antiaméricanisme et xénophobie raciste font ici bon ménage ; on verra dans le chapitre « Cosmopolis » que Suarès n'est pas le seul à les conjuguer.

« L'essai sur le principe européen » peut se lire comme un feuilletage de deux âges de l'antiaméricanisme français. Dans la couche inactuelle : la définition de l'esprit européen comme « esprit classique » (et celle de l'esprit américain comme « le contraire de l'esprit classique ») ; la certitude haut clamée que la prétention des Américains « à être le premier peuple du monde [n'est] fondée en rien, pas même en mécanique » ; la forte croyance dans les destinées de la France, placée au centre de « l'étoile à quatre branches de l'Occident » et autour de laquelle les nations voisines « s'ordonnent » ; bref, toute une mythologie ou dramaturgie culturelle encore empreinte des rassurantes certitudes du siècle précédent. Ces certitudes sont pourtant contredites, dans les mêmes pages, par le sentiment nouveau d'une fragilité de l'esprit dans sa lutte manichéenne contre la puissance matérielle. La militance est traversée de doutes et de défaillances. Le ton s'exaspère tandis que le constat s'assombrit. Les mises en garde antimatérialistes, le refus de « la matière machinée dans l'ordre de l'industrie et dans l'ordre des mœurs [qui] tend à dominer le monde », l'appel insistant aux « puissances de l'esprit » que l'Européen « vénère, même quand il les nie », la définition même de l'Amérique – « L'Amérique est la machine » : tout cela appartient en propre à l'entre-deux-guerres ;

34. Cité par Marcel Dietschy, *Le Cas André Suarès*, Neuchâtel, À La Baconnière, 1967, p. 70.

et Suarès, poursuivant l'Amérique d'une rage ancienne, s'affirme aussi comme le précurseur des pamphlets ulcérés du non-conformisme.

De Valéry à Suarès et Siegfried, par-delà les différences des projets et des manières, une pensée du déclin et de l'effacement de l'Europe est nouée, généalogiquement, à l'irruption de l'Amérique comme menace. Le scénario fondamental est bien le même : il dresse face à l'Europe et contre l'Europe des peuples nouveaux venus, qui frappent impérieusement aux portes de l'Histoire. Valéry rapproche, en termes châtiés, leurs deux irruptions de 1895 et 1898. Siegfried clôt sa réflexion sur l'allégorie d'une Europe désemparée, réduite au silence, exclue du dialogue de civilisation qui s'engage entre Amérique et Asie. Suarès n'y va pas par quatre chemins et jette le mot qu'ils évitent. Ce dont l'Europe est menacée, c'est d'une collusion des Barbares : « Le principe européen consiste à défendre la conscience et la réalité de l'Europe contre ce qui n'est pas l'esprit, le sentiment et l'ordre européens : contre les Barbares, contre l'Asie, contre les Noirs et les Jaunes sans doute, mais d'abord contre le Nord de l'Amérique. » Voilà qui est net. Et d'ajouter, à l'intention de ses trop pudiques collègues : « Nier qu'il y ait des Barbares est un jeu puéril [...] L'Amérique du Nord semble à beaucoup l'antipode visible de toute Barbarie ; elle est pourtant l'espoir des Barbares et leur modèle[35]. » Ce sera aussi, presque mot pour mot, l'avis d'Aron et Dandieu.

Suarès est un Européen exagéré, un écrivain solitaire, un franc-tireur des lettres : l'emportement de sa rhétorique antiaméricaine n'engage que lui. Il n'est pas difficile, pourtant, de reconnaître sous les accents forcenés de son antiaméricanisme la même hantise d'une disparition de l'Europe qu'un Valéry ou un Siegfried exposent de manière plus policée. Et Suarès n'est pas le seul, on le verra, chez qui la déploration de l'Europe, ce leitmotiv de l'entre-deux-guerres, s'exaspère en anathème contre la Barbarie – concept commode qui permet de conjoindre dans l'exécration Noirs, Jaunes et Yankees. Lorsque l'humaniste Duhamel écrit : « Un Occidental adulte, normal et cultivé, se trouve moins dépaysé chez les troglodytes de Matmata que dans certaines rues de Chicago »[36], il ne dit pas autre chose que l'imprécateur Suarès ; il le dit seulement de manière plus retorse.

35. A. Suarès, « Vues d'Europe : le principe européen » ; *Europes...*, p. 170.
36. G. Duhamel, *Scènes...*, p. 11.

La pan-Europe contre le tout-Amérique

L'Europe, comme projet défensif de civilisation, a dans les années 20 d'autres défenseurs, moins emportés et qui se veulent plus constructifs. Leur logique n'est pas éloignée de celle du Condottiere. Mais à la vitupération, ils préfèrent l'organisation, la négociation, le proposition. Ces tentatives de réponse européenne à la crise matérielle et morale de l'Europe n'affichent pas un antiaméricanisme agressif ; c'est pourtant le spectre de l'hégémonie américaine qu'elles aussi tentent de conjurer en prônant les États-Unis d'Europe.

La plus significative de ces entreprises, par ses ambitions comme par les concours prestigieux qu'elle suscite, est la Pan-Europa de Coudenhove-Kalergi. Idéaliste avec pragmatisme, elle relance l'idée d'une réponse fédérative européenne au défi américain. Au lendemain de l'hécatombe européenne, la question qu'avait posée Henri de Beaumont en 1888 est reposée publiquement, devant les décombres d'une Europe meurtrie ; mais reposée avec plus de doigté et de diplomatie. Et si, face à « l'ogre réaliste », le salut de la France passait par l'Europe des idéalistes ? Le projet fédératif est loin d'être une idée neuve en Europe, mais les désastres récents lui donnent un nouveau souffle. Ses partisans ont hâte de se regrouper et d'agir. Richard de Coudenhove-Kalergi va leur en donner l'occasion.

Citoyen tchèque et comte cosmopolite, Coudenhove-Kalergi publie en 1923 le « Manifeste Pan-Europa ». Il y prône « l'union politique et économique de tous les États européens, de la Pologne au Portugal ». Il s'agit d'un projet de fédération en trois étapes : arbitrage et garantie ; union douanière et monétaire ; parlement supranational (qui ne se substituerait pas aux institutions nationales). Coudenhove-Kalergi s'inscrit « dans une lignée de rêveurs » qui s'étend d'Homère, allègrement associé au projet paneuropéen, au Victor Hugo visionnaire d'une Europe réconciliée et rassemblée [37]. Mais son rêve est argumenté et son projet ne reste pas sans écho.

Son plan laisse en dehors de l'Europe l'URSS, que son régime politique lui paraît exclure de cette communauté virtuelle. Il laisse aussi la Grande-Bretagne dans les limbes de l'union [38] : trop

---

37. Voir Y. Hersant et F. Durand-Bogaert, *Europes...*, pp. 160-161.
38. L'Angleterre « pourra être acceptée dans le traité d'arbitrage paneuropéen », mais pas dans le « traité de garantie ». La raison invoquée par Coudenhove-Kalergi

« impériale », suggère le Manifeste. Mais entre les lignes, on peut lire aussi : trop anglo-saxonne et proche des États-Unis. Dans l'Europe de 1924, le Manifeste recueille des sympathies conservatrices, dans la mesure où il apparaît nettement anticommuniste. Mais il intéresse et attire aussi des hommes de paix, plutôt identifiés avec la gauche, comme Aristide Briand et Édouard Herriot, en France, ou, dans l'Allemagne de Weimar, le jeune Konrad Adenauer. Intellectuellement parlant, le projet se veut à la fois antinationaliste et anti-internationaliste. Est-il antiaméricain ? Le texte du Manifeste évite toute attaque frontale. Il semble même faire sien le vieux thème hugolien du modèle fédéral américain : « Le couronnement des efforts paneuropéens serait la constitution des États-Unis d'Europe, sur le modèle des États-Unis d'Amérique. » Renouant la chaîne des espoirs brisés, Coudenhove-Kalergi reprend à son compte la prophétie adressée par Hugo, au lendemain de la guerre franco-prussienne, depuis Hauteville-House, au Congrès de la paix de Lugano : « Nous aurons les *États-Unis d'Europe* qui couronneront le Vieux Monde comme les États-Unis d'Amérique couronnent le nouveau [39]. » Mais si l'idéal hugolien refait surface, c'est dans une version détournée. Le Manifeste a beau multiplier les ambiguïtés à propos de la référence américaine, son plan est clairement dirigé *contre* les États-Unis ou, en tout cas, contre l'hégémonie américaine. À y regarder de près, ce n'est d'ailleurs pas aux États-Unis que Coudenhove-Kalergi compare « l'Europe unie » qu'il appelle de ses vœux. Le parallèle qu'il trace est entre la Pan-Europe et la Pan-Amérique : cette Pan-Amérique à l'échelle continentale que s'efforcent de bâtir, depuis les années 1880, les gouvernements successifs de Washington. Les États-Unis d'Amérique ne sont, dans cette entité en chantier, que la « première puissance » à laquelle incombe l'initiative de l'union, de même que la France, première puissance européenne, pourrait « prendre l'initiative du processus d'unification ». C'est situer très clairement le projet dans un contexte d'émulation, sans doute, mais surtout de concurrence de continent à continent.

---

est l'implication excessive et dangereuse de la Grande-Bretagne en Asie et dans le Pacifique.

39. V. Hugo, « Aux membres du Congrès de la Paix, à Lugano », 20 septembre 1872, *Œuvres complètes*, sous le dir. de J. Massin, Paris, Club Français du Livre, 1970, t. XV-XVI/1, p. 1339.

Implicite dans ce parallèle, le message devient explicite lorsque le Manifeste énumère les « avantages » que les Européens trouveraient à cette fédération. Le cinquième et dernier de ces avantages est la « possibilité de soutenir la concurrence des industries américaines et britanniques et plus tard extrême-orientales et russes ». La dimension antiaméricaine du projet est encore plus visible dans le passage où Coudenhove-Kalergi analyse les conséquences funestes d'un éventuel échec de l'unification européenne. « La continuation de la politique actuelle de l'Europe », écrit-il, aboutirait fatalement à la « continuelle *immixtion* politico-militaire des *puissances extraeuropéennes* dans les affaires de l'Europe », d'une part, et à « l'incapacité de soutenir la concurrence de l'industrie anglo-saxonne, à la banqueroute et à l'esclavage économique », d'autre part. Intervention militaire « extraeuropéenne », asservissement économico-financier : il n'est pas besoin d'être grand clerc pour mettre un nom sur le seul pays susceptible et capable de vassaliser ainsi la vieille Europe.

Coudenhove-Kalergi sait être plus clair encore. Au texte du Manifeste, assez parlant de lui-même, il ajoute une sorte de codicille à usage français : sa « Lettre ouverte aux parlementaires français » de juin 1924, qui table sur leur double rejet de l'URSS et des Anglo-Américains. Trois puissances, souligne-t-il, font peser une menace directe sur l'Europe et sa souveraineté : l'Union soviétique, l'Empire britannique et les États-Unis. Une telle présentation du projet est une forme efficace de *lobbying* auprès de la classe politique et de la presse françaises. L'idée d'une riposte européenne aux pressions américaines tombe sur un sol politiquement fertile : la conférence navale de Washington a aigri les esprits, la réclamation des dettes contractées pendant le conflit les échauffe. Une dynamique s'enclenche au plus haut niveau politique, Édouard Herriot proclamant devant la Chambre son adhésion à l'idée d'États-Unis d'Europe. Jusqu'à la fin des années 20, on assiste à un « développement parallèle de l'antiaméricanisme et du mouvement pour l'unité européenne »[40].

Plus encore que les politiques, les intellectuels français acquis à l'action européenne de Coudenhove-Kalergi illustrent par leur personnalité même la forte composante antiaméricaine de l'entreprise.

40. D. Strauss, *Menace in the West. The Rise of Anti-Americanism in Modern Times*, Westport, Connecticut & London, Greenwood Press, 1978, p. 215. Voir également J.-B. Duroselle, *L'Idée d'Europe dans l'histoire*, Paris, Denoël, 1965, p. 274.

Tandis que les préparatifs s'accélèrent pour la conférence paneuropéenne de 1926 qui doit doter le mouvement d'une structure permanente, les ralliements sont nombreux et significatifs. Avant d'être emporté dans la grande débâcle d'une Europe frappée par la crise et gangrenée par les dictatures, le mouvement Pan-Europa aura eu le temps de susciter un vif intérêt et d'impressionnantes adhésions dans l'intelligentsia française. Parmi ceux qui acceptent de participer à la conférence de Vienne, on remarque, au premier rang, Paul Valéry. Mais aussi Paul Claudel, Georges Duhamel, Jules Romains, Luc Durtain, Lucien Romier. Liste extraordinairement parlante : elle est pratiquement superposable à celle des écrivains et penseurs français qui, dans les mêmes années 1925-1931, s'inquiètent ou s'alarment de l'Amérique. Sous la houlette de ce maître à penser du déclin européen qu'est Paul Valéry, la délégation française au congrès de Vienne regroupe moins des fous d'Europe que des obsédés d'USA.

Sans doute Claudel ne peut-il être sommairement taxé d'antiaméricanisme, mais on le verra plus loin commenter en termes peu diplomatiques les us et coutumes du pays où il est ambassadeur de France. Et puis il y a *L'Échange*, sa première grande œuvre théâtrale, écrite à Boston, dont la thématique antiaméricaine frappait les contemporains, unanimes à considérer le personnage de Thomas Pollock Nageoire, l'homme pour qui « tout vaut tant », comme un archétype du Yankee[41]. Quant à Durtain, Romier et Duhamel, ils sont tous les trois, entre 1926 et 1930, des contributeurs de premier plan à la bibliothèque antiaméricaine. Seul Jules Romains fait exception : curieux lui aussi des États-Unis, il porte un regard plus bienveillant que ses confrères sur un pays où le vivre-ensemble populaire lui paraît parfois proche de son idéal unanimiste[42]. Il n'y a évidemment là ni hasard, ni coïncidence. Ces écrivains ont lu le Manifeste attentivement et même entre les lignes. L'intérêt qu'ils témoignent au projet de Coudenhove-Kalergi est indissociable de

41. *L'Échange* a été écrit à Boston en 1893-1894 ; publié dans *L'Ermitage* en 1900 et monté par Copeau en 1914. Dans les *Scènes de la vie future*, un quart de siècle plus tard, G. Duhamel n'a pas oublié : « Le génie moderne ne désespère pas de réduire le monde incommensurable de l'âme à des valeurs matérielles définies. "Tout vaut tant", comme le dit Thomas Pollock Nageoire, cet Américain inventé par un grand poète français » (p. 100).
42. Dans *Visite aux Américains* (Flammarion, 1936), J. Romains fait l'éloge de Times Square et de sa foule, « vulgaire », peut-être, mais sans « mesquinerie » : « Toute cette foule de Times Square est populaire, toute cette liesse, profondément démocratique » (p. 45). On verra plus loin (II, 5) combien cette vision est peu partagée.

l'attention, généralement soupçonneuse ou hostile, qu'ils portent aux États-Unis. Eux-mêmes font explicitement le lien entre leur militantisme paneuropéen et leur croisade antiaméricaine. Duhamel prélude aux *Scènes de la vie future* par une préface en forme de dialogue avec Curtius sur la pérennité de la civilisation européenne ; et c'est sur l'Europe encore, une Europe qui n'est pas « au terme de ses desseins », que s'achève son livre et sa descente aux enfers modernes[43]. L'adhésion aux principes paneuropéens transpire de manière encore plus directe chez Durtain essayiste (dans *Quelques notes d'USA*), mais aussi chez Durtain romancier, dont les récits mettent « l'homme européen » à l'épreuve du dépaysement américain[44].

Pendant quelques années, une petite phalange d'écrivains et de poètes unis surtout par le rejet de l'américanisation annoncée aura œuvré pour ce front défensif européen. « Le danger commun est un des meilleurs motifs d'union », soutenait Henri de Beaumont. C'était sans doute prêter à la peur des vertus trop positives. C'était supposer qu'elle serait assez forte et partagée pour faire taire les méfiances, les rancœurs – et les autres peurs. L'Européen du Manifeste, auquel le comte de Coudenhove-Kalergi avait donné Ulysse pour ancêtre, ne traversera pas sa décennie d'épreuves avec le même succès que le héros grec. Né d'un texte, le mouvement culmine et s'éteint avec un autre texte : son testament est le mémorandum rédigé par Alexis Léger (en poésie Saint-John Perse) et lu par Aristide Briand en septembre 1930 devant une Société des Nations elle-même entrée en agonie. Venue s'amarrer à une diplomatie bien intentionnée, mais qui fait eau de toutes parts, la chaloupe de la Pan-Europe sombre avec la SDN. Surnage seulement l'antiaméricanisme qui la lestait et qui fournit à Duhamel la matière d'un beau succès de librairie.

Le fédéralisme européen était apparu à ces intellectuels comme la meilleure stratégie contre l'effacement de la France et la mainmise américaine sur l'Europe. Le bilan politique n'est pas très

---

43. « Et même, si je pensais que notre civilisation européenne fût au terme de ses desseins, qu'elle eût épuisé ses ambitions et parfait la somme de ses œuvres... Mais, cela, je ne le pense pas. » (*Scènes...*, p. 125). C'est le mot de la fin.
44. C'est le cas notamment de *Hollywood dépassé*, centré sur deux émigrants, l'un italien, l'autre français. La thèse de *Quelques notes d'USA* (1928) selon laquelle le temps des affrontements nationaux est révolu, tandis que commence celui des affrontements intercontinentaux, recoupe la définition donnée par le Manifeste de Coudenhove-Kalergi de l'Europe comme « entité unie face aux autres continents ».

brillant et les écrivains venus se pencher sur le berceau de la Pan-Europe n'auront guère contribué, en fin de compte, qu'à la naissance douloureuse du plan Young – ce « bâtard américain » [45] contre lequel se déchaîne une nouvelle génération d'antiaméricains.

« Europe, réveille-toi ! »

Les écrivains notoires et quelque peu notables ralliés au projet paneuropéen sont en effet rapidement supplantés, aux avant-postes de l'antiaméricanisme, par des groupes plus radicaux. Ces mouvements, cercles et groupuscules se retrouvent sur un certain nombre de valeurs : l'anticapitalisme, l'anticommunisme, l'antiparlementarisme, l'« esprit de révolution ». Sans oublier l'antiaméricanisme, omniprésent dans leurs textes, parce qu'il y constitue un point de confluence et de fixation. Les États-Unis étant à la fois la forme accomplie du capitalisme, un collectivisme de masse à la soviétique, la caricature de la démocratie élective et – on le verra plus en détail – le pays même de la contre-révolution, le temps passé à les dénoncer n'est pas du temps perdu. Pour les jeunes intellectuels en qui s'incarne « l'esprit des années 30 », l'Amérique est le repoussoir absolu. À cette phobie si partagée en France et parmi les clercs, ils s'efforceront de donner un ton bien à eux. Leur premier souci, en effet, est d'afficher leur différence et de professer la rupture avec des aînés auxquels ils ne veulent rien devoir, pas même les formes de leur antiaméricanisme. Aussi n'ont-ils pas seulement à cœur de combattre l'Amérique réelle et, plus encore peut-être, l'« Amérique mentale » ; il leur faut encore prouver qu'eux seuls comprennent la vraie nature de la menace américaine.

Les « jeunes revues » des années 30 présentent donc un éventail particulièrement fourni de professions de foi antiaméricaines, qu'il s'agisse d'*Esprit*, de *Réaction* ou d'*Ordre Nouveau*. Le livre le plus violent de la période, *Le Cancer américain* d'Aron et Dandieu, appartient à cette mouvance désignée, d'un mot d'Emmanuel Mounier, comme « non conformiste ». Animateurs du mouvement Ordre Nouveau, qui se donne pour personnaliste et révolutionnaire, Aron et Dandieu combinent un antiaméricanisme d'une extraordinaire véhémence et une postulation européenne non moins vigoureuse, mais violemment hostile à l'orientation fédéraliste comme

---

45. R. Aron et A. Dandieu, *Le Cancer américain*, Paris, Rioder, 1931, p. 68.

à la politique de concertation incarnées par Briand. Hostiles au discours nationaliste, Aron et Dandieu se défendent de parler au nom de la France, surtout celle de M. Duhamel, ce « Joseph Prud-homme »[46] de l'antiaméricanisme. Leur « pamphlet contre l'esprit yankee », ils y insistent, « n'est pas antiaméricain au sens habituel du mot, c'est-à-dire au sens national »[47]. Quant à l'Europe qu'ils invoquent, elle ne ressemble en rien à celle de « l'abstraction inter-nationaliste ». Les « jeunes revues » parlent ici d'une seule voix. *Ordre Nouveau*, comme *Réaction*, n'a « que sarcasmes pour ceux qui "se gargarisent des échos de Paneurope" »[48]. Aron et Dandieu prônent une Europe encore à faire et ils la prônent, non seulement contre l'Amérique, mais aussi contre une « mauvaise » Europe, porteuse des premiers germes de la gangrène moderne.

Leur argumentaire est donc à double détente. En première ins-tance de l'analyse, les choses sont simples. L'Europe est victime d'une agression qui lui est extérieure : « C'est hors d'Europe que se trouve le siège ou l'épanouissement du mal qui commence à ronger l'Europe[49]. » Il y a eu, il y a encore complot contre l'Europe. Aron et Dandieu balayent d'une phrase les macérations de leurs aînés s'imputant à péché, en tant qu'Européens, la folie de la Première Guerre mondiale. Assez de contrition et de coulpes bat-tues : « Le cancer du monde moderne a pris naissance bien loin des charniers de la guerre[50]. » Ils reconstituent sur de nouveaux frais la chronologie du désastre. La date fatale pour l'Europe ? Ce n'est pas août 14, comme les naïfs le pensent. Ce n'est « ni Sara-jevo » où l'assassinat d'un archiduc déclenche l'invraisemblable catastrophe, « ni Rethondes » qui engendra le traité de Versailles, qui n'engendra rien de bon. Les moments-clés sont tout autres et le calendrier de nos malheurs est américain. C'est « 1913, date fatale de l'organisation des banques américaines d'où est issue l'hégémonie dont nous souffrons depuis : origine du cancer amé-ricain ». (Remarquons que Duhamel, dont ils voudraient tant se démarquer, avait suggéré une chronologie du conflit remarquable-ment parallèle : « Le moment solennel, dans l'histoire du XXᵉ siècle,

---

46. *Ibid.*, p. 21.
47. *Ibid.*, p. 236.
48. J.-L. Loubet del Bayle, *Les Non-Conformistes des années 30. Une tentative de renouvellement de la pensée politique française*, Paris, Seuil, 1969, p. 193 ; il cite Jean de Fabrègues dans *Réaction* (n° 5, février 1931, p. 25).
49. R. Aron et A. Dandieu, *Le Cancer américain...*, p. 17.
50. *Ibid.*, p. 15.

ce n'est pas le mois d'août 1914, ni le mois de novembre 1918. Non, écoutez-moi bien : c'est le moment où le marché intérieur de l'Amérique a cessé de lui suffire. Alors la bête s'est dressée sur les pattes de derrière[51]... ») Mais Aron et Dandieu ont une « autre date fatale » à proposer, qui redouble la culpabilité américaine : « 1929, où à la faveur du plan Young, l'organisation américaine a gagné le continent, où le cancer a proliféré en Europe. » 1913, 1929 : voilà ce que les petits écoliers devront retenir. La Grande Guerre ? Une simple opération de nettoyage. « Entre les deux, il y a la guerre pour déblayer le champ de manœuvres[52]. » Les Poilus ne sont pas morts pour la France, ni pour les « marchands de canon » : ils sont morts, en vérité, pour le Federal Reserve System[53]. Et ce joli coup, les Américains sont prêts à le rééditer. Ils se gardent (en 1931) l'Europe « comme une poire pour la soif ». Tout va donc recommencer et déjà l'Amérique « prépare pacifiquement sa guerre de tarifs et d'escompte, en laissant aux Européens les risques plus meurtriers d'une guerre à poitrines humaines »[54].

La première Europe d'Aron et Dandieu est donc une Europe victimisée, dupée et saignée à blanc, prise aux rets de l'Amérique, aveuglée par ses leurres, mise en coupe réglée par ses banquiers. Mais cette Europe innocente, aveugle, manipulée, en cache une seconde qui, sourdement, lointainement, est à l'origine intellectuelle du mal. C'est entendu, l'Europe n'a pas déclenché la tuerie de 14-18. Elle a foncé tête baissée dans le panneau sous l'œil goguenard des banquiers américains. Mais si de cela, elle n'est pas coupable, il faut avouer tout de même qu'elle est responsable : responsable de l'Amérique et de son cancer. D'où la phrase curieuse sur l'Amérique « où se trouve le siège *ou l'épanouissement* du mal ». Pourquoi ce correctif qui fait boiter la polémique ? Parce que l'Amérique n'est pas le vrai, le premier foyer de la contagion. Parce que ce continent qui n'invente rien, même pas les épidémies, a reçu d'Europe le germe fatal. Parce que le « cancer américain » est en vérité la prolifération monstrueuse en Amérique de l'erreur rationaliste européenne. « L'esprit Yankee n'est en effet pas autre chose que l'exploration en série, sur une échelle gigan-

51. G. Duhamel, *Scènes*..., p. 109.
52. R. Aron et A. Dandieu, *Le Cancer américain*..., p. 47.
53. *Ibid.*, p. 46.
54. *Ibid.*, p. 106.

tesque, de la plus lamentable erreur que l'Europe ait jamais commise, de l'erreur rationaliste[55]. » L'Amérique est le péché de l'Europe revenu la châtier, son « cauchemar permanent, diurne et nocturne », sa dangereuse descendance dégénérée.

L'originalité d'Aron et Dandieu est là : dans la mise en accusation en dernière instance de l'Europe qu'ils appellent assez indifféremment rationaliste, cartésienne ou hégélienne. Ces produits douteux du Vieux Monde, le voyage d'Amérique ne les a pas bonifiés. Il est arrivé à ces idées ce que Buffon affirmait des animaux : la transplantation a achevé de les dénaturer. À travers les États-Unis, ce sont des figures de l'Europe que combattent les penseurs d'Ordre Nouveau. L'Europe a enfanté l'erreur rationaliste ; mais l'américanisation de la raison européenne a engendré des monstres : « La barbarie moderne, c'est la raison sous sa forme américaine[56]. » La lutte contre l'Amérique commence donc *at home* : en Europe, pour et contre elle à la fois. « L'américanisme est une maladie », affirment encore Aron et Dandieu – une maladie dont l'Europe fut longtemps la porteuse saine avant de succomber à cette métastase en retour.

« Europe, réveille-toi ! » lancent Aron et Dandieu à la dernière page du *Cancer américain*, sans reculer devant la lourdeur de la référence[57]. Explicitement arrimé à la référence personnaliste, Ordre Nouveau multiplie les équivoques, entre inconscience et provocation. Il n'entend pas être confondu avec les thuriféraires des « expériences » italienne, puis allemande ; mais la revue publie une « Lettre à Hitler » retentissante et Robert Aron fait l'éloge de l'Italie mussolinienne[58]. Avec les « néos », passerelles éditoriales et traversées individuelles sont nombreuses entre des rives mal balisées. Intellectuellement, les traits d'union ne manquent pas : mystique révolutionnaire, absolu mépris de la démocratie libérale, répudiation du capitalisme. À quoi s'ajoute – à moins qu'il n'en soit

---

55. *Ibid.*, p. 82.
56. *Ibid.*, p. 144.
57. *Ibid.*, p. 245 ; le slogan « Deutschland Erwache ! » est si bien identifié au parti national-socialiste allemand que *Le Canard enchaîné* en fera le thème d'une caricature restée fameuse, pour illustrer la percée électorale nazie de 1933 : un Hitler mécanique sorti d'un coucou tyrolien crie « Réveille-toi ! » à une Allemagne qui fait la sourde oreille (Pol Ferjac, *Le Canard enchaîné*, 10 mai 1933).
58. La « Lettre à Hitler » paraît en novembre 1933 dans le n° 5 d'*Ordre Nouveau* (voir J.-L. Loubet del Bayle, *Les Non-Conformistes...*, pp. 308-310) ; R. Aron défend l'Italie mussolinienne notamment dans *Dictature de la liberté* (Paris, Grasset, 1935) dans un passage dirigé contre les « amis de l'Amérique » (pp. 108-110).

le condensé – un antiaméricanisme véhément, articulé au nom d'une Europe nouvelle, encore à naître, bien différente de l'Europe chargée de siècles et de culture dont Duhamel se veut le champion. Leur discours, sans doute, est un peu plus sophistiqué que celui des « néos » prônant, contre la pourriture générale, mais particulièrement américaine, une Europe régénérée. La logique n'en est pourtant pas foncièrement différente. La critique de la « raison sous sa forme américaine », la définition de l'Amérique contre « aberration du spirituel », la charge contre le kantisme et le hégélianisme relient *Le Cancer américain* à l'extrême droite maurrassienne, en amont, et, en aval, à l'irrationalisme des mouvements fascisants. Un point essentiel de la démonstration historique : la responsabilité occulte de la finance américaine dans le déclenchement de la Première Guerre mondiale, sera inlassablement repris, avant et pendant la Seconde Guerre mondiale. Par un glissement supplémentaire (imprimé par Maurras, mais évité par *Le Cancer américain*), ce seront bientôt les banques juives américaines qui seront accusées, non seulement d'avoir fomenté la Grande Guerre, mais d'en avoir piloté mois par mois l'hécatombe, en fonction des seuls intérêts juifs [59].

Ni Dandieu (mort en 1933), ni Aron (qui passe en Afrique du Nord après la défaite de 1940) ne peuvent être assimilés aux « néos » qui basculent dans l'antiaméricanisme forcené de la Collaboration. Reste que l'Europe qu'ils appellent à la rescousse contre « le plésiosaure capitaliste » américain paraît plus proche, à tout prendre, de Doriot que de Briand ; et qu'elle ressemble moins à celle de Valéry qu'à celle d'un Drieu La Rochelle, autre écœuré de la « barbarie » yankee. Les deux auteurs du *Cancer américain* n'ont pas de sarcasmes assez forts pour dénoncer l'antiaméricanisme de papa et ses « saturnales inoffensives » : la critique de l'Amérique en France a trop longtemps été « affaire de clercs ou d'esthètes » [60] ; il est grand temps que les militants révolutionnaires reprennent le flambeau ; l'intelligentsia française est d'ailleurs si contaminée que sa critique de l'Amérique est, à son insu, « foncièrement américaine » [61]. Toute cette rhétorique de la radicalisa-

---

59. La littérature de la Collaboration est riche en révélations historiques de ce genre ; on trouve une réécriture complète de l'histoire des États-Unis depuis les origines sur le canevas du complot juif, par exemple dans Henri-Robert Petit, *Rothschild, roi d'Israël et les Américains*, Paris, Nouvelles Études Françaises, 1941 (pp. 34-42).
60. R. Aron et A. Dandieu, *Le Cancer américain*..., p. 86.
61. *Ibid.*, p. 21 ; c'est encore une fois Duhamel qui est visé.

tion, tous ces appels à un activisme politique associant antiaméricanisme et anticommunisme, pouvaient aisément être entendus
comme un encouragement à rallier les bâtisseurs de la « Nouvelle
Europe ». Ce risque, Aron et Dandieu semblent bien l'avoir pressenti, dès 1931. Sinon, pourquoi reculeraient-ils soudain, au
moment de conclure, comme effrayés d'eux-mêmes ? Pourquoi
torpilleraient-ils leur propre bateau en protestant que, non, décidément, ils n'appellent pas à la « guerre sainte » ? Pourquoi, au risque
de se faire traiter, à leur tour, de Joseph Prudhomme, confieraient-
ils pour finir à leurs lecteurs, en termes sibyllins, qu'« on s'américanise contre l'Amérique encore plus vite encore que pour elle » ?

*

La référence européenne dans le discours antiaméricain atteint
donc son apogée entre la fin des années 1920 et la Seconde Guerre
mondiale, sous trois figures différentes et successives : le projet
paneuropéen d'unification économique et culturelle autour des
valeurs traditionnelles de l'Europe, contre les grands Empires qui la
menacent ; la dénonciation conjointe, par les non-conformistes, de
l'Amérique rationaliste et de l'Europe américanisée ; enfin, pendant
l'Occupation, la défense de l'« Europe nouvelle » sous hégémonie
allemande contre l'alliance du bolchevisme et la « ploutocratie ».
Commence, à la Libération, une traversée du désert qui n'est pas
terminée. Jamais plus on ne retrouvera imbriquées croisade antiaméricaine et croisade pro-européenne. Le slogan de « l'Europe
nouvelle » ressassé par l'occupant allemand et la Collaboration a
jeté une ombre sur le mot et le soupçon sur l'idée. La propagande
communiste de guerre froide, on le verra plus en détail au chapitre
suivant, a très efficacement étendu cette ombre à l'Europe balbu-
tiante du rapprochement franco-allemand. L'Europe réelle, économique et politique dont la construction commence à ce moment-là,
se prête d'autant moins à un investissement symbolique antiaméricain qu'elle est dénoncée quotidiennement par ses adversaires,
communistes notamment, comme une création voire une créature
des États-Unis. Par un renversement complet de la situation antérieure et une parfaite ironie de l'histoire, cette Europe réclamée à
cor et à cri, depuis Henri de Beaumont, pour faire pièce à l'ogre
américain, est portée sur les fonts baptismaux avec l'Amérique
pour marraine et bonne fée. À partir de cet aiguillage, discours
antiaméricain et discours pro-européen suivent des voies séparées.

Lorsque Jean-Baptiste Duroselle dénombre les antiaméricanismes des années 1960, il ne trouve pas sous son scalpel d'antiaméricanisme par européanisme. Pas davantage aujourd'hui. Sa survivance dans le discours de la Nouvelle Droite fait plutôt voie de garage. Quant aux efforts rhétoriques déployés par la gauche, depuis 1981, pour présenter l'Union européenne comme un rempart contre l'hégémonie américaine ou, plus diplomatiquement, comme la masse critique enfin atteinte qui permettrait de « parler d'égal à égal », ils ne semblent pas avoir été particulièrement fructueux auprès de son noyau dur antieuropéen qui est aussi un noyau dur antiaméricain [62]. Ni les nostalgies codées d'une Nouvelle Droite muséographique, ni l'antiaméricanisme feutré des stratèges de la communication pro-européenne ne paraissent en mesure de réunir ce que l'histoire a séparé.

---

62. Sur la convergence de l'antiaméricanisme et de l'antieuropéanisme, voir Michel Wieviorka, « L'antiaméricanisme contemporain : les intellectuels en France, la nation et l'Europe », *Les Antiaméricanismes*, Actes du colloque dir. par T. Bishop, Y. Hersant et Ph. Roger (Paris, 3-4 juin 1999), The Florence Gould Lectures at New York University, Special volume Spring 2001, pp. 56-60.

3. De la dette à la dépendance
Le complexe de Perrichon

> Le prêteur n'est jamais aimé de son débiteur. Ne
> cherchons pas à raisonner, c'est un fait.
>
> J.-L. Chastanet, *L'Oncle Shylock ou l'impérialisme*
> *américain à la conquête du monde* (1927).

Oscar Wilde aimait à dire à ses auditoires américains : « Nous sommes séparés par une langue commune. » Les guerres menées en commun au XXᵉ siècle auraient-elles eu le même effet entre Français et Américains ? « Deux guerres en trente ans, où nous fûmes alliés des Anglo-Saxons, précipitent notre asservissement »[1], lance Étiemble en 1964. Et pour le grand pourfendeur du franglais, cet asservissement n'est ni une simple métaphore, ni seulement un fait de langage. À mieux y regarder, ce sont plutôt les après-guerre qui s'avèrent funestes. Or le XXᵉ siècle n'aura été en France qu'une suite d'après-guerre. Le premier nous est connu comme « l'entre-deux-guerres ». Le second devient vite la guerre froide. Le troisième, innommé comme les conflits eux-mêmes (on préfère parler d'« opérations de maintien de l'ordre »), appelons-le : l'après-guerre colonial. Dans l'étrange scénographie des rapports franco-américains, ces après-guerre jouent un rôle plus marquant que les périodes de conflit. Ils sont régulièrement, répétitivement, l'occasion de graves tensions. Ils laissent plus de cicatrices que les luttes communes ne créent de lien.

Ces trois après-guerre sont pourtant très dissemblables. Les États-Unis de 1917 sont des alliés précieux, mais tardifs, à qui l'on reproche d'en avoir trop peu fait. En 1940, de première puissance militaire du monde qu'elle était, la France est ravalée au dernier

---

1. Étiemble, *Parlez-vous franglais ?*, Paris, Gallimard, 1964, p. 231.

degré de la sujétion. La Libération met fin à l'avilissement, non à l'abaissement. Les Français ressentent vivement l'humiliation d'être devenus une nation « assistée », comme le confesse Mauriac en 1951 : « La France est passée, en quatre années, du rang de grande nation libre de son destin à celui d'une nation assistée : pourquoi reculer devant le mot, puisque cela est [2] ? » Mais le mot blesse, comme celui de « mendicité », tracé par Raymond Aron en 1948. Devenir, de débiteur, mendiant, c'est descendre encore une marche sur le chemin de « l'abaissement ». Accepter le mot, c'est franchir un nouveau seuil symbolique, passer de l'aveu sans reconnaissance d'une dette au constat rageur d'une dépendance. Très vite, la rancœur se manifeste contre les trop généreux bienfaiteurs. Elle prend la forme d'un double déni. Déni de l'intention : ce qu'ils ont fait, ils ne l'ont pas fait pour nous. Déni du fait lui-même : ils ne nous ont pas tant aidés que cela. Le cas des guerres françaises d'Indochine et d'Algérie est encore différent, puisque ces guerres sont menées, non avec le concours des États-Unis, mais sous le feu de leurs critiques. C'est alors l'abstention malveillante, le soupçon de sabotage diplomatique, la crainte surtout de voir l'Amérique « tirer les marrons du feu » qui attisent l'animosité.

D'une certaine manière, donc, tout change d'une période à l'autre. À commencer par le statut même de la France et l'image qu'elle se fait d'elle-même. L'hécatombe de 1914-1918 insinue dans beaucoup d'esprits l'idée d'un déclin amorcé que l'euphorie de la victoire masque mais ne saurait enrayer. Le thème de la « fin de l'Europe » avait émergé à la fin du XIXᵉ siècle comme une hypothèse historique de nature spéculative plutôt que comme une émotion réelle. Il gagne du terrain et, dramatiquement articulé par Valéry, prend une tonalité angoissée. Avec « l'étrange défaite » de 1940, cette inquiétude diffuse devient consternation collective. Les échecs et reculades des années 1930 avaient semé le doute ; la déroute, l'occupation allemande, l'installation du régime de Vichy dessillent les yeux les plus fermés aux signes du déclin.

Sur cette scène bouleversée changent aussi les protagonistes principaux de la confrontation franco-américaine. C'est la droite et l'extrême droite qui sont en flèche contre les États-Unis dans l'entre-deux-guerres et c'est Maurras qui porte les premiers coups à la statue de Wilson. C'est le Parti communiste français qui est,

2. François Mauriac, *Le Figaro*, 24 février 1951.

après 1945, à la pointe du combat contre « l'occupant » américain et les cadeaux empoisonnés de M. Marshall. Et c'est le gaullisme qui, dans les années 1960, saura capitaliser en sa faveur les nouvelles rancœurs antiaméricaines liées à une décolonisation douloureuse. Le « pôle » de la résistance antiaméricaine se déplace donc considérablement. Mais il aimante, à chaque fois, des forces très variées et très éloignées les unes des autres. Bien des Français qui n'aiment pas l'Action française approuvent Maurras vitupérant Wilson et traçant de l'Amérique un portrait pathologique qui sera repris à gauche comme à droite. Le gros quart de Français qui vote communiste à la Libération est rejoint, sur les thèmes antiaméricains, par d'imposants bataillons venus d'ailleurs : du christianisme de gauche, du « neutralisme », mais aussi et peut-être surtout du RPF gaulliste. Pendant les années 1960, le flux s'inverse et bien des électeurs de gauche et d'extrême gauche se reconnaissent parfaitement dans le discours réputé « antiatlantiste » du général : en 1966, des « personnalités de gauche » signent même un appel en faveur de sa politique étrangère qui marque surtout leur approbation du retrait de l'organisation militaire de l'OTAN[3].

Presque tout se déplace, donc, mais en même temps, presque tout se répète. La troupe se renouvelle, les acteurs se succèdent. Les mêmes répliques pourtant reviennent, les mêmes lazzi, les mêmes crocs-en-jambe, les mêmes invectives, selon un canevas très sûr et un scénario très stable. Ce qui demeure, en somme, c'est un *script* solidement bâti autour de la dette, de son poids insupportable et de son acquittement impossible. Car le compte franco-américain depuis La Fayette mêle inextricablement l'or et le sang.

La dette « odieuse » : une scène primitive

La plus tangible de ces dettes, la plus explorée par les historiens, est évidemment celle que la France a contractée aux États-Unis pendant la Première Guerre mondiale et qu'elle rechigne ensuite à honorer. Elle est au centre du malaise franco-américain de l'entre-deux-guerres. Elle empoisonne les relations entre les deux pays et contribue plus que tout autre facteur à la dégradation de l'image

---

3. *Le Monde*, 11 mai 1966 ; figurent parmi les signataires Jean-Marie Domenach, Pierre Emmanuel, André Philip, David Rousset.

de la France en Amérique, aussi bien qu'à l'irritation française contre les Américains. C'est peu de dire que le charme est rompu, le mythe de fraternité lui-même est piétiné et Clemenceau peut écrire, avec un sarcasme amer : « Quand le colonel Stanton arriva pour combattre et courut au cimetière de Picpus s'écrier d'une parole retentissante : "La Fayette, nous voilà !", c'était une épée qu'il faisait briller au soleil – non des états de paiement[4]. »

André Tardieu, avant même l'apogée de ce conflit, en décrit les mécanismes psychologiques avec beaucoup d'acuité. L'exigence américaine de remboursement des prêts consentis pendant le conflit, explique-t-il dès 1927, était prévisible et inévitable. Si l'opinion française a réagi aussi brutalement contre son allié d'hier, c'est que les réclamations américaines ont soudain cristallisé sept ans de frustrations, dont il dresse la liste exhaustive : « La France y revit en raccourci la longue suite de ses déceptions : inutilité des sacrifices consentis par elle et ses alliés aux thèses américaines en 1919 ; rejet par le Sénat du traité de solidarité ; paix séparée avec l'Allemagne sans un effort d'ajustement préalable avec les camarades de combat ; conférence de Washington si dure à la marine et aux colonies françaises ; exigences de participer aux profits financiers d'un traité dont on répudiait les charges ; rigoureuse réclamation d'une dette, dont la contrepartie des créances a reçu de la retraite américaine de 1920 un coup mortel ; interprétation abusive de nos capacités de paiement ; refus d'accorder au débiteur français les garanties de transfert consenties au débiteur allemand[5]. » La coupe était pleine et devait déborder.

Tardieu décrit en somme un *surinvestissement* : derrière cette colère concentrée, il y a, nous dit-il, toute l'insatisfaction d'un décevant après-guerre. Mais il faut aller plus loin et remonter plus haut. L'affaire des dettes s'inscrit dans une histoire plus ancienne. Elle s'engage, grevée déjà par le souvenir d'une crise antérieure. Elle répète une scène d'affrontement entre la France et les États-Unis qui a eu lieu en plein XIXᵉ siècle et elle repose crûment la vieille question de « l'ingratitude » américaine qui nourrissait déjà l'argumentaire des déçus de l'Amérique dans les années 1880.

La scène primitive se déroule en 1834-1835. Bien oubliée aujourd'hui, ce n'est pourtant pas non plus une mince affaire,

---

4. G. Clemenceau, *Grandeurs et Misères d'une victoire*, Paris, Plon, 1930, p. 260.
5. A. Tardieu, *Devant l'obstacle. L'Amérique et nous*, Paris, Éd. Émile-Paul Frères, 1927, p. 287.

puisqu'elle met la France et les États-Unis, techniquement, au bord de la guerre. Doublement paradoxale, cette crise éclate sous le règne d'un roi, Louis-Philippe, fort ami de l'Amérique qu'il connaît bien ; et elle éclate autour d'une querelle un peu rancie, puisqu'elle remonte à l'Empire, et à laquelle plus personne n'attachait grande importance[6]. Depuis le Premier Empire, en effet, les États-Unis réclament des indemnités pour les dommages subis par leur flotte commerciale en application du décret de Milan (17 décembre 1807). Aux termes de ce décret, aggravé par un autre décret en 1810, les bâtiments américains qui se prêtaient au contrôle exigé par les Anglais dans le cadre du blocus et du contre-blocus devaient être considérés comme dénationalisés et donc de bonne prise pour la marine française. Les armateurs américains auraient ainsi perdu cinq cent cinquante-huit navires entre 1807 et 1812. Quarante millions de francs : telle est la somme réclamée depuis lors, avec constance, par le gouvernement américain, au nom des parties lésées. Les autorités françaises étaient parvenues à faire traîner les négociations pendant toute la Restauration, en contestant le chiffre et en introduisant à leur tour diverses réclamations[7]. En 1829, le président Andrew Jackson avait finalement accepté le principe d'une négociation globale. La révolution de 1830, portant au pouvoir un prince américanophile, ne pouvait qu'accélérer le règlement.

Une commission française réunie par les nouvelles autorités reconnaît donc enfin la légitimité de la créance, mais la limite à une dizaine de millions. Le marchandage reprend et s'arrête au chiffre de vingt-cinq millions, accepté par l'ambassadeur Rives. L'affaire paraît close. Le traité est signé le 4 juillet 1831, ratifié par le Sénat américain en février 1832. On n'attend plus que la ratification française, remise de session en session. Mais lorsque, trente-deux mois plus tard, le 28 mars 1834, le traité d'indemnisation arrive devant la Chambre pour un vote considéré comme acquis, tout se détraque. Boissy d'Anglas, ouvrant les débats, s'étend sur l'ingratitude américaine. Le *National*, organe pourtant

---

6. René Rémond a décrit cette crise dans *Les États-Unis devant l'opinion française. 1815-1852*, Paris, Armand Colin, 1962, pp. 779-814.
7. Il s'agissait essentiellement de l'indemnisation de ressortissants français lésés par le gouvernement américain (dont Beaumarchais) et de l'entorse faite par ce même gouvernement au traité de 1803 (l'article 8 stipulait que les navires français seraient à perpétuité traités comme la nation la plus favorisée en Louisiane ; la Grande-Bretagne ayant obtenu en 1815 la dispense totale de droits, la France la réclame en vertu du traité).

bien intentionné envers les États-Unis, parle de leur « excessive facilité à oublier des obligations si récentes » [8] – bizarre périphrase, il faut l'avouer, pour désigner l'aide offerte par Louis XVI un demi-siècle plus tôt ! Lamartine, à son tour, entonne l'air de la déception sentimentale : « J'ai toujours été profondément étonné, en lisant l'histoire de nos derniers temps, du peu de sympathie et de reconnaissance que l'Amérique a montré à notre pays [9]. » La rumeur, maladroitement propagée par l'officieux *Journal des débats*, de possibles représailles américaines en cas d'échec de la ratification ne fait que raidir les oppositions. Le traité est finalement repoussé par huit voix d'écart.

Le heurt avec les États-Unis est inévitable. En décembre de la même année, le président Jackson annonce qu'il se paiera sur les biens français aux États-Unis si la Chambre ne revient pas sur son vote. L'émotion est considérable en France. Force est pour Paris de rappeler son ambassadeur ; puis de tâcher de mettre fin à une crise devenue incontrôlable. Le second débat parlementaire, l'un des plus animés et des plus longs de la législature, a lieu du 9 au 18 avril 1835. Le gouvernement, cette fois, a resserré les rangs. Les vingt-cinq millions sont votés et payés : ils rejoignent aussitôt le traité américano-britannique de 1794 au tableau d'infamie des noirceurs américaines. Chez les quelques amis de la République transatlantique que compte la France politique, la blessure est profonde. Lamartine, sept ans plus tard, reste inconsolable : « Je les lui votai, moi, les vingt-cinq millions [à l'Amérique], parce que cela me parut juste, quoique odieux, mais je lui votai en même temps ma désaffection [10]. » Il n'est pas le seul, comme le souligne René Rémond : « Après 1835, on ne retrouvera plus la ferveur, l'élan spontané, l'intensité généreuse de certaines sympathies. L'amitié fait place à l'indifférence, quand ce n'est pas à la hargne. Il faudra attendre 1917 et l'intervention à nos côtés de l'Amérique pour restaurer dans le peuple français l'amitié des anciens jours [11]. » Brèves retrouvailles, au demeurant, et vite empoisonnées par une nouvelle affaire de dette. René Rémond souligne aussi, très justement, le thème constant et pour ainsi dire unique de la campagne antiaméricaine de 1834-1835 : l'ingratitude. Les États-Unis appa-

---

8. *Le National*, 29 mars 1834, cité par R. Rémond, *Les États-Unis devant l'opinion française...*, p. 788.
9. A. de Lamartine, débat du 1er avril 1834 ; *ibid.*, p. 793.
10. A. de Lamartine, débat du 20 mai 1842 ; *ibid.*, p. 817.
11. R. Rémond, *Les États-Unis devant l'opinion française...*, p. 817.

raissent, à la lumière de cette crise diplomatique, comme mus par de tout autres mobiles que l'amitié ou même l'équité. « L'intérêt », écrit *Le Constitutionnel*, « voilà le vrai mobile des actes du gouvernement et des citoyens » des États-Unis [12]. Les interventions à la Chambre des opposants au traité ainsi que le débat de presse montrent à quel point la réclamation américaine, somme toute conforme au droit, heurte une opinion qui croit pouvoir encore tirer sur l'Amérique des traites sentimentales. « Ce qu'en effet le Français est en cette affaire le moins disposé à pardonner aux Américains, c'est ce qu'il prend pour de l'ingratitude [13]. »

L'affaire des dettes de guerre qui enfle au cours des années 1920 et culmine en 1932 répète la scène primitive de 1835 : mais elle la répète en grand, en plus complexe, en plus public – bref, en pire. Comme sous Louis-Philippe, parlementaires et journalistes opposeront au « droit strict » dont excipent les Américains, une sorte d'obligation historique et sentimentale que leurs créanciers d'aujourd'hui auraient contractée jadis du côté de Yorktown. Et comme Lamartine un siècle plus tôt, l'intelligentsia, d'accord avec l'homme de la rue, votera aux États-Unis sa « désaffection ».

L'Amérique « créancière du monde »

L'affaire des dettes de guerre a donc un passé contentieux. Elle s'inscrit aussi dans un contexte immédiat qui exaspère les ressentiments. L'un des principaux bouleversements imputables à la guerre de 1914-1918 et l'un des moins bien vécus par les Français, est la métamorphose de l'Amérique en « créancière du monde ». André Siegfried consacre à ce retournement de fortune un chapitre entier des *États-Unis d'aujourd'hui* : « Un grand fait nouveau s'impose : débiteurs de l'Europe en 1914, les Américains sont devenus ses créanciers [14]. » Ce constat est interminablement remâché au cours des années 1920, avec amertume et parfois suspicion. Avant 1914, « l'Amérique était un pays non pas *créditeur*, mais *débiteur* », rappelle Raymond Recouly dans *L'Amérique pauvre*, en 1933 ; on l'aurait presque oublié déjà, tant le changement a été

---

12. *Le Constitutionnel*, 19 avril 1835 ; *ibid.*, p. 816.
13. R. Rémond, *Les États-Unis devant l'opinion française...*, p. 816.
14. A. Siegfried, *Les États-Unis d'aujourd'hui*, Paris, Armand Colin, 1927 (chapitre XVI, « L'Amérique créancière du monde »), p. 214.

brutal. Elle émerge du conflit comme « un joueur heureux », dira Morand [15]. « La guerre lui a été profitable, avant qu'elle y entrât, pendant qu'elle y était, depuis qu'elle en est sortie » : ainsi s'exprime Tardieu, l'ami des Yankees, en 1927. « Car tout ce que l'Europe a perdu, l'Amérique l'a gagné », ajoute Tardieu. « Par la guerre, elle a plus que doublé sa puissance et fondé les bases d'un empire nouveau. Par elle, sa prospérité, vantée dès les temps heureux de la paix, a opposé son progrès à la détresse européenne [16]. » *Cui prodest ?* À qui la guerre a-t-elle profité, si ce n'est à l'Amérique ? Tandis que les plus modérés se contentent de noter que « d'emprunteur plein de promesse, l'oncle était devenu [après 1918] créancier plein d'exigences » [17], les plus virulents dénoncent l'heureuse gagnante comme la meurtrière de l'Europe. La « date fatale », affirment Aron et Dandieu dans une page déjà citée du *Cancer américain*, c'est celle de « l'organisation des banques américaines » en 1913 sous la houlette du Federal Reserve System : la Grande Guerre a immédiatement suivi, pour accélérer le transfert de l'or [18]...

Tous les antiaméricains ne poussent pas aussi loin la thèse du complot qui fait des États-Unis, non seulement les principaux bénéficiaires, mais les véritables instigateurs de la Première Guerre mondiale. Mais tout le monde reprend le thème de l'hémorragie de la richesse française au seul profit de l'éphémère allié transatlantique. Tardieu le dit (en 1927) et le répète (en 1934) : « La moitié de l'or du monde est venu s'entasser dans ses caisses » [19] ; « ils ont drainé chez eux l'or de la terre » [20]. Devant l'ampleur du phénomène et la gravité de ses conséquences, André Siegfried délaisse vite l'austère objectivité des statistiques pour dire l'inquiétude que lui inspire cet accaparement réussi : « Vis-à-vis du vieux continent, le prêteur new-yorkais se trouve dans le rapport, nu et brutal, du créancier qui veille sur son argent, du riche qui a aidé un pauvre et compte récupérer son avance, avance qui est à la fois une sorte de charité, mais aussi, dans le sens strict du terme, un

---

15. P. Morand, *Champions du monde*, Paris, Grasset, 1930, p. 41.
16. A. Tardieu, *Devant l'obstacle...*, p. 279.
17. L. Romier, préface à André Lafond, *New York 1928. Impressions d'Amérique*, Éd. du Journal de Rouen, 1929, p. XIII.
18. R. Aron et A. Dandieu, *Le Cancer américain*, Paris, Rioder, 1931, p. 47.
19. A. Tardieu, *Devant l'obstacle ...*, p. 279.
20. A. Tardieu, *L'Heure de la décision*, Paris, Flammarion, 1934, p. 21.

prêt. Le danger, dès lors, c'est que tout est permis à l'Amérique [21]. »
Ainsi, par une double infortune, la France spoliée et « l'Europe
humiliée » doivent de surcroît s'accoutumer aux brutalités prévisibles d'une Amérique chez qui, ajoute Siegfried, « se dessinent
[...] des préoccupations d'huissier » [22].

Est-ce tout ? Non. Car ce nouvel huissier prêt à saisir la planète
pour défaut de paiement est en même temps l'usurier auprès duquel
les nations se sont endettées. Ce n'était pas assez pour le Yankee
spéculateur d'amasser dans ses coffres tout l'or du monde. Il a
aussitôt voulu multiplier ses millions par le crédit à outrance et les
prêts à tout va « chez les emprunteurs les moins sûrs de
l'Europe » [23]. Ici, pas moyen pour lui de feindre l'innocence.
« Impossible d'aller plus loin dans l'erreur. Impossible, faute de
bon sens, de plus mal jouer de plus belles cartes. » C'est encore
Tardieu qui dresse ce réquisitoire contre le « manque de mesure
dans les calculs » et le « défaut d'humanité dans les décisions » de
l'Amérique [24]. Aron et Dandieu, sans entrer dans une discussion
économique où on les sent mal assurés, font monter les enchères
rhétoriques contre une Amérique qui « a la spéculation dans le
sang » et qui incarne « le triomphe du crédit sur l'or et du chèque
barré sur le bas de laine » [25]. Comble d'ironie, suprême motif de
colère : cette même Amérique qui nous réclame si âprement
l'argent qu'il a bien fallu jeter dans la fournaise de la guerre, n'a
cessé depuis dix ans de répandre une manne (intéressée) sur la tête
d'anciens ennemis ou de parfaits indifférents qui sont, de surcroît,
mauvais payeurs. Deux poids, deux mesures ? C'est la thèse que
Maurras développe dès 1919.

Maurras révisionniste

Les Trois Aspects du président Wilson. La Neutralité. L'Intervention. L'Armistice, que Maurras publie en 1920 à la Nouvelle
Librairie Nationale, n'est pas seulement la première esquisse d'un
portrait clinique d'aliénation présidentielle et américaine. C'est
aussi une manière, pour le chef de file du nationalisme, de renouer

21. A. Siegfried, *Les États-Unis d'aujourd'hui*..., p. 226.
22. *Ibid.*, p. 227.
23. A. Tardieu, *L'Heure de la décision*..., p. 22.
24. *Ibid.*, p. 21.
25. R. Aron et A. Dandieu, *Le Cancer américain*..., pp. 124, 117.

la chaîne des temps et de raviver en France la mémoire des griefs contre l'Amérique. Rassemblant ses prises de position vis-à-vis des États-Unis depuis le début du conflit mondial, Maurras ne présente pas une simple collection de textes à valeur documentaire : il propose une relecture du bref épisode unanimiste de 1917-1918 à la double lumière d'un « avant » inquiétant et d'un « après » décevant. Le Wilson amical de l'intervention est pris en sandwich entre le Wilson hautain de 1914 et le Wilson autiste de 1919. Quel est le vrai ? Certainement pas celui, éphémère, que les Français se sont forgé et dont ils se sont engoués. Leur erreur est bien compréhensible, Maurras l'a partagée. Mais il est grand temps de la dissiper, car le président Wilson est devenu un danger. Ou plutôt, il l'a toujours été.

Pédagogiquement, pour dissiper l'illusion collective, Maurras donc revient en arrière, remonte le cours de la guerre, montre Wilson « glaçant » le mouvement pro-Alliés par son discours du 18 août 1914 qui tenait la balance égale entre les belligérants et lançant, en 1916, l'indéfendable slogan « ni vainqueurs ni vaincus »[26]. Les esprits lucides (entendons : Maurras lui-même) le jugeaient « inquiétant déjà » (admirons ce « déjà »). Car cette impartialité de 1914, cette équanimité de 1916, trahissaient sa partialité en faveur de l'Allemagne et son peu de chaleur pour ses futurs alliés. L'enthousiasme de la lutte devenue commune n'aurait pas dû faire oublier les traits fondamentaux de l'Amérique wilsonienne – des traits que Maurras avait lui-même soulignés dans les articles qu'il remet sous les yeux des Français.

Premier de ces traits : l'aberration philosophique. L'Amérique de Wilson est kantienne, comme les lycéens des *Déracinés* dévoyés par un mauvais maître. Ce thème du « kantisme wilsonien »[27] martelé par Maurras renvoie à toute la tradition barrésienne de diabolisation de cette philosophie « républicaine » d'origine allemande. On en retrouvera l'écho chez les non-conformistes, y compris ceux qui ont pris leurs distances avec l'Action française.

Deuxième trait : l'arrogance nationale. C'est l'occasion pour Maurras d'un discret *mea culpa* : « Nous avions appelé M. Woodrow Wilson un nationaliste américain. Mais nous n'avons jamais

---

26. Ch. Maurras, *Les Trois Aspects du président Wilson. La Neutralité. L'Intervention. L'Armistice*, Paris, Nouvelle Librairie Nationale, 1920, p. xv ; Wilson avait parlé de « peace without victory ».
27. *Ibid.*, p. 28.

admis que le nationalisme du président pût se confondre avec une formule d'abaissement et de diminution pour le peuple ami que ses armes ont sauvé, et sans lequel il serait envahi lui-même [28]. » (Il est difficile de savoir ce que Maurras entend par là ; mais il est clair que ce balancement rhétorique vise à remettre à niveau la balance symbolique des services.) Que les nationalismes se portent ombrage réciproque, c'est ce que semble soudain découvrir Maurras. L'arrogance américaine s'est incarnée dans la personne même de Wilson, « César magnifique à nos dépens ». Mais elle dépasse sa personne. Les Américains dont les « dollars et canons [sont] en mesure d'étouffer le moindre murmure hostile à leur avis » [29] sont collectivement saisis du même « vertige de la puissance » renforcé chez leur président par la névrose religieuse. Le thème « philosophique » et valéryen du déclin fait clairement place ici à celui, brutalement concret, de la sujétion et de la dépendance. En cela du moins, Maurras est un pionnier.

Troisième trait, qui semble bien être le plus important aux yeux de Maurras lui-même : le philogermanisme des Américains et de Wilson en particulier, que Maurras décrit comme inséparable de ses liens avec la finance juive. Énoncée dès l'avant-propos, reprise dans l'épilogue, cette dénonciation de la collusion américano-germano-juive est manifestement la leçon essentielle que Maurras entend communiquer à ses lecteurs. Le président qui prétend dicter ses lois au monde est lui-même sous la coupe de « tel ou tel élément de haute finance influent et puissant sur [son] esprit » [30]. Dépendance proche de l'addiction : « Nulle volonté énergique, nulle raison puissante n'a pu l'obliger soit à briser son parti pris d'amitié germaine, soit à lier à notre fortune financière ses patrons et amis, les Juifs allemands d'Amérique [31]. » Ainsi l'arrogance nationaliste de l'Amérique wilsonienne sert-elle en fin de compte de cheval de Troie à d'autres ambitions : « la domination mondiale croissante d'une race agioteuse et révolutionnaire sur les peuples producteurs, conservateurs, civilisateurs » [32]. Le foudre de la puissance américaine ne tombe ni du Capitole, ni même de la Maison-Blanche : il obéit aux « décisions de ce Sinaï wilsonien » [33]. Une liaison nou-

---

28. *Ibid.*, p. 152 [date originale : 24 janvier 1919].
29. *Ibid.*, p. 200.
30. *Ibid.*, p. 190.
31. *Ibid.*, p. 193.
32. *Ibid.*, p. 195.
33. *Ibid.*, p. xv.

velle se fait ici, dans ce texte de Maurras et autour de la personne de Wilson, entre antiaméricanisme et antisémitisme : on la verra se développer rapidement au fil de l'entre-deux-guerres.

Cette intervention de Maurras en 1920 dépasse donc largement le cadre d'une autojustification où le penseur nationaliste aurait adroitement combiné l'aveu (parcimonieux) de son égarement proaméricain de 1917 et le rappel (insistant) de sa constante vigilance antiwilsonienne. Il s'agit, beaucoup plus gravement, de proclamer la faillite du mythe fayettiste d'indéfectible amitié ; de retrouver la mémoire des affronts et des malignités ; de réactiver l'antiaméricanisme d'avant-guerre ; d'abolir, dans l'esprit des Français, toute idée d'une Amérique fraternelle et secourable ; bref, d'effacer toute trace de la dette récente par le rappel d'un passif ancien.

Voilà pourquoi Maurras reparcourt l'histoire, reprend ses propres textes, remet sous les yeux des Français ses chroniques de la méfiance nécessaire. Parmi les pages qu'il exhume, l'une des plus étonnantes est sans doute l'article du 7 avril 1917 où il commentait l'entrée en guerre des États-Unis, votée la veille par le Congrès. Cet événement considérable et tant attendu, Maurras dès cette époque le met en scène, non comme le début d'une nouvelle ère, mais comme la continuation imperturbable d'une politique de puissance où l'affection n'a rien à faire. Au centre du tableau, il place le chapelain aveugle du Congrès, chargé de prononcer la prière qui accompagne cette décision solennelle. C'est le même chapelain, souligne Maurras, qui a pareillement officié lors de la déclaration de guerre à l'Espagne, cette « guerre de 1898, qui a marqué le premier pas de la puissance américaine dans la direction de l'Europe ». Et Maurras d'enchaîner : « Ce n'était pas une guerre de défense, non. Il fallait "affranchir" de belles îles, les unes toutes proches, comme Cuba, utiles et commodes à la vie de l'Amérique, les autres éloignées comme les Philippines, mais jugées essentielles à l'extension de l'empire de l'Union [34]. » Singulière manière d'accueillir le nouvel allié américain que de lui rappeler son entrée en guerre de 1898 contre « l'Europe » !

Si Maurras récidive en republiant cette page en 1920, c'est pour mieux renouer le fil brièvement rompu d'un antiaméricanisme déjà historique. Reliant les déboires de 1919 aux prodromes « inquiétants » de 1914 et 1916, rappelant en plein banquet de la victoire

---

34. *Ibid.*, p. 35 [date originale : 7 avril 1917].

l'humiliation « européenne » de 1898, il conforte l'idée d'une nocivité pérenne de l'Amérique « demi-barbare ». Passeur entre deux âges de l'antiaméricanisme, il lègue à la droite nationaliste un fonds de critique « culturelle » de la non-civilisation américaine. Mais aussi, témoin et artisan du désamour franco-américain et de la cristallisation antiwilsonienne, il lance l'antiaméricanisme de droite sur des voies nouvelles : au modèle des affinités anglo-saxonnes, il surajoute le paradigme lourd de conséquences d'une collusion judéo-germano-américaine.

Dettes de guerre et « impôt du sang »

Après le choc de la non-ratification américaine des traités et du refus d'adhérer à la Société des Nations, une guerre d'usure diplomatique commence. Le public français la suit avec une attention inhabituelle et une exaspération croissante, car elle touche à des points sensibles : le statut de grande puissance de la France, son « droit du vainqueur » et sa « liberté d'action » internationale. L'indignation de Maurras contre un président étranger qui « croit pouvoir demander, en pleine chambre, "un peu d'abandon de notre liberté d'action" », lors de la séance du 3 février 1919, trouve des échos bien au-delà de la famille maurrassienne[35]. Les méfiances anciennes refont surface, aggravées de peurs nouvelles.

L'inquiétude renaît, en effet, d'une connivence « anglo-saxonne ». Dès la conférence de la Paix, l'Amérique n'a-t-elle pas voulu favoriser outrageusement la Grande-Bretagne en matière de compensations coloniales et financières ? États-Unis et Grande-Bretagne n'ont-ils pas conspiré pour imposer à la conférence de Washington (1921-1922) un partage naval du monde dont la France est la grande perdante ? L'explication par les « affinités de race » revient en force et, sur sa validité, il n'y a pas l'ombre d'une divergence entre Charles Maurras et André Siegfried. « Si l'on osait dire ce que personne n'avoue mais ce que beaucoup de gens pensent, ou simplement ressentent presque inconsciemment », écrit André Siegfried en 1927, alors il faudrait avoir le courage de reconnaître que l'Amérique est en train de prendre la relève comme « leader de la race blanche » d'une Grande-Bretagne consentante car réaliste. Il faudrait tout de même « arriver à comprendre »,

35. *Ibid.*, p. 158.

insiste Siegfried, que l'impérialisme américain « ne prend pas cette forme d'avidité » territoriale et politique qu'on lui a prêtée à la fin du XIXᵉ siècle ; qu'il ne vise absolument pas à un « démembrement de l'Empire britannique » ; que c'est avec l'assentiment enthousiaste des *Dominions* et le consentement calculé des Anglais qu'il est en train de devenir, sans coup férir, le centre d'une « constellation nouvelle, où les rapports politiques sont à l'arrière-plan, mais où les liens ethniques, économiques, sociaux dominent »[36]. Cette réorganisation à la fois raciale et géo-économique du monde est inquiétante pour la France. La perspective est encore plus sombre pour ceux qui voient les « affinités de race » jouer *aussi* en faveur de l'Allemagne. Car comment expliquer l'étrange sollicitude dont font preuve les États-Unis vis-à-vis des Allemands légitimement châtiés ? Maurras a une réponse toute prête : « Puissances ethniques et autres : coalitions de race, consortiums d'argent[37]. » Tel est le mot de l'énigme, telle est la clé de la politique pro-allemande de Wilson. Bien des Français, sans partager les certitudes du nationalisme intégral, s'indignent de la « compréhension » américaine pour les « fauteurs de guerre » allemands.

La crise des dettes n'est donc pas seulement une affaire de gros sous. L'importance des sommes en jeu n'est évidemment pas étrangère à l'âpreté du désaccord, mais d'autres facteurs contribuent à rendre celui-ci inextricable. Du point de vue juridique, les divergences sont de deux ordres. Les Français entendent distinguer, dans leurs dettes vis-à-vis des États-Unis, les dettes commerciales et les dettes contractées après le 6 avril 1917 (date de l'entrée en guerre des États-Unis), qu'ils considèrent comme des dettes « politiques ». Les Américains refusent ce distinguo. Seconde source de conflit : les Français entendent lier le remboursement de leurs dettes à la bonne exécution, par l'Allemagne, de ses obligations au titre des « réparations » pour dommages de guerre. Les Américains, là encore, entendent dissocier deux opérations qu'ils jugent sans rapport. D'un côté de la table, on parle comptabilité ; de l'autre, du côté français, on se soucie d'assurer les conditions financières du relèvement, avec la conviction que le secours américain est à la fois nécessaire et justifié. « Le fameux slogan "L'Allemagne

---

36. A. Siegfried, *Les États-Unis d'aujourd'hui...* (chapitre XXVI : « Les États-Unis, leaders de la race blanche ? »), pp. 337, 340, 341-342.
37. Ch. Maurras, *Les Trois Aspects du président Wilson...*, p. xv.

paiera !" n'a pas décrit la politique économique fondamentale du gouvernement français à la fin de la guerre », écrit William R. Keylor, « Elle serait plutôt mieux décrite par la phrase "L'Amérique paiera"[38]. » Mais l'Amérique ne l'entend pas de cette oreille. Les tentatives françaises pour faire accepter l'idée d'une « solidarité économique interalliée » se heurtent à une brutale fin de non-recevoir dès la conférence de la Paix. Pis encore, le Congrès rejette le projet, soutenu par Wilson, d'une ouverture de crédit par le Trésor américain pour financer la reconstruction. L'Amérique refuse à la France son « dû » – un plan Marshall avant l'heure. Comparativement, l'Allemagne paraît choyée : à elle les largesses des grandes banques américaines ; à elle encore, quand elle se dit insolvable, la sympathie et l'appui diplomatique des États-Unis.

Le détail des négociations et réaménagements successifs des réparations allemandes serait ici trop long. De baisse du mark en impossibilité de paiement, les sommes attendues par la France se réduisent comme peau de chagrin. On soupçonne l'Allemagne de tricher ; mais on en veut davantage encore à ceux qui lui permettent de tricher ou empêchent la France lésée de sévir. L'affaire des dettes crée un fort sentiment de dépossession, non seulement parce que la France s'estime grugée, mais aussi parce qu'elle perd le contrôle du processus. C'était la France, en effet, qui à l'origine devait présider la Commission des Réparations. Or dès 1920, Poincaré a démissionné de cette Commission. Le même Poincaré, revenu aux affaires en 1922 et pressé par la crise financière, accepte le plan anglo-américain, dit plan Dawes, dont l'idée a été lancée par le président Coolidge et lord Curzon. Fin 1923, la Commission des Réparations est dessaisie au profit de la commission Dawes et d'une commission Parker qui doit se pencher sur le redressement de l'Allemagne. Rien n'est encore irréparable, mais le rôle prééminent que jouent désormais banquiers et politiciens américains dans le double règlement des réparations et des dettes est gros de conflits à peu près inévitables. Les plans successifs, moins favorables l'un que l'autre à la France et tous inopérants, pourront facilement être présentés à l'opinion comme des « bâtards américains »[39].

38. William R. Keylor, « L'image de la France en Amérique à la fin de la Grande Guerre », *Les Américains et la France (1917-1947). Engagements et représentations*, sous la dir. de F. Cochet, M.-Cl. Genet-Delacroix et H. Trocmé, Maisonneuve et Larose, 1999, p. 161.
39. R. Aron et A. Dandieu, *Le Cancer américain...*, p. 68.

En 1927, accalmie apparente. Le pacte Briand-Kellogg mettant la guerre « hors la loi » semble l'esquisse d'un rapprochement diplomatique. L'accord Mellon-Béranger de consolidation de la dette, signé par Poincaré en 1926 mais laissé sur l'étagère dans l'espoir d'une renégociation plus avantageuse, est finalement ratifié par la Chambre à qui Poincaré a posé la question de confiance en 1929. La même année, une commission d'experts est désignée, présidée par le banquier américain Owen Young, pour réélaborer le calendrier de la dette ; elle va aussi préconiser la création d'une Banque des règlements internationaux, dotée de larges pouvoirs de coordination et qui sera immédiatement dénoncée en France comme l'instrument d'une mainmise totale des États-Unis sur les finances européennes.

Paul Reynaud présente le plan Young à la Chambre des députés le 28 mars 1930 ; André Tardieu parle le 29. Tous deux sont au Sénat le 5 avril. De débat technique, l'affaire des dettes est devenue controverse publique et violemment chargée d'émotions. La presse s'en empare. La littérature aussi. Paul Morand, romancier pressé, transcrit cette dispute financière devenue choc des cultures dans *Champions du monde* en cette même année 1930[40]. Articles et essais se multiplient qui dénoncent « l'âpreté » américaine et prennent pour cible privilégiée la Banque des règlements internationaux. La BRI est mise en cause dès le début du débat parlementaire, par Gaston Bergery et Georges Bonnet notamment, qui s'inquiètent de sa puissance financière démesurée. André Tardieu, au Sénat, tente d'ironiser : « Il leur a semblé que le "mur d'argent" se transformait en citadelle (*Sourires*), que la Banque des règlements internationaux allait devenir je ne sais quelle arme de domination capitaliste contre les gouvernements, contre les citoyens[41]. » Tardieu a beau feindre de croire que les objections viennent uniquement d'une gauche paranoïaque, obsédée par le « mur d'argent » responsable de son échec gouvernemental de 1924, la vérité est que l'hostilité est aussi vive à droite qu'à gauche, et contre l'acquittement des dettes, et contre la « dictature » de la BRI.

---

40. On reviendra sur ce roman ; le nom du personnage Ogden Webb rappelle celui d'Ogden Mills, secrétaire d'État américain au Trésor entre Mellon et W. Woodin.
41. A. Tardieu, discours prononcé au Sénat, 5 avril 1930 ; à la Chambre, le 29 mars, il a usé de la même tactique et tenté de réhabiliter Wilson : « Un homme a connu tour à tour l'excès illimité de la popularité, surtout sur les bancs de la gauche, et ensuite l'excès de l'injustice : le président Wilson. »

Le dernier acte se joue à partir de 1931. La crise amène le président Hoover à établir un moratoire d'un an qui suspend à la fois le paiement des réparations allemandes à la France et le paiement des dettes françaises aux États-Unis. Devant la situation de l'Allemagne, la conférence de Lausanne de juillet 1932 liquide les réparations : l'Allemagne aura payé 11 milliards de francs-or, soit moins du dixième de la somme fixée en mars 1921 à la conférence de Londres. André Tardieu, en 1934, résume cette comptabilité qui fait de la France, aux yeux de beaucoup de Français, la victime de ses anciens alliés et la dupe de son ancienne ennemie. Pour lui, l'Allemagne n'aura payé de 1919 à 1932 que 6 % des sommes fixées par le traité et 2 % du coût cumulé de la guerre et des dommages occasionnés par la guerre. Il ajoute que, loin d'étrangler l'Allemagne, le plan Young ne représentait pour les Allemands qu'un débours de 30 marks par habitant et par an. Voilà, inscrit noir sur blanc, le tort financier fait à la France par « les Anglo-Saxons, d'accord avec les Allemands »[42]. Cette dernière petite phrase, sous la plume d'André Tardieu, est peut-être plus explosive encore que ses chiffres – ou que les déclamations de l'Action française...

À l'expiration du moratoire Hoover, Paris (qui ne reçoit donc plus rien de l'Allemagne) devrait reprendre ses remboursements aux Américains. Édouard Herriot y est favorable. Il expose le danger pour la France de nuire à son crédit international et de s'isoler diplomatiquement. Il rappelle aussi que les emprunts disputés ont été souscrits par quelque soixante millions d'Américains ; une cessation de paiement française aura donc un effet ravageur, non seulement auprès des dirigeants américains, mais de l'homme de la rue. En vain : la Chambre le renverse par 402 voix contre 187. Le 15 décembre 1932, la France déclare unilatéralement les paiements suspendus. Aux États-Unis, tous les journaux titrent sur ce manquement aux engagements : *France defaults*. L'arrivée de Roosevelt à la Maison-Blanche au début de 1933 donnera un moment l'espoir aux Français d'être mieux compris. Dès le 20 février 1933, l'ambassadeur de France, Paul Claudel, a un entretien avec le nouveau président pour préparer la visite d'une mission de haut niveau, que conduira Herriot en avril – mission qui n'est pas facilitée par l'abandon de l'étalon-or par les États-Unis, tandis qu'Herriot traverse l'Atlantique. Cet effort ne suffira pas à dénouer le

---

42. A. Tardieu, *L'Heure de la décision...*, pp. 15, 14.

nœud gordien des dettes ; ni à desserrer les cordons de la bourse française. Le 1ᵉʳ juin 1934 un message au Congrès de Roosevelt reformule l'intangible position américaine : les dettes et les réparations n'ont rien à voir. À la déception française répond, pour le reste de la décennie, l'indignation de l'Amérique. Le Congrès, chaque année, rappellera en vain la France à des obligations qu'elle est toujours aussi peu désireuse et de moins en moins capable de remplir.

Oncle Sam ou Oncle Shylock ?

Au-delà des divergences d'interprétation sur la nature des dettes, au-delà du désaccord sur le lien entre l'acquittement français et le paiement des réparations par l'Allemagne, au-delà même des profondes différences entre les cultures juridiques, ce qui frappe le plus dans les réactions françaises est la forte « subjectivation » du problème et l'interprétation de la crise en termes affectifs ou symboliques. La France fait bloc. « Pour une fois », note l'historien Donald Roy Allen, « l'opinion française réagit comme un seul homme – avec des sentiments où se mêlent l'orgueil blessé, l'indignation de la bonne conscience et l'assurance d'être dans son droit »[43]. Même si ce n'est pas la première fois que l'antiaméricanisme a cet effet magique sur les divisions françaises, l'unanimité est en effet impressionnante. D'emblée, responsables politiques et éditorialistes ont déserté le terrain juridique (où de leur propre aveu le sol n'est pas très ferme) pour tenter d'imposer une perspective politique ou, mieux encore, « morale » sur le différend. Inutile de dire que cette morale n'est pas celle des Américains, qui considéreront le manquement français à des obligations commerciales régulières comme pure malhonnêteté.

La ligne de défense française fait appel à une autre logique, que défend Tardieu lui-même : que les Américains le reconnaissent ou non, le plan Young a établi un lien incontestable entre les dettes prétendues « commerciales » et la question éminemment politique des réparations dues par l'Allemagne. Personne en France n'accepte la vision américaine du problème, pas même les partisans du remboursement. Raymond Recouly, qui considère que le coût

---

43. Donald Roy Allen, *French Views of America in the 1930s*, New York & London, Garland Publishing Inc., 1979, p. 280.

politique du non-paiement sera plus douloureux que la facture financière, réfute pourtant avec conviction l'approche américaine. Il voit dans le heurt entre la France et les États-Unis un affrontement entre deux idées de la justice. « Juridiquement, les États-Unis peuvent avoir raison. Politiquement, moralement, ils ne feront jamais admettre à leurs débiteurs européens que leur créance, outre qu'elle est une *dette de guerre*, ce qui lui donne un caractère tout à fait distinct des créances ordinaires, ne doit pas être révisée, dans la même proportion que l'intervention de Hoover les a obligés à réviser leur créance sur l'Allemagne[44]. » C'est, en une phrase, rappeler la position intangible des négociateurs français (cette dette est « spéciale ») et dénoncer le traitement de faveur accordé aux Allemands, sous la pression de cette même administration américaine qui prétend n'avoir pas à intervenir dans le cas des dettes françaises, purement « commerciales ».

Sur le plan des principes, le front du refus, très majoritaire dans la presse et l'opinion françaises lors du débat parlementaire de 1926, récuse la technicité et le juridisme de la partie américaine pour en appeler à d'autres instances : la responsabilité politique, l'équité, la fraternité d'armes. Sur le plan tactique, il s'agit de démontrer la mauvaise foi des Américains, omniprésents dans les tractations financières européennes, mais qui voudraient exclure la dette française des négociations globales menées sous leur houlette. « Si l'affaire des réparations ne les regarde pas », dit le même Raymond Recouly des Américains, « ils n'avaient qu'à ne pas s'en occuper »[45]. S'ingérer dans le processus à travers la commission Dawes, le plan Young et surtout le moratoire Hoover, c'était s'engager. Et s'engager en tant que nation. Non sans astuce, les polémistes français repolitisent ainsi des démarches que les Américains voulaient purement techniques. Le reproche d'hypocrisie, si souvent accolé au comportement « puritain » dans le passé, porte ici à plein. On ne peut pas croire une seconde au « *non entanglement policy* » prêché par les Américains, lorsque ceux-ci, de fait, ne cessent d'intervenir en Europe par le biais de leurs observateurs, experts et politiciens en mission, souligne Régis Michaud, collaborateur de la *Revue universelle* et auteur d'un livre sur « l'âme américaine »[46].

44. R. Recouly, *L'Amérique pauvre*, Paris, Les Éditions de France, 1933, p. 325.
45. *Ibid.*, p. 339.
46. Régis Michaud, *Ce qu'il faut connaître de l'âme américaine*, Paris, Boivin, 1929.

Et la malhonnêteté tourne au cynisme quand la presse américaine conseille à nos créanciers de nous abandonner à notre sort tandis que leurs banquiers et hommes d'affaires nous colonisent et nous assiègent. On ne se prive pas, d'ailleurs, de faire remarquer que les compagnies américaines ont réalisé d'énormes profits pendant la guerre et l'immédiat après-guerre, générant à leur tour des impôts considérables. S'appuyant sur les chiffres publiés par le Trésor américain, *La Revue de Paris* conclut que les « avances » faites aux alliés ont été « plus que compensées »[47]. *Bis repetita...* Cette ligne d'argumentation, que les Français sont seuls à trouver convaincante, reproduit exactement celle adoptée un siècle plus tôt, pour refuser l'indemnisation des saisies napoléoniennes : les armateurs américains, arguait-on en France, avaient réalisé pendant le blocus des bénéfices tellement colossaux qu'ils avaient mauvaise grâce à se plaindre de quelques malheureuses saisies...

Renouveau de « l'entente anglo-saxonne » ; faveurs faites à l'Allemagne par affinités ou intérêt (pour protéger des investissements inconsidérés) ; instauration d'une instance supranationale, la BRI, qui menace notre souveraineté : tout conspire à nous nuire dans l'attitude de Washington, telle qu'elle est analysée en France, à gauche comme à droite. À droite surtout. Ce sont les Camelots du Roi et les Croix-de-Feu qui organisent des manifestations de rue en 1932 contre les réclamations américaines. C'est l'*Action française* qui, tout au long de la crise, maintient la ligne la plus hostile aux États-Unis de toute la presse. Ce sont les journaux et revues de droite qui sont les plus mordants. C'est *Le Cancer américain* d'Aron et Dandieu qui tonne contre la BRI, rebaptisée à la Céline : « Église internationale »[48]. Mais si l'impulsion vient plutôt de droite, les ouvrages antiaméricains de circonstance émanent de tout le spectre idéologique et partagent le même souci du titre-choc : *L'Oncle Shylock* de J.-L. Chastanet (1927), *L'Impérialisme américain* d'Octave Homberg (1929), *L'Abomination américaine* de Kadmi-Cohen (1930), *L'Amérique à la conquête de l'Europe* de Charles Pomaret (1931). Le premier et le dernier sont les œuvres de parlementaires qui siègent à gauche ; le deuxième, du négociateur du premier emprunt de guerre en 1915 ; le troisième, d'un

---

47. Voir Victor de Marcé, « Autour du problème des dettes », *Revue de Paris*, vol. 2 (1933) et le commentaire de D.R. Allen, *French Views*..., p. 262, note 5.
48. R. Aron et A. Dandieu, *Le Cancer américain*..., p. 120.

essayiste dont l'admiration se partage entre André Siegfried et Aristide Briand et qui prône un axe Paris-Berlin-Moscou comme épine dorsale de futurs États-Unis d'Europe. Les trois premiers sont violemment antiaméricains ; le quatrième, plus neutre, livre en chiffres le dossier économique et financier de l'hégémonie américaine.

Si *L'Oncle Shylock* émerge du lot, c'est plus par son titre que par son contenu, d'un antiaméricanisme ordinaire. Louis Chastanet est un militant syndicaliste passé à la politique. Il a été élu député de l'Isère en 1924 sur la liste du « bloc des gauches » et sera réélu en 1928 à la Tour-du-Pin. Son *Oncle Shylock* examine la politique financière des États-Unis et développe, sans grande originalité, la thèse d'une volonté américaine d'asservissement de l'Europe par le moyen de la dette. Être payé intéresse moins les Américains que la possibilité d'avoir barre sur leurs débiteurs : « Ce qui séduit [l'Amérique] bien plus, c'est le chantage permanent qu'une telle question lui permet d'exercer sur nous[49]. » La même année 1927, un livre que personne n'eût songé à qualifier de polémique, *Les États-Unis d'aujourd'hui* de Siegfried, dressait le même constat en des termes aussi vifs : « [l'Amérique] n'a rien à ménager, ni personne ; elle peut, s'il lui plaît, se comporter arbitrairement : étrangler les gens et les gouvernements, les secourir à des conditions choisies par elle-même, les contrôler, enfin – chose qu'elle aime par-dessus tout – les juger du haut d'une supériorité morale et leur imposer ses leçons[50]. » Chastanet fait chorus : « On peut dominer le monde sans le conquérir. Pour [l'Amérique], prêter de l'argent aux autres est un moyen de les dominer. Et elle a prêté au monde entier[51]. » Ce n'est donc pas la thèse de Chastanet qui confère au livre un caractère particulier, mais bien la grimaçante distorsion d'image qu'il inflige à l'Amérique : « U.S. ! Ces deux lettres furent d'abord les initiales de l'uncle Sam. Vous savez bien, l'oncle Sam, le bon et généreux. Mais voici qu'il est passé de vie à trépas. » Et que lui a succédé Oncle Shylock. Il est d'une autre trempe et a pour unique commandement : « Tu usureras avec beaucoup de nations et tu les domineras[52]. » C'est lui qui désormais « se tient dans la cou-

---

49. J.-L. Chastanet, *L'Oncle Shylock ou l'impérialisme américain à la conquête du monde*, Paris, Flammarion, 1927, p. 78.
50. A. Siegfried, *Les États-Unis d'aujourd'hui...*, p. 226.
51. J.-L. Chastanet, *L'Oncle Shylock...*, p. 159.
52. *Ibid.*, pp. 9-10.

lisse » du monde ; « c'est lui qui parle le premier ». Lui aussi qui ne l'emportera pas en Paradis, car « l'Amérique en distribuant son crédit un peu partout, n'a réussi en même temps qu'à semer la haine. Vraisemblablement, ce sont les intérêts composés de celle-ci qu'elle récoltera ». Pour une ultime parabole du châtiment, Chastanet change de mythologie : il évoque Cyrus prisonnier des Amazones, dont la reine l'oblige à boire une coupe d'or fondu jusqu'à ce que mort s'ensuive. Mais la vraie piste était clairement indiquée, dès la première page, par la mise en exergue du nom de Toussenel, auteur en 1845 des *Juifs, rois de l'époque*.

Pour beaucoup de Français de la fin des années 20, note l'historien David Strauss, « l'Oncle Sam est devenu l'Oncle Shylock ». Le succès du sobriquet semble en effet indubitable [53] et révélateur à plus d'un titre. La référence au plus célèbre usurier de la tradition occidentale condense les griefs ravivés dans l'opinion française par la polémique du remboursement : captation des richesses mondiales et réinvestissements spéculatifs à hauts risques pour l'Europe entière. Mais le glissement d'une Amérique « créancière du monde » à une Amérique usurière planétaire est aussi facilité par la diffusion rapide, à partir des années 20, de nouvelles représentations de l'Amérique combinant antiaméricanisme et antisémitisme. On se contentera de souligner ici – avant d'y revenir au chapitre suivant – la parfaite synchronisation entre l'apparition du thème de Shylock et la banalisation (par Siegfried, notamment) de l'idée d'« influence » juive aux États-Unis. Le thème est insistant dans l'édition de 1927 des *États-Unis d'aujourd'hui*. Se tenant « volontairement ou non, groupés entre eux », explique Siegfried, les Juifs « restent à l'état de ferment hétérogène ; on les distingue, non mêlés, au fond du creuset » américain. Par cette résistance à « l'américanisation », ils accroissent régulièrement leur poids spécifique dans la société américaine [54]. Les Juifs se tiennent donc « à part », mais déjà (pour certains d'entre eux) sur les sommets et parmi les « grandes

---

53. Voir par exemple « Le réveil de Shylock » de Saint-Brice (*Revue universelle*, 15 décembre 1932) ; Hoover y est présenté comme sans courage ni « largeur de vues » ; Roosevelt ne s'annonce pas meilleur : « Ce que l'on sait de l'administration de demain est qu'elle songe à faire de la démagogie à l'intérieur, à tâcher de marchander les dettes contre des combinaisons économiques purement chimériques. » D'une manière générale, l'Amérique « nous a appris qu'elle était incapable de prendre aucun engagement » (pp. 731-732).
54. A. Siegfried, *Les États-Unis d'aujourd'hui*..., p. 25.

forces morales et financières du pays »[55]. L'Oncle Shylock vient à point incarner cette nouvelle Amérique bicéphale où le pouvoir financier serait partagé (ou disputé) entre les Juifs et les Yankees dont Aron et Dandieu nous rappellent, en 1931, qu'ils « ont la spéculation dans le sang ».

Or c'est bien autour d'une sémiotique du sang que s'organise ce nouvel épisode du discours antiaméricain qu'est la crise des dettes de guerre. Du sang ou plutôt des sangs.

Il y a d'abord l'équation « ethnique », qui s'est compliquée depuis l'avant-14, où elle reposait essentiellement sur l'opposition entre Anglo-Saxons et Latins. Cette opposition ne disparaît pas, mais le diagramme des tensions et « affinités » s'enrichit. En dépit du mythe des origines impliqué par l'anglo-saxonnité, le discours antiaméricain d'avant-14 avait, on s'en souvient, dissocié le cas des Allemand, cousins « pas si germains que cela » des Américains[56]. Or voici ces distants cousins soudainement rapprochés et réunis, non plus par la souche anglo-saxonne, mais par la présence d'importantes communautés juives que lient de part et d'autre de l'Atlantique coutumes et intérêts, sans parler de ce que Siegfried appelle « une obscure communauté de race »[57].

Mais il y a, au cœur de la polémique antiaméricaine des années 1920, une autre guerre des sangs : c'est la logomachie du sang versé, prodigué ; du sang répandu *sans compter*, comme le répètent tribuns et éditorialistes ; du sang qui, jadis offert aux Insurgents, a coulé cette fois sur la terre de France, mais pour le Droit de tous. Or, de ce sang-là, les Français, aujourd'hui, veulent faire reconnaître la valeur et établir le prix. Ils veulent qu'il *entre en compte* dans la querelle de la dette.

L'allégorie de Shylock ne renvoie donc pas seulement, de façon explicite, à l'Amérique usurière et, de manière implicite, à une Amérique « enjuivée ». Elle fait encore allusion à une France qui s'est déjà acquittée de sa « livre de chair », qui a déjà trop payé de son sang pour qu'on ose lui réclamer tribut. Le succès mythologique de « l'Oncle Shylock » répète très exactement le triomphe politique obtenu par Louis Marin à la Chambre en janvier 1925. La démonstration de Marin, parlant contre le remboursement de la

---

55. *Ibid.*, p. 16.
56. Max O'Rell [Paul Blouët] et Jack Allyn, *Jonathan et son continent. La société américaine*, Paris, Calmann-Lévy, 1900, p. 112.
57. A. Siegfried, *Les États-Unis d'aujourd'hui...*, p. 25.

dette américaine, repose sur l'iniquité d'une réclamation qui prétend ignorer les sacrifices humains consentis par la France. « Dans le monde entier », souligne Marin, « personne n'oublie qu'il n'y a pas seulement un compte de doit et avoir portant sur l'argent, mais un compte qui porte sur les vies humaines, sur les souffrances et les pertes de toutes sortes qui doivent entrer en ligne de compte [...] » [58]. Il n'omet pas de rappeler (fût-ce par prétérition) que « les États-Unis ne sont entrés dans la guerre que tard. Je ne dis pas qu'ils y sont entrés comme les ouvriers de la onzième heure ». Leurs prêts sont tout simplement la forme qu'a prise l'effort de guerre américain. N'ayant pas (encore) d'hommes à offrir, l'Amérique a offert son argent, tandis que la France payait l'impôt du sang. Les balances sont donc équilibrées et les comptes déjà apurés, quoi qu'en pensent les Américains. La dîme française a même été bien plus lourde que ne sera jamais la dépense américaine : les endettés ne sont pas ceux que l'on dit ou que l'on veut faire croire.

Le vif succès du discours de Marin dans tous les groupes parlementaires est attesté par les comptes rendus d'audience et la décision de faire imprimer et placarder le texte de son allocution dans toutes les communes de France. Mais le consensus français contre l'âpreté yankee est scellé ce jour-là d'un sceau étrange. Car qui pèse ici la chair meurtrie et mesure le sang versé, sinon les dénonciateurs mêmes du Shylock américain ? Qui présente à « l'huissier » de l'Europe, comme dit Siegfried, le mémoire de ses morts, suivi de la mention « pour acquit », sinon la France par la voix du député Marin ? Par une curieuse et inconsciente inversion du mythe, ce sont les Français qui prétendent payer, ou plutôt affirment *avoir déjà payé* en chair humaine, une dette que l'Amérique, plus prosaïquement, leur réclame en espèces sonnantes et trébuchantes. Les scénarios rhétoriques du désendettement baignent ainsi dans une atmosphère de lapsus généralisé. Témoin le célèbre éditorial de Pierre Scize, dans *Le Canard enchaîné*, protestant contre l'exécution de Sacco et Vanzetti : au milieu d'un catalogue de griefs, Scize dénonce cette Amérique qui « bat monnaie avec ses soldats morts » [59]. Étrange projection sur les Américains – à qui justement on reproche leur peu de soldats morts –

---

58. L. Marin, Annales de la Chambre des députés, 1ʳᵉ séance du 21 janvier 1925.
59. Pierre Scize, « Sacco, Vanzetti et le goût du sport », *Le Canard enchaîné*, 10 août 1927.

que cette accusation qui décrirait plus exactement le tenace effort français pour monnayer ses pertes humaines en remise de dettes.

L'un des moins aveugles, à cet égard, aura été Georges Duhamel. Un curieux chapitre, rarement cité, des *Scènes de la vie future* porte sur l'Amérique comme « société assurantielle »[60] : société où tout sang peut être remboursé et où le dédommagement des victimes d'accidents coûte moins cher que les mesures nécessaires pour éviter ceux-ci. Mais derrière la discussion mi-figue mi-raisin sur la moralité ou l'immoralité de cette société assurantielle que le narrateur conduit avec l'inexorable Mr Stone, l'allusion est évidente au débat franco-américain sur le prix du sang. Mr Stone, qui a fait fortune en réduisant « de 78 à 4 le nombre des types de sommier métalliques adoptés dans toute la confédération » est aussi un Procuste des valeurs immatérielles. « Que voulez-vous introduire dans un calcul ? » demande à Duhamel le réducteur de sommiers. « Des éléments sentimentaux qui sont proprement immesurables et qui risquent de fausser l'arithmétique sans bénéfice pour personne ? » C'est répéter la réponse de l'Amérique à la revendication française d'une prise en compte de ses morts dans la facture de la guerre. Aux yeux des Américains, ces éléments sentimentaux doivent être « écartés du comptoir », commente Siegfried : « Quand l'heure du règlement des dettes interalliées est venue, l'évocation de la grande œuvre accomplie en commun sur les champs de bataille a été froidement écartée, comme on écarte d'un comptoir les documents inutiles à une liquidation d'intérêts[61]. » C'est brutal, mais est-ce injustifié ? Inversement, les Français ont-ils raison de réclamer le *pretium doloris* de leurs millions de morts ? Peut-il et surtout doit-il y avoir « compensation » pour ce que le député Marin appelait lui-même « les éléments impondérables »[62] ? Duhamel est loin d'en être sûr. En acceptant le dédommagement financier du dol humain, soutient-il, « je sais [...] que j'acquiesce à la commercialisation de certaines valeurs morales, que [...] je les déprécie et les avilis, que la vie, la mort, la souffrance, la joie, du fait même

---

60. Parmi les griefs les plus curieux de l'entre-deux-guerres figure le culte de la « sécurité » prêté aux Américains. Le slogan « Safety First », utilisé dans la production industrielle et sur les routes, suscite d'étonnantes indignations chez Morand : « La "Sécurité d'abord" des Yankees assassine l'esprit » (*Champions du monde...*, p. 141). Même véhémence dans le poème de Luc Durtain intitulé « Battery » : « *Non, Monsieur, pas :* Safety first *! / Sécurité après, / bien après, / comme en Europe* » (*USA 1927*, Paris, Plaisir de bibliophile, 1928 [np]).

61. A. Siegfried, *Les États-Unis d'aujourd'hui...*, p. 342.

62. L. Marin, *Annales...*, 1re séance du 21 janvier 1925.

que je leur laisse assigner une valeur marchande, perdent partie de leur valeur humaine »[63]. Je m'assure pourtant, ajoute Duhamel. Et comme tout le monde en France, je « couvre d'un mot latin certaines de ces évaluations ».

Aussi l'auteur des *Scènes de la vie future*, à qui n'échappe pas la moindre occasion de récrimination contre l'Amérique, garde-t-il sur les dettes de guerre un silence aussi complet qu'éloquent. Lui du moins a compris que le terrain « moral » n'était pas meilleur que le terrain juridique.

Plan Marshall et Military Police

D'une dette l'autre ? Ce dont les Français avaient rêvé sans l'obtenir en 1920 : un crédit ouvert par le Trésor américain pour la reconstruction, ils vont en 1948 le recevoir sans l'avoir « quémandé » – même si le verbe revient souvent dans la presse – sous le nom de plan Marshall. Une manne de plus de treize cents millions de dollars est allouée à la France par l'Organisation européenne de coopération économique chargée de la répartition des crédits américains, pour la période courant du 31 mars 1948 au 1er avril 1949. Le plan est renouvelable d'année en année jusqu'en 1952. Pour ses lecteurs, *France-Soir* traduit : « 300 milliards ! » De francs. « Une rente annuelle de 7 200 francs environ pour chaque Français et chaque Française[64]. » Rente ? Le mot est malheureux... Quel est l'objet du plan Marshall, demande encore *France-Soir* ? C'est un « ballon d'oxygène ». La France n'est pas seulement une convalescente de guerre. Elle est devenue, économiquement parlant, la grande malade de l'Europe. Raymond Aron le souligne longuement et patiemment dans une série d'articles de l'été 1948 : « De tous les pays d'Europe, c'est la France qui a la balance des comptes le plus mal en point[65]. » Et de recourir, lui aussi, aux métaphores secouristes. « On n'est pas partisan ou adversaire du ballon d'oxygène ou de la piqûre d'huile camphrée[66]. » Il sait bien que si. Le plan Marshall a ses partisans, qui y voient le

63. G. Duhamel, *Scènes de la vie future* [1930], Paris, Arthème Fayard, « Le Livre de demain », 1938, p. 100.
64. Jacques Gascuel, *France-Soir*, 14 septembre 1948.
65. R. Aron, « Sommes-nous voués à la mendicité ? », *Le Figaro*, 1er et 2 août 1948.
66. R. Aron, « Du plan Marshall à l'Europe unie », *Le Figaro*, 2 juillet 1948.

salut ou, dans l'immédiat, la réanimation de la France. Il a aussi des adversaires, farouches et organisés, qui le tiennent pour une drogue fatale. L'énorme don annoncé va donc faire rebondir encore une fois la dramaturgie de la dette. Les antiaméricains de 1930 refusaient de s'acquitter, les antiaméricains de 1948 refusent de recevoir. Mais toujours, on va le voir, au nom du prix sanglant payé ou à payer.

Ce combat met les communistes en première ligne. Leurs ministres ont été chassés du gouvernement en 1947. Par ailleurs l'URSS, après un début de négociation menée par Molotov, a refusé d'être associée au programme d'aide à l'Europe. Brutalement rendu à sa liberté, le PCF mobilise toutes ses forces contre la présence américaine en France et les politiciens du « parti américain ». C'est le début d'une campagne longue et violente. Le plan Marshall y est présenté comme le cheval de Troie de la vassalisation économique française et surtout comme le premier volet d'une opération de guerre totale contre l'URSS. L'aide américaine est donc attaquée sous deux angles : comme une mauvaise affaire conclue pour le seul avantage de quelques politiciens vendus, qui mène droit à la servitude économique (et culturelle) ; et comme un engrenage fatal vers la guerre, les dollars servant d'appât pour attirer la France dans l'OTAN, utiliser son territoire à des fins militaires et enrôler ses soldats pour la future guerre américaine. Sans doute cette campagne n'empêche-t-elle pas l'acceptation et l'application du plan Marshall ; mais elle réussit par son ampleur, comme le reconnaît, depuis le camp d'en face, Raymond Aron, à « intimider les partisans du plan ». Ajoutons : et à donner à l'antiaméricanisme français une dimension nouvelle, de gauche et populaire.

Une étude du Département d'État permet de mesurer le succès de l'offensive antiaméricaine. Un an après sa ratification, parmi les non-communistes, un tiers seulement des Français se déclarent favorables au plan Marshall[67]. Comment une si large partie de l'opinion a-t-elle pu se dresser contre une offre pour tout dire inespérée (même si elle n'était pas, en effet, désintéressée) ? Le premier élément de réponse est à chercher dans l'énorme effort de propagande consenti par les communistes, sur qui repose l'essentiel des campagnes. Mais ces campagnes elles-mêmes ont dû leur suc-

---

67. Département d'État, *French Attitudes On Selected Issues* ; 43 ; cité par R. F. Kuisel, *Le Miroir américain. 50 ans de regard français sur l'Amérique*, trad. par E.-R. Nicoud, Paris, J.-C. Lattès, 1993, p. 70.

cès à l'habile réactivation de thématiques antiaméricaines antérieures, susceptibles de toucher un public large et varié.

L'argumentaire est fixé dès 1948. On en trouve un solide exposé dans le livre de Georges Soria paru en mai et préfacé par Frédéric Joliot-Curie, *La France deviendra-t-elle une colonie américaine ?* L'objectif primordial est de détruire le mythe d'un « don » ou d'un « geste généreux » de la part des Américains. Comment fera-t-on croire aux Français que les Américains, peu connus pour leur altruisme, sont prêts à se serrer la ceinture pour le seul soulagement d'une quinzaine de nations lointaines et nécessiteuses ? C'est qu'évidemment il y a, dans le plan Marshall, gros à gagner pour les États-Unis, à commencer par de nouveaux marchés. Les Américains font un placement. Ce qu'ils nous « donnent », ils comptent bien le reprendre avec usure. Comment ? Mais comme d'habitude : en chair humaine, en chair à canon. Tout cela, comme dit Soria, est à la fois « simple et subtil ».

Résumons le scénario. Le plan Marshall naît d'un complot qui a pris forme au moment même où les ministres communistes français étaient remerciés. Mais le premier acte a eu lieu à Washington, en mars 1946, lorsque Léon Blum, ambassadeur extraordinaire du gouvernement Gouin, est allé négocier les fameux accords Blum-Byrnes. Le premier volet de ces accords stipulait l'annulation des dettes de guerre françaises. Faut-il en rendre grâces aux Américains ? Certainement pas ! Simple « calcul » devant la ruine de la France, commente Soria, « mesure intelligente et de self-protection »[68]. Marché de dupes aussi : les Américains en ont profité pour se débarrasser de leurs surplus intransportables, tout en nous contraignant à acheter des *Liberty-ships* inutilisables... Mais le pire est contenu dans la seconde partie des accords, qui impose à la France de renoncer au protectionnisme indispensable à ses industries. Il s'agit donc d'un véritable abandon « d'une partie de la souveraineté nationale »[69]. Cet abandon volontaire, prôné et voulu par Léon Blum, relève d'une résignation menant à la trahison : le parti américain agit en fonction d'une « thèse à l'esprit entièrement munichois ». De l'économique, on peut alors passer au politico-militaire.

Car la remise à l'ennemi de l'économie nationale n'est qu'une étape dans la sujétion complète aux volontés américaines. Le plan

---

68. G. Soria, *La France deviendra-t-elle une colonie américaine ?*, préface de F. Joliot-Curie, Paris, Éd. du Pavillon, 1948, pp. 30, 31.
69. *Ibid.*, p. 38. Soria parle aussi de « souveraineté douanière ».

Marshall n'organise pas seulement la colonisation économique de la France ; il prépare sa dépendance militaire. Diplomatiquement, la première étape consiste à mettre sur le même pied vainqueurs et vaincus : non seulement il n'y aura pas de « réparations » allemandes, mais l'Allemagne non dénazifiée sera remise en selle. C'est une priorité des bellicistes américains dans l'affrontement projeté avec l'URSS. Et c'est la face (mal) cachée de l'OECE que de mener tout droit à la Communauté européenne de défense et à l'OTAN. « Tout cela avait une terrible odeur, une odeur connue : Munich ! » Soria, en sa qualité de journaliste, a rencontré les négociateurs français : « Ces gens envisageaient la colonisation économique du pays comme les munichois de 1938 avaient accepté de céder aux demandes d'Hitler. Les arrière-pensées étaient les mêmes [70]. » Entre Hitler et Truman, donc, simple changement de chantage : « chantage à la famine (au lieu de chantage à la guerre) ». Mais par un machiavélisme supplémentaire, ce chantage à la famine doit entraîner la France dans la prochaine guerre. Toujours la livre de chair – en échange cette fois des rations alimentaires...

Dans la rhétorique de ces campagnes antiaméricaines qui touchent un public beaucoup plus large que celui des seuls militants ou sympathisants communistes, la lutte contre le plan Marshall n'est pas séparable, en effet, de la « défense de la paix ». Comme l'écrit Soria, « le plan Marshall est quand même finalement un plan de guerre, ainsi que la doctrine Truman [...] » [71]. L'analogie munichoise, sans cesse martelée, doit être prise dans toute sa force. L'histoire recommence sous d'autres masques. Les mécanismes sont les mêmes et certains acteurs ne changeront jamais : les « capitalistes anglo-saxons ». Un an plus tard, en 1949, le ton a encore monté. Dans la « Lettre au président Truman » publiée par *Les Combattants de la paix et de la liberté* (organisation de « large front »), Charles Tillon vitupère « les nouveaux fossoyeurs de la Patrie [qui] ont accepté toutes les volontés de leurs maîtres américains ». Mais aussi et de manière plus originale, il n'hésite pas à reprendre contre les États-Unis les accusations que leur portait l'extrême droite, avant la guerre, d'avoir honteusement favorisé l'Allemagne. Ce qui, dans la version Tillon de 1949, revient à avoir financé le nazisme : la France « n'oublie pas que l'agression hitlé-

70. *Ibid.*, p. 75.
71. *Ibid.*, p. 22.

rienne a été préparée par le relèvement de l'industrie allemande grâce à l'afflux de capitaux anglo-saxons [72]. » « Truman, authentique successeur de Hitler » : la formule bientôt n'étonnera plus personne. Un dirigeant communiste comme Georges Cogniot la reprend aussi automatiquement qu'une épithète homérique lors d'une conférence devant des cadres communistes, en 1951 [73]. L'escalade n'est pas seulement verbale ; elle est aussi physique, que ce soit à l'Assemblée où les échauffourées ne sont pas rares ou dans les ports où les dockers bloquent le matériel destiné aux bases américaines. Le *Mouvement de la Paix* multiplie les initiatives spectaculaires et contribue au succès de la campagne de signature de l'Appel de Stockholm : quinze millions de Françaises et de Français demandent ainsi l'interdiction de l'arme nucléaire (dont l'URSS ne dispose pas encore). Convaincus, à l'instar de Georges Cogniot, de l'importance des « armes *idéologiques* » [74], les communistes consacrent des efforts considérables à dénoncer l'Europe *made in USA*.

Retombée importante de ces campagnes : elles acclimatent à gauche et dans de nouvelles couches sociales une virulence anti-américaine jusque-là beaucoup plus caractéristique de l'extrême droite ou de cénacles intellectuels restreints. Lorsque Maurice Thorez, dans *Fils du peuple*, commente l'évolution des États-Unis, depuis la doctrine de Monroe jusqu'à celle de Truman, pour conclure : « La formule nouvelle de Truman, c'est "l'univers aux Américains" », le propos lui-même n'a rien de bouleversant. On se souvient de l'avoir entendu dès les années 1890. Ce qui est nouveau, c'est qu'il soit tenu dans des meetings populaires, devant des milliers de gens, et non plus seulement dans les cercles diplomatiques ou politologiques. Guerre froide oblige : un antiaméricanisme politique de masse trouve son chemin à travers des milliers de brochures et de réunions publiques. Aux livrets illustrés répandus par les services américains pour exalter le syndicalisme libre ou vanter le niveau de vie ouvrier aux États-Unis, les com-

---

72. « La lettre au président Truman », Combattants de la paix et de la liberté, Conseil National, Paris, Imprimerie Aulard, 1949 (sans pagination).
73. G. Cogniot, « L'"Union européenne", le "Gouvernement mondial", camouflages de l'impérialisme », conférence faite devant les membres des comités de section et les secrétaires des cellules d'entreprise et locales de la Fédération du Rhône du Parti communiste français, à Lyon, le 9 mars 1951, Les Conférences éducatives du Parti communiste français, 1re série, n° 9 [s.d.] p. 11.
74. *Ibid.*, p. 3. En gras dans le texte.

munistes répondent par une déferlante de textes et documents, depuis les pamphlets strictement politiques jusqu'aux articles démystificateurs sur le *way of life* et aux couplets d'actualité dont la Jeunesse communiste se fait une spécialité. La littérature elle-même est mobilisée et André Stil reçoit le prix Staline en 1952 pour un roman, *Le Premier Choc*, qui exalte la résistance des dockers au nouvel occupant. L'antiaméricanisme est plus vivace que jamais parmi les intellectuels, exception faite de quelques proaméricains politiques (qui restent d'ailleurs souvent des anti-américains culturels [75]) ; il progresse dans une opinion populaire que les tirades des clercs d'avant-guerre laissaient assez indifférente et qui (si l'on en croit les sondages) s'inquiète toujours aussi peu de la « menace culturelle » américaine. En 1953, 4 % seulement des Français sondés perçoivent l'Amérique comme un danger culturel [76]. Le *Reader's Digest* les effraie moins que les bombardiers stratégiques. Qui s'en étonnerait ?

Les années Marshall auront donc vu s'exaspérer l'antiaméricanisme d'une France cabrée sous la dette. Entre ceux qui lui prêchent l'humilité requise par sa situation et ceux qui vilipendent l'envahissant donateur, le choix est bientôt fait. L'Amérique créancière annonce l'Amérique huissière, répétaient les antiaméricains de l'entre-deux-guerres. L'Amérique donatrice sera l'ordonnatrice de nos destins, mettent en garde ceux de l'après-guerre. Pis que l'huissier, c'est le MP qui viendra frapper à la porte : « Comment s'étonner », écrit Pozner en 1948, « que le Marshall Plan porte les mêmes initiales que votre Military Police ? » [77].

---

75. Ainsi la revue *Preuves* est-elle pro-atlantiste, mais explicitement hostile à l'influence culturelle américaine (voir J.-Ph. Mathy, *Extrême-Occident. French Intellectuals and America*, Chicago & London, The University of Chicago Press, 1993, pp. 139-140). Fidélité à l'antiaméricanisme des clercs d'autant plus savoureuse et méritoire que *Preuves* recevait des subsides de la CIA.

76. *Sondages*, 1953, 40 ; cité par R. Kuisel, *Le Miroir américain...*, p. 73 ; pour l'état de l'opinion française pendant la guerre froide, on se reportera utilement à Philippe Roger [sans parenté avec l'auteur], *Rêves et cauchemars américains. Les États-Unis au miroir de l'opinion publique française (1945-1953)*, Lille, Presses Universitaires du Septentrion, 1996.

77. V. Pozner, *Les États-Désunis*, Paris, La Bibliothèque française, 1948, p. 18.

Non coupables !

Dans la formidable mobilisation antiaméricaine des années 50, le noyau dur travaille à la « défense de l'URSS ». Mais son succès tient essentiellement au slogan « Défense de la paix », articulé à une diabolisation réussie des États-Unis comme fauteurs de guerre. La propagande communiste rebrasse efficacement contre le « bellicisme » américain les thèmes traditionnels et consensuels du pacifisme d'avant-guerre, dramatisés par l'existence de l'arme effrayante détenue seulement par l'Amérique : la bombe atomique. La Bombe fournit un argument nouveau, associé à un imaginaire terrifiant. Par son incommensurable puissance de destruction, elle permet de relégitimer la posture discréditée du « pacifisme intégral ». En même temps, elle rend suspect le pays qui seul la détient : non seulement pour l'abus qu'il pourrait en faire, qu'il en a déjà fait – et l'on verra Emmanuel Mounier expliquer l'agressivité américaine par la culpabilité d'Hiroshima – ; mais aussi par le seul fait qu'il la détient. Une société « atomique » n'est plus une société comme les autres ; un État « atomique » ne peut prétendre incarner les valeurs démocratiques. Sur ce terrain, les communistes sont rejoints, voire devancés par des alliés inattendus, comme Georges Bernanos, écrivant en 1953 : « Une démocratie atomique, laissez-moi rire ! Pourquoi pas la bombe atomique remise à chaque électeur, en même temps que son bulletin de vote[78] ? »

Le risque de guerre atomique ne fournit pas seulement des arguments ; il procure des alliés. Pour la diffusion et la légitimation de l'antiaméricanisme en milieu intellectuel, les « neutralistes » font plus, parfois à leur corps défendant, que toute la propagande communiste et pacifiste elle-même. Non que les neutralistes, dont *Le Monde* devient le point de ralliement (mais qui sont bien représentés aussi à *Esprit*, aux *Temps modernes*, à *Franc-Tireur* ou à *France-Observateur*) soient tous des antiaméricains, tant s'en faut. Maurice Duverger, dans *Le Monde*, l'énonce clairement : « Entre l'Europe soviétisée et l'Empire atlantique, la seconde solution est décidément préférable, car dans le premier cas, l'esclavage serait certain, au lieu que dans le second, la guerre deviendrait seulement pro-

---

78. G. Bernanos, *La Liberté pour quoi faire ?*, Paris, Gallimard, 1953, p. 58.

bable [79]. » La plupart des neutralistes sont anti-atlantistes par pragmatisme : on a meilleure chance, pensent-ils, d'éloigner la guerre mondiale en résistant au plus puissant des deux adversaires, c'est-à-dire à l'Amérique. Ce neutralisme-là se conçoit volontiers comme une doctrine du contrepoids, du bâton retordu. C'est le raisonnement d'Hubert Beuve-Méry, le directeur du *Monde*. Reste que la logique des polémiques et la force des stéréotypes vont souvent faire dériver les discours, sinon les hommes. « L'affaire Gilson » en est l'exemple.

Pendant l'hiver 1950, *La Nouvelle Critique* est au plus fort de sa phase la plus stalinienne. Numéro après numéro, elle dénonce les renégats et les faux amis : Bourdet, Cassou, Mounier, nul n'échappe ; pas même Prévert, qui fait l'objet d'un long exercice de critique jdanovienne. Le moment n'est donc pas aux aménités. On est d'autant plus surpris de voir loué, au détour d'un article non signé, « M. Étienne Gilson ». Non que M. Étienne Gilson ne soit parfaitement louable. Mais enfin, il n'est pas du même monde que ces collaborateurs de *La Nouvelle Critique* qui professent pour Staline un « amour lucide ». Philosophe néo-thomiste, comme Maritain, professeur à la Sorbonne puis au Collège de France, il a certes été anti-vichyssois ; mais ce sympathisant MRP proche du Mouvement européen (lancé à La Haye en 1948 et dénoncé par Cogniot comme une création de « l'espion en chef des États-Unis Allan Dulles » [80]) est tout de même loin de faire un « compagnon de route » acceptable. Quel est donc le singulier mérite d'Étienne Gilson ? C'est apparemment d'avoir dénoncé, dans un article du *Monde* en date du 12 juin 1946, l'indigence du cinéma américain introduit de force et en force par les accords Blum-Byrnes. « On ne verra pas de gaieté de cœur », écrivait Gilson, « notre propre peuple absorber des doses pratiquement illimitées de ce stupéfiant ». *La Nouvelle Critique* se félicite qu'« un homme aussi peu suspect d'"antiaméricanisme" que M. Étienne Gilson » ait l'honnêteté de dénoncer « le puissant moyen d'abrutissement » que constitue le cinéma hollywoodien massivement injecté dans les

---

79. M. Duverger, *Le Monde*, 1er et 15 septembre 1948, cité par L. Greilsamer, *Hubert Beuve-Méry. 1902-1989*, Paris, Fayard, 1990, p. 339 ; voir aussi, sur cette période du journal, *Le Monde de Beuve-Méry ou le métier d'Alceste*, de J.-N. Jeanneney et J. Julliard, Paris, Seuil, 1979 et *Le Monde, histoire d'un journal, un journal dans l'histoire* de Jacques Thibau, Paris, J.-C. Smoën, 1978.

80. G. Cogniot, « L'"Union européenne"... », p. 13.

circuits français [81]. Nul doute que l'invasion des films américains ne préoccupe le Parti communiste et ses intellectuels. Mais la piètre opinion qu'en a Gilson n'est pas son seul titre à la sympathie de *La Nouvelle Critique*, ni sans doute le plus essentiel.

Dès 1948, en effet, Étienne Gilson s'est fait l'avocat, dans les colonnes du *Monde* ouvertes par l'amitié de Beuve-Méry, du « ni-ni » : ni Washington, ni Moscou ; et il a multiplié contre le Pacte atlantique des chroniques de plus en plus acides. Que dit Gilson, au fil des mois ? Que les Américains ne doivent pas compter sur les Français pour être « l'extrême pointe de l'avant-garde » d'une guerre future. Que la France a déjà donné. Que « c'est le tour des États-Unis ». Que le Pacte atlantique est un traité léonin qui procure aux États-Unis une piétaille à bon marché sans leur créer aucune forme d'obligation. Que les États-Unis n'ont qu'un souci : se procurer « des fantassins », car « la denrée se fait rare ». Qu'ils sont prêts, comme toujours, à y mettre le prix. À les « acheter avec des dollars ». Et qu'avec ces dollars, « c'est une fois de plus notre sang » qu'ils peuvent acheter [82]. C'est à ce point de l'escalade rhétorique qu'est sifflé le hors-jeu. Les protestations fusent. Hubert Beuve-Méry est mis en difficulté. La publication à l'automne 1949 d'une autre série d'articles très antiaméricains, de Pierre Emmanuel cette fois [83], augmente les pressions. Gilson lui-même cesse de collaborer au *Monde* en septembre 1950. Il abandonnera bientôt le Collège de France pour Toronto.

La ligne invisible franchie par Gilson est autant symbolique que politique. Le sang mis à l'encan, bradé aux Américains, a fait déborder le vase du neutralisme. Mais si l'engouement de *La Nouvelle Critique* pour un Gilson persécuté est en partie tactique, les affinités de discours sont profondes, au-delà même de l'antiaméricanisme culturel dont le philosophe ne fait pas mystère. Gilson ne se contente pas de ressusciter l'Oncle Shylock. Il entreprend vaillamment tout un travail de déculpabilisation des Français. « On » veut « nous prouver que nous sommes coupables », écrit Gilson. Mais coupables, nous ne le sommes pas. Pas de comptes

---

81. « Thèmes et buts du film américain » (non signé), *La Nouvelle Critique*, n° 12, janvier 1950, p. 114.

82. E. Gilson, *Le Monde*, 2 mars 1949 ; 24 août 1950 ; ce parcours d'E. Gilson a été retracé au cours d'un exposé (non encore publié) fait dans mon séminaire de l'EHESS par Mme Duranton-Crabol.

83. Pierre Emmanuel, « L'Amérique impériale », *Le Monde*, 25-26-28 octobre 1949.

à rendre. À personne. Et surtout pas aux Américains. « Nous avons porté le poids de la guerre de 1914-1918 dont les États-Unis ont cueilli les lauriers. » Et même, « pratiquement seuls avec la Pologne, nous avons porté le poids de la nouvelle guerre mondiale ». Les coupables, on ferait mieux de les chercher de l'autre côté de l'Atlantique. On ferait mieux de se demander, par exemple, « si le plan Hoover et le refus d'appuyer notre action dans la Ruhr ont ou non préparé le nazisme ». Cette analyse, partagée avant la guerre par bien des nationalistes, devient à la Libération la version consensuelle des erreurs de l'avant-guerre. On a trop dit – à Vichy en particulier – que la France était coupable : qu'on regarde plutôt du côté des donneurs de leçons. La relecture de l'entre-deux-guerres par Gilson se trouve ainsi en phase avec la réécriture stalinienne qui privilégie deux grands coupables : la bourgeoisie française félonne et l'archi-ennemi américain. Charles Tillon, dans la « Lettre ouverte au président Truman » déjà citée, assène comme une évidence historique la même accusation : « Les plans Dawes et Young de relèvement ont précédé les plans de guerre des Schacht et des Goering »[84]. Emmanuel Mounier donne sa propre version, étrange, du renversement de culpabilité, en présentant Vichy comme un rêve américain et en soupçonnant les États-Unis de 1949 de vouloir le répéter : « Le rêve de M. Leahy [*l'ambassadeur des États-Unis à Vichy*], Vichy béni et protégé par les Américains, serait-il institutionnalisé par ceux qui nous ont délivré de Vichy[85] ? » Le thème martelé par le PC d'un Hitler *made in USA* et d'une Amérique qui s'est substituée à l'Allemagne nazie est donc repris, sous des formes plus « subtiles », par un large éventail d'intellectuels antiaméricains, soucieux de « libérer » la France du nouveau joug, réel et surtout symbolique. La mise en accusation de l'Amérique – qui va chez Bernanos jusqu'à suggérer que la « civilisation des machines » devrait être jugée à Nuremberg[86] – est un formidable instrument de désendettement. On ne va quand même pas remercier les Américains d'avoir (très peu) contribué à abattre un monstre qu'ils avaient eux-mêmes créé...

En deçà des argumentaires et des analyses, ce qui unit le mieux ces antiaméricains hétéroclites, c'est en somme le renvoi de la dette à l'envoyeur. Et les deux slogans les plus consensuels, plus fami-

---

84. Ch. Tillon, « La lettre au président Truman »... [non paginé].
85. E. Mounier, « Le Pacte atlantique », *Œuvres*, Seuil, 1961, t. 4, p. 221.
86. Voir le chapitre 5 de cette seconde partie.

lièrement exprimés que dans les pétitions, seraient : « On ne vous doit rien » et « On ne marche pas ». Vous n'aurez pas nos fantassins, écrit Gilson. Ni d'ailleurs nos artilleurs, ajoute Mounier : « L'Amérique, si l'on veut, est l'Angleterre du XIXᵉ siècle. Elle envisage l'Alliance atlantique comme une division du travail militaire. La France est particulièrement appelée à être l'infanterie et l'artillerie de l'armée atlantique[87]. » On commence à connaître la chanson que la Jeunesse communiste chante, elle, sur l'air de *Jingle Bells* :

> *C'est l'président Truman*
> *Qui dit au vieux Schuman :*
> *« Faut bien signer mon Pacte,*
> *Car d'Hitler il porte la marque. »*
> *Il est pour faire la guerre*
> *À l'Union soviétique*
> *Aux pays populaires*
> *Et au profit de l'Amérique.*

Avec cette réponse, au refrain :

> *Mais le peuple a dit : « Non, il n'y a rien à faire !*
> *À l'Union soviétique, on n'fera pas la guerre.*
> *Nous n'serons pas les biffins des gros milliardaires.*
> *Finalement ces requins mordront la poussière »* [88]

« Le Pacte atlantique ne nous apporte aucune garantie sérieuse, n'engage l'Amérique à aucune disposition qu'en cas d'agression son intérêt ne lui eût automatiquement dictée », résume Mounier en 1949, citant d'ailleurs Gilson[89]. Aucune obligation pour l'Amérique. Aucune chance pour la France. Car ce ne sont pas même des soldats qu'achèteront les Yankees, mais de la chair à canon. Le Français ne sera atlantisé que pour être atomisé. « La guerre moderne » ? C'est « la volatilisation, par la guerre, des buts de la guerre. Il n'y a pas de guerre pour la liberté, parce qu'au bout de

---

87. E. Mounier, « Le Pacte atlantique »..., p. 220.
88. « Chants staliniens de France par quelques-uns qui les chantaient dans les années 50 », Label Expression spontanée, Patrice Gauthier et André Senik éd., s.d. ; je remercie Nicole Fouché de m'avoir fait connaître ces documents sonores.
89. E. Mounier, « Le Pacte atlantique »..., p. 220.

la guerre totalitaire, il n'y a plus de liberté » [90]. Physiquement anéantie ou du moins politiquement annulée : tel serait le lot d'une France qui pactiserait avec les États-Unis. La liquidation de l'Europe n'est-elle pas, d'ailleurs, partie intégrante de *leur* programme ? Bernanos le pense : « Nous comprenons de plus en plus clairement que la contre-civilisation, cette civilisation de masse, ne saurait poursuivre son évolution vers la servitude universelle sans d'abord achever de liquider l'Europe [91]. »

De Tillon à Gilson et de Thorez à Mounier, c'est donc un très large front intellectuel qui répond à la culpabilisation par l'inculpation et qui repousse la dette avec le don. Mais il faut l'élargir encore pour prendre la mesure d'un consensus antiaméricain qui tire sa force de ses équivoques. Sur la pente qui mène de la réécriture de l'entre-deux-guerres à un néo-défaitisme du type « Better Red than Dead », en passant par le déni de Vichy, devenu en somme une affaire américaine, quelqu'un va plus loin que tous les autres : c'est Marcel Aymé. Et le texte le plus parlant de la période ne se trouve ni dans *Le Monde*, ni dans *La Nouvelle Critique*, ni dans *Esprit*. Ce pourrait bien être l'étonnant synopsis (ou vraie-fausse nouvelle) que l'écrivain donne à la *Gazette des Lettres* en 1951 – elle y paraît le 15 janvier avant d'être reprise, le 18, dans *Combat*.

Roland Dumay, rédacteur en chef de la *Gazette des Lettres*, avait demandé à des écrivains de raconter le roman qu'ils aimeraient écrire mais n'écriraient jamais. Marcel Aymé lui envoie « La fille du shérif ». L'action se déroule en « 1952 ou 53 ». La guerre atomique a lieu sur « le territoire français dont, naguère, notre gouvernement vendit aux USA, pour quelques aises ministérielles, la libre disposition ». Tandis que les Français sont atomisés par dizaines de millions, le « vrai gouvernement » de la France est parqué dans une petite ville du Missouri. Il est dirigé par « MM. Moque et Choumane » – pour Jules Moch et Robert Schuman. Après une ultime offensive américaine, « la France est labourée, déchirée, pulvérisée. Et le deuxième jour de l'offensive, les journaux américains annoncent triomphalement : *Paris est détruit* ». Tout le monde s'en réjouit. La suite vaut d'être citée *in extenso*. « Au bout de huit jours d'offensive, comme les neuf dixièmes des Français ont péri, les Américains découvrent que leur guerre n'a plus d'objet. La paix est signée. De retour en France,

90. *Ibid.*, p. 223.
91. G. Bernanos, *La Liberté pour quoi faire ?*..., p. 138.

les membres du vrai gouvernement reconstituent les partis politiques, fusillent cent mille personnes, en emprisonnent deux cent mille, soit en tout le dixième de la population, et s'offrent un nouveau scandale des vins. Écœurée, l'ONU décrète que la France sera rayée de la carte du monde. On dirigera l'élément féminin vers les USA où les bonnes à tout faire sont introuvables, et, pour les hommes, on leur coupera les c... qui ne tiennent d'ailleurs qu'à un fil. » Et la fille du shérif, dans tout cela ? Eh bien, dans la petite ville du Missouri, elle était tombée amoureuse du fils de notre « vrai ministre de l'Enregistrement ». Enceinte de ses œuvres, elle arrache le consentement du shérif plus que réticent. Le jeune Français Nénesse revient pour « réparer », mais « en se gardant bien de révéler qu'il a été touché par le décret de l'ONU et qu'il est maintenant retranché de la vie sexuelle. Le roman s'achève sur une très belle étude du complexe de castration [92]. »

Synopsis de ce synopsis ? Les politiciens (tous pourris) ont vendu la France aux Américains (tous puritains) qui y organisent tranquillement le génocide des Français (sauf ceux qui sont dans le Missouri comme d'autres étaient à Londres) sous l'œil à peine troublé de nos « vrais gouvernants » (aux noms francisés : ils en avaient besoin), lesquels à la Libération (qui n'est qu'épuration) reprennent illico leurs traficotages.

« La fille du shérif » confirme admirablement le diagnostic offert par Raymond Aron, en cette même année 1951 : les Français « se plaisent à penser » la situation mondiale comme une querelle personnelle que les Américains chercheraient aux Russes et dans laquelle les « Européens ne sont plus des protégés, mais des victimes » [93]. Ainsi les Français atomisés ou châtrés, séparés de leurs femelles domestiquées, disparaîtront-ils de la surface de la terre – éradiqués par l'ami américain. Quelques années plus tôt, Thierry Maulnier avait décrit, au sortir de La P... respectueuse de Sartre, sa « gêne intolérable » : « S'il y avait eu un soldat des États-Unis dans la salle, je n'aurais pas osé le regarder [94]. » Marcel Aymé, plus heureux que Sartre, n'a apparemment scandalisé per-

92. M. Aymé, « La fille du shérif », *La Fille du shérif*, Paris, Gallimard, 1987, pp. 15-17.
93. R. Aron, *Les Guerres en chaîne*, Paris, 1951, p. 423 ; cité par M. Winock, « Les attitudes des Français face à la présence américaine (1951-1967) », *Historical Reflections/Réflexions historiques*, 1997, vol. 23, n° 2, p. 253.
94. T. Maulnier, *Spectateur*, 19 novembre 1946 ; cité par M. Contat et M. Rybalka, *Les Écrits de Sartre*, Paris, Gallimard, 1970, p. 136.

sonne avec sa fable antiaméricaine et vichyssoise – pas même *Combat*, qui la publia.

Dans le quartier des concessions

Dénier toute dette envers les États-Unis est donc devenu, après 1945, un geste essentiel de l'antiaméricanisme. À l'heure où le plan Marshall assure la survie matérielle de la France, il y va sans doute de sa survie symbolique.

« Ils prennent nos dollars et nous crachent dessus », fait dire Roger Vailland à un hypothétique officier américain. Ce n'est pas mal résumer l'effort français de redressement psychologique commencé dès 1944, lorsque de Gaulle, montrant la voie, avait parlé de Paris « libéré par lui-même ». Les intellectuels qui multiplient les non-reconnaissances de dettes sont en parfaite harmonie avec une population qui accepte le chocolat, mais décide très tôt qu'elle ne doit rien aux Américains – pas même sa libération du nazisme. En 1944, à la question posée par le naissant IFOP : « Quel pays a le plus contribué à la défaite allemande ? », les Français répondent massivement : l'URSS (61 %), l'Amérique n'obtenant que 29 % de réponses [95]. Cette perception, sans doute, est liée à l'importance des combats sur le front russe au plus sombre de l'Occupation. Mais loin d'être nuancée ou corrigée avec le temps, elle sera entretenue et renforcée, non seulement par l'important appareil de propagande du PCF, mais par nombre d'intellectuels non communistes qui enluminent la légende d'une « victoire sur le nazisme » dont tout le mérite reviendrait à l'URSS.

En 1955, l'année de *Nekrassov* et de sa plus grande proximité avec le PCF, Sartre prononce à la salle Pleyel une allocution devant un auditoire réuni par l'Association France-URSS dont il est membre. Il y gratifie son public d'une version particulièrement énergique de cette vulgate historique. Non seulement l'Union soviétique a tout fait ou presque, mais les États-Unis ne sont intervenus en Europe que contraints et forcés. « Notre destin ne s'est joué ni en Normandie, ni en Belgique », déclare Sartre, « mais en URSS, au bord de la Volga. C'est Stalingrad qui a rendu possible le débarquement de Normandie, je dirai même qu'il l'a rendu nécessaire. Si les Anglais et les Américains souhaitaient participer

95. *Bulletin d'Informations de l'IFOP*, n° 1, 1ᵉʳ octobre 1944.

à la victoire finale, ils étaient, bon gré mal gré, obligés de participer à l'attaque ». (Déjà Clemenceau reprochait à Pershing de s'être réservé pour le *big push* final de 1918...) « Ainsi ce que les demandes répétées du commandement russe n'avaient pu obtenir aux heures sombres, on le décida en hâte après Stalingrad. Ce n'est pas la première fois qu'on vole au secours de la victoire. » Et Sartre d'opposer, devant un auditoire qui sans doute n'en espérait pas tant, les « Allemands, nos ennemis séculaires », à ce peuple russe qui « a donné son sang pour sauver son avenir, le nôtre et celui de l'Univers ». Envers lui, conclut le philosophe, « une seule attitude est possible : la gratitude et l'amitié »[96].

Déclarer sa dette à l'URSS, c'est alléger d'autant *l'autre* dette – la « dette odieuse ». Une dizaine d'années plus tard, Étiemble continue d'évoquer la part « lointaine, involontaire, mais décisive » que les Soviétiques ont prise « à la libération de notre capitale et du pays tout entier ». Antistalinien affiché, il pousse plus loin qu'aucun stalinien le regret d'avoir vu les Américains et non les Russes débarquer à Paris. « Les Américains n'auraient jamais débarqué en Europe si, victimes de la politique de leur génial stratège Staline, des millions de soldats et de civils russes, turkmènes, ouzbeks, n'étaient morts en saignant l'armée nazie. » Ainsi les Russes ont-ils été injustement « confinés à Berlin et à Vienne ». Comme libérateurs-occupants, ils avaient pourtant la faveur d'Étiemble. Car « épuisés par leur victoire, ils n'auraient pu nous prodiguer ni lait en boîte, ni *gadgets*, avec le vocabulaire afférent ». Avec les Russes, au moins, pas de ces dettes qui autorisent toutes les spoliations : la France et la langue française eussent été sauvées de leur commune « colonisation ».

La métaphore coloniale qui triomphe dans les années 50 pour décrire la situation française vis-à-vis des États-Unis est révélatrice : une ultime étape a été franchie dans la dépendance. Cette métaphore n'était pas absente des textes (ni de l'imaginaire) de l'entre-deux-guerres ; mais on lui préférait celle, plus brutale et moins humiliante, de l'invasion ou de la conquête. Encore s'agissait-il clairement d'hyperboles : nul ne prenait à la lettre Aron et Dandieu évoquant l'Attila américain ; ni même Duhamel demandant à la cantonade : « Allons-nous être conquis, nous autres, gens

96. J.-P. Sartre, « La leçon de Stalingrad », *France-URSS Magazine*, avril 1955, p. 4-5 ; cité dans M. Coutat et M. Rybalka, *Les Écrits de Sartre...*, p. 288.

des terres moyennes [97] ? » Bien des choses, il est vrai, ont changé. La présence de troupes étrangères, la cohabitation parfois tendue de la population avec les G.I.'s, l'abondance qui règne dans leurs « enclaves » et tranche avec le rationnement persistant : tout cela se prête aisément à une retraduction en termes coloniaux. Les polémistes communistes ne craignent pas le cumul et croisent sans hésiter l'imagerie raciste attachée à l'Amérique esclavagiste avec le leitmotiv politique de l'Amérique « héritière des nazis ». Parlant de de Gaulle, Georges Bidault et Jules Moch, *La Nouvelle Critique* écrit : « Leur ambition, c'est d'être la chiourme des esclavagistes modernes que sont les potentats du dollar. Leur idéal, c'est de devenir les "kapos" du "nouvel ordre européen" version revue et corrigée par Truman-Acheson [98]. » Rien ne se perd ; et se créent ainsi de solides habitudes de langage. Mais le succès de la métaphore coloniale dépasse largement en extension et durée la matrice rhétorique de guerre froide, dont le livre de Georges Soria, *La France deviendra-t-elle une colonie américaine ?*, est l'exemple. Elle s'implante durablement dans des discours très divers, de l'extrême gauche à la Nouvelle Droite ; s'affiche jusque dans les titres consacrés aux États-Unis – comme *La France colonisée* de Jacques Thibau (1980). Elle s'impose aux antiaméricains eux-mêmes : Jean-Jacques Servan-Schreiber, dans son *Défi américain* de 1967, reprend sans sourciller, ni la nuancer, l'imputation de « néo-colonialisme » désormais attachée aux États-Unis [99].

Par rapport à l'imaginaire antérieur, celui de l'invasion, la « colonisation » suggère une coercition plus intime, un contrôle plus complet, un assujettissement plus consenti. On peut l'entendre comme un appel à la révolte – puisque les colonies sont vouées à s'émanciper –, mais à la vérité, les discours antiaméricains qui usent et abusent de l'image coloniale frappent plutôt par leur rancœur résignée. Une sorte de hargne masochiste envers les États-Unis s'exalte souvent en projection identificatoire avec les « vrais » colonisés et le monde non-blanc en général. Bernanos, en 1947, se reconnaît dans le sort du Japon, violé et souillé bien avant la guerre par la contre-civilisation américaine. (Le Japon impérial, fasciste

---

97. G. Duhamel, *Scènes...*, p. 124.
98. Éditorial de Victor Joannes, *La Nouvelle Critique*, n° 16, mai 1950, p. 9.
99. J.-J. Servan-Schreiber, *Le Défi américain*, Paris, Denoël, 1967 ; le terme apparaît p. 52.

et raciste, n'est pour lui qu'une prothèse anglo-saxonne imposée au Japon éternel...) Audiberti en 1961 évoque « le quartier des *concessions* », comparant implicitement la France à la Chine du temps des guerres de l'opium.

Lisant Audiberti, Étiemble exulte : « Le mot est lâché : le quartier des concessions nous situe à notre rang, et à ce statut colonial ou semi-colonial qui, du point de vue langagier en tout cas, est le nôtre [100]. » La restriction est de pure forme, car Étiemble a une conception très étendue du « point de vue langagier ». La réputation de *Parlez-vous franglais ?* est celle d'un brillant exercice de style à la Queneau, d'une fine moquerie des travers linguistiques des contemporains. C'est en fait un pamphlet d'une rare violence contre l'Amérique, accusée en vrac de vouloir la mort de notre langue, de notre culture et même celle (« en douceur ») du général de Gaulle – « puisque l'OAS n'a pas pu l'en débarrasser » [101] ! Relu aujourd'hui, *Parlez-vous franglais ?* frappe toujours par sa verve, mais stupéfie aussi par sa brutalité. Étiemble ne cesse d'y répéter que la France s'achemine « de la décadence à la servitude ». Il accuse Sciences Po de préparer les « cadres du pays » à servir « d'abord *the American way of life* et la politique du State Department » [102]. Le passeport français nouveau modèle lui fait pousser les hauts cris. C'est un « passeport de colonisé » puisqu'il est bilingue ! Pour une pareille forfaiture, la « IVe République a bien mérité les dollars qu'elle mendigotait » [103]. Un tel ton ne se retrouvera guère ensuite que dans l'antiaméricanisme de la Nouvelle Droite ou d'autres droites extrêmes. Il y a une véritable jubilation d'Étiemble à étaler notre avilissement réel et surtout supposé ; un indéniable éréthisme bande l'arc de ses prédictions calamiteuses ; et sa surexcitation est palpable pour annoncer que l'anglais va « contaminer et bousiller », non pas seulement notre vocabulaire, mais « tout ce qui reste de cuisine, de vins, d'amour et de pensées libres » en France [104]. Mais à ce ressentiment tous azimuts se mêle une aigreur liée à l'inversion des statuts entre colonisateurs et colonisés. Un dolorisme haineux anime les nombreuses pages qui montrent, avec une étrange insistance, la France ravalée au « rang » d'où viennent de sortir l'Indochine et l'Algérie : « Le Pacte atlantique

100. Étiemble, *Parlez-vous franglais ?...*, p. 36.
101. *Ibid.*, p. 238.
102. *Ibid.*, p. 52.
103. *Ibid.*, p. 241.
104. *Ibid.*, p. 327.

contribue à nous coloniser, et ce quand nous sommes en proie aux soubresauts de la "décolonisation"[105]. » Étiemble met des guillemets autour de *décolonisation*, comme si elle était un mythe ; il n'en met pas autour de *coloniser* pour bien marquer sans doute qu'il tient pour absolument réelle la colonisation américaine.

Un nouveau nœud fantasmatique resserre, autour de la question coloniale, les mailles du discours antiaméricain. L'historien Paul Sorum a montré combien était répandue dans cette période, parmi les intellectuels français, l'idée que la décolonisation ne serait qu'une passation de pouvoir aux Américains[106]. Tony Judt remarque justement que, du coup, « le déplacement du centre d'attention des intellectuels après 1956 du communisme vers l'anticolonialisme n'impliquait aucunement l'abandon du sentiment anti-occidental et anti-américain »[107]. Les réprimandes prodiguées par les États-Unis apparaissent comme un comble de mauvaise foi à un anticolonialiste comme François Mauriac, qui se demande « si nous sommes réduits à recevoir les leçons de ce grand peuple exterminateur »[108]. Ce ressentiment éprouvé contre les États-Unis donneurs de leçons anticoloniales *et* bénéficiaires probables de la décolonisation s'exaspère en une fantasmagorie masochiste dans laquelle le Français prend la place du colonisé émancipé – comme jadis les maîtres du Sud devenus « esclaves » sous la botte des vainqueurs yankees.

Étiemble est loin d'être le seul à développer ce scénario. Il est troublant de retrouver le même schéma et la même excitation ambiguë chez Roger Vailland quand le romancier communiste décrit le devenir-« bicot » du Français. Dans ces pages écrites à la lisière de la propagande politique et du fantasme, l'intellectuel engagé et anticolonialiste qu'est Vailland fait grouiller les vocables racistes pour décrire la gallophobie supposée des troupes américaines. Étrange jouissance, là aussi, que cette proférance masochiste imputée, bien artificiellement, à « des officiers américains » chargés de nous renvoyer au visage toute la hideur de l'imaginaire raciste français : « Il y a une nouvelle sorte de racisme qui se développe

---

105. *Ibid.*, p. 237.

106. Voir P. Sorum, *Intellectuals and Decolonisation in France*, Chapel Hill, U. of North Carolina Press, 1977.

107. T. Judt, *Un passé imparfait. Les intellectuels en France (1944-1956)*, trad. de P.-E. Dauzat, Paris, Fayard, p. 238.

108. F. Mauriac, *Bloc-Notes. 1952-1957*, Paris, Flammarion, 1958 (12 octobre 1956).

depuis que les troupes de la prétendue armée atlantique cantonnent en France. L'objet n'en est ni le bicot, ni le youpin, mais le "Frenchy". Frenchy, c'est le diminutif injurieux de French, de Français. Quand il s'agit d'une femme, cela signifie prostituée. » Après cette mise au point très pédagogique, Vailland poursuit son « reportage » sous la forme peu journalistique de la prosopopée. Il transcrit pour les lecteurs de *L'Humanité Dimanche* « ce que racontent les officiers américains » : très librement, on va le voir, et sans souci particulier de la vraisemblance documentaire. « Ces damnés Frenchies nous volent, [...] ils sont si sales qu'il n'y a pas de salle de bains dans la plupart de leurs maisons. [...] Rien à faire avec eux, sinon avec la trique. Les Frenchies seront toujours des Frenchies », etc. Soit une parodie aisément identifiable du discours colonial français. Pour qui n'aurait pas compris, Vailland souligne : « C'est ainsi que nous sommes en train de devenir les bicots, les youpins, les macas, les polaks des Américains, quelque chose d'intermédiaire entre leurs nègres et les chinetoks qui n'acceptent plus d'être à eux [109]. » Puis, sentencieusement : « Le racisme est une maladie où l'on devient souvent la victime après avoir été le bourreau. On est toujours le bicot de quelqu'un. »

À la fois exorcisme et écran de fumée, la frénésie française à s'afficher « colonie » des États-Unis n'est pas étrangère au souci qui perce dans cette maxime. Un autre article de Vailland confirmerait cette lecture : celui où il relate les funérailles d'un ouvrier algérien, Belaïd Hocine, tué pendant les violentes manifestations de rue contre la visite en France du général Ridgway, en mai 1952. « Pour les Français, il n'y a plus de "bicots". Voilà ce que signifient la mort de Belaïd Hocine, tué aux côtés des partisans de la paix français, manifestant tous ensemble contre Ridgway, et l'hommage grandiose qui lui a été rendu par la population de la région parisienne. C'est un événement extrêmement important dans la lutte des peuples pour la paix et la liberté [110]. »

Il serait facile d'ironiser sur le coût exorbitant de ce « devenir-Français » selon Vailland. Mieux vaut peut-être enregistrer la nouvelle configuration de discours suggérée par le rapprochement des deux articles. Car non seulement l'antiaméricanisme sert ici à résoudre imaginairement le rapport colonial français à travers une

109. R. Vailland, *L'Humanité Dimanche* [février 1955] ; dans *Chroniques II. D'Hiroshima à Goldfinger*, éd. dir. par René Ballet, Messidor-Éditions Sociales, 1984, p. 200.
110. *Ibid.*, p. 230.

figure sacrificielle de la solidarité. (Et cette mort partagée préfigure le programme fantasmatique des dernières décennies du XXᵉ siècle : l'identification, elle aussi sacrificielle dans son principe, aux luttes armées du tiers monde contre les États-Unis.) Mais plus sourdement ou plus secrètement, la scène est une scène d'exorcisme qui clôt le cycle de la dette et de la dépendance. Donner sa peau, non pas *pour* l'Oncle Shylock, dans la « prétendue armée atlantique », mais *contre* lui, dans les rues de France et de Navarre, est sans doute en effet le seul moyen d'apurer les comptes.

La 4 CV de Monsieur Perrichon

Au joli mois de mai 1948, une « petite voiture café au lait » sortie des usines Renault fait son entrée à New York. Pas une entrée triomphale, non, mais tout de même : cinq ans plus tôt, Billancourt était sous les bombes alliées ; quant aux Allemands, ils avaient décidé que les Français, peu industrieux, se consacreraient exclusivement à la culture du rutabaga. Et voilà que la France avait sa 4 CV et qu'elle allait la montrer à l'Oncle d'Amérique, comme on montre son dernier jouet au grand frère – en général peu intéressé.

Cette visite plus diplomatique qu'économique fait l'objet dans *Le Monde* d'une chronique amusée. Annonçant la mise en vente en Amérique de la première 4 CV, Gabriel Dheur forme des vœux pour que cette mise en vente soit « suivie d'une deuxième ». Au moment où tous les Français rêvent de belles américaines, lors même qu'ils sont trop impécunieux pour s'offrir la benjamine de la Régie, le chroniqueur se plaît à penser que « les Yankees » en ont « par-dessus la tête de toutes ces voitures encombrantes et dispendieuses, d'une écœurante banalité » qui encombrent leurs autoroutes. Autre argument de vente pour Renault : le plan Marshall ! Car « les exigences de l'aide à l'Europe devant par surcroît contraindre les Américains à une certaine réduction de leur train de vie, il semble que la petite voiture café au lait soit exactement ce qu'il leur faut pour s'accoutumer à une existence plus spartiate ». Mais foin d'ironie, la 4 CV mérite un éloge sincère – comme elle l'est elle-même. Car elle ne s'essouffle pas à « singer les voitures de luxe », comme certaines Renault d'antan : « celle-là est sincère et se donne tout bonnement pour ce qu'elle est ». Une voiture ? Non, une image : « l'image d'une petite nation ruinée, mais courageuse et honnête, qui s'efforce de conserver dans la mesure de

ses moyens une certaine tradition de qualité ». Voilà ce qu'est
« notre petite ambassadrice » : modeste emblème de nos vertus
artisanales et de notre goût du travail bien fait. « Et si elle se fait
photographier, enrubannée de tricolore, au pied de l'Empire State
Building, qu'elle se souvienne de l'heureuse formule de Labiche :
un gros Perrichon devant une petite mer de Glace [111]. » Perrichon ?
   M. Perrichon, dans *Le Voyage de Monsieur Perrichon*, incarne
bien des traits français, y compris la propension aux fautes d'ortho-
graphe (« La *mère* de Glace n'ayant pas d'enfants, etc. »). Il a aussi
tendance à penser que le monde tourne autour de sa personne et la
modestie n'est pas son fort : il y a du Tartarin dans ce Fenouillard.
Mais quoi ! Le chroniqueur du *Monde* voudrait-il suggérer que la
4 CV est une grenouille – dont elle affecte la forme – qui veut se
faire aussi grosse que la Buick ? Il faut avouer que sa chute n'offre
pas une allégorie bien translucide. À moins pourtant de faire glisser
M. Perrichon vers d'autres chutes : celles qui font rebondir l'intrigue de la pièce.
   Cette intrigue est des plus simples : la fille de M. Perrichon a
deux soupirants, le parfait Armand et le rusé Daniel. Armand a la
bonne fortune – croit-il – de retenir M. Perrichon au bord d'une
crevasse où le père de sa bien-aimée allait être précipité. Or à peine
tiré de ce mauvais pas, M. Perrichon dissimule mal son acrimonie
envers ce sauveteur dont il est devenu l'obligé. Ce que voyant, son
rival, sans perdre une seconde, se laisse choir dans une autre crevasse pour en être tiré par M. Perrichon. S'étant fait, par cet artifice,
son débiteur, il en est désormais adoré, alors que le secourable
Armand devient *persona non grata* par la faute de son bienfait. *Le
Voyage de Monsieur Perrichon* n'est pas une simple fable sur la
forfanterie, c'est une parabole structurale sur l'ingratitude. Sauve
qui veut : mais pour se faire aimer, mieux vaut se faire sauver.
Cette grande leçon du *Voyage de M. Perrichon* est aussi celle de
l'antiaméricanisme français au XXᵉ siècle et la vraie moralité de ce
billet du *Monde* sur la 4 CV, comme le confirme, peut-être invo-
lontairement, son titre : « La Fayette, nous voici... » Le billet de
Gabriel Dheur est décidément une forêt de symboles.
   L'une des intuitions du gaullisme (le vrai, celui de de Gaulle) et
son apport le plus précieux à la reconstruction symbolique du pays
aura été de comprendre très tôt le syndrome de Perrichon. Cette
lucidité a permis au gaullisme présidentiel de maintenir un cap très

111. Gabriel Dheur, « La Fayette, nous voici... », *Le Monde*, 29 mai 1948.

sûr entre défi symbolique aux Américains et solidarité effective, dans chaque crise importante (dont celle des missiles de Cuba) avec l'allié américain. Jean Lacouture a toujours soutenu que de Gaulle n'était pas antiaméricain [112]. Pour avoir l'idée de fermer les bases militaires américaines en France sans envisager un instant de quitter l'OTAN, il fallait être anti-atlantiste, mais aussi et surtout très intelligemment anti-antiaméricain. Le patron de la France Libre, « assisté » pendant toute la guerre par des protecteurs rarement bienveillants et jamais désintéressés, avait été à bonne école. Son entourage aussi, comme en témoigne un curieux petit livre de Maurice Druon, daté de Harleyford Manor, 18 octobre 1943, et intitulé *Lettres d'un Européen*.

L'une de ces lettres est adressée « à un officier américain » et elle contient cet apologue : « Nous sommes à peu près dans la situation suivante. Je vous dis : "Mon ami, une grande ruine est tombée sur moi. Les raisons en sont nombreuses, mais les raisons ne changent rien. Prêtez-moi cinq cents dollars pour me sauver de la misère immédiate, et poussez même la bonté pour considérer cela provisoirement comme un don. Je me mets au labeur." – Or vous me répondez : "Cinq cents dollars, vous plaisantez. Je vous en donne dix mille. Et puis, vos murs sont peints en vert, je vous envoie mon peintre qui vous les fera en bleu. Et puis vous avez l'habitude de porter des vestons croisés. Vous allez aller chez mon tailleur qui vous coupera un vrai." À quoi le demandeur répond, d'une réplique prémonitoire, cinq ans avant le plan Marshall, mais surtout péremptoire dans le refus qu'elle exprime de la dépendance haineuse : "Non, de grâce ! Cinq cents dollars, dites-moi bonne chance, et ne me forcez pas à haïr vos bienfaits" [113]. »

---

112. La fréquente opposition de de Gaulle à la politique des États-Unis ne fait pas de lui un « antiaméricain » au sens du présent livre. De Gaulle ne *tient pas discours* contre l'Amérique. Le traiter d'antiaméricain « dans la mesure où il s'efforçait de subvertir l'ordre international que les États-Unis croyaient aller dans le sens de leurs intérêts » vide de sens la notion même d'antiaméricanisme. (Voir R.F. Kuisel, « Was De Gaulle Anti-American ? » *La Revue Tocqueville/ Tocqueville Review*, vol. XIII n° 1, 1992, pp. 21-32 ; citation p. 27). Dans ce débat, voir aussi l'article de Michael M. Harrison, « La solution gaulliste », qui y introduit une note d'humour : « De Gaulle avait des opinions contradictoires sur les Américains, comme toute personne sensée. Il dit un jour : "Les Américains sont forts, courageux et cons" (mais après tout, il disait pire des Français) » (*L'Amérique dans les têtes*, dir. par D. Lacorne, J. Rupnik et M.-F. Toinet, Paris, Hachette, 1986, p. 217.)

113. M. Druon, *Lettres d'un Européen*, Charlot, s.d., pp. 112-113.

4. Métropolis, Cosmopolis
Défense de la francité

> Je suis né dans un pays qui, par son sol, ses êtres
> et ses œuvres, est divers, bigarré, changeant,
> ingénieux...
>> Duhamel, *Scènes de la vie future* (1930).

> Que l'Amérique au loin croule de ses buildings
> blancs.
>> Aragon, *La Révolution surréaliste* (1925).

Au XXᵉ siècle, la France fut envahie par les États-Unis. Vous ne lirez cette phrase dans aucun livre d'histoire ; mais il est une autre histoire, intuitive et têtue, que les nations préfèrent, en général, à celle des manuels. Dans les annales non officielles du sentiment collectif, cette invasion est un fait d'évidence et, pour la France, l'un des événements majeurs du siècle passé.

Toutefois, entre 1900 et 2000, l'idée que les Français se sont faite de cette invasion a changé. Elle s'est compliquée. Plus question de super-cuirassés, ni des armées d'automates mobilisées par les feuilletonistes. Le « choc inévitable » n'a pas eu lieu, qu'annonçaient diplomates et politologues. L'alliance de 1917-1918 a rendu moins crédibles les scénarios d'affrontement et le retrait isolationniste de 1920 a fini de leur ôter toute vraisemblance. D'ailleurs, à quoi bon ? Les milliardaires américains ne conspirent plus dans leur coin, ils président les commissions des règlements internationaux. Place au Yankee des temps nouveaux, dépositaire des secrets des États et dispensateur à discrétion de la manne monétaire. Place à Dawes et à Young, arbitres suprêmes des dettes des peuples et des réparations entre nations. Ces modernes demi-dieux incarnent beaucoup mieux l'Amérique que ses peu fringants présidents : Taft, Harding, Coolidge. Ces cosmocrates cousus d'or s'attirent toutes les haines, ils s'introduisent dans tous les rêves et tous les cauchemars – eux ou leurs doublures. Place donc à Ogden Webb, le héros de Paul Morand qui, même mort, décide encore du sort de l'Europe – c'est son épouse qui rédige et signe les communiqués, tandis qu'on cache le décès du plénipotentiaire. Place aux fonctionnaires internationaux que Céline met à la tête de « l'Église », caricature de la SDN, Société Anonyme à Irresponsabilité Illimitée. Ceux-là sont la puissance et la gloire. Plus besoin d'armée pour subjuguer, ni d'armada pour conquérir. « Quand un Yankee débarque à Paris », écrit la revue *Réaction* en 1930, « il peut voir un pays conquis »[1]. Mais conquis sans coup férir et par d'autres armes que canons et obusiers. La nouvelle Amérique est pacifique comme un boa repu : sa tête somnole à Washington, mais ses anneaux financiers enserrent impitoyablement chaque gouvernement et chaque peuple d'Europe.

Cette nouvelle donne oblige les antiaméricains français à une réinterprétation du « péril » américain. Il serait absurde de continuer à crier à la menace militaire : la colonisation n'est pas la guerre ; et plus la France glisse au rang de *dominion*, plus s'amenuise le risque de conflit. Économiquement, le stade de la peur est dépassé, les jeux sont faits, notre or envolé outre-Atlantique, notre franc ébranlé, nos finances sous tutelle et notre économie sous perfusion : autre motif de pacification, sinon de satisfaction. Que reste-t-il à défendre de la France ?

Il reste la *francité* : non plus le territoire, mais le sens du terroir ; non plus notre puissance, mais notre sagesse ; non plus nos devises envolées, mais nos valeurs toujours aussi élevées ; non plus notre vitalité bien entamée, mais notre mode de vie inégalé ; non plus la patrie en danger, comme en 1792, mais notre patrimoine convoité, nos cloîtres démontés et nos châteaux exportés. Pour le discours antiaméricain, c'est une révolution : sa révolution culturelle. La France passée « à la défensive » défend d'elle-même une idée quintessenciée.

Entendez-vous dans nos campagnes ?

Protégée par la ligne Maginot antiaméricaine, il y a une certaine idée de la France. Non pas celle, toutefois, empreinte de grandeur

1. *Réaction* n° 3, juillet 1930, p. 77.

et pétrie d'exigence, de la conviction gaullienne ; mais une idée plus diffuse, mondaine et hédoniste où la France apparaît à la fois comme une abbaye de Thélème et un pays de cocagne, un jardin d'Épicure, un Éden laïc – l'envie de l'univers. Terre bénie parce que « tempérée », le sol de France abrite un peuple inaccessible aux excès. À une nature sans âpreté répond un état social sans férocité : contrepoint parfait de l'effrayante nature américaine et de l'effroyable brutalité des rapports sociaux « anglo-saxons ». « Depuis des siècles », écrivait dès 1889 l'un des premiers analystes des fortunes américaines, « la race anglo-saxonne est en possession du privilège peu enviable d'offrir le contraste des plus grandes fortunes et de la plus profonde misère »[2]. La France idéale que les antiaméricains opposent à l'injustice innée de l'Amérique est, par contraste, un espace de relative égalité (façon sans-culottes) et de solidarités organiques (rêve de tous les populismes). C'est une France où le conflit n'est pas déchirement. Où le contact n'est pas rompu – comme dans l'Amérique des *slums* et des *ghettos* – entre les groupes sociaux ou ethniques. Où tout le monde parle encore la même langue et où la parole circule et rassemble. Cette France-là est peut-être la plus choyée des mythologies françaises du XXᵉ siècle : des Unanimistes aux Populistes, de Giono à Queneau, de Prévert à Pennac, la fiction romanesque (mais aussi cinématographique) n'aura cessé de la défendre et illustrer. « L'idée de la France » autour de laquelle se mobilisent les clercs, à partir des années 1920, est évidemment tramée de références politiques et culturelles, nourrie de valeurs intellectuelles et spirituelles bonnes à brandir contre la non-civilisation d'Amérique. Mais elle est aussi, elle est *d'abord* tissée de tout un imaginaire idéalisant du village ou du quartier, de l'atelier et de la boutique, de la solidarité familiale et de la camaraderie d'école, des travaux et des jeux, des rituels de table et des rites religieux ou électoraux – bref, de toute une *vie d'en France* qui s'oppose radicalement à l'*American way of life*.

Des non-conformistes des années 30 aux communistes des années 50 et aux gauchistes des années 70, c'est le même tollé contre l'*American way of life*. Les uns prennent offense d'un « idéal » aussi matériel ; les autres s'indignent d'une formule en trompe-l'œil, d'une ellipse mensongère qui insinue l'idée d'une

2. Crosnier de Varigny, *Les Grandes Fortunes aux États-Unis et en Angleterre*, Paris, Hachette, 1889, p. 7.

441

aisance illusoire. Les deux procès sont souvent instruits cumulativement : reprocher à l'Amérique un idéal d'opulence bassement matériel et constater qu'elle n'y atteint même pas, c'est faire d'une pierre deux coups. L'échec de prétentions en elles-mêmes peu recommandables sera l'un des leitmotive des campagnes communistes après la Libération. Mais dès 1934 et loin du marxisme, Bertrand de Jouvenel dénonçait déjà vigoureusement la « légende des hauts salaires » : « Que n'a-t-on pas dit sur les hauts salaires des ouvriers américains ! Quels chiffres mirobolants n'a-t-on pas lancés ! Quelles descriptions n'a-t-on pas faites de cette classe ouvrière roulant en voiture et portant smoking ! La bourgeoisie européenne en était arrivée à envier la "grande vie" de ce prolétariat en dentelles ! Ce n'était que légende, propagande, bourrage de crânes [3]. » Que les Américains truquent ou non leurs statistiques, peu importe d'ailleurs : n'y a-t-il pas un aveu d'infériorité dans le seul fait de vanter son « mode de vie », face à de vraies « cultures » et à d'authentiques « civilisations » ?

Or, si la satire de l'Amérique s'exerce volontiers au nom des valeurs supérieures propres à l'Europe, il apparaît vite qu'une défense viscérale du *French way of life* sous-tend l'ensemble des discours antiaméricains, sans en exclure les plus universalistes (l'humanisme à la Duhamel), les plus révolutionnaires (du surréalisme au non-conformisme), les plus internationalistes (le communisme de guerre froide, vaste hymne aux « traditions » du peuple français). Méprisable ersatz de civilisation en Amérique, le « mode de vie » retrouve magiquement en France son éminente dignité, comme « art de vivre » en harmonie avec des « mœurs » multiséculaires. Leur *way of life* contre nos mœurs : combat à outrance(s). (Étiemble subodore même un complot contre notre mot *mœurs* que menacerait l'improbable traduction « la manière française de vivre » ; mais on peut se demander si cette locution a jamais existé ailleurs que dans son imagination [4]...) L'apologie de la francité et du « vivre-en-France » fait la basse continue de la protestation antiaméricaine. La gastronomie y tient une place enviable, mais nullement exclusive. L'éloge du vin y est fréquent, mais d'un point de vue moins œnologique qu'eucharistique : le vin est communion et civilisation. L'habitude d'en boire à table est « qu'on

---

3. B. de Jouvenel, *La Crise du capitalisme américain*, dans *Itinéraire 1928-1976*, Paris, Plon, 1993, p. 141.
4. Étiemble, *Parlez-vous franglais ?*, Paris, Gallimard, 1964, p. 75.

le veuille ou non, un signe de civilisation », rappelle un auteur des années 30[5]. De même, chez Duhamel, l'éloge des « petits bistrots de chez nous » où « trois bougres [...] bâfrent le bœuf bourguignon, se racontent des histoires, et rigolent, tonnerre ! rigolent en sifflant du picolo » n'est pas seulement un anathème jeté, par contraste, sur les tristes mangeoires new-yorkaises aux fauteuils de dentiste, mais une mini-utopie de la France travailleuse et rieuse, populaire et fraternelle.

On a déjà rencontré le roman de Raoul Gain, *Des Américains chez nous* (1928). Il faut le rouvrir, comme une saisissante anthologie des traits de vie française menacés. Cette curieuse fable réaliste est le premier récit à mettre en scène une France occupée, saccagée et souillée par les Yankees, non pas à la faveur d'une guerre imaginaire, mais en pleine paix et en toute sérénité. Dans la déferlante antiaméricaine de 1927-1931, Raoul Gain brille d'un modeste éclat. Les quatre romans qu'il a publiés avant *Des Américains chez nous* n'ont pas marqué leur époque ; non plus que ses *Poèmes de l'ombrelle* (1923). Mais cette modestie, Raoul Gain la met ici au service d'un projet original : montrer les Américains non plus chez eux, mais « chez nous », au sens le plus rustique de l'expression. En France, mais non dans les palaces, ni chez Maxim's. Pas dans les salons diplomatiques, ni les cercles de la mondanité parisienne. En pleine campagne normande et au ras des « primevères », fleurs des champs souvent prises à témoin par le narrateur. Ce n'est plus ici la nomenclature du Jockey-Club qui est chamboulée par l'intrusion étrangère, comme dans *Le Temps retrouvé*, lorsque Proust introduit une Américaine dont l'incompétence généalogique culbute des siècles de hiérarchies nobiliaires[6]. À Querqueville, ce sont les routines, les usages, les minces plaisirs d'un infime village qui sont bouleversés : c'est, du coup, son existence même. Commencé en chronique des « perturbations jetées contre nos doux et jolis villages »[7], ce *Clochemerle* à la sauce yankee devient insensiblement l'histoire d'un génocide culturel.

Des Américains chez nous raconte à la fois une invasion, une corruption et une dénaturation. Dix ans après le « La Fayette, nous

---

5. R. Recouly, *L'Amérique pauvre*, Paris, Les Éditions de France, 1933, p. 46.

6. « Les dîners, les fêtes mondaines, étaient pour l'Américaine une sorte d'École berlitz. Elle entendait les noms et les répétait sans avoir connu préalablement leur valeur, leur portée exacte. » M. Proust, *Le Temps retrouvé*, Paris, Gallimard, Bibliothèque de la Pléiade, t. IV, p. 539 ; il s'agit de l'épouse américaine de M. de Farcy.

7. R. Gain, *Des Américains chez nous*, Paris, Éditions Montaigne, 1928, p. 72.

voilà ! » de Stanton, les Américains sont de retour, sur un yacht en perdition. On les sauve, on les héberge, on leur donne sa propre chambre et son propre lit. Il y a là un millionnaire et sa fille, la peu chaste Diana. Leur entourage est louche, le naufrage était un faux naufrage, les ennuis commencent. Persuadé qu'il y a du pétrole dans ce coin de Bretagne, le millionnaire Nathaniel Birdcall s'installe, s'offre un château, rachète les terres, dépossède les paysans : « Les dollars emportent tout [8]. » Il embauche des travailleurs patibulaires et cosmopolites qui « forcent les jeunes garçons ou violent les filles » [9] : « Des Croates, des Ruthènes, des Slavons, des Silésiens, des Moraves, des Polonais, quelques Hongrois sont arrivés à Nacqueville par lotins pittoresques [10]. » (On croirait lire André Siegfried décrivant la « nouvelle immigration » américaine.) Le dollar coule à flots, corrompt et tue. Un mari ivrogne assassine son épouse, l'aubergiste du village, qui refusait de vendre à la miss les meubles de famille dont celle-ci s'était entichée ; il se pendra ensuite, non par remords, mais parce que l'imprévisible Diana ne veut plus de ses antiquités. Birdcall père, lui, convoite la chapelle Saint-Germain qui veille, immémoriale, sur Querqueville : démolie, « expédiée en vrac en Amérique », elle pourrait être réédifiée « dans le parc d'un de ses châteaux ». L'offre de deux cent mille dollars, repoussée par le maire et le curé, déchire le village, la « minorité communiste » poussant à la vente. Après l'invasion, la division : « Est-ce que cet Américain de malheur, après avoir ravagé les terres, provoquera des troubles dans la commune, avec ses envies de vandale [11] ? » Question purement rhétorique : ce fragile coin de France est déjà moralement pollué comme il est physiquement dévasté.

Le narrateur parle à la première personne. Les Américains l'appellent « le garçon de Querqueville ». C'est un habitant du village, mais un demi-déraciné, Parisien occasionnel pour ses affaires. Il a participé aux secours, hébergé les Américains ; il devient l'amant de Miss Birdcall. Intermédiaire culturel entre les villageois et le clan des envahisseurs, il est mêlé à toutes les tractations et transactions du millionnaire ; il participe à la vie du château et aux beuveries des Yankees. Son désir physique pour l'Américaine

---

8. *Ibid.*, p. 75.
9. *Ibid.*, p. 73.
10. *Ibid.*, p. 83.
11. *Ibid.*, pp. 105, 106.

l'entraîne de compromis en compromission, sous l'œil réprobateur et attristé de ses voisins et amis. Il est, avant l'heure, la parfaite figure du collabo : « Je suis rasé à l'américaine. Je porte des lunettes cerclées d'écaille. Je m'initie peu à peu à la fabrication de *cocktails*[12]. » En vain : il ne repartira pas dans les fourgons de l'étranger. Lorsqu'ils reprennent la mer, déçus par leurs forages qui n'ont fait jaillir que de l'eau minérale, les Yankees l'abandonnent à son sort. C'est qu'entre-temps, le triste amant de Miss Diana s'est fait couper le nez par un rival, l'ingénieur autrichien von Tersen : Miss Diana n'a que faire d'un pareil amputé...

Il n'y a pas que le nez coupé du narrateur qui ait ici valeur de symbole : ce curieux petit roman les accumule sans complexe. Symbole que l'alliance du Yankee et du traîneur de sabre autrichien qui passe son temps à crier « Vive l'Empereur ! » Symbole que la récupération par l'entreprenant millionnaire du *pipe-line* installé en 1918 pour amener le pétrole américain à la France en guerre : « le contraire à présent. Le pétrole retiré du sol français chargera les navires américains » et Birdcall aura ainsi « rétabli une situation plus naturelle, éminemment logique »[13]. Symbole d'une américanisation par les choses que l'avalanche matérielle qui s'abat sur la campagne normande : ustensiles ménagers, appareils domestiques, *rocking-chairs*, conserves de maïs, boîtes de *chewing-gum*, sachets de *jelly* et d'*ice-cream*... Symbole de l'immigration « alluvionnaire » que cette invasion de travailleurs étrangers, violeurs et dégénérés, qui « transmettent à une race pure leurs maladies familières » et « rongent tout ce que mon pays sain possède de joie calme, de bonheur rustique »[14].

Au fond, à trente ans de distance, *Des Américains chez nous* reprend bel et bien le sujet de *La Conspiration des milliardaires* : l'invasion de la France par les Yankees. Mais il le reprend en fable froide et grinçante. Lorsque Birdcall, fâché de l'arrestation d'un de ses employés, menace et tempête, les indigènes effarés croient voir « les submersibles américains patrouiller au large » et implorent sainte Barbe contre leur artillerie[15]. Plus lucide et plus sombre, le héros-narrateur sait que l'agression a déjà eu lieu, d'apparence toute pacifique, mais d'autant mieux réussie et plus désastreuse. Que l'ennemi, faute de pétrole, finisse par mettre les voiles, c'est le destin

---

12. *Ibid.*, p. 71.
13. *Ibid.*, p. 99.
14. *Ibid.*, p. 73.
15. *Ibid.*, p. 157.

des capitaux flottants. Le mal est fait pourtant. « L'entreprise du gentleman a fait des dégâts », avoue piteusement le collabo de la libido. L'Amérique-Attila, comme diront bientôt Aron et Dandieu, laisse derrière elle une campagne et une humanité françaises également mutilées. Quant au narrateur compromis, on peut douter qu'il retrouve jamais, dans Querqueville débarrassé des Yankees, son bonheur d'antan : « un bonheur moyen de vieux monde » [16].

Étonnante mise en scène d'une « colonisation » yankee que ce récit de Raoul Gain : l'américanisation de la France est une vandalisation de la vie, une pollution conjointe de la terre et de la race. C'est du même souffle que sont décrites la destruction du paysage et la corruption des corps : « Le paysage est atteint mortellement. Des puits à pétrole déchirent de leurs ongles les mousselines du ciel, et souillent de leurs merdes le miroir nuancé des eaux. L'air, les arbres, les oiseaux sont empoisonnés de débris, de combustions, de puanteurs minérales. Des mineurs polonais, des terrassiers italiens, des spécialistes russes, des coolies chinois accablent la région de leurs vices et de leur spécifique grossièreté. » La contagion virale de la mondialisation industrielle n'épargne pas plus la nature que la culture : le « plaisir de vivre » se change, avec l'invasion étrangère, « en relents abominables, en corvées de géhenne » et le pays n'a bientôt plus « sur [son] visage de pomme d'api, que des pustules, des sanies et des lèpres ! » [17]. Le saccage de la Hague est la vignette prophétique d'une dénaturation de la France livrée au Moloch bicéphale : l'Amérique-Métropolis et l'Amérique-Cosmopolis. Le nom champêtre des Birdcall – l'appel de l'oiseau – est un piège de plus : un appeau. Avec ces millionnaires, père et fille, le lucre et le stupre, c'est la grande ville, ses rigueurs et ses laideurs, qui envahit la campagne française ; c'est aussi le monde et la misère du monde : dans le sillage des millionnaires s'est engouffré le malsain *lumpen* des allogènes dégénérés. À ce titre aussi, *Des Américains chez nous* est exemplaire des nouvelles obsessions françaises face à l'Amérique.

Dans la jungle des villes

Au milieu du XVIIIe siècle, c'était la Nature qui en Amérique faisait peur ; elle que décrivaient avec force détails Buffon et De

16. *Ibid.*, p. 63.
17. *Ibid.*, p. 73.

Pauw pour dissuader les candidats au voyage. La terreur qu'inspire, à partir des années 1920, la Métropolis américaine démarque, à maints égards, ce discours des Lumières. Mais il le transpose de la Nature à la Culture, du *wilderness* mortel à la mégapole mortifère. L'illustrateur des *Scènes de la vie future*, Guy Dollian, a bien capté la répulsion équivoque que la ville américaine inspire à Duhamel – et à presque tous ses contemporains. Le volume s'ouvre sur deux bois gravés : le premier montre l'émeute minérale des immeubles entassés jusqu'au ciel ; l'autre accumule les visages aux traits exotiques, sur un fond où les tours des gratte-ciel semblent émerger d'une étrange floraison de palmes tropicales [Cahier d'illustrations, pp. 2-3].

La délinquance, le crime, ne sont pas, comme on pourrait le croire, au centre de cette nouvelle malédiction urbaine. Le thème du gangstérisme reste assez marginal jusqu'à la fin des années 30. (Il est en revanche très présent dans les publications antiaméricaines de l'Occupation.) Les antiaméricains français font main basse sur la ville avec une bonne décennie d'avance sur le film noir, et un quart de siècle avant son chef-d'œuvre de topologie criminelle et nocturne – *The Asphalt Jungle* de John Huston (*Quand la ville dort*, 1950). Il faudra attendre les années 1950, en effet, pour qu'en France, dans le climat de moralisation propre à la Libération, soient lancées des campagnes contre polars et films de gangsters, jugés symptomatiques d'une société américaine pourrissante [18]. Pour l'heure, dans les années 1920, sous la plume d'un Durtain ou d'un Duhamel, dans les reportages comme dans les romans, la Ville lève des épouvantes qui n'ont rien à voir avec les petites ou grandes peurs sécuritaires. La ville américaine a ses malfrats – qui s'en étonnera ? Là comme ailleurs, le vice est mis en coupe réglée. Un peu plus qu'ailleurs, peut-être, d'étranges alliances se nouent entre défenseurs et infracteurs de l'ordre. Mais ces voyous impulsifs fleurent encore bon la vieille Europe. Il est vrai qu'ils font de leurs mitraillettes un usage intempérant ; mais non sans introduire dans leurs cités sans joie une certaine vitalité, une humanité paradoxale. Dans les eaux glacées du calcul égoïste, du moins les « irréguliers » ont-ils le mérite de nager à contre-courant. Le Chicago de la guerre des gangs reste anecdotique. C'est la Ville elle-même qui, de

18. Le livre de V. Pozner, *Les États-Désunis* (Paris, La Bibliothèque française, 1948) fait une assez large place au gangstérisme. Son auteur le présente comme écrit avant la guerre.

manière quasi ontologique, incarne et désigne l'inhumanité de la civilisation américaine.

Car depuis le XVIIIe siècle, la nature américaine a eu le temps d'être innocentée. Ses miasmes se sont avérés moins mortels que prévu ; ses serpents, raisonnablement venimeux ; son manioc, plus digeste qu'on ne l'aurait cru. À la surprise générale, les chiens se sont remis à aboyer – sauf pour Claudel [19]. Restent, tout de même, les vices de forme, les handicaps structuraux. Restent l'espace, excessif ; les horizons, trop vastes ; reste cette idée d'un continent « vide » ou « creux », à laquelle les écrivains français des années 30 redonnent carrière. Dans ce vide, les villes désormais s'étalent. Elles s'y étirent – démesurément. Tout l'excès d'une Nature peu amène s'est transporté dans cette prolifération de bâtisses qui ne présentent aucun trait d'urbanité. Y vivre est un vertige, avant même d'être un cauchemar. Duhamel renoue inconsciemment la chaîne des discours anciens lorsqu'il associe, dans la même phrase, les « cités inhumaines » de l'Amérique et le « sol sur lequel elles se sont élevées, ce sol qui, jamais, n'invite à la modération » [20]. Sur une terre vouée à l'*hubris* ne pouvaient s'élever que des villes arrogantes. L'inhumanité, c'était hier une Nature corrompue, bien entêtée au mal. C'est aujourd'hui la Ville, non moins acharnée au malheur de l'homme. La ville tentaculaire continue la végétation-liane. Ce n'est plus le manioc qui empoisonne, c'est la viande frelatée ou l'alcool de contrebande. Ce n'est plus l'humidité des marécages qui tue, ce sont les vapeurs méphitiques de l'industrie. Aux solitudes désespérantes du *wilderness* ont succédé les dérélictions urbaines. Après la Nature marâtre, voici la Ville tueuse.

« Comme New York a grandi ! »

L'image de la ville américaine aura passé, en un siècle, par trois étapes successives. Dans la première moitié du XIXe, cette ville est mesquine, laide et ennuyeuse comme la Cincinnati de Madame Trollope. C'est la platitude même, la province quintessenciée, Verrières-sur-Hudson. Cette vision stendhalienne (et baudelairienne) s'estompe vers la fin du siècle. Elle est remplacée par une fasci-

19. Voir l'Introduction.
20. G. Duhamel, *Scènes de la vie future* [1930], Paris, Arthème Fayard, « Le Livre de demain », 1938, p. 57.

nation horrifiée pour les grands complexes industriels, les usines gigantesques, les sordides *tenements* ouvriers. L'horizon se barre de cheminées d'usine ; la fumée des fabriques se mêle à celle des *railroads*. La ville se perd dans ses excroissances. Gustave Lanson, en 1912, se sent incapable d'une opinion sur New York, « ville trop vaste, collection de villes », à l'instar de toutes les villes d'Amérique, « villes amorphes et disparates, villes modernes qui n'ont pas encore donné leur type de beauté » [21]. En attendant ce jour lointain, l'industrie proliférante dévore le paysage urbain. La physionomie de la cité disparaît derrière son goitre industriel. Ce second moment est le moins typiquement américain. L'uniformité désolante qui sera plus tard reprochée au building est déjà présente, mais à une échelle médiocre : « Comme on ne veut pas perdre de place, on multiplie les étages sans donner plus de hauteur à chaque étage : et tout paraît petit et bas. Les innombrables fenêtres superposées en rangs uniformes ont l'air des cellules d'un rayon de miel, ou des cases d'un immense distributeur. Les façades sont plates et ennuyeuses comme celles des fabriques de nos villes industrielles [22]. » Rien de très différent de l'Europe, en somme, sinon que les immeubles d'habitations ressemblent à nos « fabriques ». Les centres deviennent introuvables, noyés qu'ils sont dans un magma urbain où la distinction européenne entre ville et faubourg n'a pas de sens. Mais à cet égard encore, la ville américaine ne se distingue guère que par son rythme d'expansion des conurbations industrielles qui commencent à dérouler leurs anneaux dans la vieille Europe. Cette métropole industrielle aux limites indécises est la version américaine d'une mutation générale vers la « ville tentaculaire » chantée par Verhaeren en 1893 : « *La pieuvre ardente et l'ossuaire / Et la carcasse solennelle* » [23]. Trop peu caractéristique de l'Amérique pour fournir au discours antiaméricain un bon vecteur, la « ville tentaculaire » de la fin de siècle ne se réduit pas d'ailleurs à une image-repoussoir. Si l'horreur n'y tourne pas toujours « aux enchantements », comme dans la grande ville baudelairienne, du moins

---

21. G. Lanson, *Trois Mois d'enseignement aux États-Unis*, Hachette, 1912, p. 31.
22. *Ibid.*, pp. 32-33. À partir de 1818, New York supplante définitivement ses rivales comme ville archétypale. Une excellente histoire de la ville a été donnée récemment par François Weil (*Histoire de New York*, Paris, Fayard, 2000) ; sur le versant mythique, on peut consulter *New York, mythe littéraire français*, de Crystel Pinçonnat (Paris, PUF, 2001).
23. Émile Verhaeren, *Les Campagnes hallucinées*, Paris, Mercure de France, 1893.

le frisson qu'elle inspire ne va-t-il pas sans excitation et même exultation pour les moins prévenus des voyageurs.

Il faut attendre le lendemain de la Première Guerre mondiale pour qu'une troisième figure de la ville, proprement américaine celle-là, s'impose à l'imaginaire européen et devienne l'un des topoï préférés de l'antiaméricanisme français. Ce transfert de maléfice s'effectue très brusquement, sitôt la guerre terminée. Au début du xxᵉ siècle, la ville en tant que telle n'est pas encore monstrueuse. À New York, en 1895, rien à signaler pour Paul Bourget, sinon le tout récent pont de Brooklyn, qu'il évoque en passant comme un « cauchemar d'architecture ébauché par Piranèse » – curieuse comparaison qui laisse soupçonner un manque de familiarité avec Piranèse ou plus probablement avec le Brooklyn Bridge [24]. La grande ville ne fait pas encore peur ; mais déjà elle attriste : on vient de le constater chez Lanson. Jules Huret la décrit en 1904 comme un amoncellement puéril : « agglomérations de tours de dominos comme en font les enfants » où les « maisons de vingt étages [...] ne sont pas rares ». Elle donne envie de fuir : « Vous vous dites tout de suite que vous seriez trop triste d'y habiter et vous pensez à la campagne, à la Loire paisible, ou à la Seine riante [25]. » Cette tristesse continuera longtemps d'imprégner les descriptions. Le commissaire Maigret, enquêtant à New York en 1947, retrouve les accents de son lointain devancier et la même nostalgie fluviale. À peine débarqué sur les quais de la French Line, roulant en taxi « dans un quartier sale où les maisons étaient laides à en donner la nausée », il songe avec un serrement de cœur à son jardin de Meung-sur-Loire [26]. Entre Huret et Simenon, on peut intercaler cette vignette de Maurois, en 1933 : « – Longtemps, me dit cette Française, longtemps j'ai aimé ces maisons géantes, ces gares aux belles lignes, cette foule blanche, noire et jaune, cette campagne hâtive, cette fièvre... Puis, un jour, je me suis dit : "Ah ! Un canal, des peupliers, une péniche, de la lenteur, ou je meurs..." Et je suis partie [27]. » L'anti-Métropolis, dans tous ces textes, ce n'est pas Paris ; c'est la France entière, une France des bords de Loire ou des bords de Seine : marqueterie de vraies campagnes et de cités sincères, où l'urbanisme reste champêtre et la Nature pleine d'urbanité.

24. P. Bourget, *Outre-Mer. Notes sur l'Amérique*, Paris, Alphonse Lemerre, 1895, p. 41.
25. Jules Huret, *En Amérique (I)*, Paris, Fasquelle, 1905, p. 9.
26. G. Simenon, *Maigret à New York*, Paris, Presses de la Cité, 1947, p. 14.
27. A. Maurois, *En Amérique*, Paris, Flammarion, 1933, p. 69.

Tout change au lendemain de la Grande Guerre : l'échelle des choses, bien sûr ; mais aussi, plus subtilement, le regard des observateurs qui comparent l'extraordinaire croissance des grandes villes d'outre-Atlantique à l'arasement réel et symbolique de la France dévastée. Cette perception nouvelle est mise en scène efficacement dans *Champions du monde* de Paul Morand, paru en 1930. Roman d'éducation dont l'action se déroule de 1909 à 1929, *Champions du monde* raconte, par la voix d'un narrateur français (leur professeur à Columbia) les destins fracassés de quatre jeunes Américains.

Le second épisode se déroule en 1919 et commence par des retrouvailles avec New York, dont le *skyline* se découpe désormais sur fond de dévastation européenne. « Comme New York a grandi ! J'ai encore sous les yeux les paysages plats de l'Artois, les maisons effondrées, les arbres hachés du front ; j'ai pris dans les tranchées l'habitude de marcher plié en deux, ou courbé comme derrière un corbillard. Soudain je retrouve la pointe de Manhattan qui jaillit de la mer, avec ses gratte-ciel comme des piles de plaques nacrées devant un joueur heureux[28]. » Morand a le don de la formule et le sens du symbole. Finie l'Amérique des dominos puérils, New York a entassé les étages comme la Federal Reserve les lingots d'or de l'Europe en guerre. C'est courbé, en effet, par les épreuves et par le sentiment de sa faiblesse que l'Européen y aborde désormais. L'Amérique a joué et gagné. « L'Amérique a fait sauter la banque »[29]...

Avec cette insolente prospérité, le discours français se durcit. La grande ville américaine n'est plus un simple décor disgracieux. Elle devient – avec la Machine et en partie pour les mêmes raisons –, une actrice principale de la déshumanisation propre à cette « civilisation » unanimement décriée. La négation de l'homme, le déni de ses vrais besoins et de ses joies véritables, s'enracine d'abord là : dans ces rues rectilignes, dans ces immeubles quadrangulaires, dans les « alvéoles » de ces appartements tous semblables. La mutation de l'homme vers l'insecte commence avec sa transplantation dans la hideuse fourmilière des mégapoles. Dans « ces villes d'un type nouveau » à « la croissance prodigieuse », Aron et Dandieu voient un « symptôme effroyable » : « Nous touchons là, pour ainsi dire, le cancer du doigt, sous sa forme matérielle[30]. »

28. P. Morand, *Champions du monde*, Paris, Grasset, 1930, p. 41.
29. *Ibid.*
30. R. Aron et A. Dandieu, *Le Cancer américain*, Paris, Rieder, 1931, p. 104.

La Ville désormais *vaut* pour l'Amérique ; aussi occupe-t-elle à peu près tout le champ de vision. Au fin fond des États-Unis, au beau milieu du désert, ce sont encore et toujours des villes que voient, hallucinent et décrivent les nouveaux voyageurs : villes provisoirement invisibles, tracés de villes, annonces de villes, réclames de villes. Ces villes-fantômes du futur, projetées dans l'espace par la spéculation et la réclame, le voyageur déboussolé ne les distingue plus des villes en effet bâties – mais pour combien de temps debout ? Villes virtuelles et villes réelles mêlent leurs excroissances indéfinies comme les tentacules de la même civilisation pieuvre. La Ville est devenue la seule et unique vérité du continent : un concentré d'*américanité* en même temps que la figure téléologique de l'expérience historique américaine. L'ultime conquête de l'Amérique n'est autre chose que son urbanisation complète. En quelques décennies, le cliché des immenses espaces vierges ou « disponibles » s'est retourné en stéréotype de la saturation de l'espace par le pullulement urbain.

Déserts urbanisés et villes-simulacres

Qui ne connaît la mésaventure américaine de Tintin, reporter ? Endormi à côté de son cheval sur l'herbe de la Prairie, il se réveille au petit matin dans le *lobby* d'un palace construit pendant la nuit, au beau milieu d'une ville surgie de rien, où un policeman hargneux lui enjoint de respecter les passages cloutés et, lorgnant sa tenue de cow-boy, lui signale que les travestis sont interdits [31]. Tandis que les Indiens s'éloignent, poussés par des baïonnettes, cette ville champignon étale déjà toutes les tares de l'*American way of life* : arrogance, inégalité, corruption ; et l'on sent bien que ce policeman sans aménité ne tardera pas à ôter respectueusement

31. Hergé, *Tintin en Amérique*, 1931 ; le créateur de Tintin a admis « avoir subi l'influence de Georges Duhamel », mais il a surtout travaillé d'après des reportages parus dans la presse de droite, *Le Crapouillot* en particulier. Hergé tire l'essentiel de son matériau d'un article de Claude Blanchard intitulé « L'Amérique et les Américains » (octobre 1930), comme le prouve l'analyse comparative du reportage et de l'album faite par Jean-Marie Apostolidès dans *Les Métamorphoses de Tintin*, Paris, Seghers, 1984, pp. 30-33. Comme le remarque malicieusement J.-M. Apostolidès, « après guerre, la mode dans les milieux intellectuels de langue française ayant été généralement à l'antiaméricanisme, sur ce point du moins l'œuvre d'Hergé subira peu de remaniement » et les petits Français continueront à découvrir l'Amérique avec les œillères du *Crapouillot*.

sa casquette au passage des gangsters, comme ses collègues de Chicago. En quatre vignettes, ce que dessine Hergé en 1936, c'est le passage direct de la sauvagerie à la barbarie, sans transition par la civilisation...

Un autre voyageur européen, un peu moins célèbre que Tintin, mais lui aussi très apprécié des Français, avait eu quelques années auparavant une expérience du même ordre. Le comte Hermann de Keyserling, prolifique analyste de la psyché américaine, de passage à Palm Springs, dans le désert sud-californien, avait été vivement frappé d'y trouver soixante-trois agences immobilières pour deux cents habitants permanents. Sur la colline qui domine la ville, le voici pris d'une sorte de vision prémonitoire : « De là, j'aperçus tout ce désert déjà morcelé, avec des noms de rues et tout ce qui s'ensuit. Et alors je me rendis compte avec horreur que la totalité de ce Désert Californien deviendra [*sic*] peut-être bientôt une ville gigantesque, et que cette ville pourra [*sic*] même bientôt rejoindre celle de Chicago qui va toujours s'étendant [32]. » Les « cités inhumaines » de Duhamel réunies et fondues en une Métropolis continentale : telle est la nouvelle forme du cauchemar américain.

Ce cauchemar, nul ne l'a mieux mis en scène que Luc Durtain, à la fin des années 20. Avant Céline et mieux que Paul Morand (dans *New York*) ou Duhamel, Durtain est le grand allégoriste de la ville américaine, indifféremment réelle ou virtuelle. Observateur caustique et conteur talentueux, il fait paraître chez Gallimard en 1927 – trois ans avant les *Scènes de la vie future* et cinq ans avant le *Voyage* –, un recueil de trois récits intitulé *Quarantième Étage*. Il essaiera d'en répéter le succès en 1928 avec un roman, moins original : *Hollywood dépassé*. L'acidité des descriptions de Durtain, le brio avec lequel il mime en français, dans ses dialogues, la syntaxe et le rythme de la phrase américaine, sa rosserie éclairée par une intimité réelle avec la langue et le pays : tout cela fait de lui un antiaméricain hors du commun. Le bon accueil fait par la critique à *Quarantième Étage* reflète l'importance prise par la Ville dans la perception française de l'Amérique : car Durtain est

---

32. H. de Keyserling, *Psychanalyse de l'Amérique* (*America Set Free*), traduit de l'original anglais par Germain d'Hangest, Stock, 1930, p. 48. Il est cité élogieusement par Claudel (*Lettres à Agnès Meyer*, 28 août 1929, *Claudel et l'Amérique II, Lettres de Paul Claudel à Agnès Meyer [1928-1929] Note-Book d'Agnès Meyer [1929]*, éd. établie par E. Roberto, Éd. de l'Université d'Ottawa, 1969, p. 130). Le succès de Keyserling étonne le lecteur moderne ; mais il est rassurant de constater qu'il étonnait déjà Maurois.

à la fois un phénoménologue du gratte-ciel et un sémiologue de la nature urbanisée.

Comme chez Keyserling, l'immense Amérique, l'Ouest le plus sauvage, la Californie la plus déserte ne sont plus chez Luc Durtain que lopins prospectifs, succession ininterrompue de terrains à bâtir. Mais ici, aucune hallucination. La réalité, la vraie – comme son nom d'ailleurs l'indique : *Realty* (« Immobilier »). « Milles et milles de solitude. Immenses et stériles étendues, à peine marquées çà et là d'un peu d'herbe brûlée. Par intervalles, à quelque croisement de routes ou au voisinage de quelque rio desséché, campent d'étranges caravanes blanches : les affiches des marchands de terrain [...] *La Plus Grande Chose du Monde est* POUR VOUS D'AVOIR CECI. Avoir ceci. Tel est, dans le désert, le dernier écho des vibrations poussées par la poitrine des hommes [33]... » Peu importe que « ceci » ne soit, à la lettre, rien. Rien qu'un « lot effrontément exigu » découpé arbitrairement « dans les étendues démesurées » [34]. La nouvelle Amérique des « marchands de réalité » est un pays conquis par l'irréelle réalité urbaine. C'était le thème, déjà, d'une nouvelle de 1927 où deux *hoboes* rigolards découvraient Longview, « la Cité pratique que bâtit la Vision », la « seule ville américaine cent pour cent ». Longview tire sa perfection essentielle de n'exister que sur les panneaux qui l'annoncent. Passé l'arc de triomphe rustique qui la signale aux automobilistes, « de médiocres végétations composèrent tout ce qui se trouvait visible sur cet endroit du monde, hors la route superbement asphaltée, rectiligne à perte de vue » [35]. Amérique des merveilles, à en croire ses habitants – car elle en a déjà ! Mais pour l'agnosticisme français, Amérique de la méthode Coué : « L'homme montrait des broussailles avec assurance. Dans un pays où se répéter un certain nombre de fois que l'on marche fort bien guérit une jambe cassée, sans doute suffit-il, sur un sol sauvage, de désigner des emplacements d'édifices pour assurer à ceux-ci l'existence [36]. » Longview n'aligne que des rues « virtuelles », réduites aux « lignes de pierre des trottoirs » et vierges de tout bâtiment – à part une étrange et très provisoire poissonnerie dont l'éphéméride affiche « la date du lendemain » [37].

---

33. L. Durtain, *Hollywood dépassé*, Paris, Gallimard, 1928, pp. 138, 139.
34. *Ibid.*, p. 141.
35. L. Durtain, « La cité que bâtit la vision », *Quarantième Étage*, Paris, Gallimard, 1927, p. 129.
36. *Ibid.*, p. 131.
37. *Ibid.*, pp. 145, 149.

Cela n'empêche pas Longview d'exister. Ni qu'on ne parle d'elle
« jusqu'à Portland ». Durtain, lui aussi, pense qu'en Amérique rien
ne ressemble plus à une ville virtuelle qu'une ville réelle. Il y a
même, en un sens, plus d'inachèvement dans celles qui se dressent,
hâtives et déjà vouées à la destruction, que dans celles qui restent
pure « vision » et joyeuse spéculation. Reprenant dans *Hollywood
dépassé* la thématique de « La cité que bâtit la vision », Durtain
fait traverser à ses héros « la future métropole de la vallée de San
Fernando » : « Trompe-l'œil de fer et de ciment derrière lequel il
n'y a rien : ni toit, ni plancher, ni d'ailleurs aucun être humain [38]. »
La ville virtuelle baptisée Gerard n'a que faire d'habitants ; par
cette sage abstention, elle accomplit une sorte de perfection du
type. Loin de s'opposer aux métropoles « réelles », New York ou
Chicago, elle en pousse plus loin la logique d'exclusion de
l'humain. Les villes invisibles de Durtain sont les cités Potemkine
du capital spéculatif : hologrammes urbains plantés par la réclame
dans l'œil du *drifter* mécanisé ; coquilles vides remplissant imaginairement l'immense vide qu'est l'Amérique.

Car le fantasme est encore fécond qu'a jadis déployé De Pauw.
L'Amérique entière est un vide, un trou, un *no man's land* et un
non-lieu géologique, un « désert stérile et immense », écrivait Cornelius De Pauw, circonscrit par des « montagnes à pic » [39].
Contemporain de Durtain, non de De Pauw, Claudel se figure
l'Amérique, dans un étonnant passage de *Conversations dans le
Loir-et-Cher*, comme une pure énergie, une machine immatérielle : « une dynamo insérée entre les deux Pôles et les deux bouts
du continent. C'est le tic-tac de la machine universelle qui est
devenu perceptible... » Mais cette dynamo tourne à vide : elle
tourne *dans* le vide énorme d'un continent creux. « – Vide – C'est
ça. Un camarade à qui je demandais son impression de l'Amérique
qu'il a survolée de New York à Frisco, c'est qu'elle est vide.
L'intérieur est creux avec les lacs et cette énorme dépression du
Mississippi » [40].

---

38. L. Durtain, *Hollywood dépassé...*, p. 140.

39. C. De Pauw, *Recherches philosophiques sur les Américains* [1768], Paris, Jean-
Michel Place, 1990, p. 2.

40. P. Claudel, *Conversations dans le Loir-et-Cher, Œuvres en prose*, Paris, Gallimard, Bibliothèque de la Pléiade, 1965, p. 790. Si la société américaine lui paraît
« matérialiste », l'Amérique tend chez Claudel à devenir immatérielle : « Elle est essentiellement une médiane » (« Projet d'une église souterraine à Chicago », *Positions et
propositions*, v. II, p. 230).

À ce continent creux convient la ville virtuelle ; et à ses villes « réelles », la carcasse évidée des gratte-ciel – ces « calcaires foramineux utilisés par des existences étrangères comme une falaise l'est par des moineaux ». Ainsi parle le moins hostile des discoureurs claudéliens, commentant l'Amérique autour d'une automobile en panne au bord de la Loire.

Quarantième étage : totem et taudis

Il y a chez les intellectuels français de l'entre-deux-guerres toute une littérature du gratte-ciel. En valeur emblématique, celui-ci supplante désormais les abattoirs de Chicago. Ses admirateurs sont rares : Le Corbusier[41], Élie Faure, Morand par moments, Céline par saillie. Ses détracteurs, eux, sont légion. Les plus récents gratte-ciel, ceux « de la période de folie », comme l'écrit l'essayiste Recouly pour parler des *roaring twenties*, « fusent droit vers les nues comme des tours ». Tours de Babel, bien sûr : « Ceux qui les ont bâtis avaient évidemment perdu la tête. Ils s'imaginaient que les maisons peuvent pousser indéfiniment, jusqu'à se perdre dans les nues. » Le même Recouly parle un peu plus loin d'un nouveau gratte-ciel près de Radio-City comme d'une « tour babélique », « laide à contempler » et qui faute de proportions « cause une sorte de malaise, à la fois physique et moral ». Il ajoute cette phrase que pourraient contresigner à peu près tous ses contemporains et compatriotes : « Je ne pourrais pas, pour mon compte, habiter tout en haut de cette bâtisse aérienne, perdue dans les nuages, paraissant ne tenir à la terre que par un mince cordon ombilical[42]. » Raymond Recouly, nationaliste anticommuniste et anti-hitlérien, n'est pas des plus caustiques envers les États-Unis ; son livre paru en 1933 plaide même pour un rapprochement franco-américain ; mais la ville américaine l'afflige et ses buildings l'effarent.

Il n'est pas le seul. Duhamel, on va le voir, veut la mort du gratte-ciel. Mais Claudel, qui incline plutôt à le réformer, trahit une allergie encore plus profonde. L'ambassadeur de France aux États-Unis voudrait bien, en effet, sauver le gratte-ciel ; et avant

41. Le Corbusier réussit un joli coup de publicité en déclarant aux journalistes américains, dès son arrivée, que les gratte-ciel new-yorkais sont trop petits (voir son récit dans *Quand les cathédrales étaient blanches*, Paris, Plon, 1937).
42. R. Recouly, *L'Amérique pauvre*, Paris, Les Éditions de France, 1933, pp. 12-13, 16.

tout le sauver de lui-même. Grand admirateur du style « beaux arts » exporté en Amérique, il prône une densification des buildings par adjonctions de volumes « hétérogènes » qui en rompent la ligne. Il rêve de « coller ensemble » les gratte-ciel, « d'en faire un faisceau » afin que l'œil soit « attiré vers le ciel non plus par la verticale vertigineusement accélérée d'une chute à rebours, mais par une ascension mesurée, par un escalier de rapports »[43]. Bref, Claudel supporterait les gratte-ciel s'ils voulaient bien ressembler un peu plus à des cathédrales[44]. De même le sculpteur (français) rencontré à New York par Duhamel attend-il de « l'opulence » américaine qu'elle fasse enfin « fleurir » le gratte-ciel, qu'elle le fasse « bourgeonner en statues, en reliefs, en ornements »[45]. Du moins défend-il son gagne-pain.

Rebelle aux ornementations à la française, le gratte-ciel n'échappera pas, en tout cas, à son allégorisation. À partir des années 20, le discours antiaméricain s'en empare et l'érige (si l'on peut dire) en figure absolue de l'*américanité*. Ce qui nous ramène à Durtain. Car si Luc Durtain invente et impose dans ses récits le thème du simulacre urbain, il fixe aussi, pour toute une génération de lecteurs, la physionomie des villes américaines : le profil en arêtes de leurs immeubles et de leurs « entrepôts, usines, docks : cubes ou prismes rompant, de leurs rectangles régulièrement criblés de fenêtres et des hauts cylindres de leurs cheminées, les lignes droites des voies »[46]. Durtain, lui, n'essaie pas de convertir les gratte-ciel. Ni d'en faire des escabeaux mystiques. Il porte un œil froid sur leur entassement sans transcendance : « En somme, rectangles, rectangles, rectangles, au-dessus des jeux parallèles et perpendiculaires des voies : tel est l'aspect des cités américaines, vu de haut[47]. »

La nouvelle intitulée « Smith Building » réussit une forme particulière de mise en abyme. Son héros ou anti-héros suprêmement américain, assureur de son état, est monté au quarantième étage de ce gratte-ciel de Seattle, « le plus haut édifice existant à l'ouest de New York : 1 200 piles de fondations, 500 pieds de hauteur, 18 milles de fils électriques et téléphoniques, 2 314 fenêtres offrant

43. P. Claudel, *Conversations*..., p. 738.
44. *Ibid.*, p. 741. Il met quelque espoir dans la future « cathédrale de la science » [Cathedral of Learning] de Pittsburgh.
45. G. Duhamel, *Scènes de la vie future* [1930], Paris, Arthème Fayard, « Le Livre de demain », 1938, p. 56.
46. L. Durtain, « Smith Building », *Quarantième Étage*..., p. 192.
47. *Ibid.*, p. 206.

au soleil 67 736 pieds carrés de cristal ». Il y est monté pour scruter cette ville où l'appelle sa carrière. Mais de ce balcon gigantesque, c'est sur la vie américaine que plonge le regard du romancier. Et tandis que Howard l'assureur cherche à saisir le plan de la ville et à tracer celui de sa carrière, Durtain place son lecteur devant une forêt de symboles : « L'assureur est bien incapable de soupçonner que les buildings élevés et adorés dans chaque ville américaine par les conquérantes tribus des Visages-Pâles, que ce gratte-ciel même du sommet duquel il regarde, se trouvent, étageant sur toute leur hauteur de monstrueuses Compagnies (ces divinités grimaçantes de la civilisation !), exactement pareils au poteau magique, jadis révéré par les indigènes des îles Tongass [48]. » Fantasmagorie rectangulaire, le building livre ainsi, un à un, les secrets de l'Amérique : depuis sa convoitise hâtive jusqu'à sa raideur puritaine : « Allons, les petits-fils ont joliment "fait leur pile" : ainsi l'attestent ces buildings élevant de tous côtés leurs épaules roides et puritaines – ces buildings où l'on s'ennuie encore aussi strictement que Dieu l'exigeait il y a trois siècles [49]. » Syncrétisme du gratte-ciel selon Durtain : objet magique, objet fétiche, objet trans-historique, synecdoque absolue de l'Amérique. Durtain évoque la Ville comme on évoque les esprits – le Grand-Esprit de l'Amérique. Et l'on comprend que cette évocation ait frappé ses contemporains, Américains compris.

Gratte-ciel : du mensonge à la morgue

L'un de ceux qui la reprennent et l'amplifient est Waldo Frank, auteur d'une ambitieuse *Introduction à une philosophie de la vie américaine*. L'original a paru dans *New Republic*. Une traduction française est donnée chez Grasset en 1930 dans une collection dirigée par Jean Guéhenno. Waldo Frank – qui adhérera au Parti communiste américain – se réclame de Herbert Croly [50] et de Walter Lippmann. Il revendique « le concept d'une nation démocratique *formée* par une aristocratie de l'esprit » [51]. Sa critique de l'Améri-

---

48. *Ibid.*, p. 193.
49. *Ibid.*, p. 231.
50. *The Promise of American Life* (New York, Macmillan, 1909) avait été traduit en français avec succès en 1913, chez Alcan (*Les Promesses de la vie américaine*).
51. W. Frank, *Nouvelle Découverte de l'Amérique. Introduction à une philosophie de la vie américaine*, trad. de L. Savitzky, Paris, Grasset, 1930, p. 337.

que mêle un gauchisme assez fuligineux à une analyse de l'alié-nation spirituelle qui le rapproche plutôt des non-conformistes français. Citant *Quarantième Étage* de Durtain, il fait rebondir le topos urbain et en aggrave le symbolisme politique. Le building devient chez lui à la fois signe de précarité et symptôme de nivellement. Les gratte-ciel s'entassent, tels des « caisses d'emballage l'une sur l'autre », jetées en tas – « comme si nous venions de débarquer d'Europe ». Ils trahissent l'immigrant, ses valises et sa vie « inor-ganique » [52]. Claudel en disait autant : dans les meilleurs gratte-ciel, « il commence bien à y avoir des lignes extérieures, mais il n'y a pas d'unité organique et interne » [53]. Mais Waldo Frank ne prêche pas l'inutile retour des cathédrales : le gratte-ciel suffit à l'idolâtrie américaine. « Les divinités américaines de la Puissance ont un temple. Celui-ci est la concrétisation la plus parfaite de ce que nous sommes et de ce que nous aimons. Son nom est le Gratte-Ciel. Nous sommes une masse comprimée dans la rigidité d'une archi-tecture simpliste ; notre position est égalitaire, notre but est de monter, notre dynamisme procède par addition, notre valeur suprême est la puissance de notre propre volume. » Emblème de l'*hubris* pseudo-démocratique, le gratte-ciel selon Waldo Frank trahit en même temps le caractère fallacieux de cette démocratie. « Lorsque le gratte-ciel veut outrepasser les conditions qui lui sont propres, il devient hypocrite [...] Le gratte-ciel est une simple car-casse où les pierres ne jouent qu'un rôle de remplissage ; comme il sied à une fausse démocratie, ces pierres, prises individuellement, n'ont aucune importance architecturale. » On conçoit que Waldo Frank ait trouvé plus de lecteurs en France que dans son pays, où ses débuts littéraires, en 1919, avaient été, de son propre aveu, un échec retentissant.

La même année où paraît en français l'*Introduction à une philosophie de la vie américaine*, les *Scènes de la vie future* complètent le portrait-charge de la ville américaine. Les bois gravés de Dollian créent autour du texte une atmosphère pesante d'oppression urbaine. On a mentionné déjà le tout premier, qui tient lieu de frontispice, saturé de gratte-ciel, dont il accumule en contre-plongée les rectangles verticaux, nus de tout ornement. Le sol est invisible, le ciel réduit à quelques interstices entre ces colosses de ciment. Au premier plan, un édifice moins élevé est

---

52. *Ibid.*, p. 105.
53. P. Claudel, *Conversations...*, p. 739.

couronné d'une horloge gigantesque. « Time is money » ? *Tempus irreparabile* ? Les deux sans doute. Mais le sens symbolique est donné par un autre élément insolite et central : au plus touffu des buildings, on reconnaît la torche levée de la statue de la Liberté, dont l'avant-bras se perd derrière les constructions. Au-dessus de la torche, une grue. S'efforce-t-on d'extraire Miss Liberty de ce carcan de gratte-ciel où elle n'a plus affaire ? Ou bien est-ce son refuge de Bedloe's Island qui a été submergé, à son tour, par la fièvre du lotissement et englouti sous les *skyscrapers* ? La Liberté étouffe en tout cas, comme le spectateur devant cette vignette irrespirable.

Duhamel, pour sa part, expédie rondement le gratte-ciel. Car le gratte-ciel lui-même est œuvre hâtive. « Il pousse, il pousse », mais non de la montée lente des sèves et des pensées. « Il ne peut attendre ni l'inspiration des uns, ni les lentes expériences des autres. Trop d'intérêts conjugués réclament son achèvement. » Ni maturation, ni élan : le gratte-ciel est une poussée de fièvre (spéculative), une prolifération morbide. Aux antipodes de la pérennité du beau, « le building vit, de la vie des choses mortelles. Il est construit pour trente ans, moins peut-être. Les mêmes hommes qui l'ont bâti vont le démolir demain, puis édifier à sa place autre chose de plus grand, de plus compliqué, de plus cher ». Ainsi cet « unique truchement du génie américain, l'art architectural », apparaît-il à Duhamel « corrompu dans ses desseins, dans ses moyens et dans ses œuvres »[54]. La vacuité artistique du Nouveau Monde trahie par ses architectes mêmes : telle est la leçon esthétique du gratte-ciel.

Mais ce que trahit une page comme celle-là, c'est la violente pulsion de mort qui saisit l'humaniste Duhamel face à la Ville américaine. Ce gratte-ciel abrite « la population d'une sous-préfecture française ». Des hommes, donc, des femmes, bref, de l'humanité ? Pas sûr. Insectes ou mutants, les habitants du gratte-ciel sont pour Duhamel un bloc d'inhumanité, un « tout cela » : « Et tout cela parle, mange, travaille, gagne de l'argent, joue à la bourse, fume, boit de l'alcool en cachette, fait des rêves, fait l'amour. » Cette humanité nouvelle n'est pas plus humaine que le gratte-ciel n'est vraiment vivant. Le building est coupable : il « vit de la vie des choses mortelles » au lieu de viser à l'immortalité ; « toutes les idées qui l'animent sentent la mode et la mort ». Et pas seulement les idées : car lui-même sent et suinte le trépas. À la dernière

54. Duhamel, *Scènes...*, pp. 56-57.

page du livre, Duhamel revient encore une fois sur cette nature mortifère du gratte-ciel : « Le building, sous mes pieds, frémit dans toute sa hauteur, diapason d'acier, de brique et de béton. Les cheminées dissimulées dans les ornements de la flèche exhalent, tel un mortel encens, les gaz empoisonnés que distille, à huit cent pieds d'ici, la machinerie du sous-sol[55]. » Comment ses habitants déshumanisés seraient-ils tout à fait innocents ? « Tout cela » peut bien périr avec cette périssable carcasse. Duhamel ne pense pas cela ? Sans doute. Mais il l'écrit : « Le building vit ! Le soir, il s'allume comme une chapelle ardente[56] »...

Bon building, building morgue. L'inconscient n'épargne pas les humanistes. Mais peut-on parler encore d'inconscient lorsque l'ultime vœu formé par Duhamel, tout « à l'amertume ineffable de n'avoir pu aimer ce qu'[il] voit », c'est que l'Amérique reçoive enfin ce qui lui « manque » : « de grands malheurs, sans doute, de grandes épreuves »[57].

« L'architecture austère de lointaines colonies sionistes »

Duhamel souhaitait aux Américains « des aventures terribles » qui fissent d'eux « vraiment un grand peuple »[58]. Ce vœu si amical sera exaucé une douzaine d'années plus tard à Pearl Harbor. Duhamel ne s'en réjouira pas. Mais d'autres Français en concevront une véritable jubilation. « L'Angleterre, comme Carthage, doit être détruite » était la clausule favorite du chroniqueur radiophonique Jean Hérold-Paquis, pendant l'Occupation. Mais dès 1941, les imprécations s'abattent aussi sur l'ennemi d'outre-Atlantique : la nouvelle-nouvelle Carthage. Contrairement à Duhamel, les collaborationnistes qui applaudissent à l'attaque surprise de l'aviation japonaise ne se piquent d'aucune bonne intention. L'humiliation de la puissance américaine les enchante ; la possibilité de son effondrement les transporte. Pour le pamphlétaire Henri Nevers, c'est une divine surprise : « Les hostilités s'engagent et, ô stupeur !... avec une rapidité foudroyante, les escadrilles japonaises

55. *Ibid.*, p. 124.
56. *Ibid.*, p. 57.
57. *Ibid.*, p. 125.
58. *Ibid.*

parviennent à couler, en quelques jours, les plus belles unités de la flotte américaine. » Voilà « l'intransigeance et la mauvaise volonté de Washington » justement châtiées et le caquet américain rabattu : « le bluff de Washington a pâli devant l'héroïsme des petits soldats nippons ». Car « le peuple japonais a de grandes qualités : c'est un peuple incorruptible, respectueux de ses traditions ancestrales, de sa religion, de son honneur et de sa race »[59]. Portrait en creux des tares de l'Amérique.

L'entrée des États-Unis dans le conflit libère, chez journalistes et dessinateurs, un antiaméricanisme jusqu'alors tenu à courte bride, du moins en zone Sud, par le régime de Vichy, soucieux de ne pas couper les ponts avec Washington. Les caricaturistes s'en donnent à cœur joie. À leurs piloris, Roosevelt rejoint Churchill et Staline. Son rôle dans le trio ne cessera de s'étoffer. Tandis que Churchill perd peu à peu de son prestige (il n'a bientôt plus qu'un strapontin dans le « métro interallié » et ses deux acolytes le bousculent au portillon[60]), la figure de Roosevelt monte en puissance et en malignité. Face à un Staline mongoloïsé, figé dans son rôle de brute épaisse, la caricature collaborationniste présente un Roosevelt de plus en plus sulfureux. Lorsque, clergyman cauteleux, il célèbre en 1941 l'union d'un Churchill rougissant avec un Staline moribond (nous sommes *avant* Stalingrad)[61], il n'incarne encore que l'éternelle hypocrisie du puritain. Cette tartufferie fait place à l'abjection la plus obséquieuse quand, patronne de lupanar, Roosevelt offre le choix entre de Gaulle et Giraud à un arrogant client juif[62]. Plus tard encore, à quelques jours du débarquement de Normandie, dans *La Gerbe*, il reparaîtra en Superman luciférien : il a cessé de jouer les entremetteurs et fond sur la France en brandissant un chandelier à sept branches qu'il agite comme une torche[63].

59. Henri Nevers, *Pourquoi l'Amérique est-elle en guerre ?*, Paris, Nouvelles éditions françaises, s.d., pp. 21, 22.
60. « Métro interallié », dessin de Bogislas, *Au Pilori*, 2 août 1944 ; ce dessin (et les suivants) sont reproduits dans l'intéressant ouvrage de Christian Delporte, *Les Crayons de la propagande. Dessinateurs et dessin politique sous l'Occupation*, préface de René Rémond, CNRS Éditions, 1993, p. 102.
61. « In articulo mortis », dessin de Soupault, *Je suis partout*, 21 juillet 1941 ; *ibid.*, p. 95.
62. « Maison de "rencontres" », dessin de Soupault, *Ils sont partout*, album, 1944 ; *ibid.*, p. 144.
63. « La Liberté... enfin ! éclaire le monde ! », Mara, *La Gerbe*, 25 mai 1944 ; *ibid.*, p. 94.

Clergyman, sous-maîtresse, « prince de ce monde » : la promotion est incontestable.

Derrière ce Roosevelt griffu et cornu, c'est l'Amérique elle-même qui revient dans le champ du dessin. Le pied droit (et fourchu) du président démoniaque prend encore appui là-bas, derrière la ligne d'horizon, sur le lointain continent que l'on devine couvert d'une mégapole innombrable, tandis que déjà son bras incendiaire se lève au-dessus d'une cité française, groupée autour d'une très visible cathédrale – celle de Rouen, peut-être, touchée par les bombardements anglo-américains. La ville vivante va périr anéantie par le monstre jailli de la Métropolis judaïque [Cahier d'illustrations, p. 4]. Le dessinateur Mara crayonne ainsi un programme explicatif que répètent inlassablement les brochures de propagande antiaméricaines de la Collaboration : la solidarité avec « la juiverie anglaise » est la clé de l'agressivité américaine contre la France et la « Nouvelle Europe ».

Archétype du genre, le fascicule signé Henri Nevers et intitulé *Pourquoi l'Amérique est-elle en guerre ?* n'apparaît pas, à première vue, comme un écrit d'une grande complexité. Ses vingt-trois pages d'une facture assez sobre s'adornent de quelques culs-de-lampe significatifs : des sacs d'or marqués de l'étoile de David font face à un browning posé près de bouteilles de contrebande ; une danse nègre endiablée précède un carrefour new-yorkais embouteillé ; les dernières pages présentent les symboles juifs et francs-maçons conventionnels (Talmud ouvert, chandelier à sept branches, triangle et « œil »), tandis que l'ultime vignette montre un croiseur américain attaqué par des avions japonais, sur un fond de soleil levant qui reprend le graphisme de l'emblème nippon. D'allure pseudo-didactique, ce petit ouvrage est destiné à « expliquer la cause réelle du nouveau conflit » qui vient d'éclater entre le Japon et l'Amérique. « On ne sera certainement pas surpris d'apprendre » – formule favorite de l'auteur –, que cette origine est la mainmise occulte des « judéo-maçons interventionnistes » sur le gouvernement américain[64].

Pourquoi l'Amérique est-elle en guerre ? se présente comme un témoignage vécu qu'émailleraient quelques citations introduites « à seule fin de confirmer » les observations de l'auteur. C'est en fait un vaste plagiat. L'auteur recopie ou démarque, fidèlement d'ailleurs et sans forcer le trait qu'il emprunte. Pour comprendre la

---

64. Henri Nevers, *Pourquoi l'Amérique est-elle en guerre ?...*, p. 20.

guerre mondiale, une étude « culturelle, politique et sociale » de l'Amérique est nécessaire, affirme-t-il d'emblée avec componction. La déclaration, rendue comique par l'indigence de l'opuscule, énonce bien pourtant la stratégie du propagandiste : réduit à la dénonciation du complot judéo-maçonnique, son pamphlet ne s'adresserait qu'à une petite minorité militante. C'est en entrelaçant la thèse du complot à la riche trame de l'antiaméricanisme culturel que Nevers peut espérer intéresser au-delà du cercle des convaincus. D'où ce paradoxe d'un texte « extrémiste » dont la majeure part consiste en une anthologie de textes antiaméricains « ordinaires » des années 30. D'où encore l'effet d'irréalité d'un opuscule anti-sémite et pro-nazi qui, pour rallier son lecteur au Reich, l'entraîne dans la plus convenue des balades new-yorkaises, lui parle du bruit, des embouteillages, des jardins publics « mal tenus » et insiste sur l'absence de cafés « comme il en existe de si beaux en Europe et surtout à Vienne et à Berlin »[65]. Décalage ? Ventriloquie, plutôt.

Le pamphlet de Nevers est révélateur en ce qu'il mêle deux voix : celle de l'antisémitisme militant et celle de l'antiaméricanisme ordinaire. La première prend en charge « l'historique » de la pré-sence juive et de l'emprise maçonne aux États-Unis. On ne sera donc « pas surpris d'apprendre » que « de 1789 à 1922 [*sic pour 1932*], sur les vingt-neuf présidents des États-Unis, vingt ont été francs-maçons »[66] et que dès l'arrivée au pouvoir de Roosevelt, « la direction des différents ministères fut confiée exclusivement à des juifs »[67]. La seconde voix reprend les évocations « anthropo-logiques » déjà largement répandues dans le public français : des-cription des villes, des gens, du mode de vie. Les manigances séculaires des Juifs et des francs-maçons se détachent ainsi sur un décor culturel familier. D'autant plus familier que cette partie des-criptive est puisée dans des textes antérieurs de grande circulation – celui de Duhamel au premier chef. Le collage américanophobe accrédite l'argument antisémite qui se déroule parallèlement. À charge de revanche, d'ailleurs. Car la judaïsation de l'Amérique « explique », en retour, la plupart de ses traits particuliers (et repoussants) : depuis l'amour de l'argent, « l'apanage de la géné-ration actuelle aux États-Unis », jusqu'au jazz qui présente « le

---

65. *Ibid.*, p. 8 ; même cet éloge des cafés viennois et berlinois est recopié : il figure mot pour mot dans *L'Amérique pauvre* de Raymond Recouly (p. 79).
66. *Ibid.*, p. 17.
67. *Ibid.*, p. 19.

caractère négroïde inhérent à la race juive »[68]. Entre stéréotypie antiaméricaine et stéréotypie antisémite, tout l'effort du propagandiste est de multiplier les raccourcis. Et ce plus court chemin d'un discours à l'autre passe évidemment par la Ville, par New York en particulier, dont le seul aspect physique trahit le complot juif : « Ces blocs monstrueux se dressent à des hauteurs vertigineuses, enserrant entre eux des rues étroites. Tout cet ensemble rappelle, sur une vaste échelle, l'architecture austère de lointaines colonies sionistes[69]. »

Quant aux textes cités ou plagiés, ce ne sont pas du tout ceux auxquels on pourrait, idéologiquement, s'attendre. Ce n'est pas Céline, compagnon de la Collaboration, qui fournit à Henri Nevers son décor urbain ou ses notations « anthropologiques » ; ce sont les *Scènes de la vie future* de l'humaniste Duhamel. Ce ne sont pas les articles de la presse d'extrême droite d'avant-guerre, ni même les réquisitoires anticapitalistes des non-conformistes, qui sont recyclés pour dépeindre les dysfonctionnements sociaux de l'Amérique ; c'est *L'Amérique pauvre* de Raymond Recouly, essai sur la crise de 29 que son auteur, publiciste nationaliste, biographe de Foch et de Napoléon, mais aussi admirateur de Dos Passos et de Hemingway, plaçait sous le signe d'une « vive, ardente sympathie pour ce grand peuple [américain] »[70]. (On trouve aussi chez Recouly quelques notations à caractère antisémite, mais plutôt plus discrètes que celles de Siegfried ou de Duhamel.)

Le recyclage, tel quel, d'un matériau « banal » de l'entre-deux-guerres est révélateur. Les brochures collaborationnistes, en intégrant *ne varietur* un classique de l'antiaméricanisme comme *Scènes de la vie future*, éclairent rétrospectivement, d'une lumière crue, l'une des nouveautés majeures de la décennie précédente : le rapprochement des discours antisémite et antiaméricain.

L'intersection de ces discours et leur contamination partielle sont en effet un développement caractéristique de l'entre-deux-guerres. Jusqu'en 1914, antiaméricanisme et antisémitisme ne communiquent guère. Les thèmes de l'argent-roi, du Dieu-dollar, du « Tout-Ploutopolis » ne déclenchent pas les associations qui deviendront monnaie courante dans les années 20. Il y a sans doute à cela plus d'une raison. La première serait la très forte identification des

68. *Ibid.*, pp. 7, 8.
69. *Ibid.*, p. 4.
70. *Ibid.*, p. 7.

États-Unis à une ethnocratie anglo-saxonne. La seconde tient au retard avec lequel les observateurs français enregistrent ce qu'ils appelleront la « nouvelle immigration » à forte composante juive venue d'Europe centrale et orientale. L'un des premiers à être frappé par l'arrivée massive de ces émigrants dans le port de New York est l'abbé Félix Klein, figure de proue du courant catholique libéral baptisé « américanisme » : « Israël a envoyé la moitié de cette foule. La cité en renferme déjà dans les 800 000. Et ils commencent à y tenir beaucoup de place [71]. » Mais l'abbé Klein écrit ces lignes assez tard, en 1910 ; et lui-même, grand admirateur des États-Unis et de Teddy Roosevelt, n'est nullement représentatif de l'antiaméricanisme. Une troisième explication est à rechercher dans la logique même des textes antiaméricains d'avant 1914. Diabolisant le Yankee, ils l'ont doté de qualités négatives très voisines de celles imputées aux Juifs : âpreté commerciale, sens aigu des intérêts matériels faisant bon ménage avec une solide conviction religieuse. Dans cette stéréotypie, Juifs et Yankees sont en concurrence et la ténacité anglo-saxonne des seconds ne laisse aucun champ d'action aux premiers. C'était le raisonnement de Demolins : « le Juif [...], plante qui ne se développe que dans les terrains favorables, [...] ne se développe pas en Angleterre, dans les États scandinaves, aux États-Unis, en Australie » – partout, donc, où règne l'Anglo-Saxon [72]. Plus explicitement encore et parlant cette fois des seuls Américains, Varigny observait dans les mêmes années 1890 que leur « énergie à conquérir la fortune » est « telle que chez eux les Juifs n'ont pu prendre pied et ne sauraient prospérer » [73].

Tout cela change dans les années 20 : les Juifs d'Amérique sont devenus visibles. Et si l'on mentionne en passant les mesures discriminatoires dont ils sont victimes, on met surtout en avant leur présence massive et leur « influence » considérable à travers la

71. F. Klein (abbé), *L'Amérique de demain*, Paris, Plon, 1910, p. 6.
72. E. Demolins, *À quoi tient la supériorité des Anglo-Saxons ?*, Paris, Didot, 1897, p. 149.
73. Ch. Crosnier de Varigny, *La Femme aux États-Unis*, Paris, Armand Colin, 1893, p. 220. On trouve un écho tardif du topos chez Duhamel, le temps d'une étrange conversation entre deux Français, dans un hall d'hôtel : « ... Non, ce n'est pas un Levantin, je vous assure. Ce n'est pas un juif. Faut être juste. Je travaille avec des juifs d'ici, des gens parfaitement corrects. Lui, c'est un cent pour cent. Pensez ! Smith ! » Or donc ce Smith est un plus rusé trompeur que tous les Levantins réunis. « Que voulez-vous ? L'Orient, c'est plus grand qu'on ne pense. Ça commence aux environs de Varsovie ; ça tourne tout autour du monde et ça s'arrête à peu près au milieu de l'Atlantique... » (*Scènes...*, p. 109).

banque, la presse et le cinéma. On a déjà cité les pages qu'André Siegfried, en 1927, consacre aux divers « types » de Juifs américains. L'irruption soudaine des « Juifs de Russie ou de Pologne » a transformé le paysage urbain : ils « form[ent] dans les bas quartiers des grandes cités des blocs hétérogènes non digérés » [74]. En insistant sur le caractère artificiel et fallacieux de leur « américanisation », Siegfried a très officiellement ouvert la voie au discours d'accaparement de l'Amérique par les Juifs qui enfle au cours de la décennie suivante. « C'est la plus grande ville juive du monde », écrivait Siegfried, « avec un million et demi de Juifs ». (Il ajoute que c'est sans doute aussi la plus grande ville catholique.) C'est une « immense cité juive », répète Recouly en 1933 : les Juifs représentent un tiers de la population ; et « leur importance, leur influence, du point de vue économique, intellectuel est beaucoup plus grande encore que leur proportion numérique » [75].

De Siegfried à Recouly en passant par Duhamel lui-même – qui a vu dans un club huppé « une juive, belle encore, mais d'une beauté profanée, [...] en train de vendre sa fille à certain croulant vieillard » [76] –, l'antiaméricanisme ordinaire des années 30 est déjà une mine pour l'antisémitisme antiaméricain qui fleurit sous l'Occupation. Et les morceaux de bravoure les plus embarrassants ne viennent pas toujours des textes les plus militants. Ainsi de cette page sur New York, mettant en doute qu'elle soit encore « une ville occidentale » : « À la sortie des bureaux, *downtown*, quand la basse ville s'emplit d'innombrables dactylographes au regard sombre, au nez busqué, quand les rues étroites de l'*east side* déversent des flots pressés de Levantins brunis ou d'Hébreux hirsutes, l'impression est orientale et la fluidité de ces foules, sans cesse renouvelées, passant comme un courant sans fin, évoque les marées humaines des métropoles asiatiques [77]. » Cette description n'appartient ni à Recouly, ni à Paul Morand, encore moins aux pamphlétaires de la Collaboration. Elle est d'André Siegfried.

Devant le riche matériau rassemblé dans l'entre-deux-guerres sous les signatures les plus honorables, on comprend que les plagiaires paresseux de la Collaboration se soient laissés tenter.

---

74. A. Siegfried, *Les États-Unis d'aujourd'hui*, Paris, Armand Colin, 1927, p. 17.
75. R. Recouly, *L'Amérique pauvre...*, p. 8.
76. G. Duhamel, *Scènes...*, p. 76.
77. A. Siegfried, *Les États-Unis d'aujourd'hui...*, p. 16.

New York ville ouverte : une nausée de Sartre

« Il est dur de passer de gens qui se baisent à gens qui se mangent », remarque Voltaire en tête de l'article « Anthropophages » du *Dictionnaire philosophique*. Il est dur de passer de Henri Nevers à Jean-Paul Sartre. La chronologie a ses coq-à-l'âne comme l'ordre alphabétique. C'est à travers Sartre, en effet, que la France libérée redécouvre l'Amérique.

Rien *a priori* ne prédisposait Sartre à devenir le passeur du discours antiaméricain, par-dessus le marécage de l'Occupation. C'est lui pourtant qui remet en circulation, à la Libération, le topos de la ville américaine invivable : relance d'autant plus réussie qu'il insuffle au cliché une vigueur « existentielle » très nouvelle et personnelle. Avant de devenir une figure centrale de l'antiaméricanisme de gauche, Sartre aura été l'inspiré *rewriter* du malaise français devant Métropolis. La guerre mondiale n'est pas encore finie lorsque paraissent ses articles d'Amérique, d'un incontestable brio. Donnés pour l'essentiel au *Figaro* et à *Combat*, avant d'être (pour partie) repris dans *Situations III*, ces feuillets d'Amérique jouent un rôle charnière pour la continuité du discours antiaméricain sur la Ville, en conférant à d'anciennes phobies le prestige d'originales nausées.

Sartre se rend aux États-Unis sur une invitation lancée à quelques journalistes français par le War Office Information, à la fin de 1944 : il s'agit de leur faire faire une vaste tournée qui leur permette d'observer *in vivo* l'effort de guerre américain. Les États-Unis lui sont inconnus et ne l'ont guère occupé avant la guerre. Germaniste et italophile, il connaît surtout de l'Amérique son cinéma que, d'accord avec Simone de Beauvoir, il préfère au cinéma français ; et quelques écrivains, bien sûr, comme Faulkner et Dos Passos, qu'il a contribué à faire lire en France. Mais il connaît aussi ses classiques. Comme Simone de Beauvoir trois ans plus tard, il part lesté du bagage livresque légué par l'avant-guerre.

Il y a du Durtain, sinon du Keyserling, dans sa description des villes américaines comme « campements dans le désert », comme squelettes de cités où les rues sont tracées « comme des vertèbres » autour de « l'épine dorsale » d'une route [78]. Du Durtain encore (ou

---

78. J.-P. Sartre, « Villes d'Amérique » [*Le Figaro*, 1945], *Situations III*, Paris, Gallimard, 1949, p. 94.

du Waldo Frank) dans sa définition des buildings comme « ex-voto à la réussite »[79]. Il y a du Duhamel dans son évocation de la précarité préméditée d'une architecture conçue pour ne pas durer, puisque la « *house* », contrairement à nos « demeures », est une simple « carcasse » que l'on « abandonne sous le moindre prétexte »[80]. Du Céline aussi. Mais pour contredire la célèbre description de Bardamu : « Figurez-vous qu'elle était debout leur ville, absolument droite. New York, c'est une ville debout[81]. » Pas du tout, répond Sartre. L'Européen qui débarque a l'impression « qu'on lui a monté le coup. On ne lui parlait que de gratte-ciel, on lui présentait New York, Chicago comme des "villes debout". Or son premier sentiment, au contraire, est que la hauteur moyenne d'une ville des États-Unis est très sensiblement inférieure à celle d'une ville française »[82]. Rembarré, Bardamu, et sur un ton qui trahit une certaine irritation, comme si Sartre en avait un peu assez, à chaque pas, à chaque page, de buter sur le *Voyage au bout de la nuit*. Jusqu'à son thème majeur, celui de la Métropole pénétrée par la Nature, qui figure déjà dans Céline : « Bien au-dessus des derniers étages, en haut, restait du jour avec des mouettes et des morceaux de ciel. Nous, on avançait dans la lueur d'en-bas, malade comme celle de la forêt et si grise que la rue en était pleine comme un gros mélange de coton sale[83]. » Mais il ne suffit pas de remettre New York à l'horizontale pour effacer certaines dettes littéraires. Quinze ans plus tard, Roland Barthes arbitrera discrètement le débat : ni dressée, ni raplapla, New York lui apparaît tout simplement « assise » et même « superbement *assise*, à l'instar des plus fabuleuses métropoles »[84]...

Sartre retravaille l'Amérique tout au rebours des copistes de la Collaboration : il *compose* avec les textes de l'avant-guerre. Il en

79. J.-P. Sartre, « Individualisme et conformisme » [*Le Figaro*, février 1945], *ibid.*, p. 87.

80. J.-P. Sartre, « Villes d'Amérique »..., *Situations III...*, p. 97.

81. Céline, *Voyage au bout de la nuit* [1932], Paris, Gallimard, Folio, 1983, p. 237. À moins que Sartre, faisant d'une pierre deux coups, ne vise aussi Le Corbusier : « New York est une ville debout, sous le signe des temps nouveaux. C'est une catastrophe, mais une belle catastrophe, celle dont un destin hâtif a accablé des gens de foi et de courage » (*Quand les cathédrales étaient blanches*, Paris, Plon, 1937 ; Denoël/Gonthier, Médiations, 1977, p. 45).

82. J.-P. Sartre, « Villes d'Amérique »..., *Situations III...*, pp. 101-102.

83. Céline, *Voyage...*, p. 247.

84. R. Barthes, « New York, Buffet et la hauteur », *Arts*, 11-17 fév. 1959 ; *Œ. C.*, Paris, Seuil, 1994, vol. I, p. 781.

conserve certains traits, mais il les dégage de la gangue d'un discours banal et convenu (vitesse, bruit, manque d'humanité, etc.) pour les réorganiser à sa manière, autour de quelques thèmes fortement martelés ou de ce qu'on pourrait appeler quelques « philosophèmes » obsessionnels. Le premier est celui de la précarité. Les villes américaines, même lorsqu'elles ne sont pas « *nées provisoires* » comme Detroit, Minneapolis, Knoxville, sont essentiellement éphémères et fragiles. « Ce qui frappe, c'est la légèreté, la fragilité de ces bâtiments », écrit Sartre devant Fontana, Tennessee[85]. Fontana, il est vrai, est une ville de préfabriqués, conçue pour les besoins de la Tennessee Valley Authority. Mais Sartre ne parle pas autrement de New York où le voyageur « est frappé par la légèreté des matériaux employés »[86]. Pas de pierre, aux États-Unis : du métal, du béton, de la brique et du bois. Les maisons des plus grandes villes sont elles aussi « de pacotille », elles ressemblent aux « "prefabricated houses" de Fontana », elles ne sont pas faites pour demeurer, mais pour s'envoler : « Dans ce désert de roc [Manhattan] qui ne tolère aucune végétation, on a construit des milliers de maisons en briques, en bois ou en ciment armé qui semblent toutes sur le point de s'envoler[87]. » Étonnante image qui illustre l'ambivalence de ces descriptions. Car d'une part cette légèreté est gage d'une liberté : la ville ne retient pas l'homme, toujours libre de « fuir » plus loin ; mais elle ne le protège pas non plus, elle le laisse en proie à toutes les menaces du monde.

Le fantasme dictateur de ces pages, c'est la peur. Non que la ville américaine soit particulièrement dangereuse – ce thème est presque absent des récits de voyage français jusqu'aux années 1960 ; mais parce qu'elle ne remplit pas son office immémorial (européen). Elle n'est pas pour l'homme la carapace, la « coquille » dont il a besoin. « Villes ouvertes » que celles d'Amérique, écrit Sartre : « sur le monde », « sur l'avenir ». Mais villes ouvertes aussi comme on le dit des cités livrées sans défense à l'ennemi. Et cet ennemi, en Amérique plus encore qu'ailleurs, c'est la nature. La lecture de Sartre sépare donc la ville américaine de la ville européenne encore plus radicalement que n'avaient fait ses devanciers, d'une séparation inscrite dans l'histoire et le mythe : « Nous autres, Européens, nous vivons sur ce mythe de la grande ville que nous

85. J.-P. Sartre, « Villes d'Amérique »..., *Situations III*..., pp. 97, 96.
86. *Ibid.*, p. 102.
87. J.-P. Sartre, « New York, ville coloniale » [*Town and Country*, 1946], *Situations III*..., p. 120.

avons forgé au XIXe siècle. Les mythes des Américains ne sont pas les nôtres et la cité américaine n'est pas notre cité. Elle n'a ni la même nature ni les mêmes fonctions. » La référence au XIXe siècle n'a pas ici la modernité que, Baudelaire et Benjamin aidant, nous pourrions imaginer : ce XIXe siècle est plutôt le terme d'une très longue histoire que l'aube des temps modernes. La première des « fonctions » que Sartre juge inséparable du mythe européen de la ville (et celle qui fait radicalement défaut à la ville américaine) vient du fond des âges : c'est le rempart. « En Espagne, en Italie, en Allemagne, en France, nous trouvons des villes rondes, qui furent d'abord encerclées de remparts destinés non seulement à protéger les habitants contre l'invasion ennemie, mais aussi à dissimuler l'inexorable présence de la nature. » Or si l'ennemi humain, aux États-Unis, est rejeté à des distances qui en annulent la menace, la Nature, elle, est omniprésente. « Suis-je perdu dans une cité ou dans la nature ? Contre la violence de la nature, New York n'est pas une protection. C'est une ville à ciel ouvert. Les orages inondent ses rues si larges, si longues à traverser quand il pleut. Les ouragans secouent les maisons de brique et balancent les gratte-ciel. La radio les annonce solennellement comme des déclarations de guerre. »

L'expression de Sartre, « ville à ciel ouvert », sous l'apparente tautologie, recèle un fort pouvoir d'évocation : elle renvoie par contraste aux villes-galeries, villes-portiques, villes closes et quiètes de l'Europe aux anciens parapets. La ville américaine selon Sartre est l'inverse de tout cela. Elle laisse ses habitants sans défense « dans cet espace immense et malveillant » qu'est la nature[88]. Elle est donc inhumaine par défaut autant que par excès. Elle brutalise les hommes de son foisonnement inorganique sans apaiser leur angoisse devant une Nature proliférante et inassouvie : « toute l'hostilité, toute la cruauté de la Nature sont présentes dans cette cité » ; « jusque dans les profondeurs de mon appartement, je subis les assauts d'une nature hostile, sourde et mystérieuse »[89]. La ville américaine cesse alors d'être cette antichambre de la liberté, cette case départ de tous les possibles dont chaque rue s'ouvre à l'infini du continent ; elle s'avoue pour un affreux bivouac où l'homme sur un perpétuel qui-vive affronte les insectes et les ascenseurs : « Je crois camper au milieu d'une jungle d'insectes.

---

88. *Ibid.*
89. *Ibid.*, p. 119.

Il y a le gémissement du vent. Il y a les décharges électriques que je reçois chaque fois que je touche un bouton de porte ou que je serre la main d'un ami ; il y a les cafards qui courent dans ma cuisine, les ascenseurs qui me donnent la nausée, la soif inextinguible qui me brûle du matin au soir. » Savant entrelacs littéraire où Sartre fond ensemble les plaies d'un monde trop naturel et les blessures d'une civilisation trop machinique et qu'il résume d'une belle image : « Un ciel sauvage au-dessus de grands rails parallèles : voilà ce qu'est New York. Au cœur de la cité, vous êtes au cœur de la nature[90]. »

Aimer New York est un effort, un travail , un rude apprentissage : « j'ai appris à l'aimer », « je me suis habitué », « il a fallu que je m'y habitue », « quand on sait regarder... », sont les formules qui ponctuent les descriptions de Sartre. Cela suffit-il pour aimer « la ville la plus rude du monde » ? On peut en douter, puisque « pour l'orner d'un peu de douceur », Sartre, comme nos humanistes d'avant-guerre, doit recourir à la poétique des ruines et au fantasme de la destruction. L'ère est révolue, écrit-il, des « grands buildings dominant la cité » ; l'âge est clos où les « gratte-ciel étaient vivants » : « déjà ils sont quelque peu négligés : demain, peut-être, on les démolira. En tout cas, il a fallu pour les construire une foi que nous n'avons plus ». Sartre alors, tardivement, laborieusement, ajuste son regard, s'accommode de ces vains bâtiments puisqu'ils sont vaincus : « Je vois au loin l'Empire States [sic] Building, ou le Chrysler Building, qui pointent vainement vers le ciel, et je songe soudain que New York est sur le point d'acquérir une Histoire et qu'il a déjà ses ruines[91]. »

En somme, il y a du progrès. Dans « Villes d'Amérique », Sartre voyait la ville américaine décidément privée de passé : rien n'y faisait monument « C'est que le passé, dans ces villes qui vont vite, qui ne sont pas construites pour vieillir et qui progressent comme des armées modernes, en encerclant des îlots de résistance qu'elles ne peuvent détruire, ne se manifeste pas, comme chez nous, par des *monuments*, mais par des *résidus*[92]. » À Chicago, Michigan Avenue Bridge, le « vieux » pont qui enjambe le canal devant l'immeuble du *Chicago Tribune*, ou encore le métro aérien, sont « comme une indication de travaux à faire » ; ils « sont là, tout

90. *Ibid.*, p. 121.
91. *Ibid.*, p. 124.
92. J.-P. Sartre, « Villes d'Amérique »..., *Situations III*..., p. 105.

simplement, parce qu'on n'a pas pris le temps de les démolir ». Au terme de l'article « New York, ville coloniale », le vieux résidu a acquis la dignité de jeune ruine.

Ville sans concierges, cité sans Peuple

On ne peut qu'être frappé par le retour, dans tous ces textes, d'un même vœu d'anéantissement. Le gratte-ciel de Duhamel avait vocation à la chapelle ardente. La rêverie naturaliste de Sartre suit un scénario plus subtil : elle fait de la ville américaine un polypier ou un lombric, une forme de vie inférieure. On voudrait la tuer qu'on n'y parviendrait pas. « Beaucoup d'entre elles ont la structure rudimentaire du polypier. Los Angeles, en particulier, ressemble à un gros ver de terre qu'on pourrait couper en vingt tronçons sans le tuer[93]. » Cette pulsion infantile de charcutage de la ville-lombric prend, une page plus loin, la forme plus adulte mais tout aussi violente d'un souvenir de bombardement : « Tout à coup, il semble qu'une bombe soit tombée sur trois ou quatre maisons, les réduisant en poudre, et qu'on vienne tout juste de déblayer ; c'est un "parking"[94]. »

Ces rêveries d'incendie ou d'arasement sont inséparables d'un fantasme qui en autorise la violence : la vacuité humaine de ces non-lieux. Inhabitables, les villes américaines n'ont pas vraiment d'habitants. Leur inhumanité déteint sur les foules qui s'y pressent sans y vivre et qui « font une heure de métro express pour rentrer au gîte. – Je n'ose pas dire au foyer »[95]. À Chicago, Duhamel est tout prêt à prendre « ces formes roses, rangées en face de [lui] » pour des porcs d'une espèce particulière. L'abattoir n'est pas loin, il les guette. « Foules », « masses », « multitude rampante », « troupeau confus », « foule affairée, chagrine, en même temps bruyante et taciturne », « créatures misérables, abruties par leurs besognes et leurs besoins »[96] : tels sont les bénins qualificatifs que l'humaniste français applique aux agrégats si peu humains des villes américaines. Sartre n'a pas de ces vulgarités. Mais si la ville est un ver de terre, comment nommer l'humanité qui y grouille ?

93. *Ibid.*, p. 104.
94. *Ibid.*, p. 105.
95. G. Duhamel, *Scènes...*, p. 68.
96. G. Duhamel, *Scènes...*, pp. 68, 104, 29.

Précarité des villes et grégarité des foules sont l'abscisse et l'ordonnée de l'équation urbaine américaine. À l'immatérialité des unes répond la non-humanité des autres. Cheptel : chez Duhamel, les cohortes de corps bringuebalés par le subway se font porcines ; chez Céline, les couples américains entrevus par Bardamu depuis sa chambre d'hôtel sont de « grosses bêtes bien dociles, bien habituées à s'ennuyer » [97]. Plus souvent encore grouillement de ruche ou de fourmilière, voire de vermine : insectes en tout genre et tous esclaves d'une fébrilité instinctive. L'inhumanité de la ville et le peu d'humanité des êtres s'appellent et se renforcent. Cette dialectique du pire vaut pour le gratte-ciel où bombinent les insectes travailleurs, mais aussi pour la rue – qui n'est jamais vraiment une rue, mais un « tronçon de grand'route », comme dit Sartre. Comme la ville américaine est sans fin ni confins, la rue y est une « route nationale » [98]. On peut s'y faire écraser, c'est la seule rencontre possible. L'absence de *passants*, s'ajoutant à la démesure, en fait quelque chose de radicalement différent de la rue européenne qui est « intermédiaire entre le chemin de grande communication et le "lieu public" couvert ». La rue européenne vit, explique Sartre, c'est-à-dire « change d'aspect plus de cent fois en une journée » ; car « la foule qui la peuple se renouvelle et les hommes sont, en Europe, sa composition essentielle » [99].

La rue américaine n'est pas seulement la rue sans joie ; c'est la rue sans hommes. Cette mythologie française, Barthes la reconnaît bien dans la peinture de Bernard Buffet, qui expose une série new-yorkaise chez David et Garnier en 1959 : « Le New York de Buffet ne dérangera pas beaucoup de préjugés ; c'est une ville en hauteur, géométrique, pétrifiée, un désert grillagé, un enfer d'abstraction verdâtre sous un ciel plat, une vraie Métropolis dont l'homme est absent à force d'être entassé ; la morale implicite de ce nouveau Greuze, c'est qu'on est décidément plus heureux à Belleville qu'à Manhattan. » Truquage complaisant par quoi « le Français se confirme dans l'excellence de son habitat », le parti pris de Buffet n'est qu'une « agression » contre une ville dont il veut « se débarrasser » et à qui « il donne le coup de grâce [...] en dépeuplant la rue ». Mais « ce n'est pas en haut, vers le ciel, qu'il faut regarder New York, c'est en bas, vers les hommes et les marchandises ».

---

97. Céline, *Voyage...*, p. 255.
98. J.-P. Sartre, « New York, ville coloniale »..., *Situations III...*, p. 121.
99. J.-P. Sartre, « Villes d'Amérique »..., *Situations III...*, p. 107.

En un tour de main, Barthes a remis la Cité d'aplomb : « Le gratte-ciel fonde le bloc, le bloc crée la rue, la rue se rend à l'homme. Buffet, lui, fait le chemin inverse : il vide la rue, monte le long des façades, il fuit, il rase, irrésistiblement, il raréfie : son New York est une anti-ville [100]. » Cette « anti-ville » est celle de toute l'intelligentsia poliphobique. Et si Buffet, comme le pense Barthes, a mal peint New York, il a parfaitement « rendu » cette tradition.

Mais ce qui meurt surtout, dans la Métropolis américaine, c'est l'idée de Cité. De Céline à Sartre, de Durtain à Baudrillard, cette mort se dit sur tous les tons. Y compris le regret, moins surprenant chez Céline que chez Simone de Beauvoir, de ne pas y trouver de concierges. « J'ai vu souvent au cinéma ces maisons sans concierge » [101], écrit en 1948 Simone de Beauvoir – qui n'avait pas toujours entretenu d'excellentes relations avec les siennes. Mais elle les a sans doute *lues* aussi, ces maisons sans concierge, dans le *Voyage au bout de la nuit*. Cette absence fait le désespoir de Bardamu à la recherche de Lola : « Mais il n'existait pas de concierge dans sa maison. La ville entière manquait de concierge. Une ville sans concierge, ça n'a pas d'histoire, pas de goût, c'est insipide telle une soupe sans poivre ni sel, une ratatouille informe. » La concierge, c'est la Vérité, les « détails indéniables » ; c'est la haine, ce « piment vital » ; c'est le « savoureux enfer » ; bref, c'est la vie et c'est la ville : une ville qui ne vole pas son nom et où la vie vaut d'être vécue. De tout cela, « à New York, on se trouve atrocement dépourvu » [102]. Le contraire de la haine qui réchauffe, c'est la solitude qui glace. Celle de Bardamu à l'hôtel *Laugh Calvin* : « En Afrique, j'avais certes connu un genre de solitude assez brutale, mais l'isolement dans cette fourmilière américaine prenait une tournure plus accablante encore [103]. » Sartre parle autrement, mais il parle de la même chose, quand il oppose en 1945 ville européenne et ville américaine : la première est, par opposition à la seconde, naturellement « unanimiste ». Fermée à l'extérieur (le « rempart »), elle est intérieurement divisée « en quartiers également ronds et fermés. [...] Les rues se jettent dans d'autres rues : fermées à chacune de leurs extrémités, elles n'ont pas l'air de mener

---

100. R. Barthes, « New York, Buffet et la hauteur », *Arts*, 11-17 fév. 1959 ; *Œ. C.*, vol. 1, pp. 781-782.
101. S. de Beauvoir, *L'Amérique au jour le jour*, Paris, Éd. Paul Morihien, 1948, p. 19.
102. Céline, *Voyage...*, p. 271.
103. Céline, *Voyage...*, p. 261.

vers le dehors de la ville, on y tourne en rond. Ce sont ces rues-là qui ont inspiré à Jules Romains son "unanimisme". Elles sont animées d'un esprit collectif qui varie à chaque heure du jour »[104]. En France, les rues se jettent dans d'autres rues. En Amérique, elles se jettent à la tête du continent – ou alors elles se jettent à l'eau. Vladimir Pozner, dans son très antiaméricain *Les États-Désunis*, paru en 1948 (et apprécié de Sartre) anticipe les intuitions baudrillardiennes sur le « suicide » du World Trade Center[105]. À défaut du WTC, pas encore construit, il fait se suicider Wall Street : « Cette rue qui prend naissance dans un cimetière et se jette à l'eau ! Une rue aussi courte que son nom : Wall Street. » Et la vision continue – une vision qui nous est désormais familière : « Le cimetière est ancien, et toutes les places sont prises. Autour du temple noir de la Trinité, les morts s'écrasent comme les courtiers du Stock Exchange, un jour de panique. Tout autour, les gratte-ciel montent la garde[106]. »

Si la ville tient une telle place dans l'argumentaire antiaméricain, ce n'est donc pas seulement comme microcosme de l'anti-France, comme « anti-jardin de la France ». C'est aussi parce que la ville grégaire est la négation, l'empêchement de la ville populaire. Sa promiscuité indifférente est le parfait repoussoir d'une civilité idéale dont le mythe sous-tend ces descriptions répugnées. Il n'y va pas seulement d'un savoir-vivre et de sa douceur, mais d'un certain vivre-ensemble, d'une convivialité et d'une citoyenneté à la française. Car le peuple, à Métropolis, est aussi introuvable que les concierges. Ou trouvable seulement sous les espèces inquiétantes de toute Cosmopolis : « agrégats », « alluvions », tribus, « ghettos ». La référence au « ghetto » américain, la métaphore de la ghettoïsation dans le discours français, prolonge et perpétue, au début du troisième millénaire, les fantasmes répulsifs que déclenche depuis trois quarts de siècle chez les intellectuels français la métropole mélangée[107]. Contrairement au quartier parisien, conçu

104. J.-P. Sartre, « New York, ville coloniale »..., *Situations III...*, pp. 114-115.
105. Voir J. Baudrillard, « L'esprit du terrorisme », *Le Monde*, 3 nov. 2001 ; « Quand les deux tours se sont effondrées, on avait l'impression qu'elles répondaient au suicide des avions-suicides par leur propre suicide. »
106. V. Pozner, *Les États-Désunis...*, p. 167.
107. Dans son intervention au 11e Festival international du film d'histoire sur le thème du « Pouvoir américain » (Pessac, 22-27 novembre 2000), Sophie Body-Gendrot a par ailleurs montré comment un mot comme « ghetto » était métaphorisé et détourné pour le besoin des polémiques franco-françaises sur les « cités », alors que les deux réalités n'ont pas grand-chose en commun.

comme un village, le *neighbourhood* américain est toujours soup-
çonné de participer d'un partage ethnique, social, voire religieux.
Le quartier est « unanimiste » sans être exclusif et la ville européenne est, en somme, une Fédération de quartiers. Le *neighbourhood* américain est conçu, lui, comme un champ clos, dont le
« ghetto » est l'aboutissement logique. La mégapole n'échappe
ainsi à sa nature de « ville en plein ciel » que pour s'émietter en
destins divisés. La cacophonie ethnique, coulée dans les blocs séparés de la topographie urbaine, se fige dans un provisoire irrémédiable.

> *Derniers gratte-ciel*
>   *dont les architectes ont empilé les étages comme les avares*
>   *l'argent*
>   *Rues, canyons que l'obscurité étrangle.*
>   *Tramways vides, comprimés au terminus.*
>   *Trognes saxonnes, oreilles irlandaises, yeux latins,*
>   *nez juifs,*
>   *bouches nègres*
>   *peaux chinoises,*
>   *sans parler des Niam-Niam, Magyars, Bosniaques, Roumains,*
>   *Lithuaniens, Napolitains*
>   *et autres brachycéphales bruns sévèrement jugés par Gobineau,*
>   *Lapouge et Houston Chamberlain* [108]

La pointe d'ironie finale ne suffit pas à affranchir ce poème de
Luc Durtain, « Match de boxe », d'une vision stéréotypée du pêle-
mêle aberrant ; ni à innocenter la ville dont les tribus ne s'assem-
blent qu'autour des rings et où « tous les peuples au coude à
coude », comme dit Duhamel, ne formeront jamais ce Peuple à la
Michelet que les Français cherchent partout et ne trouvent, en
Amérique, nulle part.

La Métropolis américaine est à la fois saturée d'hommes et vide
d'humanité. Mais son ultime carence est bien le manque du Peuple,
comme figure collective cautionnant l'authenticité de la Cité. Cette
carence frappe, gêne, embarrasse les visiteurs français depuis le
début du XXᵉ siècle. Paul Bourget est probablement le premier à en
faire le constat, dans *Outre-Mer* : « Chose étrange, ce pays, où tout

---

108. L. Durtain, « Match de boxe », *USA 1927*, Album de photographies lyriques,
ornementation de Pierre Legrain, Paris, Plaisir du Bibliophile, 1928.

est fait par le peuple et pour le peuple, n'a aucun des caractères que nous sommes habitués à considérer comme la marque propre de l'âme populaire [109]. » Paysans et ouvriers ne ressemblent en rien aux nôtres. Et plus introuvables encore sont ceux et celles qui donnent à la rue française sa physionomie : artisans, commerçants – et concierges. Entre stupéfaction, tristesse et indignation, les récits français s'attarderont tout au long du siècle sur ce mystère et ce scandale : l'absence de cafés, de bistrots, de vrais restaurants, de mails et de promenades, sans parler des passages et des squares. Des villes sans « lieux publics », comme dit Sartre : comment est-ce possible ? Cette déploration, qui pourrait passer pour dépit chagriné de voyageurs nostalgiques, mérite d'être prise au sérieux. Elle traduit un malaise profond devant une civilité incompréhensible. Du même coup elle trahit l'attachement de l'intelligentsia française à un éthos urbain imaginaire, à une convivialité rêvée et, par-dessus tout, à cette figure régulatrice du Peuple – homogène en ses différences, divers mais non « communautaire ». Ce Peuple, tous le regrettent et l'invoquent contre l'Amérique, gauche et droite confondues. Aux plus conservateurs et aux plus antiques, comme Jules Huret ou Paul Bourget, manquent la distinction des corps et des corporations, le bariolage des métiers affichés dans les vêtements de travail, la subtilité d'échanges possibles car hiérarchisés où distance et familiarité s'expriment par des nuances imperceptibles – et que Huret oppose à la déconcertante rudesse démocratique qu'il éprouve dans les rues d'Amérique et même dans les Pullmans. Les traditionalistes regrettent le peuple pittoresque, artisanal, corporatiste ; ils ne reconnaissent pas dans le *farmer* le paysan français, homme de l'économie, de la prudence, de l'enracinement. Les « progressistes », quant à eux, cherchent en vain dans les rues de Métropolis cette unité civico-organique : le quartier, cette petite commune, microcosme de démocratie directe, espace à l'échelle humaine des solidarités, plaque tournante des échanges entre des groupes sociaux qui n'en sont pas (encore ?) à s'ignorer ou à se haïr. Ce n'est pas le peuple « naïf et timide » de Bourget que regrettent ceux-là, mais le peuple généreux, partageux et rigolard qui fera de l'Anarchie ou même de la dictature du prolétariat une vraie partie de plaisir : peuple du populisme, peuple du réalisme poétique, peuple de Queneau, de Kanapa et de Pennac. Et, on l'a vu, de Duhamel : « Disparaîtrez-vous un jour, petits bistros de chez

109. P. Bourget, *Outre-Mer...*, II, p. 136.

nous, petites salles basses, chaudes, enfumées, où trois bougres, épaule contre épaule, autour d'un infime guéridon de fer, bâfrent le bœuf bourguignon, se racontent des histoires, et rigolent, tonnerre ! rigolent en sifflant du piccolo ? »[110] *Épaule contre épaule* est la version française, euphorique, du *coude à coude* compétitif des « communautés » séparées.

Si, devant la ville infinie aux maisons entassées comme les valises de l'exil, presque tous ces Français redeviennent barrésiens, la mégapole acéphale où les peuples se « côtoient sans s'aimer » les rend au rêve « unanimiste », comme Sartre l'a noté, mais les renvoie aussi et plus fondamentalement à cette Fraternité dont André Malraux a suggéré et Mona Ozouf montré qu'elle « détenait le sens de la Révolution française »[111].

*

Babel ou Babylone, Carthage ou Ploutopolis, lombric ou termitière, la ville américaine a concentré sur elle à partir des années 1920 la haine que l'intelligentsia française portait à l'Amérique. Tous ces rêves d'éradication et vœux d'anéantissement, on les retrouve intacts, frémissants et vivaces dans la « jubilation » du 11 septembre 2001. Jean Baudrillard, dans *Le Monde* du 3 novembre suivant, lance le mot : « la jubilation prodigieuse de voir détruire cette superpuissance mondiale ». *Sa* jubilation ? Pas si bête ! *Notre* jubilation : « À la limite, c'est eux qui l'ont fait, mais c'est nous qui l'avons voulu. » Mais à qui Baudrillard a-t-il appliqué son jubilomètre ? Ou bien prétend-il nous intimider : « Allons, voyons, reconnaissez-le que vous avez jubilé » – comme ce professeur dans Gombrowicz qui ordonne à ses élèves d'être enthousiasmés ? Mais il est plus raisonnable de croire que Baudrillard, conscient d'être l'héritier d'une riche et longue tradition, a voulu rendre hommage à Luc Durtain dont la Californie désertique ressemble à celle d'*America* ; à Waldo Frank qui avait en 1930 théorisé l'Amérique comme « simulacre » ; et même pourquoi pas, à Georges Duhamel, dont les fantasmes new-yorkais auraient fait sauter

---

110. G. Duhamel, *Scènes...*, p. 107.
111. « Ils ont compris quand même quelque chose, les Français, avec leur connerie d'inscription sur les mairies ; parce que le contraire d'être vexé, c'est la fraternité » ; A. Malraux, *L'Espoir*, Paris, Gallimard, Bibliothèque de la Pléiade, 1947, p. 514 ; Mona Ozouf, article « Fraternité », dans F. Furet et M. Ozouf, *Dictionnaire critique de la Révolution française*, Paris, Flammarion, 1988, pp. 731-740.

le jubilomètre ! Il est plus raisonnable de penser que Baudrillard a simplement voulu dire : *nous*, clercs de France, SARL Érostrate & Co., qui entretenons la flamme de l'antiaméricanisme, à défaut d'en brandir la torche. Ainsi éviterons-nous de dire quels autres échos éveille sa fascination pour les « dix-huit kamikazes » et leur « arme absolue de la mort ».

Liliane Kandel a justement analysé, dans la pétition dite des 113 (« Cette guerre n'est pas la nôtre ») parue en octobre 2001 dans la presse française, la disparition totale de l'événement : « en somme il ne s'est rien passé le 11 septembre à New York »[112]. Avec pour corollaire, l'escamotage des victimes. Elles sont, chez Baudrillard, expédiées en une parenthèse : « (cela ne préjuge en rien leur souffrance et leur mort) ». Belle épitaphe, aussi laconique que l'ineffable condamnation « sans ambiguïté » des attentats par le manifeste des 113. La guerre déclenchée contre le régime des talibans est un « pseudo-événement répétitif et déjà vu », concluait Baudrillard au terme d'une pseudo-analyse répétitive et déjà-lue. L'antiaméricanisme est aussi une nécropolitique des clercs.

---

112. Liliane Kandel, « Il ne s'est rien passé le 11 septembre ? », *Libération*, 5 novembre 2001,

5. Défense de l'homme
L'antiaméricanisme est un humanisme

> Heidegger dit que « le monde apparaît à l'horizon des instruments détraqués », et ici les instruments ne se détraquent pas.
>
> Simone de Beauvoir,
> *L'Amérique au jour le jour* (1948).

> Ils affirment qu'ils sont avant tout des ingénieurs, ce qui, aux États-Unis, est beaucoup plus respectable et sérieux que d'être philosophe.
>
> Raoul de Roussy de Sales, *La Revue de Paris* (1933).

André Maurois raconte comment, sur le point d'accepter une invitation de l'université de Princeton en 1931, il fut admonesté par « un vieil ami qui professe sur les États-Unis des idées violentes et précises ». D'autant plus précises, ajoute Maurois, qu'il n'a jamais traversé l'Atlantique. « Mon enfant », lui dit cet ami, « ne faites pas cela ! Vous ne reviendriez pas vivant. Vous ne savez pas ce que c'est que l'Amérique. C'est un pays où l'agitation est telle qu'on ne vous laissera jamais une minute de loisir ; un pays où le bruit est si constant que vous ne pourrez ni dormir ni même vous reposer ; un pays où les hommes, à quarante ans, meurent d'excès de travail, et où les femmes dès le matin quittent leur maison pour participer à l'agitation universelle. L'esprit, l'intelligence n'ont là-bas aucune valeur. La liberté de pensée n'existe pas. Les êtres humains n'y ont pas d'âme. Vous n'y entendrez parler que d'argent. Vous avez connu, depuis votre enfance, la douceur d'une civilisation spirituelle ; vous allez trouver une civilisation de salles de bains, de chauffage central, de frigidaires... »[1] Parti tout de même,

1. A. Maurois, *En Amérique*, Paris, Flammarion, 1933, pp. 70-71.

481

André Maurois découvrira à Princeton une « Amérique inattendue »[2], peuplée d'écureuils et de lecteurs de Cocteau, où seule
l'épaisseur du silence nocturne gênera parfois son sommeil.
L'homélie du vieil ami est une savoureuse « petite mythologie »
des répulsions antiaméricaines. Elle se termine d'ailleurs sur un clin
d'œil au plus rebattu des stéréotypes horrifiques : « Avez-vous lu,
mon ami, la description des abattoirs de Chicago ? C'est une vision
monstrueuse, je vous assure, apocalyptique... » Rien de politique,
dans cette tirade. Aucune récrimination contre Wilson ou l'isolationnisme. Nulle allusion aux dettes de guerre, ni au moratoire Hoover. Cette petite tranche d'antiaméricanisme dont Maurois fait
l'exergue malicieux d'un séjour parfaitement civilisé porte entièrement sur la « culture » américaine, décrite comme un viol existentiel. Le vieil ami ne vitupère pas contre une nation hostile, mais
contre un pays invivable où l'Européen qui a « connu la douceur
d'une civilisation spirituelle » ne peut que souffrir – corps et âme.

Maurois vise juste en décrivant le discours antiaméricain comme
un bric-à-brac de griefs, un décrochez-moi-ça de la *doxa*. Il vise
encore plus juste lorsqu'il montre ce discours mêlant les registres,
confondant le temporel et le spirituel, prêt à tirer argument de l'existence des salles de bains pour prouver l'absence de liberté de pensée. C'est persifler la stratégie même du discours intellectuel français qui consiste à mobiliser l'humanisme contre « l'américanisme ». C'est débusquer la confusion entretenue entre l'homme
(que le bruit de l'Amérique empêchera de dormir) et l'Homme (que
la civilisation des frigidaires est censée léser sur un plan plus métaphysique). C'est discrètement signaler d'étranges connivences.

« Défense de l'homme ! » est l'un des cris de ralliement les plus
fédérateurs du front culturel antiaméricain. De Duhamel à Bernanos
et de Mounier à Garaudy, la cause semble entendue : l'antiaméricanisme est un humanisme. Tous les antiaméricains ne se donnent pas
pour des humanistes (l'extrême droite parfois s'en dispense), mais
il n'est pas d'humaniste qui oublie de fulminer contre les États-
Unis. Des non-conformistes des années 30 aux staliniens des
années 50, pas un détracteur de l'*American way of life* qui ne se pose
en avocat de l'humanité bafouée. La *civilisation américaine* – cette
alliance de termes contradictoires – est ainsi présentée pendant un

---

2. Les carnets américains de Maurois ont d'abord paru séparément sous les titres
Contacts (A.M.M. Stols, 1928) et « L'Amérique inattendue » (A. et G. Mornay, 1931),
avant d'être rassemblés en 1933 dans *En Amérique*.

demi-siècle comme l'absolue négation des valeurs qui fondent l'humanité. C'est « la pire dégradation qu'une "civilisation" ait imposée à l'homme », écrivent en 1933 Daniel-Rops et Denis de Rougemont[3]. Georges Bernanos renchérit en 1947 : « L'espèce de civilisation qu'on appelle encore de ce nom – alors qu'aucune barbarie n'a fait mieux qu'elle, n'a été plus loin qu'elle dans la destruction – ne menace pas seulement les ouvrages de l'homme : elle menace l'homme lui-même. » Cette « civilisation » abominable, explique le polémiste catholique, c'est « la civilisation des machines – qu'on peut bien sans offenser personne appeler "anglo-américaine" »[4]. À la page suivante, Bernanos comparera cette « monstrueuse alliance de la spéculation et de la machine » aux « invasions de Gengis Khan ou de Tamerlan ». Toujours sans vouloir offenser personne.

De son côté, la presse communiste frappe fort et sans prendre de gants sur « l'antihumanisme culturel de Wall Street » au nom de « l'humanisme socialiste du grand peuple soviétique »[5]. Mais c'est ici toute la littérature communiste ou communisante de guerre froide qu'il faudrait citer, tant y est martelée la certitude que « la domination mondiale des gangsters de l'impérialisme américain serait la fin de la civilisation »[6]. Rien d'américain n'échappe à cette grande colère. Et quand la longue liste des crimes yankees contre l'humanité a été entièrement parcourue, Roger Vailland trouve encore le temps de régler son compte à Jayne Mansfield, « produit du rêve d'un puritain ivre, à la fin d'un banquet électoral, dans le Middle West »[7]. Le romancier communiste (et libertin) n'est pas plus aimable avec le Frigidaire, auquel il voue le même mépris que le « vieil ami » d'André Maurois : « dans un pays comme la France, où, sauf deux mois par an et pas toutes les années, il fait toujours tellement froid qu'il suffit d'un garde-manger placé sur la fenêtre pour garder

3. Daniel-Rops et D. de Rougemont, *Ordre Nouveau*, n° 3, juillet 1933 ; cité par J.-L. Loubet del Bayle, *Les Non-Conformistes des années 30. Une tentative de renouvellement de la pensée politique française*, Paris, Seuil, 1969, p, 260.
4. G. Bernanos, « Révolution et liberté » [Sorbonne, 7 février 1947], *La Liberté pour quoi faire ?*, Paris, Gallimard, 1953, pp. 156, 158.
5. *La Nouvelle Critique*, n° 27, juin 1951, V.I. Jérôme, « Aux sources américaines de la culture "occidentale" », pp. 29, 34.
6. *Études soviétiques*, n° 35, mars 1951, E. Tarlé, « De Wilson à Truman. L'acharnement antisoviétique des impérialistes américains », p. 11.
7. R. Vailland, *Arts. Lettres. Spectacle*, 9 octobre 1957 ; dans *Chroniques II. D'Hiroshima à Goldfinger*, éd. dir. par René Ballet, Messidor-Éditions sociales, 1984, p. 425.

jusqu'au lundi, mardi ou mercredi, les restes du gigot du dimanche », le réfrigérateur ostentatoire, essentiellement destiné à pourvoir de glaçons les breuvages yankees, n'est qu'un « symbole » ou plutôt une « mystification » dont le désir artificiellement suscité aggrave l'aliénation du travailleur [8]. Tant l'homme en général et l'homme communiste en particulier doivent se défier de la « barbarie du confort » [9].

L'antiaméricanisme des clercs s'affiche donc comme un humanisme avec autant d'insistance que de versatilité. Car de l'homme selon Georges Duhamel ou Georges Bernanos à l'homme selon Roger Vailland ou Roger Garaudy, n'y a-t-il pas maldonne ? L'homme habité de Dieu des personnalistes, de Maritain, de Mounier, vomit l'homme de l'humanisme laïque, son individualisme et son agnosticisme. Et l'homme nouveau, régénéré, l'homme « pleinement homme » du socialisme réel renvoie les deux précédents à leurs ténèbres passéistes. La référence massive à l'homme par les divers antiaméricanismes français suscite deux interrogations. Comment, à travers quelles représentations, sur la foi de quels raisonnements, l'Amérique en vient-elle, dans l'entre-deux-guerres, à incarner la pire menace pour l'homme aux yeux d'une majeure partie de l'intelligentsia française ? Comment, d'autre part, ces discours d'hostilité tenus au nom de figures contradictoires et même antagoniques de l'humanité ont-ils pu converger et se fondre en un réquisitoire unique, prononcé comme d'une seule voix par des clercs que tout sépare ?

Des robots et des hommes

« L'histoire désignera sans doute l'anticapitalisme comme le lieu commun le plus fortuné des années 1930 », écrivait Mounier en 1936 [10]. Mais un autre lieu commun (d'ailleurs contigu) pourrait lui damer le pion : l'antimachinisme. Beaucoup plus nettement encore que l'anticapitalisme, qui se déploie surtout aux extrêmes du spectre politique et dans les « jeunes revues » auxquelles pense Mounier, la

8. R. Vailland, « Le ménage n'est pas un art de salon », *La Tribune des nations*, 14 mars 1952.

9. Je reprends ici le titre que Michela Nacci a donné à sa riche étude *La Barbarie del comfort. Il modello di vita americano nella cultura francese del '900*, Napoli, Istituto Italiano per gli Studi Filosofici/Milano, Guerini e Associati, 1992.

10. E. Mounier, « Manifeste au service du personnalisme », *Esprit*, octobre 1936, p. 129 ; cité par J.-L. Loubet del Bayle, *Les Non-Conformistes...*, p. 217.

technophobie est alors la passion française la mieux partagée. Toute l'intelligentsia en est frappée. Technophobes, les « humanistes » à la Duhamel que consterne l'objet « fabriqué par des machines sans âme pour une foule que l'âme semble déserter aussi » [11]. Technophobes, les chrétiens comme Bernanos brandissant le Christ au Calvaire contre les fétides bonheurs modernes ou Paul Claudel, tonnant contre les « idoles non seulement de pierre et de bois mais aussi de fer et d'électricité qui ont des oreilles et qui n'entendent pas (le téléphone) » [12]. Technophobes, les fidèles de l'Action française, mais aussi les jeunes néo-maurrassiens qui, même en rupture de ban, restent prompts à dénoncer l'idolâtrie des « conquêtes mécaniques » qui tiennent lieu de « miracles » à l'Amérique [13]. Technophobes les non-conformistes d'Ordre Nouveau, à commencer par Aron et Dandieu qui définissent leur brûlot de 1931, *Le Cancer américain*, comme un « Discours contre la technique » [14]. Technophobes aussi, quoique sélectifs, des marxistes comme Friedmann, dont l'analyse du « travail en miettes » fait la distinction entre les bonnes machines (celles qui participent d'une économie collectivisée) et toutes les autres. Technophobes enfin les heideggériens français qui, après la guerre, prendront le relais des humanistes fatigués pour articuler philosophiquement une méfiance conjointe du machinisme et du pays qui en incarne la « civilisation ». Simone de Beauvoir gardera le souvenir très précis du jour de décembre 1939 où Sartre, sur un banc de pierre de Sisteron, lui a expliqué comment, pour Heidegger, « le monde se dévoile à l'horizon des instruments détraqués » [15] ; dix ans plus tard, cette formule qui l'a frappée trouve son emploi dans *L'Amérique au jour le jour* : « Heidegger dit que "le monde apparaît à l'horizon des instruments détraqués", et ici les instruments ne se détraquent pas [16]. » Autant pour le « monde » des Américains, autant pour l'homme. De Bernanos dont *La France contre les robots* prolonge dans l'après-guerre l'antimodernisme des années 30 à Simone de

---

11. G. Duhamel, *Scènes de la vie future* [1930], Paris, Arthème Fayard, « Le Livre de demain », 1938, p. 25.
12. P. Claudel à Agnès Meyer, 30 août 1929 ; *Claudel et l'Amérique II, Lettres de Paul Claudel à Agnès Meyer [1928-1929] Note-Book d'Agnès Meyer [1929]*, éd. établie par E. Roberto, Éd. de l'Université d'Ottawa, 1969, p. 132.
13. Roger Magniez, numéro spécial de *Réaction* intitulé « Procès de l'Amérique », n° 3, juillet 1930, p. 83.
14. R. Aron et A. Dandieu, *Le Cancer américain*, Paris, Rioder, 1931, p. 236.
15. S. de Beauvoir, *La Force de l'âge*, Paris, Gallimard, 1960, p. 363.
16. S. de Beauvoir, *L'Amérique au jour le jour*, Paris, Éd. Paul Morihien, 1948, p. 316.

Beauvoir et à tous ceux qui trouvent chez Heidegger une nouvelle inspiration antitechnicienne, la relève est assurée.

L'identification de l'Amérique au machinisme ne date pas de Taylor ni de Ford. Elle date de Baudelaire. On se souvient de sa phrase augurale : « La mécanique nous aura tellement américanisés... » Une note du *Journal* des Goncourt confirme, sur un mode à peine moins apocalyptique, l'association qui se fait dès le XIXᵉ siècle, chez les gens de lettres français, entre Amérique, technique et « fin de tout » : « Un ami arrive d'Amérique et nous annonce une nouvelle que nous n'osons pas croire et qui serait la fin de tout. *Les lavabos tiennent aux murs.* » L'eau courante comme fin de la civilisation : Baudelaire n'y aurait pas pensé ! Mais plus étonnante encore que l'effarement des Goncourt est l'approbation que leur donne Cocteau en plein milieu du XXᵉ siècle : « Sur le moment, une telle remarque fait rire. Ensuite on y songe et on commence à craindre que certains de nos malheurs ne viennent de là [17]. »

La prophétie antimoderne de *Fusées*, pourtant, avait d'abord fait long feu. Et la plupart des Français avaient su dominer leur épouvante devant le lavabo inamovible. Le demi-siècle qui précède la Première Guerre mondiale attend beaucoup de la machine. C'est elle, la machine, qui tarde à tenir ses promesses : diminution du temps de labeur et de l'effort humain. Quant à ses capacités de multiplication des biens utiles, elles sont soudain éclipsées, en Europe, par son épouvantable efficacité destructive sous forme de tanks, de mitrailleuses et d'obus à l'hypérite. Les désastreuses performances du machinisme sur les champs de bataille de 14-18 préparent le revirement antimécanisation des années 1920.

Symbole le plus spectaculaire du machinisme moderne, la chaîne de montage, d'abord observée avec intérêt en France, « se retrouve soudain, en 1927, au centre de toutes les critiques » de l'américanisation [18]. L'historien qui en fait la remarque avance une hypo-

---

17. J. Cocteau, *Lettre aux Américains*, Paris, Bernard Grasset, 1949, p. 85. Cocteau prend quelques libertés avec le texte des Goncourt (*Journal*, 17 juillet 1895) rapportant le témoignage de l'oculiste Landolt sur « ces deux fameux robinets d'eau froide et d'eau chaude dans une cuvette de marbre d'un coin de la chambre, qu'on est dans l'impossibilité de déplacer et qui est de la plus grande incommodité pour se laver ; et c'est cet éclairage au gaz, placé au milieu de la chambre, qui ne vous permet pas de lire au lit, près duquel il n'y a ni bougeoir ni allumettes ; et c'est le service des domestiques, qui ne brossent jamais les habits » ; Paris, Fasquelle-Flammarion, 1956, t. IV, p. 820.

18. David Strauss, *Menace in the West. The Rise of French Anti-Americanism in Modern Times*, Westport, Connecticut/London, England, Greenwood Press, 1978, p. 175.

thèse : il y aurait eu imbrication étroite, à la fin du premier conflit mondial, entre les milieux diplomatiques associés à l'alliance américaine (Jules Jusserand, André Tardieu) et le milieu d'affaires séduit par les méthodes de productivité américaines (Charles Cestre, Émile Schreiber – le patron des *Échos* et le père de Jean-Jacques Servan-Schreiber –, Victor Cambon, Jean Gontard). La colère suscitée en France par la politique étrangère des États-Unis, à l'issue de la guerre, aurait ainsi rejailli sur les innovations industrielles prônées par un cercle trop étroitement identifié aux intérêts américains [19]. Mais les Français des années 20, et particulièrement les intellectuels, avaient-ils besoin de cela pour se croiser contre le machinisme ? On peut en douter, tant leur est familière la pose faite d'orgueil et de feinte humilité qu'adopte encore Cocteau en 1949, face à ses hôtes américains : « Moi, homme de la vieille basse-cour française, moi l'artisan qui fabrique son objet avec ses mains et le porte sous le bras dans votre ville [20]... » L'autoportrait est d'autant plus savoureux qu'il est tiré d'une *Lettre aux Américains* rédigée en avion, au-dessus de l'Atlantique, et technochiquement datée : « Paris-New York (Air France), 12-13 janvier 1949 »...

La réaction antimachinique qui domine l'entre-deux-guerres relève à la fois d'une angoisse générale – dont témoignent, en Allemagne, *Metropolis* de Fritz Lang (1926) ou, aux États-Unis mêmes, *Modern Times* de Chaplin (1936) – et de la technophobie particulière aux clercs comme corporation. Sur ce terrain, les clercs n'ont pas de mal à incarner une nostalgie nationale. La coquetterie de Cocteau, dans son autoportrait en artisan, reflète un « idéal » qui est celui de la France tout entière. « L'idéal de chaque Français », note Siegfried en 1927, c'est encore « l'artisanat, forme démodée de la production [...], associée dans notre pensée à l'idée de civilisation même » [21]. Et cet idéal, qui n'est « pas compatible avec la fabrication en séries », est condamné à court terme par l'américanisation galopante.

Dans ce procès français du machinisme, *Scènes de la vie future* fait figure de réquisitoire général et généralement applaudi ; ce n'est pourtant ni le mieux instruit, ni le plus solidement argumenté.

---

19. « Their linkage helps to explain the extreme reaction against both », écrit David Strauss (*ibid.*, p. 30).
20. J. Cocteau, *Lettre...*, p. 34.
21. A. Siegfried, *Les États-Unis d'aujourd'hui*, Paris, Armand Colin, 1927, p. 347.

Maurice Blanchot, dès 1932, en marquait ironiquement les limites :
« Ennemi personnel de la machine, [Duhamel] lui réserve tous ses
traits qui sont redoutables » ; à ses yeux, « il n'y a pas un engin
mécanique, un moteur, un boulon qui ne se trouve un peu coupable » ; mais tant de haine « consent à l'idole une puissance
inouïe »[22]. Blanchot reproche pour finir à cet humaniste déclaré
d'avoir écrit un livre contre l'Amérique où « il est fort peu question
de l'homme ». On pourrait ajouter qu'il y est fort peu question du
machinisme : Duhamel ne s'intéresse guère à la nouvelle organisation du travail. La Machine est pour lui une malédiction abstraite.
Ce sont d'ailleurs les machines-à-consommer, non les machines-
à-produire, qu'il décrit : l'Auto, l'Ascenseur, le Cinéma – totems
de la paresse et de l'ilotisme. Sa critique de la standardisation trahit
surtout la frustration de l'hédoniste menacé d'un appauvrissement
qualitatif du monde, inquiet pour les « cinquante prunes différentes » et, bien sûr, pour « plus de cent espèces de fromage » qui ont
fait la France[23]. À chacun son « Dieu puant »... Loti déjà à la fin
du XIXᵉ siècle dénonçait celui des Américains : la Machine crachant
la houille et suintant le pétrole. Duhamel vitupère, dans son sillage,
contre des machines devenues omniprésentes et qui partout en
Amérique imposent tapage et hideur. De Loti à Duhamel, la répulsion est la même et l'analyse du machinisme n'a guère progressé.
Le point de vue s'est seulement déplacé : ce qui intéresse Duhamel,
c'est de montrer l'envahissement de la vie quotidienne par
d'innombrables et inutiles mécaniques. S'il innove, c'est en se
glissant dans la peau du « consommateur » malgré lui, de l'honnête
homme racolé en pleine rue par une civilisation de mauvaises
mœurs.

Mais le refus à la fois viscéral et moralisateur qu'il oppose à
tout ce qui l'entoure le rend aveugle aux récents perfectionnements
du « système ». Lecteur d'André Siegfried, il n'en a guère entendu
la leçon. Siegfried avait pourtant expliqué dès 1927 que la nouvelle
révolution industrielle en cours aux États-Unis ne consistait pas
seulement, ni même principalement, dans la multiplication et le
perfectionnement des machines, mais dans une nouvelle « philosophie de la production ». Cette nouveauté a échappé à Duhamel.
Sa condamnation de la machine ne dépasse pas ce que Georges

---

22. M. Blanchot, *Réaction*, n° 11, avril 1932, p. 14 ; cité par J.-L. Loubet del Bayle,
Les Non-Conformistes..., p. 254.
23. G. Duhamel, *Scènes...*, pp. 118, 117.

Friedmann appelle, au même moment, « les anathèmes sentimentaux des intellectuels revenus d'Amérique »[24]. Sa réprobation reste foncièrement moraliste et sa morale est celle de l'effort : « L'homme se trouve toujours où l'effort, terrible et mortel, exige un homme, et rien d'autre[25]. » Il y aura toujours de la sueur, toujours de la peine et même du sang, s'indigne Duhamel ; le machinisme n'y peut rien ; ceux qui prétendent le contraire sont des charlatans. Le pourrait-il qu'il deviendrait plus « inhumain » encore. Car l'effort est l'étalon-homme, on ne saurait l'abolir sans dommage pour l'humanité : « Comme si l'effort n'était pas la mesure même de l'être[26] ! » Duhamel ne semble pas se rendre compte qu'il affaiblit d'autant sa thèse principale : l'omnipotence de la machine. (Ailleurs et contradictoirement, il reproche à Siegfried de croire que la mécanisation a ses limites et qu'on « attendra longtemps encore la machine à cueillir les fraises » : « La machine à cueillir les fraises ? Ne les lancez point là-dessus : ils vont l'inventer, juste ciel[27] ! ») Cassandre indécise, il ne sait plus parfois s'il doit annoncer la fin de l'homme, supplanté par la machine, ou la perte de l'humanité de l'homme, abolie en même temps que l'effort.

Ce n'est pas sans gêne qu'on lit son éloge de l'effort « mortel » du travailleur. Mais son passéisme, le dolorisme grondeur qui soutient sa verve antimachinique, loin de nuire à son succès, ne pouvaient qu'y contribuer. L'antiaméricanisme des années 30 se guinde volontiers en une sorte de lamento outragé : comment peuvent-*ils* nous faire cela – à nous et à l'Homme ? Le pharisaïsme qui transpire dans son apologie de la peine des hommes n'est d'ailleurs pas particulier à Duhamel. Face à l'Amérique du confort avilissant et des jouissances bassement matérielles, Duhamel livre la version « humaniste » d'un discours pénitentiel que tiennent, dans leurs coins respectifs, chrétiens et communistes. Entre ceux qui croient que « le malheur de l'homme est la merveille de l'univers », ceux pour qui la route de l'avenir radieux est pavée de « générations sacrifiées », et celui qui fait de la tâche harassante la « mesure même de l'être », les affinités sont plus profondes que ne le pensent

24. G. Friedmann, *Problèmes du machinisme en URSS et dans les pays capitalistes*, Paris, Éditions Sociales Internationales, 1934, p. 108.
25. G. Duhamel, *Scènes...*, p. 121.
26. *Ibid.*
27. A. Siegfried, *Les États-Unis d'aujourd'hui...*, p. 178 ; G. Duhamel, *Scènes...*, p. 113 ; c'est tout ce qu'il semble avoir retenu du chapitre sur la « production industrielle » dont il sera question plus loin.

les intéressés eux-mêmes ; et ce n'est pas la première fois que le catalyseur Amérique fait apparaître de ces complicités troublantes. Si Duhamel se distingue, c'est plutôt par son extraordinaire bonne conscience. On nous dit que la machine allégera les efforts les plus pénibles, s'interroge-t-il avec méfiance ; mais au juste, « qu'appelle-t-on l'effort pénible ? ». Sa réponse est toute prête. C'est l'ultime effort du « journaliste épuisé » pour qui « le stylographe est plus pesant que la plus pesante des pioches ». Item le médecin de garde mal réveillé à qui « son pardessus semble aussi lourd que toute une benne de houille ». Rappelons que Georges Duhamel fut médecin avant de devenir homme de lettres.

Duhamel, Cocteau : artisans héroïques, martyrs du labeur cérébral. Au moins Cocteau en croque-t-il la vignette avec un réjouissant immoralisme, lorsqu'il regrette sans vergogne « la main-d'œuvre innombrable et gracieuse » qui allégeait naguère les soucis quotidiens de l'écrivain : « Jadis on nous apportait l'eau, la lumière, la nourriture, nous n'avions pas à changer de place. Nous étions libres de ne pas quitter notre fauteuil et notre livre [28]. » Son « incorrection » délibérée nous le rappelle à bon escient : derrière bien des jérémiades antimachiniques de l'intelligentsia française, il y a aussi la nostalgie, souvent explicite, du paradis perdu de la domesticité – de l'âge d'or où les lavabos, libres de leurs mouvements, venaient jusqu'à vous portés par des mains ancillaires. « La main-d'œuvre a disparu », constate Cocteau. « La mécanique la supplante. » Aux figures de l'Homme menacées, selon nos clercs, par l'américanisation de la vie, il faudrait en toute honnêteté ajouter l'homme de maison et la femme de chambre...

« La philosophie de la production américaine »

Mais Duhamel est ici l'arbre qui cache la forêt. Car il y a bel et bien, entre l'avant et l'après 14, une transformation profonde du discours français contre l'Amérique comme empire de la Technique. Le vocabulaire lui-même en témoigne. À partir des années 1920, le procès de la machine se double d'une mise en accusation plus vaste qui vise un complexe technico-socio-culturel dont les États-Unis sont le laboratoire et le prototype. On dit désormais : « méthode américaine », « système américain » ou encore (chez

---

28. J. Cocteau, *Lettre...*, p. 86.

André Siegfried) « philosophie de la production américaine »[29]. La machine d'Amérique a cessé d'être une simple idole et le machinisme son culte isolé. L'idolâtrie est devenue religion : religion sociale et même religion d'État. Les États-Unis apparaissent désormais aux observateurs français comme dotés d'un corps de doctrines, de croyances scientifiques et de pratiques sociales formant totalité, autour du double pôle Technique-Capitalisme.

D'une part, en effet, les Français acquièrent la conviction qu'États-Unis et capitalisme ne font qu'un. Si banale qu'elle nous paraisse, cette identification est nouvelle : elle ne s'impose qu'en ces années 1920 où l'on cesse de croire à la possibilité d'une transformation révolutionnaire des États-Unis. Les Trusts n'ont pas frayé les voies du socialisme. Le capitalisme yankee paraît plus solide que jamais. Mieux, comme le souligne Jouvenel en 1933, jamais dans l'histoire des hommes symbiose ne fut plus parfaite entre une institution et une société : « Nulle institution n'a jamais été tant inhérente à une société que l'institution capitaliste à la société américaine, et, par corollaire, nulle société n'a jamais été tant déterminée par une institution[30]. » Grand changement par rapport à l'avant-guerre qui s'interrogeait sur un retournement socialiste du système. Changement décisif pour l'avenir des représentations américaines.

D'autre part, au même moment, le machinisme cesse d'être perçu seulement comme une évolution matérielle imposée par les impératifs de la concurrence. Il apparaît désormais comme l'un seulement des rouages d'une machine sociale organisée autour de lui, mais qui le dépasse. Dans ce « système », tout est lié. Présupposés idéologiques et moraux ; techniques de production ; disciplines de travail, d'hygiène et de vie ; relations humaines ; habitudes de consommation : l'*American way of life* est ce tout, indicible autrement que par cette formule tautologique.

Le chapitre consacré par André Siegfried à la production industrielle dans *Les États-Unis d'aujourd'hui* établit dans un large public cette nouvelle vision des États-Unis. Son tableau, tracé d'une plume sobre, n'en est que plus frappant. Six ans avant *La Crise du capitalisme américain* de Bertrand de Jouvenel, aux accents plus

29. A. Siegfried, *Les États-Unis d'aujourd'hui*..., p. 163. Le mot « philosophie » revient à plusieurs reprises dans ce chapitre.
30. B. de Jouvenel, *La Crise du capitalisme américain*, dans *Itinéraire 1928-1976*, textes réunis et présentés par Éric Roussel, Paris, Plon, 1993, p. 9. Jouvenel, après avoir été rooseveltien, passe au PPF de Doriot mais rompt en 1938 par anti-hitlérisme.

caustiques, Siegfried dresse calmement le portrait-robot d'une société garrottée par une logique globale. L'insolent enrichissement des États-Unis ne doit pas cacher un phénomène plus fondamental : la constitution d'un système qui rend inséparables « organisation de la production », « standardisation », façonnage de la consommation par la publicité, « utilisation méthodique du personnel » (« taylorisme »), tests d'aptitude, recours permanent à la prévision statistique, collaboration de l'État avec les empires de production (pour l'unification des normes, par exemple) ; tout cela couronné par l'idéologie du « Service ». Tel est, dans l'ordre même où l'expose Siegfried, le nexus de l'Amérique nouvelle. Dans une telle société, plus de solution de continuité entre l'industriel, le politique, le social. Quant à la distinction entre l'individuel et le collectif, si les Américains y croient encore, c'est parce qu'ils sont dupes de leur propre imaginaire social. « L'Américain, qui se croit volontiers indomptable comme un cheval de la prairie, [...] est en fait l'homme le plus docile du monde », explique Siegfried[31]. Il est une « pâte merveilleusement plastique » et se prête sans broncher à sa propre « éducation », c'est-à-dire à la manipulation de ses goûts et de son habitus intime. Par nature et culture « étonnamment semblables les uns aux autres », cent millions d'Américains se laissent encore raboter au profil désiré par les grands prêtres de la marchandise : « savants, économistes et psychologues » au service de la consommation.

Manipulation des besoins et transformation de l'individu en consommateur sont au centre de tous les commentaires. Duhamel, peu attentif aux développement de l'ingénierie humaine, est tout de même frappé par « l'émeute » publicitaire qu'il ressent comme une atteinte à sa dignité : c'est une « insulte » permanente que font à l'homme « ces trafiquants effrontés qui prétendent forcer notre assentiment ». À l'homme, oui ! et pas seulement aux hommes, aux « pauvres gens » qu'ils ruinent. À l'homme traité par la publicité « comme le plus obtus des animaux inférieurs » ; à l'homme harcelé, détroussé, mais surtout ravalé au rang de « mollusque sédentaire » ; à cet homme quotidiennement déchu par l'Amérique et qui pourtant, « comme dit Unamuno », n'est « rien de moins que tout un homme »[32]. (Miguel de Unamuno, l'antipragmatiste par excellence, mais aussi l'antirationaliste du *Sentiment tragique de la vie*, est un allié révélateur de l'humanisme antiaméricain.) Avec

31. A. Siegfried, *Les États-Unis d'aujourd'hui...*, p. 165.
32. G. Duhamel, *Scènes...*, p. 81.

de tout autres préoccupations que Duhamel, Bertrand de Jouvenel traite lui aussi de la manipulation des besoins comme d'une innovation décisive. Il note qu'elle a modifié le vocabulaire des Américains : « Les dirigeants [industriels] ont fait les plus grands efforts pour éveiller ces besoins. Si constante a été cette préoccupation qu'elle a même enrichi la langue de mots neufs, l'*habitude-de-la-cigarette*, l'*habitude-du-cinéma*, l'*habitude-de-l'automobile*, l'*habitude-de-la-radio*, l'*habitude-du-réfrigérateur* ; on a cherché à donner au consommateur toute une série d'habitudes assurant un marché de plus en plus large aux produits modernes [33]. » Quelques années plus tôt, Duhamel mettait encore autour du néologisme « consommateur » la pincette de guillemets dégoûtés ; Jouvenel n'en ressent pas le besoin. La machine impose son rythme endiablé aux acquisitions sémantiques elles-mêmes.

Deuxième grief et autre atteinte à la personnalité : la standardisation, sur laquelle plusieurs auteurs français ont attiré l'attention du public [34]. Celle des choses, voulue par la rationalité économique, ne peut que déboucher à brève échéance sur celle des êtres. « Dans les pays, comme les États-Unis, où règne le type uniforme, le *standard*, la résistance ne trouve même plus de refuge dans les goûts individuels », écrit dès 1927 Lucien Romier dans *Qui sera le maître, Europe ou Amérique ?* [35]. Un observateur socialiste, généralement modéré, comme François Drujon constate un « embrigadement » de la vie par la standardisation bien supérieur à ce qu'on imagine du collectivisme soviétique : « Pour beaucoup d'entre nous, la patrie du conformisme, de la monotonie, de l'embrigadement ne peut être que celle qui revendique les doctrines collectivistes, c'est-à-dire l'Union des Républiques Socialistes Soviétiques. [...] au contraire un pays politiquement démocratique, comme les États-Unis, doit offrir tout naturellement l'aspect agréable de la variété. Rien de plus faux ! Les usines à manger, les boutiques-standard, les repas-standard, la viande frigorifiée-standard, les bars-standard, les barmen-standard ne sont pas en URSS mais aux USA. » Et d'en tirer cette loi du développement historique : « La vie-standard est un sous-produit du stade supérieur du capitalisme

33. B. de Jouvenel, *La Crise...*, p. 146.
34. Notamment Hyacinthe Dubreuil, *Standards. Le Travail américain vu par un ouvrier français* (Grasset, 1929) et *Nouveaux Standards. Les Sources de la productivité et de la joie* (Grasset, 1931).
35. L. Romier, *Qui sera le maître, Europe ou Amérique ?*, Paris, Hachette, 1927, p. 85.

et non point du socialisme [36]. » Pour Drujon, toutes les petites villes d'Amérique apparaissent « comme autant de succursales d'une maison mère. Elles sont aussi décevantes que les innombrables succursales des magasins Woolworth qui pullulent sur tout le territoire américain » [37]. Comment les hommes échapperaient-ils à ce nivellement ? En ce sens, comme le suggère Siegfried, la « philosophie de la production américaine » façonne inéluctablement une certaine « philosophie » de l'existence, celle que décrit Sinclair Lewis : « Le boy de l'Arkansas arbore le même complet de confection que le boy du Delaware, tous les deux parlent le même argot, approprié aux mêmes sports. Si l'un des deux étudie dans une université et si l'autre est barbier, nul ne peut les distinguer, ils sont interchangeables. » L'intérêt porté par Siegfried à ces lignes de *Main Street* est caractéristique du refus français de l'indistinction sociale, mise sur le même plan (négatif) que la standardisation des produits. « Le luxe suprême, pour une femme de chez moi », s'indigne Duhamel, « c'est de porter un chapeau qui soit seul de son modèle dans toute la ville de Paris » [38]. Mais l'inconfort français face à l'homogénéité vestimentaire américaine va bien au-delà de cet attachement à la « distinction » personnelle. Il traduit aussi une gêne devant la disparition des marques extérieures qui permettent le repérage des métiers et des conditions. Par Lewis interposé, Siegfried perpétue l'agacement d'Urbain Gohier, au début du siècle, devant les ouvriers américains habillés en bourgeois. Sur ce terrain aussi, l'accord sera parfait, pendant un demi-siècle, entre la nostalgie bourgeoise d'un monde clairement marqué et le souci prolétarien de conserver aux travailleurs leur identité, y compris vestimentaire, en défendant le velours côtelé contre l'invasion du *jeans*, comme feront les communistes à la Libération. Conservateurs et progressistes réunis, les Français jugeront longtemps indésirable, voire suspecte, cette indistinction du paraître qui est vécue en Amérique comme une manifestation et un instrument de l'égalité démocratique.

L'intimation d'uniformité que semble lancer la « civilisation américaine » nourrit fortement, en tout cas, un antiaméricanisme de la « différence », revendiquée pour les individus, mais aussi pour les groupes sociaux. Ceux qui ne veulent pas « trahir » et ceux

---

36. F. Drujon, *L'Amérique et son avenir*, Paris, Corrêa, 1938, pp. 158-159.
37. *Ibid.*, pp. 112-113.
38. G. Duhamel, *Scènes...*, p. 117.

qui ne veulent pas « se mélanger » sont d'accord pour refuser le modèle américain. André Siegfried l'avoue avec une fausse contrition : le Français n'est pas « interchangeable » ; son fardeau, c'est sa personnalité ; « au point de vue économique, cette personnalité même est un handicap, il vaudrait mieux être coulé au moule commun ». Mais est-ce à l'économie, cette *ultima ratio americana*, de nous dicter sa loi ? Siegfried évidemment ne le pense pas plus que Duhamel, Jouvenel, ni aucun de leurs contemporains – économistes compris. Le Français, « ce civilisé », ajoute Siegfried, « se dit avec mélancolie qu'[en Europe] grande production et civilisation n'ont pas exactement le même sens ». Mais toute sa mélancolie ne lui fera pas abjurer sa civilisation – c'est-à-dire *la* civilisation – pour un plat de lentilles, et encore moins de *corned beef*.

L'homme nouveau contre l'homme en miettes

Dans le grand procès du machinisme instruit en France au cours de l'entre-deux-guerres, on aurait pu s'attendre à ce que la gauche et en particulier la gauche marxiste prenne la défense de la machine libératrice. Dans la période de la NEP, en URSS, l'avenir prend facilement les couleurs de l'Amérique. L'Agitprop proclame par voie d'affiche cette synthèse dialectique : « Prenons le torrent de la révolution russe / Ajoutons l'efficacité de la technique américaine / Et construisons le socialisme ». Mais de l'émulation, la Russie soviétique passe vite à la compétition matérielle et surtout idéologique. L'image du machinisme américain s'assombrit : il est désormais montré irrespectueux de l'homme ; ses productions sont frivoles ou funestes ; l'industrie de guerre y tient la vedette. La vitesse elle-même, si prisée des futuristes et des constructivistes, change de sens en Amérique, où elle entraîne les masses dans la « ronde infernale » du capitalisme. Courses automobiles meurtrières, concours d'endurance harassants, poursuites échevelées du cinéma muet reflètent la marche forcée de l'industrie et « éduquent » les masses américaines à des cadences toujours plus poussées.

Le communisme français, peu touché par la brève idylle entre léninisme et fordisme (Ford voudra offrir machines et ingénieurs à l'URSS pour la civiliser par l'automobile), n'a guère besoin d'encouragement extérieur pour détester le capitalisme américain. Mais il n'est pas question pour lui de s'aligner sur l'antimachinisme « pharisien » des intellectuels bourgeois. Disculper le machinisme tout en condamnant sa forme américaine : telle sera la ligne générale suivie par Georges Friedmann dans les livres qu'il commence à publier dans les années 30 : *Problèmes du machinisme en URSS et dans les pays capitalistes* (1934) et *La Crise du progrès : esquisse d'une histoire des idées* (1936).

Le premier souci de Friedmann est de se démarquer des « Jérémie du "monde sans âme" » : de tous ceux qui considèrent la « Technique » comme un « problème universel et métaphysique ». Cela va de Duhamel à Bergson, en passant par les « rédacteurs » des revues qui, à ses yeux, « préparent la théorie d'un national-socialisme français », comme *Esprit* et *Ordre Nouveau*. « La malédiction jetée par tant d'idéologues sur la "Machine" est seulement le signe de leur impuissance et de leur désarroi », tranche Friedmann, qui trouve Ford plus intéressant qu'eux. La machine n'est pas une entité métaphysique. Elle n'est pas non plus le Mal incarné. « Le travail à la chaîne n'est pas en soi une forme barbare de production. » Réhabilitation du machinisme ? Pas si vite. Du machinisme dans un seul pays – celui où « ce qu'on appelle le progrès technique » prend un « *sens différent* » ; le seul pays où l'on « sent » bien que les machines « ne sont pas contraires » aux travailleurs. Bref, du machinisme en URSS. Quant au reste du monde, il offre chez Friedmann un spectacle assez familier : « Les machines chaque jour perfectionnées, jettent les ouvriers à la rue, détraquent tout le système économique, par la surproduction d'objets que les masses ne peuvent acheter » ; elles « compromettent la santé, parfois la vie des ouvriers » ; elles troublent la bourgeoisie elle-même, « mal à l'aise au milieu de cette profusion de techniques qui l'écrasent » [39]. Dans une Europe touchée de plein fouet par la crise mondiale venue des États-Unis, Friedmann prêche des convertis.

Le machinisme ne doit donc pas être envisagé comme un en-soi coupé des réalités sociales. Il y a, comme le disent désormais les Soviétiques, un machinisme libérateur (celui qui s'exerce dans un cadre de production collective) et un machinisme prédateur et déprédateur (celui du capitalisme et de la *cutthroat competition*). Aujourd'hui le chaos. Demain la guerre et le fascisme, que Friedmann, en un raccourci assez saisissant, présente comme la réponse des intellectuels bourgeois à l'attente de Bergson d'un « supplément d'âme » qu'il faudrait insuffler à toutes ces techniques [40].

39. G. Friedmann, *Problèmes du machinisme...*, pp. 80, 79, 81, 80, 78.
40. *Ibid.*, p. 79.

Le premier résultat de l'opération manichéenne par laquelle Friedmann a divisé le monde en deux, c'est de maintenir intactes, pour décrire le monde capitaliste, les formules de l'antimachinisme droitier dont il prétend se démarquer. S'agissant du machinisme américain dévoyé, Friedmann reprend sans sourciller le vocabulaire de ceux qu'il dénonce. Il parle, comme les non-conformistes, de « rationalisation aveugle » et, comme Duhamel, décrit les hommes de la techno-société non socialiste comme en proie à la « psychose de tout ce que projette sur eux la technique »[41]. Mais l'autre effet majeur, qui nous intéresse ici plus directement, est de renforcer la « culpabilité » des États-Unis. Si la machine soviétique est capable d'innocence, c'est donc le procès de l'Amérique qu'il faut faire et non celui de la machine. Tandis que conservateurs et non-conformistes identifient États-Unis et machinisme dans une même exécration, Friedmann au nom du matérialisme historique les dissocie et rejette tout le blâme sur l'Amérique agrippée à la propriété privée des moyens de production.

Dans ces conditions, l'éloge esquissé de Ford ne peut que tourner au réquisitoire. Non que Friedmann s'en prenne au personnage lui-même, ni aux bizarreries de ce *self-made man* maniaque et bucolique qui avait imaginé, fin 1915, d'affréter un paquebot de la Paix pour convaincre les Européens d'arrêter la guerre ; qui a longtemps ambitionné la Présidence des États-Unis et qui vient de se lancer dans une croisade antisémite contre Wall Street ; tout cela sans cesser d'inonder l'Amérique de ses millions de voitures bon marché. Contre Ford, Georges Friedmann ne reprend pas les imprécations de Robert Aron ni de Duhamel. Là aussi, il distingue. Il y a, explique-t-il, un Ford entrepreneur réaliste et un Ford moraliste ; un Ford ingénieur et un Ford idéologue. Le premier a montré audace et flair. Le second est un esprit faible, borné, pétri de préjugés. Ford croit « aux salaires élevés, à la prohibition, aux machines automatiques, aux oiseaux et aux fleurs, à la "liberté", à l'industrie, aux courtes journées de travail, à l'automobile, au Progrès. Il ne croit pas aux ventes à crédit, aux banquiers, à la pauvreté, à la vieillesse, au vin, à l'État, à l'égoïsme, à la charité, aux Juifs, à la surproduction »[42]. Tel est le « credo fordiste » reconstitué par Friedmann. Portrait chinois d'un homme, sans doute, mais plus encore de la « civilisation » dont il est le représentant par excel-

41. *Ibid.*, p. 102.
42. *Ibid.*, p. 104.

lence. À travers ce portrait de Ford, Friedmann redessine une cartographie familière : celle de l'Amérique naïve et roublarde, progressiste et pharisienne, puritaine et xénophobe. Un peu plus loin, c'est l'hypocrite idéologie du « Service » raillée par Morand, persiflée par Siegfried et attaquée par les non-conformistes[43], que Friedmann stigmatise à son tour comme la feuille de vigne posée sur la nue réalité de la manipulation des « besoins » par l'entrepreneur philanthrope.

Mais l'autre Ford, le grand organisateur de la production, vaut-il vraiment mieux que son Sosie idéologue ? La chaîne de montage n'est pas le mal en soi, sans doute, mais elle reste, chez Ford, une structure aliénante. L'homme ne vit pas que de pain, ni de congés : il vit de sens. Et ce sens, le « travail en miettes » ne le lui offre pas. Friedmann oppose nettement l'efficacité et les bienfaits potentiels de la mécanisation à visage humain au « vécu » frustrant de l'ouvrier à la chaîne. La réduction des gestes, bonne comme économie de l'effort, est mauvaise comme restriction du champ de conscience et ignorance des finalités du travail. La spécialisation, si efficace soit-elle, devient déqualifiante pour le travailleur « parcellaire », privé de toute vision d'ensemble du processus. Friedmann se retrouve ainsi bien près du discours « humaniste » qu'il raillait. La doctrine de Ford ne sera jamais qu'une « doctrine d'ingénieur », elle en a toutes les limitations. Le même reproche vaut pour le taylorisme, application systématique et mécanique de préceptes inadaptés à la complexité des rapports sociaux et humains tels qu'ils se tissent et ramifient dans le cadre de la production. Le taylorisme, succédané du scientisme, explique Friedmann, est plus irrécupérable encore que le fordisme, parce que davantage pénétré d'idéologie dans la conception qu'il présuppose de l'homme.

L'analyse de Friedmann est importante en elle-même et pour la manière dont elle réorientera l'antiaméricanisme de gauche. Sa convergence avec celle de Gramsci ne fera que renforcer son écho après la guerre[44]. Elle innocente la machine, mais non le machinisme à l'américaine. Elle préserve l'idée de progrès (de la bonne machine), mais rejette les formes que l'Amérique prétend lui avoir

---

43. Voir le chapitre suivant.
44. On la retrouve dans les *Cahiers de prison* de Gramsci, qui pense que l'Europe peut assimiler un fordisme assorti d'un contrôle démocratique, mais non le taylorisme, idéologie américaine à rejeter.

trouvées. Friedmann ne propose pas un tri entre, d'un côté, les innovations pratiques et réalistes, et, de l'autre, une idéologie fumeuse ou franchement néfaste. Il montre, au cœur du « système américain », un trou d'air et d'idées. Entre les trouvailles de l'ingénieur et son credo indigent : rien. Et ce vide désigne la place des hommes – une fois de plus escamotés par l'Amérique. Le souci de l'homme affiché aux États-Unis par Ford et ses copistes ne saurait être qu'une mystification : un ersatz d'humanisme, une marchandise idéologique frelatée. Par des voies toutes différentes, le marxisme rejoint ainsi le chœur accusateur qui s'est déployé à droite au nom de l'homme. D'autant que le verdict de Friedmann sur Ford, Taylor et leurs « doctrines d'ingénieurs » prolonge et amplifie toute une tradition antiaméricaine qui oppose au « savant » européen, à qui rien d'humain n'est étranger, l'étroitesse du technicien ou de l'ingénieur américain, comme l'Edison-Hattison caricaturé par Gustave Le Rouge. Tradition vivace, dont témoigne ce passage du *Cancer américain* où Aron et Dandieu définissent la civilisation américaine comme une « civilisation de techniciens, où le savant n'est qu'un outil comme les autres, tout au plus une machine-outil »[45]. Contre la machine américaine, on le voit, les idéologues de l'Ordre Nouveau peuvent *malgré tout* s'entendre avec la sociologie marxiste.

« Technocratie » et machines à voter

En attendant, comment nommer cette configuration nouvelle ? Quel mot choisir ou inventer pour désigner pareil dispositif, où la Technique commande à tous les aspects du social ? La difficulté est réelle. Elle explique en partie la multiplication des métaphores – toutes morbides. Aron et Dandieu usent et abusent de celle du cancer. Duhamel, homme de l'art, ne cesse d'appeler à la rescousse infections et bactéries. Quant à Bernanos, arrivant après la Libération dans un champ infectieux déjà bien rempli, il jettera bizarrement son dévolu sur le diabète. Arguant que la civilisation américaine « ne mérite même pas le nom de contre-civilisation, qu'elle est une maladie de la civilisation générale » (ce qui était déjà la thèse d'Aron et Dandieu), Bernanos poursuit : « Lui refuser le nom de civilisation serait absurde. Un médecin ne refuse pas le nom de

---

45. R. Aron et A. Dandieu, *Le Cancer américain...*, p. 83.

foie à un foie diabétique[46]. » Et « ce n'est pas ma faute », conclut Bernanos au terme d'une pesante analogie entre l'Amérique et une « maladie fonctionnelle », non, ce n'est pas sa faute « si on prétend donner à ce diabète mécanique le nom même de civilisation, c'est-à-dire le nom même de ce qu'il est en train de détruire ».

Une tentative faite en 1933 pour sortir de cet embarras sémantique est éclairante par son échec même. C'est celle de Raoul de Roussy de Sales, présentant au public français la *technocratie*[47]. Car si le néologisme a réussi, l'effort de son promoteur pour l'attacher au « système américain » a échoué. Emprunté aux intéressés eux-mêmes, trop sage pour les discours enfiévrés que les Français tiennent sur l'Amérique, le terme paraît surtout trop étriqué, trop « technique », justement, pour couvrir tous les aspects d'un mal américain sur lequel les commentateurs français ont entassé les hyperboles cataclysmiques. L'infructueuse proposition de Roussy de Sales se heurte à une vision du « système » américain trop englobante déjà pour ne pas se sentir à l'étroit dans cette définition. L'autre intérêt de son article, paru dans *La Revue de Paris* : « Un mouvement nouveau venu des États-Unis : la technocratie », est d'en appeler, face à la « technocratie » telle qu'elle se profile comme idéologie du machinisme dans un contexte libéral, à une réaffirmation du primat du politique.

Doyen des correspondants de presse étrangers aux États-Unis, Roussy de Sales précise que les Américains sont loin d'être d'accord sur une définition unique de la technocratie. Lui-même suggère deux généalogies : d'une part, l'utopie technicienne de l'ingénieur William H. Smyth, qu'il définit comme « un système de philosophie et de gouvernement selon lequel les ressources industrielles de la nation seraient organisées et contrôlées par des techniciens pour le bien de la communauté » ; d'autre part, la collecte méthodique de données chiffrées et de statistiques économiques qui a lieu depuis 1920 à l'université Columbia sous la houlette d'un autre ingénieur, Howard Scott. Ce chiffrage, qui porte particulièrement sur l'énergie disponible selon les lieux et les époques, démontre qu'un écart fantastique s'est creusé, en trente ans, entre

---

46. G. Bernanos, *La Liberté pour quoi faire ?*..., p. 58.
47. R. de Roussy de Sales, « Un mouvement nouveau venu des États-Unis : la technocratie », *La Revue de Paris*, vol. 2, 1933. Le mot « technocrate » apparaît au même moment, par exemple chez R. Recouly : ce ne sont pas « ceux que l'on appelle les "technocrates" [qui] guériront la crise actuelle » (*L'Amérique pauvre*, Paris, Les Éditions de France, 1933, p. 5).

la disponibilité énergétique d'une société traditionnelle et celle d'un pays industrialisé. Une seule turbine moderne, d'une force de 300 000 CV, fonctionnant vingt-quatre heures par jour, « vaut » 9 millions de fois la puissance que peut déployer le « moteur humain [...] Par conséquent quatre turbines semblables suffiraient à fournir une force égale à celle de la population ouvrière totale des États-Unis ». Mais cette prodigieuse démultiplication des moyens énergétiques qui aurait sans doute émerveillé la génération précédente devient en 1933, alors que la crise mondiale atteint son amplitude maximale, source d'inquiétude et non d'exaltation. Les chiffres des technocrates supposés exacts, commente Roussy de Sales, leur sens social est catastrophique. Ces calculs notifient aux hommes leur inutilité définitive : « on n'aura plus besoin d'eux », si ce n'est d'une « petite minorité toujours décroissante d'ingénieurs et d'ouvriers spécialisés ». Luc Durtain, dans « Smith Building », avait donné la vignette de cette raréfaction des hommes dans le « système américain » : « Sous la surveillance de quelques rares ouvriers, travaille, tel est le système américain, une bande de machines, nègres d'acier[48]. » Dès lors, reprend Roussy de Sales, « comment empêcher que les 14 millions de chômeurs actuels ne deviennent 20 millions l'année prochaine [...] ? »

Cette présentation de la doctrine technocratique est donc loin, on le voit, d'en être l'apologie. La victoire de la Technique est présentée comme une victoire à la Pyrrhus. C'est l'entrée dans un univers « absurde » où l'homme s'obstinerait « aveuglément à concurrencer avec ses muscles les formidables machines qu'il a créées précisément pour économiser ses forces et le servir »[49]. On rejoint ici le thème d'origine marxiste du capitalisme industriel comme « apprenti sorcier » – thème récurrent dans les années 30, aussi bien chez Friedmann que chez les non-conformistes. Un tel système est-il viable ? Il est à coup sûr invivable pour les hommes. D'où cette alternative : « abolir les machines » ou tirer la conséquence de la dévaluation totale du travail humain en promulguant un « droit » à un « minimum de sécurité » dans l'obtention des biens et services essentiels. Roussy de Sales préconise donc une « nouvelle *Déclaration des Droits de l'Homme* » qui fixerait les droits élémentaires de la personne : nourriture, logement, chauf-

---

48. L. Durtain, « Smith Building », *Quarantième Étage*, Paris, Gallimard, 1927, p. 223.
49. R. de Roussy de Sales, « Un mouvement... ».

fage, lumière, transport. Dans un système où l'homme, économiquement, ne « vaut » plus rien, il est essentiel que le souci de l'homme soit réaffirmé.

La référence à la première Déclaration et à la Révolution française est significative. Pourquoi en effet une nouvelle Déclaration, sinon pour mettre fin, comme en 1789, à une usurpation et à un abus ? Ainsi la « technocratie », avant même de prendre le sens plus étatique et énarchique que nous lui prêtons aujourd'hui, est-elle montrée du doigt, non seulement comme une organisation de la production oppressive pour les producteurs et les consommateurs, mais aussi comme une confiscation de la démocratie. Le club des victimes de l'Amérique s'élargit. L'homme dont les polémistes français prennent la défense n'est plus seulement le travailleur attaché à la machine comme on l'était jadis à la glèbe ; ni le consommateur rivé aux faux désirs qu'on lui a instillés ; ni l'*homo quisquis* façonné par la standardisation. C'est encore l'homme traqué par le contrôle, fiché par les psychologues, catalogué par les experts en « ressources humaines », pesé et jugé au trébuchet des tests d'aptitude. (André Siegfried, qui n'a rien d'un gauchiste, n'hésite pas à comparer le test d'intelligence à une « fiche de police » qui « vous suit » et « dont vous ne pourrez plus vous défaire »[50].) C'est enfin le citoyen dépossédé : car comment imaginer que sa souveraineté, claironnée les veilles d'élection et oubliée le lendemain, puisse survivre à cette déchéance absolue, à cette *annulation* qui sera demain la sienne ? Comment sans imposture prétendre que l'homme vivra encore en démocratie lorsqu'il vivra *en technocratie* ?

La nouvelle technophobie relance ainsi le vieux thème de la démocratie illusoire, constante du discours antiaméricain depuis la fin du XIXᵉ siècle. La génération de 1880 opposait à cette illusion la réalité d'une société profondément « aristocratique ». Celle de 1900, le poids écrasant d'une oligarchie ploutocratique. La mise en accusation de la « technocratie » constitue la troisième variation sur le même thème. Non qu'elle se substitue aux accusations de corruption, d'iniquité du processus électoral, de répression permanente contre le mouvement syndical : ces accusations continuent de plus belle, d'autant que la matière ne manque pas. Jouvenel peut s'écrier, en 1933 (comme on l'eût fait en 1903) : « Oh ! ces

---

50. A. Siegfried, *Les États-Unis d'aujourd'hui*..., p. 171 : il rappelle aussi l'origine française du test (Binet et Simon) : encore un brevet volé...

élections américaines, où les mêmes "citoyens", sachant à peine leur langue, trébuchant de bureau de scrutin en bureau de scrutin, votant dix fois, votant quinze fois, pour une liste qu'on leur a dictée, et rossant à leurs moments perdus ceux qui prétendent voter pour d'autres candidats que les leurs[51] ! » Il peut aussi dénoncer, après Dos Passos et Dreiser, des épisodes de répression meurtrière qui rappellent les plus noirs moments du Great Upheaval, comme celui de Harlan County, en 1931, ou comme le massacre de Dearborn (7 mars 1932) : « Le patronat punit sévèrement toute tentative pour lui gâter son bétail docile d'immigrants. À la moindre grève, les employeurs louent des "gangsters" décorés du titre de "deputy sheriffs"[52]. » Brutalités policières et truquages électoraux continuent donc d'être dénoncés, mais l'essentiel est ailleurs : dans une confiscation globale de la démocratie, qui fait passer au second plan ses bavures et dérapages. Ceux mêmes qui stigmatisent les exactions des puissants redoutent encore davantage le moment où la machine sociale ne grippera même plus, où cette dictature douce ronronnera sans à-coups.

Les métaphores elles-mêmes, tôt entrées dans le vocabulaire politique américain : « machine électorale », « machine démocrate », sont prises pour autant d'aveux que la « civilisation des machines » a entièrement envahi la sphère politique. L'homme de la rue, aux États-Unis, ne conçoit pas les partis autrement que comme « des machines », souligne l'historien Bernard Faÿ : toute définition plus « idéologique » ou plus sociale, à l'européenne, suscite son incompréhension. La qualité d'un parti ne se juge pas à la doctrine, ni même à l'exceptionnelle qualité de son leader, fût-il « un surhomme ». L'important, c'est que « chacun de ses rouages fonctionne harmonieusement ». C'est « cette liaison mécanique qui doit être établie et maintenue entre les différents éléments et les divers ressorts du parti »[53]. En fait, la mécanisation de la politique en Amérique est si peu une métaphore qu'elle a abouti, comme il se devait, à la machine à voter, « symbole » et « centre », selon Bernard Faÿ, de toute l'organisation démocratique.

Portrait en pied de la déité. « Il faut avoir vu en Amérique, aux grandes périodes électorales, cet imposant instrument hérissé de manettes, garni de flèches, de légendes, majestueux comme un

51. B. de Jouvenel, *La Crise*..., p. 147.
52. *Ibid.*, p. 145.
53. B. Faÿ, *Civilisation américaine*, Paris, Sagittaire, 1939, pp. 84-85.

coffre-fort et mystérieux comme la boîte de Pandore, reluisant comme un attirail de dentiste et appétissant comme une cloche de scaphandrier, gigantesque enfin et bruyant, pour se rendre compte du prestige et du rôle de la machine dans la vie américaine. » La machine industrielle se contentait de dévorer ses serviteurs, tel Charlot dans *Les Temps modernes*, avalé par les engrenages. La machine à voter fait mieux : elle s'impose à l'électeur comme l'incorruptible garante des choix rationnels et des comptages irréprochables. La démocratie est chose trop importante pour être laissée aux citoyens : il faut à leur faiblesse la tutelle de la machine à voter. « Elle seule semble digne de procéder aux fonctions les plus hautes de l'activité humaine », commente Faÿ. « Elle seule paraît donner une garantie d'exactitude, de loyauté, de dignité, qui convient au citoyen souverain. Face à face avec sa machine, l'électeur a le sens de sa responsabilité et celui de sa royauté [54]. » Coffre-fort, fauteuil de dentiste, boîte de Pandore et cloche de scaphandrier : les images accumulées par Faÿ parlent assez fort pour qu'on n'ait pas à insister sur les sentiments qu'inspire aux Français cette démocratie presse-bouton. À la communauté de l'agora, l'Amérique a décidément substitué le plaisir solitaire et vaguement louche de ces titillations mécaniques – pendant politique, peut-être, de la « masturbation visuelle » à laquelle, selon Duhamel, est induit le citadin américain livré aux machines illuminantes, bougeantes et parlantes [55]. La machine à voter, symbole d'une dérision technologique de la démocratie, entre ainsi dans l'arsenal sémiologique de l'antiaméricanisme. En pleine guerre froide, dans la revue crypto-communiste *Défense de la paix*, un article sur les mécanisme électoraux américains s'ouvre sur la photographie d'une machine à voter, à côté de ce titre : « Un gigantesque PMU » [56].

En l'an 2000, les machines de Floride viendront confirmer les Français dans leur conviction que l'élection présidentielle américaine se gagne, sinon au grattage, du moins au poinçonnage autant qu'au simple suffrage. Les États-Unis n'ont pourtant pas le monopole des élections serrées et celle de G.W. Bush venait aussi rappeler que le corollaire du « one man, one vote », c'est que chaque

54. *Ibid.*, p. 85.
55. G. Duhamel, *Scènes...*, p. 81.
56. « Élections aux USA », Gérald Cazaubon, *Défense de la paix*, n° 13, juin 1952, pp. 85-94. Cette iconographie racoleuse (on voit aussi des jambes de femme peintes du slogan « I like Ike ») contraste d'ailleurs avec l'information précise fournie par l'article.

homme, chaque voix peut faire basculer une élection. Telle ne fut pas – c'est un euphémisme – la réaction dominante des médias et du public français. À une première vague d'hilarité incrédule – le fou rire bergsonien qui nous saisit à voir un balaise rater une marche – succéda une longue phase de jubilation plus calme devant l'imbroglio inespéré, mais pas si inattendu, puisqu'en mettant des centaines de millions de citoyens à la merci d'une poignée de confettis plus ou moins bien détachés d'une carte perforée, il venait rendre justice à tous ceux qui, en France, depuis un bon siècle, soutenaient que dans cette démocratie « technocratique », il n'y avait jamais loin du machinisme à la machination.

Amérique policière, Amérique totalitaire

Autour du Moloch machinique se rassemble donc un faisceau d'imputations qui transforment la perception politique qu'ont les Français des États-Unis. Aux soupçons d'iniquité nés à gauche surtout, lors des grandes répressions du XIXᵉ siècle dont le souvenir est ravivé par les heurts sociaux violents du début des années 20, succède la certitude que les États-Unis, sous le masque démocratique et le vernis de leurs principes constitutionnels, se sont mués en société totalitaire.

Ce destin totalitaire, que Bernanos bientôt déclarera inhérent à la « civilisation des machines », est la vérité de l'*American way of life*. Le « système américain » est un bloc. Le machinisme n'y est pas une simple structure matérielle, mais « une forme de vie ». Pour Georges Duhamel, la mécanisation envahit (et corrompt) les plaisirs et les jours : musique en conserve, images en boîte, virées automobiles où l'on roule pour rouler, Luna-Parks automatisés. « La machine a pénétré toutes les formes diverses de l'activité américaine », souligne l'historien Bernard Faÿ quelques années plus tard. « Elle est bien entendu le ressort principal de l'industrie, mais aussi du commerce, de l'éducation, de l'opinion, de la vie intellectuelle [57]. » Le machinisme ne fausse pas seulement les gestes, les réflexes, les rythmes biologiques de ceux qui le subissent dans le travail ; il façonne mentalement la population entière selon ses finalités propres. Le mot *standard*, découvert par les Français dans les années 20, est bien vite étendu par eux des objets aux

57. B. Faÿ, *Civilisation américaine...*, pp. 82-83.

humains. Historiens, sociologues, philosophes et journalistes soulignent la sujétion de l'homme à des processus qui devraient lui être subordonnés. Siegfried et Duhamel moralisent à l'unisson : « Standardiser l'individu, afin de pouvoir mieux standardiser le produit qu'on lui vendra, c'est perdre de vue en effet que les choses sont faites pour l'homme et non l'homme pour les choses » ; « Les êtres qui peuplent aujourd'hui les fourmilières américaines [...] veulent posséder, le plus vite possible, tous ces objets si merveilleusement commodes et dont ils deviendront aussitôt, par un étrange retour des choses, les esclaves soucieux »[58]. La même inversion des valeurs est inlassablement dénoncée par les non-conformistes : « Est-ce l'homme qui domine le monde ? Non, ce sont les choses qui mènent l'homme à l'esclavage[59]. »

Métaphores ? Pas du tout, ou de moins en moins. Non seulement l'*homo americanus* est le servant de la Machine ; non seulement il est socialement asservi par les besoins qu'on lui a inoculés ; mais il est aussi, tout crûment, le prisonnier d'une société archi-policière. De la répression brutale du syndicalisme dénoncée plus haut par Jouvenel à la description du test comme « fiche de police » trouvée chez Siegfried, il n'est pas un aspect de la vie américaine qui n'apparaisse désormais soumis au contrôle le plus étroit et, au besoin, à la répression la plus impitoyable. On a vu plus haut un socialiste comme Drujon faire du standard la caractéristique du stade suprême du capitalisme. Standardisation et démocratie lui paraissent contradictoires et même incompatibles ; et puisque le standard y règne incontestablement, l'Amérique est-elle encore démocratique ? « L'Amérique est une démocratie. C'est très bien. Ne vous hâtez pas de dire que c'est très bien. Il vous reste à apprendre jusqu'à quel point la démocratie de Washington est démocratique. Regardez bien et vous découvrirez sans peine qu'elle est dirigée par des féodalités. Ne vous hâtez pas maintenant de conclure qu'elle n'est point du tout démocratique. Elle l'est, *par rapport à d'autres dictatures*[60]. » La moins mauvaise des dictatures : telle apparaît l'Amérique de Roosevelt à ce socialiste de bonne foi, en 1938, dans une Europe cousue de dictateurs petits, grands et moyens. Mais pourquoi au fait hésiterait-il à employer le mot

58. A. Siegfried, *Les États-Unis d'aujourd'hui...*, p. 166 ; G. Duhamel, *Scènes...*, p. 118.

59. J. de Fabrègues, *Réaction*, n° 8, février 1932, p. 24 ; cité par J.-L. Loubet del Bayle, *Les Non-Conformistes...*, pp. 260-261.

60. F. Drujon, *L'Amérique et son avenir...*, pp. 21-22.

dictature, que l'on trouve même sous la plume d'André Philip, régulièrement attaqué pour son américanolâtrie supposée ? Bouc émissaire de la gauche à ce titre, comme Tardieu le fut de la droite, André
Philip réserve des surprises, lui aussi, au lecteur assez courageux
pour s'aventurer dans les 552 pages de son grand livre de 1927 : *Le
Problème ouvrier aux États-Unis*, préfacé par l'inévitable André
Siegfried. Tout le premier chapitre, qui détaille les pressions, exactions et meurtres commis par le patronat ou ses sicaires, se termine
par ce paragraphe sans ambiguïté : « Ainsi peut-on dire sans exagération que, malgré le caractère pseudo-démocratique de la Constitution américaine et la présence de la statue de la Liberté à l'entrée du
port de New York, les États-Unis représentent aujourd'hui dans le
monde le type le plus parfait de *dictature capitaliste* . » Une note sur
la statue de la Liberté ajoute ce sarcasme : « Les Américains ont en
effet adopté l'habitude française d'élever des monuments à leurs
morts illustres [61] »...

D'où l'importance centrale que prend la Prohibition dans les
récits d'Amérique. Bien sûr, l'interdiction des breuvages alcooli-
ques, y compris du vin nourricier, suffirait à jeter le doute sur la
santé mentale des États-Unis. Bien sûr, la loi Volstead comble
l'attente des Français qui vont grattant le Yankee pour retrouver
le Puritain. Bien sûr, le non-respect de la loi par les riches, les
puissants et les truands permet de dauber derechef l'Amérique
hypocrite. Mais si la Prohibition acquiert une telle importance dans
le discours antiaméricain, c'est aussi et surtout comme preuve
d'une mutation autoritaire et étatique du « pays des libertés ». On
raillait les *blue laws*, au début du XXᵉ siècle, pour leur « chinoiserie
à peine croyable » [62] ; le placide Lanson lui-même s'irritait des
« règlements vexatoires » que la libre Amérique s'ingénie à multiplier [63]. Mais la Prohibition, elle, « touche au centre de l'âme
américaine » ; elle révèle, si l'on peut dire, le fond du tonneau ; et
elle confirme la totalitarisation annoncée d'un pays où « l'État
prétend remplacer Dieu » [64]. C'est Duhamel qui tire ces conclusions

61. A. Philip, *Le Problème ouvrier aux États-Unis*, Paris, Félix Alcan, 1927, p. 38.
Sur l'exemplaire acquis par Georges Friedmann en 1930 et légué par lui à la bibliothèque de la Maison des Sciences de l'Homme, toute cette fin de chapitre est marquée
d'un large trait au crayon bleu...
62. J. Huret, *En Amérique (II)*, Paris, Fasquelle, 1905, p. 172.
63. G. Lanson, *Trois Mois d'enseignement aux États-Unis*, Paris, Hachette, 1912,
p. 82.
64. G. Duhamel, *Scènes...*, pp. 42-43.

drastiques ; mais c'est Jules Romains, l'un des seuls indulgents à l'Amérique des années 30, qui écrit : « L'idée de l'Amérique "patrie des hommes libres" se chargeait [avec la prohibition] d'une dérision trop forte. À une dérision si accentuée, portant sur les principes mêmes, la dignité d'une civilisation ne résiste pas[65]. »

Où classer l'Amérique des libertés bafouées, des policiers meurtriers, des comportements manipulés ? À quel régime ressortit le pays des machines à voter, des *speak-easy* bondés et des baisers cinématographiques millimétrés, depuis que le Code Hayes a fixé la longueur des alanguissements à sept pieds de pellicule et pas un pouce de plus ? La réponse française majoritaire, pendant l'entre-deux-guerres, devant l'Amérique de Hoover ou, indifféremment, celle de Roosevelt, est l'aboutissement logique des descriptions précédentes. L'Amérique ne nous ressemble pas. Elle ressemble à l'URSS, elle ressemble aux États fascistes.

À l'URSS d'abord et peut-être surtout. Ce vieux cliché du XIXᵉ siècle : le parallèle de l'Amérique et de la Russie, on aurait pu croire que l'éloignement antipodique des régimes, après 1917, dût le mettre en sourdine. C'est tout le contraire qui se produit. Chez Duhamel, c'est un tic. Les lavabos (encore eux !) que partagent les voyageurs des Pullmans sont soviétiques. Soviétiques aussi les clubs new-yorkais, qui ressemblent aux « Maisons des écrivains » ou « Maisons des architectes » moscovites : du « communisme bourgeois », explique Duhamel à son hôte américain qui croyait naïvement perpétuer une tradition britannique. Jusqu'à Hollywood qui, vu de France, ressemble à un bureau du Gosplan ! Un poème de Luc Durtain vient l'apprendre « [...] *à tous ceux qui ne savent pas / qu'un studio c'est ce qui ressemble le plus / à une administration soviétique* »[66]. Loin de toute poésie, chez Robert Aron, la mise en équivalence est sans équivoque : « URSS, USA [...] à la fois sur-outillés et sur-étatisés »[67]. Les voilà rapprochés, non seulement au titre du machinisme, mais de manière encore plus significative du regard français en cette période, au nom d'une omniprésence de l'État. Quant à Céline (mais de qui se moque-t-il ?), il entérine l'analogie dans une scène glorieusement fécale du *Voyage* où le « communisme joyeux du caca » est présenté

65. J. Romains, *Visite aux Américains*, Paris, Flammarion, 1936, p. 31.
66. L. Durtain, « Hollywood », *USA 1927...*, [non paginé].
67. R. Aron, *Dictature de la liberté*, Paris, Grasset, 1935, p. 173.

comme un trait essentiel de la convivialité américaine [68]. Les non-conformistes, eux aussi, ressassent l'équivalence USA-URSS sans qu'on puisse, dans leur cas, soupçonner le moindre humour. Dans *La Revue française*, en 1931, Jean-Pierre Maxence défend l'âme, l'homme et l'Europe contre le « matérialisme de Moscou et l'affairisme de New York » [69]. Daniel-Rops, jeune et agile agitateur d'idées, est chargé en 1933 d'exposer une synthèse des positions communes aux « mouvements de jeunesse » *Esprit, Réaction* et *Ordre Nouveau*. Dans ce texte, il revient à plusieurs reprises sur l'identité profonde des USA et de l'URSS : « Le stalinisme, bien éloigné du marxisme véritable, [...] paraît aussi vain et aussi malfaisant à la fois que le fordisme américain [70]. » Il élargira le duo à un trio, quelques mois plus tard dans *Ordre Nouveau*, en dénonçant « la masse, qu'elle soit fasciste, américaine ou soviétique » [71]. En 1935, Robert Aron dénonce les « faux prophètes d'aujourd'hui qui proposent comme guides de notre époque Ford, Taylor ou bien Hitler » [72]. L'Allemagne nazie a ici remplacé l'URSS. Mais si communisme et fascisme sont permutables au gré des convictions idéologiques, l'Amérique reste l'indéboulonnable pivot de ces constructions aléatoires.

La littérature des années 30 est remplie de ces « parallèles ». Le public, déjà persuadé qu'il n'y a rien à attendre de « l'égoïsme » américain en cas de crise européenne, se convainc de surcroît que les États-Unis ne diffèrent pas fondamentalement des États totalitaires ; qu'ils obéissent à la même logique collective, sinon collectiviste ; qu'ils sont même plus totalement totalitaires que leurs « rivaux » d'Europe. (Le sursaut désespéré de la gauche non communiste, cherchant un peu d'espoir auprès de Roosevelt contre l'hitlérisme, à la veille de la guerre mondiale, vient trop tard et il est trop peu payé de retour pour modifier cette image [73].) On est étonné aujourd'hui de voir Robert Aron placer Ford et

68. Céline, *Voyage au bout de la nuit*, Paris, Gallimard, « Folio », 1983, p. 252.

69. J.-P. Maxence, « L'Europe en danger », *La Revue française*, 22 mars 1931, p. 266 ; cité par J.-L. Loubet del Bayle, *Les Non-Conformistes...*, p. 56.

70. Daniel-Rops, « Positions générales », publié par *La Revue française*, avril 1933 ; *ibid.*, pp. 455, 454.

71. Daniel-Rops, *Ordre Nouveau*, n° 3, juillet 1933, p. 3 ; cité par J.-L. Loubet del Bayle, *Les Non-Conformistes...*, p. 85.

72. R. Aron, *Dictature de la liberté*, Paris, Grasset, 1935, p. 28.

73. Voir Donald R. Allen, *French Views of America, in the 1930s*, New York & London, Garland Publishing Inc., Troisième partie : « The impact of Franklin Delano Roosevelt and the emergence from isolationism », pp. 245-321.

Taylor sur le même plan que Hitler. Mais le sentiment dominant, et pas seulement chez les non-conformistes, est que le « système américain » va plus loin encore dans la contrainte, qu'il assure mieux son emprise sur les hommes que stalinisme et fascisme réunis. C'est ce qu'explique Duhamel à Mr. Pitkin, dans le chapitre « Petit dialogue sur le sentiment de la liberté » des *Scènes de la vie future*. Le passage vaut d'être cité un peu longuement : « La dictature politique est assurément odieuse et me semblerait sans doute intolérable, mais, pour étrange que cela paraisse, j'avoue qu'elle ne tient pas, dans mes appréhensions, une place trop considérable. [...] Les dictatures soviétique et fasciste, pour ne citer que ces deux-là, soulèvent, dans leur pays d'origine et dans le monde entier, une protestation trop ardente pour que le philosophe ait lieu de s'interroger à leur sujet avec découragement. » Hardi, donc ! Comptons sur « l'esprit de rébellion politique » qui « n'est pas éteint au cœur de l'homme » et bonne chance avec vos dictateurs. Mais la confiance de Duhamel n'est quand même pas illimitée. Et s'ils allaient flancher, les hommes, face à « l'autre dictature, celle de la fausse civilisation », celle qui rend « esclave de l'Amérique » et esclave de soi-même ? « C'est là ce qui [le] tourmente [74]. » Tourment d'un clerc dont la trahison n'est pas celle que Benda visait.

De proche en proche, de droite à gauche, de confiscation en aliénation, de « démocratie trop formelle pour être réelle » en « technocratie » trop capitaliste pour être humaniste, voici le « système américain » poussé dans ses derniers retranchements. Cette totalité à laquelle rien n'échappe, n'est-elle pas la forme accomplie du *totalitarisme* ? Cette énormité de moyens déployés pour « faire pression sur l'homme, tout en lui laissant l'apparence et l'illusion de son libre arbitre », n'est-ce pas la perfection de la dictature ? Robert Aron se pose la question dans un livre de 1935, *Dictature de la liberté*. Sa réponse – d'autant plus frappante qu'elle vise l'Amérique de Roosevelt et du New Deal –, c'est l'inéluctable écrasement de l'individu et le laminage des libertés ; bref, la dictature invisible et d'autant plus réelle : « Toutes les forces de suggestion, telles que presse, publicité – toutes les forces indirectes de pression, telle que distribution de récompenses et de primes, ou facilités de vie accordées aux individus embrigadés dans certaines œuvres philanthropiques d'assistance mutuelle bien pensante et

---

74. G. Duhamel, *Scènes...*, pp. 34-35.

conformiste, tout cela rend presque superflu l'emploi de la violence ouverte, de la dictature apparente[75]. » Il y a dans ce *presque* tout un programme rhétorique que l'antiaméricanisme de gauche n'oubliera pas.

La thématique est elle aussi pleine d'avenir. Quoi de plus pernicieux qu'une « dictature inapparente » ? Et quoi de plus irréfutable qu'une accusation qui tire argument du fait que rien de visible ne la confirme ? Une fois de plus, l'étrange casuistique des pamphlétaires non-conformistes aura servi de modèle d'écriture à des générations de copistes communistes, gauchisants ou gauchistes. Cette logique du soupçon qui s'installe dans l'entre-deux-guerres n'a pas fini de régir le discours collectif français sur l'Amérique, démocratie de façade et totalitarisme insidieux. L'ultime ruse du diable, on le sait, est de faire croire qu'il n'existe pas : ainsi de la « dictature » américaine. Mais les intellectuels français ne sont pas dupes. En pleine montée des fascismes et consolidation du stalinisme, c'est l'Amérique qu'ils dénoncent comme le Grand Satan totalitaire. Dans l'Europe en ruine de la guerre froide, pour moitié soumise au « libérateur » soviétique, c'est encore du côté des États-Unis qu'ils décèlent, sous le vernis de la démocratie formelle, la texture d'un « vrai fascisme ». Les communistes, bien sûr : eux au moins le font *ex officio*. Mais combien d'autres avec eux, qui n'ont pas les mêmes obligations de service ! Car qui s'indigne en 1948 de l'inertie de la jeunesse américaine devant « la naissance d'un fascisme » – sinon Simone de Beauvoir[76] ? Qui parle en 1947 de cette « société capitaliste prédestinée dès sa naissance à devenir la civilisation totalitaire » – sinon Georges Bernanos[77] ?

L'assimilation des États-Unis à un totalitarisme, quand ce n'est pas au totalitarisme par excellence, n'aura pas eu seulement des effets immédiats de cécité politique et diplomatique. À plus long terme, elle permet au PCF de la guerre froide de marteler l'analogie USA-Allemagne nazie, sans toujours convaincre, mais sans choquer outre mesure. Elle incite aussi les héritiers spirituels du non-conformisme d'avant-guerre à reprendre, après-guerre, cette antienne à peine modifiée. En écho aux procès en fascisation instruits à gauche et dans un vocabulaire à peine moins radical, Albert

75. R. Aron, *Dictature*..., p. 111 ; je souligne.
76. S. de Beauvoir, *L'Amérique au jour le jour*, Paris, Éd. Paul Morihien, 1948, p. 100.
77. G. Bernanos, « Révolution et liberté »..., *La Liberté pour quoi faire ?*..., pp. 158-159.

Béguin peut décrire en 1951 l'Amérique comme « une dictature sans dictateur »[78] ; et Jean-Marie Domenach, en 1959, précise, dans le droit-fil des imputations non-conformistes : « L'État américain est libéral, mais la société est totalitaire : c'est peut-être la société la plus totalitaire du monde[79]. »

Quand les fascismes européens, les uns après les autres, auront été abattus (ou seront morts de leur belle mort) ; quand seront tombés comme capucins de cartes les régimes communistes ; quand auront disparu les totalitarismes historiques – alors, c'est-à-dire aujourd'hui, s'il n'en reste qu'un, ce sera celui-là : Amerikkka.

Dictature et abstraction

Le procès du machinisme comme « système » met donc en place, dès avant le milieu du XXᵉ siècle, deux grandes thématiques : celle de l'Amérique « totalitaire » (puis « fasciste » ou « fascisante ») et celle de l'Amérique « abstraite ». De même en effet que la mécanisation de la vie et la manipulation des hommes font des États-Unis le parangon du totalitarisme, dont les dictatures plus expressionnistes ne sont au fond que de maladroites ébauches ; de même la mécanisation des esprits, façonnés au « schématisme » par la domination du chiffre, du calcul et de la statistique, fait de l'Amérique mentale le royaume de l'abstrait. Un réseau serré relie ainsi, dans le discours antiaméricain des clercs, machinisme, démocratie (formelle) et abstraction.

La dénonciation de « l'abstraction » comme forme structurante de l'aliénation américaine devient dans les années 30 un lieu rhétorique des antiaméricanismes de droite et de gauche. Il y a là une surprise et une apparente contradiction. L'Amérique, traditionnellement, avait été décrite en France comme le pays de l'intelligence pratique. On la disait peu douée en revanche pour la spéculation intellectuelle et rarement portée aux idées générales. Simone de Beauvoir, en 1948, est consciente du paradoxe : « Dans ce pays si ardemment tourné vers des civilisations concrètes, ce mot : abstraction, me revient chaque jour aux lèvres. » Car force lui est de le constater, l'abstraction est partout. Abstrait, le jazz des Blancs.

---

78. A. Béguin, « Réflexions sur l'Amérique, l'Europe, la neutralité... », *Esprit*, juin 1951 ; *La France contre les robots* de Bernanos est cité dans l'article.
79. J.-M. Domenach, « Le Diplodocus et les fourmis », *Esprit*, mars 1959.

Abstraite, la jeune littérature américaine. Abstraite, la peinture qu'elle découvre dans les galeries. Par quoi elle n'entend pas qu'il s'agit de « peinture abstraite », mais bien schématique et « vidée de son contenu » : « En parcourant les galeries de tableaux, en lisant certains ouvrages de jeunes, j'ai été frappée par la généralité du phénomène. Le cubisme, le surréalisme ont été vidés eux aussi de leur contenu. On n'en garde que le schéma abstrait. Ces formes qui ont été en Europe des langages vivants [...], on les retrouve ici intactes, mais embaumées. » Comme les cloîtres achetés à coups de millions ? Pis que les cloîtres achetés à coups de millions : car ces œuvres, coupées-collées d'Europe, « on les produit et les reproduit mécaniquement sans s'apercevoir qu'elles ne disent plus rien » [80]. L'expressionnisme abstrait selon Beauvoir : de la mécanique plaquée sur du déracinement.

Si le thème de l'abstraction américaine a été recueilli par la gauche, il a manifestement un pedigree de droite. Fédération abstraite née du papier des Déclarations, conglomérat humain sans unité organique, les États-Unis sont depuis longtemps en butte aux attaques traditionalistes. Cette vieille hostilité est revigorée par le climat des années 30. Aron et Dandieu ne cessent de fustiger ce « prestige de l'abstrait », indigne d'un « polytechnicien de première année », dont s'enivre le pays yankee [81]. Ils ironisent sur cette Amérique pétrie de « cartésianisme déchu et taylorisé », de « hegelianisme déshonoré » [82]. Le non-conformisme, là encore, fera école. Simone de Beauvoir, pour revenir à elle, ne dit guère autre chose que les auteurs du *Cancer américain* dans *L'Amérique au jour le jour*. L'équation de l'Amérique, explique-t-elle, c'est la double négation du sujet et de l'Esprit : « En termes hegeliens, on peut dire que la négation du sujet conduit au triomphe de l'entendement sur l'Esprit, c'est-à-dire au triomphe de l'abstraction [83]. » Mieux (ou pis), pour Beauvoir comme pour l'antiaméricanisme spiritualiste d'avant-guerre, l'Amérique idolâtre l'argent parce que ce « symbole vide » répond à sa passion de l'abstraction : « Si l'argent est pour beaucoup le seul but, c'est que toutes les autres valeurs ont été ramenées à ce commun dénominateur [...] Les Américains

---

80. S. de Beauvoir, *L'Amérique...*, p. 270.
81. Et même d'un polytechnicien de première année « après boire » ; R. Aron et A. Dandieu, *Le Cancer américain...*, p. 87.
82. *Ibid.*, p. 74.
83. S. de Beauvoir, *L'Amérique...*, p. 385.

se satisfont de ce symbole vide. » Ils s'en satisfont d'autant plus aisément qu'ils « n'ont pas de feu intérieur »[84].

C'est glisser sur la même pente que dévale Bernanos, au même moment, dans *La Liberté pour quoi faire ?* Car Bernanos ne s'en tient pas à dénoncer haut et fort la « civilisation anglo-américaine des machines » ; il ne s'arrête même pas à en proclamer le destin fatalement « totalitaire ». Il se lance dans une généalogie du couple usure-machine qui donne une fâcheuse impression de déjà-entendu. Il y a toujours eu des spéculateurs, rappelle Bernanos. Même avant les Anglo-Américains. La preuve, on en parle dans l'Évangile. « Peut-être ces gens-là ont-ils toujours plus ou moins pensé qu'ils deviendraient un jour les maîtres du monde, mais on se méfiait d'eux, on les tenait en suspicion. » Et comme on avait raison ! « Rappelez-vous ce que le Moyen Âge pensait de l'usure et de l'usurier... » Comme on aimerait que Bernanos, deux ans seulement après la fin de la guerre, se rappelle lui aussi le sens et le poids des mots. Non, il continue, tranquille comme Baptiste : « Enfin, attendue ou non, leur heure est venue. L'invention des machines leur a donné brusquement, d'un seul coup, l'instrument qui leur manquait. » Bernanos ajoute que « les machines n'ont aucune responsabilité personnelle là-dedans ». Et, faisant le plaisant, il ajoute qu'il ne veut pas « envoyer les machines à Nuremberg, les frais du procès seraient trop élevés ». C'est bien raisonné. Mais pourquoi pas leurs maîtres et possesseurs ? Pourquoi pas les « Anglo-Américains » (sans offenser personne) et tous ces mystérieux usuriers qui attendent leur heure depuis le Moyen Âge. « Dans l'ancienne monarchie, presque tous les grands argentiers, de Jacques Cœur à Fouquet, ont mal fini. » On sent pointer le regret. À Nuremberg ou à Montfaucon, les « argentiers » et les « Anglo-Américains » ! C'est ce que Bernanos appelle « vous aider à réviser un certain nombre d'idées conventionnelles »[85]...

L'imputation d'abstraction joue en fait sur plusieurs registres. À un premier niveau, l'Amérique « abstraite » forgée par le discours antiaméricain oppose un démenti à ceux qui vantent la « vitalité »

84. *Ibid.*, p. 321.
85. G. Bernanos, « Révolution et liberté »..., *La Liberté pour quoi faire ?*..., pp. 160-162. Notons qu'Emmanuel Mounier qui avant la guerre dénonçait « cet optimisme inhumain de l'humanisme Ford-Staline », polémique en 1949 contre Bernanos (qui « s'en tient au fracas de l'éloquence ») et plus généralement contre « l'antimachinisme affectif et passionnel » (*La Petite Peur du XXᵉ siècle*, Neufchâtel, 1949 ; *Œuvres*, Paris, Seuil, III, pp. 364, 367).

américaine. C'est évidemment un lieu commun que d'opposer le mécanique au vivant[86]. Le nom de Bergson apparaît souvent, à ce titre, dans la polémique antiaméricaine. Son dernier ouvrage, *Les Deux Sources de la morale et de la religion* (1932), aborde directement le problème du machinisme dans les sociétés développées. Les effets néfastes du machinisme, avance Bergson, « pourraient d'ailleurs se corriger [...] Il faudrait que l'humanité entreprît de simplifier son existence avec autant de frénésie qu'elle en mit à la compliquer. L'initiative ne peut venir que d'elle, car c'est elle, et non pas la prétendue force des choses, encore moins une certaine fatalité inhérente à la machine, qui a lancé sur une certaine piste l'esprit d'invention »[87]. On voit d'où Roussy de Sales, l'année suivante, tire l'idée (qu'il écarte poliment) d' « abolir les machines » : hommage discret au vieux philosophe d'un économiste incrédule. Georges Friedmann, lui, polémiquera ouvertement contre le « mysticisme » dont cette « philosophie de l'histoire » lui paraît entachée[88]. Mais avant même la parution des *Deux Sources,* un bergsonisme diffus fournit une caution philosophique à la critique de la machine – chez Duhamel, par exemple, qui place sous l'autorité de Bergson l'un de ses développements sur l'incommensurabilité de l'inerte au vivant[89].

De cette atmosphère bergsonienne, on passe (parfois dans les mêmes pages) à une ambiance d'inspiration toute différente, où le « vitalisme » renvoie plutôt à un néo-darwinisme imprécis. Il s'agit alors, comme chez Bernanos, de dénoncer l'erreur moderne (ou la mystification américaine) qui consiste à présenter la prolifération des machines comme une marque de dynamisme. Rien de plus faux, répond Bernanos en 1947 : « Les Yankees voulaient nous faire croire, il y a vingt ans, que le machinisme était le symptôme d'une excessive poussée de vitalité ! S'il en avait été ainsi, la crise du monde serait résolue, au lieu qu'elle ne cesse de s'étendre, de s'aggraver, de prendre un caractère de plus en plus anormal. » Non, insiste Bernanos : aucune « vitalité excessive »

---

86. Ce qui n'empêche nullement, au contraire, d'imaginer la transgression d'un règne à l'autre, comme Villiers dans *L'Ève future* ; ou de prétendre, comme Jules Huret devant les machines américaines, qu'elles ont « l'air de penser » (*En Amérique...*, p. 295).
87. P. Bergson, *Les Deux Sources de la morale et de la religion*, Paris, PUF [1932], 1992, pp. 327-328.
88. G. Friedmann, *Problèmes du machinisme...*, p. 99, note 4, en particulier.
89. G. Duhamel, *Scènes...*, p. 99.

dans le machinisme. Et encore moins chez « l'homme du machinisme », ce « névropathe, passant tour à tour de l'agitation à la dépression, sous la double menace de la folie et de l'impuissance »[90]. La « machinerie », ajoute Bernanos, c'est l'évitement, le contournement de la vie ; et c'est en cela que le machinisme n'est pas seulement une erreur, mais « aussi un vice de l'homme comparable à celui de l'héroïne ou de la morphine ». La vérité, c'est que « l'homme moderne demande aux machines, sans oser le dire ou peut-être se l'avouer à lui-même, non pas de l'aider à surmonter la vie, mais à l'esquiver, à la tourner, comme on tourne un obstacle trop rude »[91]. La machine, drogue ultime du monde américanisé, est une « forme perverse d'évasion » – loin du réel, hors de la vie.

Le thème de l'abstraction américaine est ainsi décliné en étroite liaison avec celui de la mécanisation de la vie et l'artificialité de la démocratie. « La liberté n'est pas là », écrit Robert Aron, « elle n'est ni dans les mécanismes, ni dans les abstractions »[92]. La liberté de l'esprit non plus, comme le suggère l'historien Bernard Faÿ, stigmatisant « l'instruction solidement enchaînée » (l'adjectif est ambigu) des universités américaines, qui privilégie la formule abstraite par rapport à la parole vivante : « Le mot y cède au signe, la parole au chiffre, l'idée à la formule[93]. » Le grief rassemble spiritualistes et marxistes. Les uns reprochent à l'Amérique son « rationalisme déchu » ; les autres, son déni délibéré du concret social. Par sa généralité même, l'imputation d'abstraction mobilise contre les États-Unis tout un imaginaire vital, charnel, organique, mais aussi social et même onomastique. L'Amérique sonne creux, disait Claudel, sidéré d'un tel vide. Aussi creux que le mot « citoyen » appliqué à un Américain, ajoute Siegfried : il suffit de tendre l'oreille. Émile Boutmy, le fondateur de Sciences Po, proposait déjà cette expérience scientifique : « Écoutez le retentissement de ce nom : la France, et prononcez ensuite celui des États-Unis. Le premier fait sonner des profondeurs : on dirait une voix longuement répercutée qui sort de l'antre. Le second rend un bruit sec et bref, un bruit de plein air, comme de deux silex entrechoqués à quelques

---

90. G. Bernanos, « Révolution et liberté »..., *La Liberté pour quoi faire ?*..., pp. 155-156.
91. *Ibid.*, p. 155.
92. R. Aron, *Dictature*..., p. 22.
93. B. Faÿ, *Civilisation américaine*..., p. 83.

pas de nous[94]. » Excellente ruse de Sioux pour surprendre le grand secret de l'Amérique. Robert Aron en propose une autre de sa façon : il prend les États-Unis à la lettre et en flagrant délit d'inexistence. *USA* : ça a l'air de quoi ? Pas d'un vrai pays en tout cas. Un vrai pays, c'est, par exemple : « Italie » ; et tant pis pour les esprits chagrins qui la trouvent un peu changée sous le Duce. « Entre l'Italie, berceau de l'esprit européen, et ces dépendances coloniales que constituent les pays à initiales, URSS ou USA, il ne peut y avoir, d'un point de vue méthodique et culturel, de compétition véritable[95]. » Suit un éloge de Mussolini.

Edmund Burke s'indignait déjà, en 1790, que la Révolution ait arbitrairement créé et nommé de petits pays sans la moindre réalité humaine, dont il prédisait la disparition rapide : il voulait parler des départements français. « Pays à initiales » est une heureuse trouvaille qui rajeunit la vieille accusation d'artificialité, tout en suggérant l'analogie constitutive de pareils pays avec les sociétés anonymes, trusts ou combinats – empires à initiales. Trompe-l'œil démocratique, souligne Robert Aron, que cette Amérique où les « forces d'oppression collective se cachent [...] sous le nom de certaines sociétés anonymes ou de groupements industriels ou bancaires »[96]. Contre ce vaste complot, éternelle vigilance ! Fouquet, Jacques Cœur et leurs successeurs sont tapis sous ces acronymes. Il faut déjouer l'insignifiance rusée de ces sigles et de ces signes. Il faut expliquer qu'USA n'est qu'un prête-nom de la puissance matérielle. Il faudra bientôt, Occupation aidant, montrer que l'abstraction du dollar dissimule le complot judéo-maçon, comme s'y emploie l'exposition anti-juive de Paris en 1941, où chaque élément graphique du billet vert est décodé comme signal convenu des synagogues ou des Loges. Et ne pas oublier de rappeler, comme Pierre-Antoine Cousteau dans son *Amérique juive* de 1942, que c'est sous ce signe que « les USA ont allié leurs initiales à celles de l'URSS »[97].

Il faut faire parler, à toute force, la feinte banalité des icônes ; et Duhamel, sur les deux faces d'un *nickel*, sait retrouver la trace du génocide des Indiens et de l'extermination des bisons[98]. Aux

94. É. Boutmy, *Éléments d'une psychologie politique du peuple américain* [1902], Paris, A. Colin, 1911, p. 77.
95. R. Aron, *Dictature...*, p. 108.
96. *Ibid.*, p. 110.
97. P.-A. Cousteau, *L'Amérique juive*, Paris, Éditions de France, 1942, p. 71.
98. « J'ai dans ma poche plusieurs petites pièces de votre monnaie sur lesquelles est imprimée le mot liberty. Et que voyez-vous, juste sous ce mot ? Une figure d'Indien

lisières de la sémiotique et du délire d'interprétation, tout un anti-américanisme soupçonneux se tient, craie en main, prêt à tracer au dos de l'assassin planétaire la marque d'infamie qui vaut condamnation – non pas M le Maudit, mais U$ A$$A$$IN.

Le troisième homme

Vide, abstraction, simulacre : le discours des clercs sur l'Amérique est un discours du peu de réalité de l'Amérique, ou plutôt un effort tenace pour *irréaliser* l'Amérique. Les formes peuvent en être grossières : opposition de l'Amérique aux pays réels, aux nations organiques, au concrétudes dialectiques. Elles peuvent être plus subtiles : Aron et Dandieu délocalisant le « pays yankee » (il est partout) ; Luc Durtain brouillant signes et choses (*Realty* : marchands de biens, marchands de rien) ; Baudrillard vaporisant l'Amérique (elle n'est nulle part). Cet évidement de l'Amérique, depuis les années 20, dessine en creux diverses figures de l'Homme comme manquant à l'appel[99].

Le premier homme, le plus ancien, est la créature de Dieu, dont l'antagonisme avec la civilisation des machines trouve de nombreux exégètes en France. Dans son livre le plus influent, *Du Régime temporel et de la liberté*, Maritain définissait l'époque moderne, telle que les États-Unis en réalisent le type, comme opérant le « refoulement progressif de l'humain par la matière ». Il dénonçait ces « héritiers du rationalisme » qui « prétendent nous imposer aujourd'hui [...] une morale anti-ascétique, exclusivement technologique ». Il invitait à la résistance : « Si la machine et la technique ne sont pas domptées, soumises de force au bien humain, c'est-à-dire entièrement et rigoureusement subordonnées à l'éthique religieuse et rendues instruments d'une morale ascétique, l'humanité est littéralement perdue[100]. » Bien que Maritain ait tenu

---

ou de bison. Ô ironie ! Deux races vivantes et libres que vous avez anéanties en moins de trois siècles ! » (G. Duhamel, *Scènes...*, p. 36). Séduit par cette sémiologie, l'auteur collaborationniste et un peu plagiaire de *Pourquoi l'Amérique est-elle en guerre ?* la reprend à son compte : « "Liberty" c'est également l'inscription gravée sur la pièce de nickel à côté – ô ironie – d'une tête d'Indien en relief » (Henri Nevers, *Pourquoi l'Amérique est-elle en guerre ?*, Paris, Nouvelles éditions françaises, s.d., p. 11).

99. Baudrillard lui-même a fini par trouver son homme : le « kamikaze » du 11 septembre, dont « l'acte terroriste [...] ressuscite à la fois l'image et l'événement » (« L'esprit du terrorisme », *Le Monde*, 3 novembre 2001).

100. J. Maritain, *Du Régime temporel et de la liberté*, Paris, Desclée de Brouwer,

par la suite à affirmer la nature « sprituelle » de l'Amérique, ses écrits antérieurs à la guerre irrigueront longtemps l'antimodernisme et l'antimachinisme catholiques, dont Georges Bernanos devient le porte-parole impétueux. Les textes réunis dans *La Liberté pour quoi faire ?* (1953) sont parmi les plus violemment antiaméricains de l'après-guerre ; ils s'ouvrent sur une sorte d'invocation à l'homme, cet homme « créé à l'image de Dieu » au nom duquel Bernanos part en croisade : « Mais si l'homme était réellement créé à l'image de Dieu [...] Si l'homme ne pouvait se réaliser qu'en Dieu ? Si l'opération délicate de l'amputer de sa part divine – ou du moins d'atrophier systématiquement cette part jusqu'à ce qu'elle tombe desséchée comme un organe où le sang ne circule plus – aboutissait à faire de lui une bête féroce ? ou pis peut-être, une bête à jamais domestiquée, un animal domestique ? ou, moins encore, un anormal, un détraqué [101] ? » Il y a urgence : « le monde de demain sera cartésien ou hégélien » [102], prévient Bernanos dans le sillage de Maritain et des non-conformistes – c'est-à-dire américain. À moins que...

Le deuxième homme n'entretient pas de très bons rapports avec le premier. C'est l'individu autonome et rationnel d'un monde sécularisé. (Celui contre lequel tonne Claudel dans une lettre à Agnès Meyer : « *Individual liberty* » ! Il n'y a pas d'*individual liberty*. Il n'y a que la liberté des enfants de Dieu [103]. ») L'Amérique se flatte de le respecter, cet individu, et même de favoriser ses « poursuites » légitimes. Mais attention à la contrefaçon ! Cet individualisme n'est pas le nôtre ; il est même, comme l'explique Tardieu, l'inverse du nôtre : « L'individualisme dont les deux pays se font également honneur, obéit, chez l'un et chez l'autre, à des lois inverses. L'individualisme américain est plus social que l'individualisme français. Aux États-Unis, l'individu s'assemble. En France, il s'isole [104]. » Cet individu est menacé, il faut le défendre contre la « civilisation de masse ». L'Amérique, en dépit de ses propres mythes, n'est pas le paradis de l'individu, ni la terre d'élec-

1933, pp. 110, 112-113 ; les deux dernières citations sont reprises de son *Songe de Descartes.*

101. G. Bernanos, « Révolution et liberté »..., *La Liberté pour quoi faire ?*..., p. 154.

102. *Ibid.*, p. 63.

103. P. Claudel à Agnès Meyer, 23 juillet 1929, *Claudel et l'Amérique II...*, p. 99.

104. A. Tardieu, *Devant l'obstacle. L'Amérique et nous*, Paris, Éd. Émile-Paul Frères, 1927, p. 53.

tion de l'individualisme. La rupture est nette, sur ce point, entre le discours français qui s'impose à partir des années 1930 et la lecture « anglo-saxonne » qui, depuis Philarète Chasles jusqu'au début du XXᵉ siècle, avait proposé, autour du *squatter*, du *settler*, du *frontier's man*, toute une typologie de l'énergie individuelle américaine. À partir des années 1920-1930, et pour le reste du XXᵉ siècle, le discours antiaméricain s'emploie à défaire cette « mythologie » yankee et à présenter la société américaine comme broyeuse de toute individualité. L'enjeu est d'importance : il y va de la vraisemblance des imputations de « totalitarisme » ; mais c'est aussi le moyen de saper la croyance au *self-made man*, à la société ouverte et à la réussite toujours à portée de main. D'une pierre, deux mythes.

Cette carence en Amérique du véritable individualisme est chez André Siegfried une réalité ethno-culturelle liée, en premier lieu, à l'absence d'émigration française. Soulignant ce manque de « l'individualisme gaulois » dans le *melting-pot* américain, Siegfried conclut sur le contraste absolu que présentent, à cet égard, la France et les États-Unis : « La France, civilisation d'individus, est aux antipodes de la société grégaire de rendement qu'est l'Amérique contemporaine [105]. » Le Français, selon Siegfried, est trop « réfractaire », trop « asocial » pour accepter une société qui tend à « réduire l'originalité de l'individu » [106]. Duhamel ne dira pas autre chose. Son antiaméricanisme est essentiellement protestation contre « l'effacement de l'individu, l'abnégation, l'anéantissement de l'individu » [107]. Omniprésente donc chez Siegfried et Duhamel, cette défense de l'homme-individu n'est pas le monopole des conservateurs. Car défendre l'individu revient aussi, dans le prolongement de la protestation baudelairienne, à revendiquer les droits de l'artiste, de l'écrivain, du créateur menacés d'étouffement ; et la solidarité des clercs ignore ici les barrières idéologiques. C'est sans doute à ce statut de l'intellectuel – mais pas à lui seulement – que pense Simone de Beauvoir en 1948 lorsqu'elle

---

105. A. Siegfried, *Les États-Unis d'aujourd'hui...*, p. 19.
106. *Ibid.*, p. 23.
107. G. Duhamel, *Scènes...*, p. 36. On n'en finirait pas de citer chez Duhamel et ses contemporains toutes les métaphores animalières et grégaires qui sont requises pour définir la société américaine : ruche, termitière, fourmilière, etc. Dans l'imaginaire de l'entre-deux-guerres, la société américaine est à la fois « inorganique » et animale – les collectivités animales inférieures ne faisant que prolonger l'imagerie mécaniste.

écrit : « En Amérique, l'individu n'est rien. Il fait l'objet d'un culte abstrait [108]. »

Pas à lui seulement : car il y a ce troisième homme auquel pensent, peu ou prou, tous ceux qui écrivent sur l'Amérique ; ce troisième homme qui est l'agent de liaison paradoxal entre catholiques et incrédules, fascisants et communisants, non-conformistes et « contestataires » ; ce personnage essentiel de la dramaturgie intellectuelle française du XXᵉ siècle où il s'avance tantôt masqué, tantôt à visage découvert. Cette figure capitale en elle-même et cardinale dans le discours antiaméricain, est celle de *l'homme révolutionnaire*.

Le révolutionnaire n'est pas, dans le discours intellectuel français du XXᵉ siècle, un héros marginal, ni un personnage extrême. Il hante en spectre bénin tous les textes antiaméricains [109]. Quel est le gauchiste courroucé, l'activiste dépité qui déplore qu'il n'y ait « pas de révolution imaginable dans la fourmilière américaine », tout en gardant, au coin de l'âme, un reste d'espérance : « car avec l'homme on ne sait jamais » [110] ? Ce dangereux trublion, c'est Georges Duhamel, à qui l'on ne soupçonnait pas de tels engouements. Quels sont les pyromanes tiers-mondistes, les théologiens de la libération peut-être, qui reprochent aux États-Unis d'avoir pour « but profond [...] d'éviter l'explosion psychologique révolutionnaire » qui sauverait le monde [111] ? C'est l'austère tandem de l'Ordre Nouveau : Aron et Dandieu, en 1931. On pourrait multiplier chassés-croisés et quiproquos. L'Homme de la Révolution court comme le furet dans l'ensemble du discours antiaméricain : il en est le *famulus* et comme le protagoniste obligé.

Face aux États-Unis, le discours des clercs est unanimement révolutionnaire. Avec pour effet magique, chez les polémistes les plus antirépublicains des années 30, la réhabilitation (au moins provisoire) de cette vieille chose dédaignée : la Révolution française. Au seul nom des États-Unis, peu d'entre eux qui ne tirent leur « Déclaration des droits de l'homme ». Robert Aron, qui vient de se dire « méthodiquement hostile » à la Révolution, a pour elle

---

108. S. de Beauvoir, *L'Amérique...*, p. 100.
109. L'idée révolutionnaire, note Pierre Nora dans un article consacré à l'antiaméricanisme, est au cœur de la gauche, qui est elle-même au cœur de la culture nationale (« America and the French Intellectuals », *Daedalus* nº 107, Winter 1978, p. 334).
110. G. Duhamel, *Scènes...*, p. 123.
111. R. Aron et A. Dandieu, *Le Cancer américain...*, p. 162.

un regain d'affection, à la seule comparaison des deux Déclarations : « La pensée française sut tirer un véritable dogme humain de ce qui outre-Atlantique était plutôt un recueil de procédure locale [112]. » On a vu, déjà, Roussy de Sales réclamer une nouvelle « Déclaration des droits de l'homme » pour pallier les conséquences de la « technocratie ». Bernanos lui-même, au milieu d'une diatribe particulièrement violente contre la « civilisation des machines », invoque soudain « le dernier message que le monde ait reçu [de la France] : cette *Déclaration des Droits* qui était un cri de foi dans l'homme, dans la fraternité de l'homme pour l'homme ». Mais qui « aurait aussi bien pu être un cri de malédiction pour une civilisation qui allait tenter d'asservir l'homme aux choses », ajoute Bernanos devant un auditoire qu'on imagine médusé ; un « cri de malédiction » donc, contre cette civilisation qu'il vient d'appeler « anglo-américaine » [113].

La *Déclaration* de 1789 comme anathème contre le pays de la *Déclaration d'Indépendance* : l'audace de Bernanos donne à penser. On trouve assez souvent chez les historiens, et particulièrement chez les historiens américains troublés par la virulence de l'anti-américanisme français, cette idée que l'antagonisme naît d'une compétition entre les deux grandes révolutions démocratiques : les Français auraient déployé leur hostilité à l'encontre de la seule nation qui pouvait leur disputer la primogéniture démocratique ; qui pouvait se targuer aussi d'avoir donné à ses institutions des fondements plus stables et moins teintés de sang. L'hypothèse est séduisante, mais l'analyse des discours antiaméricains ne la confirme pas. Cette prétendue concurrence des deux révolutions ne traverse pas un instant l'esprit des Français, qui n'ont jamais douté de la prééminence historique ni de l'exemplarité supérieure de la Révolution française – sans même parler de sa grandeur épique et de sa force poétique. La référence américaine n'a jamais alimenté que des « ruisselets » républicains en France – les « minces filets de fidélité » dont parle René Rémond [114] –, précisément parce que la Révolution française y apparaît comme la seule *vraie* révolution. L'autocritique précoce de Frédéric Gaillardet, dans les années 1880, tournait tout entière autour de cette révélation, devenue en-

112. R. Aron, *Dictature...*, p. 123.
113. G. Bernanos, « Révolution et liberté »..., *La Liberté pour quoi faire ?...*, p. 154.
114. René Rémond, *Les États-Unis devant l'opinion française. 1815-1852*, Paris, Armand Colin, 1962, p. 826.

suite la plus irréfragable des évidences : la nation américaine n'a jamais été révolutionnaire. C'est ce qu'inlassablement, la France – et même la France la plus bourgeoise – ne cesse de lui reprocher. L'antiaméricanisme français du XXe siècle ne cessera de reprendre et reformuler ce grief, soit au nom d'une véritable conviction révolutionnaire, soit, beaucoup plus souvent, au nom d'une phraséologie révolutionnaire détachée de tout projet, dont la perpétuation jusqu'au troisième millénaire fait partie intégrante de « l'exception française ».

*

« L'Europe a esquissé la première réponse à la fascination de l'américanisme [115]. » Cette phrase de Jean-Marie Domenach est un curieux résumé de Mai 68. Car si la protestation contre la guerre au Vietnam avait joué, au cours des mois précédents, un rôle mobilisateur pour le mouvement étudiant, les États-Unis n'étaient pas en tête de l'agenda (d'ailleurs inexistant) des manifestants ni des grévistes. Dix ans plus tard, Régis Debray prend l'exact contre-pied de cette réaction à chaud. Il lit Mai 68 comme un scénario d'américanisation : « La voie française vers l'Amérique passait par Mai 68 [116]. » D'insurrection de l'esprit contre « l'américanisme » chez Domenach, Mai 68 est devenu chez Debray le petit théâtre (ou le Grand Guignol) de la mise en conformité de la France : grâce à Mai, on peut désormais « devenir américain jusqu'au bout ». Loin d'avoir été une cure de désintoxication de l'américanisme, « les Événements » auraient injecté aux Français la morphine US du renoncement. « Encore un effort, Français, pour abandonner vos derniers rêves : le Peuple (ouvriers, artisans et étudiants), le bloc ou l'alliance de classes (force de la culture + forces du travail), la réappropriation collective par les travailleurs de leurs conditions de vie et de travail, la sauvegarde de la communauté nationale et la solidarité avec les exploités et opprimés du monde [117]. » Ce grand écart des interprétations illustre jusqu'à la caricature les investissements contradictoires dont « l'Amérique » fait l'objet. L'amateur de Mai y célèbre une revanche de l'esprit

---

115. J.-M. Domenach, *Esprit*, juin-juillet 1968.
116. R. Debray, *Modeste Contribution aux discours et cérémonies officielles du dixième anniversaire*, Paris, Maspéro, 1978, p. 39.
117. *Ibid.*, pp. 51-52.

sur le « matérialisme » et le consumérisme caractéristiques de l'*American way of life*. Le contempteur de Mai n'y voit que liquidation à la fois spectaculaire et sournoise d'un être-révolutionnaire à la française au profit de l'américanisation rampante. Régis Debray et Jean-Marie Domenach ne sont d'accord ni sur Mai, ni sans doute sur ce qui constitue « l'américanité » – ils ne s'accordent que pour faire de l'Amérique le pôle négatif de leurs analyses divergentes.

Le discours de l'après-Mai charrie assez d'éléments contradictoires pour qu'il soit hasardeux d'en tirer des leçons univoques. Il faudrait avant tout distinguer l'attrait que commencent à exercer les États-Unis sur une partie de la jeunesse à travers la musique, les livres, les films ou la sexualité, et l'impact des thèmes les plus insistants qui se condensent pour former la culture (ou la contre-culture) du gauchisme. Soit dit sans jugement de valeur, à peu près tout y est « archaïque » : l'antimachinisme et la détestation de la Technique ; la critique de l'aliénation comme désir inauthentique pour les « choses » ; le culte de la parole comme performative et, bien entendu, la référence incantatoire à la Révolution. À cet égard, Domenach n'était pas mal venu d'y voir une relance de l'antiaméricanisme conçu (dans la tradition non-conformiste) comme réveil de l'Esprit ; pas plus que la gauche dite « classique » n'avait tort d'y reconnaître, incrédule et gênée, des accents révolutionnaristes montés, comme les barricades elles-mêmes, de son lointain passé. « Insurrection de la vie » pour les uns, renversant retour des révolutions pour les autres, Mai 68 a indubitablement remis sur leurs rails, pour une génération au moins, les discours de défense de l'Homme qui avaient alimenté concurremment l'antiaméricanisme depuis les années 30. Quant à l'importation, dans l'après-Mai, d'éléments de la contre-culture américaine, elle est incontestable. Encore faut-il mettre un accent appuyé sur le *contre-*, d'une part ; et constater d'autre part qu'elle ne modifie guère la scénographie imaginaire, solidement française, des années gauchistes : Internationale, guerre d'Espagne, Résistance, ouvriérisme et activisme staliniens des années 50, luttes contre les guerres coloniales. Célébrer la Commune, comme ce fut violemment le cas en 1971, n'est pas précisément une idée hollywoodienne ; ni même woodstockienne...

Associées à la dénonciation passionnée de l'impérialisme, les « idées de Mai » ont relancé la possibilité d'un discours globalement négatif sur les États-Unis. Même l'antiproductivisme, qui apparaît aux observateurs du court terme comme un changement de paradigme décisif, réactive une longue et forte tradition. La machine est l'inversion de la vie : ce thème commun aux humanistes à la Duhamel, aux personnalistes et aux spiritualistes, resurgit en 1968. Il forme le substrat de l'antimodernisme utopique et libertaire caractéristique du « Mouvement de Mai ». L'énergie fusionnelle (et parfois confusionnelle) du gauchisme fait ainsi converger des critiques restées jusque-là parallèles : l'antimachinisme principiel des anticollectivistes et l'antimachinisme « sélectif » de la tradition marxiste, qui réservait son hostilité à la machine « en régime capitaliste ». Fusée tardive dont la mèche a été allumée dans les années 30.

Au cœur de ce discours : la Révolution. Entre incantation et incarnation, s'est alors rejouée à grande échelle une scénographie dont le modèle avait été fourni, un demi-siècle plus tôt ou presque, par le Surréalisme. De toutes les « ambiances » intellectuelles et morales qui entrent en combinaison dans l'atmosphère de Mai 68, la plus nettement présente, fût-ce à l'insu des protagonistes, est certainement celle-là. Or s'il est un discours où fétichisme de la Révolution et haine de l'Amérique se sont entretenus et justifiés mutuellement, c'est bien le mouvement surréaliste. Le surréalisme aura été un pôle intellectuel et artistique décisif pour l'aimantation d'un antiaméricanisme d'évidence, on pourrait dire de fulguration, inséparable d'une parole révolutionnaire d'autant plus irréfutable qu'elle se souciait assez peu de ses référents. Et son influence aura été d'autant plus forte et durable que jamais l'extraordinaire brutalité de son vocabulaire d'invectives, jamais la véhémence de ses appels au meurtre, jamais cette rhétorique générale de la mise à feu et à sang, de l'exécution et de l'éradication, n'ont suscité en France réserve, doute, ni suspicion. « On ne peut s'empêcher de penser », constatait récemment Jean Clair, « que, contrairement aux autres avant-gardes, les surréalistes continuent de jouir d'une étrange indulgence »[118]. Et pourtant « les manifestes surréalistes diffèrent peu, si l'on prend la peine de les lire froidement, des propos extrémistes tenus par les pousse-au-crime du temps, de gauche et de droite ». Jean Clair pousse-t-il à son tour la criminalisation trop loin ? On ne peut qu'adhérer en tout cas à ses remarques sur le paradoxal passéisme du surréalisme – dont hérite Mai 68. En effet, « le monde moderne n'est pas son fait » et il est

---

118. J. Clair, « Le surréalisme et la démoralisation de l'Occident », *Le Monde*, 22 novembre 2001.

étonnamment indifférent à « la machine, la vitesse, l'énergie », chères aux futuristes et aux constructivistes. Face à la modernité, le surréalisme est un front du refus ombrageux et têtu. Rien de si étonnant, donc, à retrouver les surréalistes épaule contre épaule avec les « humanistes » honnis et vomis, dès qu'il s'agit d'attaquer l'Amérique. Détruire, disent-ils. « Que l'Amérique au loin croule de ses buildings blancs au milieu des prohibitions absurdes », lance Aragon en 1925 [119]. Ce serait faire injure aux surréalistes, pour qui la métaphore a force logique et l'image force d'acte, que d'invoquer l'innocuité « poétique ». Comme le rappelle encore Jean Clair, la mappemonde publiée dans *Variétés* en 1929, où la taille de chaque pays correspond à l'importance que lui accorde le surréalisme, ne laisse subsister en Amérique du Nord que le Canada et le Mexique désormais voisins : les États-Unis ont été éradiqués. Ce n'est pas le séjour maussade de Breton, à partir de 1939, dans le pays rayé de la carte surréaliste dix ans plus tôt, qui devait améliorer les choses.

Le 30 avril 1949, de retour au pays, Breton doit prendre la parole dans un meeting politique appelé par le RDR de David Rousset. Cette « Journée internationale de résistance à la dictature et à la guerre » constitue une tentative de réponse à la mainmise stalinienne sur les mouvements pacifistes. Plus directement encore, c'est une réplique au Congrès mondial des Partisans de la Paix des 23, 24 et 25 avril, sous obédience communiste, dont ont été écartés tous les déviants. Le meeting du RDR est nettement moins bien huilé. Dans le public, trotskystes et libertaires côtoient marxistes critiques et pacifistes non alignés. L'intervention d'un scientifique américain (imposé par les bailleurs de fonds occultes : syndicats américains et CIA) en faveur de la dissuasion nucléaire fait chavirer la soirée avant que Breton ait pu prendre la parole.

Reste son texte, qui ne laisse pas d'étonner. Breton bien sûr commence par prendre ses distances avec le stalinisme. Mais, soudain, à mi-course, il change de cap, vire à l'ouest, se lance dans une diatribe contre les États-Unis beaucoup plus passionnée que sa condamnation « sans ambiguïté », comme on dit, de l'URSS : « Contre les USA chacun de ceux qui me connaissent sait que j'entretiens les pires griefs moins personnels qu'extra-personnels,

---

119. L. Aragon, « Fragments d'une conférence », *La Révolution surréaliste*, n° 4, 1925, p. 25.

au point que durant cinq ans de séjour, je n'y ai contracté nulle amitié.» (L'argument laisse rêveur.) Suit un morceau d'anthologie : « Je hais autant que quiconque et qu'eux-mêmes peuvent le [*sic*] haïr la manière dont les USA se comportent avec mes amis les Noirs et plus encore, si possible, la manière dont ils se sont comportés avec mes amis les Indiens. J'ai horreur de l'hypocrisie sexuelle qui règne aux USA et de la licence honteuse qui s'ensuit.» Sautons à regret un passage sur les mœurs funéraires américaines. « Les États-Unis, rien ne m'est plus contraire que leur pragmatisme de pacotille, rien ne m'écœure intellectuellement comme leur trouvaille des *Digests*, rien ne me révolte tant que leur complexe de supériorité.» C'est alors la coutume en France d'enchaîner directement du *Reader's Digest* à l'impérialisme. Breton n'a garde d'y manquer : « J'abomine leur mainmise sur l'Amérique centrale, sur l'Amérique du Sud. Les prenant à leur stade actuel et bien obligé de constater qu'ils étendent à l'Ancien Continent leur dessein impérialiste, je nie frénétiquement que la stupidité de Coca-Cola, de ses dirigeants et de ses banquiers puisse avoir raison de l'Europe... »[120]

C'était bien la peine, en somme, d'appeler à un contre-meeting antistalinien pour rivaliser avec Jacques Duclos parlant de « l'insolente dictature que les Américains veulent faire peser sur notre pays, dictature de potentats incultes, méprisants et imbus de la supériorité du dollar... »[121] Phobie : c'est Breton lui-même qui prononce le mot. « J'éprouve quelque phobie à l'égard d'une langue qui est comme un empâtement de la langue anglaise et dans laquelle le mot "angoisse", par exemple, ne peut plus être traduit.» On sait Breton peu anglophone, mais pas au point d'ignorer que des mots pour traduire *angoisse*, il y en a même deux : *anguish* et *anxiety*. Aussi n'est-ce pas de cela qu'il parle, mais d'une carence moins sémantique ou, si l'on préfère, plus ineffable, celle qu'évoque Albert Béguin citant Bernanos : « Quel Américain d'aujourd'hui serait prêt à entendre cette parole de Bernanos : "Le malheur de l'homme est la merveille de l'univers"[122] ? » C'était bien la peine

---

120. A. Breton, « Allocution au meeting du 30 avril 1949 », *Œuvres complètes*, Paris, Gallimard, Bibliothèque de la Pléiade, vol. III, 1999, pp. 1107-1113.

121. J. Duclos, cité dans *La Nouvelle Critique*, n° 30, novembre 1951, p. 125 ; le discours date de septembre.

122. A. Béguin, « Réflexions sur l'Amérique, l'Europe, la neutralité... », *Esprit*, juin 1951.

de tant médire du « lieudit La Grenouillère » [123] pour rallier au port de l'angoisse, la flotille antiaméricaine du Spiritualisme... La haine de l'Amérique est décidément, entre Français, un miracle d'amour.

Mais combien, comme Breton, n'auront tant haï les États-Unis que pour avoir tant aimé la Révolution – ou plutôt son fantôme inlassablement évoqué ?

123. « Je ne me suis jamais agenouillé au lieudit La Grenouillère [...] » ; A. Breton, « Pleine Marge » (1940), *Poèmes*, Paris, Gallimard,

6. Insurrection de l'esprit,
bataille de la culture,
défense de la corporation

> Une âme américaine ! Ce serait prétentieux. Ce
> serait peut-être impossible. On se borne donc à
> américaniser.
>
> Kadmi-Cohen, *L'Abomination américaine* (1930).

> Nous disons NON ! Nous ne voulons pas de cours
> de beignets...
>
> *La Nouvelle Critique* (juin 1951).

On vient de voir comment la postulation révolutionnaire, présentée comme inhérente à une humanité authentique, a fait lien, tout au long du XXᵉ siècle, entre des antiaméricanismes apparemment incompatibles. Reste à montrer comment l'hostilité culturelle, composante permanente et le plus souvent dominante du discours antiaméricain, tire sa force singulière, en France, non seulement du poids particulier qu'y ont les intellectuels – ce qui relève de l'évidence –, mais aussi et plus subtilement de la confluence des deux grandes traditions, spiritualiste et laïque, d'ordinaire peu enclines à faire cause commune, mais exceptionnellement alliées contre l'Amérique pharisienne *et* béotienne. En les disant *alliées*, on vise moins d'ailleurs d'éventuelles alliances – comme celles, symboliquement importantes, qui ont lieu entre communistes et chrétiens de gauche pendant la guerre froide – qu'un alliage des deux discours. L'Amérique aura servi, là aussi, de *melting-pot* : à son sujet et à ses dépens se sont fondues peu à peu, dans la seconde moitié du XXᵉ siècle, des postulations spiritualistes et des protestations au nom de la culture émanant de camps traditionnellement hostiles l'un à l'autre. La disqualification de la civilisation « matérielle » américaine au nom de valeurs spirituelles et religieuses a trouvé son écho puis, au fil de la laïcisation de la société française, son prolongement, son relais, voire sa « relève », dans une dénonciation des États-Unis au nom de valeurs culturelles toutes séculaires, mais sourdement investies de transcendance laïcisée. À la croisée de ces chemins : le mot *esprit*, dont la polysémie a favorisé le passage du témoin entre révolte spirituelle et résistance culturelle.

La dénonciation spiritualiste de l'Amérique prend toute sa force dans les années 20 et 30. Son objectif est de mobiliser les esprits au nom de l'Esprit même. Avec ou sans majuscule, le mot autorise une grande latitude d'interprétation. Il est donc, lui aussi, propice aux convergences. Sa résonance religieuse lui permet de rallier le vaste front de résistance catholique à « l'américanisation » qui s'étend de Claudel à Bernanos et de Maurras à Mounier. Mais la « primauté du spirituel » affirmée par Jacques Maritain dans un livre marquant de 1927 n'est pas seulement une exigence dictée par la foi. C'est aussi la devise de beaucoup de « non-conformistes » non religieux. Au-delà du cercle des croyants, en ces zones indécises où le personnalisme largue ses amarres catholiques, le « spirituel » est posé comme une valeur de combat contre tous les réductionnismes (matérialistes ou rationalistes), sans nécessairement supposer la transcendance religieuse, ni impliquer une obédience cléricale. La défense de l'esprit se veut alors essentiellement rappel à l'ordre des vraies valeurs oubliées ou dégradées par l'Amérique. « Ce qui domine, ce sont les facteurs spirituels et moraux », pose Robert Aron en 1935 [1]. Quelques années plus tôt, *Le Cancer américain* offrait une définition percutante de l'Amérique comme « aberration du spirituel » [2]. Des nombreuses formules à l'emporte-pièce forgées entre les deux guerres, celle-là est particulièrement révélatrice. Non de l'Amérique, sans doute ; et Maritain, souvent invoqué dans ce débat, éprouvera le besoin tardif (1958) de retirer sa caution en définissant le peuple américain comme « le moins matérialiste des peuples modernes ayant atteint au stade industriel » [3]. Mais révélatrice d'un antiaméricanisme porté à faire de l'Amérique un monstre sous le regard de l'Esprit.

---

1. R. Aron, *Dictature de la liberté*, Paris, Grasset, 1935, pp. 26, 28.
2. R. Aron et A. Dandieu, *Le Cancer américain*, Paris, Rioder, 1931, p. 16.
3. J. Maritain, *Réflexions sur l'Amérique*, Fayard, 1958, p. 29 ; ce livre, issu de conférences prononcées à l'invitation du Committee on Social Thought à l'université de Chicago, témoigne d'un désir évident de se démarquer de l'usage antiaméricain fait de ses textes d'avant-guerre. Maritain tient à signaler qu'il a déjà défendu la possibilité de la spiritualité en terre américaine dans une conférence de 1938 publiée

La transition se fait en douceur entre la rhétorique spiritualiste à corollaires culturels de l'avant-guerre et la rhétorique culturelle à réminiscences spiritualistes de l'après-guerre. Après 1945, d'éminents « défenseurs de l'esprit » communieront dans l'antiaméricanisme avec les plus rudes tenants du matérialisme historique et dialectique. Ces derniers, surtout, sauront assumer l'héritage de « défense des valeurs » légué par leurs adversaires idéologiques et capter à leur profit une bonne partie du capital symbolique engrangé avant-guerre par les croisés du spiritualisme. Face à une Amérique accusée de « comploter contre l'intelligence » et de se vautrer dans l'aliénation consumériste, ils se fixeront une ligne d'opération efficace, entre apologie du « travail intellectuel » (dévalorisé ou dégradé par le capitalisme américain) et critique de ce matérialisme vulgaire qu'est l'*American way of life*. On voit alors naviguer bord à bord communistes staliniens et continuateurs du personnalisme catholique, unis dans un antiaméricanisme virulent, à visage pacifiste, à contenu culturel et à prétentions éthiques.

Foire aux religions et faillite du spirituel

La protestation contre l'Amérique au nom du « spirituel » plonge ses racines dans une tradition confessionnelle qu'elle ne revendique pas toujours mais à qui elle doit une partie de sa thématique. « Pays où la croix n'est que le signe plus... » : Paul Morand, à la dernière page de *Champions du monde*, jette ce symbole comme une fleur assassine sur la tombe de ses jeunes héros yankees, qu'il vient de faire mourir les uns après les autres [4]. Impossible d'ignorer, en amont de la croisade qui dresse presque toute sa génération contre l'Amérique « matérialiste », la longue répugnance du catholicisme français à l'endroit du protestantisme en général et de ses formes américaines en particulier. Deux stéréotypes s'affrontent, en France, quant au caractère religieux ou non de l'Amérique. Contradictoires, ils cohabitent pourtant depuis plus d'un siècle. Le premier fait de l'Amérique un pays pétri de religion, en dépit des déclarations de principe des Pères fondateurs et d'une laïcité juridiquement

---

à New York en 1940 (« Action et contemplation », dans le volume *Scholasticism and Politics*, Macmillan, 1940) ; ni le lieu, ni la langue, ni la date n'ont dû en favoriser la large diffusion parmi ses lecteurs français...

4. P. Morand, *Champions du monde*, Paris, Grasset, 1930, p. 275.

inscrite dans la Constitution : de la religion, « il y en a partout dans la République américaine », raille Urbain Gohier au début du XXᵉ siècle [5]. Le second stéréotype campe au contraire l'Amérique comme un pays qui a perdu toute idée de la religion : la « croyance » s'y réduit, au mieux, à une vague morale sociale ; au pis, à une pose hypocrite, un pharisaïsme généralisé couvrant d'opulents rackets. Division du travail accusatoire : les cléricaux s'indignent d'une religiosité américaine de mauvais aloi, tandis que les anticléricaux dénoncent la mystification d'une République qui se prétend laïque, mais où tout se fait la main sur la Bible ou la Bible à la main. Les États-Unis sont trop religieux pour les mécréants, trop mal croyants pour les esprits religieux.

L'accord se fait donc, entre les uns et les autres, pour stigmatiser cette *fausse religion* – soit comme fausse, soit comme religion. Mieux, l'antipathie qu'elle inspire rapproche les points de vue. Des anticléricaux fieffés mettent une sourdine à leur passion prédominante. Égarés sous les cieux américains, il reconnaissent un charme et des vertus au Ciel catholique. Déjà, on s'en souvient, le quarante-huitard Gaillardet avait tourné casaque : rien de tel à son avis que d'avoir côtoyé les protestants américains pour comprendre qu'« il y a plus de bleu » dans le catholicisme [6]. Tout juste si le voyage de New York ou de Chicago ne devient pas chemin de Damas. Urbain Gohier, robuste mangeur de curé, est tenté par la conversion. « Ce dimanche-là, j'ai eu envie de me faire catholique », avoue-t-il après un sermon débité par un « boy marié », qui le laisse révulsé [7]. Mécréants endurcis et fervents catholiques communient ainsi dans le dégoût – un dégoût que Paul Claudel, ambassadeur à Washington, confie à son journal en termes fort peu diplomatiques. Victime des devoirs de sa charge, il assiste à la messe épiscopalienne donnée dans National Cathedral, à Washington, après l'entrée en fonction de Franklin Delano Roosevelt. « Obligé une fois de plus, à mon profond dégoût, d'assister à une mômerie épiscopalienne à l'occasion de l'inauguration du nouveau Président. Écœurant de *humbug* et d'hypocrisie [...] ; pour s'expliquer le vide, la sécheresse, l'orgueil, la misère intellectuelle, du caractère et de l'esprit protestant, il faut assister à l'un de ces services qui

---

5. U. Gohier, *Le Peuple du XXᵉ siècle aux États-Unis*, Paris, Fasquelle, 1903, chap. v, « La question cléricale ».
6. F. Gaillardet, *L'Aristocratie en Amérique*, Paris, Dentu, 1883, p. 152.
7. U. Gohier, *Le Peuple du XXᵉ siècle...*, p. 115.

ouvrent un jour sur la vie spirituelle de tous ces malheureux[8]. » Dommage que cet expert en conversions n'ait pas, lors de son premier séjour américain, croisé le chemin d'Urbain Gohier...

La stéréotypie contradictoire entretenue en France sur l'état religieux de l'Union peut en fait se résoudre en une proposition unique : les Américains sont les citoyens faussement religieux d'un État faussement laïc. Dans la logique du discours d'hostilité, ces deux propositions ne se détruisent pas, elles dessinent des lignes d'argumentation concurrentes aux effets cumulables. Cet effet de cumul est observable depuis la fin du XVIIIe et à travers tout le XIXe siècle. Face à un abbé Raynal qui, dans l'*Histoire des Deux Indes*, instruit le procès du puritanisme en Nouvelle-Angleterre, de son « intolérance si révoltante » et de son « esprit de vertige » aux « formes sanglantes »[9], Joseph de Maistre entamera celui, plus complémentaire qu'inverse, d'un pays tout entier égaré, dérivant toujours plus loin dans l'erreur protestante. Fils des Lumières ou enfant de l'Église, nul Français ne semble se reconnaître dans cette religiosité en miettes, aux austérités incompréhensibles et au cadre dogmatique insaisissable. Confirmant la boutade de Talleyrand sur les États-Unis – « Trente-deux religions et un seul plat » –, les récits sarcastiques de Fanny Trollope sur les *revivals* hystériques n'améliorent pas l'image de l'Amérique religieuse dans le public français. Les choses n'ont guère changé à la fin du XIXe siècle, où prévalent les leitmotive de l'imposture et du « commerce des âmes »[10]. L'Amérique offre à Émile Barbier le spectacle d'une « foire aux religions », d'une « variété carnavalesque d'églises et de chapelles, où se débat la plus inénarrable élite de fourbes et d'énergumènes, prêtres pour rire au passé mystérieux, chevaliers d'industrie menant un commerce interlope de divinités, révérends polichinelles prodiges de réclames et de boniments pour attirer les badauds dans leurs saintes baraques »[11]. À dix ans d'intervalle, c'est le discours même de Gohier : « Les affaires sont la religion américaine, et la religion américaine est une affaire[12]... » Mais

---

8. P. Claudel, *Journal II (1933-1955)*, texte établi et annoté par F. Varillon et J. Petit, Paris, Gallimard, Bibliothèque de la Pléiade, 1969, pp. 10-11 (entrée du 5 mars 1933).

9. G. T. Raynal, *Histoire des Deux Indes*, Pellet, 1780 in -4°, ch. XVIII « Fondation de la Nouvelle-Angleterre », pp. 233, 229, 237.

10. É. Barbier, *Voyage au pays des dollars*, Paris, Marpon & Flammarion, 1893, p. 167.

11. *Ibid.*

12. U. Gohier, *Le Peuple du XXe siècle...*, p. 119.

l'hostilité française n'est nullement réservée aux sectes – les inquiétants Mormons connaissent alors une grande vogue littéraire –, ni aux étranges *preachers* qui sillonnent l'arrière-pays ; elle est équitablement déversée sur les Églises les plus établies et huppées. Un autre voyageur de la Belle Époque, Edmond Johanet, raille les « églises de millionnaires » de la Cinquième Avenue. Pas du tout au nom de la Sociale, ni d'un radical-socialisme bon teint. Au nom du catholicisme, « supérieur au protestantisme », y compris, précise-t-il sans plus de détails, « dans la conduite des affaires temporelles » [13].

Tandis qu'en France, la tension entre « cléricaux » et « anticléricaux » est à son comble, l'unanimité se refait donc au spectacle des innombrables religions américaines à la douteuse religiosité. Cette convergence n'est compromise ni par la polémique française sur la séparation de l'Église et de l'État, ni par le débat qui agite les milieux catholiques, pendant quelques années, autour de « l'américanisme » : outre que cette querelle entre tendances libérale et conservatrice au sein de l'Église n'est qu'anecdotiquement américaine, elle reste trop limitée à des cercles étroits à l'intérieur même du catholicisme pour marquer les représentations françaises de l'Amérique [14].

Seule note originale au tournant des XIXᵉ et XXᵉ siècles : l'hypothèse que formule Émile Boutmy dans ses *Éléments d'une psychologie politique du peuple américain*. On a évoqué déjà les rapports sinueux que Boutmy entretient avec l'œuvre de Tocqueville. Sa présentation du fait religieux américain est inséparable de la réhabilitation partielle et ambiguë qu'il propose de l'auteur de la *Démocratie*. À la différence de ses contemporains, l'éloge tocquevillien du puritanisme de la Nouvelle-Angleterre comme école des libertés américaines ne lui a pas échappé. Mais c'est avec beaucoup d'embarras que Boutmy tourne autour de cette thèse, dont il voit l'importance, pour finalement la circonvenir. Oui, le Yankee se définit par sa foi religieuse. Oui, cette foi est un « christianisme de réfugiés ». Oui, « la religion et l'Église ont fait le Yankee » qui lui-même a « fait l'Amérique ». Oui, « l'Amérique est restée très unanimement chrétienne ». Mais au bout du compte, ce christia-

---

13. E. Johanet, *Autour du monde millionnaire*, Paris, Calmann-Lévy, 1898, pp. 111, 351.

14. Le nom d'*américanisme* est donné à la fin du XIXᵉ siècle à un courant catholique libéral, démocratique et social (dont l'abbé Klein est une figure de proue) qui sera condamné par Léon XIII en 1899.

nisme n'est qu'un marc sans pulpe, un résidu « sans générosité ni bouquet »[15]. Jusque-là, rien d'original. Boutmy accepte l'importance historique du puritanisme sans y voir une source vive pour le présent. Mais cette religiosité, fût-elle édulcorée, comment expliquer qu'elle fasse encore et si fortement l'unanimité des Américains ? Boutmy croit nécessaire de revenir sur la question au dernier chapitre de son livre, où il avance une explication : cette religiosité indubitable est une conséquence de l'hostilité américaine envers les choses de l'esprit. En Amérique, « il n'y a pas de crédit ouvert, comme en Europe, à l'esprit supérieur, créateur d'idées originales et qui essaie de les faire prévaloir ; la prévention est contre lui ». Boutmy forge un nom pour ce phénomène : « le misonéisme ou plutôt le phobonéisme (crainte de l'inconnu) de ces hommes à demi éclairés ». Thème paradoxal, en apparence : l'Amérique n'est-elle pas, jusqu'à l'excès, jusqu'au vertige, le pays de l'innovation permanente (et fatigante) ? Thème pourtant bien reçu des antiaméricains français au xxe siècle. Parmi ses nombreuses reprises, la moins surprenante n'est pas celle de Simone de Beauvoir, renchérissant sur Émile Boutmy un demi-siècle plus tard : les Américains, explique-t-elle dans *L'Amérique au jour le jour*, « se refusent à rien inventer de nouveau », leur conformisme existentiel est total et « on a toujours l'impression que des milliers d'invisibles liens les paralysent »[16]. Même phobonéisme dans la vie intellectuelle : les Américains sont avant tout soucieux de ne pas être dérangés par les idées nouvelles. Ils ont trouvé pour cela une méthode infaillible qui est d'éviter tout contact avec la lecture ; et Beauvoir de citer le témoignage d'Élisa Maxwell, qui lui déclare : « En Amérique, personne n'a besoin de lire parce que personne ne pense[17]. »

Émile Boutmy se gardait d'aller jusque-là. Il a pourtant ouvert une ligne interprétative précieuse pour le discours antiaméricain, puisqu'elle établit un rapport direct, en Amérique, entre l'omniprésence d'une religion comme forme vide et la méfiance envers l'esprit créateur. Les Américains sont devenus, sinon pieux, du moins chrétiens pour masquer leur phobie de l'esprit. C'est faire d'une pierre deux coups et discréditer leur sentiment religieux tout en réaffirmant, après Stendhal et Baudelaire, l'inappétence des

---

15. É. Boutmy, *Éléments d'une psychologie politique du peuple américain* [1902], Paris, A. Colin, 1911, pp. 89, 90, 94.
16. S. de Beauvoir, *L'Amérique au jour le jour*, Paris, Éd. Paul Morihien, 1948, p. 319.
17. *Ibid.*, p. 176.

Américains pour la pensée et ses audaces. Boutmy conclut sur un mot terrible (ou cocasse) : « Seul le christianisme s'offrait [18]. » Les Américains de Boutmy sont donc bien assurément très chrétiens – davantage même que ceux de Tocqueville – ; mais ils le sont par défaut. Et même doublement : pour pallier leur carence intellectuelle et faute d'avoir trouvé mieux.

Le phénomène religieux aux États-Unis avait déjà fait couler beaucoup d'encre en France. C'est la première fois cependant qu'il est présenté à la fois comme un bouche-trou social et un cache-misère intellectuelle. Cette religion ersatz d'une vie intellectuelle absente, rien d'étonnant à ce qu'elle manque de « bouquet »... Défaut de spiritualité *et* déficit d'intellectualité ont désormais partie liée dans les représentations françaises de la « civilisation » américaine : lien discret mais important, qui jette, dès le début du siècle, de commodes passerelles entre la critique « spiritualiste » d'origine catholique et la critique laïque menée au nom de la culture et de l'intelligence. On verra tout le profit que saura tirer de cette alliance l'antiaméricanisme de la seconde moitié du XXᵉ siècle.

De la philanthropie au « Service »

Incolore et inodore, le christianisme à l'américaine, conçu comme un succédané d'intellectualité, n'en est pas moins, aux yeux des observateurs français, une force réelle et agissante : mais cette force n'a pas grand-chose de spirituel ; elle est toute *sociale*. Le protestantisme américain, souligne André Siegfried en 1935, s'est décidément tourné vers « l'action sociale », avec pour résultat « une religion à peu près privée de tout caractère religieux et dont les assemblées ressemblent à des congrès politiques » [19]. Rien de capiteux ni d'enivrant, donc. Mais cette fadeur est autoritaire et cette religion irréligieuse tout aussi contraignante, socialement parlant, que le catholicisme. Beaucoup *plus* contraignante même, corrigent nombre de catholiques, dont Claudel : ayant gommé les frontières du sacré et du social, le protestantisme infiltre insidieusement conduites quotidiennes et maximes civiles ; la « direction de conscience » catholique n'est rien, comparée à cette manipulation

---

18. E. Boutmy, *Éléments...*, pp. 288, 289.
19. A. Siegfried, *États-Unis, Canada, Mexique. Lettres de voyage écrites au Petit Havre*, juin-décembre 1935, Le Havre, Imprimerie du Petit Havre, 1935, p. 89.

permanente. Sur ce terrain aussi, les thèses catholiques, revivifiées par le péguisme, vont se trouver en phase avec celles d'une gauche laïcisante, traditionnellement inquiète des manipulations religieuses du social.

La conjoncture historique est particulièrement favorable au rapprochement des positions françaises, avec les États-Unis pour repoussoir. La séparation de l'Église et de l'État est désormais acquise. Les intellectuels catholiques ont fait là-dessus leur aggiornamento : beaucoup y voient même la chance d'un élan spirituel nouveau. Au moment où se relance un catholicisme militant et où diffuse un spiritualisme de combat, la vieille polémique contre la Réforme s'adapte aux temps nouveaux. À l'anathème théologique, inefficace et désuet, ces intellectuels préfèrent la polémique sur la « qualité » de la foi. Celle des Américains leur paraît singulièrement maussade, sans élan ni mystère : à la fois prosaïque et littérale. Inutile de se perdre en chicanes dogmatiques : le spectacle de leurs tièdes vertus est suffisamment édifiant. L'Amérique croit avoir la Foi, mais elle en ignore le tremblement. Elle est trop imbue de ses certitudes et de ses succès pour avoir besoin de l'Espérance. Quant à la Charité, depuis longtemps menacée par la philanthropie, la voilà bonne pour le musée depuis qu'elle a été supplantée par le « Service » – cette nouvelle religion civile autour de laquelle cristallise la méfiance française.

Ainsi raisonnent les spiritualistes français et nombreux sont les esprits forts qui leur emboîtent le pas. Les intellectuels de l'entre-deux-guerres n'ont plus, pour le protestantisme anglo-saxon, la même admiration inquiète que leurs aînés de la génération précédente. Ils dissocient de plus en plus, dans leurs évaluations, le cas américain du modèle anglais. Aux agnostiques et anticléricaux mêmes, la religiosité américaine paraît rudimentaire sur le plan intellectuel. Jugé à ses œuvres (d'esprit et d'art), le protestantisme américain passe pour littéralement inculte, à faire regretter les trésors de savoir et de beauté accumulés pendant des siècles par un christianisme européen dont le catholicisme latin se veut l'héritier. Un front de l'intelligence se dessine, qui rapproche croyants et incroyants, en France, face à une religiosité réputée sans ferveur, mais aussi sans élan créateur. Tout en adhérant à ce constat de carence intellectuelle, une génération catholique nourrie de Barrès, de Péguy, voire de Léon Bloy, l'aggrave en dénonçant la religiosité américaine comme sèche, « bourgeoise » et comptable. Incapable de s'élever à la haute intellectualité du catholicisme millénaire, le protestantisme américain est encore plus inapte à accueillir l'élan de cœur des simples – ces « simples » par qui, rappelle Claudel, « la véritable spiritualité s'est conservée » en Europe[20]. Or loin que de tels jugements soient portés, en France, par les seuls catholiques militants, ils font l'objet d'un très large consensus qui transcende les divisions idéologiques. Les divisions disciplinaires aussi : un historien comme Bernard Faÿ peut ainsi écrire en 1935 : « Tout le monde a senti fortement le vide et la froideur de cette religion[21]. » Qui parle ici au nom de *tout le monde* : le spécialiste des États-Unis ou l'intellectuel français emporté par le flot de la *doxa* antiaméricaine ?

Ces dédains traditionnels prennent, dans les années 1920-1930, un tour et un ton entièrement nouveaux en réaction à l'essor aux États-Unis de formes sociales qui semblent mettre l'idée religieuse au service direct d'objectifs économiques. La religion américaine apparaît compromise dans des entreprises toutes mondaines : recherche du profit, contrôle social, gestion de l'inégalité. Compromise et même prostituée. Comme l'écrit Donald Roy Allen, aux yeux des Français des années 30, « le protestantisme américain a prostitué ses composantes dogmatiques, mystiques et intellectuelles en faveur du confortable dogme "social" qu'il professe désormais »[22]. Un thème polémique nouveau reflète bien cet état d'esprit : la critique mordante du Service universellement répandue dans les écrits français. Avec le Service, la « ruche calviniste »[23] décrite par Philarète Chasles au XIXe siècle semble avoir sécrété l'idéologie de sa pratique.

L'exaspération que suscite la notion chez les observateurs français reste incompréhensible si on ne la replace pas dans le contexte plus général d'une hostilité qui vise l'imbrication du social et du religieux. Le mot, doté par les Français d'une majuscule ou entouré de guillemets qui signalent son exotisme, désigne la morale civico-religieuse au nom de laquelle l'individu se met « au service » de

20. P. Claudel à Agnès Meyer, 17 sept. 1929 ; *Claudel et l'Amérique II, Lettres de Paul Claudel à Agnès Meyer [1928-1929] Note-Book d'Agnès Meyer [1929]*, éd. établie par E. Roberto, Éd. de l'Université d'Ottawa, 1969, p. 137 : « L'erreur principale de Dewey consiste dans son mépris pour le paysan et l'homme du peuple européen. Pendant longtemps, c'est dans le cœur des simples et des pauvres que la véritable spiritualité s'est conservée. »

21. B. Faÿ *Civilisation américaine*, Paris, Sagittaire, 1939, pp. 282, 271.

22. Donald Roy Allen, *French Views of America in the 1930's*, New York & London, Garland Publishing Inc., 1979, p. 206.

23. Ph. Chasles, *Études sur la littérature et les mœurs des Anglo-Américains au XIXe siècle*, Paris, Amyot, 1851, p. 456.

la *community*. Se met ou prétend se mettre. Car, dans l'optique unanime des Français, si les capitaines et barons d'industrie se drapent dans la rhétorique sirupeuse du Service, c'est à la fois pour « sanctifier » leurs profits en les présentant comme la récompense d'éminents services rendus à la Communauté, et pour empoisser leurs ouvriers dans une idéologie qui leur fait obligation de travailler sans rechigner, avec conscience et dévouement. L'exégèse française donne ainsi une vaste extension à la notion, en faisant du Service la nouvelle éthique américaine, mélange de manipulation et de mystique, de chantage aux bons sentiments et de tyrannie idéologique.

Le Service rebute les Français comme un alliage impur de piété et d'utilitarisme et il ravive la moins oubliée des leçons tocquevilliennes, celle qui dépeint le conformisme majoritaire comme un « cercle formidable autour de la pensée »[24]. Morand s'avère, là encore, brillant interprète des répugnances françaises. Mais en habile artisan du roman, il en délègue la formulation à un personnage de jeune Américain en rupture d'Amérique : « Utilité ! Service ! Ils n'ont que ce mot-là à la bouche ! C'est la réponse de Kundry à Parsifal, le cri loyal du vieux fond de pantalon qui ne veut pas quitter son maître ! Je déteste ces mots à majuscule ! Et Dieu sait si ce pays s'en paie[25] ! » Tirade burlesque pour une très sérieuse antipathie. En 1927, dès le début de la déferlante des ouvrages antiaméricains, *Qui sera le maître, Europe ou Amérique ?* de Lucien Romier avait montré toute l'importance du Service dans le nouvel état social de l'Amérique des Années Folles : « les masses américaines reçoivent une éducation s'inspirant des deux idées fortes de "service" et de "gain" » ; et c'est ce couplage monstrueux mais efficace qui assure la supériorité des États-Unis sur les nations latines[26].

André Siegfried, la même année, consacre à la « doctrine du "service" » quatre pages à la durable influence. *Les États-Unis d'aujourd'hui* épinglent en effet le Service comme l'ultime mythologie sociale d'une « Amérique enrichie et satisfaite » qui « se plaît à déclarer que le service rendu est aujourd'hui devenu la condition même du bénéfice, qu'en conséquence le grand industriel, le grand

---

24. A. de Tocqueville, *De la Démocratie en Amérique* (I), Paris, Robert Laffont, collection « Bouquins », éd. procurée par J.-Cl. Lamberti et F. Mélonio, 1986, p. 246.
25. P. Morand, *Champions du monde*, Paris, Grasset, 1930, p. 22.
26. L. Romier, *Qui sera le maître, Europe ou Amérique ?*, Paris, Hachette, 1927, p. 16.

commerçant ne sont pas là seulement pour gagner des fortunes, mais pour servir la communauté ». Le « service » tel que le décrit Siegfried est une mystification ou, dans le meilleur des cas, une auto-mystification (« car l'Américain s'abuse aisément lui-même »), un artefact rhétorique de la bonne conscience et de l'optimisme américains, un slogan pour orateur de Chambre de commerce, un « mot de passe indispensable à qui veut justifier ses bénéfices ». Le « service » est tout cela, mais il est aussi beaucoup plus que cela. Car derrière cette « rengaine » (le mot est de Siegfried) des *roaring twenties* s'avance tout un dispositif économico-social nouveau, tout un conditionnement des représentations d'une redoutable efficacité. Si André Siegfried fait du Service le point d'orgue de son chapitre sur la production industrielle, c'est qu'à l'évidence il ne le tient pas pour un simple gadget sémantique, mais qu'il y décèle une « doctrine » nouvelle, clé de voûte de la « réforme générale des procédés de la production » patronnée par le gouvernement et par Hoover en particulier, en sa qualité de ministre du Commerce [27]. La « doctrine du "service" » apparaît dans ce contexte élargi comme « un véritable substitut de morale sociale » : l'idéologie laïco-religieuse la mieux adaptée à la phase nouvelle du développement économique américain. Et elle s'avère d'autant plus performante qu'elle s'enracine dans le fonds culturel de l'identité WASP, puisqu'elle est faite de « civisme protestant, d'utilitarisme benthamien, de dévotion au progrès ». Le Service, en effet, « n'est pas une notion catholique ; il ne fleurit pas dans l'Europe latine ». La raison qu'en donne Siegfried est intéressante, puisqu'elle nous ramène encore une fois à la non-intellectualité américaine : « Ce n'est pas une conception d'intellectuels ou d'artistes, accoutumés au travail individuel, mais de marchands ayant le sens du crédit. » En quelques pages, Siegfried a donc fait du Service un rouage idéologique central de l'Amérique nouvelle : conséquence logique d'une longue évolution sociale et religieuse, mais aussi reflet exact du peuple américain au XXe siècle, en tant que « doctrine d'un peuple optimiste qui cherche à réconcilier le succès avec la justice ». Qui veut être champion du monde, dirait Morand, sans se faire de bleus à l'âme. Derrière le tic verbal moqué par le jeune Brodsky – « Utilité ! Service !... » – se découvre un grand dessein de contrôle et d'emprise. « On est tenté de sourire », prévient Siegfried, mais gardons-nous-en bien ! Le Service doit

---

27. A. Siegfried, *Les États-Unis d'aujourd'hui*, Paris, Armand Colin, 1927, p. 174.

nous inquiéter. Cette « doctrine » – le mot revient avec insistance chez Siegfried, éveillant irrésistiblement l'écho de celle de Monroe – est une arme efficace dans la guerre économique, puisqu'elle soude gouvernement, industriels, ouvriers, consommateurs, ainsi que « l'opinion publique elle-même, dans un impressionnant accord » dont la France paraît, pour sa part, totalement incapable [28].

Le constat n'est pas fait pour réconcilier les Français avec le Service, ni avec ce protestantisme américain qui, n'en déplaise à Edmond Johanet, semble plus à l'aise que jamais dans la « conduite des affaires temporelles ». Dernier avatar d'une religion dégénérée, le Service les heurte comme une sécularisation dégradante de la foi ou comme une manipulation sociale maquillée en morale civique. Comme Brodsky dans *Champions du monde*, les Français gardent la « narine ouverte sur ces parfums épouvantables qui montent, dit-on, des bonnes consciences » [29]. C'est ce remugle qu'ils flairent autour du Service, dernier avatar de la grande mystification philanthropique.

La philanthropie américaine, en effet, n'a jamais eu bonne presse en France. Elle y passe le plus souvent pour grimace bien-pensante et ruse grossière des possédants. Depuis la fin du XIXᵉ siècle, les voyageurs français s'indignent régulièrement des fondations ostentatoires des milliardaires, qu'ils opposent à l'inexistence honteuse des services publics. Rockefeller, expliquait déjà Jules Huret en 1904, « est le maître absolu du pétrole » ; et « s'il lui plaît un matin en se levant de faire un cadeau de quelques millions à son ami Harper, président de l'université de Chicago, il n'a, d'un trait de plume, qu'à augmenter d'un sou le cours du jour » [30]. Voilà une charité bien ordonnée : elle ne coûte qu'aux autres. À côté de cela, une ville comme Boston a une « voirie lamentable » [31] ; à Brooksville, en Floride, « le service de voirie » est confié aux vautours [32] ; quant à New York, « les édiles » y « empochent annuellement de huit à neuf cent mille dollars pour négliger cyniquement et presque

---

28. *Ibid.*, p.177.
29. P. Morand, *Champions...*, p. 22. Au moment où l'antisémite Morand fait de Brodsky le seul héros positif de son roman et le porte-parole d'une révolte « mystique » et viscérale contre l'Amérique, l'ancien diplomate Octave Homberg attribue, lui, l'incapacité américaine à « distinguer le spirituel du temporel » à la domination conjointe des élites « protestante et israélite » (O. Homberg, *L'Impérialisme américain*, Paris, Plon, 1929, p. 5).
30. J. Huret, *En Amérique (II)*, Paris, Fasquelle, 1905, p. 23.
31. *Ibid.*, I, p. 56.
32. E. Johanet, *Un Français dans la Floride*, Paris, Mame, 1889, p. 76.

complètement le service de voirie »[33]. Dans l'entre-deux-guerres, les descriptions restent les mêmes : la *prosperity* n'a rien changé. Quittée la Cinquième Avenue, « cinquante mètres plus loin, vous tombez sur de véritables échoppes, des trottoirs à demi-éventrés, une chaussée mal pavée »[34]. L'hypersensibilité des Français aux indéniables nids-de-poule qui trouent à intervalles irréguliers l'asphalte new-yorkais traduit une réprobation profonde et unanime envers un système qui, à force de privilégier l'initiative privée, néglige les plus élémentaires devoirs de toute collectivité policée. Philanthropie contre bon gouvernement, Service contre « service public » : la querelle n'a rien d'anecdotique ; elle reflète au contraire une opposition culturelle et politique forte, durable, entre la France et les États-Unis.

On en retrouve tous les éléments dans les pages fébriles du *Cancer américain*. Le style démonstratif d'Aron et Dandieu, délibérément « anti-cartésien », très peu censuré, souvent au bord de la libre-association, fait de leur pamphlet un excellent conducteur mythologique. On y reconnaît, intacte, la méfiance du XIXᵉ siècle envers la philanthropie, contre laquelle Aron et Dandieu n'hésitent pas à mobiliser (un peu dédaigneusement) Tocqueville : « Selon le mot du bon Tocqueville, les yankees éliminaient *philanthropiquement* les Peaux-Rouges[35]. » Mais c'est le présent qui intéresse Aron et Dandieu : un présent où la philanthropie n'est plus seulement l'hypocrite feuille de vigne d'une *Realpolitik* impitoyable, mais l'un des moteurs économiques du pays et la pièce maîtresse de son armature symbolique. Ainsi, selon Aron et Dandieu, la philanthropie américaine du XXᵉ siècle a-t-elle cessé d'être un discours de légitimation parmi d'autres. Elle est devenue un pilier de l'économie capitaliste : au « huitième rang des industries nationales »[36]. Et surtout elle constitue la nouvelle clé de voûte de l'édifice psychique américain : « assurances et philanthropie : ersatz de bonheur psychique »[37]. Produisant à la fois de la richesse et du « confort » moral, la philanthropie est au cœur de la civilisation décrite (et dénoncée) par Aron et Dandieu. Dans cette description, le Service, ultime fleuron d'un totalitarisme lénifiant, n'est pas oublié. Dispo-

---

33. É. Barbier, *Voyage au pays des dollars*, Paris, Marpon et Flammarion, 1893, p. 33.
34. R. Recouly, *L'Amérique pauvre*, Paris, Les Éditions de France, 1933, p. 15.
35. A. de Tocqueville, *De la Démocratie en Amérique* (I)..., p. 139.
36. R. Aron et A. Dandieu, *Le Cancer américain*..., p. 211.
37. *Ibid.*, p. 200.

sitif complémentaire, adjuvant mythologique du système, comme chez Siegfried ou Morand, le Service selon Aron et Dandieu est de surcroît une école de l'oubli : un formidable instrument d'éradication des valeurs anciennes au profit d'une reconfiguration américaine des cerveaux. Le « Service social » est une « école de docilité » et, en ce sens, le dernier tour d'écrou donné au cercle de fer conformiste. Mais cette docilité moderne résulte d'une amnésie imposée : la grande réussite du Service, c'est de « faire oublier les principes individuels de charité ou de fraternité »[38]. Orwellien avant l'heure, le Service à l'américaine n'assujettit pas seulement les êtres, il détruit la mémoire du passé.

Charité et liberté : les deux valeurs vouées à l'annihilation par le Service ne sont pas désignées au hasard. Valeurs « fondamentales » pour la personne (au sens personnaliste), ce sont aussi des valeurs historiquement fondatrices pour l'Europe chrétienne et la France révolutionnaire. Aron et Dandieu, non alignés politiques qui se réclament à la fois du personnalisme et de 1789, sont bien placés pour défendre œcuméniquement contre l'Amérique la « charité », dont le cœur est à droite, et la « fraternité », sa cadette de gauche. Leur livre n'en est que plus emblématique des passerelles entre discours de droite et de gauche qui s'établissent à la faveur de l'antiaméricanisme.

Pharisiens et béotiens :
« Boum ! Boum ! Zim laï la ! »

Vladimir Pozner, dont le livre *Les États-Désunis* paraît en 1948 (mais il est écrit en 1938 et dépeint l'ère rooseveltienne), intercale dans son récit une sorte de journal de bord à base de coupures de presse. À la date du 8 avril 1936, il note : « 918 habitants de Los Angeles sont devenus pasteurs par correspondance. Il suffisait d'écrire à une certaine adresse et de joindre de l'argent à la lettre. Pour dix dollars, on était ordonné prêtre, le diplôme de docteur ès sciences divines valait quinze dollars, pour le double de cette somme, on était sacré évêque[39]. » Ce marxiste s'en indigne au lieu d'en rire, oubliant que Lénine trouvait les mauvais prêtres moins dangereux que les bons.

38. *Ibid.*, p. 96.
39. V. Pozner, *Les États-Désunis*, Paris, La Bibliothèque française, 1948, p. 163.

Ce qui rassemble le plus sûrement spiritualistes et clercs laïques, ce qui soude leur front commun, c'est la certitude que religion et culture sont logées en Amérique à la même enseigne : celle du Dollar. Devenir prêtre est affaire d'argent. Subsister comme écrivain, sauf miracle, exige soumission aux lois du marché journalistique [40]. Vivre de son art revient à satisfaire les commandes mégalomanes, kitsch et pudibondes d'une ploutocratie inculte. Ce sont là des convictions enracinées.

Sans remonter aux anathèmes lancés par Baudelaire contre l'Amérique qui laisse Poe à sa misère, il faut souligner l'ancienneté des plaintes françaises (et européennes : témoin Charles Dickens) contre le peu de prix accordé aux arts et aux lettres en Amérique. L'Américain est indifférent aux choses de l'esprit comme de l'art. S'il arrive que son ascension sociale l'amène à s'en préoccuper et l'oblige à s'en procurer, son mauvais goût éclate en lubies absurdes et dépenses somptuaires. Jules Huret a vu à Stanford un « arc de triomphe avec une Mme Stanford *à cheval* sur la frise, de toute beauté [et] un socle immense surmonté de toute la famille Stanford, Monsieur, Madame et Bébé, en bronze, d'une naïveté, d'une inconscience, d'un manque de goût idéaux » [41]. Quand Paul de Rousiers entend répéter : « Vous voyez que nous avons marché depuis le temps des Indiens ! », il répond *in petto* : « Sans doute, mais c'est dans votre goût artistique que vous êtes encore le plus Indiens [42] ! » Bâtiments privés et édifices publics répondent aux mêmes critères : l'énorme et le dispendieux. Va-t-on dans une banque ? « On y accède par des escaliers de marbre avec rampes en bronze doré. Les plafonds sont dorés aussi, les murs garnis de dorures sans nombre, les cadres d'ascenseurs, les grilles des guichets, tout est doré et tout est hideux [43]... » Ce faste ne plaira pas davantage à Duhamel, quarante ans plus tard, dans le cinéma où on essaiera de lui arracher son âme « comme une dent » : « Un luxe de grand lupanar bourgeois » [44]. Même chose à l'échelle de la cité car « la recherche du beau tient peu de place dans les monu-

---

40. « Les écrivains de l'Amérique ne peuvent écrire, pour la plupart, que dans leurs moments perdus ; il s'en trouve fort peu qui vivent de leur plume » (Max O'Rell [Paul Blouët] et Jack Allyn, *Jonathan et son continent. La société américaine*, Paris, Calmann-Lévy, 1900, p. 29).

41. J. Huret, *En Amérique (II)...*, p. 68.

42. P. de Rousiers, *La Vie américaine*, Paris, Didot, 1892, p. 108.

43. *Ibid.*, p. 107.

44. G. Duhamel, *Scènes de la vie future* [1930], Paris, Arthème Fayard, « Le Livre de demain », 1938, p. 25.

ments publics [...] Ce qu'aiment les Américains, c'est l'immense, l'extraordinaire, la marque de la puissance »[45]. La Maison-Blanche est citée en exemple de la laideur ambiante[46]. Huret explique pour sa part que « les choses purement jolies, c'est-à-dire jolies en elles-mêmes, jolies sans utilité, sans volonté de l'être, sont ce qu'il y a de plus rare en Amérique »[47]. Tout s'y juge au poids et au prix. Rousiers cite la notice consacrée à un portrait de Pauline Bonaparte exposé à Cincinnati : « D'après ce portrait, elle paraît avoir pesé cent cinquante pounds ou un peu plus. » Voilà qui en dit long sur l'amateur d'art transatlantique et ses habituelles occupations : « Comme on sent bien l'œil exercé du *ranchman* » ; mais « un *criterium* plus sûr encore pour l'Américain, c'est le prix de l'œuvre d'art »[48]. Barbier en 1893 note que « l'*Angélus* de Millet [...] tira sa valeur à leurs yeux de ce qu'il avait été enlevé à nos Musées par la force des enchères »[49]. Marie Dugard, qui n'est pas la plus mal intentionnée, dénonce elle aussi les Américains qui, « pareils à ces Romains enlevant par orgueil de vainqueur ses statues à la Grèce pour peupler leurs villas, dépouillent nos musées, nous prennent à force de dollars nos Hobbema et nos Rembrandt, nos Meissonier et nos Corot pour orner des galeries où ils ne vont jamais »[50]. En écho à ces accusations réitérées, le gouailleur Gohier se gausse des hommes de lettres français qui, aux États-Unis, ne font pas le poids : trop maigres, affirme Gohier ! Dans un pays où tout, art compris, se juge à la quantité, il faudra que « la France engraisse un peu ses hommes de lettres », les gringalets n'ont aucune chance. On voit que le portrait de l'Américain en richard ignare ne date pas d'hier, ni même d'avant-hier. Lors de l'inauguration du Lincoln Center, en 1966, la presse française publie des photos « scandaleuses » : les invités ont posé des coupes de champagne (vides) sur la base d'un Maillol. Trois quarts de siècle plus tôt, Barbier s'indignait de retrouver en Amérique, déchues, les « *Nymphes* de M. Bouguereau », devenues le « principal attrait d'un grand bar, à New York »[51]...

Mais au-delà des nombreuses imputations d'inculture et de mauvais goût, des griefs plus précis sont tôt articulés, en particulier sur

45. P. de Rousiers, *La Vie américaine...*, p. 108.
46. *Ibid.*, p. 596.
47. J. Huret, *En Amérique (I)...*, p. 177.
48. P. de Rousiers, *La Vie américaine...*, p. 648.
49. É. Barbier, *Voyage au pays des dollars...*, p. 293.
50. Marie Dugard, *La Société américaine*, Paris, Hachette, 1896, p. 310.
51. É. Barbier, *Voyage au pays des dollars...*, p. 96.

le non-respect par les Américains des droits d'auteurs. Dickens en avait fait, avec obstination, le leitmotiv de ses conférences américaines, déclenchant contre lui des campagnes de presse très hostiles. Autour de 1900, le reproche est omniprésent chez les Français. « Dans un pays gouverné par des protectionnistes », ironise l'auteur de *Jonathan et son continent*, « il semble étrange que les produits nationaux soient *tous* protégés excepté les produits de l'intelligence[52]. » Inutile d'ajouter que les droits des non-nationaux le sont encore moins. L'envoyé du *Figaro* Jules Huret fait chorus avec le feuilletoniste Gustave Le Rouge pour dénoncer le vol systématique des copyrights[53]. Est-ce parce que « les trusts de l'intellectualité ne se sont pas encore formés » que l'intellectuel est si mal défendu en Amérique[54] ? Toujours est-il que le sort, même matériel, de l'écrivain ou de l'artiste y paraît peu enviable à ses confrères français. Prostitution, et prostitution peu lucrative pour le créateur intègre que d'exercer son talent dans un pays où « ce qu'on dénomme : l'*Art*, faute d'une autre appellation plus juste et plus révélatrice, c'est le vaste domaine de l'exhibition sous toutes les formes, où le symbolique Barnum règne et triomphe ». Le sentiment esthétique outre-Atlantique, résume Barbier, c'est « Boum ! boum ! Zim laï la ! »[55]. L'onomatopée résume tous les arts américains. Y compris la musique, que Gohier expédie, laconique : « il n'en faut pas parler. Elle est tout à fait primitive[56]. » Le même Urbain Gohier intitule un chapitre : « La presse. La littérature. L'art. Le théâtre. Les tribunaux ». Avec ce sous-titre : « Ce chapitre sera nécessairement très court ».

Exhibition et censure, ostentation du « butin » artistique et méfiance instinctive envers des « valeurs » que toutes les cotations ne peuvent fixer : tels sont les pôles entre lesquels s'affole le désir culturel américain. La convoitise n'atteste aucun *connaisseurship* et la joie de posséder n'empêche pas le secret désir de détruire. On se souvient du millionnaire de Gustave Le Rouge, parcourant sa galerie privée pour y crever les toiles des maîtres européens. « Un livre, une œuvre d'art, c'est l'inoculation – dangereuse peut-être au point de vue américain – de besoins supérieurs, de jouis-

---

52. Max O'Rell [Paul Blouët] et Jack Allyn, *Jonathan et son continent...*, pp. 30, 29.
53. J. Huret, *En Amérique (II)...*, p. 298.
54. *Ibid.*, p. 243.
55. É. Barbier, *Voyage au pays des dollars...*, pp. 288-289.
56. U. Gohier, *Le Peuple du xxᵉ siècle...*, p. 203.

sances désintéressées », commente Barbier. « Plutôt que de voir tant soit peu dépérir le commerce du cochon salé, périsse le Livre[57]. »

Une génération plus tard, les successeurs de Barbier découvrent avec effroi que les Américains ont trouvé une méthode encore plus sûre pour protéger le commerce du cochon salé : faire de l'art et de la pensée un « nouveau marché » en tous points analogue à celui du cochon salé.

Le grand marché de l'esprit taylorisé

Avec l'entre-deux-guerres, le dénigrement culturel ne diminue pas. Mais ses cibles changent. Le respect de la propriété littéraire est mieux assuré depuis la Conférence de Berne et la mise en place en Amérique d'une législation du droit d'auteur. Il devient par ailleurs difficile de soutenir que l'Amérique de l'argent facile rétribue mal les créateurs. La grande diffusion des livres, revues et magazines permet au contraire de payer les auteurs au prix fort. Dans le domaine artistique, notent les habitués de l'Amérique comme Recouly, ceux qui réussissent gagnent désormais beaucoup plus d'argent que leurs camarades français.

Par ailleurs, il est clair que les États-Unis ne sont plus disposés à se cantonner dans le rôle de clients et consommateurs des œuvres européennes. Dès avant 14, il avait fallu concéder l'existence d'une littérature nationale, vivante et variée : celle de Mark Twain, Edith Wharton, Henry James ou Theodore Dreiser ; avec Scott Fitzgerald ou Sinclair Lewis, la relève paraît assurée. Dès lors, pourquoi les Américains s'en tiendraient-ils à la littérature ? « Dépêchons-nous de plaisanter », avait prévenu Gohier en 1903 ; « ils auront un art avant cinquante ans »[58]. Si les artistes américains n'ont fait jusque-là que « copier, copier, copier et collectionner, collectionner », cette époque pourrait bien prendre fin avant même l'échéance fixée par Gohier. L'antiaméricanisme culturel change donc son fusil d'épaule. Ce n'est plus l'absence de productions indigènes qui est montrée du doigt ; c'est la fabrication et le marketing à grande échelle de « produits » culturels qui sapent la notion même de culture. Ce n'est plus la tyrannie de commanditaires à œillères,

57. É. Barbier, *Voyage au pays des dollars*..., p. 89.
58. U. Gohier, *Le Peuple du xxᵉ siècle*..., p. 203.

c'est le danger plus grave encore qu'encourent la littérature et l'art, sommés de satisfaire les « demandes » d'une masse inculte.

Un changement de ton est donc sensible entre l'avant et l'après 14, même si la peur de voir l'Europe perdre son hégémonie culturelle est encore peu répandue. Car, « du côté américain, intellectuellement, spirituellement, moralement, il n'y a rien, il n'y a personne », affirme un publiciste de 1930 [59]. L'idée que l'Amérique devienne une véritable rivale en ces domaines continue de susciter incrédulité et protestations. Un Français de 1909 résumait ainsi le sentiment général : « Ils auront beau fonder, à coups de chèques gigantesques, des universités, des académies, des bibliothèques, des musées, tout cela est inutile ; il leur faudra venir s'incliner devant notre suprématie intellectuelle [60]. » L'auteur de *L'Abomination américaine*, en 1930, croit toujours fermement à « notre suprématie intellectuelle », même s'il s'inquiète de la disproportion croissante des forces matérielles : « Si l'Amérique avait voulu asservir l'Europe par ses "penseurs", cela eût provoqué tout au plus un sentiment de curiosité passagère » ; malheureusement, ajoute Kadmi-Cohen, elle dispose aussi de la Banque des règlements internationaux... L'Amérique, titan du monde matériel, reste lilliputienne dans l'ordre de l'esprit : « Elle ne se hasarde pas à une telle rencontre : le pygmée américain osant affronter le colosse du Vieux Monde [61]. » Au même moment, Octave Homberg n'imagine pas que les États-Unis se risquent à vouloir régenter intellectuellement la planète, crainte d'une révolte générale : « Si le peuple américain, qui ne comporte que 7 % de la population de la planète, voulait dominer là où sa domination ne serait pas justifiée, c'est-à-dire imposer la loi du dollar sur les forces morales et sur les idées, il ne manquerait pas de provoquer une révolte qui ne serait pas celle des Barbares, mais celle de la civilisation contre cette nouvelle invasion brutale [62]. »

Admis que l'Amérique demeure, vis-à-vis de l'Europe, dans une patente infériorité intellectuelle (ce que tout le livre de Duhamel, paru la même année, s'emploie à illustrer), son énorme puissance matérielle constitue pourtant, à elle seule, une menace pour la

---

59. Kadmi-Cohen, *L'Abomination américaine*, Paris, Flammarion, 1930, p. 106.
60. A. Saint-André de Lignereux, *L'Amérique au XXᵉ siècle*, Paris, Taillandier, 1909, p. 148 ; cité par J. Portes, *Une fascination réticente. Les États-Unis dans l'opinion française*, Presses Universitaires de Nancy, 1990, p. 376.
61. Kadmi-Cohen, *L'Abomination américaine*..., p. 106.
62. O. Homberg, *L'Impérialisme américain*, Paris, Plon, 1929, p. 82.

culture du Vieux Monde. Les essayistes français les plus sûrs de leur supériorité ne se dissimulent pas ce danger.

La forme la plus brutale que prend la menace, la plus visible aussi, c'est le pillage artistique. Car millionnaires et mécènes, eux, ne se lassent pas de « collectionner, collectionner ». Leur activité démultipliée par la puissance du dollar devient source d'animosité publique dans les années 20. On se souvient des sournois éloges de Charlus : « ils aiment nos chefs-d'œuvre. Beaucoup sont chez eux maintenant » ; et de l'écho (littérairement moins mémorable) que donne à cette page du *Temps retrouvé* le roman de Raoul Gain où le millionnaire Birdcall et sa fille veulent s'approprier l'église de Querqueville – « Elle aime, me dit-elle, nos vieux villages [63]... » Même topos encore, à la fin des années 30, dans *L'Homme pressé* de Morand, qui relate les tentatives d'exportation semi-clandestines d'un monastère du sud-est de la France. C'est l'heure en effet où cloîtres et châteaux partent, en colis soigneusement numérotés, vivre en Amérique une seconde vie « déracinée » – comme dit Charlus citant « M. Barrès ». Le malaise suscité par ces ventes est patent dans les années 30, où les initiatives se multiplient pour alerter l'opinion et mettre en branle les pouvoirs publics. Cette spoliation du patrimoine arraché « à coups de dollars », souvent mise en scène par la fiction, est cependant à peu près absente chez les essayistes antiaméricains. Peut-être les plus pessimistes se réjouissent-ils, comme Valéry peu avant la Seconde Guerre mondiale, à l'idée qu'un peu de la civilisation européenne sera sauvé, grâce aux musées américains, du désastre attendu ? Sans doute et plus simplement ces créateurs intellectuels s'intéressent-ils davantage au sort de leurs propres productions qu'à celui du patrimoine. Toujours est-il que leur inquiétude s'investit ailleurs : dans la crainte de voir subverties les formes mêmes de la culture sous la double influence de l'impératif de rentabilité et de la soumission au goût des masses.

L'Amérique, « civilisation de quantité », comme l'appelle Lucien Romier (citant Paul Valéry), a créé un marché pour les choses de l'esprit comme pour tous ses autres produits. La culture est en train d'y devenir un bien, *a commodity*, mis à la disposition des acheteurs. En l'absence d'une élite suffisamment puissante et organisée pour guider les choix esthétiques, la demande culturelle sera donc le simple reflet des appétits « vulgaires » des masses ou

63. R. Gain, *Des Américains chez nous*, Paris, Éditions Montaigne, 1928, p. 60.

le résultat des manipulations destinées à « éduquer » leur goût dans le sens désiré par les industries du loisir. Les prémisses sont posées d'une querelle durable entre deux conceptions de la culture : l'une qui dissocie nettement « *high culture* » et culture de masse visant au divertissement (*entertainment*) ; l'autre pour qui la culture ne se divise ni ne se marchande, mais constitue un « bien commun » immatériel, placé sous la sauvegarde des clercs, acquise par l'effort et parachevée par l'oubli de cet effort – « ce qui demeure dans l'homme lorsqu'il a tout oublié », dira Herriot. Cette seconde logique, celle des clercs français, accule les plus progressistes d'entre eux à une posture élitiste, contrebalancée par la mythologie d'une symbiose entre les choix cultivés des élites et les « vraies aspirations du peuple ». En dénonçant les produits culturels de masse, cette intelligentsia a la conviction de faire son devoir vis-à-vis du peuple, de le protéger contre lui-même ; car si ce peuple est naturellement « sain », comme dans la Normandie de Raoul Gain, il est spirituellement fragile ; et le cinéma hollywoodien « dont les productions viennent en Europe avilir, corrompre, abaisser l'âme populaire »[64], est pour lui pis qu'un opium : une véritable toxine morale et intellectuelle.

Principale source d'empoisonnement : Hollywood, dont les descriptions se multiplient en France dans les années 30. Non pour dire la saga des Studios, mais pour révéler la vraie nature de cette excroissance aberrante du productivisme. Ici encore, Duhamel est peu représentatif avec son morceau de bravoure contre le cinéma « divertissement d'ilote » et « passe-temps d'illettrés ». Dans la salle de style « lupanar » où l'a traîné Mr Pitkin, il a vu des dorures, des cuisses nues, des acrobates, des valets dédaigneux et de pauvres hères hypnotisés. De film, point. Seule la débandade sonore de l'accompagnement musical, impitoyable enfilade de grands morceaux torturés, a frappé ses sens anesthésiés par l'épreuve. Le chapitre s'intitule « Intermède cinématographique » ; il a longtemps passé pour une géniale satire du Septième Art. À le relire, on s'en étonne : le cinéma n'y est pas.

Ses pairs ne partagent pas son parti pris de cécité. Paru la même année que *Scènes de la vie future*, *L'Abomination américaine* s'émeut aussi du risque de nivellement intellectuel inhérent à une production de masse, mais concentre ses attaques sur Hollywood comme laboratoire de la standardisation appliquée au travail intel-

---

64. Kadmi-Cohen, *L'Abomination américaine...*, p. 116.

lectuel et refuse de condamner le cinéma en bloc. Raymond Recouly est surtout frappé par les contraintes tyranniques imposées aux créateurs : « Ces ouvriers intellectuels sont tenus dans une étroite dépendance ; [...] leurs idées, leurs conceptions se trouvent à chaque instant bridées, sinon brimées. » Cet Hollywood de l'entre-deux-guerres qui deviendra plus tard « l'âge d'or » des cinéphiles est alors perçu comme un cocktail de taylorisme et de mépris de l'esprit. « Jamais tout ce qui touche à la production littéraire, artistique, ne fut tenu en aussi parfait mépris. Les auteurs sont considérés comme des mercenaires, des "nègres" », écrit Recouly [65]. Le brillant *Hollywood, ville mirage* que Joseph Kessel publie en 1937 va dans le même sens. Reportage subjectif, sans aigreur mais sans enthousiasme, sur un monde plus « absurde » que merveilleux, plus laborieux que ludique, plus industrieux qu'ingénieux, le livre de Kessel décrit un « bagne doré, factice et monstrueux » – le bagne de la monomanie et de la spécialisation, l'Alcatraz de la créativité taylorisée. « Hollywood est une cité ouvrière », écrit Kessel, qui « fabrique des images parlantes comme Ford des automobiles ». Mais ici, ce sont les écrivains et les artistes qui sont à la chaîne, astreints au pointage, consignés à leur poste de travail. « Tous les écrivains, tous les compositeurs, même s'ils sont illustres, même s'ils sont payés de 20 000 à 50 000 francs par semaine, *doivent* produire dans leurs bureaux numérotés. Leur présence est exigée depuis neuf heures du matin aussi strictement que par un pointage. Leurs outils les attendent là : machine à écrire, bibliothèque, piano, orgue ou violon. » Sous le strass, le stress. L'usine à fantaisie est une chiourme de l'esprit : « Tout est organisé, hiérarchisé, standardisé. Jusqu'à la pensée, jusqu'à l'inspiration [66]. » Les cadences imposées à l'inventivité pour sortir neuf cents films par an sont plus infernales que celles des chaînes de montage de Detroit. Le cinéma « n'est plus un art. C'est une mécanique intellectuelle ». Luc Durtain l'avait dit des usines américaines en général : « Tout est parfaitement réussi. Et comme chaque fois qu'une activité mécanique est parfaitement réussie, une immense tristesse s'en dégage : l'impression, au-delà des mots, d'une sorte de défaite de l'âme [67]. » « Hâte, rendement, précision, correction :

65. R. Recouly, *L'Amérique pauvre....*, pp. 246, 252.
66. J. Kessel, *Hollywood, ville mirage* [1937], Paris, Ramsay, Poche-Cinéma, 1989, pp. 93, 19-20, 23, 43.
67. L. Durtain, « La cité que bâtit la vision », *Quarantième Étage*, Paris, Gallimard, 1928, pp. 159-160.

voilà les caractéristiques essentielles de l'existence à Hollywood »,
note Kessel ; « tout est glacé, tout s'engrène automatiquement » et
ce « jeu sans chaleur [...] donne à Hollywood une monotonie et
une vanité de rêve sans substance » [68].

Mais ni les « usines à mirage » que raconte Kessel, ni les autres
formes de production culturelle de masse, ne sont seules responsables de l'avilissement de l'esprit aux États-Unis. Et si Dieu y est
desservi par ses « boys mariés » et ses *preachers* charlatanesques,
l'intelligence y périclite faute... d'intellectuels.

On comprend mal, en France, et l'on s'irrite de plus en plus
fréquemment de l'impuissance ou de la « passivité » de ceux qui
devraient mener le combat sur place : les écrivains, artistes et universitaires américains. Non sans ambiguïté, on les approuve de
venir chercher en Europe et en France le terreau favorable qui leur
fait défaut outre-Atlantique ; mais on leur sait mauvais gré de
déserter le champ de bataille culturel américain. Les clercs français
leur reprochent de ne pas tenir leur rang ; de n'avoir pas su ou
voulu se constituer en pouvoir intellectuel. Jules Huret, dès le début
du siècle, avait été surpris de constater « l'influence nulle » des
élites aux États-Unis ; d'où sa boutade déjà citée : « Les Américains n'ont jusqu'ici centralisé que leurs forces industrielles et
financières, les trusts de l'intellectualité ne se sont pas encore
formés [69]. » Ils ne le sont toujours pas vingt ans ni cinquante ans
plus tard. À leur place se sont constitués des conglomérats de
presse, d'édition, de cinématographe, de télévision, dont écrivains
et artistes ne sont que les rouages. Même si quelques voix puissantes ont su faire entendre leurs critiques du « système », de Jack
London et Dreiser, à Dos Passos et Steinbeck, la déception prévaut
en France devant l'échec des intellectuels – mot lui-même ina-
dapté – à établir leur contre-pouvoir. Cette impuissance à peser sur
la vie de la nation leur est imputée à péché, autant qu'à l'Amérique
elle-même, qui apparaît ici encore comme une anti-France, inter-
disant à ses élites culturelles tout rôle dans la Cité. Pis : leur place
est usurpée par d'étroits spécialistes, « technocrates » autoprocla-
més et, bientôt, experts occultes du « brain-trust ». On trouve ce
reproche formulé dans les textes les plus inattendus, comme cette
brochure collaborationniste, très antiaméricaine, qui signale l'existence aux États-Unis d'une « élite intellectuelle très distinguée,

68. J. Kessel, *Hollywood, ville mirage*..., pp. 59, 13-14.
69. J. Huret, *En Amérique (II)*..., p. 243.

d'esprit large et cultivée. Malheureusement, comme il n'y a pas de salons ni de vie mondaine, cette élite reste éparpillée et n'a aucune influence sur les autres milieux » [70]. Ce n'est évidemment pas à la même « influence » que songe Simone de Beauvoir en 1948 ; mais elle aussi déplore le « divorce très net entre le monde universitaire et le monde intellectuel vivant » aux États-Unis et le « défaitisme » qui éloigne les intellectuels américains de l'intervention publique : « Il s'est établi dans ce monde si neuf et déjà si vieux une tradition de défaitisme intellectuel [71]. » L'écrivain n'existe pas aux États-Unis, si ce n'est comme *entertainer* : « les écrivains ne sont pas populaires ou seulement à titre d'amuseurs », note encore Beauvoir ; « l'écrivain n'a pas la possibilité de remuer profondément l'opinion publique » [72]. C'est parfaitement résumer, *a contrario*, le rêve de « popularité sérieuse » et d'influence civique qu'entretiennent tant d'écrivains français.

Totalement victimes ou partiellement coupables, la défection des clercs est désastreuse : elle laisse le champ libre aux manœuvres du capitalisme et de l'impérialisme culturel, comme le souligne Kadmi-Cohen : « L'Impérialisme américain s'est contenté de considérer le haut domaine de la pensée comme un industriel considère un marché à conquérir. » En 1930, il croit encore, avec beaucoup d'intellectuels français, que « l'Impérialisme » est trop intimidé par les élites européennes pour s'attaquer directement à elles. La production culturelle de masse (le cinéma au premier chef) est le cheval de Troie d'une opération en deux temps : le « peuple » d'Europe sera gagné et « gâté » ; ses mentors intellectuels et spirituels seront peu à peu désertés et finiront asphyxiés comme poissons hors de l'eau ; il sera alors facile de les faire déborder et circonvenir par des cohortes de « goujats de la création » [73]. C'est l'esquisse précoce d'un scénario de « complot contre l'intelligence » tel que l'antiaméricanisme de la guerre froide les cultivera.

En attendant, les symptômes inquiétants se multiplient. Car en l'absence de tout pouvoir ou contre-pouvoir intellectuel, le marché est roi et la culture un vulgaire produit voué, par là même, à devenir un produit vulgaire. Les « vrais » créateurs, les grands écrivains devenus scénaristes (comme Faulkner), sont de plus en plus soumis

70. Henri Nevers, *Pourquoi l'Amérique est-elle en guerre ?*, Paris, Nouvelles éditions françaises, s.d., p. 7.
71. S. de Beauvoir, *L'Amérique...*, p. 312.
72. *Ibid.*, p. 348.
73. Kadmi-Cohen, *L'Abomination américaine...*, p. 106.

à des commandes très encadrées, à l'obligation du travail collectif et à l'indignité du *rewriting*. Mais aussi et surtout, ce marché-roi invente ses propres formes culturelles, OVNI littéraires ou artistiques qui commencent à semer chez les intellectuels français le trouble et la consternation. On parle peu jusqu'en 1945 des *comic books*, on commence seulement à évoquer le *digest*. Mais on s'inquiète du statut même du livre, traité comme une marchandise parmi d'autres. Duhamel évoque les « marchands de littérature » américains et l'historien Bernard Faÿ ne voit pas sans inquiétude la prolifération d'une littérature de magazines vendue dans les mêmes endroits et parfois sur les mêmes rayons que la crème à raser. La symbiose trop étroite entre livre, magazine et journal inquiète pour la qualité littéraire des œuvres, la presse américaine faisant régulièrement l'objet de jugements très négatifs[74]. Mais les synergies économiques auxquelles n'échappent pas les universités inquiètent aussi pour l'indépendance de la pensée. Aron et Dandieu attaquent le sujet avec leur radicalité coutumière – une radicalité qui aura de nombreux héritiers dans la seconde moitié du XXe siècle. Ceux qui s'inquiètent du sort du livre, emblème de la culture à l'européenne, n'ont rien compris au « cancer américain ». Que les livres disparaissent ou non au profit de *digests* n'a aucune importance. Le livre, déjà, « n'est pas le même en terre yankee qu'il était dans les pays libres ». Dans ce pays du servage généralisé où, « dès sa naissance, la vie intellectuelle est esclave », où les étudiants sont « sans défense » et où le maître n'est qu'un « parasite toléré », les plus belles bibliothèques ne sont que trompe-l'œil dérisoires. Lorsqu'on lit au fronton *free library*, il faut savoir que « dans cette free library, tout et tout le monde est libre ; seul peut-être l'esprit ne l'est pas ».

Pas facile pour l'Amérique de s'en sortir. Si elle produit des *digests*, on la traite de Vandale. Mais si elle ouvre des bibliothèques, on lui préfère les Barbares, car, concluent Aron et Dandieu, « mieux vaut incendier les bibliothèques que d'en faire des annexes de banque »[75].

---

74. Gustave Lanson au début du siècle déplore la « médiocre culture des journalistes » (*Trois Mois d'enseignement aux États-Unis*, Paris, Hachette, 1912, p. 89). La méconnaissance de l'anglais de la plupart des voyageurs français donne à leur jugement sur la presse un poids tout relatif.

75. R. Aron et A. Dandieu, *Le Cancer américain...*, pp. 216, 217, 221, 223.

Le « complot contre l'intelligence »

Dès l'entre-deux-guerres, tous les ingrédients sont donc disponibles de la potion culturelle où l'antiaméricanisme des années 1950-1960 puisera sa force : inquiétude devant le ravalement des œuvres de l'esprit au rang de marchandises ; déclassement symbolique des intellectuels et créateurs ; asservissement de la pensée en général et de l'Université en particulier, confinée à des besognes spécialisées ; constitution d'un marché culturel de masse échappant totalement à l'autorité des clercs. Dans la France abaissée et ruinée de 1945, ces peurs éparses et indécises cristallisent en un sentiment violent de dépossession. Dans un paysage politique où la droite de combat est provisoirement absente et où la gauche modérée, au gouvernement, n'a d'autre choix qu'un « atlantisme » de la nécessité, le parti communiste, pôle de ralliement de très nombreux intellectuels, universitaires et artistes, réussit à rafler cette mise considérable pour son prestige et pour la « bataille idéologique » : devenir le chef de file de la résistance culturelle française.

Il y a « complot contre l'intelligence », comme l'écrit *La Nouvelle Critique* en 1951. Le parti communiste, qui se présente désormais comme le seul vrai représentant de la nation, tient à apparaître aussi comme le véritable défenseur du trésor culturel français. « La France, pays de Rabelais, de Montaigne, de Voltaire, de Diderot, de Hugo, de Rimbaud, d'Anatole France et des chantres de la Résistance à l'envahisseur, est submergée par une littérature d'importation qui exalte ce qu'il y a de plus vil dans l'homme, et par certains magazines américains, dont la bêtise est un outrage à l'esprit humain »[76] : contre ce sabotage par l'abêtissement, la presse communiste est intarissable. Il s'agit, d'une part, de faire pièce aux tentatives de regroupements d'un certain nombre d'intellectuels et d'artistes hostiles au stalinisme ; mais il s'agit surtout d'exploiter un gisement idéologique éminemment rentable et de donner aux intellectuels ralliés au PCF à partir d'horizons divers l'objectif fédérateur d'une défense corporative contre l'invasion culturelle. L'impact de ces campagnes, mesuré par les sondages, peut sembler modeste[77] ; mais leur « cible » est moins le grand

---

76. G. Soria, *La France deviendra-t-elle une colonie américaine ?*, préface de F. Joliot-Curie, Paris, Éd. du Pavillon, 1948, p. 128.
77. Voir les analyses détaillées de Ph. Roger [sans parenté avec l'auteur] dans *Rêves et cauchemars américains. Les États-Unis au miroir de l'opinion publique française*

public que ces « couches intellectuelles » qu'il convient de gagner à la cause et qui reçoivent favorablement ce message de résistance. La survalorisation de la culture et de ses représentants, telle que la pratiquait Duhamel avant la guerre, est entièrement assumée, mais aussi politisée de part en part : de la répugnance individuelle, il faut passer à la mobilisation collective. Défendre les « choses de l'esprit » est une question de salut public dès lors que, « pour tenter de briser l'échine d'une nation, pour supprimer ses réflexes de défense, c'est à son esprit qu'on s'attaque »[78].

Le projet d'« asservissement moral » qui avant-guerre passait pour outrecuidant est aujourd'hui repris par une Amérique toute-puissante. Le statut quasi colonial de la France « occupée » lui confère une tragique vraisemblance. C'est ce que répète en tout cas la presse communiste. Dans son numéro spécial de juin 1951, *La Nouvelle Critique* explique que « perversion » de la culture et assujettissement politique vont du même pas : « Une immense entreprise de perversion de la science et de l'art, de dégradation de la culture prend place dans notre pays, à l'imitation de ce qui se passe aux USA [...] Les Français ne veulent pas devenir des robots, ni les intellectuels des mercenaires des trusts. » Poussant plus loin encore l'idée de totale imbrication entre lutte culturelle et combat politique, l'éditorialiste conclut : « Voter pour les listes des partis gouvernementaux et RPF, c'est voter pour Hollywood et le Ku Klux Klan, pour l'obscurantisme et la censure, pour la perversion morale et la police au laboratoire, pour le sergent recruteur à l'école, pour la misère estudiantine, pour la transformation des peintres en manœuvres, pour la mort de la littérature[79]. » Vaste programme que celui de l'impérialisme et de ses laquais.

La reprise communiste du discours d'autodéfense culturelle recycle à gauche l'arsenal argumentatif accumulé, surtout à droite, avant la guerre : l'antiaméricanisme culturel devient un devoir patriotique. Le danger n'est plus seulement inhérent aux formes de la prétendue culture de masse ; il est inscrit dans un programme de destruction délibérée des cultures « nationales » qui font obstacle à la mondialisation idéologique voulue par l'Amérique. Les dirigeants américains travaillent à notre « perte de conscience »,

---

(1945-1953), Lille, Presses Universitaires du Septentrion, 1996 ; notamment « Une culture de masse fascinante, », pp. 211-223.
78. G. Soria, *La France deviendra-t-elle...*, p. 186.
79. *La Nouvelle Critique*, n° 27, juin 1951, pp. 3-4.

affirme la revue intellectuelle du parti communiste, qui lance à la fin de 1951 une grande enquête sur le « complot contre l'intelligence » : « Ce qu'exigent en effet l'étouffement de notre économie et la préparation de notre piétaille [*dans le cadre de l'OTAN*], c'est que nous y perdions notre conscience et que nous la retrouvions, dérisoirement, dans leur conscience à eux. » Moins hégéliennement dit, « en nous imposant [leur culture], ils pensent nous endormir par le mythe d'une "communauté" d'idées, de sentiments et d'histoire » [80]. Les rôles séculaires sont inversés : ce sont les Américains qui font miroiter le passé et tinter le nom de La Fayette. On se souvient d'Étiemble : « Washington nous voici, La Fayette nous voilà. Bref, le mythe hollywoodien des USA [81]. » Plus que la dérision, le sarcasme et le mépris qui caractérisaient les attaques d'avant-guerre, c'est l'alarmisme qui prévaut, moulé dans une rhétorique du complot. Corollaire du plan Marshall, il y a un « plan Marshall des idées » dont Roger Garaudy dévoile l'existence en mars 1951 : « À la suite des directives données par Truman, le 20 avril 1950 et par Dean Acheson, le 22 avril, sur la "propagande totale", qui correspond à la "diplomatie totale", le Département d'État américain a créé un Conseil supérieur de la guerre froide". » Les journaux français aux ordres, comme *Le Figaro*, publient désormais des articles élogieux et « délirants » sur la culture américaine, directement dictés par le « Bureau américain de la stratégie psychologique », qui est la nouvelle « Propagandastaffel » de Truman. À preuve : on peut désormais « lire la presse dite française deux jours avant qu'elle paraisse... en feuilletant les bulletins *USA* et *France-Amérique* ». Mais les ramifications du « complot » s'étendent bien au-delà de ces grossières manipulations par « les valets de plume de la presse Marshall » [82] et elles se déploient selon les deux axes déjà désignés par les antiaméricains d'avant-guerre.

Premier axe : l'Université. Le modèle universitaire américain fait l'objet, depuis la fin du XIXᵉ siècle, d'analyses très contradictoires. Universitaires et pédagogues lui trouvent des charmes et des atouts certains, depuis Gustave Lanson jusqu'à Jean-Marie Domenach – « Nous aurons leurs crimes. Puissions-nous avoir aussi leurs

---

80. *La Nouvelle Critique*, n° 30, nov. 1951, p. 124.
81. Étiemble, *Parlez-vous franglais ?*, Paris, Gallimard, 1964, p. 291.
82. *La Nouvelle Critique*, n° 16, mai 1950 ; éditorial de Victor Joannes, « Notre fierté nationale ou le Congrès du Parti de la France ».

universités [83]. » Mais la plupart des observateurs français trouvent les universités américaines trop dépendantes du *big business* ; ils soulignent l'isolement intellectuel des universitaires ; ils critiquent le caractère trop abstrait et trop spécialisé de l'enseignement prodigué. Ces deux derniers reproches ne leur apparaissent pas contradictoires : formés aux humanités, ils tiennent l'excessive spécialisation pour une forme d'abstraction, qu'ils opposent à la synthèse humaniste, but de toute éducation. Mais jusqu'en 1945, on n'imagine pas davantage une contagion du modèle universitaire américain qu'on ne croit vraiment à une offensive « culturelle » américaine en Europe.

Or la menace est désormais brandie d'un alignement, consenti ou forcé, de l'Université française sur les universités américaines – brandie par Maurice Thorez lui-même : « L'enseignement français devra s'aligner sur la politique de guerre américaine. » Les Américains comptent en utiliser les ressources scientifiques ; mais surtout en faire une courroie de transmission idéologique. Cette mise au pas se traduit déjà par des sanctions d'enseignants, prodromes d'un maccarthysme larvé [84], mais plus encore par la dénaturation des contenus de l'enseignement lui-même. Orienté vers une spécialisation décervelante, vidé de sa substance, il ne fournira ni arme ni repère à la résistance intellectuelle. L'enseignement auquel nous voue l'impérialisme, c'est le « cours de beignet » que *La Nouvelle Critique* a repéré dans les programmes de l'université de Vancouver. D'où ce mot d'ordre, l'un des plus insolites d'une période pourtant féconde : « Nous disons : NON ! Nous ne voulons pas de cours de beignets et de l'américanisation de nos universités ! Nous ne voulons pas de la honteuse dégradation de la culture que Washington propage par le monde [85]. » Avec ses airs de canular, ce slogan renoue la chaîne des temps : Jouvenel, en 1933, s'insurgeait déjà contre les cours hôteliers ou les formations de marketing donnés par les universités américaines [86]. Mais il est aussi prémonitoire : l'exorcisme du *doughnut* comme « matière d'enseigne-

83. J.-M. Domenach, *Esprit*, n° 354, nov. 1966, p. 625.

84. *La Nouvelle Critique*, n° 14, mars 1950 ; Guy Besse, « Notre Université ne sera pas atlantique ».

85. *La Nouvelle Critique*, n° 27, juin 1951. Des cours de cuisine pouvaient figurer au programme de certains établissements supérieurs sous la rubrique « Home economics ».

86. B. de Jouvenel, *La Crise du capitalisme américain*, dans *Itinéraire 1928-1976*, Paris, Plon, 1993, p. 167.

ment » fait par avance la synthèse entre refus de la mal-bouffe et refus du « lycée light ».

La seconde voie de pénétration américaine est celle que redoutaient déjà les clercs de l'entre-deux-guerres : l'investissement de la culture populaire par une « culture de masse » made in USA. Là encore, les campagnes communistes réussissent une synthèse paroxystique des refus de l'intelligentsia et d'une grande partie de la population. Les *cartoons* fleurissent aux États-Unis depuis les années 20. Le *Comics Book* est imaginé et lancé par Procter & Gamble en 1933, à l'origine comme « gadget » gratuit ; sa diffusion payante commence dès l'année suivante et en dix ans atteint 18 millions d'exemplaires par mois aux États-Unis. Mais c'est leur arrivée massive, après 1945, dans les salles de cinéma et dans les kiosques à journaux qui exaspère l'hostilité d'un pays où la presse pour enfants a toujours été proche de la « bonne presse »[87]. La dénonciation des dessins animés et des *Comic Books*, violents et vulgaires, réunit la presse communiste, la presse confessionnelle et la presse pédagogique laïque. Lorsqu'ils s'indignent des « dessins animés qui font rire des supplices infligés à Donald le Canard ou à Pluto le Chien » ; lorsqu'ils dénoncent « l'invasion particulièrement scandaleuse » de la presse enfantine par des « albums grossièrement décalqués des *cartoons* d'outre-Atlantique » et saturés d'un « incroyable mélange de pornographie, de sadisme et de tout ce qui en appelle aux sentiments bas » ; lorsqu'ils s'offusquent d'y voir « jupes à mi-fesses et seins en bataille », les collaborateurs de *La Nouvelle Critique* épousent les préoccupations de toute une partie de l'opinion catholique ou simplement attachée à une littérature pour l'enfance de tradition « éducative ». La presse communiste joue ici sur les deux tableaux. Elle lance des appels appuyés aux « pères de famille inquiets du mauvais exemple prêché sur les écrans »[88] ; mais elle donne aussi la parole à Louis Daquin pour dénoncer la collusion entre les index vaticanesques et le Code Hayes – qui fixe les normes de la pudeur cinématographique –

---

87. Voir François Cochet, « La bande dessinée en France et aux États-Unis dans l'entre-deux-guerres : deux modèles culturels en action », *Les Américains et la France (1917-1947). Engagements et représentations*, sous la dir. de F. Cochet, M.-Cl. Genet-Delacroix, H. Trocmé, Actes du colloque organisé à Reims par le Centre Arpège (université de Reims) et le Centre de recherche d'histoire nord-américaine (U. de Paris I), Paris, Maisonneuve et Larose, 1999, p. 200.

88. G. Soria, *La France deviendra-t-elle...*, p. 134.

« rédigé en 1929 par un jésuite »[89]. Un coup contre la censure « puritaine » du cinéma plus un coup contre le débraillé « pornographique » des bandes dessinées égalent deux tapes sur les doigts de l'Amérique.

La loi sur la protection de la jeunesse du 16 juillet 1949, véritable « outil de guerre contre la production américaine »[90], viendra récompenser les efforts des protestataires. L'article 2 stipule qu'aucune publication pour la jeunesse ne peut montrer favorablement le banditisme, le vol, la paresse, la lâcheté, la haine, la débauche ou tout acte de nature à démoraliser l'enfance et la jeunesse. De l'aveu même de ses instigateurs, « la cible désignée est ouvertement les *Comics* américains et *Tarzan* cesse de paraître en octobre 1953 »[91]. Quant à la littérature pour adultes que constitue (en principe) le roman policier de style américain, elle suscite elle aussi une répulsion massive. Parmi ses détracteurs inattendus : Raymond Queneau, qui associe curieusement, en 1945, l'ambiance des polars, l'univers de Sade et le monde de la Gestapo et des camps[92]. Imposer le polar noir ou le film de gangster, c'est dresser les masses à la violence et les préparer à la guerre, pense *La Nouvelle Critique*. Pozner va plus loin encore : si le gangster est l'objet de toutes les attentions « artistiques » de l'Amérique, c'est que le gangstérisme est devenu « l'industrie du crime de l'époque des monopoles, et [que] sa branche la plus importante, le *racketeering*, n'est rien d'autre que la continuation de la concurrence capitaliste par d'autres moyens »[93]. Plus ignobles que le gangster et ses apologistes américains, il n'y a guère que ces « écrivains français [qu'on voit] s'abaisser jusqu'à faire passer leurs créations pour des traductions de l'américain » – allusion probable à *J'irai cracher sur vos tombes* publié par Boris Vian sous le pseudonyme de Vernon Sullivan[94]...

Mais un autre « produit » condense, c'est le cas de le dire, l'horreur culturelle américaine : le *digest*. Les romans rétrécis « en trente

89. L. Daquin, « Le cinéma », *La Nouvelle Critique*, n° 25, avril 1951.

90. Fr. Cochet, « La bande dessinée en France et aux États-Unis... », p. 201.

91. *Ibid.* ; un membre de la commission de contrôle, René Finkelstein, commente : « Nos enfants seront ainsi protégés des "comics" destinés aux adultes, des images assorties de quelques onomatopées exaltant la violence, la passion, le surhomme. »

92. R. Queneau, *Front national*, 3 novembre 1945 ; repris dans *Bâtons, Chiffres et Lettres*, Paris, Gallimard, 1950, p. 152.

93. V. Pozner, *Les États-Désunis...*, p. 161.

94. E. Cary, « Défense de la France, Défense de la langue française », *La Nouvelle Critique*, n° 3, février 1949. *J'irai cracher sur vos tombes* est de 1946.

pages » suscitent l'indignation générale. *Témoignage chrétien* parle de littérature mise en cachet d'aspirine. Vladimir Pozner explique que le *digest* ressortit de la même logique de contrôle que les *quiz* et la spécialisation fordienne[95]. Seule l'Amérique du « time is money » pouvait inventer pareille infamie. (En fait, la réécriture romanesque sous forme réduite et édulcorée était très pratiquée dans la France du XVIIIᵉ siècle : les longs romans du siècle précédent en faisaient les frais[96].) Le mot lui-même, peu ragoûtant, de *digest* renforce le dégoût qu'inspire cette pâture spirituelle prémâchée, ces textes trop triturés. En matière culturelle, la France n'a droit qu'aux poubelles de l'Amérique : raclures de fonds de tiroir, vieilles bobines à bout de souffle de films amortis depuis quinze ans, sans parler de la « saloperie » pure et simple (Étiemble *dixit*) qu'est le Coca-Cola. « Je le reconnais », écrit Pozner en 1948 par allusion à son séjour aux États-Unis en 1938 et pendant la guerre, « cet outillage qui a déjà servi et qu'on ne s'est même pas donné la peine de maquiller : les films, les *best-sellers*, les magazines, les *digests*, les histoires en dessin, les photos en couleurs de *pin up girls* »[97]. Voilà les oripeaux culturels dont nous saturent ces « gougnafiers » (Étiemble toujours) et dont ils arrivent à tirer bon argent, comme de la vente de leurs surplus militaires.

Des mirages aux mythes

De toutes ces « batailles », celle du cinéma est la plus farouche. Les raisons en sont nombreuses, à commencer par l'importance du public touché. Le milieu professionnel du cinéma français a d'ailleurs une forte tradition de gauche : il est bon conducteur des mobilisations politico-corporatives. Autre circonstance politiquement déterminante : ce sont les accords Blum-Byrnes de 1946 qui ont réglé la pénétration massive du cinéma américain en établissant des quotas *minimaux* de diffusion en France. La dénonciation de ces accords comme une « capitulation » culturelle permet aux communistes de mettre au jour la collusion des politiciens socialistes avec « l'impérialisme » et d'accréditer le portrait d'un Blum « idéo-

95. V. Pozner, *Les États-Désunis...*, p. 14.
96. Voir Muriel Brot, « Réécritures des Lumières », *Critique*, n° 663-664, « Couper-Coller. Les Plagiaires », août-septembre 2002.
97. V. Pozner, *Les États-Désunis...*, p. 18.

logue du parti américain en France »[98]. Les quotas de 1946 sont donc assidûment présentés comme une forfaiture. « M. Blum », écrit Georges Soria, « passait ainsi à l'histoire comme l'homme qui ouvrit les écrans de la France à la marée du crime, made in USA, et qui condamna le cinéma français à une agonie lente mais sûre ».

C'était avoir la mémoire (délibérément) courte. Car la crainte d'une submersion par l'industrie américaine remonte en fait aux années 1920. Le cinéma français très actif d'avant 14 avait en effet beaucoup souffert de l'interruption de la Grande Guerre. Les investissements nécessaires à la reconstruction du pays réduisaient d'autant ses sources de financement. En 1924, 85 % des films de long métrage montrés en France sont américains ; la proportion retombe ensuite, mais est encore de 63 % en 1927. La situation est alors jugée assez préoccupante pour qu'une Commission du cinéma, essentiellement composée de producteurs, soit réunie par Herriot. Elle conclut à la nécessité de quotas *restrictifs* : on autorisera quatre films américains pour chaque film français exporté. Ces quotas sont appliqués en 1928 et déclenchent immédiatement un boycott de la France par la guilde des Motion Picture Productors and Distributors. Avant la fin de l'année, la position française est « réajustée » : il est question désormais de permettre l'importation de sept films, pour chaque film produit en France. Cela ressemble fort à une capitulation. La résistance était d'autant plus difficile que les trois quarts des meilleures salles de cinéma, situées dans les grandes villes, appartenaient déjà aux Américains. L'idée même d'établir une proportion réglée entre films américains montrés en France et films français montrés aux États-Unis relevait dès cette époque du vœu pieux ou de la démagogie, au regard du rapport de forces réel : en 1929, dix-neuf films français seulement ont été vus aux États-Unis[99]. Ce chiffre donne l'échelle d'un problème bien antérieur à l'ouverture des vannes par les accords Blum-Byrnes.

La campagne de défense du cinéma français lancée à partir de 1947 et qui bat son plein au début des années 50 mêle étroitement,

---

98. G. Soria, *La France deviendra-t-elle...*, p. 110.
99. Voir Carlton J.H. Hayes, *France : A Nation of Patriots*, New York, Columbia, 1930, pp. 186-195 ; David Strauss, « The Rise of Anti-Americanism in France : French Intellectuals and the American Film Industry, 1927-1932 », *Journal of Popular Culture*, Bowling Green State University, Spring 1977, vol. X, n. 4 ; Jacques Portes, « L'internationalisation du cinéma – années 1920 », *in* J. Portes, *L'Amérique comme modèle, l'Amérique sans modèle*, Presses Universitaires de Lille, 1993.

dans la presse communiste, arguments culturels, économiques et idéologiques. « Le film est devenu aux États-Unis le moyen le plus puissant d'abrutissement du peuple », remarque en 1950 l'auteur d'un article qui insiste sur le nombre inquiétant de films de guerre produits en six mois par les États-Unis et sur la mutiplication des films noirs où la « violence semi-sadique (analogue à celle du "roman noir") tient la vedette » [100]. Le caractère fréquemment antisoviétique de la production hollywoodienne n'est pas oublié : il confirme la thèse d'un usage cyniquement propagandiste du cinéma par les Américains. *Le Rideau de fer*, *Le Danube rouge*, *J'ai épousé un communiste* montrent comment « la guerre de Wall Street » s'efforce de « vicier les instruments de la culture » ; ce sont les équivalents cinématographiques des *Mains sales* au théâtre ; ce qui pour les communistes en 1950 n'est pas peu dire. « Abrutissement idéologique, antisoviétisme, apologie du "mode vie américain (capitaliste)" » [101] : tel est le programme hebdomadaire des salles soumises à Hollywood.

Le tollé antiaméricain autour du cinéma dépasse largement les cercles politiquement acquis aux campagnes communistes. Une partie du traumatisme vient de ce que l'arme des quotas, maladroitement brandie par la France en 1927, est retournée en 1946 dans la plaie d'une économie exsangue. Mais la violence de ton, frappante chez les réalisateurs et chez beaucoup d'acteurs, masque aussi un non-dit permanent : le répit obtenu par le cinéma français, protégé de la concurrence « anglo-saxonne » sous Vichy. Comme dans le domaine sensible des publications pour enfants et des bandes dessinées, l'Occupation apparaît rétrospectivement comme une oasis pour la production française. D'une situation de prépondérance indiscutée (et pour cause) de la production française, on passe brusquement à une situation d'importation massive d'œuvres souvent médiocres. De janvier à juin 1946, 36 films américains seulement avaient été montrés en France. Ils sont 388 au cours de l'année 1947. Sur la décennie, le film américain, qui dispose de la moitié de la distribution, s'octroie environ 43 % des spectateurs [102]. Ce n'est évidemment pas Vichy que regrettent tous ceux et celles qui protestent contre les quotas américains ; mais le désir est grand,

---

100. *La Nouvelle Critique*, n° 12, janvier 1950, p. 108.
101. [*Sic*] ; *ibid.*, p. 115.
102. Données fournies par Patricia Hubert-Lacombe, « L'accueil des films américains en France pendant la guerre froide (1946-1953) », *Revue d'histoire moderne et contemporaine*, n° 33, 1986, pp. 301-314.

dans la corporation et parmi ses amis, de voir établi un protectionnisme de « salut culturel » que saurait imposer un « État fort » [103]. La
France est en état de légitime défense : elle doit faire front ou répondre à l'invasion par le sabotage. Le cinéaste Jacques Becker propose
ainsi, pour contourner les accords Blum-Byrnes, d'interdire, non les
films américains, mais leur doublage : par cette seule mesure « nous
assainirions le marché de 95 % de la production américaine » [104].
Assainir : le verbe choisi par Becker est significatif. Le cinéma yankee est un poison ou une drogue – comme le Coca-Cola, qu'au même
moment, les communistes alliés aux lobbies viticoles tentent de faire
interdire au nom de la santé publique [105].

Épisode charnière, là encore : les campagnes anti-hollywoo-
diennes de la guerre froide s'appuient sur les polémiques des
années 30, tout en préfigurant la « guerre des images » la plus
contemporaine. Dès les années 1920 considérations économiques
et dimension symbolique sont inextricablement mêlées. Édouard
Herriot, sous la casquette du critique et non du politique, posait
déjà une question aujourd'hui centrale dans les débats sur l'hégémonie culturelle américaine : celle du droit des peuples à produire
leurs propres images – images du monde et images d'eux-mêmes.
Est-il anodin, demandait Herriot, que Jeanne d'Arc s'incarne désormais sous les traits d'une Californienne et Napoléon sous ceux
d'un acteur de l'Illinois [106] ? N'y a-t-il pas là une forme insidieuse
de vampirisation de l'imaginaire patrimonial ? Les images cinématographiques, le style et le langage des cinéastes, ne doivent-ils pas
revendiquer un enracinement dans une culture au sens national et
quasi ethnographique ? C'est plutôt de gauche que viennent, dès
avant la guerre, ces interrogations. C'est Jean Renoir qui livre (en
1938) ce curieux *mea culpa* : « Naïvement et laborieusement, je
m'efforçais d'imiter mes maîtres américains ; je n'avais pas com-

---

103. G. Soria, *La France deviendra-t-elle...*, p. 135.
104. Jacques Becker, cité *in* G. Soria, *ibid.*, p. 136.
105. R. Kuisel a donné une analyse détaillée de ce contentieux économique et
politique dans *Le Miroir américain. 50 ans de regard français sur l'Amérique*, Paris,
J.-C. Lattès, 1993, pp. 92-124 ; voir aussi, paru au moment du bref « rebond » de
1999, l'article de Jean-Noël Jeanneney, « Coca-Cola : le sens d'un écho », *Le Monde*,
29 juin 1999.
106. E. Herriot, *Europe*, Paris, Rieder, 1930. Constatant que déjà « notre folklore
européen est traduit, ainsi, au reste, que l'histoire de notre Continent, par d'honorables
citoyens de Los Angeles », Herriot plaide pour une « concentration européenne
[...], seul moyen qui nous reste de préserver l'interprétation correcte de notre culture
continentale » (pp. 212-213).

pris qu'un Français vivant en France, buvant du vin rouge et mangeant du fromage de Brie devant la grisaille des perspectives parisiennes, ne peut faire œuvre de qualité qu'en s'appuyant sur les traditions des gens qui ont vécu comme lui [107]. » Entre « eux » et « nous », même le simulacre cinématographique fait revenir la différence charnelle des voix, des corps et des humeurs. Un sondage réalisé trente ans plus tard demandait aux Français de dire de quels peuples ils se sentaient le plus semblables : les Américains arrivaient très loin derrière Anglais, Italiens et Allemands. Comment accepter d'être « représentés » ? Et de l'être par ceux auxquels on veut le moins ressembler ?

« Le film n'est pas seulement une marchandise » : cette phrase-clé de l'argumentaire français dans la négociation du « volet culturel » au sein du GATT en 1993 (et depuis à l'OMC) est prononcée dès la Libération, par le metteur en scène Louis Daquin, qui vient de réaliser *Patrie* (1945) [108]. Le discours de « l'exception culturelle » héritera très directement de cette aspiration à la protection de secteurs économiquement fragiles et symboliquement sensibles. On y retrouve aujourd'hui la même insistance sur le droit (collectif) à la différence, la production d'images « autochtones » étant conçue comme un rééquilibrage face à une confiscation par un imaginaire étranger. Ceux qui tiennent ce discours en France n'en ignorent pas l'ambiguïté : d'où leurs références appuyées à la « diversité » et à la « pluralité » souhaitables des images du monde. Mais c'est bien la défense de la culture et de l'imaginaire nationaux qui est, comme à la Libération, au cœur du malaise et de la revendication ; c'est bien une mythographie indigène qu'il s'agit de protéger contre les empiètements de mythes venus d'ailleurs.

« Déjà vos mythes déferlent sur la France », lance Vladimir Pozner en 1948. Le cinéma américain n'est plus (seulement) accusé d'indigence : il est accusé d'ingérence. Kessel, avant la guerre, parlait de *mirages*. Le mot *mythe*, beaucoup plus chargé politiquement, est révélateur d'un changement de perspective. À gauche, le mythe est désormais fortement associé aux fascismes historiques, à leur conquête « irrationnelle » de l'opinion et à leur utilisation massive des images cinématographiques. Dans un texte de *Situations I* (1947), Sartre a attiré l'attention sur l'origine sus-

---

107. J. Renoir, cité par G. Sadoul, *Dictionnaire des cinéastes*, Paris, Seuil, 1965, p. 190.
108. Cité par G. Soria, *La France deviendra-t-elle...*, p. 137.

pecte du mythe, « fort à la mode depuis Sorel »[109]. Pozner offre sa chronique des *États-Désunis* comme une « arme entre les mains des tueurs de mythes » – et du plus pernicieux d'entre eux, le « mythe de la démocratie » en Amérique[110]. Moins violent mais très pugnace, lui aussi, le Barthes mythologue des années 1950 n'a garde d'oublier le cinéma américain : de *Modern Times* de Chaplin à *On the Waterfront* de Kazan, Hollywood lui fournit l'occasion de plusieurs « petites mythologies » qui sont parmi les plus caustiques et où est reposée, à propos du *Jules César* de Mankiewicz, la question même que débattait Herriot en 1930 : peut-on fabriquer du Romain avec « la binette yankee des figurants d'Hollywood » ? Barthes, si défiant de toute « naturalité », ne voit pourtant que Marlon Brando pour arborer dans le film une frange convaincante grâce à son « front naturellement latin », tandis que Jules César est « incroyable, avec sa bouille d'avocat anglo-saxon ». Face à ces « binettes yankees », le fin débusqueur de stéréotypes n'est pas à l'abri de la stéréotypie, comme le prouve cette incise sur la sueur largement répandue sur ces visages pseudo-romains : « Suer, c'est penser (ce qui repose évidemment sur le postulat, bien propre à un peuple d'hommes d'affaires, que : penser est une opération violente...)[111]. » Le « peuple d'hommes d'affaires », on s'en doute, n'est pas le peuple romain ; et Barthes administre une preuve de plus, celle-là involontaire, qu'il n'y a jamais loin de la typologie corporelle à la stéréotypie culturelle.

Si le cinéma américain concentre sur lui l'essentiel des contre-attaques culturelles françaises de la période, c'est donc *aussi* parce qu'il est perçu comme le bras « mythologique » d'une conquête totalitaire des esprits. On peut sourire de la tranquille conviction avec laquelle le mensuel *Études soviétiques* en 1951 dénonce « l'empressement des capitalistes américains à exterminer les deux tiers de la population de n'importe quel pays pour obliger le tiers restant à ne voir que des films américains »[112]. Rhétorique de guerre froide... Comme cette énième comparaison entre Hollywood et la Propagandastaffel : « On entend aux États-Unis des patrons de stu-

---

109. J.-P. Sartre, « Denis de Rougemont : "L'Amour et l'Occident" », *Situations I*, Paris, Gallimard, 1947, p. 58.
110. V. Pozner, *Les États-Désunis...*, p. 19.
111. R. Barthes, « Les Romains au cinéma », *Mythologies* [1957] ; *Œ. C.*, dir. par E. Marty, Paris, Seuil, 1994, t. I, p. 579.
112. Nicolas Virta, « Une super-Gestapo : le FBI », *Études soviétiques*, n° 36, avril 1951, p. 32.

dios ou de networks affirmer tout uniment que prochainement les seules images visibles dans le monde seront américaines. Goebbels disait la même chose en son temps des images allemandes. » Sauf que là, nous ne sommes plus en 1951, mais en 1991. Et que nous ne lisons plus *Études soviétiques*, mais la chronique cinématographique d'un grand quotidien du soir[113]...

La poussière du péplum polémique de la guerre froide sera lente à retomber, laissant entière la question : que faire ? Si l'Amérique est désormais en mesure d'importer, d'imposer en France une « culture » rétrécie comme un *digest*, avilie comme un polar « semi-sadique » ou mythifiante comme la frange de James Mason, où tracer la ligne Maginot de l'esprit ?

« Échange inégal » et contre-culture

À cette question, la seconde moitié du XXe siècle donne deux réponses : la première est le rejet global de la culture américaine, théorisé par Sartre comme refus de « l'échange inégal » ; la seconde, corollaire de la première, est l'adoption de la « contre-culture » américaine en vertu du principe : les ennemis de mes ennemis sont mes amis.

L'ère qui s'ouvre après 1945 est marquée par la prise de conscience douloureuse d'une disproportion des forces : comment un pays à qui tous les moyens de la puissance et même de l'indépendance ont été enlevés conserverait-il cette hégémonie culturelle à laquelle croyaient encore les Français d'avant 1940 ? Des esprits comme Bernanos s'insurgent contre l'idée que le « rayonnement » intellectuel de la France doive nécessairement décliner avec sa position dans le monde. Mais ils sont rares et la nouvelle génération intellectuelle ne se paye pas d'illusions : le rayonnement est aussi affaire de puissance. Et les appels de Raymond Aron à assumer cette situation avec une raisonnable humilité, en attendant des jours meilleurs, désespèrent Saint-Germain-des-Prés plus encore que Billancourt.

Sartre n'apporte pas de solution au problème, mais il incarne pour toute une génération la résistance à « l'asphyxie » menaçant

---

113. J.-M. Frodon, « Chevauchée fantastique dans la pellicule », compte rendu de *Cinquante ans de cinéma américain* de B. Tavernier et J.-P. Coursodon, *Le Monde*, 18 avril 1991.

la culture française. Face au « déferlement » américain, entre la patience recommandée par Aron et la vitupération paranoïaque du PC, il est le seul à proposer aux intellectuels une morale de combat : une sorte de stoïcisme agressif. Son antiaméricanisme commence là : avec le constat d'une inégalité devenue irrémédiable, à vues humaines, entre la France et les États-Unis. Dans la balance, la France ne fait plus le poids et à ce déséquilibre, il faut répondre par le retrait et l'abstention. C'est ce calcul, cette pesée des destins, qui fait de Sartre un antiaméricain *systématique*, plutôt que passionnel et davantage encore que politique. La hantise de Sartre, dès lors, est de couper les ponts avec l'Amérique, de refuser le contact, de fuir le Yankee comme Diderot recommandait au Sauvage hottentot de fuir les Blancs – ou de les tuer. C'est la conclusion de l'éditorial « Les animaux malades de la rage », écrit après l'exécution des époux Rosenberg : « Tranchons les liens qui nous rattachent à elle. » C'est l'esprit et la lettre du sévère entretien accordé au *Nouvel Observateur*, en 1972, sur les bombardements du Vietnam du Nord : « Il n'y a plus de dialogue possible. » Il annule alors un voyage à Cornell, haut lieu de la protestation contre la guerre [114]. Pas de dialogue possible, même avec les opposants à la guerre, s'étonnent les Américains ? Un Sartre exaspéré leur répond qu'il n'a rien à leur répondre. Une phrase revient par deux fois dans l'entretien du *Nouvel Observateur* : « L'Amérique n'est pas le centre du monde. » Elle est pourtant au centre des préoccupations de Sartre depuis les lendemains de la guerre. Et ces consignes de quarantaine réitèrent en fait, dans des contextes éminemment politiques, une conviction déjà exposée beaucoup plus posément en 1949, dans le contexte culturel.

Le texte est moins célèbre que les précédents, mais il est décisif. Il s'intitule « Défense de la culture française par la culture européenne ». Sartre y invite la France à s'abstenir de toute relation culturelle avec un pays au « potentiel » supérieur au sien : nommément l'Amérique. Clé de voûte de son argumentation : le concept d'« échange sans réciprocité ». « L'hégémonie politique, économique, démographique, militaire d'un pays impose des échanges culturels sans réciprocité », énonce Sartre [115]. Il faut les

114. J.-P. Sartre, « Il n'y a plus de dialogue possible », *Le Nouvel Observateur*, 1er avril 1965 ; *Situations VIII*, pp. 9-19.
115. J.-P. Sartre, « Défense de la culture française par la culture européenne », *Politique étrangère*, n° 3, juin 1949, p. 240 ; cité par M. Contat et M. Rybalka, *Les Écrits de Sartre*, Paris, Gallimard, 1970, pp. 212-213.

fuir et n'accepter d'échanges qu'avec des pays au potentiel égal – un peu comme, pour un jumelage, une ville doit chercher une consœur étrangère de même gabarit. Ce concept d'« échange sans réciprocité » étonne un peu chez le Sartre de 1949. C'est le vocabulaire de Mauss ou de Bataille, pas celui de l'existentialisme. Sartre côtoie ici les analyses sur le don familières aux lecteurs de *Critique*. Or ces analyses viennent justement d'être invoquées, l'année précédente, dans le livre le plus original consacré au plan Marshall, celui que Jean Piel publie aux Éditions de Minuit, dans l'éphémère collection « L'usage des richesses » dirigée par son beau-frère Georges Bataille. *La Fortune américaine et son destin* est un livre d'économiste qui confronte les propositions américaines de 1948 à l'état réel du monde et aux modèles économiques qui les sous-tendent ; mais ce tableau débouche sur une proposition très bataillienne. Revenant sur la loi « prêt-bail » du 11 mars 1941 qui avait autorisé le gouvernement des États-Unis à fournir du matériel de guerre et tous biens en général aux belligérants antinazis, sans que ces fournitures fassent nécessairement l'objet d'un remboursement (ce remboursement pouvait consister en « tout autre bénéfice direct ou indirect que le Président considérera comme suffisant »), Jean Piel souligne le caractère totalement novateur d'un tel dispositif. À l'heure de la victoire, l'immense disproportion de moyens entre Amérique et Europe n'a fait que s'aggraver : là se situe le « déséquilibre fondamental » du monde. Plus question pour très longtemps d'échanges équilibrés, mais seulement d'une action compensatoire de ce déséquilibre insupportable à toutes les parties. La « compensation », écrit Jean Piel, « ne pourra durablement s'effectuer que par un flux continu, probablement croissant et *sans réciprocité*, de capitaux d'Amérique vers le reste du monde, ainsi que par l'établissement, entre le pays qui constituera la source unique de ce flux et ceux qui en seront les bénéficiaires, de rapports d'un genre nouveau, exclusifs des statuts juridiques qui ont jusqu'ici présidé aux relations de débiteur à créditeur, et dont on pourrait, à la rigueur, trouver une image, d'ailleurs lointaine, dans certaines formes du *don*, observées dans les sociétés primitives ». Bref, souligne en conclusion Jean Piel, « *le don devient dès lors la meilleure et la seule formule de crédit extérieur* ». Les États-Unis et l'Europe sauront-ils se placer à la hauteur de cette Fiction, donnant ainsi, effectivement, un véritable « destin » à la « fortune américaine » ? C'est ce dont Piel n'est pas certain, notant sobrement que « la conception originelle du "plan

Marshall" semblait impliquer une prise de conscience partielle de cette nécessité »[116]. C'est ce que récuse vigoureusement Sartre. Car s'il adopte l'idée de « l'échange sans réciprocité », Sartre n'envisage pas une seconde que les rapports franco-américains puissent se couler dans une logique du don. À partir des mêmes prémisses, il tire la conclusion que tout vrai *commerce* intellectuel avec les États-Unis est une impossibilité *a priori*. Voilà pourquoi Sartre refusera d'y conférer sur quelque sujet littéraire ou philosophique que ce soit. Voilà pourquoi il restera muet aux demandes d'explication des professeurs de Cornell. Voilà pourquoi il réagira toujours *inéquitablement* envers l'Amérique. Voilà pourquoi il s'indignera ou s'accommodera des mêmes pratiques intellectuelles, selon qu'elles sont américaines ou non. Voilà pourquoi il acceptera sans sourciller le vigoureux toilettage soviétique de *La P... respectueuse* et de *Nekrassov*[117], mais intentera un procès à son éditeur américain Nagel, aux États-Unis, pour avoir laissé jouer une adaptation beaucoup moins remaniée des *Mains sales*. Sartre avec l'Amérique sera l'homme du « deux poids, deux mesures », parce qu'il tient la balance des rapports pour faussée. Il lègue ainsi à l'antiaméricanisme français un *kit* idéologique inusable associant partialité délibérée et justification de cette partialité, fondée sur l'incommensurabilité des forces. L'argument dirimant de l'absence de réciprocité fera tranquillement son chemin jusqu'à dicter la politique culturelle de la France. Au début du premier septennat de François Mitterrand, un Jack Lang très combatif expliquera dans *L'Express* qu'il y a le rêve américain – les films avec lesquels on a grandi –, mais aussi « l'envers du rêve : l'hégémonie d'une industrie et le devoir de chacun d'inventer son art de vivre et d'échanger ses produits *sur la base de la réciprocité* »[118].

L'attitude de Sartre oscille souvent entre déni de la « centralité » américaine et acharnement à faire le procès de l'Amérique (montrer « la société américaine dans sa vérité »[119]). Mais la radicalité de

---

116. Jean Piel, *La Fortune américaine et son destin*, Paris, Éditions de Minuit, 1948 ; respectivement pp. 49, 119, 8-9, 207 (souligné par lui) et 9.

117. É. Galtsova, « *La Putain respectueuse* et *Nekrassov* en URSS : fox-trot avec Jean-Paul Sartre », *Sartre. Une écriture en acte*, dir. par Geneviève Idt, Ritm-Université de Paris X, 2001, pp. 221-251. *Les Mains sales* avait été adapté en 1949 sous le titre *Red Gloves* par Richard Taradash.

118. J. Lang, *L'Express*, septembre 1982 ; cité par M. Winock, « US go Home », *L'Histoire*, n° 50, nov. 1982 (je souligne).

119. J.-P. Sartre, « Sartre répond » (au professeur Grossvogel), *Le Nouvel Observateur*, 8 avril 1965 ; *Situations VIII*, Paris, Gallimard, 1972, p. 25.

Sartre consiste moins, au fond, dans l'opiniâtreté de sa mise en accusation d'une Amérique fautive, que dans la répudiation *a priori* de tout échange avec elle. Cet *abstine* sartrien théorise le geste qu'accomplissent, chacun dans son style particulier, Roger Vailland rompant avec un ancien camarade de guerre devenu un « salaud »[120] ; Pozner prenant congé d'un « ami américain » dans la préface de ses *États-Désunis* ; sans oublier Breton, se faisant honneur de n'avoir contracté pendant son séjour aux États-Unis aucune amitié. Toutes ces ruptures fictives illustrent la nécessité pour les clercs de recourir à la grande Fiction de la rupture.

Pas d'amis, donc, aux États-Unis ? Si, tout de même. Ceux que Breton appelait en 1949 « mes amis les Noirs » et « mes amis les Indiens ». Chez Pozner, le peuple de Harlem. Dans le théâtre de Sartre, le Noir lynché et la sorcière de Salem. (Autre histoire d'adaptation : Sartre proteste très violemment contre celle de sa pièce par Marcel Aymé, pour le cinéma, l'accusant d'avoir banalisé « ce qui était un phénomène spécifiquement américain »[121].) Le modèle stratégique sartrien : rejet de l'Amérique *mainstream*, naturalisation d'une « autre Amérique », va guider, consciemment ou non, les démarches de l'antiaméricanisme culturel jusqu'à la fin du siècle. N'est déclarée recevable, en Amérique, que la non-Amérique ou mieux, d'un néologisme maccarthyste dont le succès en France est foudroyant : l'Amérique *un-American*. « Mon livre », écrit fièrement Pozner, « est, bien entendu, non-américain, ce qui est l'évidence même, puisque c'est un livre français... »[122] Depuis Jean Genet allant soutenir les Black Panthers jusqu'au lycéen berrichon qui s'efforce de comprendre les couplets nasillés par Bob Dylan (dont le « message » est plus déchiffrable dans la version française d'Hugues Aufray), l'engouement pour ce qu'on appelle désormais la contre-culture est indissociablement lié au procès de l'Amérique majoritaire, blanche et conservatrice. « Je ne suis pas Américain », écrit Malcolm X dans son *Autobiographie*. C'est un titre suffisant à l'intérêt des Français. Ce pourrait être la devise de cette contre-culture dont le succès en France, à partir des années 1960-1970, loin de démentir l'antiaméricanisme, fait système avec lui. Il est en effet parfaitement paradoxal de présenter, comme on

---

120. R. Vailland, « Lettre au capitaine Jimmy F.B. », *L'Humanité Dimanche*, février 1954 ; *Chroniques II...*, pp. 230-231.
121. J.-P. Sartre, *Théâtre populaire*, n° 15, sept.-oct. 1955.
122. V. Pozner, *Les États-Désunis...*, p. 16.

le fait souvent, le goût français pour le jazz[123], le rock'n'roll, les westerns ou les films de Jerry Lewis, le *protest song* ou le rap comme des symptômes d'« américanisation » : car si la proposition est littéralement vrai – tout cela « vient d'Amérique » –, elle est idéologiquement fausse. La valorisation de ces formes en France est indissociablement liée au fait qu'elles apparaissent (ou sont apparues en leur temps) comme dissidentes et subversives au sein de la culture américaine. Entre l'adoption de ces formes et la perpétuation d'un discours antiaméricain par leurs admirateurs, il n'y a ni contradiction, ni tension, ni même solution de continuité. Le goût de la contre-culture d'origine américaine est l'antiaméricanisme continué par d'autres moyens.

*

Dans la seconde *Démocratie*, Tocqueville refusait le cliché répandu en son temps selon lequel l'état démocratique était le plus nocif « pour les sciences, la littérature et les arts ». L'Amérique, à ses yeux, ne pouvait être citée pour preuve d'une telle incompatibilité : la situation des Américains était trop exceptionnelle, l'Europe leur servant en quelque sorte de grenier des biens immatériels. « Je considère le peuple des États-Unis comme la portion du peuple anglais chargée d'exploiter les forêts du nouveau monde », écrivait Tocqueville. Pendant ce temps, « la docte et littéraire Europe se chargeait de remonter aux sources générales de la vérité, et perfectionnait en même temps tout ce qui peut concourir aux plaisirs [...] ». À la faveur de cette division des tâches entre les continents, l'Amérique tocquevillienne peut s'adonner entièrement à ses vacations industrielles et commerciales ; le « voisinage de l'Europe » lui permet de le faire « sans retomber dans la barbarie »[124].

Un siècle et demi plus tard, ce modèle du partage des tâches est en miettes. Non seulement parce que les États-Unis ont depuis longtemps diversifié leur vocation bûcheronne, mais aussi et plus gravement parce que la nature des opérations de l'esprit dont l'Europe aurait la spécialité a cessé d'être claire. Jusque très avant dans le XXᵉ siècle, la coalition des clercs, unis d'intérêts sinon toujours de

---

123. Voir Ludovic Tournès, « La réinterprétation du jazz : un phénomène de contre-américanisation », dans l'intéressant volume *L'Antiaméricanisme*, dir. par S. Mathé, Aix-en-Provence, Publications de l'Université de Provence, 2000.
124. A. de Tocqueville, *De la Démocratie en Amérique* (I)..., p. 451.

dessein contre l'Amérique, a pu maintenir – au moins à ses propres yeux – la fiction légitimante d'une Europe « pôle culturel » face à une Amérique « pôle matériel ». C'est tout l'effort des antiaméricains français de l'entre-deux-guerres que d'affirmer la préséance spirituelle et culturelle de l'Europe – d'une Europe de préférence française ou tournée vers la France. Au point de considérer toute extension de la zone d'influence américaine comme un territoire perdu pour l'esprit : « L'Amérique multiplie ses termitières où risquent de mourir les valeurs d'Occident », écrit Emmanuel Berl en 1929 [125]. Le désastre recommencé de la Seconde Guerre mondiale et la fin des empires coloniaux rendent plus que douteuse la capacité de l'Europe à assumer cette ambition au moment même où la culture de masse ouvre un « second marché » aux produits de l'esprit – et une formidable brèche dans le monopole européen.

De « défensive » en repli, le pré carré paraît se réduire aux dimensions du village d'Astérix, dans un imaginaire français désormais tout aussi obnubilé de décadence qu'il fut naguère gonflé de son propre sentiment d'importance. La focalisation de l'après-guerre sur les « échange inégaux » débouche logiquement sur le programme sartrien d'embargo sur la culture américaine, embargo dont seule la contre-culture pourrait à la rigueur être exemptée. Les campagnes culturelles de la fin du XXe siècle prolongent cette logique d'embargo sur le mode de la « discrimination positive » : nous voulons toutes les cultures du monde, *donc* pas l'américaine, qui prend toute la place. L'*exception culturelle* [126] – quelle que soit la légitimité des soucis qui l'inspirent – n'est pas une maxime dynamique et l'imaginaire qui l'entoure, obsidional et écologisant, est dans le droit-fil d'un semi-siècle de stratégie Maginot face aux États-Unis.

Or cette défense Maginot, il semble bien qu'elle ait déjà été tournée. Non par l'ennemi américain, mais par les défenseurs eux-

---

125. E. Berl, *Mort de la pensée bourgeoise* [1929], Paris, Robert Laffont, 1970, pp. 76-77.
126. L'*exception culturelle* que la France invoque dans les négociations commerciales et autres depuis 1993 revêt trois sens assez différents, ce qui ne contribue pas à la clarté du débat. C'est, *primo*, l'affirmation que « les œuvres de la culture ne sont pas des marchandises comme les autres », proposition qui oscille entre le constat d'évidence et la position de valeur, et qui ne devrait pas dispenser de dire *en quoi* elles ne sont pas « comme les autres » et où passe la frontière avec ces « autres » ; *secundo*, l'exception culturelle signale une volonté politique de protectionnisme culturel dont on peut estimer les objectifs parfaitement légitimes ; *tertio*, le drapeau de l'exception culturelle, levé contre les seuls États-Unis, a très logiquement rallié autour de lui tout le discours culturel antiaméricain.

mêmes. Les combats de « l'exception culturelle » ne peuvent dissimuler le fait que la plupart des batailles « culturelles » des quinze dernières années ont été livrées, en fait, sur le terrain de l'adversaire. La croisade contre les Mickeys d'Eurodisney aura sans doute été le premier de ces pas de clercs, en tous sens de l'expression : non seulement parce que les protestations francophoniques élevées contre l'intitulé anglais de certaines attractions prenaient un caractère parfaitement irréel face à une machinerie imaginaire et technologique si quintessentiellement américaine qu'on ne voit guère en quoi la transformation de « *Pirates of the Carribean* » en « Pirates des Caraïbes » eût endigué ce « déferlement de mythes » rewrités ; mais aussi et surtout parce que le parc d'attraction de type Disney est l'archétype de ces produits de la culture de masse américaine contre lesquels, pendant un demi-siècle, avait été dressée la barricade de l'Esprit ; et l'on eût sans doute bien étonné Bernanos ou Malraux en lui demandant de signer une pétition en faveur du Parc Astérix... Que les Pirates s'épèlent en français ou que les McDo glissent une feuille de salade dans le hamburger[127] pour satisfaire aux exigences supposées de la différence française, voilà qui ne mange pas de pain, ni ne change le goût du *bun*. Sans doute la mobilisation contre la mal-bouffe perpétue-t-elle une tradition de rébellion française contre l'indigence supposée de la gastronomie américaine ; mais elle se mène de plus en plus sur des critères eux-mêmes « américains » : diététiques et hygiéniques, autant et plus que gustatifs et convivialistes. Les argumentaires contemporains contre le prêt-à-bouffer relèvent plus d'un consumérisme éclairé à la Ralph Nader que du coup de gueule et de papilles à la Duhamel où nature et culture françaises restaient indémêlables. Que la filiale française de McDonald's ait su répondre aux campagnes hostiles par une contre-campagne publicitaire qui jouait entièrement sur l'antiaméricanisme des lecteurs, voilà qui devrait faire réfléchir sur l'erreur de positionnement d'une stratégie de défense culturelle égarée dans la mauvaise casemate. Les plus luci-

127. Thème de la contre-attaque publicitaire de McDonald's en novembre 1999 qui jouait délibérément sur l'antiaméricanisme des Français. Une photo pleine page parue notamment dans *Libération* montrait un Américain obèse et barbu, en salopette et veste de treillis, disant : « Des salades dans un McDonald's, j'en vois mal l'intérêt » ; à quoi la voix de McDonald's, devenue voix de la France, lui répondait « Oui ! mais en France on aime la salade... » Suivaient des considérations gustatives et diététiques débitées au pauvre Amerloque sur un ton condescendant du genre : « Prenez-en de la graine... »

des, comme José Bové, ont dit et répété que leur combat n'était pas antiaméricain, rejoignant en cela Toni Negri déclarant aux adversaires de la mondialisation : « C'est complètement idiot d'être antiaméricain [128]. » L'antiaméricanisme peut dans un premier temps alimenter les campagnes contre la mal-bouffe et la mondialisation ; mais il doit s'y dissoudre aussi fatalement que « le McDo dans le magret » – pour reprendre un titre particulièrement indigeste de *Libération* [129].

Le « culturel », lui aussi, est soluble dans le « *cultural* ». Les antiaméricains culturels qui se sont rués, ces dernières années, à l'assaut des petits Mickeys et des gros hamburgers, au nom d'Astérix et du croque-monsieur, ressemblent à Charlot soldat, dans la première scène du *Dictateur*, marchant au combat à travers une nappe de brouillard et se retrouvant, le brouillard dissipé, au coude à coude avec l'ennemi.

128. Toni Negri, *Le Monde*, 27-28 janvier 2002.
129. Jean-François Perigot, « Le McDo est-il soluble dans le magret ? », *Libération*, 18 et 19 septembre 1999.

Conclusion

« J'ai assez vécu pour voir que *différence engendre haine* », s'écrie Julien Sorel dans *Le Rouge et le Noir*. Stendhal, qui n'est jamais bien loin, lui donne tort. Les choses sont en effet un peu plus compliquées. La différence peut engendrer la haine ; mais elle peut aussi susciter l'intérêt, l'admiration, le respect, le désir. À quels degrés qualitatifs de différence correspondent l'amour, la haine ou... l'indifférence, c'est ce que nous apprendrait une science des degrés, une « bathmologie » comme celle dont rêvait Barthes pour les « échelonnements de langage »[1]. Quel anthropologue un peu fouriériste nous donnera le tableau à la Lavoisier des compossibilités heureuses et des risques de déflagration ? Quel historien ou moraliste un peu persifleur continuera dans la voie tracée par André Maurois – « Le mariage d'un Français et d'une Américaine est celui de deux enfants gâtés : composé instable[2] » – et nous proposera un comput culturel des incompatibilités d'humeur ?

En attendant cette télémétrie des cultures, posons la simple question : à quelle distance est l'Américain ? À la fois trop près et trop loin. Trop près pour susciter la curiosité émerveillée, comme aux temps fabuleux de l'Amérique sauvage ; et tous les bien intentionnés qui, de Valéry à Malraux, insistent sur la continuité culturelle de l'Europe à l'Amérique n'ont fait qu'aggraver les choses : pourquoi s'intéresser à la pâle copie dont on est soi-même le glorieux original ? Mais trop loin aussi pour suggérer la communauté affective ou intellectuelle. C'est ce qui ressort de la masse des textes hostiles ou simplement malveillants accumulés sur l'Amérique depuis plus d'un siècle. C'est ce que confirmait l'enquête d'opinion opportunément réalisée en cette année 1968 où, selon nos antiaméricains, se seraient rouvertes (une fois de plus) les vannes de l'américanisation. Question simple : « Quel peuple ressemble le moins

---

1. R. Barthes, *Roland Barthes par Roland Barthes*, Paris, Seuil, 1975, p. 71.
2. A. Maurois, *En Amérique*, Paris, Flammarion, 1933, p. 124.

aux Français ? » Massivement plébiscités : les Américains (43 %). Honnêtes seconds, nettement distancés tout de même : les Anglais (22 %). Inusables Anglo-Saxons... Quant aux Italiens et aux Allemands, les Français les ont adoptés, ils font partie de la famille (8 et 7 % respectivement)[3]. Ni la ressemblance des institutions, ni la proximité des valeurs politiques et morales, ni le rapprochement des modes de vie matériels n'a pu entamer cette sourde conviction française : les Américains ne sont pas « comme nous ». Ils représentent le plus grand écart imaginable en deçà de la différence désirable. Cette étrange certitude s'est construite avec le temps, par le cumul d'un discours ethnique et culturel de l'antagonisme rédhibitoire.

Ce refus de l'Américain comme « notre semblable » ne répond à aucune expérience des sujets, à aucune mémoire événementielle : il est le pur produit du discours antiaméricain. Un épisode récent en a confirmé la vigueur : le tollé soulevé par le directeur du *Monde* et sa petite phrase : « Nous sommes tous des Américains », au lendemain des attentats du 11 septembre 2001. Jean-Marie Colombani démarquait explicitement le mot de John F. Kennedy aux Berlinois : « Ich bin ein Berliner. » Par le jeu de la citation et de la référence, il plaçait clairement son propos sous le signe de l'histoire, non des essences ; des choix de solidarité, non des déclarations d'appartenance. Peine perdue ! Le message de solidarité fut reçu en France comme une affirmation d'identité. Au-delà de l'aveuglement de la lecture, la fureur des réponses témoignait d'une horreur profonde à la seule idée qu'on pût se dire « Américain » et annuler ainsi, fût-ce le temps d'une crise, le long travail de différenciation entre *eux* et *nous* qui mobilise depuis plus d'un siècle une bonne part des énergies intellectuelles françaises.

*

Il n'a guère été question ici du 11 septembre. Ce livre, commencé il y a plusieurs années, ne « doit » rien à l'événement et ne prétend pas l'éclairer – en tout cas, pas directement. Le sottisier des réactions françaises reste à faire, le cœur m'aura manqué.

Je travaillais ce matin-là au chapitre sur la haine de la ville américaine lorsque j'ai vu passer, à la verticale de mon immeuble de la Troisième Rue, le premier des avions détournés. Moins d'une

3. Cité dans R. Kuisel, *Le Miroir américain. 50 ans de regard français sur l'Amérique*, Paris, J.-C. Lattès, 1993, p. 34.

minute plus tard, il s'écrasait dans la tour Nord du World Trade Center. Comme disait déjà Cornelius De Pauw, il faut se méfier des témoins oculaires.

Mais de cette matinée, je garde avant tout un souvenir auditif : celui de l'incroyable rumeur qui par deux fois, à l'écroulement de chaque tour, s'est élevée sur la ville – une sorte de brame gigantesque, le cri jailli simultanément de cinq cent mille gosiers (ou un million, ou plus), un mugissement monté des rues, des places, des terrasses et des toits, le *planctus* antique et formidable d'une Cité entière abîmée dans l'horreur.

Les images reprises *ad nauseam* de l'écroulement des tours peuvent perdre tout sens – si elles en ont jamais eu. Ce cri inouï, si différent de la clameur des stades ou du grondement de l'émeute, couvre à jamais, pour moi, le bruitage des commentaires « intelligents ».

*

Les généalogies se retracent, elles ne se résument pas. Au moment de conclure, évitons le *digest*.

L'antiaméricanisme français existe, nous l'avons tous rencontré et à l'occasion pratiqué. Nul n'est à l'abri d'un discours national. Si j'ai pu, de Baudelaire à Breton, de Maurras à Bernanos ou de Durtain à Baudrillard, m'attarder sur quelques figures, mon dessein n'a pas été d'en faire une galerie de passions particulières. Discours de la reprise et de la perpétuation, l'antiaméricanisme français doit s'analyser comme une *tradition*. C'est une chaîne jetée à travers l'histoire : par elle nous tenons, à notre insu, à tout un passé de répugnances ou de répulsions.

De cette chaîne, nous avons ramené à la surface les maillons engloutis : depuis le maillon du discours naturaliste jusqu'au maillon politique d'une Amérique jugée moins démocratique que les fascismes et plus « totalitaire » que le régime soviétique, en passant par le puissant anneau de la typologie raciale qui rive l'antiaméricanisme français à la figure ethnicisée du Yankee. Tous les grands syntagmes de cette rhétorique sont mis en place entre la fin du XIXᵉ siècle et les années 1930. Le discours antiaméricain vit ensuite largement sur son acquis et sa lancée, en redistribuant des séquences déjà disponibles (l'ingratitude, la dette) ; en les adaptant aux conjonctures (la fin de l'isolationnisme faisant revenir après 1945 l'Amérique impérialiste des années 1900) ; en les ajustant aux exigences changeantes de leurs destinataires (et la défense de l'Esprit se laïcise en bataille pour la Culture). Tous ces « plis » de discours sont pris avant 1950 et l'antiaméricanisme de la seconde moitié du xxᵉ siècle n'est guère que la chute d'un drapé séculaire.

Tout au long de ce parcours, on a vu les *realia* – les concurrences, les conflits, les collisions d'intérêt – cheminer parallèlement aux discours. Entre réalité des faits et réalité des discours, le lien n'est pas de causalité univoque. Il s'établit entre ces deux sphères tout un système d'échos décalés. Plus le discours antiaméricain acquiert de consistance sémiotique, plus il tend à s'émanciper de l'événement ou, ce qui revient au même, à s'en faire un prétexte. Il ne faut donc pas chercher, entre histoire des relations franco-américaines et généalogie du discours antiaméricain, un unisson artificiel. La « règle » de corrélation entre changement de régime politique en France et changement de l'opinion vis-à-vis des États-Unis, formulée par certains historiens, paraît difficile à corroborer[4]. On ne peut déchiffrer le discours antiaméricain sans le *companion book* d'une histoire des relations franco-américaines : mais de cette histoire, il n'épouse pas mécaniquement les fluctuations.

Dans la constitution et la transmission de ce discours, le rôle des intellectuels est éminent sans être exclusif. Comme toute tradition, celle-là devait être portée et entretenue par un corps spécialisé : le corps sacerdotal que Nietzsche décrit préposé aux Fictions et que j'ai appelé la corporation des clercs. Le flux régulier de la production livresque antiaméricaine témoigne de leur assiduité à la besogne : ce qui était vrai dans les années 30 l'est encore au seuil du troisième millénaire.

Mais la réussite des clercs s'avère surtout à la large diffusion de leur discours. Le « public » français a graduellement adopté l'argumentaire polémique et la stéréotypie négative produits par l'intelligentsia. Cet effet d'entraînement n'avait *a priori* rien d'évident. Aujourd'hui encore, l'antiaméricanisme reste moins affirmé dans les couches populaires de la population que chez les intellectuels. Ce sont les cadres supérieurs, les diplômés qui fournissent les plus forts taux de réactions antiaméricaines. Mais l'enseignement essentiel des études statistiques récentes réside dans l'homogénéisation de plus en plus nette de ces réactions : âge, milieu, profession ne

---

4. Voir D. Echeverria, « L'Amérique devant l'opinion française », *Revue d'histoire moderne et contemporaine*, janvier-mars 1962, p. 59. J. Portes y fait référence dans son ouvrage *Une fascination réticente. Les États-Unis dans l'opinion française*, Presses Universitaires de Nancy, 1990 (p. 16). Même pour le xixᵉ siècle auquel D. Echeverria l'applique, cette « règle » paraît contrariée par trop d'exceptions.

jouent plus qu'à la marge. Seule l'appartenance politique de gauche continue de générer des scores antiaméricains régulièrement supérieurs à ceux des sondés de droite ; encore l'écart est-il quantitativement peu important[5]. Moins virulent dans ses formulations (mais cette baisse de régime ne lui est pas propre : la polémique a beaucoup baissé le ton en France, entre le début et la fin du XXᵉ siècle), le discours antiaméricain est plus étale et mieux partagé que jamais. Cette homogénéisation de sa répartition dans le corps social couronne l'effort séculaire des clercs pour l'imposer à l'ensemble du marché symbolique intérieur.

*

On a déjà dit, dans l'introduction, que rien ne laissait augurer une chute ou un relâchement de l'antiaméricanisme français. (Les sondages comparatifs effectués lors de la visite européenne de George W. Bush en mai 2002 ont confirmé que la France se tenait toujours sur la plus haute marche du podium de l'hostilité.) Il est inutile de revenir sur les prophéties liées à une appréciation trop ponctuelle de la conjoncture, mais on peut dire un mot des deux schémas fréquemment invoqués aujourd'hui pour étayer la thèse d'une « fin de l'antiaméricanisme » imminente, voire déjà amorcée.

Le premier scénario d'extinction de l'antiaméricanisme est de nature sociologique. Le temps est révolu, nous dit-on, des disparités criantes entre les deux pays en termes de niveau de vie, de confort, de revenus : c'en est fini de toute une acrimonie liée dans les années 50 à l'envie suscitée par l'*American way of life* et l'antiaméricanisme a perdu là un aliment indispensable. On ajoute que l'adoption massive des modes vestimentaires, alimentaires et culturelles américaines par la jeunesse ne peut que faire régresser l'hostilité envers le pays dont on consomme les produits et adopte, au moins en partie, la culture. Une première erreur consiste ici à surestimer l'importance de cette convoitise matérielle dans la constitution du discours antiaméricain en France : on ne voit pas qu'elle y ait joué grand rôle. La seconde erreur est de postuler la réversibilité en faveur des représentations des « choix » de consommation. Tout

---

5. Voir le sondage CSA Opinion/*Libération* réalisé les 6 et 7 avril 1999 auprès d'un échantillon national représentatif de 1 000 personnes âgées de 18 ans et plus, inscrites sur les listes électorales, constitué d'après la méthode des quotas ; *Libération*, 10 et 11 avril 1999.

montre au contraire qu'on peut fort bien adopter un certain nombre de produits et de « goûts » réputés américains sans changer d'attitude globale vis-à-vis de l'Amérique. Un sondage *Libération*-CSA de 1999 laisse peu de doutes à cet égard. Les 18-24 ans étaient alors 55 % à trouver l'influence culturelle américaine « trop importante ». Leurs parents, comme il se doit, étaient plus critiques encore (67 % chez les 35-49 ans), mais « l'écart n'est pas si grand et comme l'on ne peut croire que cette génération soit acquise à une consommation culturelle strictement hexagonale, c'est sans doute autre chose qui s'exprime à travers cette résistance »[6]. On s'en doutait et cette étude le confirme : consommation n'est pas adhésion. Plus roidement formulé par un observateur de terrain : « porter des Nike n'empêche pas de vouloir niquer l'Amérique ».

Le deuxième « schéma de sortie » volontiers avancé par les antiaméricains eux-mêmes consiste à dire en substance : bien sûr, nous employons le mot « Amérique » ; bien sûr nous persistons à parler des « États-Unis » et nous en disons beaucoup de mal. Mais en fait, nous savons bien – et vous lecteur aussi – que ces mots aujourd'hui ont changé de sens. Qu'ils ne désignent plus un territoire ni un peuple, mais plutôt un certain être-au-monde devenu planétaire. Régis Debray, qui se désigne volontiers comme un « antiaméricain » entre guillemets, met aussi des guillemets autour de son Amérique, qu'il appelle « l'Amérique d'exportation » : « L'américanisme auquel je m'oppose, et qui n'est pas plus l'Amérique que le totalitarisme n'était la Russie, je le définirais comme le simplisme propre à notre époque – d'où sa force. » On peut donc, ajoute Debray, appeler « *homo americanus* » l'homme visé par les mass media, « à la condition de savoir que cet olibrius dort en chacun de nous »[7]. Pourquoi pas, en effet ? Le lecteur français se prêtera d'autant plus facilement à cette gymnastique intellectuelle qu'il y a été assoupli depuis les années 30 par toute la tradition antiaméricaine. « L'Amérique, il faudrait plutôt l'appeler le pays Yankee, pour bien montrer que sur la carte on en chercherait en vain la frontière », écrivaient déjà Aron et Dandieu ; pour eux comme pour Debray, l'Amérique était « une manière de vivre ou de dire "non" à la vie », une « maladie de l'esprit » répandue sur la terre entière[8]. Et quand Debray ajoute à l'adresse des Améri-

---

6. *Ibid.* ; le commentaire est de Jean-Michel Helvig.
7. R. Debray, *Contretemps*, Paris, Gallimard-Folio, 1992, pp. 104, 105.
8. R. Aron et A. Dandieu, *Le Cancer américain*, Paris, Rioder, 1931, p. 80.

cains : « l'esprit d'Empire n'étant nulle part plus féroce qu'à la colonie, je crois même que nous sommes beaucoup plus américanisés que vous »[9], on croit entendre l'écho de Georges Duhamel : « les plus étranges américaneries, je les ai vues en Allemagne », à Francfort, à Berlin, au cœur de cette vieille Europe que « le génie américain colonise » et qu'il englobe dans son « nouvel empire »[10]. Voilà bientôt quinze lustres que l'antiaméricanisme français nous dessine l'Amérique à la Magritte, avec pour légende : « Ceci n'est pas l'Amérique ». Mais si la marchandise ne correspond pas à l'étiquette, ne serait-il pas plus simple de changer l'étiquette que de multiplier les notices explicatives ?

On peut donc prédire encore de beaux jours à l'antiaméricanisme français. Sous Napoléon III, on racontait l'histoire de cet officier qui, avisé du manque de combustible destiné aux chaudières de son navire, avait superbement répondu : « Chauffez-les avec l'enthousiasme des soldats ! » L'antiaméricanisme français est la chaudière dont rêvait cet idéaliste : pas besoin de l'alimenter au feu de l'histoire, l'enthousiasme des clercs suffit à maintenir la pression. On ne voit pas qu'ils aient faibli ni démérité. N'y aurait-il pas quelque danger, d'ailleurs, à ce qu'ils délaissent soudain la soute et vouent la chaudière à tous les diables ?

Si, vaporisés de bienveillance par « l'accumulateur psychique » du professeur Golbert, les clercs de France repliaient demain l'étendard de leur croisade, l'antiaméricanisme français changerait de personnalité, non peut-être d'intensité. L'effroyable succès du livre de Thierry Meyssan, *L'Effroyable Imposture. Aucun avion ne s'est écrasé sur le Pentagone*, dont le titre résume l'absurdité, donne un aperçu de ce que deviendrait l'antiaméricanisme français, privé de ses « guides » historiques[11]. Et peut-être faut-il, après les avoir tant mis sur la sellette pour leur rôle dans la fabrication du Golem antiaméricain, prier les clercs de France de ne pas délaisser trop vite leur guet ombrageux aux avant-postes

---

9. R. Debray, *Contretemps...*, p. 109.

10. G. Duhamel, *Scènes de la vie future* [1930], Paris, Arthème Fayard, 1938, p. 124.

11. Sur ce que *Libération* appelle « l'effroyable imposture », voir dans ce journal l'entretien de Pierre Lagrange avec Béatrice Vallaeys. C'est « la même rhétorique que le négationnisme » qui charpente le livre de Meyssan, remarque le sociologue spécialiste des « adeptes du complot ». Le succès de vente du livre (on a parlé de 100 000 en une semaine) montre l'extraordinaire attrait qu'exerce sur le public français tout scénario privant les Américains de leur statut de victimes et les réinstallant en position de suspects, voire de coupables.

de l'Extrême-Occident. Car le plus inquiétant, peut-être, serait que par fatigue, lassitude ou frivolité, ils laissent cette Fiction sans pilote.

Quant au discours lui-même, ne craignons pas qu'il tombe en déshérence. Sa propension à l'auto-engendrement l'immunise très largement contre les chocs du réel : l'après-11 septembre en a livré une démonstration à la fois éclatante et accablante. Mais il pourrait bien y avoir aussi, entre ce type de discours et les temps présents, une congruence particulière. On a proposé, dans l'introduction à ce livre, une modeste définition de l'antiaméricanisme comme *discours*. Peut-on l'affiner au terme du parcours ?

L'antiaméricanisme partage quelques traits avec les « grands récits » de la modernité : notamment sa force fédératrice et sa capacité allégorique – puisque parlant de l'Amérique, il ne cesse de parler de la France[12]. Avec toutefois une différence considérable : les métadiscours de légitimation s'organisaient autour de pures positivités – l'émancipation du citoyen, la réalisation de l'Esprit, la société sans classes, etc. Les « grands récits » sont morts, périmés par « l'incrédulité » propre à la postmodernité[13]. L'antiaméricanisme, lui, s'étire et prospère : « grand récit » en creux, il reste opératoire alors que les métadiscours du Bien ont perdu toute efficace, tout pouvoir de coalescence dans l'imaginaire social. Raison de plus pour le prendre au sérieux : ce « récit-anti », au-delà de son histoire particulière, dessine peut-être le profil des synthèses négatives aujourd'hui à l'œuvre dans toute l'Europe, devenue le charnier des Récits universalistes.

*

« La nation qui se livre à des sentiments habituels d'amour ou de haine envers une autre devient en quelque sorte esclave. Elle est esclave de sa haine ou de son amour. » Cette maxime tirée du « testament » de Washington et placée en tête de ce livre présente la même structure logique qu'une célèbre sentence de Marx : « Un peuple qui en opprime un autre n'est pas un peuple libre. » Et si l'antiaméricanisme n'était plus aujourd'hui qu'un esclavage mental que s'infligent les Français, une paresse masochiste, une routine du ressentiment, un pavlovisme sans passion ? Ce serait alors peut-

12. Voir J.-F. Lyotard, *La Condition postmoderne*, Paris, Minuit, 1979.
13. *Ibid.*, p. 7.

être qu'il y aurait lieu d'espérer. Il est peu de vices, même intellectuels, qui résistent longtemps à l'ennui qu'ils suscitent.

Je ne présume pas que ces quelques pages puissent hâter sa fin ; mais dût-il perdurer, cette généalogie ne lui sera peut-être pas inutile : après tout, il n'est pas indifférent que l'antiaméricanisme soit éclairé.

Paris, 3 juin 2002

Index

Les numéros de pages en italique renvoient aux notes.

587

C

Table

Dans la même collection

Mark Rogin Anspach
À charge de revanche
Figures élémentaires de la parenté

Gregory Bateson
Vers une écologie de l'esprit, t. 1 et 2
La Nature et la Pensée

Patrice Bollon
Esprit d'époque
Essai sur l'âme contemporaine et le conformisme naturel de nos sociétés

Michel Callon/Pierre Lascoumes/Yannick Barthe
Agir dans un monde incertain
Essai sur la démocratie technique

Raymonde Carroll
Évidences invisibles
Américains et Français au quotidien

Cornelius Castoriadis
Le Monde morcelé
Les Carrefours du labyrinthe III

La création humaine
Volume I, Sujet et vérité dans le monde social-historique :
séminaires 1986-1987

Anne Cauquelin
L'Art du lieu commun
Du bon usage de la *doxa*

Malek Chebel
Le Sujet en Islam

Collectif
Système et Paradoxe
Autour de la pensée d'Yves Barel

Denis Collin
Morale et Justice sociale

Colloque de Cerisy autour de l'œuvre de Gregory Bateson
Bateson : premier état d'un héritage

Colloque de Cerisy
L'Auto-organisation
De la physique au politique
(sous la direction de Paul Dumouchel et Jean-Pierre Dupuy)

Colloque de Cerisy autour de l'œuvre d'Henri Atlan
Les Théories de la complexité

François Dubet
Sociologie de l'expérience

Mikel Dufrenne et Paul Ricœur
Karl Jaspers et la Philosophie de l'existence

Jean-Pierre Dupuy
Ordres et Désordres
Enquête sur un nouveau paradigme

Pour un catastrophisme éclairé
Quand l'impossible est certain

Jacques Ellul
La Subversion du christianisme

La Raison d'être
Méditation sur l'Ecclésiaste

Marcel Hénaff
Le Prix de la vérité
Le don, l'argent, la philosophie

Philippe d'Iribarne
avec Alain Henry, Jean-Pierre Segal,
Sylvie Chevrier et Tatjana Globokar
Cultures et Mondialisation
Gérer par-delà les frontières

Ronald D. Laing
Paroles d'enfants

Bernard Lempert
Critique de la pensée sacrificielle

Abdelwahab Meddeb
La Maladie de l'Islam

Jean-Claude Milner
Le Périple structural
Figures et paradigme

Olivier Mongin
Éclats de rire
Variations sur le corps comique
Essai sur les passions démocratiques III

Franco Moretti
Atlas du roman européen

Stéphane Mosès
L'Éros et la Loi
Lectures bibliques

John Rawls
Théorie de la justice

Justice et Démocratie

Oliver Sacks
Des yeux pour entendre
Voyage au pays des sourds

L'homme qui prenait sa femme pour un chapeau,
et autres récits cliniques

L'Ile en noir et blanc

Michael Sandel
Le Libéralisme et les Limites de la justice

Richard Sennet
Les Tyrannies de l'intimité

Lucien Sfez
Technique et Idéologie
Un enjeu de pouvoir

Daniel Sibony
Les Trois Monothéismes
Juifs, chrétiens, musulmans entre leurs sources et leurs destins

Psychopathologie de l'actuel
Événements III

Nom de Dieu
Après les trois monothéismes

Francisco Varela
Autonomie et Connaissance
Essai sur le vivant

Georges Vigarello
Du jeu ancien au jeu sportif
La Naissance d'un mythe

Paul Watzlawick et Giorgio Nardone
(sous la direction de)
Stratégie de la thérapie brève

Yirmiyahu Yovel
Les Juifs selon Hegel et Nietzsche

COMPOSITION : IGS - CHARENTE PHOTOGRAVURE À L'ISLE-D'ESPAGNAC
ACHEVÉ D'IMPRIMER SUR ROTO-PAGE
PAR L'IMPRIMERIE FLOCH À MAYENNE (06-03)
DÉPÔT LÉGAL : SEPTEMBRE 2002. N° 40643-5 (57533)